Erhard Fucke
Im Spannungsfeld des Bösen

Erhard Fucke

IM SPANNUNGSFELD
DES BÖSEN

Erkenntnisse und Perspektiven
aus der Anthroposophie Rudolf Steiners

Verlag Freies Geistesleben

Erhard Fucke, geb. 1926 in Teplitz. Besuch des Seminars für Waldorf-
pädagogik in Stuttgart. Von 1949 bis 1975 Lehrer an der Freien Waldorf-
schule Kassel, anschließend Arbeit für den Bund der Freien Waldorf-
schulen im In- und Ausland. Im Verlag Freies Geistesleben sind von ihm
bereits zahlreiche Bücher erschienen.

Alle Rechte an den Texten von Rudolf Steiner liegen bei der Rudolf
Steiner Nachlassverwaltung, Dornach / Schweiz. Der Abdruck erfolgt
mit deren freundlicher Genehmigung.

ISBN 3-7727-1801-X

1. Auflage 2002

Verlag Freies Geistesleben
Landhausstraße 82
70190 Stuttgart
Internet: www.geistesleben.com

© 2002 Verlag Freies Geistesleben
& Urachhaus GmbH, Stuttgart
Umschlagmotiv: Anselm Kiefer, Palette am Seil, 1977
Druck: Offizin Chr. Scheufele, Stuttgart

Inhalt

Das Böse, das Übel,
Sie bleiben Rätsel,
So lang die Sinne nur allein
Ein Bild der Welt
Zu formen sich erfangen –
Das Rätsel löset sich,
Sobald der Geist
Des Bösen und der Übel Quell
In des Daseins verborgnen Tiefen sucht.

Rudolf Steiner[1]

Vorwort

Gewalt, Terror, Folter, ethnische Säuberungen, Gräueltaten, Unmensch-
lichkeiten in der Politik wie im Privaten sind charakteristische Symptome des 20. Jahrhunderts und der Gegenwart. Noch nie haben Menschen
unter diesen Symptomen, denen leicht weitere hinzugefügt werden
könnten, so gelitten. Sie alle haben bösen Taten ins Auge geschaut, viele
von ihnen starben unter deren Knechtschaft.

Erstaunlicherweise fehlt solch intensivem Erleben des Bösen jeder
Begriff, mit dem es sich gedanklich bestimmen ließe. Was das Böse, das so
grauenvoll in menschlichen Taten wirkt, seinem Wesen nach ist, bleibt
rätselhaft. Daher fehlt auch jede Erkenntnis, wie man ihm begegnen
könnte. Das erzeugt eine immer stärker um sich greifende Angst, weil
man solchen Taten hilflos ausgeliefert zu sein scheint. Für viele
Menschen wird diese Angst zum ständigen Begleiter.

Die Geisteswissenschaft Rudolf Steiners stellt die Wirksamkeit des
Bösen aus der Sicht übersinnlicher Erkenntnis vielfältig dar. Die Zeitgenossen, obwohl bedrängt und schockiert von den menschenverachtenden Symptomen des Bösen, sind bisher an diesen – für das gängige Bewusstsein sicherlich ungewöhnlichen – Darstellungen vorübergegangen.
Das erstaunt umso mehr, als heute das Interesse für Resultate übersinnlicher Erfahrung gewachsen ist.

Die vorliegende Schrift versucht, einen Zugang zu den zentralen For-
schungsergebnissen Rudolf Steiners über das Böse zu eröffnen. Sie sind
über das gesamte Werk verstreut. Bewusst werden die originalen Darstellungen Rudolf Steiners in einer gewissen Breite wiedergegeben. Die
Provokation, die sie für das heutige Bewusstsein darstellen, sollte deutlich zutage treten. Die eine oder andere Wiederholung war hierbei
unvermeidbar.

Unterschiedliche Zugänge zum Thema und eine andere Auswahl der

Textstellen sind durchaus möglich. Das Thema des Bösen aus der Sicht der Geisteswissenschaft ist mit dieser Schrift also keineswegs erschöpfend behandelt. Wichtig schien, nicht nur bei einer Darstellung des Bösen stehen zu bleiben, sondern auch auf elementare Übungen des anthroposophischen Schulungsweges einzugehen, die einen individuellen Umgang des Menschen mit diesem Thema befördern.

Kassel, im Januar 2002   *Erhard Fucke*

Einleitung

Das Geschehen von Auschwitz, das in der Mitte des vorigen Jahrhunderts unfassbare Wirklichkeit wurde, sollte sich nie mehr wiederholen – das war der Wille der Menschen nach dem Zweiten Weltkrieg. Zu Recht wurde das Ereignis als Folge eines unüberbietbaren Niedergangs der menschlichen Kultur empfunden. Einmal erlebt, sollte es ewige Mahnung sein, die ihm zugrunde liegenden furchtbaren Anschauungen vom Menschen zu überwinden. Der Schock, der die Menschen damals erfasste, als die Ereignisse der Konzentrationslager – und des Gulags – ans Licht kamen, war tief. Dennoch reichte er nicht aus, weitere Übel dieser Art zu verhindern. Wir müssen der Tatsache ins Auge sehen, dass Auschwitz nur ein Anfang solcher Gräueltaten war. Sie setzten sich in der zweiten Hälfte des 20. Jahrhunderts im politischen wie auch im privaten Leben fort. Woran lag das?

Die Darstellungen über das, was in Auschwitz geschah, füllen Bibliotheken. Immer neu wurde versucht zu erklären, was sich abgespielt hatte. Immer wieder griffen die Erklärungsversuche zu kurz. Ernsthafte Forscher kamen zu dem Urteil, dass Auschwitz unerklärbar sei.

Dieses Urteil macht eine Krise des menschlichen Bewusstseins deutlich. Noch nie war menschliches Wissen so umfangreich und dessen Anwendung so erfolgreich wie heute. Wie haben doch z.B. die Erfindungen des 20. Jahrhunderts den zivilisatorischen Fortschritt beflügelt! Man blicke nur unbefangen auf die Lage der Naturwissenschaften vor einhundert Jahren zurück und vergleiche ihre Resultate mit den heutigen. Welch ein Unterschied! Welch blendende Intelligenz sehen wir da am Werke! Doch diese Art der Intelligenz ist offensichtlich nicht in der Lage, die Gründe für den erschreckenden Verfall der Moral aufzuzeigen noch deren Folgen zu bekämpfen. Sie steht deren Symptomen hilflos gegenüber.

Damit einher geht der Verlust eines Begriffs vom Bösen. Man kann sich nicht wie in alten Zeiten unter diesem Begriff etwas Wesenhaftes vorstellen, das aus ihm eigenen Intentionen agiert. Er ist zu einem bloßen Wort verkommen, das oft sorglos benutzt wird. Beispielsweise sagte ein amerikanischer Journalist nach dem verheerenden Angriff auf das World-Trade-Center: «Warum hassen sie uns so?» Gleichzeitig gab er die Antwort: «Weil sie böse sind, weil sie Verlierer sind, und wir sind Gewinner.» Dass der amerikanische Präsident ähnliche Redewendungen benutzte, macht die Sache nicht besser, sondern zeigt nur, dass die beliebige Nutzung solcher Worthülsen allgemein üblich ist. Sie erzeugen Emotionen, welche die Probleme des Bösen nicht erhellen, sondern weiter verdunkeln. Durch sie wird das Nachdenken über die Symptome des Bösen verstellt. Sie verbreiten die Illusion, dass die Menschheit aus unerklärlichen Gründen in Gute und Böse aufgeteilt sei und man sich selbst natürlich auf der Seite der Guten befinde.

Aber die Wandlung treu sorgender Familienväter in menschenverachtende KZ-Wächter legt vielmehr nahe, dass sich jeder Mensch im Spannungsfeld des Bösen befindet und es an ihm liegt, welchen Intentionen er bei seinen Handlungen folgt. Dass diese Erkenntnis noch kein Allgemeingut ist, zeigt, wie notwendig es ist, das Bewusstsein zu stärken und zu verwandeln. Nur so kann eine Einsicht errungen werden, welche Kräfte im Zeitgeschehen am Werk sind.

Es macht wenig Sinn, die Zeit, in der so viel Fürchterliches geschieht, nur zu beklagen. Das hieße doch, sich selbst zu einem bloßen Weltbetrachter zu machen. Wir müssen uns fragen, wie weit wir selbst zu dem Geschehen, in das wir existenziell verwickelt sind, beitragen. Denn es hilft nicht, anderen die Schuld für diese bedauernswerte Entwicklung zu geben und uns selbst aus der Verantwortung zu stehlen. Angenommen, es träfe die These vom heute nötigen Bewusstseinswandel den Kern des Problems, dann wäre doch jeder von uns aufgerufen, bei sich selbst mit dem Bewusstseinswandel zu beginnen. Dann wäre aber auch jeder Schritt auf diesem Wege ein Beitrag zur Veränderung der Weltverhältnisse. Wir alle sind Akteure im Weltgeschehen, auch wenn unser Einfluss darauf unterschiedlich groß ist. Derjenige, der einen solchen Standpunkt einnimmt, würde die Schocks, welche die Gräueltaten auslösen, nicht minder leidvoll erleben. Sie wären aber gleichzeitig eine Aufforderung, im Ringen um ein neues Bewusstsein nicht nachzulassen. Damit führten sie nicht zu einer Resignation, die hilflos macht.

Doppelt ernst erlebt man die Weltlage, wenn man in Rechnung stellt, dass die Menschheit Vernichtungsmittel besitzt, die sie auslöschen können. Dass der Mensch heute die Macht innehat, den so genannten achten Schöpfungstag zu gestalten, wer wollte das noch bezweifeln? Wenn der prominente amerikanische Rechtsphilosoph Donald Dworkin einen seiner Artikel in die Überschrift zusammenfasst: «Die falsche Angst, Gott zu spielen»,[2] so zeigt er Mut. Er meint – und darin kann ihm nur zugestimmt werden –, dass der einzelne Mensch und die Menschheit insgesamt gar nicht anders können, als der Welt jenen Stempel aufzuprägen, den das menschliche Bewusstsein schafft. Der Mensch kann lediglich das gestalten, was er vorher bewusstseinsmäßig erlebt hat. Nur muss redlicherweise bemerkt werden, dass es damit noch nicht ausgemacht ist, ob die künftige Weltgestaltung Anlass zur Freude gibt oder ob sie ein Inferno Wirklichkeit werden lässt. Diese Tatsache spiegelt die Katastrophe des 11. September 2001 in Amerika deutlich. Die Täter waren einer religiösen Ideologie verfallen, welche die Urkunden des Islam einseitig interpretierte und damit Fanatismus auslöste. Diese Auslegung hielten die Täter für die einzig wahre und gute. Sie waren bereit, dafür nicht nur ihr Leben zu opfern, sondern Tausende von angeblichen Feinden mit in den Tod zu reißen – ein Beispiel für religiöse, ideologische Besessenheit. Den Opfern, ihren Angehörigen, ja jedem mitfühlenden Menschen musste diese Haltung als Irrsinn erscheinen.

Aber hat sich ähnliche Besessenheit und Brutalität nicht an vielen Orten der Welt im letzten Jahrhundert abgespielt, ohne dass ihr von irgendwem Einhalt geboten werden konnte? Wie kommt es zu solchen Eruptionen des Hasses? Sind wir selbst gefeit, einer solchen Trübung des Bewusstseins zu verfallen? Es liegt also nahe zu vermuten, dass die Auseinandersetzungen mit dem Bösen sich zuerst im menschlichen Bewusstsein abspielen.

Deshalb werden im Folgenden einige geschichtliche Ereignisse, die auch für die Gegenwart noch bedeutsam sind, dargestellt. Das Augenmerk wird vor allem auf die Art des Denkens gerichtet, welche diese Ereignisse bestimmt hat.

I. ZEITSYMPTOME

Zwischen Angst und Faszination:
der Bau der Bombe

Ein Forscher mitteleuropäischer Abstammung, der unbekannt bleiben wollte, sagte 1949 zu Robert Jungk in Los Alamos: «Es ist doch seltsam, und ich kann es nicht begreifen, … meine Jugend stand ganz unter dem Zeichen der Sehnsucht nach Wahrheit, Freiheit und Frieden. Und nun hat mich das Schicksal gerade hierher verschlagen, wo meine Bewegungsfreiheit eingeschränkt ist, die Wahrheit, die ich zu entdecken versuche, hinter Safetüren versperrt bleibt und meine Arbeit letzten Endes dem Bau der furchtbarsten Kriegswaffen gewidmet sein muss. Welch widerspruchsvolles Schicksal!»[3]

Man kann voraussetzen, dass hier ein hoch intelligenter Mensch spricht. Andernfalls hätte er einen anderen Arbeitsplatz. Aber diese Intelligenz, die in der physikalischen Forschung und Technologie sicher Hervorragendes leistet, begreift nach eigener Aussage des Forschers nicht das ihm widerfahrene Schicksal. Für die Veränderung seiner ehemaligen Lebensziele fehlt ihm – obwohl er doch jeden Lebensschritt selbst vollzogen hat – die Begründung. Er rätselt an seinem Verlust der Ideale, ohne zu erkennen, was ihn herbeigeführt hat. *Eine Bewusstseinslücke wird formuliert,* die sonst im wissenschaftlichen Bestreben auf das schärfste verpönt ist. Hätte der Wissenschaftler mit der gleichen Schärfe des Bewusstseins, mit der er seinen Blick auf die Welt der Phänomene der Naturwissenschaft zu richten gewohnt war, sein Seelenleben beobachtet, müsste er doch eine Antwort auf seine Frage gefunden haben. Warum beteiligt er sich überhaupt an dem Bau der schrecklichsten Kriegswaffe? Warum erträgt er die Geheimhaltung seiner eigenen geistigen Produkte, und warum nimmt er die verordnete Bewegungsbeschränkung hin? Er hat schon früh durchschaut, welch fürchterlichem Ziele seine Arbeit dient. Wären diese nahe liegenden Fragen mit jener Energie bearbeitet worden, mit der der Forscher seine wissenschaftliche Arbeit vorantrieb, hätte er doch fündig werden müssen. Oder hat er sich von der überaus interessanten Arbeit so faszinieren und absorbieren lassen, dass er an nichts anderes mehr denken konnte?

Für manchen der am Atomprojekt beteiligten Forscher gilt, was über Robert Oppenheimer ausgesagt wird: «Bis dahin [dem Eintritt in das Atomprojekt 1942] hatte er sich, wie die meisten seiner Berufskollegen, so wenig um das Leben außerhalb seines eigenen wissenschaftlichen, literarischen und philosophischen Interessenkreises gekümmert, dass er gewöhnlich nicht einmal Zeitung las oder Radio hörte.»[4] Die gewissermaßen selbst geschaffene Beschränkung des eigenen Horizontes wird gesteigert durch die «Gesetze des Lagers». Das Lager ist von der Außenwelt abgeschnitten. Jeglicher Kontakt mit dem Lebensumkreis, den jeder Mitarbeiter früher hatte, ist verboten. Die Forscher werden völlig isoliert. Das ist wahrlich nicht die Freiheit, von der der zitierte Wissenschaftler in seiner Jugend träumte. Aber der Zustand wird erduldet.

Wenn Oppenheimer das Lager verlässt, was oft genug geschehen muss, wird er bespitzelt. Sein Privatleben wird schonungslos durchleuchtet. Das geschieht ohne Oppenheimers Wissen. Die Behörde der Staatssicherheit, die spätere CIA, entscheidet, ob ihm das Vertrauen zugestanden werden kann, das Projekt der Bombe weiter zu leiten. Mitten in einer Demokratie, die sich für die beste und freieste der Welt hält, werden Methoden autoritärer Staaten praktiziert. Sie werden von einem kleinen Kreis für richtig befunden und quasi legitimiert.

Bei Oppenheimer begann die Überwachung schon mit dem Ausfüllen eines umfangreichen Fragebogens zur Person. Darin bekannte er sich zu seinen Verbindungen mit linken gesellschaftlichen Gruppierungen; er hatte sie aber längst abgebrochen. Was blieb, waren persönliche Verbindungen zu Menschen, die nach wie vor mit der kommunistischen Sache sympathisierten. Das war Grund genug, ihm zu misstrauen.

Die Loyalität Oppenheimers gegenüber dem Staat wurde, obwohl er bereits Direktor in Los Alamos war, von einzelnen Mitgliedern der Sicherheitsorgane weiter angezweifelt. Das Misstrauen regierte. Es wuchs aus der Angst, die Geheimnisse der Atomforschung könnten an den kommunistischen Verbündeten – mit dem man doch Seite an Seite gegen Hitler kämpfte – verraten werden. Das Misstrauen siegte; es kam zu der Anweisung der Staatssicherheit, Oppenheimer aus dem Projekt zu entlassen.

Dies verhinderte allein Brigadegeneral Groves, militärischer Verant-

wortlicher für das «Manhattan-Projekt». Groves brauchte den blendenden Organisator und Enthusiasten Oppenheimer, der alle Mitarbeiter
trotz eklatanter Schwierigkeiten mitriss. Er traute sich auch zu, falls nötig, ihn unter Kontrolle zu halten. Oppenheimer war ihm für diesen
Beistand außergewöhnlich dankbar.

Diese Dankbarkeit zeigt, dass Oppenheimer viel daran lag, «im Amt zu
bleiben». Das Projekt bot ungewöhnliche Möglichkeiten des Forschens,
wie sie sonst nirgends gegeben waren. Nicht nur die verpflichteten Forscher stellten ein einmaliges wissenschaftliches Potenzial dar; auch die
Geldmittel, die für die technische Entwicklung gebraucht wurden, spielten keine Rolle. Man konnte aus dem Vollen schöpfen. Am Ende waren
es 2 Milliarden Dollar, die für den Bau der Bombe aufgewendet wurden.
So war gewährleistet, dass man in einmaliger Weise Fortschritte erzielte.
Das faszinierte die Forscher, auch Oppenheimer. Karriere und Ansehen
waren zu gewinnen; das war verlockend.

Wie verlockend es war, zeigt eine Handlung Oppenheimers, die eigentlich sinnlos war. Er suchte von sich aus Kontakt mit den Sicherheitsbehörden und – belog sie. Jung interpretiert sein Verhalten so: «Nun
fürchtete er nichts so sehr wie die Möglichkeit, die Regierungsstellen
könnten ihn doch noch ablehnen, wenn sie mehr und mehr über seine linke
Vergangenheit erführen. Dann würde er seinen wichtigen neuen Posten
verlieren und ins Niemandsland zurückgestoßen werden!»[5] Das aber
konnte sich Oppenheimer nicht mehr vorstellen. Er benutzte für seinen
Auftritt eine Begebenheit, die sich zwischen ihm und einem seiner engsten
Freunde, Chevallier, abgespielt hatte. Dieser war von einem Bekannten,
Georg Eltenton, daraufhin angesprochen worden, ob nicht Oppenheimer
«vielleicht für eine private Übermittlung wissenschaftlicher Ergebnisse zu
gewinnen sei». Begründet wurde die Anfrage mit dem eingeschlafenen
Austausch wissenschaftlicher Fakten zwischen den Verbündeten. Oppenheimer lehnte ab. Gegenüber den Sicherheitsbehörden erfand er eine komplizierte Geschichte, gab aber den Namen des Zwischenträgers, seines
Freundes Chevallier, nicht preis. Was er beabsichtigte, Vertrauen bei den
Sicherheitsbehörden herzustellen, misslang ihm gründlich; er wurde ihnen noch verdächtiger. Die Beurteilung Oppenheimers durch die Sicherheitsbehörden an das Pentagon lautete: «Die Dienststelle hier ist immer
noch der Meinung, dass Oppenheimer kein volles Vertrauen verdient und

dass seine nationale Treue ungewiss ist. Wir glauben, dass die einzige ungeteilte Loyalität, die er zu geben imstande ist, der Wissenschaft gehört, und wir vermuten sehr stark, dass er, falls die Sowjetregierung ihm mehr für den Fortschritt seiner wissenschaftlichen Aufgaben bieten könnte, diese Regierung wählen und sie seiner Loyalität versichern würde.»[6]

Nach dem Krieg besaß Oppenheimer das größte öffentliche Ansehen. Seine frühere Anbiederung an den Geheimdienst hatte er höchstwahrscheinlich vergessen. Nicht aber der Geheimdienst. Schon 1947 hatte das «Federal Bureau of Investigation» gegen eine «security clearance» für Oppenheimer opponiert. Sie verschaffte ihm Zugang zu allen Ergebnissen weiterer Forschung. Damals blieb die Opposition noch ohne Erfolg. Edgar Hoover, der Leiter des Büros, ließ aber weiter gegen Oppenheimer ermitteln, natürlich ohne dessen Wissen. 1953 schickte er dann eine Auswahl des umfangreichen Materials, das sich inzwischen angesammelt hatte, an alle «interessierten Regierungsbehörden» und an den Präsidenten Eisenhower. Der veranlasste eine Sondersitzung des Weißen Hauses, auf der am 3.12.1953 beschlossen wurde, Oppenheimer die «security clearance» zu entziehen.

Oppenheimer traf diese Entscheidung wie ein Blitz aus heiterem Himmel. Man schlug ihm vor, von sich aus von der Atomkommission zurückzutreten. Dann käme es zu keinem Verfahren gegen ihn. Da diese Option einem Schuldeingeständnis gleichgekommen wäre, entschied sich Oppenheimer für das Verfahren, das dann in der Realität wie ein Prozess stattfand. Die «Anklage» enthielt dreiundzwanzig Punkte für seine Verbindung zu Kommunisten. Seine Bedenken gegen den Bau der Wasserstoffbombe wurden ihm im vierundzwanzigsten Punkt als aktiver Widerstand gegen die Wasserstoffbombe interpretiert. Seine Wahrhaftigkeit und Loyalität wurden angezweifelt.

Der Prozess zeigte noch einmal deutlich die Gespaltenheit der Person Oppenheimer. Konnte er noch immer nicht auf die wissenschaftliche Reputation verzichten? Ein Auszug aus dem Protokoll:

O: Wir äußerten …

R: Ich frage, was Sie taten, nicht «wir».

O: Ich gab meinen Ängsten [falls es zum Abwurf der A-Bombe kommen sollte] Ausdruck und äußerte Gründe, die dagegen sprachen.

R: Sie meinen, Sie argumentierten gegen den Abwurf der Bombe?

O: Ich brachte Gründe vor, die gegen den Abwurf sprachen.

R: Gegen den Abwurf der Atombombe?

O: Ja, aber ich unterstützte diese Argumente nicht ausdrücklich.

R: Sie meinen, dass Sie – nachdem Sie, wie Sie es selbst ganz ausgezeichnet gesagt haben, Tag und Nacht drei oder vier Jahre lang an der Fertigstellung der Atombombe gearbeitet hatten – das Argument vorbrachten, sie solle nicht verwendet werden?

O: Nein, ich trat nicht dafür ein, dass sie nicht verwendet werden solle. Ich wurde vom Kriegsminister gefragt, was die Ansichten der Wissenschaftler wären. Ich gab ihm Argumente, die dagegen, und solche, die dafür sprachen.

R: Aber Sie sind doch für den Abwurf der Atombombe auf Japan eingetreten?

O: Was verstehen Sie unter «eintreten»?

R: Sie halfen, das Ziel auszusuchen, nicht wahr?

O: Ich tat nur meine Arbeit, die Arbeit, die ich tun sollte. Ich war in Los Alamos nicht in der Lage, politische Entscheidungen zu treffen. Ich hätte alles gemacht, was man von mir verlangt hätte, einschließlich Bomben aller verschiedener Formen, wenn ich sie nur für technisch herstellbar gehalten hätte.

R: Sie würden also auch eine thermonukleare Bombe hergestellt haben, nicht wahr?

O: Ich konnte es damals nicht.

R: Danach habe ich Sie nicht gefragt, Doktor.

O: Ich hätte daran gearbeitet.

R: Wenn Sie nun die thermonukleare Bombe in Los Alamos entdeckt hätten, dann hätten Sie das getan. Wenn Sie sie hätten entdecken können, dann hätten Sie das getan, nicht wahr?

O: O ja.[7]

Das Verhör zeigt die totale Kapitulation Oppenheimers vor der Macht des Staates. Das ist grotesk, da eben dieser Staat ohne Hilfe der Forscher in seinen Zielen (durch die Bombe die weltbeherrschende Macht zu erhalten) völlig hilflos gewesen wäre. Der französische Schriftsteller Malraux sagte beim Lesen der Protokolle, Oppenheimer hätte in Anlehnung an ein Wort Ludwigs XIV., «Ich bin der Staat!», sagen sollen: Meine

Herren, ich bin die Atombombe! Es ging ja um die Rettung seines Rufes. Die Angst, ihn zu verlieren, rang ihm die Aussage ab: «Ich hätte alles gemacht, was man von mir verlangt hätte.»

1945 war er an der Kommission beteiligt, welche nach rationalen Kriterien die japanischen Städte aussuchte, die Ziel der Bombe sein sollten. Um ein genaues Bild von der Zerstörungskraft der Bombe zu ermitteln, wurden beispielsweise diese ausgesuchten Städte von den übrigen Bombardements der amerikanischen Luftwaffe verschont. Die zynische Begründung war: um «reine» Testergebnisse für die Wissenschaft zu erzielen. Was ging in Oppenheimer vor, wenn diese Frage diskutiert wurde? Robert Jungk charakterisiert Oppenheimer als Hamlet-Figur. In dem erwähnten Protokollausschnitt erzählt er, dass er Gründe für und gegen den Einsatz der Atombombe vorgebracht habe. Er versichert aber auch, nicht gegen deren Einsatz gewesen zu sein. Zu sagen, dass er dafür war, hätte in seinen Augen nicht der Wahrheit entsprochen. Dazu wusste er zu viel über die vorauszusehenden Wirkungen der Bombe. Das Inferno, das sie auslösen würde, musste bei einem so feinsinnigen Mann Skrupel auslösen. Die aber hatte er ja in den Gegenargumenten formuliert, freilich ganz losgelöst von seiner persönlichen Überzeugung, ganz objektiviert im Sinne wissenschaftlicher Vorgehensweise. Damit hatte er geleistet, was er zu leisten in der Lage war. Sich zu entscheiden war nicht seine Sache.

Strebt doch die wissenschaftliche Methode, der er sich verpflichtet fühlte, danach, die Subjektivität des Forschenden auszuschalten. Oppenheimer wollte sich voraussetzungslos den Phänomenen gegenüberstellen. Nicht der Forscher, sondern die Sache sollte sich aussprechen. Seine Urteile hatte er präzise formuliert. Bei der Entscheidung über den Abwurf ging es aber nicht um Forschung, sondern um deren Anwendung im Leben. Die Aufzählung unterschiedlicher Argumente allein führte nicht zum Entschluss. Für General Groves war klar: Man setzt nicht zwei Milliarden Dollar ein, um nachher das Ergebnis nicht zu nutzen. Nach der Kapitulation Deutschlands drängte er also mit allen Mitteln, die Bombe gegenüber Japan, mit dem man noch im Kriegszustand war, einzusetzen. Sind Erfindungen einmal in der Welt, entwickeln sie offenbar eine Eigengesetzlichkeit, die auf Anwendung drängt. Wären nicht die zwei Milliarden ohne Einsatz der Bombe verschwendet? Bei Groves sind die Emotionen, die zu den ihm passenden

Argumenten führen, leicht auszumachen. Er fühlt sich durchaus als «praktischer» Atomforscher. Ohne ihn hätte die Organisation des Unternehmens nicht geklappt. So sieht er die Bombe auch als seine Schöpfung an und möchte den Triumph seines Erfolges genießen. Über diesem Drang nach Anerkennung verdrängt er, ohne mit der Wimper zu zucken, den Gedanken, welches unermessliche Leid er über unschuldige Menschen bringt. Der Tod von zigtausenden Menschen irritiert ihn nicht. Er verkörpert die Brutalität der Mächtigen, die gewillt sind, über Leichen zu gehen. Der darin sich ausdrückende Egoismus ist das Einfallstor für menschenzerstörende Mächte.

Im Frühsommer 1956 wird Oppenheimer gegenüber einem seiner Besucher das Resultat seiner Arbeit resümieren: «Wir haben die Arbeit des Teufels getan.» Das ist ein schwer wiegendes Urteil, aber es kann leicht zur Redensart verkommen, wenn nicht gleichzeitig aufgezeigt wird, wie und wo der Teufel (um Oppenheimers Wortwahl aufzugreifen) wirkte. Die Antwort auf nachvollziehbare Einzelheiten bleibt Oppenheimer schuldig.

Noch im Jahr 1956 sieht er den Frieden, den er als Schuldiger und Geschundener finden könnte, in dem Vorhaben: «aber nun kehren wir zu unseren wirklichen Aufgaben zurück», das heißt in der reinen Forschung. Kann ein so intelligenter Mensch wie er derart naiv sein zu glauben, dass die dabei gefundenen Forschungsergebnisse, auch wenn sie von anderen missbraucht wurden, den Forscher von der Mitverantwortung entbinden? Oder hat nicht auch der Forscher dafür zu sorgen, dass solcher Missbrauch unterbleibt? Die Diskrepanz, die sich zwischen der Erkenntnis und der Moral auftut, war nie größer. Fest steht, dass der Egoismus, wird er von Einzelmenschen oder von Nationen dargelebt, das Zusammenleben der Menschen zerstört: Das Leid, das dem anderen durch solchen Egoismus zugefügt wird, ist unübersehbar. Es wiederholen sich die schrecklichen Phänomene immer wieder. Das erweckt den Anschein, dass Menschen und Völker in diesem Punkt nicht lernfähig sind. Die Macht des Egoismus und des Nationalismus verdunkelt offensichtlich jegliche Vernunft. Wie der Egoismus, so beherrscht heute die Angst immer häufiger das Seelenleben der Menschen. Auch die Entwicklung der Atombombe in Amerika urständet in dem Phänomen der Angst vor der möglichen Entwicklung einer deutschen Atombombe.

Die Grundlagen der Kernspaltung waren nicht zuletzt in Deutschland erforscht worden. Nach Beginn des Zweiten Weltkriegs hegte man daher die Vermutung, dass die Deutschen sicher nach einem Weg suchten, das Phänomen technisch zu nutzen. Die Zerstörungskraft im Besitz eines Diktators wie Hitler war eine beängstigende Vorstellung. Was man zur damaligen Zeit nicht wissen konnte, war die Tatsache, dass die Elite der deutschen Physiker das genauso sah und sich praktisch zu einem hinhaltenden Widerstand entschloss. Die Amerikaner konnten es nicht glauben, als sie in den letzten Kriegstagen entdeckten, wie wenig auf diesem Felde in Deutschland geschehen war. Die Vorstellung, dass die Deutschen am Bau der Bombe arbeiteten, erwies sich als falsch. Auch falsche Gedanken haben Wirkungen. In diesem Falle verursachten sie, dass in Amerika der Entschluss reifte, Hitler zuvorzukommen. Eine irrige Vorstellung, gepaart mit der Angst, die sie auslöste, war der Motor dafür, die Bemühungen der Amerikaner in Gang zu setzen. Am Anfang aller Überlegungen, die zu Los Alamos führten, stand also ein Irrtum.

Die Angst ist ein Dauerphänomen geworden. Wenn heute Indien die Atombombe besitzt, muss sie Pakistan, das in spannungsreichen Beziehungen zu Indien steht, auch haben. Solche Angst bindet zusätzlich ungewöhnlich hohe Summen in eine doch nur scheinbare Friedenssicherung. Ein einseitiger Missbrauch ist keineswegs ausgeschlossen.

Das Lebensresümee des eingangs erwähnten Forschers lenkt den Blick auf ein Symptom, das weit verbreitet ist. Wir werden ihm noch öfters begegnen. Nüchtern wird ein Bewusstseinsschwund registriert, in dem es möglich wurde, die einstigen Ideale in ihr Gegenteil zu verkehren. Die Frage muss erlaubt sein, wer in solchen Augenblicken das verdunkelte Bewusstsein beherrscht. Sicher ist doch, dass die Verwandlung der Ideale in das Gegenteil nicht willentlich von den Betroffenen selbst vollzogen wurde. Dennoch fand sie statt. Wer aber hat dann diese Umwandlung verursacht? Von wem wurde der Mensch Werkzeug?

Damit solche unfreiwilligen Impulse in das Leben einfließen können, bedarf es bestimmter emotionaler Befindlichkeiten. Faszination von den gebotenen Möglichkeiten, Aussicht auf persönliches Ansehen, Geltendmachen des nationalen Interesses behindern die klare Sicht für die Konsequenzen der eigenen Tätigkeit im sozialen Umfeld. Indem diese Emotionen begehrend vor das innere Auge treten, fixieren sie das Bewusstsein auf ihre Erfüllung und unterdrücken die abwägende Nüchternheit. Sie liefern den Menschen an Folgen aus, die er nicht mehr beherrscht.

Der vermeintliche Vorteil, allein im Besitz der Atombombe zu sein, dauerte nicht lange. Denn diejenigen, die sich durch den Vorteil der Amerikaner bedroht fühlten, hauptsächlich die Sowjetunion, setzten alles daran, den Nachteil aufzuholen. Die Zeit bis zum Bau der russischen Wasserstoffbombe war kurz. Ebenso wurde die überlegene Raketentechnik der Amerikaner von den Russen egalisiert. Was blieb, war das tiefe Misstrauen in der Zeit des Kalten Krieges.

Die zerstörerische Macht des Kapitalismus

Man mag die Ereignisse des Zweiten Weltkriegs, von denen im vorigen Kapitel berichtet wurde, als Ausnahmezustände ansehen – und damit ihren zerstörerischen Charakter leise entschuldigen. Ungewöhnliche Situationen erfordern eben ungewöhnliche Mittel! Oder ist das Gegenteil wahr? Dann träten in der Zeit der Kataklysmen jene Absichten und Motive deutlicher in Erscheinung, die schon vorher lebensbestimmend wirkten, ohne dass sie bereits klar erkannt wurden.

Um das zu klären, soll ein Lebensbereich betrachtet werden, der alltäglich ist: die Wirtschaft. Unsere Bedürfnisse müssen durch sie ständig befriedigt werden. Sie bestimmt den jeweiligen Wohlstand. Nicht zuletzt die Arbeitsteilung, die keineswegs abgeschlossen ist, hat die Wirtschaft so effektiv gemacht. Eine alle Kontinente übergreifende Wirtschaft entwickelte sich.

Die Arbeitsteilung macht deutlich, dass der im Wirtschaftsleben stehende Mensch nicht mehr wie in alten Zeiten für sich selbst arbeitet, sondern für andere Menschen. Was er herstellt, geht in alle Welt, um den Bedürfnissen anderer Menschen zu dienen. Arbeit gedeiht am besten durch ein altruistisches Verhalten im Wirtschaftsprozess. Rudolf Steiner charakterisiert das so: «Nicht ein Gott, nicht ein sittliches Gesetz, nicht ein Instinkt fordert im wirtschaftlichen Leben den Altruismus im Arbeiten, im Erzeugen der Güter, sondern einfach die moderne Arbeitsteilung. Also eine ganz volkswirtschaftliche Kategorie fordert das.»[8]

Diese Einsicht wird durch das Urteil verstellt, der Mensch arbeite für Lohn und damit für sich selbst. Das Motiv zur Arbeit sei einzig und allein der Egoismus. Dieses Motiv sei auch für das einzelne Unternehmen gültig. Das Gegenteil von Altruismus wird praktiziert. Unter dieser Prämisse muss der Preis der hergestellten Produkte hoch gehalten werden, um den eigenen Vorteil am besten durchzusetzen. Gewinnmaximierung ist die Devise.

So urteilt etwa C. Secretan: «Der Eigennutz soll in der Hauptsache den Antrieb zur Arbeit geben. Darum muss alles, was diesem Antrieb mehr Kraft und Bewegungsfreiheit geben kann, unterstützt werden … Das ist der Grundsatz, von dem man ausgehen und den man mit unerschütterlicher Folgerichtigkeit anwenden muss, unter Verachtung kurzsichtiger philanthropischer Entrüstung und der kirchlichen Verdammnis.»[9] Man tut so, als ob es neben dem Trieb zum Egoismus keine anderen Motive menschlichen Handelns gäbe. Diese Ansicht beherrscht das Wirtschaftsleben des 20. Jahrhunderts, sie ist geradezu ihr Axiom. Wissenschaft und Wirtschaftspraxis vertreten also einen Sozialdarwinismus mit beträchtlichen Folgen. Der Preis der Ware bestimmt doch die menschlichen Lebensverhältnisse. Ist er zu hoch – was Wirtschaftspraxis im eigenen Interesse anstrebt –, kommt es beim Gütertausch zu keinem gerechten Ausgleich menschlicher Interessen. Es gibt beim Tausch permanente Gewinner und Verlierer, das heißt, es entstehen Reiche und Arme.

Dem Egoismus als elementarem Motiv des Wirtschaftens entspricht die These vom notwendigen wirtschaftlichen Wachstum. Es sei – so wird deklariert – die Voraussetzung für wachsenden Wohlstand und Arbeit für alle.

Der *Human Development Report* des Entwicklungsprogramms der Vereinten Nationen beurteilt 1996 und 1997 dieses globale wirtschaftliche Wachstum. Er spricht von einem Wachstum der Rücksichtslosigkeit, der Zukunftslosigkeit, der Entwurzelung und der Entmündigung. 385 Milliardäre verdienen so viel wie 2,4 Milliarden Arme. Das ist fast die Hälfte der Erdbevölkerung. Ein einziges Beispiel für die Rücksichtslosigkeit: 25 Millionen Menschen werden jährlich durch Pestizide vergiftet.

Während die Affären eines amerikanischen Präsidenten monatelang die Politik und die Medien beschäftigen, wird dagegen ein solcher Report so gut wie nicht wahrgenommen. Er widerspricht zu sehr der Mentalität der Einflussreichen, der Sieger.

Ein weiteres Symptom der Wirtschaftsgeschichte des 20. Jahrhunderts ist interessant. Nach dem Zweiten Weltkrieg gab es in Deutschland eine Art Pakt zwischen Arbeitgebern, Gewerkschaften und Politik. Man bemühte sich, intelligente Lösungen für eine permanente Reform des Wohlfahrtsstaates einvernehmlich zu finden. Dieses «Deutsche Modell» hatte eine seiner Wurzeln in dem Konsens von der sozialen Verantwortung des Kapitals. Diese Verantwortung wurde im Grundgesetz der BRD festgeschrieben. Als 1972 die Arbeitslosenzahl die Millionengrenze überschritt, bröckelte leise diese Übereinkunft. Die Unternehmen hörten auf, rein nationale Firmen zu sein. Die Großen unter ihnen wurden international. Beispielsweise ist Siemens in den letzten Jahren in Deutschland nicht mehr gewachsen. 1989 betrug das Inlandsgeschäft noch 50 Prozent des Gesamtumsatzes. Heute sind es nur mehr 25 Prozent. Siemens beschäftigt in Amerika 65.000 Menschen, in China 25.000. 75 Prozent des Umsatzes werden also heute im Ausland erwirtschaftet. Ein von der Öffentlichkeit kaum bemerkter Vorgang mit beträchtlichen Folgen. Denn auch die Investitionen werden (und zwar nicht anteilsmäßig nach dem in Deutschland und anderen Ländern gemachten Umsatz) verteilt. In erster Linie profitieren diejenigen Gebiete, in denen die Bedingungen des Wirtschaftens die größte Rendite versprechen. Das sind jene, bei denen in der Regel kein ausgewogener sozialer Pakt zwischen den Partnern (Arbeitgeber, Gewerkschaften, Staat) besteht. Es wäre wünschenswert gewesen, wenn das Deutsche Modell überall in der Welt Fuß gefasst hätte, weil es sich der sozialen Gerechtigkeit am meisten nähert. Dafür aber gab es wenig Chancen. Die immer stärker werdende Globalisierung der Firmentätigkeit verlockt bzw. zwingt geradezu, die Vorteile weniger sozial geordneter Staaten für die eigenen Interessen zu nutzen. Denn auf dem Weltmarkt ist ein beinharter Konkurrenzkampf entbrannt. Bei ihm wird um Marktanteile gestritten, um durch Präsenz in bestimmten Regionen (siehe das Engagement von Siemens in China!) Macht und Einfluss im gegenwärtigen Positionsgerangel zu gewinnen. Die Einflusssphären werden jetzt festgelegt. Das ist auch der Grund für die gegenwärtig stattfindenden «Megafusionen».

Henning Schulte-Noelle, von Fachleuten als einer der Regisseure der deutschen Wirtschaft bezeichnet, hat mit der Allianz das führende Versicherungsunternehmen der Welt geschaffen. Sein Kommentar zu der augenblicklichen Haupttendenz im Wirtschaftsleben, den er als «schleichenden Prozess» charakterisiert: «In jedem Unternehmen müssen ständig irgendwelche Entscheidungen getroffen werden, und sie gehen seit Jahren zu Lasten des deutschen Standorts. Unter Kostengesichtspunkten ist das alles sehr gut zu begründen.»[10] Das heißt aber auch, dass die Verfügungsmasse für gerechte Anteile an der Wertschöpfung in Deutschland schmilzt. So resümiert *Die Zeit:* «International planen, handeln, mitspielen und gleichzeitig den deutschen Weg auf der Suche nach Konsens nicht verlassen – wie soll das zusammenpassen?»[11] Denn diejenigen, die bislang berechtigt als die Besitzer wirtschaftlicher und damit auch sozialer Macht charakterisiert wurden, sind gegenwärtig selbst die Getriebenen. Sie fürchten, im entbrannten Krieg um die Marktanteile der globalen Wirtschaft den Kürzeren zu ziehen und damit letztendlich zu den Verlierern zu gehören. Die Globalisierung zeigt das Wirken des Egoismus in einer neuen Dimension. Je größer die eigenen Bataillone sind, umso mehr Aussicht besteht, die Schlachten der Zukunft zu gewinnen. Die Zeit der Megafusionen ist angebrochen und die der feindlichen Übernahmen – Machtkämpfe, die mit harten Bandagen ausgefochten werden.

Folgende Symptome begleiten diese Vorgänge: Von der Sozialbindung des Kapitals, die im Grundgesetz der Bundesrepublik verankert ist, spricht niemand mehr. Im Wettlauf um globale Marktanteile, die unbarmherzig das Konkurrenzdenken beherrschen, kann man sich – so wird zumindest argumentiert – diesen Luxus nicht mehr leisten. Die Politik kann diese Forderung des Grundgesetzes nicht mehr einklagen. Jedweder Versuch, dies zu tun, stößt auf heftigen Widerstand, weil er eine Behinderung des global entbrannten Wettbewerbs bedeutet. Die Politiker werden darauf verwiesen, dass es heute keinerlei Schwierigkeiten macht, den Standort Deutschland mit der Firma zu verlassen und sie dort wieder aufzubauen, wo es keine solchen Restriktionen gibt.

Ebenso hilflos steht die Politik der Tatsache gegenüber, dass jede Fusion Arbeitsplätze vernichtet. So wie sie organisatorisch für die Firmen von Vorteil ist, bringt sie dem Staat und den Sozialversicherungen neue Lasten.

Eine Ursache, die diese Entwicklung überhaupt erst möglich machte, ist die Abkoppelung der Geldmenge von der realen Wertschöpfung, welche die Wirtschaft de facto leistet. Kenner schätzen, dass die für die Wirtschaft und den Handel notwendige Geldmenge etwa 3 Prozent der heute zirkulierenden Finanzmittel beträgt. 97 Prozent also vagieren blitzschnell durch die Welt, um Anlage zu suchen. Selbstverständlich wird nur die Anlage mit hoher Rendite geschätzt; die Vermehrung des eigenen Kapitals ist das einzig gültige Motiv. Es heizt die Aktienkurse auf allen

Finanzplätzen der Welt so an, dass auch von manchen Vertretern des Neoliberalismus Sorgen geäußert werden, ob diese Entwicklung, die wie ein Fieber um sich greift, nicht eines Tages in einem Crash enden muss. Der Gedanke ist keineswegs abwegig. In den neunziger Jahren flossen Milliarden von Spekulationsgeldern nach Ostasien. Dieses «heiße Geld» vergaben die örtlichen Banken mit offenen Händen, ohne Rücksicht darauf, ob die damit eingeleiteten Geschäfte erfolgversprechend waren. Das Geschäft boomte so, dass diese Länder als ein Vorbild für modernes Wirtschaften angepriesen wurden. Wirtschaftsliberalität zeigte, was sie zu leisten imstande war. Als die Wirtschaft zu kriseln anfing, floh das Kapital blitzschnell aus der Verantwortung und machte die Krise perfekt. Die Verluste dieser Länder waren so schwer, dass es aussichtslos erschien, sie aus eigener Kraft zu bewältigen.

So musste der Internationale Währungsfonds (IWF) eingreifen, um die Katastrophe zu begrenzen. Er verfügt über Gelder der Mitgliedsländer. Diese sind aus Steuergeldern abgezweigt, also von den Volksgemeinschaften bezahlt. Ohne dass der einzelne Steuerzahler das weiß, übt er Solidarität mit einer Region, die durch unsolides Wirtschaften und durch Spekulanten an den Rand des Ruins getrieben wurde. Der ahnungslose Steuerzahler trägt die Verantwortung für Folgen, die durch eigensüchtige Spekulation verursacht wurden – eine groteske Situation.

Ebenso grotesk ist, dass die Ziele der Globalisierung eindeutig seit dem berühmten Treffen der potentesten Unternehmer und Wirtschaftsexperten in Kalifornien Ende September 1995 beschrieben und bekannt sind, ohne dass ein Sturm der Entrüstung durch die Welt ging. Die Vision dieses Treffens war folgende: Nutzt man optimal die technischen Hilfsmittel, so ist es wahrscheinlich, dass für die Warenherstellung, welche die Konsumbedürfnisse der Weltbevölkerung abdeckt, nur ca. 20 Prozent der Weltbevölkerung notwendig sind. Was geschieht dann mit den übrigen 80 Prozent? Auch darüber hatte man nachgedacht. Die Gedanken liefen auf eine bescheidene Alimentierung und ein gezieltes Amüsement für die Massen hinaus, um diese bei Laune zu halten.

Man wird an die Situation erinnert, als Hitler an die Macht kam; er hatte seine Zielsetzungen vorher in seinem Buch *Mein Kampf* offengelegt, aber kaum jemand glaubte, dass sie so, wie sie dort ausgesprochen wurden, umgesetzt werden würden. Das menschliche Vorstellungsvermögen versagte, diese Ziele nüchtern zu imaginieren und den daraus folgenden Konsequenzen erlebend gegenüberzutreten. So ähnlich wird heute die Globalisierung behandelt. Deren Zielsetzungen scheinen ebenfalls das Vorstellungsvermögen zu übersteigen. Dabei sind zumindest zwei Folgen der Globalisierungstendenz schon jetzt handgreiflich zu beobachten. Erstens: Der Abbau von Arbeitsplätzen als stetige Folge jeder Fusion. Man beruhigt sich darüber mit der unbewiesenen These, dass diese Entwicklung durch das Entstehen neuer Arbeitsplätze bei modernen Technologien ausgeglichen werde. Es sollte zu denken geben, dass die Inauguratoren der Globalisierung das anders sehen. Denn das Eliminieren von Arbeitsplätzen bis auf ein Fünftel der Weltbevölkerung ist das erklärte Ziel der Globalisierung.

Zweitens: Die Ordnungsmacht der Politik gegenüber der Wirtschaft greift nicht mehr, zumal Einzelstaaten einer internationalen Wirtschaft machtlos gegenüberstehen. Deshalb wird gelegentlich ein internationales Abkommen für die Ordnungspolitik gegenüber der Wirtschaft gefordert. Schon die Konferenz dazu wird kaum zustande kommen, ihre Ergebnisse aber würden sicher am Einspruch der USA wie im Falle des Klimaabkommens oder des Stopps von Atomversuchen scheitern. Denn die Politik der USA stimmt bisher dem freien, durch keine Auflagen begrenzten Markt bedingungslos zu. Der Stargast des ersten Weltwirtschaftsforums im neuen Jahrtausend in Davos, Bill Clinton, pries die Öffnung der Märkte als Patentrezept auch für die Gesundung der Entwicklungsländer. Michael Capellas, Präsident des US-Computerherstellers Compaq, resümierte dagegen die Ergebnisse des Forums: «Die Hauptbotschaft dieser Veranstaltung ist für mich: Kannibalisiere dein eigenes Unternehmen, bevor es ein anderer tut.»[12] Kannibalisieren heißt: Mache den rein wirtschaftlichen Erfolg noch unbedingter und rücksichtsloser zum einzigen Maßstab deines Handelns und vergiss alle menschlichen Folgen, die eine solche Maxime auslöst.

Ein Unternehmer aus Marokko konfrontierte den Weltbankpräsidenten James Wolfensohn mit der bezeichnenden Frage: «Wie soll ein Land wie das meine bei der Globalisierung und der Internetrevolution mithalten?» Die Verlierer stehen heute schon fest. Bill Clintons «Visionen», dass die Welt insgesamt (also auch die Entwicklungsländer) mit der heute üblichen Wirtschaftsordnung genesen werden, sind eine Illusion. Es bleibt lediglich die Frage offen, ob Clinton ein Illusionist ist oder ob solches Verhalten einer bewussten Strategie angehört.

Studiert man die wenig bekannten Äußerungen amerikanischer Politiker zu dieser Frage (beispielsweise in dem Buch von Noam Chomsky, *War against people*[13]), so kommt man zu der Auffassung, dass mit dem Bekenntnis zu absoluter Wirtschaftsliberalität sich auch am besten die politische Vormachtsstellung Amerikas befestigen lässt. Schon 1963 formuliert Dean Acheson: «Die Angemessenheit einer Reaktion der Macht, der Position und des Prestiges der Vereinigten Staaten kann kein Gegenstand des Rechts sein.»[14] Das internationale Recht sei lediglich nützlich, «unsere Position mit einem Ethos zu vergolden, das aus höchst allgemeinen, in die Rechtslehre eingegangenen Moralprinzipien abgeleitet ist». Die USA bestimmen also von Fall zu Fall, was nach den politischen, wirtschaftlichen und sozialen Interessen der Weltmacht opportun ist. Lässt sich die Entscheidung juristisch verbrämen, soll es gut sein, wenn nicht, soll man internationales Recht nicht achten.

Ein Beispiel für diese Einstellung ist die vierzigjährige Blockade Kubas. Diese wurde weltweit verurteilt: von den Vereinten Nationen, der Europäischen Union, der Organisation amerikanischer Staaten (OAS), ohne den geringsten Eindruck auf Amerika zu machen. Arthur Schlesinger formuliert in einem internen Bericht den Grund für die Blockade so: Es sei «die Verbreitung von Castros Idee, die Sache [durch Revolution] in die eigenen Hände zu nehmen», wodurch «die Armen und Unterprivilegierten ermutigt wurden, jetzt bessere Lebensbedingungen zu fordern».[15] Eine erstaunliche Begründung! Damit scheint die Aufrechterhaltung jener Gesellschaftsstruktur, in der eine schmale Oberschicht allen politischen Einfluss hat, ein Ziel amerikanischer Politik zu sein, das es durchzusetzen gilt. Der «soziale Virus», der von Kuba ausging, musste mit allen Mitteln bekämpft werden.

Der Verteidigungsminister Cohen formuliert 1990: Die USA seien zu einem unilateralen Einsatz der Macht verpflichtet, um die Sicherung uneingeschränkter Zugänge zu Schlüsselmärkten, Energievorräten und strategischen Ressourcen durchzusetzen. – Man ist nicht zimperlich, wenn es den Egoismus durchzusetzen gilt. Die Folgen, soweit sie andere betreffen, werden außer Betracht gelassen – siehe den *Human Development Report* der Vereinten Nationen.[16]

Die rassenhygienische Utopie

Alfred Ploetz (1860 – 1940), ein Freund der Literaten Gerhart Hauptmann und Frank Wedekind, beschäftigte lebenslang die Frage, wie man die Gesetze Darwins, von deren Richtigkeit er überzeugt war, nicht dem Zufall überlassen, sondern durch eine gezielte Gesellschaftspolitik fördern könnte. In seinem 1895 erschienen Buch *Grundlinien einer Rassenhygiene* schreibt er: «Es handelt sich also um die Grundlinien einer Art rassenhygienischer Utopie, über deren komisches und grausames Äußere der Leser nicht zu erschrecken braucht, es ist ja eben nur eine Utopie von einem einseitigen, durchaus nicht allein berechtigten Standpunkt aus, welcher nur den Conflict der bis in ihre Consequenzen verfolgten Anschauungen gewisser darwinistischer Kreise mit unseren Culturidealen deutlich hervortreten lassen soll.»[17]

Ploetz ist sich also bewusst, dass eine Veränderung der Kultur nach darwinistischen Gesichtspunkten Grausamkeiten zur Folge hätte. Er beruhigt den Leser, dass es sich nur um ein Spiel mit Gedanken handle. Aber auch Utopien sind gefährlich. Einmal geäußerte Gedanken gehören fortan zum Bestand dessen, was die Menschheit geistig-seelisch bewegt. Einmal aufgetaucht, zeugen sie in der Regel ihre Kinder. Sie führen in Varianten den ins Leben getretenen Grundgedanken fort. So begleiteten die Ploetzschen Gedanken das letzte Jahrhundert und die Gegenwart.

Das Buch ist mehr als eine Utopie. In ihm werden unbefangen die praktischen Konsequenzen aus einer – zugegeben einseitigen – Auffassung des Darwinismus gezogen. Utopie ist es nur insofern, als die Konsequenzen dieser Weltsicht und die bestehenden gesellschaftlichen Zustände arg divergieren. Aber Ploetz möchte gerade diese Divergenz überwinden und für eine wissenschaftliche Sicht der sozialen Wirklichkeit werben. Auch überträgt er kühn diese Weltsicht auf die praktische Sozialgestaltung.

Zur Charakteristik des Buches nur wenige Sätze: «Stellt es sich trotzdem heraus, dass das Neugeborene ein schwächliches oder missgestaltetes Kind ist, so wird ihm von dem Ärzte-Collegium, das über den Bürgerbrief der Gesellschaft entscheidet, ein sanfter Tod bereitet, sagen wir durch eine kleine Dose Morphium. Die Eltern, erzogen in strenger Achtung vor dem Wohl der Rasse, überlassen sich nicht lange rebellischen Gefühlen, sondern versuchen frisch und fröhlich ein zweites Mal, wenn ihnen dies nach ihrem Zeugnis über Fortpflanzungsbefähigung erlaubt ist.

Dieses Ausmerzen der Neugeborenen würde bei Zwillingen so gut wie immer und principiell bei allen Kindern vollzogen werden, die nach der sechsten Geburt oder nach dem 45. Jahr der Mutter bzw. dem 50. Jahr des Vaters überhaupt noch – entgegen einem gesetzlichen Verbot – geboren werden.»[18]

Die Gesetzgebung des Staates regelt also die Fortpflanzung und erzieht die Bürger in strenger Achtung vor dem Wohl der Rasse. Verfolgt man die Biografie des Autors, so findet man eine starke emotionale Kraft, das Leben der Menschen bzw. der Gesellschaft zu verbessern. Sie ist neben dem Hang und der Begeisterung für die Naturwissenschaft eine starke Triebkraft im Leben von Alfred Ploetz. Dazu kommt seine besondere Vorliebe für die Romane von Felix Dahn, welche das alte Germanentum verehren.

Ein Verein Pacific wurde 1884 gegründet, unter anderen zusammen mit Gerhart Hauptmann. Das Ziel des Vereins war die Gründung einer Genossenschaft in einem Lande mit vorwiegend germanischer Bevölkerung. Man suchte eine gerechte und egalitäre Lebensgemeinschaft. Dieser Verein schickte Ploetz zu gesellschaftlichen Studien nach Amerika. Dabei machte dieser eine Erfahrung, die seinem Leben eine entscheidende Wendung gab. Ihn begeisterten Ideen, die er von Etienne Cabet in Amerika kennen lernte (aus dem Buch *Voyage en Icarie*[19]). Er lebte ein halbes Jahr in der Ikarier-Genossenschaft. Die Erfahrungen waren ernüchternd. Ploetz kam zu dem Urteil, dass mit dem heutigen durchschnittlichen Menschenmaterial der Zusammenhalt solcher Kolonien, besonders solcher mit größerer individueller Freiheit, nicht aufrechtzuerhalten wären. Streitsucht, Mangel an Hingabe und Einsicht, Faulheit und Untreue spielten eine zu große Rolle: «Aus diesen drei Einsichten entstand bei mir die Überzeugung, dass der Plan, den wir durchführen wollten, an der Qualität der Menschen ... scheitern würde. Der Zusammenstoß mit den realen Faktoren der Wirtschaft und der menschlichen Natur, mit einem Wort: der Wirklichkeit, brachte eine völlige Umwälzung in mir hervor ...»[20]

Die Umwälzung bestand einmal darin, dass er sich von der Nationalökonomie abwandte und ein Medizinstudium begann. Dabei ließ ihn aber der Gedanke an gesellschaftliche Veränderung nicht los. Er träumte fortan davon, sie auf biologischem Wege zu erreichen.

Ploetz beseelte ein durchaus verständliches Ideal: die weitere Entwicklung des Menschen. Das, was die Menschen aus eigenem innerem Streben dazu beitragen können, erschien ihm zu gering. Seine Ungeduld fand ein besseres Mittel als die Selbsterziehung: die Zucht und die Auswahl der menschlichen Gesellschaft nach rassenhygienischen Gesichtspunkten. Die dabei unvermeidlichen Grausamkeiten hielt er für nichts anderes als das Befolgen eherner Naturgesetze, denen der Mensch unterworfen ist. Im Namen des Fortschritts sollen gewachsene Sozialformen, traditionelle moralische Werte, ja die Menschenwürde der «Objektivität wissenschaftlicher Erkenntnisse» unterzogen werden. Allein die wissenschaftliche Vernunft soll regieren und allgemeine Anerkennung erfahren. Auftretende Grausamkeiten sind ein notwendiges Übel, zu denen der Mensch ein neues, «vernünftiges» Verhältnis finden muss.

Der Freund von Alfred Ploetz, Gerhart Hauptmann, entwirft in seinem Drama *Vor Sonnenaufgang* ein realistisches Bild vom Erleben dieser gewissermaßen «kalten» Vernunft. Die Gestalt des Loth ist aus den Erfahrungen geschaffen, die Hauptmann mit Ploetz machte. Loth ist Sozialreformer und ein fanatischer Verfechter der Rassenhygiene. Als er von seiner Braut Helene erfährt, dass in deren Familie Alkoholismus vorgekommen ist, stellt er seine Vernunft über seine Gefühle und trennt sich von ihr. Sie verzweifelt und begeht Selbstmord.

Ploetz ist einer jener Menschen, die am Beginn des 20. Jahrhunderts nach einem einheitlichen Weltbild streben, das in allen Teilen von der gängigen Naturwissenschaft bestimmt wird. Deren Materialismus, praktisch angewendet, mündet in Grausamkeiten.

Ein Mythos wird bemüht

Der Naturwissenschaftler Sanderson Haldane, ein Forscher aus der Generation nach Ploetz, wählt die mythische Gestalt des Daedalus, um den fortschrittlichen Naturforscher zu charakterisieren. Er fasst an dieser Sagengestalt vor allem ins Auge, dass sie erstaunliche Erfindungen gemacht hat, ohne von den Göttern dafür gestraft zu werden. Daraus schließt er, dass der schöpferische Mensch, vor allem der Naturwissenschaftler, einen Freibrief habe, Erkenntnisse und Erfindungen ohne Skrupel in die Welt zu setzen. Er behauptet, «dass der Naturwissenschaftler mit den Göttern nichts zu schaffen hat ... Der Wissenschaftler der Zukunft wird immer mehr der einsamen Gestalt des Daedalus gleichen, in je höherem Maße er sich seiner furchtbaren Mission bewusst und stolz auf sie sein wird.»[21]

Diese «Mission» wird folgendermaßen beschrieben: «Der Freund des Bestehenden hat nur wenig von demjenigen zu fürchten, dessen Vernunft die Dienerin seiner Leidenschaften ist; wohl auf der Hut möge er vor demjenigen sein, bei dem die Vernunft zur gewaltigsten und furchtbarsten der Leidenschaften geworden ist. Diese Leute sind die Zertrümmerer abgelebter Reiche und Kulturen, sind Zweifler, Auflöser, Gottesmörder ... aber ich glaube, dass Darwin ein Beispiel liefert für die gleiche Unbarmherzigkeit der Vernunft auf dem Felde der Wissenschaft ... dass gegenwärtig die Vernunft nicht nur im Bereiche der Naturwissenschaft freieres Spiel hat als irgendwo anders, sondern auch durch das Medium der Naturwissenschaft ebenso starke Wirkung auf die Welt ausüben kann, wie durch das Medium der Politik, Philosophie, Literatur. Solche Leute haben allerdings in erster Linie Interesse für die Wahrheit als solche; aber es kann ihnen kaum ganz gleichgültig sein, was geschehen wird, wenn sie ihre Drachenzähne in die Welt hinabschleudern.»[22]

Sanderson Haldane sieht also voraus, dass die Naturwissenschaft denselben Einfluss auf die Menschheit haben wird wie die Politik. Wer könnte heute noch an dieser Tatsache zweifeln? Wenn Vernunft zur «gewaltigsten der Leidenschaften» beim Menschen geworden ist – und das geschieht beim Naturwissenschaftler leicht –, so wird er zum «Zertrümmerer der Kulturen». Dafür haben wir Beispiele genug in der Geschichte des 20. Jahrhunderts. Die Welt nach Auschwitz, wo der rassenhygienische Wahn in die Wirklichkeit umgesetzt wurde, ist nicht mehr die Zeit vor Auschwitz. Die Zeit nach der Atombombe – ein Schrecken, der sich fast gleichzeitig mit den Ereignissen von Auschwitz ereignete – ist durch eine tiefe Zäsur von der Zeit davor getrennt. «Die Unbarmherzigkeit der Vernunft» bringt in beiden Fällen, wenn auch auf sehr unterschiedliche Weise, die bestehende Welt ins Schwanken. Haldane unterstellt noch naiv, dass das Streben der Naturwissenschaftler auf nichts anderes als die Wahrheit gerichtet sei. Unsere Zeit könnte an den Zeitereignissen ablesen, dass dieses Wahrheitsstreben oft durch die Befindlichkeit der Forschenden tief beeinflusst ist. Liegt etwa die «furchtbare Mission», die Haldane dem Naturwissenschaftler zuschreibt, nicht in der Wahrheit, sondern in der einseitigen Interpretation der Welt durch den Naturwissenschaftler?

Neben dieser Charakteristik des Wissenschaftlers entwirft Sanderson Haldane eine Prognose über die Entwicklung der Eugenik über das Jahr 2000 hinaus. Sie erstaunt, weil sie manche heutige Tatsache vorwegnimmt.

Natürlich erregten die radikalen Gedanken auch Widerspruch, unter anderem bei Aldous Huxley. Er wendet sich vor allem gegen den versteckten Totalitarismus, der vorausgesetzt werden muss, sollen die Visionen Haldanes praktisch durchgeführt werden; ein Jahrzehnt später existiert jedoch bereits jener totalitäre Staat, der Gesichtspunkte der Eugenik verordnet und durchsetzt. Aber auch Huxleys Kritik des Buches wird übertönt von dem Gefühl, dass es an der Zeit sei, die Weiterentwicklung der Menschheit in Gang zu setzen. In den sozialen Visionen jener Zeit wirkt eine starke emotionale Kraft, die auf Realisierung drängt. Der Darwinismus wird dabei immer mehr von einer Erkenntnismethode zu einer Technik, welche die Grundlagen des Lebens zu beeinflussen trachtet. *Der Erkennende wird zum Ingenieur.*

Die Ingenieure des Lebens

Dieser Ingenieurstypus ist bereits früh, etwa bei Jaques Loeb (1859 – 1924), zu beobachten. Er übernahm die Methoden des Begründers der so genannten Entwicklungsmechanik, Wilhelm Roux. «Roux wurde bekannt durch seine Experimente an Froschkeimen, bei denen er gezielt einzelne Zellen abtötete und die Konsequenzen dieses Eingriffs für den Gang der Entwicklung beobachtete. Seine Vorgehensweise verglich er mit dem ‹Platzieren einer Bombe› in eine neu gegründete Fabrik, um von der dadurch ausgelösten Störung der Produktion auf die innere des Betriebes zu schließen. Loeb adaptierte diesen destruktiven experimentellen Ansatz schnell. Ihm ging es allerdings weniger darum, die innere Organisation von Eizellen oder den Mechanismus der Embryonalentwicklung aufzuklären, als vielmehr um die Kontrolle des Entwicklungsvorgangs.»[23] Der Macher verdrängt den Erkennenden. In dieser Haltung wird vielleicht die Reduktion des Erkenntnisvorgangs, welche die Entwicklung der Biotechnik begleitet, am deutlichsten erlebbar. Als es Loeb gelingt, kleine Meerwasser-Polypen mit Köpfen an beiden Enden zu produzieren, schreibt er begeistert an seinen geistigen Mentor Ernst Mach nach Zürich, dass der Mensch auch in der belebten Natur als Schöpfer handeln und nach seinem Willen kontrollieren könne. «Es werde möglich sein, eine Technik der lebenden Wesen zu schaffen.»[24] Als ihm Ende 1899 eine allein chemisch ausgelöste Zeugung gelang, schien es ihm möglich, «alle Aspekte des Lebens so zu reorganisieren, dass sie rationaler, effizienter und beherrschbarer würden».[25]

Immer mehr wird der Mensch als ausschließliches Produkt des Vererbungsmaterials angesehen, auch wenn Chromosome und Gene zu diesem Zeitpunkt noch nicht entdeckt worden sind. Für eine solche Anschauung wird der Mensch unter anderem geschichtslos. Verwandlungen, wie sie sich im Laufe der Geschichte möglicherweise ereignet haben, interessieren nicht. Die Aufmerksamkeit wird ausschließlich auf den augenblicklichen Zustand fixiert; spontane Mutationen sind geradezu unerwünscht, da sie die rationale Mechanik durchkreuzen.

Das Bild eines bis aufs Letzte durchrationalisierten Menschen ist wenig verlockend, zumal die Gesellschaft in diesem Zustand auf Gedeih und

Verderb den so genannten Organisatoren ausgeliefert ist. Diese Tatsache wird aber verschleiert durch die theoretischen Zielsetzungen der Bestrebungen. Es sind folgende Thesen, die gebetsmühlenartig immer neu wiederholt werden:

– ‹Der drohende genetische Verfall der Menschheit muss gestoppt werden.› Diese Behauptung vom Verfall ist bis heute durch nichts bewiesen. Man interpretierte beispielsweise aber die Dramatik der Weltwirtschaftskrise als Zeichen des genetischen Verfalls. Für sie lieferte diese Theorie eine plausibel scheinende Begründung.
– ‹Die gesellschaftlichen Verhältnisse können mithilfe der Eugenik verbessert werden.› Mit diesem Gedanken verbinden sich konkrete Bilder von idealen Lebensbedingungen. Beispielsweise wird einst die Frau von der Last der Schwangerschaft befreit sein, da die Reifung des Embryos sich nicht mehr im Leib der Mutter abspielen muss. Wirkliche Emanzipation der Frau wird damit erreicht werden.

Der erste Gedanke operiert mit der Angst vor einem proklamierten Untergang, der zweite verspricht gesteigerte irdische Glückseligkeit, der dritte appelliert an das im Unterbewusstsein vorhandene Bedürfnis, fortschrittlich zu sein. Höchste Intelligenz besetzt menschliches Bewusstsein mit utopischen Illusionen.

Eine Entdeckung erschließt neue Möglichkeiten

In den Jahren nach dem Zweiten Weltkrieg übernimmt die Rolle des Schocks, den die Weltwirtschaftskrise in den dreißiger Jahren ausgelöst hatte, die Atombombe. Sagt doch Joschua Lederberg auf dem legendären Ciba-Kongress 1963 in London: «Muss nicht dieselbe Kultur, die sich in einzigartiger Weise die Macht zu weltweiter Vernichtung geschaffen hat, ein Höchstmaß an intellektuellem und sozialem Scharfblick entwickeln, um ihr eigenes Überleben zu sichern?» Wie aber sieht er die Überlebenschancen?

Die Szene hatte sich gegenüber der Zeit vor dem Zweiten Weltkrieg dramatisch verändert. Crick und Watson hatten ein Modell für die räumliche Struktur der DNS-Moleküle entwickelt und dafür den Nobelpreis erhalten. Damit bestand Hoffnung, das menschliche Genom räumlich festzulegen und manipulierbar zu machen. «Die letzten Errungenschaften der Molekularbiologie erweitern die Möglichkeiten der Eugenik, diese Absicht [das eigene Überleben] zu verwirklichen. Doch stützen sie auch *zwangsläufig* den Vorschlag, die Prinzipien der Tierzucht auf den Menschen anzuwenden? Ich komme zu dem vorläufigen Schluss, dass die Technologie der Humangenetik – selbst gemessen am Stand der praktischen Landwirtschaft – erbärmlich plump ist … Das entscheidende Problem der Embryologie liegt in der Regulierung und Durchführung der Proteinsynthese, die der geordneten Differenzierung der Zelltypen zugrunde liegt – in der Frage, wie es vor sich geht, dass von manchen DNA-Segmenten die Informationen abgerufen werden, während andere unterdrückt werden. Diese Fragen sind jetzt plötzlich einer experimentellen Analyse zugänglich. Die Embryologie befindet sich weitgehend in der gleichen Situation wie die Atomphysik im Jahre 1900; nach ehrwürdigen und erfolgreichen Traditionen steht sie jetzt vor ihrem eigentlichen Anfang … Unter diesen Voraussetzungen ist es kaum vorstellbar, dass wir nicht in kurzer Zeit die Grundlagen für Verfahren zur Steuerung der

Entwicklung haben werden und z.B. die Größe des menschlichen Gehirns durch pränatale oder frühe postnatale Eingriffe regulieren könnten. Es ist tatsächlich erstaunlich, wie wenig experimentelle Arbeit man geleistet hat, um einige grundlegende Fragen, zur hormonellen Steuerung der Hirngröße oder zur gegenseitigen funktionellen Verbindung zweier Gehirne, an Versuchstieren zu klären. Es bedarf nicht der Erklärung, dass ‹Hirngröße› und ‹Intelligenz› als Euphemismus für das Ideal einer menschlichen Persönlichkeit zu verstehen sind, was auch immer jeder von uns darunter verstehen mag.»[26]

Das größere Hirn wird als Indiz für eine Höherentwicklung des Menschen gesehen, der in Wirklichkeit, «wie unsere Teilnahme an diesem Symposion belegt, ein kommunikatives Tier» ist.

Zwischen der Wissenschaft von der Struktur der Materie und der Genetik schien es keine Verwandtschaft zu geben. Dem ist nicht so. Nach dem relativen Stillstand der Genetikforschung in den vierziger Jahren brachten die Forschungen für die Atombombe der Genetik einen unerwarteten Aufschwung. Wie konnte das geschehen?

«In der Tier- und Pflanzengenetik war der Durchbruch erst mit der künstlichen Mutationsauslösung durch Bestrahlung möglich geworden. Die kalkulierte Zerstörung und Vernichtung von Leben war daher zu einer der wichtigsten Routinemethoden der Laborwissenschaft geworden, die dem Geheimnis des Lebens auf die Spur zu kommen suchte. Was lag also näher, als die von den Atomphysikern des Manhattan-Projekts ab 1942 vorbereitete Massenvernichtung und -verseuchung mittels der Atombombe als einzigartige Forschungsgelegenheit zu nutzen und als strahlenbiologisches Menschenexperiment wissenschaftlich zu begleiten und auszuwerten? Die Untersuchung der pathologischen und genetischen Effekte von akuter und chronischer Bestrahlung war von Anfang an integraler Bestandteil des geheimen Atomwaffenprogramms.»[27]

Zwei Tatsachen sind symptomatisch: Auf dem ersten humangenetischen Kongress nach dem Zweiten Weltkrieg unterbreiteten vierhundert westliche Humangenetiker eine Petition für eine verstärkte Förderung strahlengenetischer Forschung. Das geschah auf dem Höhepunkt des atomaren Wettrüstens. Kein Wort fiel dabei zur Einschränkung oder gar Beendigung der atomaren Tests. 1946 übernahm die Atomenergie-

Kommission die Oberaufsicht über die gesamte zivile und militärische Nutzung der Atomtechnologie. Bis Ende 1969 finanzierte sie als wesentlichster Sponsor die Humangenetik.

Die neue Ethik

Einleuchtend ist, dass die geforderten Experimente am Menschen in Widerspruch geraten mussten mit «antiquierten» Vorstellungen über ihn. Die Akzeptanz der Gentechnik hing also von der Überwindung solcher Vorstellungen ab. Deshalb wurde eine neue Ethik geschaffen, welche die Gentechnik berücksichtigt. Verführerisch wird sie Bioethik getauft. Will sie der selbst gestellten Aufgabe gerecht werden, muss sie ein neues Menschenbild schaffen. Bevor wir auf es eingehen, noch eine Bemerkung: Als James Watson 1988 die Leitung des «Office of Genom Research» übernahm, entschied er, einen Teil der Gelder der Genom-Forschung für die Bioethik einzusetzen. Das «war ebenso einmalig wie die Tatsache, dass Bioethik zum festen Bestandteil eines biologischen Forschungsprogramms gemacht wurde».[28] Ein interessantes Symptom ist die fulminante finanzielle Unterstützung für Versuche der Bioethik durch dieselben Quellen, mit denen einst auch die Atomforschung unterstützt wurde. Diese Institutionen hatten wohl den Eindruck, dass sie mit solchen Projekten den Fortschritt, so wie sie ihn begriffen, am meisten fördern könnten. Die neue Bioethik will die alte Ethik, welche für die Akzeptanz der Forschungsergebnisse unzeitgemäß geworden ist, aus dem Feld schlagen.

Obwohl doch Lederberg den Menschen als ein Tier mit sozialem Instinkt charakterisiert hat, deklariert ihn die Bioethik als Person. Aber wie sieht diese Person aus? Ihre Grundvoraussetzung ist, dass alle ihre Eigenschaften, äußere wie innere, in den Genen lokalisiert sind. Die Individualität entspricht demnach einer komplizierten Chemie. Wie ein Erdteil soll das menschliche Genom gewissermaßen «kartografiert» werden. Der Gedanke, dass die Individualität, ihren Intentionen gemäß, sich eine spezielle Leiblichkeit schafft, also auch ein bestimmtes Genom, wird umgekehrt: Das Genom bestimmt die Individualität. Damit der Begriff der Person für die Bioethik geklärt werden kann, wird alle Aufmerksamkeit auf jenen Punkt gerichtet, wo die Person ein erstes Bewusstsein von sich selbst erreicht. Damit sieht die Bioethik sich selbst in der großen philosophischen Tradition des Abendlandes. Und es klingt vertraut, wenn es heißt: «Menschliches Leben ist daher nicht biologisch, sondern im Lichte dieses Personseins zu verstehen und zu bewerten.»[29] Die Frage taucht auf: «Wo beginnt das eigentliche Menschliche, und wo hat deshalb der Schutz des Menschen vor den Interessen der Wissenschaft oder der Ökonomie eine ethische Grenze zu ziehen?»[30] Sie bedarf für praktische Entscheidungen einer Antwort.

Einer der prägnantesten Vertreter der Bioethik ist Peter Singer. In seinem Buch *Praktische Ethik*[31] trennt er den Menschen in ein Gattungswesen und die Person, um den Begriff des Menschlichen genauer zu definieren. Ausgehend von der Frage ‹Weshalb ist Töten verwerflich?› kommt er über diese Trennung des einheitlichen Menschen zu dem Schluss: «Die biologischen Fakten, an die unsere Gattung gebunden ist, haben keine moralische Bedeutung.»[32]

Durch diesen «Kunstgriff» will er plausibel machen, dass der Mensch als Gattungswesen nichts anderes ist als eine Pflanze oder ein Tier. Lässt man sich auf diese Zweiteilung gedanklich ein, hat das überraschende Folgen. Die rein biologische Seite des Menschen erscheint in dieser Sicht gegenüber Pflanze und Tier keineswegs bevorzugt. Rhetorisch brillant heißt es: «Einem Leben nur deshalb den Vorzug zu geben, weil das Lebewesen unserer Gattung angehört, würde uns in die Position bringen wie die Rassisten, die denen den Vorzug geben, die zu ihrer Rasse gehören.»[33] Also ist derjenige, der daran festhält, dass nur der ungeteilte Mensch eine Wirklichkeit widerspiegelt, ein Rassist! Und ebenso der, welcher von einem Naturrecht spricht, das mit der Geburt eines Menschen entsteht! Solche Auffassungen werden als ein Relikt mittelalterlicher Theologie diffamiert.

Im Gegensatz zum Gattungswesen wird die Person an einigen Kriterien festgemacht: «Selbstbewusstsein, Selbstkontrolle, Sinn für Zukunft, Sinn für Vergangenheit, die Fähigkeit, mit anderen Beziehungen zu knüpfen, sich um andere zu kümmern, Kommunikation und Neugier.»[34] «Nimmt man einem dieser Menschen ohne seine Zustimmung das Leben, so durchkreuzt man damit seine Wünsche für die Zukunft. Tötet man eine Schnecke oder ein einen Tag altes Kind, so durchkreuzt man keine Wünsche dieser Art, weil Schnecken und Neugeborene unfähig sind, solche Wünsche zu haben.»[35] Damit haben sie nach Singer kein Recht auf Leben. Ihre Tötung widerspricht keiner Moral. Beispielsweise ist die prä- oder postnatale Beeinflussung des Gehirns eines Embryos deshalb moralisch unbedenklich wie überhaupt jede gentechnische Manipulation, weil man es bei dem Objekt ja nur mit einem Gattungswesen und keineswegs schon mit einer Person zu tun hat.

Dieses Raster, welches die Person bestimmen soll, ist primitiv. Es lässt außer Betracht, wie z.B. das Selbstbewusstsein zustande kommt, Selbstbestimmung möglich wird oder wie es zu erklären ist, dass das Selbstbewusstsein im Schlaf periodenweise schwindet usw. Schon gar nicht wird der Zusammenhang des Wesens, das solche Kriterien noch nicht besitzt, mit jenem, das letztendlich über sie verfügt, geklärt. Die als hypothetisch erklärte Trennung zwischen Gattungswesen und Person wird festgeschrieben, ohne dass ein Versuch unternommen worden wäre, das Verhältnis beider zueinander wirklichkeitsgemäß zu erfassen. Eine Weltsicht, die in Anspruch nimmt, die Entwicklung des Menschen zu höheren Stufen seines Daseins zu befördern, hat keinen Sinn für dessen Entwicklung. Anschaubar wird das, wenn die Bioethik Peter Singers den Sinn des Lebens zu bestimmen sucht. Da heißt es: «Achten wir unsere eigenen Lustgefühle als einen Wert – beim Essen, beim Sex, beim schnellen Laufen oder beim Schwimmen an einem heißen Tag –, dann verlangt der universale Aspekt des moralischen Urteils von uns, die positive Bewertung unserer eigenen Empfindungen auf ähnliche Empfindungen all derer auszudehnen, die solche haben können … Es läuft darauf hinaus, dass wir ein lustvolles Leben nicht verkürzen sollten.»[36] Der «universale Aspekt des moralischen Urteils» sieht also in der Lustempfindung ein zentrales Kriterium personalen Seins.

Interessant ist, wie mit dieser willkürlichen Begriffsbildung umgegangen wird. Bei Behinderten ist demnach das personale Dasein eingeschränkt oder aufgehoben. «Sie zu töten kann daher nicht gleichgesetzt werden mit dem Töten normaler menschlicher Wesen.»[37] Wie steht es um die Säuglinge? «Kein Säugling – mag er nun missgebildet sein oder nicht – hat in dem gleichen Maße den Anspruch auf das Leben wie Wesen, die fähig sind, sich selbst als distinktive Entitäten zu sehen, die in der Zeit existieren.»[38] Aus dem willkürlich gesetzten Personenbegriff Singers ist also auch die Tötung eines normalen Säuglings «unter dem universalen Aspekt des moralischen Urteils» kein Problem, hat ein Säugling doch noch nicht das personale Menschsein erreicht, das die Tötung als amoralisch erscheinen lässt. Dass ein gesunder Säugling notwendig ist, damit später ein individuelles Ich tätig werden kann, bleibt unberücksichtigt. Die vollzogene Trennung von Gattung und Person zerstört diese Sichtweise, und sie öffnet unter anderem für die Manipulation von Föten Tür und Tor.

Die Bioethik ist mit dem Ziel angetreten, neue Denk- und Verhaltensmuster zu schaffen, die endlich der naturwissenschaftlichen Denkweise entsprechen. Sie sollen jene ablösen, die aus einer überholten Weltanschauung stammen. Das Leben soll durchrationalisiert werden, beispielsweise mit der Behauptung, dass jedes «eingeschränkte» Leben einem optimalen den Lebensraum stiehlt. «Sofern der Tod des geschädigten Säuglings zur Geburt eines anderen Kindes mit besseren Aussichten auf ein glückliches Leben führt, dann ist die Gesamtsumme des Glücks größer, wenn der behinderte Säugling getötet wird.»[39] Die neue rationelle Moral verspricht mehr Glückseligkeit auf dieser Welt, wenn sie nur endlich in Kraft tritt. Die willkürliche und durchrationalisiert reduktionistische Methode dieser «Ethik» wird verdeckt durch die «Vision» erhöhter Glückseligkeit auf Erden. Die besondere Sympathie, welche diese neue Ethik begleitet, kommt von einer naturwissenschaftlichen Elite. An der übrigen Bevölkerung (mit Ausnahme der Eltern behinderter Kinder) geht diese besondere Ethik vorbei. Ob der Ungeheuerlichkeiten geht kein Aufschrei durch die Gesellschaft.

Die Sozialisierung des menschlichen Körpers

Seitdem die Transplantation von Organen weitgehend zur Routinesache der Chirurgie geworden ist, wird sie nur durch die zu geringen Organspenden behindert. Gedanken, wie man diese Behinderung beseitigen könne, sind gefragt.

«Jeder Mensch erhält eine Art Los-Nummer, die in einen Zentralrechner eingegeben wird. Immer wenn ein Arzt mindestens zwei Patienten hat, die nur durch Organspende gerettet werden können, er aber gerade keine Organe aus ‹natürlichen› Todesfällen zur Hand hat, kann er im Zentralrechner geeignete Spender abrufen. Der Computer sucht die Nummer eines Spenders nach dem Random-Prinzip, und die selektierte Person wird getötet, damit mindestens zwei andere Menschen gerettet werden können.»[40]

Die Logik dieser einspurigen Gedankenführung ist unbezweifelbar: Besser ein Mensch stirbt als zwei. Überlegungen zum individuellen Schicksal werden aus einer solchen Betrachtung total ausgeblendet. Dass Krankheit für denjenigen, den sie plagt, einen Sinn haben könnte, wird nicht bedacht, ebenso wenig, dass Menschen gerade in der Auseinandersetzung mit dem Leid bisweilen tiefgreifende Erfahrungen und eine Umwandlung ihres Seelenlebens durchmachen, für die sie später dankbar sind. Die Krankheit wird als bloßer Defekt betrachtet, der, wie etwa bei einem Auto, durch Ersatzteile repariert werden muss. Dieselbe Auffassung herrscht bereits bei dem Ziel vor, Gene auszutauschen, um ein besseres Funktionieren der so manipulierten Menschen zu erreichen. Diese angestrebte Funktionssteigerung bzw. deren Grundlagen werden mit einem geradezu religiösen Enthusiasmus umkleidet: «... es war in Los Alamos, wo Walter Gilbert [ein Nobelpreisträger] das vollständige menschliche Genom zum Gral erklärte und hinzufügte, dies sei auch die letzte Antwort auf das Gebot: ‹Erkenne dich selbst›.»[41] Das bedeutet, dass sich das Wesen des Menschen im Genom erschöpft. Wird diese «Menschenkunde» zum Gral erklärt, ist die Überzeugung, dass der Mensch ein allein materielles Wesen ist, zum heiligen, unumstößlichen Glauben geworden und jeder Andersgläubige zum Ketzer. Merkwürdig ist nur, dass diese gewissermaßen «heilige» Sicht der Dinge schlüssig zur Manipulation des Menschen führt, die, wie das vorher erwähnte Denkmodell zeigt, auch einen Mord an einem gesunden Menschen für plausibel hält. Was der Verwirklichung solcher Ideen noch im Wege steht, ist nach Harris das menschliche Gewissen. «Aber das Gewissen», so meint er, «ist nicht notwendigerweise der zuverlässigste Maßstab.»[42] Zu Ende gedacht, ist die Sozialisierung des menschlichen Leibes und seiner Organe eine Idee, die ebenfalls eine religiöse Überhöhung zulässt. Wird hier nicht das Ideal der Solidarität auf die höchst mögliche Spitze getrieben und durch Computerwahl «objektiviert»? Werden durch künstliche Veränderungen der Gen-Struktur nicht erst Tür und Tor für eine viel schnellere Entwicklung der Menschheit eröffnet, als die zu behäbig wirkende Natur es ohne sie zulässt? Wird nicht erst dann der achte Schöpfungstag volle Wirklichkeit, wenn solche Gedanken – in all ihren Konsequenzen – zum Leitbild menschlichen Handelns werden?

Man mag sich über solche Maximen und ihre «Rechtfertigung», welche die Bioethik für sie liefert, empören. Die Empörung ist fruchtlos, solange nicht erklärt werden kann, dass die Weltsicht, die hier vertreten wird, an der Wirklichkeit vorbeigeht. Das ist schon aus dem Grunde schwer, weil die Wissenschaft, einmal als Spitze menschlicher Intelligenz gefasst, den Materialismus überzeugt vertritt. Das aber heißt doch, dass die Reduktion der Weltsicht, auf die exemplarisch hingewiesen wurde, von diesen Menschen nicht erlebt wird. Im Gegenteil: Menschen wie Walter Gilbert überhöhen das materialistische Streben, indem sie in ihm die Erfüllung des Gebots ‹Erkenne dich selbst!› sehen. Mehr noch: Die bisherigen gefundenen Antworten werden als endgültig angesehen, als absolute Wahrheit. Von dieser Wahrheit sind die meisten Vertreter der Eugenik im Innersten überzeugt. Wenn ihnen in ihrem Streben schon nicht die Reduktion von der Wirklichkeit erfahrbar ist, so könnte doch wenigstens die Unmenschlichkeit, die in der Konsequenz ihrer Anschauungen liegt, aufhorchen und neu fragen lassen. Wenn man den Säugling mit einer Schnecke gleichsetzt, so könnte die trostlose Vereinfachung der Gedankenführung doch ins Auge fallen. Spätestens aber müsste die Konsequenz, dass es nicht unmoralisch sei, Schnecke wie Säugling zu töten, zur Besinnung führen. Dass dies nicht geschieht, ist ein charakteristisches Phänomen unserer Zeit.

Eine Variante der Gen-Forschung

In der Präambel der Konvention über das Verbot bakteriologischer (biologischer) und toxikologischer Waffen von 1972 heißt es: «Um der gesamten Menschheit willen sind wir entschlossen, die Möglichkeit auszuschließen, dass bakterielle Stoffe und Gifte als Waffen benutzt werden. Wir sind überzeugt, dass ein solcher Gebrauch mit dem Gewissen der Menschheit unvereinbar ist und wir keine Anstrengung scheuen sollten, dieses Risiko zu minimieren.» Als Ken Alibek – ein junger russischer Offizier und Mediziner – 1988 für eine Sonderaufgabe ausgewählt worden war, erhielt er bei Dienstantritt folgende Instruktion: «Ich muss Sie darüber in Kenntnis setzen, dass es ein internationales Abkommen gibt, das die Sowjetunion unterzeichnet hat. Gemäß diesem Abkommen ist es nicht erlaubt, biologische Waffen herzustellen. Auch die Vereinigten Staaten haben dieses Abkommen unterzeichnet, aber wir gehen davon aus, dass sie sich nicht daran halten.»[43] Für den jungen Mann ist es eine Selbstverständlichkeit, dass die USA nichts anderes im Sinn haben, als die Sowjetunion zu vernichten, hat er doch dieses Urteil von Jugend auf gehört.

Diese kleine Szene spiegelt eine Reihe von Tatsachen, die für unser Zeitalter charakteristisch sind. Man unterschreibt einen Vertrag, der nicht einmal sein Papier wert ist. Er wird nur als Deckmantel benutzt, um die Übereinkunft (natürlich zum Wohle des eigenen Staates!) zu brechen. Simpel ausgedrückt: Es herrscht die Lüge. Auch in diesem speziellen Falle ist die Lüge eine Folge der Angst: Man könnte in einer möglichen kriegerischen Auseinandersetzung unterliegen. Aus dieser Gemengelage von Lüge und Angst entsteht zwangsläufig strikte Geheimhaltung. Diese kann nur durch penibelste und weitestgehende Kontrolle aller Beteiligten gesichert werden. Das letzte Wort bei allen Vorkommnissen der biologischen Waffenherstellung in Russland hat deshalb der KGB. Will man Karriere machen, hat man in diesem System perfekt zu funktionieren. Diese Muster der Kontrolle sind international die gleichen.

Um den Widerstand gegen das Kontrollsystem klein zu halten, wird die Lüge fester Bestandteil aller Bildung. In unserem speziellen Fall kann Alibek überzeugend darlegen, dass auch er sich sicher ist, dass die Amerikaner das Abkommen nicht einhalten.

Der Biowaffentechnik hatte in den sechziger Jahren die wissenschaftliche Entdeckung von Crick und Watson ebenfalls neue Möglichkeiten eröffnet. Sie war der Anstoß für die Manipulation der Gene durch Genverschmelzung, die auch für die Herstellung von biologischen Kampfstoffen neue Dimensionen eröffnete.

Das Jahr 1988 hatte in Moskau zwei Gesichter: Gorbatschow war dabei, die Gedanken von Glasnost und Perestroika zu neuen Elementen der Staatsführung zu machen. Gleichzeitig wurde den Waffentechnikern der Auftrag erteilt, die SS18-Raketen mit biologischen Kampfstoffen auszurüsten. Diese Raketen können bekanntlich jeden Ort der Welt erreichen. Das Szenario, das sich dann ergeben würde, kann man sich konkret nur vorstellen, wenn man die Krankheitsbilder kennt, die jene Viren, welche für den biologischen Kampf ausgesucht worden sind, verursachen.

Bei der Schilderung eines Unfalls, nämlich der ungewollten Selbstinfizierung eines Forschers mit dem Marburg-Virus, wird das grauenvolle Sterben dieses Mannes in allen Einzelheiten geschildert. Aus dem Bericht nur so viel: «Am fünfzehnten Tag waren die kleinen Flecken auf Ustinows Körper dunkelblau und die Haut so dünn wie Pergament. Das Blut, das sich unter der Haut angesammelt hatte, begann durchzusickern. Es floss ihm aus Nase, Mund und Genitalien. Offenbar verhindert das Virus im Rahmen eines Prozesses, über den es noch immer wenig Erkenntnisse gibt, die normale Gerinnung des Blutes. Die Blutplättchen, die sonst für die Gerinnung sorgen, werden zerstört. Wenn das Virus sich ausbreitet, lösen sich die inneren Organe buchstäblich auf.»[44]

Eine Autopsie des Forschers wird durchgeführt. Sie hat das überraschende Ergebnis, dass das Virus, das sich in diesem menschlichen Leib vermehrt hatte, ungleich stärkere Zerstörungskräfte entwickelte als die bisher bekannten Marburg-Viren. Der Viren-Stamm des Forschers wird deshalb für die weitere Entwicklung von Biowaffen präpariert.

Das Denken der Forscher ist ausschließlich auf die zu erhöhende Effizienz von Waffen gerichtet, ohne die Folgen zu erleben, die ihr Einsatz auslösen kann. Das menschliche Elend, das hier programmiert wird, kann sich bei einer Intelligenz, die von den Möglichkeiten technischer Machbarkeit fasziniert ist, nicht erlebend geltend machen. Die Faszination übertönt es. Es kommt zu einer völligen Trennung von Intelligenz und Moral. Man übertreibt sicher nicht, wenn man die Intelligenz, die das Erleben der Folgen der Erfindungen ausblendet, als böse bezeichnet. Denn sie dient, wie schon beim Bau der Atombombe, schlichtweg der Zerstörung und dem Tod.

Als – viel später – Alibek jenen Augenblick beschreibt, wo die Bestückung der SS18-Raketen mit biologischen Kampfstoffen als technisch möglich erkannt wurde, resümiert er erstaunt: «Ich kann mich nicht daran erinnern, auch nur einen Gedanken daran verschwendet zu haben, dass wir soeben den Plan zur Ermordung von Millionen von Menschen umrissen hatten.»[45] Dieses Ausblenden der Folgen geschieht weltweit. Als die Sowjetunion 1945 die Japaner in der Mandschurei überrannte, fielen ihnen Dokumente in die Hände, die später auch von Kriegsgefangenen bestätigt wurden. «Die von Generalleutnant Shiro Ishii befehligte Einheit führte an amerikanischen und britischen Gefangenen Experimente mit Milzbrand-, Ruhr-, Cholera- und Pesterregern durch. Während der japanischen Invasion der Mandschurei hatten die Japaner mit pestinfizierten Fliegen gefüllte Porzellangefäße und andere primitive biologische Waffen über der Region abgeworfen, denen Tausende von Chinesen zum Opfer fielen.»[46] Das Experiment mit Menschen geschah demnach bei den Japanern wie bei den Deutschen. Die gleiche Mentalität ist am Werke, jenseits aller unterschiedlichen Kulturen.

Eine andere Selbstdarstellung Alibeks deckt noch einmal die Seelenlage eines Menschen auf, der in das System eines solchen Vorhabens geraten ist: «Der idealistische junge Arzt aus Tomsk [er selbst], der über dem Dilemma, Menschenleben retten zu wollen und mit tödlichen Giften zu experimentieren, schlaflose Nächte verbracht hatte, war so gut wie verschwunden. Das Schlimmste, was man mir hätte antun können, wäre gewesen, mich aus den Forschungen von ‹Biopräparat› und den damit verbundenen Privilegien auszuschließen. Noch war die Transformation nicht abgeschlossen. Ich schauderte gelegentlich noch immer, wenn ich beobachtete, wie sich die Bakterien in unseren Fermentierern vermehrten, und mir bewusst machte, dass sie Millionen von Menschenleben vernichten konnten. Doch die faszinierenden Rituale unseres geheimen Ordens hatten meine Perspektiven verändert. Meine Eltern hätten ihren Sohn nicht wiedererkannt.»[47]

Im vorletzten Satz nimmt die Darstellung fast religiösen Charakter an. Von den faszinierenden Ritualen eines geheimen Ordens wird gesprochen. Welche Rituale sind gemeint? Doch nur die Verrichtungen, die in den Laboratorien bei der Vermehrung der Viren geschehen. Sind es nicht de facto Rituale des Todes? Faszinierend aber sind sie deswegen, weil bei ihrem Vollzug bisher unbekannte Tatsachen dem Forscher vor Augen treten. Nur im Orden können sie erfahren werden. Die Einmaligkeit des Geschehens erhebt die eigene Person in den Rang Auserwählter.

Interessant ist, dass bei einem Leben im Orden sich die Person verändert, und zwar so stark, dass Alibek meint, seine Eltern hätten ihn nicht wiedererkannt. Die Arbeit entfremdet ihn auch von den Idealen seiner Studienzeit. Die Rituale des Todes prägen ihn. Zu dieser Zeit wäre er als Person vernichtet, wenn er aus dem Orden und dessen Privilegien ausgeschlossen würde.

Später hasst Alibek den Menschen, der im Orden so verändert worden ist bis zu einem ihm völlig fremden Wesen. Alles würde er darangeben, diesen Fremden, der er doch selbst war, zu verstehen.[48] Obwohl er sich durch Flucht nach Amerika den Fängen des Ordens entzogen hat, gelingt es ihm nicht, das Rätsel zu lösen, wer damals der Oberst und Erster Stellvertretender Vorsitzender von Biopräparat war.

Deutlicher kann die Bewusstseinsspaltung, der er unterlag, nicht beschrieben werden. Er handelte, ohne dass sein eigentliches Wesen dabei war. Genauer gesagt: Es handelte durch ihn. Um zu erkennen, wer da handelte, dafür würde er alles geben. So existenziell ist für ihn diese Frage.

Der beschriebene Zustand ähnelt der am Anfang zitierten Frage des europäischen Forschers in Los Alamos, nur spitzt sie sich bei Alibek zu. Eigentlich formuliert er einen Zustand, der für alle gilt, die an einem der Zerstörung dienenden Projekt mitarbeiten, auch wenn sie die Diskrepanz zwischen Individualität und dem, was durch sie getan wird, nicht in gleichem Maße erleben. Die Bewusstseinsspaltung ist auch bei ihnen am Werke.

Das Morden, um das Volk zu verbessern

Absichtlich wurde bisher das traurigste Kapitel des 20. Jahrhunderts übersprungen: Stalinismus und Nationalsozialismus. Ihre Wurzeln haben beide in einer Utopie von einem besseren Menschen. In der Verwirklichung dieser Utopie gehen sie verschiedene Wege. Die Sowjetunion will durch «Erziehung» leisten, was das Dritte Reich durch die Selektion eines «herausragenden» Erbguts anstrebt. In der Sowjetunion wird die Gesellschaft so strukturiert, dass sie die rechte Umgebung für den zu entwickelnden neuen Menschen wird. Was dessen Entwicklung dienlich ist, bestimmt die Staatsführung. Aber nicht einmal in diesem kleinen Personenkreis ist Einigkeit darüber zu erzielen, welches der richtige Weg zu diesem neuen Menschen sei. So kommt es bald in dieser Gruppe zu Richtungskämpfen, die mit Verbannung, aber auch mit Mord enden. Mehr Tote als im Holocaust gibt es in den Jahren des Stalinismus in der Sowjetunion. Nur von den Opfern des Zweiten Weltkriegs, nämlich 40 Millionen Menschen, wird die Zahl der Toten beider Regime übertroffen. Aber die Ursachen dieses Zweiten Weltkriegs sind nicht zuletzt in den utopischen Ideologien des Nationalsozialismus zu suchen.

Die mithilfe der Staatsmacht realisierte Ideologie wird von Menschen in Szene gesetzt, die von diesen Utopien gewissermaßen besessen sind. So werden sie zu Handlangern einer, wie sie meinen, zukunftsweisenden Idee, der sie gestatten, ihr Bewusstsein zu beherrschen. Mit der alle Bereiche des Lebens drangsalierenden Kontrolle und Selektion verursachen sie tausendfaches Leid. Das hehre Ziel rechtfertigt solches Vorgehen. Charakteristisch ist, dass jede Kritik am System von vornherein suspekt ist und als Verrat gilt. Der Andersdenkende, ist er nur geortet, wird zum Schweigen gebracht. Die Besessenheit tilgt jeden, der sich nicht beugt.

Unverständlich ist, wie in den bestens organisierten Maschinen des Gulag und des Holocaust harmlose Familienväter plötzlich zu Mördern wurden. Dieser Vorgang, der seitdem in immer neuen Varianten an allen

Orten der Welt auftrat, ist das eigentliche Menetekel unserer Zeit. Die Verachtung des Menschen durch persönlichen und nationalen Egoismus bestimmt das Leben. In Deutschland sollte nicht nur ein Herrenvolk gezüchtet werden, das andere Völker zu Sklaven degradieren sollte, sondern ein ganzes Volk, die Juden, wurde ausgerottet. Eine grenzenlose Hybris war am Werke. Sie verlor jeden Wirklichkeitssinn. Emotion setzte den Verstand außer Kraft. Die Menschen waren in einem Wahn befangen, der sie gleichsam überfiel. Auch hier beseelte die glühenden Anhänger der Lehre eine Art religiöser Stimmung. Diese Menschen fühlten sich im Einklang mit höheren Werten. Wie oft bemühte Hitler den Begriff der Vorsehung für seine irrationalen Vorhaben! In seinen Reden segnete die Vorsehung den grauenvoll praktizierten Wahn und gab ihm eine höhere Weihe.

Solcher Wahn löste die Umrisse des Bewusstseins auf. Er tilgte gesunde Skepsis und klares Unterscheidungsvermögen. Dafür kreierte er die Hybris eines schrankenlosen Ich. Dem Herrenmenschen bzw. Funktionär war alles erlaubt. Signifikant ist, dass in diese Seelenhaltung ein eiskalter Verstand einschoss. Er entwarf, wie die Details bei der praktischen Umsetzung der neuen Ideen auszusehen hatten. Er lebte sich in der überdimensionalen Bürokratie des Dritten Reiches aus. Die Organisation der Verbrechen war geradezu blendend, ebenso die Kontrolle der Meinungen der Volksgenossen.

Dogmatismus endete in Mord. Viele Menschen verloren jede Kontrolle über sich selbst. Weil das millionenfach geschah, raubt es uns heute den Verstand. Unsere Betroffenheit sagt uns, dass sich vor unseren Augen der Verlust des Menschlichen abgespielt hat. Diese Tatsache erschüttert uns, aber sie erschließt uns nicht das Rätsel, wie es zu diesem Verlust kommen konnte. Offensichtlich schaffen Hybris und kalte Brutalität pathologische Zustände. Noch erschreckender ist, dass diese Zustände so um sich greifen, dass sie immer mehr hingenommen werden. Hitler und Stalin waren nicht das Ende einer fatalen historischen Entwicklung, sondern ihr Anfang. Die Ereignisse in beiden Staatsformen, die seitdem so vielfältig angeprangert wurden, schrecken auch heute Menschen keineswegs ab, ähnliche Gräueltaten zu verüben. Die moralische Verdammung des Mordes in den Konzentrationslagern und des Gulag haben die Fortsetzung der menschenverachtenden Praktiken nicht verhindern können.

Ein unüberbietbarer Hohn regiert beispielsweise jene Menschen, die heute im Namen Gottes Mord, Totschlag und Vergewaltigung in die Welt tragen. Kinder werden dabei keineswegs verschont. So handeln beispielsweise die islamischen Fundamentalisten in Algerien – und nicht nur dort. Die kalte Raserei dieser Menschen schreckt vor nichts zurück. Der französische Philosoph André Glucksmann schrieb nach einer Reise durch Algerien: «Das Tier, das sich für einen Engel hält, verschlingt zum dritten Mal unser Jahrhundert ... Der Mörder, der sein kleines Opfer mit durchschnittener Kehle an die Haustür nagelt [so geschah es Weihnachten 1997], konfrontiert die Welt mit der ‹Frohen Botschaft›, die ihn umtreibt. Die elementarsten Tabus werden gebrochen. Kein Verbot hält mehr: Der Bruder liefert dem Emir und dessen Kumpanen die eigene Schwester als Sexsklavin aus; der Sohn löscht die Familie aus, um das Unreine auszumerzen. Die islamischen Terroristen erheben sich über die Menschheit, sie spielen Gott und fallen dabei in die entsetzlichste Unmenschlichkeit. Das theologisch-politische Verbrechen erweist sich als ein Verbrechen gegen die Menschlichkeit – und zwar der dritten Art. Wenn alles im Namen der Rasse erlaubt ist, gelangt man zu Hitler und Auschwitz. Wenn alles im Namen der Klasse erlaubt ist, beginnt Lenin sein Werk. Wenn alles im Namen Gottes erlaubt ist, schlägt die Stunde der Emire vom Typ Antar Zouabri.»[49]

Was hier geschildert wird, ist kein Einzelfall. Ähnliches spielte sich unter verschiedenen Ideologien in Bosnien-Herzegowina, im Kosovo, unter den Diktaturen in Südamerika, in den afrikanischen Kriegen usw. ab. Unmenschlichkeit bricht zunehmend in die menschlichen Beziehungen ein und zerstört sie. Dem Verlust des Menschlichen geht der des Ich einher. Seine Funktion wird durch die Besessenheit von Ideologien und zügellose Emotionalität verdrängt. Auschwitz setzt sich fort. Seine Gräuel werden zu einem Weltphänomen.

Am Anfang dieses Prozesses stehen immer Gedanken, die in den Horizont des Bewusstseins treten. Dem Umgang mit ihnen fehlt es oft an Kritik, die nur durch intensive Erfahrung mit ihnen gewonnen werden kann. Wenn das menschliche Dasein beispielsweise als ein permanenter Kampf ums Überleben angesehen wird, dann ist ein rigoroser Egoismus, der jede Moral beiseite schiebt, nicht nur erlaubt, sondern notwendig. Der Mensch, dem ich begegne, ist nicht mein Bruder, sondern mein potenzieller Feind. Nicht ihn zu fördern, kann das Ziel sein, sondern ihn für mich zu nutzen, Macht über ihn zu bekommen. Der Krieg aller gegen alle ist das herrschende Motiv darwinistischer Anschauungen im Sozialen.

Dass diesem Gedanken bei seiner Entstehung noch tradierte moralische Werte entgegenstanden, die es vorerst verhinderten, dass er unumschränkte Lebenspraxis wurde, verschleierte den Ernst der Situation. Je mehr diese Werte verfielen – und alle Darstellungen zeigen diesen Verfall –, umso mehr wurde dieser Gedanke zum Maßstab im Umgang der Menschen miteinander. Er zerstörte zunehmend die traditionellen Formen sozialen Lebens. Dem Nationalsozialismus wie der kommunistischen Ideologie war es vorbehalten, diese Zerstörung das erste Mal gewissermaßen im großen Stil durchzuführen. Beide gaben vor, eine neue segensreiche Gesellschaft zu kreieren. Die Diskrepanz zwischen Absicht und Realität zeigt den illusionären Umgang mit Gedanken.

22.1.03

Versuch einer Symptomatologie

Was können die dargestellten Beispiele, die das 20. Jahrhundert stark prägten und die in die Gegenwart fortwirken, bewusst machen? Wohin wir schauen, stoßen wir auf verengte Begriffe. Am meisten ist von dieser Reduktion das Menschenbild betroffen. Der Mensch kann nur noch als Gattungswesen begriffen werden. Er existiert für die meisten Forscher nur als materielles Wesen. Die Gleichstellung eines Neugeborenen mit einer Schnecke, wie sie der Bioethiker Peter Singer vertritt, zeigt diese Auffassung mit genügender Deutlichkeit. Viele Wissenschaftler meinen zudem, dass es unberechtigt sei, von einer solchen Gleichstellung schockiert zu sein. Das zeige doch nur, dass man einer überholten Weltanschauung anhänge, die den Blick für die Realität verstelle.

Die Verengung der Begriffe bewirkt partielle Blindheit. Sie wiederum zeugt eine erstaunliche Dogmatik. Wer anders denkt, wird als unqualifiziert bezeichnet, unfähig, über Lebensfragen ein Urteil abzugeben. Nur die eigenen Auffassungen werden für wahr gehalten und mit religiöser Attitüde vertreten. Genom und Gral werden beispielsweise für ein und dasselbe erklärt. Da man sich im Besitz der Wahrheit wähnt, gewinnen alle Aussagen missionarischen Charakter. Die eigene Wahrheit muss – mit welchen Mitteln auch immer – durchgesetzt werden, selbstverständlich im Dienste der Menschheit. Welch makabre Fantasie dabei bisweilen ins Spiel kommt, zeigt eine Äußerung des Nobelpreisträgers Crick. Er träumte von einem strahlungssicheren, anspruchsarmen, gezüchteten Menschen, einem regressiven Mutanten mit Greiffüßen und einem affenähnlichen Becken: So wäre der Mensch am besten für die Raumfahrt geeignet.

Aber ist diese Art von Fantasie nicht schon am Werke gewesen? Etwa bei Hitlers Äußerung: «Eine gewalttätige, herrische, unerschrockene, grausame Jugend will ich … Das freie, herrliche Raubtier muss erst wieder aus ihren Augen blitzen.» Wird mit diesen Worten nicht auch ein «regressiver Mutant» beschworen? Sind wir diesen «Raubtieren» nicht begegnet?

Solche Zukunftsvisionen, emphatisch vorgetragen, überdecken die Trostlosigkeit, die von einer derartigen Weltbetrachtung ausgeht. Das Tagesbewusstsein mag sich mit diesen «Visionen» zufrieden geben, das Unbewusste kaum. Wer sich intensiv in diese Weltanschauung einlebt – und das tun Alte wie Jugendliche –, muss sich überflüssig vorkommen. Ist doch alles vorbestimmt, man selbst nur ein Spielball eines Gen-Komplexes, der von der Person nicht gestaltbar ist. Ist es dann nicht verständlich, dass man in einer Welt, deren Gestalt unverrückbar vorgegeben ist, sich an die Dinge hält, die den meisten *persönlichen Genuss* versprechen? Im Genuss kann man Lust erfahren, die vergessen lässt. Man kann sich einen Augenblick darüber hinwegtäuschen, dass an ihrem Ende wieder die Trostlosigkeit wartet. Man hat sich wenigstens einen Lebensaugenblick lang betäubt. In einer Welt voll Trostlosigkeit scheint das ein vernünftiges Verhalten, das überzeugt praktiziert wird.

Der Lustgewinn ist neben dem Erfolgsstreben zu einem verbreiteten Lebensziel geworden. Muss man sich dann wundern, dass die Lust nach Steigerung verlangt und auch schreckliche Formen annimmt, etwa in der Lust, andere zu foltern oder zu töten? Bei den jüngsten Vorfällen in Angola, Bosnien oder dem Kosovo, um nur einige Beispiele zu nennen, wurde das, was früher als pervers angesehen wurde, zum Tagesgeschehen. Die Häufigkeit stumpft die Seelen ab, der Perversion entgegenzutreten. Die seelische Verödung des menschlichen Lebens ist auf Schritt und Tritt zu beobachten. Trieb- und Todeskräfte sind längst in viele Seelen eingezogen, bei denen der Materialismus zunehmend das Ich gelähmt hat. Diese Vorgänge begleitet ein *Schwund des Bewusstseins*. Jener Zustand ist nicht nur dort anzutreffen, wo das Ich mit Drogen, Alkohol oder Exzessen willentlich betäubt wird. In unseren bisherigen Betrachtungen werden Bewusstseinsverluste auch von hoch intelligenten Menschen selbst beschrieben. Die Veränderung setzt unmerklich ein und wird erst im Vergleich mit früheren Zeiten fassbar. Die Veränderung der Person beginnt in dem Moment, wo sie die objektiven Wirkungen dessen, was sie tut, aus den Augen verliert. Das liegt in der zunehmenden Schwäche, die Gedanken und deren Folgen intensiv zu erleben. Dadurch geraten diese Menschen unter die Knechtschaft der ihnen gestellten Aufgaben bzw. der gängigen Ideen.

Warum aber haben sie ihre Aufgaben angenommen? Es lockten subtile Begierden: Erfolg, Anerkennung, Ansehen und dergleichen mehr. Diese Ziele scheinen vergleichsweise harmlos zu sein. Und doch verhindern sie das kraftvolle objektive Erleben der eigenen Situation. So geraten diese Menschen zunehmend in Abhängigkeit vom Staat oder anderen Auftraggebern. Ihre Aufgaben liegen zudem im so genannten «nationalen Interesse». Bei Licht betrachtet, wirkt hier ein ins Nationale gesteigerter, grausamer Egoismus. Ganz im Sinne des Sozialdarwinismus strebt auch der einzelne Staat danach, der Stärkste, der Einflussreichste zu sein und alle Vorteile zu nutzen, die einer solchen Stellung entspringen. Im verantwortungslosen, rigorosen Einsatz seiner Mittel zeigt sich dann für einen Augenblick der nationale Chauvinismus, der vor der Anwendung brutaler Gewalt nicht zurückschreckt. Die Leidenschaft der Triebnatur nimmt ihren Lauf, verbrämt durch nationale Interessen. Es gibt ein umfangreiches Repertoire von logischen Überlegungen, die solches Handeln rechtfertigen.

Der Staat, selbst der demokratischste, wird in solchen Situationen zum Moloch. Will er seine Ziele erreichen, muss er Geheimhaltung verordnen, und er muss kontrollieren, dass seine Verordnungen eingehalten werden. Auch in der Demokratie etabliert sich dann der Polizeistaat als Staat im Staate. Das Nietzsche-Wort wird wahr: «Staat heißt das kälteste aller kalten Ungeheuer.»[50] Will der Staat Geheimhaltung durchsetzen, muss er rigoros, also kalt verfahren. Die Freiheit des Einzelnen wird (natürlich für höhere Ziele!) existenziell beschnitten. Da in einem Konstrukt von Argumenten die wahren Absichten des Staates verschleiert werden müssen, muss gelogen werden. Gezielte Desinformation wird eingesetzt.

Das Dreigestirn Bewusstseinsverlust, Verlust der Freiheit und Lüge beherrschen die Szene. Ein geistreiches Buch von Denis de Rougemont, *Der Anteil des Teufels,* charakterisiert schon 1942 Hitler als einen Fälscher, der die Wahrheit auf den Kopf stellt: «Nicht der Einbruch in ein kleines Land ist das Diabolische; das ist zu allen Zeiten geschehen, es war sozusagen normaler Egoismus, Sucht nach Reichtümern, gemeiner Imperialismus; das Teuflische ist, das ‹den Frieden sichern› oder ‹die neue Ordnung gründen› zu nennen. Nicht die Annexion der Tschechoslowakei ist das Teuflische, sondern dass sie geschah, nachdem am Tage vorher eine Rede über ‹das Selbstbestimmungsrecht der Völker› gehalten worden war. Das Teuflische ist nicht, die Territorien des Nachbarn in einen Schauplatz des Gemetzels und des Bombardements zu verwandeln, sondern dieses Feld des Todes ‹Lebensraum› zu nennen. Das Teuflische besteht nicht darin, Verträge zu brechen, sondern sich für unschuldig zu erklären, indem man an der Spitze eines neuen Kodex proklamiert: ‹Recht ist, was dem deutschen Volke nützt.› Teuflisch ist nicht, die Kirchen anzugreifen, sondern es zu tun, indem man die Vorsehung nationalisiert und es in ihrem Namen tut. Was wirklich teuflisch ist, ist weniger, das Böse zu tun, als es ‹gut› zu taufen, wenn man es verübt, alle Wörter ihres Sinns zu entleeren, sie umzudrehen und sie nach dem Brauch schwarzer Messen verkehrt zu lesen, also die Kriterien der Wahrheit von innen heraus zu verkehren und zu ruinieren.»[51]

Solche Verkehrung des Sinns, also das Lügen, spielte sich vor aller Augen ab. Welch tiefer Bewusstseinsschlaf muss die Menschen gefangen gehalten haben, dass sie nicht merkten, welche Verödung des geistigen Lebens im Nationalsozialismus stattfand. Diese Verödung ermöglichte doch erst die Gräuel, die sich dann ausbreiteten. Wenn Rougemont diese nicht als teuflisch bezeichnet, dann doch nur, um den wahren Quell offen zu legen, dem die Übel entspringen. Nicht auf die üblen Taten wird das Augenmerk gerichtet, sondern auf ihre geistige Ursache: die entstellte Wahrheit, die Lüge. Unsere Gesellschaft ist von der Lüge geradezu durchsetzt. Das folgende Beispiel passt genau in unsere Darstellung: Welchen Anteil die Eugeniker an der Aussonderungspraxis des NS-Regimes hatten, wurde spätestens in den Nürnberger Prozessen bekannt. Aber: «Die internationale Genetikergemeinde einigte sich schnell darauf, die wissenschaftlichen Beiträge und das politische Engagement ihrer Kollegen aus der NS-Zeit zu verdrängen und die Eugenik des Dritten Reiches nur noch als Beispiel für die schlimmen Folgen eines Rückfalls in Unwissenschaftlichkeit auszugeben.»[52] Mit dieser Lüge wurde der Zusammenhang zwischen dieser Wissenschaft und ihrer ersten praktischen Anwendung großen Stiles vertuscht. Typisch ist auch, dass keiner der wissenschaftlichen Helfer des NS-Regimes vor einem Tribunal sich verantworten musste. «Bereits zehn Jahre nach den Nürnberger Prozessen waren die Humangenetiker des Dritten Reiches auf dem Ersten Internationalen Kongress für Humangenetik wieder vertreten.»[53]

Als vierte Geisel tritt die *Angst* auf. Sie erhöht die Manipulierbarkeit der ihr Verfallenen. Oppenheimer erfand beispielsweise unwahre Geschichten, um seine Position zu sichern. Die Angst trieb ihn dazu.

Die Angst war aber auch jenes Übel, das alle verheerenden Projekte des Jahrhunderts in Gang setzte. Bei der Atombombe die Angst, Hitler könne sie als Erster entwickeln, bei den biologischen Waffen die Angst, die anderen würden sich nicht vertragsgemäß verhalten; und schließlich ist die Angst vor dem «Verfall des Menschen» der Motor aller genetischen Bestrebungen. Die einzige Instanz, nämlich das Ich, welches die Angst in die Schranken verweisen könnte, wird als null und nichtig erklärt, ja – beispielsweise durch Skinner – als Homunkulus beziehungsweise Dämon verteufelt. Dieser Teufel Ich müsse schnellstens aus den Vorstellungen verbannt werden, um zu einer realistischen Sicht des Menschen vorzustoßen. Das Ich hat in der neuen Ethik nichts zu suchen.

Die Produkte, die mithilfe solcher Weltsicht gestaltet werden, tendieren in Richtung Devolution und Entstaltung. Sie setzen Todeskräfte frei; der achte Schöpfungstag könnte zum Inferno werden. Bisher gültige Ordnungen der Natur werden schon heute zerstört. Das zeigt deutlich, dass manche neuen Schöpfungen im Widerstreit mit der bisherigen Schöpfung stehen, sie entstalten diese.

Diese Tendenzen können auf allen Lebensgebieten beobachtet werden, auch in der Wirtschaft. Deren oberstes Ziel, die Gewinnmaximierung, macht den Egoismus zum heiligen Motiv jedes Unternehmens. Nicht nur Staaten kämpfen beinhart um Vorteile, genauso tun es die Konzerne. Natürlich wird auch der Konkurrenzkampf für ein heiliges Prinzip gehalten. Der Schwächere ist, um Fortschritt zu fördern, zu eliminieren. Welche ökonomischen und menschlichen Werte in diesem Prozess zugrunde gehen, interessiert nicht. Ihr Verlust wird als eine leider (!) unvermeidbare Nebenerscheinung angesehen, ebenso der soziale Zwang und die Armut der Unterprivilegierten.

Alle dargestellten Ereignisse haben ihre Wurzel in einer besonderen Verfassung des menschlichen Bewusstseins. Sie wird von einer speziellen Art des Denkens bestimmt, der Intellektualität. Ihr verdanken wir viel. Ohne sie erführen wir nicht die Einmaligkeit der Person, unser Selbstwertgefühl, unsere Selbstständigkeit. Sie hat uns zu uns selbst geführt; wir möchten sie nicht missen. Ihr Ruf nach Aufklärung hat uns die Welt in einem neuen Lichte sehen lassen. Die ihr innewohnende Kraft der Abstraktion schenkt uns Übersicht über verwickelte Tatsachenkomplexe.

Aber gerade die Abstraktion kann uns auch irreführen. Dann nämlich, wenn sie nicht die Vielfalt der Erscheinungswelt geduldig ins Auge fasst, sondern zu schnell selektiert. Dann verliert sie teilweise die Verbindung zur Wahrnehmungswelt. Wenn das geschieht, wird sie der tatsächlichen Welt nicht mehr gerecht; der Erkennende kann dann nur einen Teil der Wirklichkeit erfassen. In diesem Falle kommt es zu dem, was wir verengte Begriffe genannt haben. Sie sind dadurch gekennzeichnet, dass ihre Anwendung im praktischen Leben nicht fruchtbar und fördernd ist, sondern Lähmung und Zerstörung verbreiten. Die Intellektualität kann dann sogar zur Rechtfertigung engstirniger Dogmatik missbraucht werden. Wir erleben zur Zeit einen solchen Missbrauch bei einer einseitigen Interpretation des Islam, die selbst Mord an Andersdenkenden rechtfertigt. Dann verliert die Intelligenz, auch wenn sie logisch noch so blendend vorgetragen wird, ihren Glanz. Größte Aufmerksamkeit ist nötig, diesem Fehlgriff nicht zu verfallen.

Ein erster Begriff vom Bösen

Das 18. Jahrhundert ist durch Versuche gekennzeichnet, innerhalb des Staatsgefüges dem Individuum einen rechtlich gesicherten Freiraum zu schaffen. Es ist das Jahrhundert der Verfassungsentwürfe, schließlich der Französischen Revolution, die sich gegen die Vorrechte des Adels wendet. Der Individualimpuls sucht nach einer Form des Staates, in dem die Interessen des Einzelnen und jene der Gemeinschaft in die Balance gebracht werden. Dieser Vorgang gibt dem Nationalstaat eine völlig neue Note. Man geht sicher nicht fehl, wenn man in dem Streben nach Individuation einen charakteristischen Zug sieht, der das moderne Leben entscheidend prägt. Und doch waren im letzten Jahrhundert die stärksten Gegenkräfte am Werke, jeden Individualismus zu ersticken.

Der Nationalsozialismus stellte sich dieser historischen Entwicklung des Individualimpulses entgegen. Von außen gesehen besitzt er eine durch Wahlen erlangte Legitimation. Innen aber ist er gekennzeichnet durch einen absolutistischen Missbrauch der Macht. Die Zeit der Diktaturen ist neu angebrochen, der Individualimpuls wird durch Gesinnungsterror, Schnüffelei zum Zweck der Kontrolle, Lügenpropaganda, brutale rigorose Selektion und manches andere zu brechen versucht. Auch durch Mord! ×)

Dieses Verhalten auf eine einfache Formel gebracht, hieß im Dritten Reich: «Du bist nichts, dein Volk ist alles.» Die Tatsachen wurden mit jenem Anspruch auf den Kopf gestellt, denn nur die Produktivkraft des einzelnen Menschen stärkt die Kraft der Gemeinschaft. Das Individuum in Misskredit zu bringen, vor allem dann, wenn dessen Meinung den Absichten der Herrschenden widerspricht, ja es notfalls auszuschalten – eine derartige Praxis zeigt, dass alte, überholte Herrschaftsformen erneut Platz greifen. Sie sind durch die historische Entwicklung längst überholt, werden also zur Unzeit reaktiviert. Die zeitliche Verschiebung alter Impulse in die Gegenwart bewirkt, dass diese Impulse «böse» werden. Von solcher zeitlichen Deplatzierung geht Unheil aus.

64   ×) Herrhausen, Hammarsköld, ...

Die Tendenz, das Individuum nicht wirksam werden zu lassen, finden wir auch bei anderen Institutionen als dem Staat. Sie wirken nicht mit Brutalität; gleichwohl sprechen sie dem Einzelnen ab, ohne fremde Hilfe das Leben nicht meistern zu können. Ein Beispiel dafür ist die katholische Kirche. Der Einwand liegt nahe, dass sie sich in der Seelsorge doch gerade um den Einzelmenschen kümmere. Doch der überholte, deplatzierte Konservatismus der katholischen Kirche wird in dem Urteil anschaubar, dass der Einzelne als unfähig angesehen wird, ein persönliches Verhältnis zur geistigen Welt aufzubauen. Er ist dabei – so die Anschauung – auf die Vermittlung der Kirche angewiesen. Diese beansprucht eine absolute geistige Führungsrolle gegenüber den Gläubigen, eine Führung, wie sie – zeitgerecht – von den ägyptischen Pharaonen ausging. Auch die katholische Kirche negiert also die Entwicklung der menschlichen Bewusstseinsverhältnisse in Richtung Individualität. In der Neuzeit mutet ein solcher Anspruch absoluten Gehorsams wie ein Anachronismus an.

Auch das Umgekehrte ist möglich: Was sich erst in der Zukunft mithilfe freier, individueller Kräfte fruchtbar gestalten soll, wird verfrüht der Entwicklung eingepflanzt. Das bedingt – weil die Kraft menschlicher Freiheit noch nicht stark genug entwickelt ist –, dass die erstrebenswerten Zustände mit äußerer Gewalt künstlich hergestellt werden müssen. Im Bolschewismus wird das Ideal des Sozialismus verfrüht, d.h. deplatziert angestrebt und auf bürokratisch-administrative Weise durchgesetzt. Auch hier herrscht äußere Brutalität; ihre Exzesse sind kaum zu überbieten und knechten die Individualität.

Wieder haben wir es mit einer zeitlichen Verschiebung zu tun, die Unheil stiftet. Liegt beim Nationalsozialismus und der katholischen Kirche ein unberechtigtes Tradieren alter, überlebter Zustände vor, so tritt uns im Bolschewismus eine Verfrühung entgegen, die in gleicher Weise übel wirkt.

Dieselbe Wirkung hat die Globalisierung. Es ist doch keine Frage, dass die Weltwirtschaft, die mit der Neuzeit eingeläutet wurde, vielfältig ausgebaut werden kann. So wie echter Sozialismus ein friedliches Miteinander der Menschheit ins Auge fasst, so die Globalisierung die Versorgung der Menschheit mit Wirtschaftsgütern in einem weltumspannenden Fertigungsprozess. Es fällt nicht schwer, Bilder einer wirklich bewussten Nutzung der wirtschaftlichen Ressourcen zu entwickeln und gleichzeitig die einer gerechten Partizipation aller am wirtschaftlichen Erfolg. Nur setzen solche Imaginationen voraus, dass der Egoismus aus eigener Bemühung überwunden worden ist. Davon kann bei der Globalisierung nicht die Rede sein. Weil die Sicht der – nennen wir sie mit einem alten Begriff – Brüderlichkeit keineswegs gepflegt und angestrebt wird, gerät die Globalisierung zum Machtkampf entgegengesetzter Interessen. Es wird der Sieg über andere angestrebt. Da in diesen Kampf, der bis aufs Messer geführt wird, die Völker mit sehr unterschiedlichen Voraussetzungen eintraten, hat der Prozess dazu geführt, dass privilegierte Völker großen Reichtum erwerben konnten, während andere in eine kaum zu ändernde Armut getrieben wurden. Genauere Verhältnisse schildert der angeführte Bericht *Human Development Report* der UNO.[54] Die existenzielle Abhängigkeit der Beschäftigten führt zu Zuständen, die fernab von einem brüderlichen Wirtschaften liegen. Für ein solches Machtstreben ist die Entwicklung des individuellen Ich weder Ziel noch Maßstab. Im Gegenteil: Viele konkrete Maßnahmen des Wirtschaftens zielen geradezu darauf ab, existenzielle Abhängigkeiten zu schaffen.

Diese Wirkung ist allen erwähnten Zeitsymptomen gemeinsam. Sie agieren gegen die Entwicklung des Ich-Bewusstseins. Durch das Anheizen nationaler Emotionen, durch die Knechtschaft des Geisteslebens, durch existenzielle Abhängigkeiten soll der zeitgemäße Individualimpuls gelähmt werden. Diese Wendung gegen den Ich-Impuls macht die Wirkungen böse, weil sie unzeitgemäß sind. Man beharrt auf überholten geschichtlichen Phänomene oder nimmt Entwicklungsziele vorweg, die erst später in vollem Umfang, individuell gewollt, eintreten können. Der Kunstgriff, bei dem das Böse wirksam wird, besteht in einer Deplatzierung von Entwicklungs- und Bewusstseinsformen des Menschen.

Das Thema der Deplatzierung wird von Rudolf Steiner in einem öffentlichen Vortrag an einem anderen Beispiel des persönlichen Seelenlebens dargestellt.[55] Wenn der Mensch seine Lebensaufgabe ernst nimmt, dann wird er alles daransetzen, seine Fähigkeiten zu vervollkommnen. Es ist also legitim, dass er sein Streben darauf richtet, die Kräfte seiner Persönlichkeit zu steigern. Die Individualität soll mit aller Energie gekräftigt werden. Ja, sogar Egoismus ist hier voll berechtigt, denn der Mensch fügt mit ihm niemandem Schaden zu. Im Gegenteil: Werden die so erworbenen Kräfte später für das Gemeinwohl eingesetzt, dann wird die Gemeinschaft durch solches Verhalten gefördert.

Wird dagegen der Egoismus, der im Geistesstreben berechtigt am Werke ist, auch im sozialen Leben durchgesetzt, schädigt er die Gemeinschaft. Was im Bereich der Fähigkeitsbildung seine volle Berechtigung hat, wirkt, weil es an einem falschen Ort eingesetzt wird, übel. Jeder kennt in seinem Lebensumkreis Menschen, die mit unglaublicher Härte, ja Brutalität die eigenen Interessen rücksichtslos durchsetzen. Die Welt und der andere Mensch werden aus den eigenen Interessen ausgeblendet, als gäbe es sie nicht. Die Egozentrik lässt nur das gelten, was zum eigenen Vorteil gereicht. Solch eingeschränktes Bewusstsein vergewaltigt seine Umgebung.

«Wenn man näher zusieht …, so findet man dabei den Grundzug sozusagen alles menschlichen Bösen … Der gemeinsame Grundzug alles Bösen ist doch nichts anderes als Egoismus. Wir mögen von den geringsten Kleinigkeiten, die wir als menschliche Versehen ansehen, bis zu den stärksten Verbrechen hin alles verfolgen, was menschliche Unvollkommenheiten und menschliches Böse sind, ob es sich uns darstellt mehr von der Seele herkommend oder scheinbar mehr von der Leiblichkeit herkommend, der gemeinsame Grundzug, von dem Egoismus herrührend, ist überall da.

Wenn die Seele in die geistige Welt hinaufkommt, ist sie dort ein dienendes Glied umso mehr, je mehr sie in sich erstarkt ist und das herausgearbeitet hat, was in ihrer inneren Fülle liegt. Wie man ein Instrument nicht gebrauchen kann, das nicht vollkommen ist, so kann die Seele sich selbst nicht brauchen, die nicht alles aus ihrem Ich, aus ihrem Ego herausgetrieben hat, was in ihr liegt …

Könnte der Mensch nur in der geistigen Welt leben, so würde er, weil das Gesetz gelten muss: ‹Wenn die Rose selbst sich schmückt, schmückt sie auch den Garten›, nur (seine inneren) Fähigkeiten entwickeln können; er könnte nicht jene Fähigkeiten entwickeln, die ihn als Altruisten mit den Menschen, mit der weiteren Welt zusammenbringen. Die Stätte müssen wir gerade in der physischen Welt finden, die uns den Egoismus überwinden lässt. Wir sind nicht umsonst in der Welt zum Altruismus verpflichtet, sondern deshalb, dass wir uns den Egoismus gründlich aberziehen, wenn ich dieses triviale Wort gebrauchen darf …

Es folgt daraus, dass sich der Mensch ... wohl hüten muss, dasjenige, was auf dem einen Felde ... ein Vorzügliches ist, nämlich die Erhöhung des Seeleninnern, in der anderen Welt zu etwas anderem anzuwenden als höchstens auch zur Erreichung der geistigen Welt; dass es aber von Übel sein muss und in das Schlimmere umschlägt, wenn der Mensch das, was hier in der physisch-sinnlichen Welt sich als sein Wesen ausleben muss, von dem durchdringen lässt, was ihm gerade im Reich des Geistes zur würdigen Bereitung dient.»

Die geschilderte mögliche Verschiebung eines Guten, das in seinem angestammten Felde Vorzügliches leistet, in ein anderes, wo es zu größtem Übel wird, kann überzeugen. Denn wir können beispielsweise mit dieser Sichtweise ein gesundes Verhältnis von geistigem Streben und Sozialverhalten finden. Wird mit dem Egoismus richtig umgegangen, kann intensivstes individuelles Streben und selbstloses soziales Verhalten vereint werden. Doch das gelingt nur mit einem Bewusstsein, das scharf unterscheidet und dem egoistischen Streben seinen rechten Arbeitsplatz zuweist.

Eine Tatsache scheint deutlich zu sein: Die Übel haben ihren Ausgangspunkt in einer noch näher zu beschreibenden Artung des Bewusstseins. Müssen wir nicht im Anblick dieser Tatsache uns mit dem menschlichen Bewusstsein beschäftigen? Können wir doch durch solche Beschäftigung weitere Aufklärung für unsere Fragen erwarten.

Die meisten von uns sind für solche Untersuchungen ungeübt und scheuen deshalb vor ihnen zurück. Die Philosophie bzw. ihre Geschichte scheint ein Gegenstand für wenige Experten zu sein, deren Gedankengänge schwer nachvollziehbar sind. Wenn aber alle Fakten darauf hinweisen, dass in der Artung des heutigen Bewusstseins Aufklärung für die Symptome des 20. Jahrhunderts zu finden sind, sollten wir uns – wenigstens versuchsweise – auf eine solche Untersuchung einlassen, wie sie in dem nächsten Teil versucht wird.

II. VERSUCH EINER ANNÄHERUNG AN DAS PROBLEM DES SICH VERWANDELNDEN BEWUSSTSEINS

Dreitausend Jahre Geschichte
sind zu überschauen

Goethe bemerkt im *West-östlichen Divan,* wer nicht dreitausend Jahre Geschichte überschaue, könne kein rechter Zeitgenosse sein. Er will darauf hinweisen, dass die Erscheinungen der Gegenwart nur richtig verstanden werden können, wenn die sie bestimmenden Symptome weit zurückverfolgt werden. Erst dann wird man der Metamorphosen gewahr, die diese Symptome durchlaufen haben. Wer diesem Rat Goethes folgt, kommt in eine Zeit, wo im Griechentum noch das mythische Bewusstsein lebendig war. Die Fähigkeit, Gedanken zu bilden, auf die wir heute zu Recht so stolz sind, besaß der Mensch noch nicht. Das menschliche Bewusstsein lebte in einer Bilderflut, die ihm geschenkt wurde wie uns Heutigen der Traum. Unser Träumen erscheint wie ein Nachklang dieses «gestorbenen» mythischen Bewusstseins.

Es ist für den modernen Menschen außerordentlich schwer, sich eine konkrete Vorstellung von ihm zu bilden, weil die heute beobachtbaren Bewusstseinsverhältnisse ganz andere sind als die vormals herrschenden. Uns ist es geläufig, dass wir die Kunde von der Welt erst einmal durch die Wahrnehmung erhalten. Da diese ihr Wesen nicht unmittelbar ausspricht, sind wir aufgefordert, es mithilfe des Denkens zu suchen. Beobachtung und Denken sind die beiden Säulen heutiger Erkenntnis. Offensichtlich funktionierte das mythische Bewusstsein anders. Ihm war, indem der Mensch den Erscheinungen gegenübertrat, ein Bild der Welt gegeben, das noch ein Stück weit sein Wesen offenbarte. Die Erscheinungen waren nicht «dunkel», sondern sie waren Imaginationen, die den Sinn der Welt erhellten. Erst die Metamorphose in die neue Bewusstseinsart, die dann von Griechenland aus die Welt eroberte, bewirkte die Trennung in die beiden Elemente Erscheinung und Sinn. Diese Trennung schuf eine grundlegend neue Stellung des Menschen zur Welt. Die Wahrnehmung offenbart erst ihren Sinn, wenn unser Denken ihn findet. Jegliche Erkenntnis ist nicht Geschenk, sondern Resultat unserer Denktätigkeit. Hatte das mythische Bewusstsein noch das Wirken geistiger Wesen als unmittelbare Erfahrung, so verdämmerte diese Erfahrung jetzt mit dem Aufscheinen des Gedankens.

Dem heutigen Bewusstsein fällt es schwer, die Tatsache einstiger übersinnlicher Erfahrung unvoreingenommen anzuerkennen. Wir suchen lieber eine Erklärung für die Bilder des mythischen Bewusstseins darin, dass es durch willkürliche Fantasiegebilde einzelner Menschen bewirkt wurde, oder sehen es als Produkt einer Volksfantasie an (was immer man sich darunter vorstellen mag). Wir stoßen hier auf ein für unsere Zeit charakteristisches Verhalten, das die gegenwärtigen Bewusstseinsverhältnisse als ewig gegeben ansieht. Das kann verwundern, denn das deutsche Geistesleben gebiert um die Wende des 18. zum 19. Jahrhunderts einen neuen und ungemein fruchtbaren Gedanken, nämlich den der Entwicklung. Er wird im 19. Jahrhundert mit Begeisterung und Energie auf die Naturerscheinungen angewendet. Aber es herrscht eine ungemeine Zurückhaltung (ja, man kann sagen: eine rätselhafte mentale Blockade), mit dem Entwicklungsgedanken auch die Bewusstseinsverhältnisse zu betrachten und den Bewusstseinswandel der Menschheit im Laufe der Geschichte zu entdecken.

Wir haben uns stattdessen angewöhnt, das heutige Bewusstsein dahingehend zu bestimmen, dass es nicht in der Lage sei, eine reale Verbindung mit dem Wesen der Welt herzustellen. Seit fast 130 Jahren beherrscht das postulierte *Ignorabimus* (= wir können nicht wissen), das am 14. August 1872 von dem Physiologen Emil Du Bois-Reymond verkündet wurde, unsere gesamte Kultur. Es wird damit der unbefangene Blick für jene Kräfte im augenblicklichen Bewusstsein verstellt, die in der Lage wären, das heutige Gegenstandsbewusstsein weiterzuentwickeln. Eine mögliche Entwicklung für das Bewusstsein des Menschen wird geleugnet, der augenblickliche Bewusstseinszustand für alle Zeiten gewissermaßen eingefroren.

Es ist daher zweckmäßig, die Metamorphosen des Bewusstseins, die auch nach dem Ende des mythischen Bewusstseins zu beobachten sind, kurz ins Auge zu fassen. Wir folgen dabei Rudolf Steiners *Rätsel der Philosophie*.[56]

Beginnend mit den Vorsokratikern, entfaltet sich das Gedankenleben ohne Einschlag mythischer Bilder. Imaginationen klingen nur im Ora-

72

kelwesen und im Sehertum nach. Beide Nachklänge werden hoch geachtet. In Augenblicken, wo das eigene Denken an Grenzen stößt und der Zweifel aufkeimt, wird das Orakel befragt. Es antwortet mit Bildern. Zur Zeit der Perserkriege rät beispielsweise das Orakel von Delphi den Athenern, sich hinter «hölzernen Mauern» zu schützen. Soll das Bild das praktische Handeln bestimmen, muss es erst mithilfe des Denkens «übersetzt» werden. Mit dem Ausbau der Flotte wurde damals dem Orakel Rechnung getragen, und die Perser wurden besiegt. Den Griechen wäre es also nicht im Traum eingefallen, das mythische Bewusstsein als unwesentlich abzutun.

Sie hatten aber auch noch ein anderes Verhältnis zum Gedanken als wir. Während wir uns eindeutig als die Hervorbringer des Gedankens empfinden, also der Denkakt deutlich bewusst wird, betrachteten die Griechen den Gedanken noch wie ein Geschenk. Er trat ihnen gleichsam aus den Dingen der äußeren Welt entgegen – und war deshalb mit der Erscheinungswelt noch leise verbunden. Das bewirkt den Zauber der griechischen Kultur, die aus dieser Seelenhaltung geboren wird.

Mit der Entstehung des Christentums trat das Gedankenleben zunächst zugunsten religiöser Empfindungen zurück. Es trat in den Dienst der Religion und bemühte sich, das, was durch den Einschlag des Christentums in menschlichen Seelen fortwirkte, zu begreifen. Ein charakteristisches Beispiel für eine religiös impulsierte Gedankenbildung sind die Schriften des Dionysius Areopagita; sie werden Jahrhunderte später von Johannes Scotus Erigena aufgenommen und fortgesetzt.

Rudolf Steiner schildert die Bewusstseinsmetamorphose, die nach der Zeitenwende eintritt, folgendermaßen: «In den Weltanschauungen der Gnostiker, des Dionysius, des Scotus Erigena fühlt die Menschenseele ihre Wurzeln in einem Weltengrunde, auf den sie sich nicht durch die Kraft des Gedankens stellt, *sondern von dem sie die Gedankenwelt als Gabe empfangen will.* In der Eigenkraft des Gedankens fühlt sich die Seele nicht sicher; doch strebt sie danach, ihr Verhältnis zum Weltengrunde zu erleben. Sie lässt sich den Gedanken, der bei den griechischen Denkern von seiner eigenen Kraft lebte, von einer Kraft beleben, die sie aus den religiösen Impulsen holt. Es führt der Gedanke in diesem Zeitalter gewissermaßen ein Dasein, in dem seine eigene Kraft schlummert.»[57]

Für das mittelalterliche Denken und seine spezielle innere Konstitution gibt es einen gewissermaßen unzeitgemäßen Vorläufer: Augustinus. Er nimmt etwas vorweg, was sich als generelles Anliegen erst um das 10. Jahrhundert durchsetzt. Den vorab geschilderten Zweifeln des Gedankenlebens setzt er etwas entgegen, was ihm einen festen Standpunkt gegenüber allen Zweifeln gewinnen lässt, die Gewissheit des seelischen Erlebens selbst. Das ist unabhängig von jeder möglichen, von außen kommenden Täuschung, «denn ich bin dabei, indem ihm sein Sein zugeschrieben wird».[58] «… bei Augustinus stellt sich dem Seelenleben etwas in demselben gegenüber und betrachtet dieses Seelenleben als eine besondere, in sich geschlossene Welt. Man kann den Mittelpunkt des Seelenlebens das ‹Ich› des Menschen nennen. Den griechischen Denkern wird das Verhältnis der Seele zur Welt zum Rätsel; den neueren Denkern das Verhältnis des Ich zur Seele.»[59] Auf den Punkt gebracht, heißt das: «In der neueren Zeit wird innerhalb des Seelenlebens das Bewusstsein vom Ich rege, wie im griechischen Weltanschauungsleben der Gedanke geboren wurde.»[60]

Mit diesen Hinweisen können in der Geschichte der Philosophie bereits vier Veränderungen des Bewusstseins gefunden werden: das mythische Bewusstsein, die Geburt des Gedankens in Griechenland, die Impulsierung des Gedankenlebens durch religiöse Empfindungen nach der Zeitenwende und die Geburt des Ich-Bewusstseins im Gedankenleben des Mittelalters.

x) Ich bin, also denke ich.

Die Krise des modernen Bewusstseins

Immanuel Kant genießt die Bewunderung vieler bedeutender Zeitgenossen, beispielsweise die von Fichte, Schiller und von Humboldt. Gemeinsam betrachten sie ihn als einen Philosophen, der sie durch sein Werk ungemein gefördert hat und dem sie daher Dank zollen. Für unser Bestreben soll das Augenmerk nur auf einen Punkt seines Werkes gerichtet werden, der die geschichtlichen Folgen am deutlichsten charakterisiert. Kant selbst sieht seinen wesentlichsten Beitrag zur Philosophie in folgenden Gedanken: «Ich kann also Gott, Freiheit und Unsterblichkeit zum Behuf des notwendigen praktischen Gebrauchs meiner Vernunft nicht einmal *annehmen,* wenn ich nicht der spekulativen Vernunft zugleich ihre Anmaßung überschwänglicher Einsichten benehme ... Ich musste also das Wissen aufheben, um zum Glauben Platz zu bekommen ...»[61]

Die Beschneidung der spekulativen Vernunft besteht darin, dass ihr Erkenntnisgrenzen gesetzt werden, hinter denen «das Ding an sich» wirkt und west, aber in seiner Wirklichkeit nicht erkannt werden kann. Erkennen kann man lediglich, dass es das Ding an sich gibt. Nun gesteht Kant, dass diese Auffassung sich nicht unbedingt aus einer voraussetzungslosen Betrachtung ergibt, sondern von ihm gedanklich gesetzt wird. Diese Setzung erfolgt mit einer erklärten Absicht: Dem Glauben soll ein beherrschender Platz im Menschenleben vorbehalten bleiben. Es schwingt eine leichte Befürchtung in den Sätzen von der spekulativen Vernunft mit. Befürchtet Kant, dass diese Vernunft eines Tages den Glauben aufheben könnte? Würde der rigorose Gebrauch der spekulativen Vernunft zu einer Auffassung führen, dass die Welt allein von notwendigen Gesetzen beherrscht wird, die dem Glauben keinen Platz mehr lassen?

Rudolf Steiner behandelt diese Seelenhaltung sehr lapidar bei der Besprechung von Friedrich Heinrich Jacobi, einem Freund Goethes: «Er glaubte, zugeben zu müssen, dass die sich selbst überlassene Vernunft nicht zu den Glaubenslehren, sondern zu der Ansicht führe, zu der

Spinoza gekommen ist, dass die Welt von ewigen, notwendigen Gesetzen beherrscht wird. So stand Jacobi vor einer bedeutsamen Entscheidung: Entweder musste er seiner Vernunft vertrauen und die Glaubenslehren fallen lassen, oder er musste, um die letzteren zu behalten, der Vernunft selbst die Möglichkeit absprechen, zu den höchsten Einsichten zu kommen. Er wählte das letztere.»[62] Kant verhält sich ähnlich. Bei beiden herrscht offensichtlich das Gefühl, dass das Vernunftwissen, auf sich allein gestellt, atheistisch werden müsse. Wenigstens wird Spinoza, der allein auf die Vernunft baut, damals als Atheist angesehen.

Nun gibt es bereits eine andere Weltanschauungsrichtung, die im Anschluss an John Locke versucht, «mit der selbstbewussten Seele fertig zu werden …, [indem] sie sie hinwegbeweist».[63] Einer ihrer Vertreter ist Julien de La Mettrie. In seiner Abhandlung *Der Mensch eine Maschine* sagt er: «Wenn aber alle Eigenschaften der Seele von der eigentümlichen Organisation des Gehirns und des ganzen Körpers so sehr abhängen, dass sie sichtlich nur diese Organisation selbst sind, so liegt hier eine sehr aufgeklärte Maschine vor … Die Seele ist also nur ein nichtssagender Ausdruck, von dem man gar keine Vorstellung hat …»[64]

Was liegt hier vor? Das Naturbild mit seinen Fakten überwältigt gleichsam den Betrachter so stark, dass er allein diesen Fakten alles zuschreiben muss, was wirklich ist. Mit Scharfsinn wird hinwegdiskutiert, was historisch als Menschenbild überliefert wird. Offensichtlich kann der Betrachter nirgendwo einen Gedanken erleben, der die unabhängige Gewissheit einer Gedanken- bzw. Seelenwirklichkeit erbrächte.

Kants Bestreben, der Religion gegenüber der spekulativen Vernunft Raum zu schaffen, hatte zur Voraussetzung, dass er selbst die Offenbarungen der Religion offensichtlich stark erlebte und sie ihm für sein Seelenleben wert waren. Doch was geschah, als diese Erlebnisse versickerten, die Menschen keinen Zugang mehr zu ihnen fanden? Dann war – und das zeigt der Fortgang der Entwicklung – die spekulative Vernunft zwar gestürzt, aber der Grund, warum sie beschnitten worden war, war hinfällig. Schon Kant hatte durch seinen Gewaltakt doch nur drei Abstraktionen retten können: Freiheit, Unsterblichkeit und die Gottesidee. De La Mettrie ist einer der Ersten, die konsequent dem folgten, was Francis Bacon eingeleitet hatte. Man ahnt, wohin die Bewusstseinshaltung, die aufgegeben hat, das Wesen zu erforschen, führen würde. Bacon ist ein Vorreiter dieses

Nominalismus. Bacons Weltauffassung charakterisiert Rudolf Steiner gelegentlich so: «Man muss aufräumen mit alledem, was des Menschen Aberglaube an die Realität desjenigen ist, was im Grunde genommen nur als Name gegeben ist. Eine Realität liegt nur vor, wenn wir hinausschauen in die Sinneswelt. Die Sinne allein liefern in der empirischen Erkenntnis Realitäten … Sozusagen verflüchtigt hat sich die geistige Welt bei Baco schon zu etwas, was nun nicht mehr mit einer wissenschaftlichen Gewissheit und Sicherheit aus dem Innern des Menschen hervorquellen kann. Nur Glaubensinhalt wird dasjenige, was geistige Welt ist … Dagegen soll die Erkenntnis nur gewonnen werden aus der äußerlichen Beobachtung und aus dem Experiment, das ja nur eine gesteigerte äußere Beobachtung ist.»[65]

Bei Bacon tritt auch das Bewusstsein auf, «dass die Wege der Macht und zu menschlicher Wissenschaft auf das engste miteinander verbunden und fast gleich sind».[66] Wie wahr diese Bemerkung ist, zeigen die Symptome der ersten Kapitel.

Anders verhält es sich bei Goethe. Vielleicht ist der Unterschied zu Kants Weltbild bereits in einer Stelle eines Briefes an Jacobi eingefangen: «Gott hat Dich … mit der Metaphysik gestraft und Dir einen Pfahl ins Fleisch gesetzt, mich … mit der Physik gesegnet. Ich halte mich … an die Gottesverehrung des Atheisten [Spinoza] und überlasse euch alles, was ihr Religion heißt und heißen mögt. Du hältst aufs Glauben an Gott; ich aufs Schauen.»[67] Goethes Verhältnis zur Welt ist zu lebensvoll, als dass er es sich selbst durch Spekulationen beschneiden wollte. Er hält es mit dem Schauen und sagt: «Jeder neue Gegenstand, wohl beschaut, schließt ein neues Organ in uns auf.»[68] Der aufmerksamen Seele wird durch das Wohlbeschauen etwas von der Welt eingebildet, das in der vorher unbewussten Seele plötzlich ein Aufwacherlebnis bewirkt, weil die Seele sich den Erscheinungen der Welt ganz hingibt, sich ihnen anbildet. Später wird Goethe sagen: «Das Höchste wäre, zu begreifen, dass alles Faktische schon Theorie ist.»[69] Dem Wohlbeschauen trägt demnach die Welt ihren Sinn entgegen, der gedanklich gefasst werden kann.

Welch Gegensatz zu Kant: «Der Verstand schöpft seine Gesetze … nicht aus der Natur, sondern schreibt sie dieser vor.» Rudolf Steiner bemerkt zu diesem Urteil: «Kant hat also, um die Gewissheit der mathematischen und naturwissenschaftlichen Wahrheiten zu retten, die ganze Beobachtungswelt in den menschlichen Geist hineingenommen.» Es geht ihm nicht um einen Brückenschlag zwischen dem menschlichen Geist und der Natur. Der Mensch hat ihn nach Kant nicht nötig, da er die Gesetze der Natur vorschreibt. Steiner: «Damit hat er aber auch … dem Erkenntnisvermögen unübersteigliche Grenzen gesetzt.»[70] Anders Goethe; dieser lebt in der Gewissheit, dass der Geist in der Natur wie im Menschen wirkt, ja dass der menschliche Geist seine Aufgabe darin sehen sollte, die Naturgesetze zu entdecken, sodass der schaffende Weltgeist in Gedankenform neu erscheint. Eine der Erkenntnisgrenzen, die Kant postulierte, war die gegenüber der lebendigen Natur. Goethe wollte das «Abenteuer der Vernunft», das der Alte vom Königsberge für unmöglich hielt, wagen. Diesem Streben lag ein Missfallen über die in vereinzelte Erscheinungen zerklüftete organische Welt zugrunde. Wenn beispielsweise die schier unzähligen Pflanzenerscheinungen der Erde alle mit dem Begriff der Pflanze gefasst würden, dann müsste in allen etwas Gemeinsames wirken. Das zu finden war Goethes Anliegen. Das Wohlbeschauen, treu geübt, steigerte sich zum Anschauen einer übersinnlichen Realität: der Urpflanze. Er selbst war über das Resultat seiner Bemühungen höchst erstaunt, da die Urpflanze in keiner sinnlichen Erscheinung rein zutage tritt und doch in der Lage ist, alle Pflanzen hervorzubringen, selbst solche, die es in der Sinnenwelt nicht gibt, die aber in ihr durchaus lebensfähig wären. Der die Welt schaffende Geist offenbarte an einer Stelle, gleichsam exemplarisch, sein Wesen. Fortan suchte Goethe das Typische auf allen Gebieten zu erfassen, getreu seinem Urteil: «Alles Vergängliche ist nur ein Gleichnis.» Der unvergängliche Typus, das heißt das Wesen, war zu finden. In seinem Aufsatz «Einwirkungen der neueren Philosophie» erzählt er: «Kants Kritik der reinen Vernunft … lag völlig außerhalb meines Kreises. Ich wohnte jedoch manchem Gespräch darüber bei, und mit einiger Aufmerksamkeit konnte ich bemerken, dass die alte Hauptfrage sich erneure, wie viel unser Selbst und wie viel die Außenwelt zu unserem geistigen Dasein beitrage? *Ich hatte beide niemals gesondert,* und wenn ich nach meiner Weise über Gegenstände philosophierte, so tat ich es mit unbewusster Naivität und glaubte wirklich, ich sähe meine Meinungen vor Augen.»[71] Dieses Streben nach einer Einheit über die Sonderungen hinweg charakterisiert Rudolf Steiner so: «Es spricht gar nicht der Mensch über die Natur; sondern die Natur spricht im Menschen über sich selbst. Das ist Goethes Überzeugung.»[72]

«Das selbstbewusste Ich erlebt in sich ein Reich, das sich selbst sowohl als auch der Außenwelt angehörig erweist, weil seine Gebilde sich als Abbilder der schöpferischen Mächte bezeugen. Damit ist für das selbstbewusste Ich dasjenige gefunden, was es als wirkliches Wesen erscheinen lässt ... Goethe versetzt in dieses Ich die lebendige Idee; und mit dieser in ihm waltenden Lebenskraft erweist sich dieses Ich selbst als lebensvolle Wirklichkeit. Die griechische Idee ist mit dem Bilde verwandt; sie wird betrachtet wie das Bild. Die Idee der neueren Zeit muss mit dem Leben, dem Lebewesen selbst verwandt sein; sie wird erlebt. Und Goethe wusste davon, dass es ein solches Erleben der Idee gibt. Er vernahm im selbstbewussten Ich den Hauch der lebendigen Idee.»[73] Größere Gegensätze als Kant, de La Mettrie und Goethe kann es kaum geben.

Der Materialismus, den de La Mettrie angekündigt hatte, blühte auf und betrieb z.B. eine Seelenkunde ohne Seele. In Übereinstimmung mit den Urteilen vieler Zeitgenossen formuliert Du Bois-Reymond in klassischer Weise, dass Naturerkennen im Zurückführen der von uns wahrgenommenen Vorgänge in der Welt auf Bewegungen der kleinsten Körperteile bestehe «oder Auflösung der Naturvorgänge in Mechanik der Atome». An die Seite einer solchen Weltanschauung tritt das berühmte «Ignorabismus» desselben Forschers. Eine gewisse Uniformität der Weltanschauung macht sich breit. Daneben stehen höchst individuelle Philosophien, etwa die von Nietzsche, Hartmann oder Schopenhauer.

Man hat den Eindruck, dass die Vorbedingungen, welche die Individualitäten in die Weltanschauungskämpfe mitbringen, die Ausformungen ihrer Gedanken stark mitbestimmen. Und diese stark individuelle Färbung fordert jeden einzelnen Zeitgenossen heraus, ebenso persönlich Stellung zu beziehen. Das Jahrhundert der individuellen unterschiedlichen Denkansätze ist aber gleichzeitig auch die Zeit der «Moden». Um bestimmte Weltanschauungen sammeln sich Menschen, die sie vertreten, manchmal, etwa bei den Anhängern Nietzsches, ohne den «Meister» richtig zu verstehen. Diese Anhängerschaft trägt öfters durchaus fanatische Züge, die eigentlich dem Zeitgeist zuwiderlaufen. Die «Gläubigen» wollen nur eine der vielen Weltanschauungen gelten lassen. Die Seelenkraft, welche diese zusammensieht und ihre Teilberechtigung erkennt, ist offensichtlich schwer herzustellen.

Die Sehnsucht nach etwas Neuem ist in vielen Menschen virulent, ohne dass sie wüssten, an welchen Zielen der gewünschte Umbruch sich orientieren müsste. Die untergründige Sehnsucht nach einer «neuen Zeit» wirkt als mächtige Triebkraft, aber sie hat kein klares Ziel. Worauf sie eigentlich hinausläuft, wird das übernächste Kapitel zu klären versuchen.

Einen seltsamen, aber charakteristischen Standpunkt in diesem Geschehen der Individualisierung nimmt die katholische Kirche ein. Sie ringt seit dem Konzil von Nicäa (325) mit der Tatsache, dass eine unmittelbare Einsicht in das, was mit dem Mysterium auf Golgatha geschah, kaum mehr besteht. Die Dogmengeschichte ist ein Beweis dafür, die verloren gegangene Einsicht durch Festlegungen zu ersetzen. Bereits 869 auf dem Konzil in Konstantinopel wird die traditionelle Gliederung des Menschen nach Leib, Seele und Geist verworfen. Doch damit nicht genug: Andere Ansichten werden als ketzerisch erklärt, ihre Vertreter verfolgt. Man studiere nur, wie Thomas von Aquin, später als Kirchenlehrer hoch verehrt, zu seinen Lebzeiten sich mühen muss, um der Anschuldigung der Ketzerei zu entgehen.

Im 19. Jahrhundert erfolgt ein Schritt der Kirche, der zwar konsequent in der bisherigen Entwicklung liegt, aber doch wie ein Paukenschlag die Zeitgenossen aufhorchen lässt: das Dogma von der Unfehlbarkeit des Papstes. Die richtige Interpretation des Glaubens wird einem Einzelnen, dem Papst, qua Amt überantwortet. Dieses Dogma ist das Eingeständnis, dass die Kirche, obwohl die wirkliche Einsicht in eine geistige Welt verglommen ist, weiterhin beansprucht, der einzige Interpret eines übersinnlichen Ereignisses zu sein. Daraus wird die These abgeleitet, dass der einzelne gläubige Mensch nur über die Institution der Kirche zu einer gültigen Ansicht über geistige Dinge kommen kann. Ein für das Zeitalter fast grotesk anmutender Machtanspruch über die Lenkung der Individualität wird institutionalisiert. Auch er kann den zunehmenden Atheismus, der eine plausible Konsequenz des Materialismus ist, nicht stoppen.

Gedankenentwürfe, die am Anfang des 19. Jahrhunderts in das Forum der Menschheit geworfen worden sind, charakterisieren die atemberaubende Entwicklung. Herder und Goethe formulieren den Entwicklungsgedanken, der fortan aus dem Geistesleben nicht wegzudenken ist. Lessing rechtfertigt mit einer unbefangenen Geschichtsbetrachtung und der ihm eigenen aufklärerischen Rationalität den Gedanken der wiederholten Erdenleben. Fichte pocht mit der Energie des Cholerikers auf die

Erfahrung des schaffenden Ich: «Denken Sie die Wand! Denken Sie denjenigen, der die Wand gedacht hat!» In immer neuen Anläufen versucht er, seine Zuhörer zum Erleben dieses zentral wichtigen Punktes zu ermutigen. Goethe strebt mit seinem Begriff der Metamorphose ein einfühlsames Eindringen in die Gesetze des Lebendigen an und betritt mit dem Gedanken der Urpflanze den Bereich einer neuen Imagination, d.h. eines von erster übersinnlicher Erfahrung befruchteten Denkens. Novalis taucht das Geistesleben seiner Zeit in das Feuer christlicher Empfindungen: Zur Arbeit an der Erde sind wir berufen! Alle diese Denker empfinden die Denktätigkeit noch so, dass sie zum Wesen der Dinge vorstoßen kann.

Schreitet man das Geistesleben des deutschen Idealismus ab, stößt man ständig auf Keimgedanken, die einer weiteren Ausgestaltung wert wären. Wie kommt es, dass diese Impulse nicht weitergeführt wurden, sondern unwirksam werden? Die historischen Tatsachen des 19. Jahrhunderts sind nicht von der Weiterentwicklung jener Keime geprägt, sondern vom Nominalismus. Man verehrt zwar weiterhin Goethe, indem man alles zusammenträgt, was aus seiner Feder stammt, aber verschafft seinen Ideen nicht den Eingang in die Gestaltung des Geisteslebens. Der deutsche Idealismus wird mit atemberaubender Schnelligkeit Historie, mit der sich Menschen nur von Amts wegen beschäftigen. Schon diesen aber fehlt der Zugang zum Keimcharakter der Ideen, die sie verwalten. Goethe und alle anderen Sterne dieser Zeit werden, gleichsam mumifiziert, in Archiven abgelegt.

Die Erkenntnisgrenzen, die Kant postuliert hat und gegen die sich Goethe vehement verwahrte, bestimmen das Denken der nachfolgenden Zeit. Das «Ignorabismus» wird zu einer feststehenden «Gewissheit» jener Geister, die den Ton im Geistesleben angeben. Das hat notwendigerweise schwerwiegende Folgen: Die Brücken, welche der deutsche Idealismus durch individuelle Gedankentätigkeit zu der Erfahrung einer geistigen Welt noch gebaut hatte, werden – bildhaft gesprochen – als untauglich für den Verkehr erklärt und abgebrochen.

Endgültig geht jene Zeit zu Ende, wo die geistige Welt, erst durch übersinnliche Erkenntnis, dann durch Gedanken so im Bewusstsein lebendig erhalten wurde, dass man ihr den Primat bei der Gestaltung der Erde und des Menschen zuerkannte. Die aufgestellten Erkenntnisgrenzen erklären den Geist zum unzugänglichen Reich, der nur im Glauben nachwirkt.

Als einziger Verursacher des Weltgeschehens fungiert im menschlichen Bewusstsein fortan nur die Materie, die jetzt mit gesteigerter Energie erforscht wird. Das Denken selbst wird zum Produkt materieller Prozesse erklärt und zum ideologischen Überbau; in beiden Fällen wird es als unwirksam gegenüber der Macht des im Stoffe wirksamen Faktischen gedacht. Der Materialismus wird zur Lebensmaxime der zweiten Hälfte des 19. Jahrhunderts und ist es bis heute.

Unübersehbar werden die Folgen materialistischer Denkweise erst, als mit ihren Ideen in der Russischen Revolution ein Staat errichtet wird. Die materialistische Denkweise regiert diesen Staat total, und das Leid seiner Bürger führt vor Augen, wie menschenverachtend diese Ideen werden können. Das zweite historische Beispiel in der ersten Hälfte des 20. Jahrhunderts ist der Nationalsozialismus. Was im Holocaust geschichtliche Tatsache wird, scheint unfassbar.

Man kann Schritt für Schritt verfolgen, wie der Materialismus bei der Gestaltung der sozialen Verhältnisse Brutalität, Unterjochung, Gnadenlosigkeit, Folter, Qual und millionenfachen Mord über die Menschen bringt samt der Hybris, welche die Regierenden überfällt. Der Materialismus hat sich so selbstverständlich und tief mit dem Seelenleben verbunden, dass instinkthafte Neigungen nicht mehr wie früher durch einen Rest von Religion und Humanismus gehemmt werden. Die üblen Neigungen brechen elementar hervor.

Damit ist keineswegs geklärt, woher diese Neigungen stammen, ob sie nur bei bestimmten Menschen auftreten oder ob sie bei jedem Menschen vorhanden sind. (Gerade ihrer Entstehung soll später nachgegangen werden.) Wie sollte man das unsägliche Leid dieser Zeit nicht beklagen? Das geschieht selbstverständlich auch von Menschen, die sich zum Materialismus bekennen. Man sieht in einen Abgrund und sinnt darüber nach, wie der Absturz in ihn künftig zu verhindern sei.

Aber man ist nicht fähig, bis zu den Wurzeln des Übels vorzustoßen. Das vor aller Augen geschehene Menetekel löst zwar einen Schock aus, aber nicht das Bedürfnis nach einer Veränderung des Bewusstseins. Man verdammt das geschichtliche Symptom, aber man kapituliert (zutiefst verunsichert und leidend), wenn man seine eigentlichen Ursachen aufdecken soll. Man steht vor einer Erkenntniskrise, deren man sich nur halb bewusst ist. Die herrschende Erkenntnis wird aber keineswegs in Frage stellt.

x) *und einzelne Wortschöpfungen!*

Hans Jonas' Ringen mit dem Menetekel
Auschwitz

[handschriftliche Notiz: = Unheil drohendes Zeichen.]

Hans Jonas (1903 – 1993) ist Jude und durch Emigration dem Schicksal des Holocaust entgangen, also einer der zutiefst Trauernden. Aber er ist auch Philosoph, der mit der Ungeheuerlichkeit des Geschehens gedanklich ringt, zuerst nur für sich. Als er 1984 anlässlich der Verleihung des Dr.-Leopold-Lucas-Preises im Festvortrag auf das Thema Auschwitz eingeht, tut er es seinen eigenen Worten nach mit «Furcht und Zittern». Er nennt seinen Versuch «ein Stück unverhüllt spekulativer Theologie».

Was an dieser Rede so beeindruckt, ist die Ehrlichkeit des gedanklichen Ringens mit dem alten jüdischen Gottesbegriff. Er legt ihn an das Geschehen von Auschwitz unbefangen an und muss sich gestehen, dass dieser Gottesbegriff keine Erklärung für das Grauen liefert; jede Erklärung wird versagt. Damit ist viel ausgesagt. Ein uralt-heiliger Begriff, der den Geschicken des jüdischen Volkes einen Sinn gab, erscheint für die Sinngebung des heutigen Geschehens untauglich.

Auch wenn Hans Jonas das in dieser Form nicht ausspricht, so hat dieses Urteil doch zwei Konsequenzen. Wir stehen vor einem historischen Ereignis, das einen ganz anderen Charakter hat als die Ereignisse, welche sich bisher zugetragen haben. Etwas ganz Neues, noch nie Dagewesenes tritt in die Welt. Deshalb scheitern auch die bisher erarbeiteten Begriffsformen an diesem Ereignis. Anders gewendet: Sie sind an ihr Ende gekommen. Kommen die eingestandene Furcht und das Zittern vielleicht daher, dass die heutigen Zeitereignisse einer ganz neuen Erkenntnis bedürfen, um den Menschen sachgemäß über sie aufzuklären? Muss Jonas sich nicht eingestehen, dass er – bildlich gesprochen – am Ende eines Weltalters steht bzw. am Anfang eines neuen, dessen Erkenntnisformen überhaupt erst geschaffen werden müssen?

[handschriftliche Notiz am Rand: was =] «Nicht um des Glaubens *willen* starben jene dort (wie immerhin die Zeugen Jehovas), und nicht *wegen* ihres Glaubens oder irgendeiner Willensrichtung ihres Personseins wurden sie gemordet. Dehumanisierung

durch letzte Erniedrigung und Entbehrung ging dem Sterben voran, kein Schimmer des Menschenadels wurde den zur Endlösung Bestimmten gelassen, nichts davon war bei den überlebenden Skelettgespenstern der befreiten Lager noch erkennbar. Und doch – Paradox der Paradoxe – war es das alte Volk des Bundes, an den fast keiner der Beteiligten, Töter und selbst Opfer, mehr glaubte, aber eben gerade dieses und kein anderes, das unter der Fiktion der Rasse zu dieser Gesamtvernichtung ausersehen war: die grässlichste Umkehrung der Erwählung in den Fluch, der jeder Sinngebung spottete. Also besteht doch ein Zusammenhang – perversester Art – mit den Gottsuchern und Propheten von einst, deren Nachfahren so aus der Zerstreuung ausgelesen und in die Vereinigung des gemeinsamen Todes versammelt wurden. Und Gott ließ es geschehen. Was für ein Gott konnte es geschehen lassen?»[74]

Jonas gesteht, dass er lange vor diesen Ausführungen sich einen Mythos, also ein imaginatives Bild, geschaffen hatte, diese Rätselfrage zu ertragen. Jetzt, im Vortrag, unternimmt er es, aus diesem Mythos schärfere gedankliche Figuren zu gewinnen. Auf diesem Wege erhält Gott Attribute, die dem bisherigen Gottesbegriff fehlen. Jonas spricht vom leidenden, schweigenden, sich sorgenden – und werdenden Gott. Im Zusammenhang unseres Themas soll uns das Attribut des Werdens am meisten interessieren. Wie begründet Jonas es?

«Sodann ... zeichnet der Mythos [den Jonas vorher entworfen hatte] das Bild eines *werdenden* Gottes. Es ist ein Gott, der in der Zeit hervorgeht, anstatt ein vollständiges Sein zu besitzen, das mit sich identisch bleibt durch die Ewigkeit. Solch eine Idee göttlichen Werdens steht gewiss in Widerspruch zur griechischen, platonisch-aristotelischen Überlieferung philosophischer Theologie, die seit ihrer Einverleibung in die jüdische und christliche theologische Tradition irgendwie eine Autorität für sich usurpiert hat, zu der sie nach authentisch jüdischen (und auch christlichen) Maßstäben keineswegs berechtigt ist. Transtemporalität, Impassibilität, Immutabilität wurden zu notwendigen Attributen Gottes erklärt. Und die ontologische Entgegensetzung, die klassisches Denken zwischen Sein und Werden behauptet hatte, wobei das Werden dem Sein unterlegen und kennzeichnend für die niedere körperliche Welt ist, schloss jeden Schatten eines Werdens von dem reinen, absoluten Sein der Gottheit aus. Aber dieser hellenische Begriff hat niemals gut zum Geiste und zur Sprache der Bibel gestimmt; und der Begriff eines göttlichen Werdens kann tatsächlich besser mit ihr vereint werden.

Denn was besagt der werdende Gott? Selbst wenn wir nicht so weit gehen, wie unser Mythos vorschlägt, so viel an ‹Werden› wenigstens müssen wir in Gott zugestehen, wie in der bloßen Tatsache liegt, dass er von dem, was in der Welt geschieht, affiziert wird, und ‹affiziert› heißt alteriert, im Zustand verändert. Auch wenn wir davon absehen, dass schon die Schöpfung als solche, als Akt und als Dasein seines Ergebnisses, ja schließlich eine entscheidende Änderung im Zustand Gottes darstellt, insofern er nun nicht mehr allein ist, so bedeutet sein *fortlaufendes Verhältnis* zum Geschaffenen, wenn dies erst einmal existiert und sich im Flusse des Werdens dahinbewegt, eben dies, dass er etwas mit der Welt erfährt, dass also sein eigenes Sein von dem, was in ihr vorgeht, beeinflusst wird. Das gilt schon für das bloße Verhältnis begleitenden Wissens, ganz zu schweigen von dem des Interesses. Also, wenn Gott in irgendeiner Beziehung zur Welt steht – und das ist die kardinale Annahme der Religion –, dann hat hierdurch allein der Ewige sich ‹verzeitlicht› und wird fortschreitend anders durch die Verwirklichungen des Weltprozesses.»

Ein kühner Gedanke, weil er auch die geistige Welt im Werden vorstellen lässt. Ist aber für dieses Werden der geistigen Welt, welcher der Mensch als geistiges Wesen doch angehört, ein Ziel auszumachen? Der Vortrag enthält zu dieser Frage zumindestens Einsprengsel.

«Deshalb sagte ich, der sorgende Gott sei kein Zauberer. Irgendwie hat er, durch einen Akt unerforschlicher Weisheit oder der Liebe oder was immer das göttliche Motto gewesen sein mag, darauf verzichtet, die Befriedigung seiner selbst durch seine eigene Macht zu garantieren, nachdem er schon durch die Schöpfung selbst darauf verzichtet hatte, alles in allem zu sein.»[75]

Oder: «Angesichts der Existenz des Bösen oder auch nur des Übels in der Welt müssten wir Verständlichkeit in Gott der Verbindung der beiden andern Attribute aufopfern. Nur von einem gänzlich unverstehbaren Gott kann gesagt werden, dass er zugleich gut und absolut allmächtig ist und doch die Welt duldet, wie sie ist.»[76]

Die Verstehbarkeit Gottes aber will Hans Jonas auf keinen Fall preisgeben; also muss er im Angesicht des Bösen die Allmacht Gottes aufgeben, auch deshalb, weil sie mit dem Begriff eines werdenden Gottes nicht vereinbar ist. Und so kommt er zu dem Schluss: «Und da sage ich nun: Nicht weil er nicht wollte, sondern weil er nicht konnte, griff er nicht ein.» Und dann der Kern aller seiner Aussagen: «Im bloßen Zulassen menschlicher Freiheit liegt ein Verzicht der göttlichen Macht ... Könnte nicht auch, so frage ich mich, diese menschliche Freiheit nicht nur ‹zugelassen›, sondern das Ziel der durch Gott inaugurierten Schöpfung sein? Mit diesem Ziel erschiene der schweigende und der sich sorgende Gott in einem neuen Licht. Und wie, wenn das Gewährenlassen des Bösen in der Welt die notwendige Voraussetzung dafür wäre, diese menschliche Freiheit zu erringen und zu befestigen? Denn eines scheint doch sicher: Wer Freiheit denkt, kann sich nicht vorstellen, dass sie sich gegen Widerstände, die zu Unfreiheit führen wollen, nicht durchsetzen muss. Der Begriff geschenkter Freiheit ist ein Unbegriff, weil er die Selbstständigkeit des Menschen aufhöbe. Freiheit muss von dem Wesen, das nach ihr strebt, erarbeitet werden.»[77]

Bevor wir diesen Gedanken weiter verfolgen, werfen wir noch einen Blick auf Jonas' leidvolles Ringen. Jonas erscheint mir wie ein verspäteter Nachfahre jener Generationen, die um die Wende des 18. zum 19. Jahrhundert ihre Gedanken vortrugen. Nur hätten sie ihre Gedanken nicht als «spekulative Theologie» bezeichnet. Mit dieser kritischen Selbsteinschätzung macht Jonas deutlich, in welchem Rahmen er sich mit seinem Versuch bewegt, nämlich dem einer traditionellen Theologie und deren Vorgaben. Man hätte es Jonas nicht zu sagen brauchen, denn er wusste es selbst nur zu genau, dass durch seine Vorgehensweise ein Atheist nicht zu überzeugen sein wird. Der würde alle Vorgaben, auf denen Jonas seinen Versuch aufbaut, bereits als null und nichtig angesehen haben und deshalb auch den ganzen Versuch.

Daraus entsteht die geradezu peinigende Frage: Wie müsste eine Verständigung des menschlichen Bewusstseins mit sich selbst aussehen, die voraussetzungslos ihre Überlegungen bei den Betrachtungen der Menschennatur beginnt? Zu welchen Ergebnissen würde sie über die Kardinalfrage der menschlichen Freiheit führen? Dennoch erwirkt dieser Versuch, selbstständig weitergedacht, viele Fragen, die tief in die Seele fallen, auch wenn man sich gleichzeitig bewusst ist, wie ergänzungsbedürftig ihr Ausgangspunkt ist. Auschwitz ist ein Menetekel für die sich regende

Verachtung gegenüber dem geschaffenen Menschen. Zu ihr gesellt sich – heute bewusst – die Kränkung und Verachtung gegenüber der ohne des Menschen Zutun geschaffene Natur, der Naturgrundlage der Menschen. In beiden Verhaltensweisen zeigt sich die Signatur todbringender Mächte. Doch das Vehikel, mit dessen Hilfe diese Mächte in die Welt eingreifen, ist das Bewusstsein des Menschen. Würde Hans Jonas dem Urteil zugestimmt haben, dass damit die Entwicklung des werdenden Gottes (und damit der geistigen Welt) eindrücklich affiziert wird? Ich meine ja. Für den Materialisten entfällt diese Bedenklichkeit. Aber ist der Materialismus nicht der eigentliche Grund dafür, dass Auschwitz sich überhaupt ereignen konnte?

Die Aufklärung des modernen Bewusstseins über sich selbst – die notwendige Wendung im Geistesleben

Rudolf Steiner hat Auschwitz nicht erlebt, er stand jedoch seinen eigenen Worten nach erlebend in den geistigen Kämpfen, die sich hinter den Kulissen des äußeren Daseins im letzten Drittel des 19. Jahrhunderts abspielten. Was aber heißt es, in verhältnismäßig jungen Jahren (was er schildert, gilt für die achtziger und neunziger Jahre des 19. Jahrhunderts), am damaligen Geisteskampf bewusst teilzunehmen?

In diesen Begegnungen «hinter den Kulissen» entstand für Rudolf Steiner – so meine ich – die Frage, welchen Beitrag er selbst leisten könne, um eine gedeihliche Entwicklung im Geistesleben zu befördern. Im Laufe der Beschäftigung mit dem Werk Rudolf Steiners bin ich zu der Auffassung gelangt, dass im Erleben dieser Geisteskämpfe im Übersinnlichen das ganz individuelle Motiv zu Rudolf Steiners *Philosophie der Freiheit* sich bildete. Und ich bin ferner der Überzeugung, dass dieses Werk die Grundlage für alles weitere Wirken Rudolf Steiners ist.

Hier ist sicher nicht der Ort, sich weitläufig über *Die Philosophie der Freiheit* zu äußern. Das ist vielfältig geschehen. Aber einige Gedanken scheinen mir unabdingbar, sollen die späteren Darstellungen Rudolf Steiners (u.a. zu den Widersachermächten) nicht vom Leser als bloße Behauptung angesehen werden.

Das erste Kapitel der *Philosophie der Freiheit* endet mit dem Satz: «Wir mögen die Sache anfassen, wie wir wollen: Immer klarer muss es werden, dass die Frage nach dem Wesen des menschlichen Handelns die andere voraussetzt nach dem Ursprunge des Denkens.»[78] Das Motto des Buches, «Seelische Beobachtungsresultate nach naturwissenschaftlicher Methode», zeigt die Art und Weise, wie bei der Suche nach dem Ursprung des Denkens verfahren werden soll: voraussetzungslos. Rudolf Steiner beschreitet also einen Weg, der durch Beobachtung dessen, was jeder an sich selbst erfahren kann, beginnt, und dieser Erfahrungscharakter wird bis zum Ende des Buches beibehalten. Die naturwissenschaftliche Beobachtungsmethode wird auf das eigene Seelenleben angewendet.

Dadurch ist *Die Philosophie der Freiheit* im striktesten Sinne ein Übungsbuch. Geübt wird die Beobachtung des eigenen Seelenlebens, und der Autor übernimmt die Rolle der Anleitung für solche Übungen. Die Schwierigkeiten des Lesers beginnen dort, wo der Autor auf Beobachtungen aufmerksam macht, die dem Leser nicht ohne weiteres gelingen, z.B. die Beobachtung des eigenen Denkens. Soll doch etwas bewusst gemacht werden, was in der Seele wirksam ist, dessen Tätigkeit selbst aber verschlafen wird. Es geht also um einen Aufwachprozess für seelische Phänomene, die in einem ersten Anlauf nicht unbedingt in das Licht des Bewusstseins gerückt werden können, die sich aber bei kontinuierlicher Übung erhellen.

Rudolf Steiners Entdeckung ist, dass die Erkenntnis auf zwei Säulen ruht: der Beobachtung und dem Denken. Deren bewusstes Erleben kann durch Übung (etwa die der Konzentration) gesteigert werden. Die Eigentätigkeit des Lesers wird aufgerufen. Es geht in der *Philosophie der Freiheit* nicht um die Adaption von Begriffen, die der Autor vorgibt, sondern um eine erweiterte Beobachtung der eigenen Bewusstseinsinhalte. Diese Erweiterung des Beobachtungsfeldes kann bis zu einem Erleben des Ich in einer geistigen Umwelt führen. Es liegt allein an der Aktivität des Lesers, ob er diese Erfahrung erreicht oder ob sie nur Schilderung des Autors bleibt. Ein Weg wird also aufgezeigt, wie man durch unbefangene Beobachtung der Menschennatur zu einer Erfahrung von deren eigentlichem Wesen vorstoßen kann. Nicht die Klärung der bloßen Idee vom Ich wird angestrebt, sondern das Erleben des Ich-Wesens selbst. Gelingt dies, so erscheint nicht nur der Mensch «neu», sondern auch die Welt, nämlich als Ausdruck mit ihr verbundener geistiger Wesen. In diesem «Monismus» wird der Materialismus durch Erfahrung überwunden. Es wird eine neue Sichtweise für das Weltgeschehen erreicht, die weiter fortgebildet und unendlich vertieft werden kann. Das geschieht in der späteren Geisteswissenschaft Rudolf Steiners. Sie hat in der Aufklärung über die Menschennatur, wie sie *Die Philosophie der Freiheit* durchführt, ihre Wurzel.

Wie ist das Weltbild, das der Beobachtung vorliegt, bevor die erkennende Tätigkeit auf es gerichtet wird? Was finden wir als Bewusstseins-

inhalt vor, wenn wir die naturwissenschaftliche Methode der Vorausset-
zungslosigkeit streng verfolgen? «In diesem unmittelbar gegebenen
Weltinhalt ist nun alles eingeschlossen, was überhaupt innerhalb des
Horizontes unserer Erlebnisse im weitesten Sinne auftauchen kann:
Empfindungen, Wahrnehmungen, Anschauungen, Gefühle, Willensakte,
Traum- und Fantasiegebilde, Vorstellungen, Begriffe und Ideen. Auch
die Illusionen und Halluzinationen stehen auf dieser Stufe gleichberech-
tigt da mit anderen Teilen des Weltinhalts. Denn welches Verhältnis die-
selben zu anderen Wahrnehmungen haben, das kann erst die erkennende
Betrachtung lehren.»[79]

Wie aber von diesen Bewusstseinsinhalten die Brücke schlagen zu einem Erkennen, welches die Bewusstseinsinhalte zueinander in Beziehung setzt, sodass das Gegebene durchschaubar wird? Es gilt: Wenn wir
uns dem Gegebenen gegenüber nur passiv verhalten, können wir nirgendwo aus ihm ausbrechen. Wo ist der Ansatzpunkt in den vorgegebenen Bewusstseinsinhalten, der es erlaubt, über sie hinauszugehen? Oder
mit den Worten Rudolf Steiners: «Es hängt für das wahrhafte Erkennen
alles davon ab, dass wir irgendwo im Gegebenen ein Gebiet finden, wo
unsere erkennende Tätigkeit sich nicht bloß ein Gegebenes voraussetzt,
sondern in dem Gegebenen mitten darin steht.» Und: «Wo finden wir
irgendetwas in dem Weltbild, das nicht bloß ein Gegebenes, sondern das
nur insofern gegeben ist, als es zugleich ein im Erkenntnisakt Hervorge-
brachtes ist?»

Diese Forderung erfüllen Ideen und Begriffe. «… man wird niemals
von seinen Begriffen glauben, dass sie ohne eigene Denkarbeit uns gegeben wären … Wir müssen sie hervorbringen, wenn wir sie erleben
wollen. Nur die Begriffe und Ideen sind uns in der Form gegeben, die
man die intellektuelle Anschauung genannt hat.»[80]

Hier greift Rudolf Steiner auf einen Begriff zurück, dessen Erfahrung
Schelling folgendermaßen beschrieben hat: «Uns allen nämlich wohnt
ein geheimes, wunderbares Vermögen bei, uns aus dem Wechsel der Zeit
in unser Innerstes, von allem, was uns von außen her dazukam, entklei-
detes Selbst zurückzuziehen und unter der Form der Unwandelbarkeit
das Ewige in uns anzuschauen. Diese Anschauung ist die innerste, eigenste Erfahrung, von welcher allein alles abhängt, was wir von der übersinnlichen Welt wissen und glauben. Diese intellektuelle Anschauung

tritt dann ein, wo wir für uns selbst aufhören, Objekt zu sein, wo in sich selbst zurückgezogen, das anschauende Selbst mit dem angeschauten identisch ist. In diesem Moment der Anschauung schwindet für uns Zeit und Dauer dahin.»[81]

Das Denken steigert sich zur Anschauung der Wesenhaftigkeit der Welt, mit der wir eins werden. Geistige Welt spricht sich in dem, was wir selbst hervorgebracht haben, aus. Schelling beschreibt das Wesen der Intuition. Eine der Formulierungen Rudolf Steiners über die Intuition ist: «Intuition ist das im rein Geistigen verlaufende bewusste Erleben eines rein geistigen Inhalts.»[82] Diese Aussage steht in folgendem Zusammenhang: «Wer aber durchschaut, was bezüglich des Denkens vorliegt, der wird erkennen, dass in der Wahrnehmung nur ein Teil der Wirklichkeit vorliegt und dass der andere zu ihr gehörige Teil, der sie erstmals (als) volle Wirklichkeit erscheinen lässt, in der denkenden Durchsetzung der Wahrnehmung erlebt wird. Er wird in demjenigen, das als Denken im Bewusstsein auftritt, nicht ein schattenhaftes Nachbild einer Wirklichkeit sehen, sondern eine auf sich ruhende Wesenhaftigkeit. Und von dieser kann er sagen, dass sie ihm durch Intuition im Bewusstsein gegenwärtig ist. Intuition ist das im rein Geistigen verlaufende bewusste Erleben eines rein geistigen Inhalts. Nur durch eine Intuition kann die Wesenheit des Denkens erfasst werden.» Nämlich dann, wenn die intellektuelle Anschauung auf das Denken selbst angewendet wird. Diese durch Übung zu erwerbende Fähigkeit macht den Menschen zu einem schöpferischen Wesen. Kant hat die Möglichkeit einer solchen Fähigkeit abgelehnt und nur Gott zugewiesen. Das ist der Punkt, den Goethe bestreitet und wo er sich in Gegensatz zu Kant stellt. Goethes Geistesart wurde durch einen Zeitgenossen als anschauende Urteilskraft bezeichnet. Goethe freute sich über diese «Förderung durch ein geistreiches Wort». Er selbst charakterisierte diese Fähigkeit als geistige Teilhabe einer immer schaffenden Natur.

Günter Röschert geht auf die Wissenschaftlichkeit der intellektuellen Anschauung ein: «Die Wahrheit des Erkennens wird bewusst durch Wissenschaft. Nicht nur Bewusstsein von Begriffen und Ideen, sondern Selbstbewusstheit, d.h. hervorbringendes Bewusstsein, ist im Sinne von Steiners Erkenntnistheorie die Grundlage der Wissenschaft. Wissenschaft ist in diesem Sinne kritische Besonnenheit über die Entstehungsart

*) Erkennen der Wahrheit begründet Wissenschaft!
Im Kontext der Wahrheiten (= Wissenschaft)
können neue Erkenntnisse geprüft u. evtl. angezweifelt werden.

eigener Begriffe im erkennenden Bewusstsein. Das Bewusstsein des ide-ellen Hervorbringungsaktes ist wegen der aktiven Natur des letzteren notwendig Selbstbewusstsein, insofern der Wille zur Produktion aus dem Zentrum der Seele, d.h. aus dem Ich erfließt.»[83]

Am 13. Januar 1881 schrieb Rudolf Steiner – er war damals zwanzig Jahre alt – an seinen Freund Josef Köck einen Brief. In ihm heißt es: «Es war die Nacht vom 10. auf den 11. Januar, in der ich keinen Augenblick schlief. Ich hatte mich bis ½ 1 Uhr mitternachts mit einzelnen philoso-phischen Problemen beschäftigt … mein Bestreben war voriges Jahr zu erforschen, ob es denn wahr wäre, was Schelling sagt. [Es folgt die bereits zitierte Anmerkung.] Ich glaubte und glaube nun noch, jenes innerste Vermögen ganz klar an mir entdeckt zu haben … meine augenblicklichen Gefühle zu schildern, ist heute schon ganz unmöglich; ich war außer mir – ungeheuer bewegt; was war zu tun, um beruhigt zu werden – offenbar nichts.»[84]

In dieser Nacht erfährt der junge Rudolf Steiner die Lösung eines seit seiner Kindheit ihn bedrängenden Problems. Er, der mit einem ge-schenkten Hellsehen begabt war, suchte dessen Stellung zu dem üblichen Bewusstsein zu ergründen. Wie war dieser Seelenzustand unter die Will-kür der eigenen Person zu stellen? Das Erlebnis der intellektuellen An-schauung wies den Weg. Rudolf Steiner ist nicht nur deshalb «außer sich und ungeheuer bewegt», sondern er mag in diesem Augenblick auch ahnen, welche umfassenden Perspektiven dieser Weg erschloss.

Es erforderte viel Arbeit, um den gefundenen Weg in allen Einzelheiten auszubauen und gegen Einwände zu schützen. Im Vortrag vom 11.6.1923 bringt Rudolf Steiner das Anliegen seiner späteren Ausarbeitungen auf den Punkt: «Diese zwei Dinge, erstens, dass es ein geistiges Reich gibt, zweitens, dass der Mensch mit dem innersten Ich seines Wesens mit die-sem geistigen Reich zusammenhängt, sind ja die Fundamentalpunkte der *Philosophie der Freiheit*.»[85] Es gibt eine Darstellung, welche das Vorge-brachte ergänzt. In seinen *Rätseln der Philosophie* findet sich ein Schluss-kapitel: «Skizzenhaft dargestellter Ausblick auf eine Anthroposophie». Nachdem sich Rudolf Steiner mit der Geschichte der Philosophie ausein-ander gesetzt hat, zeigt er auf, wohin die Metamorphosen des Bewusst-seins, die in ihr auszumachen sind, drängen. Einer der springenden Punkte ist: «… man [kommt] über eine gewisse Klippe der Erkenntnis

92

solange nicht hinweg, als man sich vorstellt: Die Welt der Sinne enthielte die wahren Grundlagen ihres Daseins in sich; und man müsse mit dem, was man in der Seele selbst erzeugt, irgendwie etwas abbilden, was außerhalb der Seele liegt. Nur eine Erkenntnis wird über diese Klippe hinwegkommen, welche ins geistige Auge fasst, dass alles, was die Sinne wahrnehmen, sich durch seine eigene Wesenheit nicht als eine fertige, in sich beschlossene Wirklichkeit darstellt, sondern als ein Unvollendetes, gewissermaßen als eine halbe Wirklichkeit.»[86]

Deshalb drängt Rudolf Steiner darauf, den Charakter der Wahrnehmung, wie sie sich dem menschlichen Bewusstsein zuerst mitteilt, nämlich ohne jeden Bezug ihrer Teile, also ohne Sinn zu erfahren. Gerade dies stachelt das Denken an, die nur halbe Wirklichkeit zu ergänzen und zu ihrem Sinngehalt vorzustoßen. «Liegt die Wirklichkeit außerhalb der Seele in ihrer Eigenheit gestaltet, dann kann die Seele nicht das hervorbringen, was dieser Wirklichkeit entspricht, sondern nur etwas, was ihrer eigenen Organisation entspricht.»[87] Auch wenn die Wahrnehmungswelt uns sinnentleert gegenübertritt, so ist sie doch ein der Seele gegebenes Faktum. Zu einer Isolierung der Seele von dieser gegebenen, wenn auch nur halben Wirklichkeit kann nur ein Denken auffordern, das an dieser Klippe scheitert.

Mit solchen Überlegungen ist allerdings noch nicht die Rätselfrage geklärt, wie es zu dieser Konstitution des Bewusstseins kommt. Die Antwort auf diese Frage ergibt sich nur einem gesteigerten Bewusstsein, das nicht nur das Ich als eine Vorstellung denkt, sondern die Existenz des Ich in einer geistigen Welt erlebt. Mit diesem Bewusstsein kann erst das Verhältnis des Ich zur Seele und beider zur Wirklichkeit erforscht werden. Das erste Ergebnis ist die Erfahrung, dass beide, Ich und Seele, in der Wirklichkeit wurzeln. Das mythische Bewusstsein zeigt diese Verwurzelung auf einer Bewusstseinsstufe, die noch kein Selbstbewusstsein erlaubt. Dieses aber ist seitdem das hervorstechendste Ergebnis der Seelenentwicklung. Also muss sich die Organisation, die ein mythisches Bewusstsein erlaubte, verändert haben und im Laufe der Zeit immer mehr jenen Zustand herbeigeführt haben, der die Trennung von Wahrnehmung und Sinn, der ihr zugrunde liegt, bewirkte.

«Anders wird alles, sobald erkannt wird, dass die Organisation der Menschenseele nicht mit dem, was sie in der Erkenntnis selbstschöpferisch erzeugt, sich von der Wirklichkeit entfernt, sondern dass sie in dem Leben, das sie vor allem Erkennen entfaltet, sich eine Welt vorzaubert, welche nicht die wirkliche ist. Die Menschenseele ist so in die Welt gestellt, dass sie wegen ihrer eigenen Wesenheit die Dinge anders macht, als sie in Wirklichkeit sind.»[88]

Vor allem Erkennen arbeitet jene Seele, die dem Bewusstsein vorläufig unzugänglich ist. Dem üblichen Bewusstsein bleibt diese selbstschöpferische Kraft der Seele zunächst unbewusst. «Wie die sinnliche Welt erscheint, wenn sich der Mensch ihr unmittelbar gegenüberstellt, das hängt zweifellos von der Wesenheit seiner Seele ab. Folgt aber daraus nicht, dass er diese Erscheinung der Welt durch seine Seele bewirkt? Nun zeigt eine unbefangene Betrachtung, wie der unwirkliche Charakter der sinnlichen Außenwelt davon herrührt, dass der Mensch, indem er sich unmittelbar den Dingen gegenüberstellt, das in sich unterdrückt, was in Wahrheit zu ihnen gehört.»[89]

Der Mensch selbst macht die Wirklichkeit zum Schein, aber gibt sie dem Menschen nachher mithilfe des Denkens wieder zurück. Der erste Schritt geschieht unbewusst, der zweite mit vollem Bewusstsein.

Nun kann man sich fragen, was der Sinn dieses komplizierten Vorgangs sein könnte. Wäre es nicht einfacher, die Wirklichkeit entgegenzunehmen, wie sie ist? Sicher! Dann aber wäre die Ausbildung des Selbstbewusstseins nicht möglich. Das aber ist doch der Fortschritt in der Bewusstseinsentwicklung, dass das Ich sich seiner selbst bewusst wird. Nur in der Verständigung des Bewusstseins mit sich selbst wird die Möglichkeit der Freiheit begründet. Wer die größere «Einfachheit» des Vorgangs fordert, sehnt sich nach einem Rückfall des Bewusstseins in das geschenkte mythische mit all den Folgen restloser Abhängigkeit. Aus ihr befreit uns die Schneidung der Wirklichkeit durch die Organisation des Menschen.

Wir haben es mit einem Kunstgriff zu tun, der Freiheit ermöglicht. Freilich wirft dieser Vorgang, der die Wirklichkeit schneidet, auch weitergehende Fragen auf. Woher kommt es, dass die menschliche Organisation so beschaffen ist, dass sie diese Schneidung ausführt? Das Schlusskapitel der *Rätsel der Philosophie* gibt darauf keine Antwort. Es sei denn, man sieht sie in den folgenden Sätzen: «Dieses [das Ich] muss demnach einsehen, dass es seine Selbsterkenntnis einer Tatsache verdankt, welche über die Welterkenntnis einen Schleier breitet. Dadurch ist notwendig bedingt, dass alles, was die Seele zum kraftvollen, energischen Erleben des Ich bringt, die tieferen Grundlagen unoffenbar macht, in welchen dieses Ich wurzelt.»[90]

So sehr in der üblichen Erkenntnis das Selbstbewusstsein sich auch kräftigt, zu den tieferen Grundlagen, in welchen das Ich wurzelt, kann diese Erkenntnis nicht vorstoßen, sie kann den Schleier nicht lüften. Es muss ihr offensichtlich ein Element hinzugefügt werden, das den Charakter des Selbstbewusstseins nicht verändert, aber den Bewusstseinshorizont so erweitert, dass der Schleier gelüftet werden kann. Wir stehen vor einer zweiten Klippe der Erkenntnis. Muss sich das normale Bewusstsein nicht wehren, seine Gewohnheiten, auf die es so stolz ist, aufzugeben? Wird hier nicht etwas angedeutet, was auf den ersten Blick absurd erscheint?

Rudolf Steiner charakterisiert sehr exakt, was einen überkommt, wenn man sich die angedeutete Situation vor die Seele stellt: «Einzelne Philosophen wie Dilthey, Eucken und andere lenken die philosophische Betrachtung auf die Selbstbeobachtung der Seele hin. Was sie aber betrachten, das sind diejenigen Erlebnisse der Seele, welche die Grundlage bilden des selbstbewussten Ich. Dadurch dringen sie nicht bis zu jenen Quellen der Welt, in denen die Erlebnisse der Seele aus der wahren Wirklichkeit hervorsprudeln. Diese Quellen können nicht dort liegen, wo die Seele mit dem gewöhnlichen Bewusstsein zunächst sich selbst beobachtend gegenübertritt. Will die Seele zu diesen Quellen kommen, so muss sie aus diesem gewöhnlichen Bewusstsein herausdringen. Sie muss etwas in sich erleben, was ihr dieses Bewusstsein nicht geben kann. Ein solches Erleben erscheint dem gewöhnlichen Erkennen zunächst als vollster Unsinn. Die Seele soll sich in einem Element wissend erleben, ohne ihr Bewusstsein in dieses Element mit hineinzutragen. Man soll das Bewusstsein überspringen und doch zugleich noch bewusst sein! Und doch: Man wird entweder immer weiter im philosophischen Streben zu Unmöglichem kommen, oder man wird sich den Ausblick darauf eröffnen müssen, dass der angedeutete ‹volle Unsinn› nur ein scheinbarer ist und dass gerade er den Weg weist, auf dem für die Rätselfragen der Philosophie Hilfe gesucht werden muss.»[91]

Die Kritik an der Anthroposophie läuft so gut wie immer darauf hinaus, dass sie mit einem Bewusstsein arbeitet, das bei den Formen des Gegenstandsbewusstseins stehen bleibt und von diesem Standpunkt aus Anthroposophie zum «vollsten Unsinn» erklärt. Nichts anderes wird in dem vorangegangenen Zitat Steiners als eine notwendige Folge charakterisiert. Man kann also verstehen, warum diese Kritik so und nicht anders ausfallen muss.

Worauf aber ist im Besonderen das Augenmerk zu richten, wenn man das Gegenstandsbewusstsein «überspringen» und zugleich noch bewusst bleiben will?

«Man kann die Tätigkeit des Denkens als solche in das Geistesauge fassen. Man kann zum Beispiel einen Gedanken in den Mittelpunkt des Bewusstseins rücken, der sich auf nichts Äußerliches bezieht, der wie ein Sinnbild gedacht ist, bei dem man ganz unberücksichtigt lässt, dass er etwas Äußeres abbildet. Man kann nun in dem Festhalten eines solchen Gedankens verharren. Man kann sich ganz einleben nur in das innere Tun der Seele, während man so verharrt. Es kommt hierbei nicht darauf an, in Gedanken zu leben, sondern darauf, die Denktätigkeit zu erleben. Auf diese Weise reißt sich die Seele los von dem, was sie im gewöhnlichen Denken vollführt. Sie wird dann, wenn sie solche innere Übung genügend lange fortsetzt, nach einiger Zeit erkennen, wie sie in Erlebnisse hineingeraten ist, welche sie abtrennen von demjenigen Denken und Vorstellen, das an die leiblichen Organe gebunden ist. Ein Gleiches kann man vollziehen mit dem Fühlen und Wollen der Seele, ja auch mit dem Empfinden, dem Wahrnehmen der Außendinge. Man wird auf diesem Wege nur etwas erreichen, wenn man nicht zurückschreckt davor, sich zu gestehen, dass die Selbsterkenntnis der Seele nicht einfach angetreten werden kann, indem man nach dem Innern schaut, das stets vorhanden ist, sondern vielmehr nach demjenigen, das durch innere Seelenarbeit erst aufgedeckt werden muss. Durch eine Seelenarbeit, die durch Übung zu einem solchen Verharren in der inneren Tätigkeit des Denkens, Fühlens und Wollens gelangt, dass diese Erlebnisse gewissermaßen sich geistig in sich ‹verdichten›. Sie offenbaren dann in dieser ‹Verdichtung› ihr inneres Wesen, das im gewöhnlichen Bewusstsein nicht wahrgenommen werden kann. Man entdeckt durch solche Seelenarbeit, dass für das Zustandekommen des gewöhnlichen Bewusstseins die Seelenkräfte sich so ‹verdünnen› müssen und dass sie in dieser Verdünnung unwahrnehmbar

werden. Die hier gemeinte Seelenarbeit besteht in einer unbegrenzten Steigerung von Seelenfähigkeiten, welche auch das gewöhnliche Bewusstsein kennt, die dieses aber in solcher Steigerung nicht anwendet. Es sind die Fähigkeiten der Aufmerksamkeit und der liebevollen Hingabe an das von der Seele Erlebte. Es müssen, um das Angedeutete zu erreichen, diese Fähigkeiten in einem solchen Maße gesteigert werden, dass sie wie völlig neue Seelenkräfte wirken.»[92] *GA 18, S.604.*

Mit diesen wenigen Sätzen ist der Weg einer Erweiterung des Bewusstseins aufgezeigt, gewissermaßen sein Kern. Dieses Thema spielt im Werk Rudolf Steiners eine zentrale Rolle und wird von ihm von den verschiedensten Seiten her beleuchtet. Dem Leser wird dabei eine Menge Übungsmaterial zum selbstständigen Gebrauch an die Hand gegeben.

Auf dem geschilderten Wege wird das Geistig-Seelische des Menschen aus der Bindung an das Physisch-Leibliche gelöst. Diese zu erringende Lösung ist die Voraussetzung dafür, dass das neue Bewusstsein aufleuchten kann. Sie läutet die Metamorphose unseres üblichen Bewusstseins ein. So wie das mythische Bewusstsein aufhörte zu existieren, als das Erleben des Gedankens in seinen Horizont trat, so etabliert sich neben dem heutigen Gegenstandsbewusstsein ein völlig anderes, das unerwartete neue Horizonte aufschließt. In ihm lebt nur die größte Frucht des Gegenstandsbewusstseins weiter, nämlich die errungene Selbstständigkeit des Ich.

In diesem Übvorgang wird der «Schleier» schrittweise aufgehoben, den die geistig-seelische Organisation des Menschen über die Erscheinungswelt gebreitet hat. Dieser Schleier, der den Sinn der Erscheinungswelt verbirgt, resultiert aus dem Verhältnis, das diese Organisation mit dem Physisch-Leiblichen eingegangen ist. Diese gesteigerte Verbindung ließ die übersinnliche Erfahrung, deren letzter Rest das mythische Bilderbewusstsein war, ersterben. Das Entbinden der geistig-seelischen Organisation aus der Leiblichkeit, das durch eigene Anstrengung des Ich bewirkt wird, lichtet den Schleier beziehungsweise hebt ihn auf. Dieser Akt kann nur das Resultat eines konzentrierten Willens der Persönlichkeit sein.

Was aber veranlasst die geistige Organisation des Menschen, eine solche enge Bindung mit dem Leiblichen einzugehen? Hier liegt, wenn auch ganz anders formuliert, das Thema aller Ausführungen dieses Buches.

Rudolf Steiner widmet sich der Aufgabe, anderen Menschen den Zugang zu diesem Erkenntnisweg zu eröffnen, mit aller Intensität aus eigenem Entschluss. Man könnte eine spätere Aussage heranziehen, um seine damalige Seelenlage weiter zu charakterisieren: «Denn Feuerkraft ist heute dem Menschen notwendig, nicht mystische Schläferei. Nicht Sehnsucht nach mystischer Ruhe, sondern Dienen dem Geistigen, das ist es, worum es sich heute handelt. Die Verbindung mit dem Göttlichen muss heute in der Aktivität, nicht in der mystischen Faulheit und Bequemlichkeit gesucht werden.»[93] Diesem Motto bleibt Rudolf Steiner ein Leben lang treu. *Die Philosophie der Freiheit* ist das erste Produkt solchen Dienens mithilfe der seelischen Feuerkraft.

Die Aufgabe, das eigene Seelenleben zu beobachten, verlangt die völlige Durchsetzung einer der Bedingungen des später dargestellten Schulungsweges, nämlich sich selbst wie einem Fremden gegenüberzutreten. Die naturwissenschaftliche Methode muss bei der Betrachtung der eigenen Menschennatur umfassend und strikt eingehalten werden. Das hat der Autor der *Philosophie der Freiheit* erreicht, und deshalb merkt man dem Buche an, dass es gewissermaßen aus einer umfassenden persönlichen Erfahrung geschrieben ist. Noch ganz andere geistige Erfahrungen als die, zu denen der Leser angeregt wird, stehen im Hintergrund der Darstellung. Diese Tatsache blitzt gelegentlich in Bemerkungen auf, wie: «Mit welchem Rechte erklärt ihr die Welt für fertig, ohne das Denken?»[94] Ist das Denken in der Weltgeschichte eine neue, noch nie da gewesene Erscheinung? Ist das selbstständige Denken den bisher die Weltentwicklung bestimmenden geistigen Mächten fremd? Oder anders formuliert: Liegt die intellektuelle Fähigkeit jenseits ihrer Möglichkeiten? Auch dies zu klären wird eine Aufgabe der weiteren Darstellung sein. Sicher aber ist, dass sich die Freiheit des Menschen nur mithilfe eines denkenden Bewusstseins verwirklichen lässt, das sich über die Erkenntnisprozesse völlige Rechenschaft gibt.

Ich will mit diesen Hinweisen nur verdeutlichen, wie der Leser, der sich gewissermaßen mit einem noch nicht genügend geschärften Bewusstsein auf den Weg macht, immer wieder aufgefordert ist, sich der Kühnheit der Beobachtungskonsequenzen zu stellen. Er wird aber – und das ist das große Verdienst Rudolf Steiners – nie genötigt, die Grundlagen der Beobachtung zu verlassen. Denn es gilt nicht, Gedanken «spekulativ zu setzen», sondern erst einmal die Beobachtungsgabe zu schärfen und mit ihr in Regionen des Seelenlebens vorzudringen, die in der Menschennatur durchaus wirksam sind, die aber erst durch gesteigerte Aktivität bewusst werden. Auf diesem Wege wird der Leser unter anderem zu der Erfahrung geführt, dass Freiheit nicht gegeben, aber möglich ist. Eine vorgegebene Freiheit wäre ein Widerspruch in sich selbst. Die Wissenschaft der Freiheit zeigt, dass mit der Feuerkraft eigener Aktivität diese Freiheit realisiert werden kann. Sie ist kein willkürliches Konstrukt, sondern sie ist Resultat jener Erfahrungen, die sich dann ergeben, wenn diese Feuerkraft zu Tatsachen vorstößt, die das heutige Bewusstsein gewöhnlich verschläft. Im ersten Teil der *Philosophie der Freiheit* führt die willentlich gesteigerte Erfahrung des Denkens zu dem Erlebnis des Ich als einer geistigen Wesenheit, die unabhängig von der Organisation aktiv sein kann. Rudolf Steiner bemerkt, dass dies die wichtigste Erfahrung ist, die der Mensch heute machen kann. Dieses Erlebnis hat zwei Folgen:

Es ist einerseits die praktische Widerlegung des heutigen Materialismus. Dieser wird nicht durch eine intellektuelle Auseinandersetzung widerlegt, sondern durch Erfahrung. Dem widerspricht nicht, dass diese Erfahrung wie jede andere mithilfe des Denkens ausgesprochen und interpretiert wird. Diese Interpretation ist keineswegs spekulativ, sondern sie fußt auf einer Wahrnehmung, die durch seelische Konzentration erst freigelegt werden muss. Das Verfahren erweist sich also als eine gesteigerte naturwissenschaftliche Methode. Es erfordert den Mut, nicht bei den vordergründig gegebenen Wahrnehmungen stehen zu bleiben, sondern zu solchen vorzustoßen, die zwar ebenfalls gegeben, aber noch nicht bewusstseinsmäßig entdeckt worden sind. Diese Entdeckungen stehen am Anfang eines «gesteigerten» Bewusstseins, sie läuten den Bewusstseinswandel ein.

Die genannte Erfahrung ist gleichzeitig die erste «übersinnliche», die der Mensch macht. Sie ist nicht durch den bloßen Sinnesschein gegeben, sondern wird durch die Feuerkraft eigener Aktivität hergestellt und dann beobachtet. Diese Ich-Erfahrung ist keineswegs eine bloß subjektive Illusion. Sie öffnet das Tor für eine Geisteswissenschaft, die rein geistige Tatsachen ins Auge fasst.

Für den Lebensgang Rudolf Steiners scheint es charakteristisch zu sein, dass er eine solche Geisteswissenschaft längst betreibt, ehe er sie darstellt. Die Bemerkung, dass die konkrete Verfolgung von Individualitäten in wiederholten Erdenleben bereits 1888 für ihn möglich gewesen sei, ist ein Indiz für diese Auffassung.[95] Nach seiner eigenen Darstellung war zu dieser Zeit *Die Philosophie der Freiheit* längst konzipiert, aber noch nicht niedergeschrieben. Man kann die Äußerungen über das Jahr 1888 dahingehend auffassen, dass jetzt die in aller Stille verfolgte Geisteswissenschaft so reif geworden war, dass sie die öffentliche Darstellung der Wissenschaft der Freiheit erst innerlich rechtfertigte.

Im weiteren Verlauf der Darstellung wird sich herausstellen, dass die Intentionen geistiger Widersachermächte als reale Wesen sich gerade gegen jene Erkenntnisart richten, die in der *Philosophie der Freiheit* praktiziert wird. Sie setzen alles daran, damit der heutige Mensch bei den Erkenntnisformen des gängigen Bewusstseins stehen bleibt.

Die immer noch verbreitete Auffassung, dass die «eigentliche» geisteswissenschaftliche Tätigkeit Rudolf Steiners erst 1902 mit seinem Auftreten in der damaligen Theosophischen Gesellschaft begonnen habe, ist nicht haltbar. Ich halte sie für einen bequemen Irrtum. *Die Philosophie der Freiheit* ist bereits eine geisteswissenschaftliche Darstellung. Der Text kann gar nicht ohne übersinnliche Erfahrung, die nicht mehr geschenkt ist, sondern hart erarbeitet wurde, geschrieben werden. Die Erfahrungen, zu denen der Leser angeregt werden soll, sind vom Autor längst erworben, geprüft und gesichert. Meine Ansicht wird unter anderem durch die folgenden Ausführungen Rudolf Steiners bestätigt: «Wer die heutige Zeit betrachtet mit alledem, was heraufzieht, der wird finden, dass in dem, was heraufzieht, gerade dasjenige fehlt, was *Die Philosophie der Freiheit* will. *Die Philosophie der Freiheit* begründet in einer freien, geistigen Denkerarbeit eine zwar mit der Naturwissenschaft völlig im Einklang stehende, aber über die Naturwissenschaft eben frei hinausgehende Wissenschaft von der Freiheit. Dieser Teil, der macht es möglich, dass wirklich freie Geister sich innerhalb der heutigen sozialen Ordnung ausbilden können. Denn würde die Freiheit bloß als Wirklichkeit der Freiheit ergriffen ohne die solide Grundlage der Wissenschaft von der Freiheit, so würde im Zeitalter, *in dem sich das Böse so einnistet*, die Freiheit notwendigerweise nicht führen müssen zu freien Geistern, sondern zu *zuchtlosen Geistern.* Einzig und allein in der strengen inneren Zucht, welche in dem nicht am Gängelbande der Sinne lebenden Denken gefunden werden kann, in wirklich denkerischer Wissenschaft ist dasjenige zu finden, was für das gegenwärtige Zeitalter, das die Freiheit realisieren muss, eben notwendig ist.»[95]

III. FORSCHUNGSERGEBNISSE DER GEISTESWISSENSCHAFT ZUM PROBLEM DES BÖSEN

1888
2861
27 Jahre alt.

Erste Orientierung. Das Böse als Weltkraft

Mit den letzten Kapiteln wird die vielleicht wesentlichste Tatsache der Menschheitsgeschichte deutlich: Das Geistig-Seelische des Menschen unterliegt Metamorphosen. Sie führen von einer imaginativen, übersinnlichen Auffassung der Welt – dem mythischen Bewusstsein – zu einer Ausbildung des Denkens. Auch das Denken verändert sich in einem 700-Jahre-Rhythmus. In den letzten beiden Jahrhunderten überwiegt ein Nominalismus, der eine totale Geistverlassenheit des Menschen bewirkt, gleichzeitig aber auch die größte Steigerung des Selbstbewusstseins mit sich bringt.

Rudolf Steiner zeigt einen Weg, wie das moderne, selbstbewusste, naturwissenschaftliche Bewusstsein durch Eigentätigkeit eine neue Metamorphose verwirklichen kann, welche die selbst geschaffene Schneidung der Wirklichkeit in Wahrnehmung und Denken aufhebt. Ihr Ergebnis ist ein erweitertes Bewusstsein, das die Tatsachen der geistigen Welt neu erfasst. War das mythische Bewusstsein ein Geschenk der Götter, so wird das neue übersinnliche Bewusstsein nur durch disziplinierte Eigentätigkeit erfahrbar, also als ein Göttergeschenk, das sich nur der gesteigerten Ich-Tätigkeit erschließt.

Damit ist eine Grundlage geschaffen, fortan auch von den Ergebnissen übersinnlicher Erfahrung zu sprechen. Der Leser kann, auch wenn er selbst keine übersinnlichen Erfahrungen hat, ihren Bildeprozess durch die Darstellungen über den anthroposophischen Schulungsweg gedanklich nachvollziehen, desgleichen die Ergebnisse dieser Erfahrung gedanklich prüfen. Damit ist der Weg frei, auf geisteswissenschaftliche Forschungsergebnisse zu unserem Thema einzugehen. Aus der Fülle der verschiedenen Darstellungen Rudolf Steiners wurde eine ausgewählt, die eine grundlegend wichtige Einstellung zum Phänomen des Bösen eröffnet.

Bei den meisten Menschen ist das Verhältnis zum Bösen durch schroffe

Ablehnung bestimmt. Es überkommt die Menschen Grauen und Angst, wenn sie dem Bösen gewissermaßen in die Augen schauen müssen (etwa weil sie Augenzeugen eines Mordes geworden sind). Die Irritationen, die das Böse bei uns auslöst, werden gedanklich schwer bewältigt. Wir wissen nicht, was im Augenblick der Tat im Täter vorgeht, welchem Unheil wir im nächsten Augenblick selbst ausgeliefert sein können. Auschwitz zeigt dieses Unverständnis eklatant.

Die erste Erkenntnis geisteswissenschaftlicher Forschung ist, dass der Tod und das Böse ihre Aufgabe im Weltgeschehen haben. Sowohl die Kräfte des Todes als auch die Kräfte des Bösen müssen in die menschliche Entwicklung und notwendigerweise ins Weltgeschehen eingreifen. Sie sind objektive Weltenmächte. Ihr Sinn liegt weder im Sterben des Menschen noch im Hervorbringen unheilvoller Taten. Beides sind Nebenwirkungen von Impulsen, die auf ganz anderes hinzielen. Was ist das Ziel dieser Impulse?

«Selbst innerhalb der Grenzen, die gegenwärtig noch geboten sind, wenn man über solche Dinge spricht, kann man dasjenige, was von dem Mysterium des Bösen handelt, in der fünften nachatlantischen Kulturperiode, der Periode der Bewusstseinsseele, in der wir leben, eigentlich nicht ohne tiefe Bewegung besprechen. Denn es wird damit etwas berührt, was zu den tiefsten Geheimnissen dieser fünften nachatlantischen Periode gehört, was, wenn es besprochen wird, heute noch auf sehr wenig entwickelte menschliche Fähigkeiten des Verständnisses gerade für solche Dinge stößt. Die Empfindungsmöglichkeiten, welche die heutige Menschheit für solche Dinge hat, sind noch wenig entwickelt …

Wer von diesen Dingen Kenntnis hat, der weiß, welche Untiefen menschlichen Wesens man mit diesen Dingen eigentlich berührt. Allein es hat ja vieles gezeigt, wie wenig im Grunde genommen heute schon Wille zum Verständnis solcher Dinge vorhanden ist. Der Wille zum Verständnis, er wird ja gewiss kommen, und es muss dafür gesorgt werden, dass er komme. Es muss auf jedem Wege, der möglich erscheint, dafür gesorgt werden, dass dieser Wille kommt. Man muss, wenn man über diese Dinge spricht, manchmal den Schein hervorrufen, als ob man eine Art Kritik der Gegenwart nach der einen oder nach der anderen Richtung hin geben wolle … Aber alles das, was hier vorgebracht wird, ist nicht so gemeint, ist nicht wie eine Kritik gemeint, sondern ist gesagt zur

Charakteristik, ist dazu gesagt, dass man einsieht, welche Kräfte und Impulse gewaltet haben. Von einem gewissen Gesichtspunkte aus betrachtet haben ja diese Impulse notwendigerweise gewaltet ...

Zwei Mysterien ... sind von ganz besonderer Bedeutung für die Entwickelung der Menschheit im Zeitraum der Bewusstseinsseele, in dem wir drinnenstehen seit dem Beginne des 15. Jahrhunderts. Es ist das Mysterium des Todes und das Mysterium des Bösen. Dieses Mysterium des Todes, das für die jetzige Zeit eben mit dem Mysterium des Bösen von einer gewissen Seite her zusammenhängt, das führt zunächst zum Aufwerfen der bedeutungsvollen Frage: *Wie steht es überhaupt mit dem Tode in Bezug auf die menschliche Entwickelung? ...* Das, was sich gegenwärtig Wissenschaft nennt, macht es sich bequem in solchen Dingen. Tod ist Aufhören eines Lebens für die meisten Wissenschafter. Von diesem Punkte aus ist der Tod anzuschauen bei der Pflanze, beim Tiere, beim Menschen. – Geisteswissenschaft hat es nicht so bequem, alles über einen Leisten zu schlagen. Denn sonst könnte man den Tod auch auffassen als Ende einer Taschenuhr, den Tod der Taschenuhr. Der Tod des Menschen ist eben etwas ganz anderes als der so genannte Tod anderer Wesen. Kennen lernen kann man nun dasjenige, was das Phänomen des Todes ist, nur dann, wenn man es gewissermaßen auf dem Hintergrunde jener Kräfte auffasst, die im Weltenall tätig sind und die über den Menschen, indem sie auch den Menschen ergreifen, den physischen Tod bringen. *Es walten im Weltenall gewisse Kräfte, gewisse Impulse; wären sie nicht vorhanden, so könnte der Mensch nicht sterben.* Diese Kräfte walten im Weltenall, der Mensch gehört zum Weltenall; sie durchwalten auch den Menschen, und indem sie im Menschen tätig sind, bringen sie ihm den Tod. Nun muss man sich fragen: Diese Kräfte, die im Weltenall tätig sind, *was bewirken sie außer dem, dass sie den Menschen den Tod bringen?* – Es wäre ganz falsch, wenn man etwa denken würde, diese Kräfte, die dem Menschen den Tod bringen, die seien im Weltenall dazu da, dass sie den Menschen sterben machen, dass sie ihm den Tod bringen. Das ist nicht der Fall. Dass diese Kräfte den Menschen den Tod bringen, ist gewissermaßen *nur eine Nebenwirkung,* wirklich nur eine Nebenwirkung. Nicht wahr, es wird keinem Menschen einfallen, zu sagen: Die Aufgabe der Lokomotive bei der Eisenbahn bestehe darin, nach und nach die Schienen kaputt zu machen. – Trotzdem tut das die Lokomotive, dass sie nach und nach die Schienen kaputt macht, und die Lokomotive kann nicht anders als die Schienen kaputt machen. Aber das ist jedenfalls nicht ihre Aufgabe; ihre Aufgabe ist etwas anderes. Und wenn einer definieren würde: Eine Lokomotive ist eine Maschine, welche die Aufgabe hat, die Schienen kaputt zu machen, der würde natürlich einen Unsinn reden, trotzdem man nicht bestreiten kann, dass das Zerstören der Schienen durchaus mit dem Wesen der Lokomotive zusammenhängt. Ebensowenig denkt derjenige etwas Richtiges, der etwa sagen würde, die Kräfte im Weltall, die den Menschen den Tod bringen, seien dazu da, um den Menschen den Tod zu bringen. Dieses ist nur eine Nebenwirkung, dass sie den Menschen den Tod bringen. Sie bewirken dies neben ihrer eigentlichen Aufgabe. Welches aber ist diese eigentliche Aufgabe der den Menschen den Tod bringenden Kräfte? *Diese Aufgabe der den Menschen den Tod bringenden Kräfte ist gerade die, den Menschen zu begaben mit der vollen Fähigkeit der Bewusstseinsseele.* Sie sehen, wie innig das Mysterium des Todes gerade mit der Entwicklung des fünften nachatlantischen Zeitraums zusammenhängt, wie bedeutsam es ist, dass in diesem fünften nachatlantischen Zeitraum allgemein das Mysterium des Todes enthüllt werde. Denn es sind eben die Kräfte, die in ihrer Nebenwirkung dem Menschen den Tod bringen, die eigentlich dazu bestimmt sind, dem Menschen einzupflanzen, einzuimpfen in seinen Werdegang gerade die Fähigkeit, *ich sage die Fähigkeit,* nicht die Bewusstseinsseele, sondern die Fähigkeit der Bewusstseinsseele ...

Diese Kräfte, von denen man sprechen muss als den Kräften des Todes, *sie haben das menschliche Leibeswesen schon früher erfasst.* Wie, das können Sie aus meiner ‹Geheimwissenschaft›[97] entnehmen. *In das seelische Wesen haben sie sich da erst hineingefunden.* Der Mensch muss für den Rest der Erdenentwickelung diese Kräfte des Todes in sein eigenes Wesen aufnehmen, und sie werden im Verlauf des gegenwärtigen Zeitraumes in ihm so wirken, dass er die Fähigkeit der Bewusstseinsseele in sich zum vollen Ausdruck, zur vollen Offenbarung bringt.»[98]

Das durch die Todeskräfte veranlasste Sterben der Organisation, das mit der Geburt schon beginnt und in ihrem Tode seinen Abschluss findet, schafft die Voraussetzungen für eine Souveränität des Ich gegenüber der Leiblichkeit. Die Lebensbildekräfte der Organisation, die das Wesen des Menschen in der Zeit des mythischen Bewusstseins naturhaft mit der

Umgebung verbanden, klingen ab, mit ihnen auch die ohne Eigentätigkeit geschenkten Imaginationen. Die Todeskräfte schaffen Raum für die Eigentätigkeit des Ich, das heute, geistverlassen, sich in seinem Wirken selbst bestimmen kann. Es bleibt dem Menschen überlassen, ob er diesen Freiheitsraum, der in der Bewusstseinsseele als Möglichkeit vorhanden ist, ergreift. Aber ohne das Wirken der Todeskräfte könnte er überhaupt nicht zu dieser selbstbewussten Tätigkeit kommen. Insofern ist es berechtigt, davon zu sprechen, dass die Todeskräfte die Fähigkeit zur Bewusstseinsseele ermöglichen.

Rudolf Steiner fährt fort: «Indem ich so gefragt habe und so gesprochen habe über das Mysterium des Todes, das heißt über die Kräfte, die im Weltenall wirksam sind als den Menschen den Tod bringende Kräfte, kann ich auch in einer gleichen methodischen Weise hindeuten auf die Kräfte des Bösen. Auch diese Kräfte des Bösen, *sie sind nicht solche, von denen man sagen kann, sie bewirken innerhalb der menschlichen Ordnung die bösen Handlungen.* Das ist wiederum nur eine Nebenwirkung. Wenn es die Kräfte des Todes nicht gäbe im Weltenall, so würde der Mensch die Bewusstseinsseele nicht entwickeln können ... *Dazu muss er die Kräfte des Todes im Laufe des fünften nachatlantischen Zeitraums, also bis in die Mitte des vierten Jahrtausends hinein, vollständig mit seinem eigenen Wesen verbinden.* Das kann er. Aber er kann nicht in der gleichen Weise die Kräfte des Bösen mit seinem eigenen Wesen verbinden ... Man kann also sagen: Mit einer geringeren Intensität, bloß einen Teil seines Wesens ergreifend, wirken die Kräfte des Bösen auf den Menschen.

Will man eindringen in das Wesen dieser Kräfte des Bösen, dann darf man nicht auf die äußeren Folgen dieser Kräfte sehen, sondern dann muss man das Wesen des Bösen da aufsuchen, wo es in seiner eigenen Wesenheit vorhanden ist, *wo es so wirkt, wie es wirken muss,* weil die Kräfte, die als das Böse im Weltenall figurieren, auch in den Menschen hereinspielen. Und da beginnt eben das, was man nur mit einer tiefen Bewegung sagen kann, was man nur sagen kann, wenn man zugleich die Voraussetzung erhebt, dass diese Dinge wirklich mit dem allertiefsten Ernste aufgenommen werden. Wenn man das Böse im Menschen suchen will, so muss man es suchen nicht in den bösen Handlungen, die innerhalb der menschlichen Gesellschaft vollzogen werden, sondern man muss es suchen *in den bösen Neigungen, in den Neigungen zum Bösen.*

107

Man muss zunächst ganz abstrahieren, ganz absehen von den Folgen dieser Neigungen, die bei dem einen Menschen mehr oder weniger eintreten, man *muss den Blick hinrichten auf die bösen Neigungen.* Und dann kann man fragen: Bei welchen Menschen wirken die bösen Neigungen innerhalb der fünften nachatlantischen Periode, in der wir drinnen stehen, jene Neigungen, die, wenn sie in ihrer Nebenwirkung zum Ausdrucke kommen, eben in den bösen Handlungen so anschaulich sich darleben, *bei welchen Menschen wirken die bösen Neigungen?*

Ja, die Antwort darauf bekommt man, wenn man versucht, über die so genannte Schwelle des Hüters zu gehen und das menschliche Wesen wirklich kennen zu lernen. Da ergibt sich die Antwort auf diese Frage. Und die Antwort lautet: *Bei allen Menschen liegen im Unterbewusstsein seit dem Beginne der fünften nachatlantischen Periode die bösen Neigungen, die Neigungen zum Bösen.* – Ja, gerade darinnen besteht das Eintreten des Menschen in die fünfte nachatlantische Periode, in die neuzeitliche Kulturperiode, *dass er in sich aufnimmt die Neigungen zum Bösen.* Radikal, aber sehr richtig gesprochen, kann Folgendes zum Ausdrucke gebracht werden: Derjenige, der die Schwelle zur geistigen Welt überschreitet, der macht die folgende Erfahrung: *Es gibt kein Verbrechen in der Welt, zu dem nicht jeder Mensch in seinem Unterbewusstsein, insofern er ein Angehöriger der fünften nachatlantischen Periode ist, die Neigung hat ...* Sie sehen, bequeme Wahrheiten hat man nicht zu sagen, wenn man heute eben ungeschminkt der Menschheit die Wahrheit sagen muss.

Umso mehr taucht dann die Frage auf: Ja, was wollen diese Kräfte, die im Menschen die bösen Neigungen bewirken, *was wollen diese Kräfte denn eigentlich im Weltenall,* indem sie zunächst in die menschliche Wesenheit hineinträufeln, indem sie in die menschliche Wesenheit hineinfließen? Was wollen diese Kräfte? – Sie sind wahrhaftig im Weltenall nicht dazu da, um böse Handlungen in der menschlichen Gesellschaft herbeizuführen. Sie sind, ebenso wenig wie die Kräfte des Todes dazu sind, den Menschen nur sterben zu machen, im Weltenall nicht vorhanden, diese Kräfte des Bösen, um den Menschen zu verbrecherischen Handlungen zu führen, *sondern sie sind im Weltenall dazu vorhanden, um, wenn der Mensch aufgerufen ist zur Bewusstseinsseele, in ihm die Neigung hervorzurufen, das geistige Leben ... zu empfangen ...*

Im Weltenall walten diese Kräfte des Bösen. Der Mensch muss sie auf-

nehmen. Indem er sie aufnimmt, pflanzt er in sich den Keim, das spirituelle Leben überhaupt mit der Bewusstseinsseele zu erleben. Sie sind also wahrhaftig nicht da, diese Kräfte, die durch die menschliche soziale Ordnung verkehrt werden, sie sind wahrhaftig nicht da, um böse Handlungen hervorzurufen, sondern sie sind gerade dazu da, *damit der Mensch auf der Stufe der Bewusstseinsseele zum geistigen Leben durchbrechen kann.* Würde der Mensch nicht aufnehmen jene Neigungen zum Bösen, von denen ich eben gesprochen habe, so würde der Mensch nicht dazu kommen, aus seiner Bewusstseinsseele heraus den Impuls zu haben, den Geist, *der von jetzt ab befruchten muss alles übrige Kulturelle,* wenn es nicht tot sein will, den Geist aus dem Weltenall entgegenzunehmen. Und wir tun am besten, wenn wir zunächst einmal hinsehen auf das, was werden soll aus jenen Kräften, die uns in ihrer *Karikatur* entgegentreten in den bösen Handlungen der Menschen; wenn wir uns fragen, was unter dem Einfluss dieser Kräfte, die zu gleicher Zeit die Kräfte für die bösen Neigungen sind, in der Entwickelung der Menschheit geschehen soll.

Sehen Sie, wenn man von diesen Dingen spricht, dann muss man sehr nahe an den Nerv der Menschheitsentwickelung herangehen. Alle diese Dinge hängen ja zu gleicher Zeit mit den Verhängnissen zusammen, die in der Gegenwart die Menschheit getroffen haben. *Denn die Verhängnisse,* die in der Gegenwart die Menschheit getroffen haben und noch treffen werden, *die sind ja nur ein Wetterleuchten für ganz andere Dinge, die über die Menschheit kommen sollen; ein Wetterleuchten, das heute oftmals das Gegenteil von dem zeigt, was da kommen soll.* Nicht zum Pessimismus ist aus allen diesen Dingen heraus ein Anlass, wohl aber *zum tatkräftigen Impulse, zum Aufwachen.* Nicht zum Pessimismus, sondern zum Aufwachen ist Anlass vorhanden. Alle diese Dinge werden nicht gesagt, um Pessimismus zu erzeugen, *sondern um Aufwachen zu bewirken.*»

Was Rudolf Steiner 1918 vortrug, klingt auch heute – mehr als achtzig Jahre danach – nicht angenehm. Wer gesteht sich gern nüchtern ein, dass die eigenen bösen Neigungen zu jedem Übel führen könnten, die unsere Zeit uns tagtäglich so fürchterlich vor Augen führt? Wir selbst können uns nur schwer in der Rolle jener Menschen wiederfinden, die als Täter fungieren. Und doch: Große Geister, etwa Goethe, haben solches für durchaus möglich gehalten.

Uns selbst wie einem Fremden gegenüberzutreten, wie es eine der ersten Bedingungen des anthroposophischen Schulungsweges fordert, wird selten genug praktiziert. Lieber reden wir von uns als von einem durch und durch edlen Menschen denn von einem zutiefst gefährdeten, den besondere Umstände schnell zu Handlungen führen, die er selbst für unglaublich hält.

In dem Vortrag wird also die Aufmerksamkeit des Betrachters von den bösen Taten abgelenkt und auf die bösen Neigungen konzentriert. Mit diesem Kunstgriff wird dem Betrachter Nüchternheit eingepflanzt. Man beobachte sich doch selbst: Wie leicht ist man über Gräueltaten empört oder verzweifelt. In der Empörung schwingt die leise Anmaßung mit, dass man sich selbst für unfähig hält, diese Taten zu begehen. Andererseits verzweifelt man daran, dass man meint, gegen die «fremden», bösen Taten nichts unternehmen zu können. Von ihnen geht eine Lähmung der Seele aus. Diese Lähmung will man durch Empörung überwinden. Die Empörung ist aber so lange nichts wert, als sie nicht von der Erkenntnis begleitet wird, dass in der eigenen Seele die gleichen Neigungen schlummern, die diese Übel hervorgebracht haben. Das kann Dankbarkeit darüber wecken, dass man bislang selbst nicht versucht worden ist. Die Zeitereignisse zeigen aber, dass immer mehr Menschen nicht in der Lage sind, dem, was in ihrer Seele als Wirklichkeit lebt, Widerpart zu leisten.

Sind wir uns eigentlich des Risikos, das Freiheit bedeutet, bewusst? Gewiss, wir halten die Freiheit als wünschens- und erstrebenswert, ja, wir pochen auf sie, wenn wir sie bedroht fühlen. Bedenken wir aber auch, dass die Wirklichkeit der Freiheit nur eintreten kann, wenn wir aus allen Bindungen entlassen sind. Zur Freiheit gehören demnach die Geistverlassenheit und das Sterben jeglicher Tradition. Nur das, was wir selbst denken und tun, gilt. Doch diese Freiheit bedingt zugleich, dass wir uns auch für das Ausleben der bösen Neigungen entscheiden können. Sie sind eine reale Alternative zur Freiheit. Ohne diese Alternative gäbe es keine freie Entscheidung für das Gute. Das Ich ist auf die Spitze eigener Entscheidungen gestellt. Daraus ergibt sich eine Dramatik, die sowohl die sozialen Ereignisse bestimmt als auch unsere eigene Existenz. Es kostet eine immer neue Anstrengung, die eigene Bestimmung zu finden und nach ihr zu handeln.

Wir erleben bei diesem Bestreben tausend Widerstände. Die Bequemlichkeit lässt die Erkenntnis abbrechen, bevor sie gesichert ist. Die Flüchtigkeit verhindert, dass die Handlungskonsequenzen gezogen werden, die Ungeduld treibt uns zu neuen Aufgaben, bevor die alten sorgsam gestaltet wurden usw. Wer sich selbst wie einem Fremden gegenübertritt, dem zeigen schon die ersten Schritte auf dem Schulungsweg, wie das Ich die Herrschaft in seinem Hause erkämpfen muss. Freiheit ist kein vollendetes Geschenk, sondern nur die Möglichkeit der Freiheit. Die aber bedarf durch uns der Realisierung in der Auseinandersetzung mit ihrem Gegenteil. Wollen wir sie, stoßen wir auf unzählige Hindernisse. Nicht nur die großen Widerstände, etwa Hass oder Gier, treten uns in den Weg, sondern auch die vielen «kleinen» habituellen Gewohnheiten. Lässigkeit, Unkonzentriertheit, Unruhe behelligen uns mehr, als uns lieb ist. Sie sind zwar nur Vorläufer der großen Emotionen, welche die Dramen beherrschen wie Eifersucht, Neid, Rachsucht, Tücke usw., aber sie behindern doch unsere Selbstständigkeit über weite Strecken des Lebens.

Wir erfahren als Beobachter unserer eigenen Seelenbewegungen zwei Möglichkeiten: Entweder wir erliegen (wenigstens für eine begrenzte Zeit) den Widerständen, oder wir überwinden sie. Es gibt keine dritte Möglichkeit. Unsere errungene Herrschaft im eigenen Haus schafft Mut und Selbstvertrauen für die nächsten Auseinandersetzungen. Solche Souveränität muss vom Menschen laufend gesichert werden, wenn nicht die andere Möglichkeit Wirklichkeit werden soll, nämlich die Herrschaft der bösen Neigungen über den Menschen.

Die bösen Neigungen sind ein immerwährender Anruf, das Ich in der Auseinandersetzung mit ihnen zu stärken. Da liegt ihre eigentliche Aufgabe. Nur in diesem Ringen um die Erkraftung des Ich kann das neue übersinnliche Bewusstsein, also die Bewusstseinsmetamorphose, gelingen. Ohne die Widerstandskräfte des Bösen käme es nicht zur notwendigen Erstarkung des Ich und der Entwicklung neuer Fähigkeiten.

Die erste praktische Konsequenz aus dieser Weltsicht ist, dass man den Kräften des Bösen nicht entfliehen kann. Gegenüber einer realistischen Erkenntnis vom Bösen erweist sich Flucht als Illusion.

Die Schulung der eigenen Person ist die einzig realistische Antwort auf die Aufklärung über diese Weltverhältnisse. Sie gewinnt durch Übung Mut, dem Bösen ins Antlitz zu schauen und die Chance wahrzunehmen, welche die geschichtliche Situation bietet.

Eine erste Charakteristik des Wesens der Widersachermächte. Luzifer und Ahriman

Mit den Namen Luzifer und Ahriman werden polar wirkende Widersachermächte belegt. In Vorträgen des Jahres 1919 gibt Rudolf Steiner eine, wie er sagt, mehr «äußere» Charakteristik dieser Widersachermächte.

«Wir müssen ja festhalten, dass wir, wenn wir ernsthaft von der geistigen Welt sprechen wollen, immer blicken können auf dasjenige, was sich als Offenbarungen der geistigen Mächte hier in der physischen Welt zeigt. Man sucht gewissermaßen durch den Schleier der physischen Welt durchzudringen zu demjenigen, was in der geistigen Welt wirksam ist. Das, was in der physischen Welt vorhanden ist, kann ja beobachtet werden von jedem Menschen; das, was in der geistigen Welt wirksam ist, dient dann dazu, die Rätsel, welche die physische Welt gibt, aus der geistigen Welt heraus zu lösen. Man muss nur die Rätsel des physischen Lebens in der richtigen Weise empfinden … Man kann nun einmal nicht verbinden die persönlichsten Auffassungen der Welt mit einem wirklichen Verständnisse desjenigen, was durchgreifend nicht nur die ganze Menschheit, sondern geradezu die Welt angeht. *Man muss sich frei machen von den bloß persönlichen Interessen.* Man wird ja dasjenige, was die Persönlichkeit in der Welt zu tun hat und was sie von sich als ihren Wert zu begreifen hat, gerade am besten dann einsehen, wenn man sich von dem Persönlichen im engeren Sinne frei gemacht hat …

Wenn wir unser Leben … betrachten wollen, so können wir es nicht anders betrachten, als indem wir ins Auge fassen diejenigen an dem Weltengeschehen mitwirkenden Wesenheiten, die wir öfter schon erwähnt haben: die luziferischen und die ahrimanischen Wesenheiten. Fassen wir zunächst nur einmal, ich möchte sagen, das Alleräußerlichste an diesen Wesen, an den luziferischen und ahrimanischen Wesenheiten ins Auge. Sie bewohnen ebenso wie wir Menschen die Sphären, in denen wir eben drinnenstehen. Wenn wir ihr Äußerlichstes ins Auge fassen, so können wir sagen: Alle luziferischen Wesenheiten können wir uns vorstellen als Inhaber derjenigen Kräfte, die wir als Menschen dann verspüren, wenn wir fantastisch werden wollen, wenn wir einseitig uns der Fantasie hingeben, wenn wir einseitig uns der Schwärmerei hingeben, wenn wir – um mich bildlich auszudrücken – mit unserem Wesen über unseren Kopf hinaus wollen. Wenn wir als Mensch mit unserem Wesen über unseren Kopf hinaus wollen, so sind das Kräfte, welche in unserer Menschenorganisation eine gewisse Rolle spielen, die aber die universellen Kräfte derjenigen Wesen sind, die wir luziferische Wesen nennen. Denken Sie sich Wesen, ganz geformt aus dem, was in uns über unseren Kopf hinausstreben will, so haben Sie die luziferischen, die mit unserer Menschenwelt in einer gewissen Beziehung stehen. Denken Sie sich umgekehrt alles dasjenige, was uns auf die Erde drückt, alles dasjenige, was uns zu nüchternen Philistern macht, was uns dazu bringt, materialistische Gesinnungen zu entwickeln, was uns durchdringt mit dem, was wir nennen können trockenen Verstand und so weiter, so haben Sie die ahrimanischen Mächte.

Man kann alles dasjenige, was ich jetzt eben mehr seelisch gesagt habe, auch mehr leiblich ausdrücken. Man kann sagen: Der Mensch ist eigentlich immer in einer Art Mittelpunktslage zwischen dem, was sein Blut mit ihm will, und dem, was seine Knochen mit ihm wollen. Die Knochen wollen uns fortwährend zum Erstarren bringen, die Knochen wollen uns mit anderen Worten auch leiblich ahrimanisch machen, verhärten. Das Blut möchte uns über uns selbst hinaustreiben. Pathologisch gesprochen: Das Blut kann fiebrig werden, dann wird der Mensch auch organisch in die Fantasterei hineingetrieben; die Knochen können ihr Wesen ausdehnen über den übrigen Organismus, dann verknöchert der Mensch, er wird sklerotisch, wie es fast jeder Mensch im Alter bis zu einem gewissen Grade wird. Dann trägt er das tötende Element in seinem Organismus in sich: Das ist das Ahrimanische. Man kann sagen: Alles dasjenige, was im Blute liegt, hat die Hinneigung zum Luziferischen, alles dasjenige, was in den Knochen liegt, hat die Hinneigung zum Ahrimanischen, und der Mensch ist die Gleichgewichtslage zwischen beiden, so wie er die Gleichgewichtslage sein muss in seelischer Beziehung zwischen der Schwärmerei und der nüchternen Philistrosität.

Wir können aber auch in einer gewissen Weise tiefer diese beiden

Wesenheiten charakterisieren. Wir können einmal uns die luziferischen Wesenheiten anschauen, was sie gewissermaßen im kosmischen Dasein für Interessen haben. Und da findet man, dass die luziferischen Wesenheiten vor allen Dingen das Interesse haben im Kosmos, die Welt, namentlich die Menschenwelt, abtrünnig zu machen von denjenigen geistigen Wesenheiten, die wir als die eigentlichen menschenschöpferischen Wesenheiten auffassen müssen. Die luziferischen Wesenheiten möchten nichts anderes, als die Welt, man könnte sagen, von den göttlichen Wesenheiten abtrünnig machen. Nicht so sehr, dass luziferische Wesenheiten in erster Linie die Absicht hätten, sich selber die Welt anzueignen. Sie werden aus Verschiedenem, was ich schon gesagt habe über die luziferischen Wesenheiten, entnehmen können, dass das nicht die Hauptsache ist bei den luziferischen Wesenheiten, sondern die Hauptsache ist: von dem, was der Mensch empfinden kann als seine eigentlichen göttlichen Wesenheiten, abtrünnig zu machen …

Die ahrimanischen Wesenheiten haben eine andere Absicht. Sie haben die entschiedene Absicht, namentlich das Menschenreich, aber damit die übrige Erde, in ihre Machtsphäre zu bekommen, von sich abhängig zu machen, namentlich zunächst die Menschen als solche zu beherrschen. Während also die luziferischen Wesenheiten darauf hinarbeiten zunächst und immer hingearbeitet haben, die Menschen abtrünnig zu machen von dem, was die Menschheit als ihr Göttliches empfinden kann, haben die ahrimanischen Wesenheiten die Tendenz, die Menschheit und alles, was dazu gehört, in ihre Machtsphäre allmählich einzubeziehen.

So ist eigentlich in unserem Kosmos, in den wir hineinverwoben sind als Menschen, ein Kampf vorhanden zwischen den fortwährend nach Freiheit, nach *universeller Freiheit* strebenden luziferischen Wesenheiten und den nach einer immerwährenden Macht und Kraft strebenden ahrimanischen Wesenheiten. Dieser Kampf, in dem wir drinnenstehen, durchdringt alles … Die Welt, in der wir drinnenstehen, ist durchdrungen von luziferischen und ahrimanischen Wesenheiten, und es besteht dieser gewaltige Gegensatz zwischen der befreienden Tendenz der luziferischen Wesenheiten und der nach Macht strebenden Tendenz der ahrimanischen Wesenheiten.

Wenn Sie diese ganze Sache ins Auge fassen, dann werden Sie sich sagen: Verstehen kann ich die Welt eigentlich nur, wenn ich sie mit Bezug

114

auf die Dreizahl ins Auge fasse. Denn wir haben auf der einen Seite alles dasjenige, was luziferisch ist, auf der anderen Seite alles dasjenige, was ahrimanisch ist, mitten hineingestellt den Menschen, der als ein Drittes, wie im Gleichgewichtszustande zwischen beiden, sein Göttliches empfinden muss. Nur dadurch kommt man mit dem Weltverständnis zurecht, dass man diese Dreiheit zugrunde legt, dass man sich klar darüber ist: Es ist dieses menschliche Leben wie ein Waagebalken. Hier das Hypomochlion, da eine Waagschale, das Luziferische, das aber in Wirklichkeit hinaufzieht. Auf der anderen Seite das Ahrimanische, das in Wirklichkeit hinunterzieht. Den Waagebalken im Gleichgewicht zu erhalten, das ist das Wesen des Menschen. Es haben diejenigen, die eingeweiht waren in solche Geheimnisse, immer betont in der geistigen Menschheitsentwickelung, dass man das Weltendasein, in das der Mensch hineingestellt ist, nur im Sinne der Dreizahl verstehen kann, dass man nicht verstehen kann die Welt, wenn man sie gewissermaßen auffassen will in ihrer Grundstruktur im Sinne der anderen Zahlen als im Sinne der Dreizahl. Sodass wir sagen dürfen, in unserer Sprache sprechend: Wir haben es zu tun im Weltendasein mit dem Luziferischen, das die eine Waagschale, dem Ahrimanischen, das die andere Waagschale darstellt, und dem Gleichgewichtszustande, der uns darstellt den Christus-Impuls.

Nun können Sie sich denken, dass es durchaus im Interesse der ahrimanischen und der luziferischen Mächte liegt, dieses Geheimnis der Dreizahl zu verhüllen. Denn die richtige Durchdringung dieses Geheimnisses der Dreizahl befähigt ja die Menschheit, den Gleichgewichtszustand zwischen ahrimanischen und luziferischen Mächten herzustellen. Das heißt auf der einen Seite, alle Tendenz nach Freiheit, das Luziferische, zu benützen zu einem gedeihlichen Weltenziele, auf der anderen Seite das Gleiche zu tun mit dem Ahrimanischen. Des Menschen normalster Geisteszustand besteht darin, in der richtigen Weise sich hineinzuversetzen in diese Trinität der Welt, in diese Struktur der Welt, insofern ihr die Dreizahl zugrunde liegt.

Es bestand nun und besteht … einmal in dem, was auf das menschliche Geistes- und Kulturleben Einfluss hat, eine starke Tendenz, den Menschen zu verwirren in Bezug auf diese Bedeutung der Dreizahl. Eine starke Tendenz besteht, den Menschen mit Bezug auf diese, wir dürfen sagen, heilige Dreizahl zu verwirren. Und wir können in der neueren

Menschheitskultur sehr deutlich sehen, wie fast ganz zugedeckt wird diese Gliederung nach der Dreizahl durch eine Gliederung nach der Zweizahl. Bedenken Sie nur einmal, dass man ja sogar, um den Goetheschen *Faust* richtig zu verstehen, wie ich das öfter hier auseinander gesetzt habe, wissen muss, dass bis in dieses gewaltige Weltengedicht hinein die Verwirrung mit Bezug auf diese Dreizahl spielt. Hätte Goethe zu seiner Zeit schon ganz durchschauen können, wie es sich eigentlich mit diesen Dingen verhält, dann hätte er nicht bloß dargestellt als den Gegner des Faust, als denjenigen, der Faust herabzieht, die mephistophelische Macht, sondern er hätte dieser mephistophelischen Macht, von der wir ja wissen, dass sie identisch ist mit der ahrimanischen Macht, gegenübergestellt die luziferische Macht, und es würden Luzifer und Mephistopheles als zwei Parteien im *Faust* auftreten. Man kann auch, wenn man die Goethesche Mephistopheles-Figur studiert, genau sehen, wie Goethe überall durcheinander gebracht hat in der Charakteristik des Mephistopheles das luziferische und das ahrimanische Element. Die Figur des Mephistopheles ist bei Goethe gewissermaßen aus zwei Elementen gemischt. Es ist keine einheitliche Gestalt. Es ist bunt durcheinander geworfen das luziferische und das ahrimanische Element. Ich habe das in meinem kleinen Büchelchen *Goethes Geistesart* ausführlicher auseinander gesetzt.

Diese Verwirrung, die also bis in den Goetheschen *Faust* hineinspielt, ist durchaus darauf begründet, dass nach einer gewissen Richtung hin – in älterer Zeit war es anders – in der neueren Menschheitsentwickelung sich der Wahn geltend gemacht hat, an die Stelle der Dreizahl, wenn man auf die Weltstruktur sieht, die Zweizahl zu setzen: das gute Prinzip auf der einen Seite, das böse Prinzip auf der anderen Seite, Gott und den Teufel.

Denken Sie nur, dass wir also festzustellen haben: Will jemand sachgemäß in die Weltenstruktur hineinblicken, dann muss er die Dreizahl anerkennen, muss anerkennen, dass sich gegenüberstehen das luziferische und das ahrimanische Element und dass das Göttliche besteht in dem Gleichgewichthalten zwischen beiden. Dem haben wir gegenüberzustellen den Irrwahn, der eingezogen ist in die Geistesentwickelung der Menschheit mit der Zweiheit, mit Gott und dem Teufel, mit den geistiggöttlichen Mächten oben und den teuflischen Mächten unten. Es ist so, wie wenn man den Menschen gewissermaßen hinausbringen, hinausquetschen würde aus der Gleichgewichtslage, wenn man ihm verhehlt, dass das eigentliche Heil des Weltenverständnisses in dem richtigen Auffassen der Dreizahl besteht, und wenn man ihm vormacht, dass irgendwie die Weltenstruktur bedingt sei durch eine Zweizahl. Dennoch ist bestes menschliches Streben diesem Irrtum verfallen.

Will man auf diesen Punkt eingehen, dann muss man das gar sehr ohne alles Vorurteil tun, dann muss man wirklich einmal sich hinausversetzen in eine vorurteilslose Sphäre. Dann muss man gar sehr unterscheiden zwischen den Sachen und den Namen. Dann muss man sich nicht verführen lassen zu der Meinung: dadurch, dass man einer Wesenheit einen bestimmten Namen gibt, sei diese Wesenheit auch schon in der richtigen Weise vom Menschen empfunden …

Betrachten Sie von diesem Gesichtspunkte aus einmal eine Dichtung wie *Das verlorene Paradies* von Milton, oder betrachten Sie eine Dichtung wie Klopstocks *Messiade,* die unter dem Einflusse des *Verlorenen Paradieses* von Milton entstanden ist. Da haben Sie im Grunde nichts von einem wirklichen Verständnis einer dreigliedrigen Weltstruktur, da haben Sie einen Kampf zwischen vermeintlich Gutem und vermeintlich Bösem, den Kampf zwischen dem Himmel und der Hölle. Da haben Sie so recht in die menschliche Geistesentwicklung den Irrwahn der Zweiheit hineingetragen. Da haben Sie dasjenige, was vielfach im populären Bewusstsein wurzelt als der wahnvolle Gegensatz zwischen Himmel und Hölle, in zwei neuere Weltgedichte hineingetragen.

Es nützt nichts, wenn Milton oder Klopstock die Wesen des Himmels als göttliche Wesen bezeichnen. Göttliche Wesen, wie sie der Mensch empfinden soll, wären sie nur, wenn zugrunde läge die dreigliedrige Struktur des Weltendaseins. Dann würde man sagen können: Da findet ein Kampf statt zwischen dem guten Prinzip und dem bösen Prinzip. So aber, wie die Sache liegt, wird eine Zweiheit angenommen, dem einen Glied dieser Zweiheit das Gute beigelegt, Namen gefunden, die den Wesen beigelegt werden, die eigentlich vom Göttlichen hergenommen sind, und auf die andere Seite das teuflische, das antigöttliche Element gestellt. Was ist damit eigentlich in Wirklichkeit getan? Damit ist in Wirklichkeit nichts Geringeres getan, als dass das wirklich Göttliche aus dem Bewusstsein herausgerückt ist und dass das Luziferische mit dem göttlichen

Namen belegt wird, dass wir in Wahrheit vorliegen haben einen Kampf zwischen Luzifer und Ahriman und dass nur dem Ahriman luziferische Eigenschaften beigelegt werden, und dem Reiche des Luzifer werden die göttlichen Eigenschaften beigelegt.

Sie sehen, von welch ungeheurer Tragweite eine solche Betrachtung eigentlich ist. Während die Menschen glauben, mit einer solchen Gegenüberstellung, wie man sie findet in Miltons *Verlorenem Paradies* oder in Klopstocks *Messias,* habe man es zu tun mit den göttlichen und den höllischen Elementen, hat man es in Wahrheit zu tun mit dem luziferischen und dem ahrimanischen Elemente. Vom wirklich göttlichen Elemente liegt kein Bewusstsein vor, dagegen werden dem luziferischen Elemente die göttlichen Namen beigelegt ...

Bedenken Sie, der Christus-Impuls ist nur zu begreifen, wenn man ihn als den Gleichgewichtsimpuls ansieht zwischen dem Ahrimanischen und dem Luziferischen, wenn man ihn in die Trinität richtig hineinzustellen weiß. Was muss man tun – so kann man die Frage aufwerfen –, wenn man die Menschen irreführen will über den eigentlichen Christus-Impuls? Man muss die Menschen ablenken von der wahren Weltengliederung nach der Dreizahl und muss sie hinführen zu dem Irrwahn der Zweizahl, die nur da ihre Berechtigung hat, wo es sich um das Offenbare handelt, nicht da, wo es sich darum handelt, auch hinter dasjenige zu kommen, was hinter dem Offenbaren steht, was in der Sphäre des Wahren liegt.

Wir müssen uns klar sein darüber, dass wir in solchen Dingen durchaus über bloße Namen hinauskommen müssen. Dadurch, dass man irgendetwas Christus nennt, hat man den Christus nicht getroffen. Und man kann verhindern, dass der Christus getroffen werde mit dem Christus-Namen, wenn man an die Stelle der Dreizahl die Zweizahl stellt. Wollte irgendjemand den Menschen sicher davon abbringen, einen richtigen Begriff von dem Christus zu erringen, dann hätte er nur nötig, an die Stelle der Dreizahl die Zweizahl zu setzen. Und soll dann auf den Christus-Impuls in einem wahrhaftigen Sinne wiederum hingedeutet werden, dann ist es notwendig, dass der Zweizahl die Dreizahl entgegengesetzt werde ...

Gar sehr sind gewisse Vorstellungen, die in die neuere Menschheit einzogen sind, zu revidieren. Wir stehen heute, indem wir im Ernst uns anschicken, anthroposophisch zu denken und zu empfinden, nicht vor kleinen Entscheidungen, wir stehen vor großen Entscheidungen. Wir stehen davor, ein Wort, das Nietzsche oftmals gebraucht hat, sehr ernst zu nehmen. Das Wort von der Umwertung gewisser Werte, es muss sehr, sehr ernst genommen werden. Die Menschheitsleistungen der neueren Zeit müssen gar sehr umgewertet werden.»[99] GA 194.

Es mag überraschen, dass die Beschreibung der Widersachermächte mit deren Stellung zum Christus-Impuls endet. Man achte auf die Wortwahl «Impuls». Geisteswissenschaft zeigt, dass Christus eine zentrale Rolle in der Fülle jener Geistwesen einnimmt, die übersinnliche Erfahrung erschließt. Das Wirken des Christus ist nicht auf die Taten des Mysteriums von Golgatha auf Erden beschränkt. Christus wirkt weiter, auch wenn sein Wirken jetzt von der geistigen Welt ausgeht. Diese Tatsache wird mit dem Wort Impuls erfasst. Die Forschungen der Geisteswissenschaft befinden sich in Übereinstimmung mit dem Bibelwort: «Ich bin bei euch bis ans Ende der Erdentage.» Dieser Impuls begleitet die Erdentwicklung bis an ihr Ende. Geisteswissenschaft kommt zu dem Urteil, dass die Inkarnation Christi als Mensch das Mittelpunktgeschehen der Erden- und Menschenentwicklung ist. Die Schöpfung erhält dadurch ihren Sinn. Unter den Bedingungen menschlicher Freiheit ist das als ein Angebot der Sinnerfüllung zu verstehen. Soll dieser Impuls für die Menschen wirksam werden, muss er von jedem einzelnen Mitglied der Menschheit aktiv erschlossen und ergriffen werden. *Die Philosophie der Freiheit* ist ein solcher erster Akt willentlichen Ergreifens. Sie öffnet das menschliche Bewusstsein für die übersinnliche Erfahrung, auf deren Bahnen auch die Begegnung mit dem fortwirkenden Christus prinzipiell möglich wird. Luzifer und Ahriman wollen das aus unterschiedlichen Gründen gemeinsam verhindern.

Diese Bemerkungen über den Christus sind an dieser Stelle lediglich als Orientierungshilfe für den Leser gedacht. Ihre Begründung werden sie erst in den nachfolgenden Vortragsabschnitten schrittweise erfahren. Rudolf Steiner hält die Mittelstellung des Christus zwischen dem Luziferisch- und dem Ahrimanisch-Bösen für grundlegend wichtig. In der Reduzierung der Begriffe auf das Gute und das Böse sieht er eine Irreführung, die sowohl das Böse als auch das Gute in ihrem Wesen verschleiert und verfälscht.

Eine Charakteristik der Widersachermächte aus anderer Sicht

Die erste Charakteristik der Widersachermächte Luzifer und Ahriman wird von Rudolf Steiner eine äußerliche genannt. Eine mehr innerliche Auffassung stellt er 1913 in einem Zyklus dar, der die Schwelle charakterisiert, die zwischen dem Gegenstandsbewusstsein und jenem Bewusstsein liegt, welches dieses Gegenstandsbewusstsein hinter sich gelassen hat. Gerade beim Übertreten der Schwelle ist besondere Aufmerksamkeit auf die Widersachermächte zu richten. Schon in dem Kapitel «Ein erster Begriff vom Bösen» wurden Argumente vorgelegt, die zeigten, dass das Böse erst auftritt, wenn die Grenzen seiner ihm zugeordneten Wirksamkeit überschritten werden. Innerhalb dieser Grenzen ist es eine für die Entwicklung der Welt notwendige Kraft.

«Dass sich diese Wesenheiten in einer gewissen Weise auflehnen gegen die allgemeine Weltenordnung, die schon vorgezeichnet war, *bevor sie in diese Weltenordnung eingetreten sind,* rührt nicht davon her, dass diese Wesenheiten eine schädliche Tätigkeit unter allen Umständen ausüben müssen, sondern davon, dass diese Wesenheiten wie die anderen, die wir als die rechtmäßigen Wesenheiten innerhalb der höheren Welten kennen lernen, ein bestimmtes Gebiet ihres Wirkens im Ganzen der Weltenordnung haben. Und die Auflehnung, das Gegenwirken gegen die Weltenordnung besteht darin, dass sie dieses Gebiet überschreiten, dass sie die Kräfte, die sie auf ihrem rechtmäßigen Gebiet ausüben sollten, über dieses Gebiet hinaus ausüben.»[100]

Wo liegt das Gebiet, das Ahriman rechtmäßig beherrscht? «In dem, was als äußere Natur uns umgibt, ist Ahriman der rechtmäßige Herr des Todes, und insoferne er dieses ist, ist er nicht als eine böse, sondern als eine durchaus in der allgemeinen Weltenordnung begründete Macht anzuerkennen.» Die gesamte Sinneswelt ist demnach durchzogen von den Kräften Ahrimans, auch der Mensch, soweit er eine sinnliche Erscheinung ist.

120

Im Anblick der Schönheit, die uns in der Natur begegnet, sind wir immer wieder versucht zu sagen: «So wie die Welt ist, sollte sie für immer bleiben!» Wird ein solcher Wunsch nicht durch das Denken korrigiert, macht er den Menschen illusionär; dieser bemerkt nicht, dass der Tod der Kunstgriff der Natur ist, viel Leben zu erhalten. Der Herr des Todes hilft, dass die Metamorphosen der Evolution sich vollziehen können. Folgt das Denken dem genannten Wunsch, so widerspricht es der Weltordnung. Es bindet den Menschen zu einseitig an die Sinneswelt. Das aber will Ahriman, sobald er die gesetzte Grenze seines Wirkens überschreitet. Er schürt den Drang, «das Denken loszureißen von seinem Eingefügtsein in die große Weltenordnung. Und das macht die materialistische Stimmung, das macht es, dass die Menschen das Denken nur auf die Sinneswelt anwenden wollen. Am meisten sind diejenigen Menschen besessen von Ahriman, die an keine geistige Welt glauben wollen, denn Ahriman ist es, der ihr Denken verlockt, verführt, in der Sinneswelt zu bleiben.» Die der Weltenordnung widerstrebenden Gedanken machen sich geltend. Der Mensch verliert sein gesundes Verhältnis zur Sinneswelt, indem er «Schatten und Schemen» erzeugt, welche die Weltenordnung schädigen. Sie werden der Besitz Ahrimans, sie vergrößern seine unrechtmäßige Macht.

Es gibt ein entgegengesetztes Verhältnis des Menschen zur Sinneswelt: In einer falschen Askese wendet er sich von ihr ab, sie ist ihm zu «sinnlich». Das ruft Luzifer auf den Plan, denn: «Ahriman ist der Herr ... desjenigen, was abläuft in der äußeren Natur; Luzifer dringt mit seinen Impulsen an das Innere des Menschen heran. Nun gibt es wiederum eine rechtmäßige, ganz im Sinne der allgemeinen Weltordnung liegende Aufgabe des Luzifer. Diese Aufgabe des Luzifer ist, den Menschen und alles Seelische in der Welt überhaupt in einer gewissen Beziehung loszureißen von dem bloßen Leben und Aufgehen im Sinnlich-Physischen. Denken Sie sich, wenn es gar keine luziferische Gewalt in der Welt gäbe, dann würde der Mensch hinträumen in dem, was von der Außenwelt als Wahrnehmung einströmt, in dem, was von der Außenwelt kommt durch den Verstand. Das wäre eine Art Verträumen des menschlichen und seelischen Daseins innerhalb dieser Sinneswelt. Impulse sind aber da, welche zwar diese Seelen nicht losreißen wollen von der Sinneswelt, insofern sie zeitlich an diese Sinneswelt gebunden sind, die aber die Seele erheben wollen, sodass die Seelen anderes erleben und erfühlen und sich freuen können als nur an dem, was diese Sinneswelt bieten kann.» Der Ausdruck für diese Befindlichkeit ist die Kunst und die Philosophie (insofern diese nicht reiner Positivismus ist). «Denn alles über die Sinneswelt sich erhebende Schaffen wird verdankt den berechtigten Kräften und Tätigkeiten des Luzifer.» Neben den Herrn des Todes tritt der Herr des Seelisch-Fühlsamen.

Was aber geschieht, wenn Luzifer die Grenze seines rechtmäßigen Bereiches überschreitet? «... er hat die Tendenz, dieses Seelisch-Fühlsame herauszulösen, herauszuschälen aus der physisch-sinnlichen Welt, es zu vergeistigen ...

Wie Luzifer da an den Menschen herankommen kann, davon kann man sich insbesondere eine Vorstellung machen, wenn man eine Erscheinung des Menschenlebens, über die wir auch noch genauer sprechen werden, ins Seelenauge fasst, diejenige Erscheinung, die man als die Liebe im weitesten Sinne bezeichnet und die doch im Grunde genommen die Grundlage des eigentlich sittlich-moralischen Lebens in der menschlichen Weltenordnung ist. Über diese Liebe im weitesten Sinne muss man das Folgende sagen: Wenn diese Liebe in der physisch-sinnlichen Welt auftritt und wirkt innerhalb des menschlichen Lebens, dann ist sie absolut geschützt vor jedem unberechtigten luziferischen Eingriff, wenn sie so auftritt, dass der Mensch das Wesen, das er liebt, um dieses Wesens willen liebt. – Nicht wahr, wenn uns irgendein Wesen, ein anderer Mensch oder ein Wesen anderer Naturreiche in der physisch-sinnlichen Welt entgegentritt, so tritt es uns mit bestimmten Eigenschaften entgegen. Wenn wir eine freie Empfänglichkeit, eine Eindrucksfähigkeit für diese Eigenschaften haben, dann nötigen uns diese die Liebe ab, dann können wir nicht anders, als dieses Wesen lieben. *Wir werden durch das Wesen veranlasst, es zu lieben. Diese Liebe, wo die Ursache der Liebe nicht in dem Liebenden liegt, sondern im geliebten Wesen, das ist diejenige Art, diejenige Form von Liebe in der Sinneswelt, die absolut gefeit ist vor jedem luziferischen Einfluss.* Aber nun können Sie, wenn Sie das menschliche Leben betrachten, bald ersehen, dass auch eine andere Art von Liebe hereinspielt in das menschliche Leben, diejenige Liebe, wo man liebt, weil man selber gewisse Eigenschaften hat, die sich befriedigt, entzückt, erfreut fühlen, wenn man dieses oder jenes Wesen lieben kann.

Man liebt dann um seinetwillen; man liebt, weil man so oder so geartet ist und diese besondere Artung ihre Befriedigung fühlt dadurch, dass man das andere Wesen liebt. Sehen Sie, *diese Liebe, die man eine egoistische Liebe nennen könnte, muss auch da sein. Sie darf nicht etwa fehlen in der Menschheit.* Denn alles, was wir in der geistigen Welt lieben können, die geistigen Tatsachen, alles das, was in uns durch Liebe als Sehnsucht, als Drang hinauf in die geistige Welt leben kann, zu umfassen die Wesenheiten der geistigen Welt, die geistige Welt zu erkennen: es entspringt natürlich auch der sinnlichen Liebe zur geistigen Welt. *Aber diese Liebe zum Geistigen, die muss, nicht etwa darf, sondern muss notwendigerweise um unseretwillen geschehen. Wir sind Wesen, die ihre Wurzeln in der geistigen Welt haben. Es ist unsere Pflicht, uns so vollkommen als möglich zu gestalten. Um unseretwillen müssen wir die geistige Welt lieben, dass wir so viel Kräfte als möglich in unsere eigene Wesenheit aus der geistigen Welt hereinbringen. In der geistigen Liebe ist dieses persönliche, individuelle Element, man möchte sagen dieses egoistische Liebeselement, voll berechtigt, denn es entreißt den Menschen der Sinneswelt, es führt ihn hinauf in die geistige Welt, es leitet ihn an, die notwendige Pflicht zu erfüllen, sich immer vollkommener und vollkommener zu machen.*

Nun hat Luzifer die Tendenz, diese beiden Welten miteinander zu vermischen. *Überall in der Menschenliebe, wo der Mensch in der physisch-sinnlichen Welt liebt mit einem egoistischen Anflug, um seinetwillen, da geschieht es deshalb, weil Luzifer die sinnliche Liebe der geistigen ähnlich machen will.* Dann kann er sie herausreißen aus der Sinneswelt und kann sie in sein besonderes Reich führen. Sodass alle Liebe, die eine egoistische Liebe genannt werden kann, die nicht da ist um des Geliebten, sondern um des Liebenden willen, den luziferischen Impulsen ausgesetzt ist. Wenn man das, was eben gesagt worden ist, recht ins Auge fasst, dann kommt man schon darauf, dass insbesondere in der Gegenwart, in der materialistischen Kultur der Gegenwart alle Veranlassung vorliegt, auf diese luziferischen Verlockungen gegenüber dem Leben in der Liebe hinzuweisen. *Denn ein großer Teil unserer heutigen wissenschaftlichen, insbesondere der medizinischen Literatur und Anschauung, ist durchsetzt von dieser luziferischen Auffassung der Liebe.* Man müsste da gewissermaßen etwas heikle Gebiete berühren, wenn man genauer sprechen wollte. Aber das luziferische Element in der Liebe wird geradezu *gehätschelt* von einer großen Partie unserer medizinischen Wissenschaft, wenn den Männern – insbesondere wird da die Männerwelt bevorzugt – immer wieder und wiederum gesagt wird, dass sie ein gewisses Gebiet der Liebe pflegen müssen, weil das zu ihrer Gesundheit, also um ihrer selbst willen, notwendig ist. Viele Ratschläge werden nach solcher Richtung gegeben, wo gewisse Erlebnisse in der Liebe den Männern anempfohlen werden nicht um der geliebten Wesen willen, *sondern weil man im Auge hat: das ist notwendig für das männliche Leben.* Wenn wir solchen Ausführungen begegnen, und wenn sie noch so sehr in dem Gewand der Wissenschaftlichkeit auftreten, so sind sie nichts anderes als Inspirationen des luziferischen Elementes in der Welt. *Und ein großer Teil der Wissenschaft ist einfach von luziferischen Anschauungen durchsetzt.* Und Luzifer findet die besten Rekruten für sein Reich unter den Menschen, die sich solche Ratschläge geben lassen, die glauben können, dass es für die Förderung der eigenen Person notwendig sei, gewisse Formen des Liebeslebens zu pflegen. Derlei Dinge zu wissen ist durchaus notwendig. Denn immer wieder muss es betont werden, was ich schon gestern sagte: Den Teufel, sowohl in der luziferischen wie in der ahrimanischen Form, spürt das Völkchen nie, und wenn er sie am Kragen hätte! – Dass den Menschen, die als materialistische Wissenschaft Ratschläge geben wie die angedeuteten, der Luzifer dahinten im Nacken sitzt, das merken die Leute nicht. Sie leugnen ihn ja, weil sie alle geistigen Welten leugnen.

So sehen wir, wie auf der einen Seite Großes und Erhabenes, was die Menschheitsentwickelung trägt und hebt, von Luzifer abhängt. Die Menschheit muss verstehen, die Impulse, die von Luzifer kommen, in den entsprechenden Gebieten zu halten. *Überall da, wo Luzifer auftritt als der Pfleger des schönen Scheines, als der Pfleger der künstlerischen Impulse, da entsteht aus der luziferischen Tätigkeit Großes und Erhabenes, Gewaltiges in der Menschheit. Aber es gibt auch eine Schattenseite der luziferischen Tätigkeit. Luzifer hat überall das Bestreben, das Seelisch-Fühlsame loszureißen von dem Sinnlichen, es zu verselbstständigen, es mit Egoismus und Egoität zu durchsetzen.* So treten im Seelisch-Fühlsamen das Element des Eigensinnes und ähnliche Momente auf, sodass der Mensch sich im freien Schaffen allerlei Ideen bildet über die Welt – man möchte sagen auf freie Hand. Wie viele Menschen philosophieren sozusagen aus dem Handgelenk heraus, ohne sich darum zu kümmern, ob sich die Philosophiererei einfügt in den allgemeinen notwendigen Gang der Weltenordnung. Die philosophierenden Sonderlinge sind wirklich sehr verbreitet in der Welt; sie verlieben sich in ihre Meinungen, sie gleichen das luziferische Element nicht durch das ahrimanische aus, das überall fragen muss, *ob das, was man innerhalb der physisch-sinnlichen Welt denkend erwirbt, auch in die Gesetze der physisch-sinnlichen Welt hineinpasst.* Und so sieht man diese Leute mit ihren Meinungen, die nichts anderes sind als eine Schwärmerei, die sich nicht der allgemeinen Weltenordnung fügt, durch die Welt laufen. Alle Schwärmereien, alle Verworrenheiten der eigensinnigen Meinungen, alle Sonderlingsmeinungen, *alle falschen, schwärmerischen Idealismen,* sie stammen von den Schattenseiten der luziferischen Impulse. Ganz besonders aber tritt uns in der Bedeutung für das Grenzland oder für die Schwelle zwischen dem Sinnlichen und Übersinnlichen das luziferische und ahrimanische Element entgegen, wenn man das hellsichtige Bewusstsein ins Auge fasst.

Wenn die Menschenseele das mit sich vorgenommen hat, was sie fähig macht, in die geistige Welt zu schauen, in die geistige Welt Einblicke zu gewinnen, *dann muss sie ganz besonders die Aufgabe selbst übernehmen, die sonst von den unterbewussten Regulatoren des Seelenlebens geleistet wird.* Dass der Mensch im gewöhnlichen Leben nicht allzusehr die Gepflogenheiten und Gesetzmäßigkeiten des einen Reiches in das andere hineinträgt, dafür sorgt die allgemeine Naturordnung, *denn diese allgemeine Naturordnung käme ganz außer Rand und Band, wenn die Welten durcheinander geworfen würden.* Wir haben eben betont, dass für die geistige Welt die Liebe sich so entwickeln muss, dass der Mensch vor allen Dingen auf die Durchdringung mit innerer Stärke in Bezug auf sein Selbst sich entfalten muss, dass der Mensch den Drang entwickeln muss, sich zu vervollkommnen. *Er muss sich selbst im Auge haben, wenn er die Liebe zur geistigen Welt entwickelt.* Wenn er diese selbe Art von Antrieben, die ihn in der geistigen Welt zum Erhabensten führen können, ins Sinnliche überträgt, können sie zum Abscheulichsten führen. Es gibt Menschen, die sich im äußeren physischen Erleben, in dem, was sie den ganzen Tag über tun, gar nicht besonders interessieren für die geistige Welt. In unserer Zeit, so sagt man, sollen die Menschen gar nicht so selten sein. Aber die Natur lässt mit sich keine Vogel-Strauß-Politik treiben. Nicht wahr, diese Vogel-Strauß-Politik besteht darin, dass der Vogel den

Kopf in den Sand steckt und dann glaubt, die Dinge, die er nicht sieht, seien nicht da. Die materialistisch gesinnten Menschen glauben, die geistige Welt sei nicht da, weil sie sie nicht sehen. Sie sind richtige Vogel-Strauße. Aber in der eigenen Seele, in den Tiefen der eigenen Seele ist deshalb der Drang zur geistigen Welt nicht etwa nicht da, weil die Menschen ihn leugnen, weil sie sich darüber betäuben. Er ist da. *In jeder Menschenseele ist ein lebendiger Trieb, eine lebendige Liebe zur geistigen Welt vorhanden, auch in den materialistischen Seelen. Die Menschen machen sich nur seelisch ohnmächtig gegenüber diesem Drang. Nun gibt es ein Gesetz, dass, wenn etwas auf der einen Seite durch Betäubung zurückgedrängt wird, es auf der entgegengesetzten Seite herauskommt. Die Folge davon ist, dass der egoistische Trieb sich in die sinnlichen Triebe hineinschlägt.* Es schlägt aus der geistigen Welt die Art von Liebe, die nur für sie berechtigt ist, in die sinnlichen Triebe, Leidenschaften, Begierden und so weiter hinein, und da werden diese sinnlichen Triebe pervers. *Die Perversitäten der sinnlichen Triebe, alle abscheulichen Abnormalitäten der sinnlichen Triebe sind das Gegenbild von dem, was hohe Tugenden in der geistigen Welt wären, wenn man die Kräfte, die dann in die physische Welt gegossen werden, in der geistigen Welt verwenden würde.* Darüber muss man nachdenken, dass dasjenige, was in verabscheuungswürdigen Trieben in der Sinneswelt zum Ausdruck kommt, wenn es in der geistigen Welt verwendet würde, das Erhabenste in der geistigen Welt leisten könnte. Das ist ungeheuer bedeutsam.»

Die Gratwanderung zwischen sinnlicher und übersinnlicher Welt ist nicht ungefährlich, denn der Grat ist schmal. Die ernsteste Orientierung für diese Wanderung ist die Begegnung mit dem Hüter der Schwelle, auf die später noch genauer eingegangen wird. Vorerst mag genügen, dass in ihr ein objektives Bild der eigenen Wesenheit entsteht, gerade auch jener Eigenschaften der Unvollkommenheit und Schwäche, die nach Verwandlung rufen, damit Souveränität im Erleben der geistigen Welt eintreten kann. Sie zeigen die Verantwortung gegen sich selbst und die geistige Welt, die im Moment des Übergangs voll bewusst wird.

«Aber nehmen wir an, es hätte eine Seele – es kann das durchaus auch eintreten – sich hellsichtig gemacht, wäre hellsichtig geworden durch irgendwelche Verhältnisse und hätte nicht in ordentlicher Weise die Begegnung mit dem Hüter der Schwelle durchgemacht. Dann kann eine solche Seele hellsichtig in die übersinnlichen Welten hineinsehen, auch Wahrnehmungen machen, aber es kann ihr passieren, wenn sie dann zurückgeht in die physisch-sinnliche Welt, nachdem sie eigentlich nicht in rechtmäßiger Weise in der geistigen Welt war, dass sie ‹genascht› hat in der geistigen Welt. *Solche Näscher der geistigen Welt gibt es zahlreiche,* und man darf wahrhaftig sagen, das Naschen in der übersinnlichen Welt ist viel bedenklicher als das Naschen in der physisch-sinnlichen Welt. Man kann also naschen in der geistigen Welt; dann tritt sehr häufig ein, dass man dasjenige, was man dort erlebt hat, herübernimmt in die Sinneswelt; aber dann verdichtet es sich, dann wird es zusammengezogen. Sodass ein solcher nicht nach den Gesetzen der allgemeinen Weltenordnung sich verhaltender Hellseher in die physisch-sinnliche Welt zurückkommt und die verdichteten Bilder und Eindrücke der übersinnlichen Welten mitbringt, aber nicht bloß in der physisch-sinnlichen Welt schaut und denkt, sondern vor sich hat, indem er in seinem physischen Leibe lebt, die Nachwirkungen der geistigen Welt in Bildern, die ganz ähnlich den sinnlichen aussehen, nur dass sie keiner Realität entsprechen, dass sie Illusionen, Halluzinationen, Träumereien sind ...

Wenn man nur nascht, dann ist man vor dem Verwechseln von Wahn und Wirklichkeit nicht gefeit, dann verdichten sich die Bilder, und man nimmt das, was bloß Bild sein soll, für Realität. Und was man so an Näscherei aus der geistigen Welt in sich trägt, das ist ganz besonders eine Beute, über die sich Ahriman hermachen kann. Aus dem, was er dem gewöhnlichen Menschendenken entnimmt, bekommt er nur luftige Schatten, aber er bekommt, trivial gesprochen, recht fette Schatten und Schemen, wenn er aus den menschlichen Leibesindividualitäten herauspresst, so gut er es kann, die falschen Wahnesbilder, die durch das Naschen in der geistigen Welt entstanden sind. *Und damit wird auf ahrimanische Weise die physisch-sinnliche Welt mit geistigen Schatten und Schemen, die sehr schlimm der allgemeinen Weltenordnung widerstreben, durchsetzt.*

Da sehen wir also, wie das ahrimanische Prinzip ganz besonders eingreifen kann, wenn es seine Grenzen überschreitet und der allgemeinen Weltenordnung entgegenwirkt, wie da ganz besonders dieses ahrimanische Prinzip aus der Verkehrung seiner regelrechten Tätigkeit zum Bösen werden kann. Es gibt kein absolutes Böses. Alles Böse entsteht dadurch, dass etwas, was in irgendeiner Weise gut ist, in einer anderen Weise in der Welt verwendet wird; *dadurch wird es in das Böse verkehrt.* In einer ähnlichen Weise kann das luziferische Prinzip, das zu so Erhabenem, Großartigem den Anlass geben kann, gerade für die hellsichtig gewordene Seele gefährlich, *bedeutsam gefährlich werden.* Und das geschieht im umgekehrten Falle. Jetzt haben wir den Fall betrachtet, wenn eine Seele in der geistigen Welt nascht, also darinnen wahrnimmt, und, wenn sie zurückkommt in die physisch-sinnliche Welt, nicht sich sagt: Jetzt darfst du dich nicht dieses Vorstellungslebens bedienen, das für die geistige Welt passt – dann ist sie in der physisch-sinnlichen Welt dem ahrimanischen Einfluss ausgesetzt. *Aber es kann das Umgekehrte stattfinden; es kann die Menschenseele hineintragen in die geistige Welt das, was nur der physisch-sinnlichen Welt angehören soll, und das ist die Empfindungs-, die Gefühls-, die Affektweise, die die Seele notwendigerweise bis zu einem gewissen Grade in der physisch-sinnlichen Welt entwickeln muss.* Alles das, was an Leidenschaften und so weiter die Seele sich ausbildet in der physisch-sinnlichen Welt, *darf nicht hineingetragen werden in die geistige Welt,* wenn es nicht in bedeutsamer Weise den Anfechtungen und Verlockungen Luzifers verfallen soll …

Weil Selbsterkenntnis da schwierig ist und die Seele über gewisse Eigenschaften außerordentlich schwer zur Klarheit kommt und weil außerdem die Menschen den Drang haben, möglichst schnell in die geistige Welt hineinzukommen, ist es gar nicht zu verwundern, dass Menschen sich sagen: Ich bin schon reif, ich werde schon meine Leidenschaften beherrschen. – Das ist natürlich leichter gesagt als getan. Insbesonders gibt es Eigenschaften, wo es mit dem Beherrschen recht sehr schlimm steht. Eitelkeit, Ehrgeiz und ähnliche Dinge, die sitzen so in den Menschenseelen, dass das Selbstgeständnis: Du bist eitel und ehrgeizig, du hast Machtgelüste! – nicht so leicht ist und man sich meistens täuscht, wenn man gerade über diese Dinge mit sich zu Rate geht. Aber das sind die schlimmsten Affekte. Trägt man diese in die geistige Welt hinein, dann wird man am allerleichtesten eine Beute des Luzifer.»

Die Passage über die Verführung jenes Menschen, der bereits übersinnliche Erfahrung hat, scheint mir in der heutigen Zeit wichtig. Denn die Zahl jener Menschen steigt, die – manchmal sogar ohne besondere Anstrengungen – übersinnliche Erfahrungen erhaschen. Gerade den letzteren fehlt öfters das Unterscheidungsvermögen über die Wertigkeit beider Bewusstseinszustände. Naheliegend ist, dass sie beide miteinander vermischen. Deplatzierung tritt auf, die jene Menschen besonders anfällig für den Einfluss der Widersachermächte machen. Das gilt auch für jene, die von den Erfahrungen der geistigen Welt «naschen».

Der wirklich Eingeweihte hat kein Bedürfnis nach Mitteilung seiner Erfahrungen. Im Gegenteil: Er hält sie zurück, denn er weiß um die Schwierigkeiten, etwas der Sprache anzuvertrauen, die diesen Erfahrungen nicht adäquat ist, weil sie an der sinnenfälligen Erscheinung gebildet wurde. Für ihn bedeuten Mitteilungen über die geistige Welt einen Kampf mit der Begriffsbildung und Sprache, gleichsam ein schmerzliches Opfer. Das macht verständlich, warum Rudolf Steiner über seine eigenen Erfahrungen so lange schwieg. Es war ihm ein Anliegen, sie nach allen Seiten gedanklich zu sichern, sodass ihre Übersetzung in die Sprache soweit wie möglich gelang.

Unsere Zeit ist gekennzeichnet von einer Fülle von Veröffentlichungen über übersinnliche Erfahrungen. Es ist eine offene Frage, die nur im Einzelfall nach sorgfältiger Prüfung zu entscheiden ist, ob diese Mitteilungen mit gleicher Sorgfalt behandelt wurden, wie die Sache es erfordert, wenn sie nicht Einfallstore für Deplatzierungen sein sollen. Der nicht orientierte Leser nimmt solche Lektüre erst einmal freudig auf, weil die Sehnsucht nach der geistigen Welt in jeder Menschenseele lebt. Das aber ist noch kein Indiz für die Fruchtbarkeit solcher Versuche.

Die Fruchtbarkeit eines dreifachen Weltprinzips

Die Zweiteilung in Gut und Böse sitzt uns in Fleisch und Blut. Die im Vortrag vom 21. November 1919 angebotene Alternative, das Böse in zwei wesenhaften polaren Erscheinungen zu denken, überrascht zunächst. Denkt man aber die in dem Vortrag genannten Eigenschaften der zwei «Widersachermächte» selbstständig weiter, kommt man zu eindeutigen Bildern. Beispielsweise entpuppt sich die schwärmerische Ekstase als das Eldorado Luzifers. In den Zuständen der Ekstase wird der Mensch wirklich über sich hinausgehoben. Er überfliegt die Tatsachen, sodass sie ihm bei seinem Höhenflug nicht hinderlich sein können. Er schwärmt von Ideen, deren Wirklichkeitsgehalt nicht geprüft wird, weil seine gesunde Kritikfähigkeit lahm gelegt ist. Der Sinneswelt mit ihren Differenzierungen wird die Aufmerksamkeit entzogen. Starke Gefühle bzw. Emotionen verführen den Kopf. Der Ekstatiker ist gleichsam in einem Rausch, der alle Bewusstseinskonturen verschwommen macht. Außer dem, was ihn in Verzückung geraten lässt, gibt es, solange der Zustand dauert, keinen anderen Seeleninhalt. Das geht bis dahin, dass manchmal jeder logische Vorstellungsablauf aufgehoben wird. Es tritt – subjektiv erlebt – ein starkes Selbstgefühl auf, das sich bis zum Hochmut steigern kann. Die Wurzel für dieses Erleben der eigenen Bedeutung liegt nicht im Ich. Dieses müsste, wenn es zur Geltung kommen wollte, gegen den Zustand ekstatischer Lockerung ankämpfen. Anders gewendet: Das Ich wird – schon im Zustand der Schwärmerei – gedämpft, wenn nicht völlig außer Kraft gesetzt.

In der Selbstbeobachtung und jener anderer Menschen findet man immer genauere Kriterien der luziferischen Verführungsmacht. Sie können Maßstäbe dafür setzen, wie man sich gegen solche Seelenbewegungen wappnet. Luzifer setzt das gesamte Seelenleben in einen fiebrigen Zustand, den es durch gezielte Eigentätigkeit zu dämpfen gilt, weil er einseitig ist und durch ihn die Kontrollfunktion des Ich verloren geht. Das Ich kann beispielsweise dem fiebrig wogenden Seelenleben Ruhe verordnen, die Seelenwogen glätten.

Luziferische Tendenzen können auch Menschengruppen erfassen. Dadurch wird deren ich-dämpfende Wirkung potenziert und wächst sich öfters zum Gruppenwahn aus. Die beobachtbare Folge ist der der Gruppe hörige Mensch. Der Demagoge weiß das zu nutzen, indem er solche Stimmungen gezielt anheizt. Man denke nur an Goebbels Rede gegen Ende des Zweiten Weltkriegs, die in der irrwitzigen Frage gipfelte: «Wollt ihr den totalen Krieg?» Der Saal antwortete mit einem donnernden «Ja». In solchen Augenblicken feiert der Gruppenwahn Triumphe, die Individualität des einzelnen Menschen geht unter.

Ahriman dagegen wird als kalt und berechnend charakterisiert, intelligent und knochenhart. Nicht im auflösenden Fieber ist er wirksam, sondern in der Verhärtung der Knochen. Im Knochen ist er zum Wohle des Menschen tätig. Aber er möchte auch das Seelenleben «verknöchern», es beispielsweise durch vielfältige Regeln festlegen. In der gröbsten Weise wirkt er durch den Pedanten und Philister. Für beide ist unumstößlich klar, wie das Leben zu laufen hat, denn sie glauben zu wissen, was gut und schlecht, richtig und falsch, hässlich und schön ist. Extrem gesprochen: Für sie ist die Welt bereits an ihr Ende gekommen. Wie es heute ist, war es immer, und so wird es auch künftig sein. Solche «Konservatoren» sind extrem entwicklungsfeindlich. Die Inspiration Ahrimans tritt also dort auf, wo endgültige Festlegung regiert, wo der Mensch zum Automaten wird. Der Geizige beispielsweise möchte seinen Reichtum unbedingt festhalten. Er sieht nur dieses Ziel, dem er alles unterordnet.

Im Zeitgeschehen steht Ahriman bei allen Planungen Pate, die auf der Grundlage «gesicherter» Erkenntnisse das Übliche repetieren. In feiner Weise und gar nicht leicht zu erkennen wirkt er auch bei jeder Festlegung, beispielsweise bei jeder Begriffsbildung. Die Beantwortung der Fragen ‹Was ist Kunst?›, ‹Was ist Güte?› usw. hat immer eine Ausgrenzung zur Folge. Es wird damit auch festgelegt, was Kunst, was Güte nicht sind. Solche Definitionen werden in der Regel von einem einzigen Gesichtspunkt aus gefällt. Unter dessen Prämissen haben sie ihre Richtigkeit. Aber es gibt andere Gesichtspunkte, welche dieselbe Gültigkeit haben, auch wenn sie zu anderen Urteilen führen. Sie alle müssten ins Spiel gebracht werden, um der Sache gerecht zu werden. Das verlangt vom Ich einen bewusst durchgeführten Standortwechsel, also gesteigerte Aktivität und Beweglichkeit. Handlungen nach festen Maximen sind für das konkrete Leben wenig tauglich. Das sagt nichts gegen den Wert von Maximen aus, sondern nur etwas gegen ihre sture Durchsetzung. Es wird bei der Situation, in welche die Handlung eingreift, nicht die Vielfalt möglicher Handlungskonsequenzen berücksichtigt. Feste Maximen machen – objektiv gesehen – unfrei. Sie grenzen eine freie, frische Beurteilung der Situation aus. Auf diese Weise entstehen die Halb-, Viertels-, Achtelswahrheiten. So tritt – oft in feinster Dosierung – die Lüge in die Welt. Indem Ahriman die schnellen, ausgrenzenden und absoluten Beurteilungen fördert, kann man ihn auch als Herrn der Lüge bezeichnen.

Zwischen diesen Einseitigkeiten der Auflösung und Verhärtung steht ein weiterer Impuls eines geistigen Wesens, der Gleichgewicht zwischen diesen Extremen anstrebt. Wir kennen zumindest historisch diesen Impuls, der aufs engste mit dem Ich des Menschen zusammenhängt. Erst dieses klare Bewusstsein von uns selbst bewahrt uns vor eigenen Einseitigkeiten; es entwickelt den Wunsch, sich ihnen gegenüber aufrecht zu erhalten. Daraus entstehen Vorsatz und Entschluss zur Selbsterziehung. Es geht dabei nicht um eine Flucht vor den Widersachermächten, die uns beeinflussen und bestimmen möchten. Flucht wäre illusionärer Unfug. Weltwirksamen Wesen kann man nicht entfliehen, schon gar nicht, wenn sie die bösen Neigungen in unsere Seele eingepflanzt haben. Man muss sie – so merkwürdig das vorerst klingt – benutzen und dabei zähmen, d.h. für das Ich verfügbar machen.

Ein begeisterter Mensch beispielsweise braucht nicht der Ekstase zu verfallen. Er gebraucht dieselben Seelenkräfte zielgerichtet, die, unkontrolliert, zur Ekstase führen. Er stellt sie unter die Ägide der Besonnenheit. Das gelingt nur, wenn das, wofür man begeistert eintritt, gründlich in der Erkenntnis bewegt wurde, sodass es gesichert ist. Man nutzt die klare Kontur eines vielseitig bewegten Gedankens, um Luzifers Wirken in Grenzen zu halten. Das Hinauswachsen über sich selbst, das heißt die Lockerung des Geistig-Seelischen vom Leibe, erfolgt bei der Begeisterung, die diesen Namen verdient, weil das Ich sie will. Das Ich benützt umgekehrt die ahrimanische Tendenz, dem Seelenleben feste Konturen zu geben, um die luziferischen Einseitigkeiten zu überwinden. Umgekehrt wird mithilfe auflösender luziferischer Tendenzen die Starrheit eines einseitigen Erkenntnisstandpunktes überwunden.

Das anzustrebende Gleichgewicht, das im Vortrag vom 21. November 1919 als Christus-Impuls charakterisiert wurde, kann man als ein produktives Spiel des Ich mit den Widersachermächten ansehen. Die Bezeichnung Spiel beschreibt die notwendige bewegliche Aktivität des Ich bei diesem Vorgang wohl am besten. Dass dieses Spiel einen sehr ernsten Charakter hat, steht außer Frage. Der Mensch kann dadurch an der Weltwirksamkeit der drei geistigen Wesen, welche das menschliche Bewusstsein bestimmen wollen, nicht nur teilnehmen, sondern deren Relation mitgestalten. Jedes dieser Wesen trachtet danach, dem Bewusstsein eine bestimmte Artung einzupflanzen. Schaltet sich der Mensch aktiv gestaltend in diese Auseinandersetzung ein, dann hat das nicht nur für ihn Bedeutung, sondern auch für die geistige Welt. Will doch der Christus den Menschen nur dann mit seinen Impulsen erfüllen, wenn dieser sie von sich aus sucht. Er achtet die menschliche Freiheit. Jeder in diesem Sinne ernsthaft Strebende wird zu einem Beförderer der vom Christuswesen inspirierten Evolution.

Wer das Gleichgewicht konkret übt, weiß um die Anfänglichkeit seiner Bemühungen. Ihn überrascht immer wieder, dass der Prozess der Gleichgewichtsfindung nie an ein Ende kommt. Man versteht langsam, dass das Ich sich nur tätig offenbart. Nur insofern es tätig bleibt, entfaltet es seine Wirksamkeit. Jede Beschreibung des Vorgangs ist, indem man sie ausspricht, schon überholt. Eines aber beginnt man zu begreifen: Die Zweiteilung in Gut und Böse ist unfruchtbar, weil sie nicht wahr ist.

Von der Schwierigkeit, die Existenz geistiger Wesen anzuerkennen

Schon bei dieser ersten Schilderung der Tätigkeit geistiger Wesen überfällt uns leicht das Unbehagen, das uns durch eine lange Denkgewohnheit habituell begleitet. Wir haben uns angewöhnt, bei den Begriffen, die uns das Denken liefert, nicht unbedingt die Vorstellung von einem Wesen, das sich in den Begriffen manifestiert, zu verbinden. Der historische Kampf zwischen Nominalisten und Realisten wird auch in unserer Seele ausgetragen, wobei der Ausgang dieses Kampfes durchaus offen ist. Ja, aus den Denkgewohnheiten der Zeit heraus müssen wir uns zu einem Realismus durch manche Anfechtungen erst durchkämpfen. So ist die Aufforderung, geistige Wesen, etwa Luzifer und Ahriman, als gegenwärtig wirksam uns vorzustellen, für manchen eine Zumutung.

Es gibt ein schönes Beispiel über die Wesenheit des Wolfes, welches die gleiche Zumutung beinhaltet. Man füttere einen Wolf ausschließlich mit Schafen. Nach einiger Zeit wird der Wolf eine Leiblichkeit haben, die nur aus der Materie der Schafe besteht. Ist er deswegen ein Schaf geworden? Nein, wir haben es nach wie vor mit einem Wolf mit all den Eigenschaften, die für ihn typisch sind, zu tun. Wie ist das zu erklären? Das Wesen Wolf behält gegenüber allen äußeren Einflüssen offensichtlich die Oberhand. Und dieses Wesen äußert sich in der Erscheinung des Wolfes bzw. aller Wölfe, es ist als Wesen tätig, auch wenn es nicht mit Augen zu sehen ist.

Im Erkennen wird der äußeren Erscheinung durch unser aktives Denken der Begriff Wolf hinzugefügt. Dieser Begriff kann sinnlich nicht gefasst werden. Er hat den Charakter des Übersinnlichen, daher weder Ausdehnung noch, wie alle materiellen Erscheinungen, Gewicht. Erst indem ich den Begriff der äußeren Erscheinung hinzufüge, schaffe ich die Wirklichkeit. Ist er deswegen, weil ich den Gedanken selbst bilde, etwas Subjektives, das nur Bedeutung für mich haben kann? Ist er deswegen ein nominalistisches Idol?

*) Dieses Wesen schafft sich und erhält sich den sichtbaren Wolfs-Leib auf Lebenszeit.

134

Die Erkenntnistheorie hat immer auf den Unterschied zwischen Denkakt und Denkinhalt hingewiesen. Im Denkakt erfasse ich die menschliche Aktivität, ohne die kein Begriff gefunden werden kann; im Denkinhalt jene Begrifflichkeit, die der Denkakt erschließt. Es sollte nicht so schwer sein, durch Beobachtung des Vorgangs das scheinbare Paradoxon verständlich zu finden, dass eine subjektive Tätigkeit etwas Objektives, nämlich den Denkinhalt, hervorbringt. Der Denkakt, insofern er nicht von Emotionen übertölpelt wird, kann am besten als ein Sich-Anschmiegen an die Objektivität der Begriffe beschrieben werden und das Bewusstsein als der Ort, wo sich die Welt in Form des Gedankens ausspricht. Damit das geschehen kann, muss der Mensch dem Weltinhalt entgegenkommen. Das geschieht im Denkakt. Er wird bei völliger Sachorientiertheit der Bestrebung ein Okular, in dem sich die Wesen der Welt spiegeln.

Irritation verbreitet die Tatsache, dass der Gedanke im menschlichen Bewusstsein zum Bild abgelähmt wird. Während er in Wirklichkeit die zu ihm gehörige Erscheinung – etwa unseren Wolf – seinsmäßig bestimmt und gestaltet, erfahren wir in unserem Bewusstsein von ihm nur ein Bild, dem jeder Seinscharakter fehlt. Das lässt uns unter Umständen an der Objektivität der Begriffe zweifeln.

Das Ablähmen der Erfahrung von wirkenden Wesen zum Bildcharakter der Gedanken ist jedoch der Kunstgriff menschheitlicher Entwicklung, Selbstständigkeit und Freiheit zu realisieren. Begegnete uns das Wesenhafte der Welt in seiner Wirklichkeit und nicht im Bild, dann würde uns dessen Seinscharakter überwältigen. Das ist doch gerade der Fortschritt gegenüber dem mythischen Bewusstsein, dass dessen Seinscharakter alter übersinnlicher Erfahrung abgestreift wurde. Die Gefahr wird dabei in Kauf genommen, dass der Mensch versucht sein kann, dem Gedanken abzusprechen, dass er die Einbildung eines objektiv Wesenhaften ist. Unterschiedliche Charaktere wie Kant und Goethe beurteilen deswegen die Bewusstseinslage des Menschen grundverschieden. Goethe sieht in allem Vergänglichem nur ein Gleichnis. Das Vergängliche weist auf Wesen, die zwar im Vergänglichen tätig sind, aber in ihm nicht voll zur Erscheinung kommen. Erst eine Bewustseinserweiterung erfasst das tätige Wesen, das die Erscheinungen hervorbringt. Diese Sichtweise eröffnet Goethes Erkenntnisstreben das Ziel, das Wesenhafte der Welt immer reiner zu erfassen, ihm erlebend gegenüberzutreten. Mit der Entdeckung des Wesens der Pflanze erreicht er eine erste Etappe auf diesem Weg. Instinktiv setzt er auf die beiden zentralen Triebkräfte zur Steigerung des Bewusstseins: Aufmerksamkeit und Hingabe. Die Hingabe an die Sache lässt ihn sich innig mit den Phänomenen verbinden. Man studiere nur Goethes Bemühungen, in die Phänomene immer neu einzudringen. Geschenkt wird seinem Streben erste übersinnliche Erfahrung des Pflanzenwesens und dadurch die ungewöhnliche Befruchtung seines Umgangs mit der Pflanzenwelt. Goethe erlebt, dass diese Erfahrung gesundend auf ihn wirkt. Er hätte sicherlich unterschrieben, was Rudolf Steiner sagt: «Die Seele hat ein natürliches Vertrauen zu dem Denken. Sie fühlt, dass sie alle Sicherheit im Leben verlieren müsste, wenn sie dieses Vertrauen nicht haben könnte. Das gesunde Seelenleben hört auf, wenn der Zweifel an dem Denken beginnt. Kann man über irgendetwas im Denken nicht ins Klare kommen, so muss man den Trost haben können, dass die Klarheit sich ergeben werde, wenn man sich nur zu genügend Kraft und Schärfe des Denkens aufraffen könnte. Über das eigene Unvermögen, etwas durch Denken zur Klarheit zu bringen, kann man sich beruhigen; nicht aber kann man den Gedanken ertragen, dass das Denken selbst nicht Befriedigung bringen könnte, wenn man in sein Gebiet so eindringen würde, wie es für eine bestimmte Lebenslage zur Erlangung des vollen Lichtes notwendig ist. Diese Stimmung der Seele gegenüber dem Denken liegt allem Erkenntnisstreben der Menschheit zugrunde.»[101]

Der Nominalist hat dieses Vertrauen in das Denken nicht. Seine Aufmerksamkeit ist einseitig auf den Denkakt gerichtet. Das Einbilden einer objektiven Gedankenwelt in ihn, die sich für alle Menschen als verbindlich erweist, entgeht ihm. Damit verliert er aber auch das Wesen, für das der Begriff Bild ist, aus den Augen. Er leugnet, dass im Denkakt eine Wesensberührung stattfindet, die ihm ihren Inhalt einschreibt. Dadurch verliert er im Denken die Weltwirklichkeit und das Vertrauen, dass das Denken sie erschließen kann. Nehmen wir die obige Darstellung ernst, dann raubt der Nominalist der eigenen Seele die Gesundheit, weil er ihr keine Entwicklung zugesteht. Ein für alle Mal ist für ihn das Bewusstsein festgelegt. Das Unverständnis für andere Bewusstseinszustände, die vor dem augenblicklich erfahrbaren liegen und auch zukünftige Erfahrungen ausschließen, hat hier seine Wurzel. Dieses Unverständnis ist weit verbreitet. Es bildet für eine Bewusstseinserweiterung das größte Hindernis. Wird, wie in dem referierten Vortrag, gar von einem Wesensimpuls gesprochen, der nicht nur eine Geschichte hat, sondern auch in die Zukunft hinein weiterwirkt, trifft dies heute nur auf wenige Seelen, die von vornherein bereit sind, sich auf einen solchen Gedanken einzulassen.

Eine einfache Überlegung könnte den Nominalisten aufhorchen lassen. Auch das Urteil, dass Begriffe nur Namen sind, kann nur mithilfe des Denkens gefällt werden. Kommt dem Denken aber kein realer Erkenntniswert zu, dann müsste auch dieses Urteil nichtig sein. Man kommt, wenn das Vertrauen zum Denken angezweifelt wird, in eine immer verzwicktere, ausweglose Situation, welche die Seele lähmt. Nur das Vertrauen in das Denken eröffnet einen Zugang zu dem Begriff des Wesens.

Alle Begriffe sind untereinander vernetzt. Von jedem Begriff kann ich zu jedem beliebigen anderen eine gedankliche Verbindung herstellen. Fasse ich jeden Begriff als die gedankliche Manifestation eines Wesens auf, so ist jedes Wesen mit jedem anderen in seinen Wirkungen verbunden. Sie gehören alle einer einheitlichen Welt an und stehen in den mannigfaltigsten Wechselbeziehungen. Schon Hans Jonas gebraucht den Begriff der Affektion des Geschaffenen auf seinen Schöpfer. Er will damit sagen, dass Gott vor der Schöpfung ein anderer war als nachher. Denn die Schöpfung musste auf den Schöpfer zurückwirken. Durch sie waren die Verhältnisse des Wesenhaften untereinander und zu Gott andere geworden. Für Hans Jonas ist dieser Gedanke der Einstieg zu der Idee eines werdenden Gottes. Wenn der Schöpfer sich ändert, dann wirkt das auch auf die Geschöpfe zurück. Beide müssen sich dementsprechend in einer kontinuierlichen Entwicklung befinden, die nicht nur die Wesen betrifft, sondern auch deren Erscheinung.

Lässt man diesen Gedanken auf sich wirken, so ergibt sich ein Weltbild, das einem Organismus gleicht. Das Charakteristische eines Organismus ist doch, dass er eine Einheit bildet, in der die Funktionen aller Organe sich wechselseitig beeinflussen. In diesem Sinne kann man von einem Gedankenorganismus sprechen – oder auch von einem Kosmos geistiger Wesen, deren Aktivität diesen Kosmos, wenn auch langsam, so doch stetig, verändert. Auch eine Veränderung der geistigen Intentionen im

Laufe der Entwicklung wäre denkbar. Es ist daher sachgemäß, von einem Christus-Impuls zu sprechen oder von Intentionen Luzifers oder Ahrimans. Hans Jonas nennt seine Überlegungen bescheiden ein Stück spekulativer Theologie beziehungsweise einen Mythos. Das Menetekel Auschwitz hat seine Seele so getroffen, dass sie fortan ungewöhnliche Wege geht. Ungewöhnlich sind sie deshalb, weil sie bisherige Weltauffassungen hinter sich lassen. Die alten Weltanschauungen sind statisch, weil in ihnen das Weltgeschehen festgelegt gedacht wird. Das widerspricht dem Impuls menschlicher Freiheit.

Hier liegt ein springender Punkt für das Verständnis der vorangegangenen Kapitel und aller weiteren Ausführungen. Wer die beschriebene Erweiterung des Bewusstseins für möglich hält, wird auch deren Ergebnis, nämlich eine Erkenntnis geistiger Wesen, nicht von vornherein ablehnen. Die Verursacher der Evolution wären demnach geistige Wesen, und sie hätten eine Geschichte. Wir werden sehen, wie geisteswissenschaftliche Forschung diese Geschichte erhellt. Dann ist es aber auch denkbar, dass Intentionen einzelner Wesen denen anderer zuwiderlaufen. Ein altes Dokument einstiger übersinnlicher Forschung, die Apokalypse, schildert das sehr deutlich mit den Worten: «Und es erhob sich ein Streit in den Himmeln.» Für den Kosmos, als Organisation gedacht, bedeutet das: Unterschiedliche Intentionen schaffen ein Spannungsfeld, das zu einem Kollaps oder zu einer Steigerung des Organismus führt. Für die übersinnliche Forschung wird ein Ur-Drama erlebbar, von dem jedes menschliche Drama ein Abbild ist. Dieses Ur-Drama entfaltet Rudolf Steiner in seiner *Geheimwissenschaft im Umriss.*[102] Der Titel ist exakt. In dem Buch wird trotz vieler erstaunlicher Darstellungen nur ein Umriss gezeichnet, der später mit vielen Vortragsinhalten ergänzt, differenziert und durch unterschiedliche Gesichtspunkte immer wieder neu beleuchtet wird. Auch dafür folgen später Beispiele.

Die Tätigkeit geistiger Wesen im Laufe der Evolution der Menschheit

Schon mit den vorangegangenen Schilderungen haben wir eine Weltsicht vorgestellt bekommen, die höchst ungewöhnlich ist. Die Abstraktheit des Begriffes *geistige Welt* wurde abgelöst durch die Beschreibung in ihr waltender Wesen. Diese Wesen haben in ihrem Wirken zusätzlich unterschiedliche Intentionen. Wir haben es also nicht mit einer prästabilierten Harmonie zu tun, sondern mit gegensätzlichen Kräften. Und diese Mächte walten in einem «Himmel», der nicht von dem Geschehen in der Welt weit abgehoben, sondern eng mit ihm verbunden ist. Ja, geistige Wesen sind die Verursacher des Erdengeschehens. Die räumlichen und zeitlichen Erscheinungen sind Ausdruck ihres Wirkens.

Man vergleiche diese Darstellungen mit anderen heute üblichen Weltanschauungen, und man wird finden, dass sie – bildhaft gesprochen – geradezu eine Umstülpung gewohnter Vorstellungen sind. Sie treten allein durch übersinnliche Anschauung ins Bewusstsein, nicht durch Spekulation. Diese Erfahrungen können beschreibend dargestellt werden. Vorteilhaft wäre ein Überblick über die gesamte Weltentwicklung, um sich in das lebendige Beziehungsgewebe der tätigen Wesen einzufühlen. Diesem Ideal können wir uns nur durch einzelne Beispiele nähern. Dabei sind die ersten Schritte die schwersten. Sie erfordern ein ungewöhnliches Maß an Geduld und Mut, um bisherige Vorstellungen zu verändern.

Haben wir zunächst das Wirken der Widersachermächte für die Gegenwart geschildert, so müssen wir jetzt in einem nächsten Schritt den Ursprung der Widersachermächte ins Auge fassen.

Das Buch, das über die Weltverhältnisse der Evolution von Erde und Mensch (und der geistigen Welt) aufklärt, ist Rudolf Steiners *Die Geheimwissenschaft im Umriss*. In ihr gelingt es dem Autor das erste Mal, ein Bild der Erd- und Menschheitsentwicklung zu zeichnen. Vor unseren Augen entfaltet sich ein Geschehen mit grandiosen Metamorphosen.

Die Erde hat bisher vier Stufen der Entwicklung durchgemacht, die als alter Saturn, alte Sonne, alter Mond und Erde bezeichnet werden. Zwischen ihnen liegen Zustände, wo diese Bildungen verschwinden und ein rein geistiges Dasein die nächste Metamorphose vorbereitet. In solchen Zuständen werden alle bisherigen Gestaltungen in ein rein geistiges Leben zurückgenommen, vergleichsweise eingeatmet. Das neuerliche Erscheinen beginnt stets mit einer Wiederholung des Evolutionsbeginns auf einer neuen Stufe, eine Art Erinnerung an die vorhergehenden Verhältnisse. Am Beginn der Erde werden also Saturn-, Sonnen-, Mondereignisse den Erdverhältnissen angepasst. Aus dieser ersten Einheit eines neuen planetarischen Zustands gliedern sich jene Weltkörper aus, die unser heutiges Sonnensystem ausmachen. In Erweiterung des heutigen Begriffs der Himmelsmechanik, die ja durchaus wechselseitige Beeinflussungen der Himmelskörper anerkennt, könnte von einer Himmelsorganik gesprochen werden. Die Vorgänge des Ausgliederns veranlassen unterschiedliche Wesen. Dadurch werden einzelne Himmelskörper zum Ausgangspunkt für ihre Tätigkeit. So wird in den Darstellungen der *Geheimwissenschaft* vereinfachend von «Sonnen-» oder «Mondenwesen» gesprochen, ohne zugleich weitere Differenzierungen anzugeben. Wir blicken, auch wenn wir zum Kosmos aufschauen, auf Phänomene, die von geistigen Wesen verursacht werden. Genauso richtig ist, dass diese geistigen Wesen die Phänomene jeden Augenblick verursachen. Wir sehen die Außenseite eines Geschehens, das keineswegs zu Ende ist.

Mit dieser Vorstellung ist der heutige Mensch vielleicht am meisten herausgefordert. Das Kantsche Experiment von der Weltentstehung erfährt durch diese Schilderungen den realen Verursacher der ersten Bewegung. Nicht der Lehrer setzt das Schauspiel in Bewegung, sondern geistige Wesen. Die Erscheinungen dieser kosmischen Metamorphosen haben eine Substanzialität, die den heutigen materiellen Erscheinungen nicht vergleichbar ist. Trotzdem kann man von einer Substanzialität sprechen – sie wird von Wesen geopfert und auch bearbeitet. So entstehen einerseits Geschöpfe wie der Mensch, andererseits fließt den Schöpferwesen als Ergebnis ihrer Arbeit ein höheres Bewusstsein zu, als sie es vorher hatten. Durch Tätigkeit, also Wesensoffenbarung, wird dies erreicht. Neben die drei geistigen Strömungen, mit denen wir uns anfänglich beschäftigt haben, treten andere. Diese sind aus einer uralten Tradition von Dionysus Areopagita als die neun Hierarchien bezeichnet worden. Ihre Unterscheidung rechtfertigt eine Stufung ihres Bewusstseins, das z.B. in der ersten Hierarchie bei Throne, Seraphim und Cherubim seine höchste Ausgestaltung erfährt.

Wieder liegt der Einwand nahe, dass in den geisteswissenschaftlichen Darstellungen Traditionen verwendet und gleichsam nur aufgefrischt werden. Dieser Einwand wird zumindest durch zwei Tatsachen entkräftet: Es wird ein originärer Schulungsweg dargestellt, der insofern einmalig ist, als er vom modernen, naturwissenschaftlichen Bewusstsein seinen Ausgangspunkt nimmt; und die Forschungsergebnisse übersteigen das, was bisher tradiert wurde, bei weitem.

In dem Werdeprozess der Erde in vier Stufen wird auch das heutige Wesensgefüge des Menschen aufgebaut. Auf dem alten Saturn entsteht der Keim des physischen Leibes und dessen Sinnesorganisation. Sie ist demnach bis heute dreimal umgewandelt worden. Die erstaunliche Weisheit, die sich in den Gestaltungen des physischen Körpers niederschlägt, hat in der langen Ausformung dieses Leibes durch die Hierarchien ihren Grund. Auf der alten Sonne wird der Lebensbildekräfteleib (Ätherleib) hinzugefügt. Die Lebensbildekräfte durchdringen das erste Resultat der Schöpfung mit Lebensprozessen. Auf dem alten Mond wird dem Menschen das Seelische geschenkt. Empfindungen, Gefühle schließen sich an den Wahrnehmungsprozess an und schaffen ein erstes Bewusstsein. Die Geisteswissenschaft nennt diese im Menschen selbstständig wirkende Wesenheit den Astralleib. Die Begabung des Menschen mit einem Ich findet erst im vierten planetarischen Zustand, der Erde, statt.

«Darauf beruht ja alle Entwickelung, dass erst aus dem Leben der Umgebung selbstständige Wesenheit sich absondert; dann in dem abgesonderten Wesen sich die Umgebung wie durch Spiegelung einprägt und dann dies abgesonderte Wesen sich selbstständig weiter entwickelt.»[103] Dieses Prinzip übergreift alle Entwicklungszustände der Erde.

Die besonderen Intentionen der luziferischen Wesen entwickelten sich bereits auf dem alten Mond. Rudolf Steiner beschreibt den Vorgang folgendermaßen: «Gewisse Wesenheiten, welche dem Mondenkörper angepasst waren, bemächtigten sich des ihnen zur Verfügung stehenden Willenselementes (des Erbes der Throne) [welche früher ihr Wesen substanzbildend ausgossen, sodass der alte Saturn möglich wurde], und entwickelten dadurch ein Eigenleben, das sich unabhängig gestaltet von dem

Sonnenleben. Es entstehen neben den Erlebnissen des Mondes, die nur unter dem Sonneneinflusse stehen, selbstständige Mondenerlebnisse, gleichsam Empörungs- oder Auflehnungszustände gegen die Sonnenwesen. Und die verschiedenen auf Sonne und Mond entstandenen Reiche, vor allem das Reich der Menschenvorfahren, wurde in diese Zustände hineingezogen. Der Mondenkörper schließt dadurch geistig und stofflich zweierlei Leben in sich: solches, das in inniger Verbindung mit dem Sonnenleben steht, ein solches, welches von diesem ‹abgefallen› ist und unabhängige Wege geht.»[104]

Hier wird die ursprüngliche Veränderung der luziferischen Wesen beschrieben. Das Entstehungsmoment ihrer neuen Intentionen wird festgehalten, das ihrem Wesen einen anderen Charakter gibt und sie zur geistigen Umwelt und auch zu ihrer eigenen bisherigen Tätigkeit in Opposition gehen lässt. Wir erleben einen «Abfall» dieser Geister von jenen, die ihr Werk im alten Sinne fortsetzen.

Da die geistige Welt einem Organismus gleicht, übt eine solche Tat Einfluss auf die gesamte geistige Welt aus. Alle ihre Teile werden durch diese Evolutionstatsache tingiert. So auch das Menschengeschlecht. «Geistig gesehen können die hier in Betracht kommenden Vorgänge in der folgenden Art geschildert werden. Der Menschenvorfahr war veredelt worden von Wesenheiten, die vom Sonnenreiche abgefallen waren … Für den Menschenvorfahren hatte dies zur Folge, dass sich in seiner Organisation zweierlei Wesenheiten geltend machten: der eine Teil dieser Organisation war ganz durchdrungen von den Wirkungen der Sonnenwesen. In dem andern wirkten die abgefallenen Mondenwesen. Dadurch war der letzte Teil selbstständiger als der erste … Es traten nun in der Menschennatur diese beiden Wesenheiten in eine Art Kampf. Und durch den Einfluss der Sonnenwesen wurde für diesen Kampf ein Ausgleich dadurch geschaffen, dass durch ihn die stoffliche Organisation, welche das selbstständige Weltbewusstsein ermöglichte, gebrechlich, vergänglich gemacht wurde. Es musste nun von Zeit zu Zeit dieser Teil der Organisation ausgeschieden werden. Während und einige Zeit nach der Ausscheidung war der Menschenvorfahr ein bloß vom Sonneneinfluss abhängiges Wesen. Sein Bewusstsein wurde unselbstständiger, er lebte in demselben ganz dem Sonnenleben hingegeben. Dann erneuerte sich der selbstständige Mondenteil wieder … So lebte der Menschenvorfahr auf

142

dem Monde in Wechselzuständen helleren und dumpferen Bewusstseins; und der Wechsel war begleitet von einer Wandlung seines Wesens in stofflicher Beziehung.»[105]

Schon auf dem alten Mond wirkt also der Einfluss der luziferischen Wesen auf den Menschen so, dass sich ein erstes Bewusstsein von seiner Eigenheit bildet. Dieser Zustand ist in der Evolution des Menschen neu, und er steht im Gegensatz zu den bisherigen Intentionen der führenden geistigen Wesen mit dem Menschen. Diese Opposition stößt eine neue Entwicklung an, auf die von den regulären Geistern (eben jenen, die nicht abgefallen sind) geantwortet wird. Es kommt zu dem geschilderten Ausgleich der Intentionen. Der neue Bewusstseinseinschlag lebt fort, aber er wird unterbrochen von Zeiten, in denen der Menschenvorfahr gewissermaßen wieder intensiv in sein «altes» Bewusstsein eintaucht. Bewegung und Gegenbewegung treiben die Evolution voran, ja sie steigern sie.

Aus dieser Darstellung der *Geheimwissenschaft* könnte man schließen, dass es schon auf dem alten Mond Stofflichkeit wie auf der heutigen Erde gegeben habe. Wird doch von einer «stofflichen Organisation» gesprochen. Man unterliegt diesem Irrtum nur so lange, wie man nicht andere Stellen des Buches mit dieser Aussage in Verbindung bringt. Nach einer detaillierten Schilderung des Kampfes zwischen den regulären und den abgefallenen Geistern tritt ein Zustand ein, wo die regulären Geister immer längere Zeiten haben, in denen sie auf den Menschen ihren Einfluss wirken lassen. Eine Wirkung ist, dass der physische Leib immer ätherischer wird. An diese Schilderung schließt sich eine prinzipielle Bemerkung an: «Man soll sich aber nicht vorstellen, wenn gesagt wird, der physische Leib sei ätherisch geworden, dass man für solche Zustände nicht von einem physischen Leib sprechen könne. Was als physischer Leib während Saturn-, Sonnen- und Mondenzeit gebildet worden ist, bleibt vorhanden. Es kommt dabei darauf an, das Physische nicht nur da zu erkennen, wo es sich äußerlich physisch [materiell] offenbart. Das Physische kann auch so vorhanden sein, dass es nach außen die Form des Ätherischen, ja auch die des Astralischen zeigt. Man muss eben unterscheiden zwischen der äußeren Erscheinung und der inneren Gesetzmäßigkeit. Ein Physisches kann sich ätherisieren und astralisieren, aber dabei in sich die physische Gesetzmäßigkeit behalten.»[106]

143

Der physische Leib als Summe ihm eigener Gesetzmäßigkeiten ist ein Wesen. Dieses kann sich in einem materiellen Körper, wie das heute üblich ist, zur Erscheinung bringen. Der physische Körper mit seinen vielen erstaunlichen Gestaltungen und Leistungen ist dann Ausdruck eines *physischen Leibes,* der geistiger Natur ist. Dieser physische Leib – das ist der Kern der referierten Aussage – muss sich aber nicht der materiellen Erscheinungsform bedienen. Auf dem alten Mond offenbarte er sich noch in astralischer oder ätherischer Gestalt. Der Bildeprozess von Materie wird erst in der Erdentwicklung akut. Demnach haben die Throne, die Verursacher und Gestalter des physischen Leibes, ein geistiges Prinzip geschaffen, das unabhängig von materiellen Prozessen west. Diese Tatsache ist wichtig, um sich eine sachgemäße Vorstellung vom Paradiesesmenschen zu bilden. Sie ist ebenso hilfreich für das Begreifen des Auferstehungsleibes, also für ein wichtiges Element einer spirituellen Menschenkunde.

Die regulären und irregulären Geister suchten das Gestaltungsprinzip des physischen Leibes zu beeinflussen. Die irregulären Einwirkungen verursachten einen Verhärtungs- und Vertrocknungsvorgang. «Und wenn dann wieder die Sonnenzeit heranrückte, dann verfielen die alten Leiber; sie gliederten sich ab von dem Menschenwesen, und es ging wie aus einem Grabe seiner alten Leiblichkeit der im Innern neu gestaltete … Mensch hervor. Es hatte eine Erneuerung des Lebensprozesses stattgefunden … Und der Mensch empfand diese Erneuerung wie das Anziehen eines neuen Kleides. Sein Wesenskern war nicht durch eine eigentliche Geburt oder einen Tod durchgeschritten; er war nur übergegangen von einem geistigen Tonbewusstsein, in dem er hingegeben war an die Außenwelt, zu einem, in dem er mehr dem Innern zugewendet war.»[107]

Außerordentlich wichtig ist, dass reguläre und oppositionelle Geister und damit unterschiedliche Intentionen auf die Entwicklung des Menschen schon auf dem alten Mond wirken. Eigentlich wird eine Auseinandersetzung zwischen Wesen in der geistigen Welt geführt, deren Niederschlag auch den Menschen gestaltet. Blicken wir unvoreingenommen auf unsere eigene heutige Situation, so finden wir diese Urgeste der Entwicklung weiter wirksam. Auch wir stehen heute im Spannungsfeld unterschiedlicher geistiger Intentionen, die unser Wesen attackieren und die offensichtlich schon seit langer Zeit in uns wirken.

Verfolgen wir das Drama, das dadurch entsteht, während des neuen planetarischen Zustands der Erde weiter. Aus einem einheitlichen Weltkörper haben sich Sonne und Mond getrennt. Dieser Zeitpunkt wird in den folgenden Schilderungen festgehalten.

«Man erinnere sich, wie geschildert worden ist, dass während der alten Mondenzeit der Mensch durch die damalige Abtrennung von der Sonne in seiner Organisation eine gewisse Selbstständigkeit, einen freieren Grad des Bewusstseins erworben hat, als der war, welcher unmittelbar von den Sonnenwesen ausgehen konnte. Dieses freie, selbstständige Bewusstsein trat – als Erbe der alten Mondenentwickelung – wieder auf während der charakterisierten Zeit der Erdenentwickelung. Es konnte aber gerade dieses Bewusstsein, durch den Einfluss der gekennzeichneten Erden-Mondenwesen wieder zum Einklange mit dem Weltall gebracht, zu einem Abbilde desselben gemacht werden. Das wäre geschehen, wenn sich kein anderer Einfluss geltend gemacht hätte. Ohne einen solchen wäre der Mensch ein Wesen geworden mit einem Bewusstsein, dessen Inhalt wie durch Naturnotwendigkeit, nicht durch sein freies Eingreifen, die Welt in den Bildern des Erkenntnislebens gespiegelt hätte.»[108]

Mit dieser Beschreibung wird ein Bewusstseinszustand geschildert, der dem «Paradiesesmenschen» eigen war. Er erfuhr die Welt in reinen, unverstellten Bildern, die sich in seinem Bewusstsein spiegelten. Doch diese Spiegelung entsprang einer Notwendigkeit, sie war seiner Willkür entzogen.

Aber «es griffen in die Entwickelung des Menschen gerade zur Zeit der Mondenabspaltung gewisse geistige Wesenheiten ein, welche von *ihrer* (alten) Mondennatur so viel zurückbehalten hatten, dass sie nicht teilnehmen konnten an dem Hinausgang der Sonne aus der Erde. Und dass sie auch ausgeschlossen waren von den Wirkungen der Wesen, welche vom Erden-Monde aus zur Erde hin sich tätig erwiesen. Diese Wesen mit der alten Mondennatur waren gewissermaßen mit unregelmäßiger Entwickelung auf die Erde gebannt. In ihrer Mondennatur lag gerade das, was während der alten Mondenentwickelung sich gegen die Sonnengeister aufgelehnt hatte, was damals dem Menschen insofern zum Segen war, als durch es der Mensch zu einem selbstständigen, freien Bewusstseinszustand geführt worden war. Die Folgen der eigenartigen Entwickelung dieser Wesen während der Erdenzeit brachten es mit sich, dass sie während derselben zu Gegnern wurden derjenigen Wesen, die vom Monde aus das menschliche Bewusstsein zu einem notwendigen Erkenntnisspiegel der Welt machen wollten.»

Auf dem alten Mond richtet sich die Rebellion dieser Geister gegen die Sonnengeister; jetzt opponieren sie gegen die Wirkungen, die von den Mondengeistern auf den Menschen ausgeübt werden, die «das menschliche Bewusstsein zu einem notwendigen Erkenntnisspiegel der Welt machen wollen». Ihre Opposition zielt auf das Selbstständigwerden des menschlichen Bewusstseins ab, auf das Entbinden von den Notwendigkeiten, die es zum bloßen, reinen Spiegel der Welt machen wollen. Sie streben danach, dass der Mensch wie sie selbst zur Kraft der Opposition gegenüber den Mächten findet, aus deren Schoß er stammt. Wie ist ihre Technik, diese Intention durchzusetzen?

«Die widerstrebenden Mächte hatten sich aus ihrer Mondennatur die Kraft mitgebracht, auf den menschlichen Astralleib zu wirken, nämlich – im Sinne der obigen Darlegungen – diesen selbstständig zu machen. Sie übten diese Kraft aus, indem sie diesem Astralleib eine gewisse Selbstständigkeit – auch nunmehr für die Erdenzeit – gaben gegenüber dem *notwendigen* (unfreien) Bewusstseinszustande, welcher durch die Wesen des Erdenmondes bewirkt wurde ...

Die Wirkung, die von den im Mondenzustand zurückgebliebenen Geistwesen auf den Menschen ausging, hatte nun für diesen ein Zweifaches zur Folge. Sein Bewusstsein wurde dadurch des Charakters eines bloßen Spiegels des Weltalls entkleidet, weil im menschlichen Astralleib die Möglichkeit erregt wurde, von diesem aus die Bewusstseinsbilder zu regeln und zu beherrschen. Der Mensch wurde der Herr seiner Erkenntnis. Andererseits aber wurde der Ausgangspunkt dieser Herrschaft eben der Astralleib; und das diesem übergeordnete ‹Ich› kam dadurch in stetige Abhängigkeit von ihm. Dadurch ward der Mensch in der Zukunft den fortdauernden Einflüssen eines niederen Elementes in seiner Natur ausgesetzt. Er konnte in seinem Leben unter die Höhe herabsinken, auf die er durch die Erden-Mondenwesen im Weltengange gestellt war. Und es blieb für die Folgezeit für ihn der fortdauernde Einfluss der charakterisierten unregelmäßig entwickelten Mondenwesen auf seine Natur bestehen. Man kann diese Mondenwesen im Gegensatz zu den andern,

146

welche vom Erdenmonde aus das Bewusstsein zum Weltenspiegel formten, aber keinen freien Willen gaben, die luziferischen Geister nennen. Diese brachten dem Menschen die Möglichkeit, in seinem Bewusstsein eine freie Tätigkeit zu entfalten, damit aber auch die Möglichkeit des Irrtums, des Bösen.»[109]

Damit ist in kürzester Form die Genese der luziferischen Wesenheiten und der Ursprung des Bösen beschrieben. Ihren Charakter erhalten die luziferischen Wesen auf dem alten Mond durch einen Akt willensmäßiger Auflehnung gegenüber den Sonnenwesen. Dieser Akt der Rebellion hat, wie wir gesehen haben, seine Wirkung auch auf den Menschenvorfahren. Durch den luziferischen Einfluss gewinnt die Spiegelung der Welttatsachen ein Eigenleben, das von den Sonnengeistern so nicht vorgesehen war.

Solchen Einfluss auf den Menschenvorfahren setzen die luziferischen Wesenheiten auf der Erde fort. Ihr Wirkensfeld ist der menschliche Astralleib, der zu höherer Willkür angeregt wird, der aber dadurch das höhere Glied des «Ich» in den Astralleib zu stark einbindet. Für diesen Vorgang verwendet Rudolf Steiner in seinem Vortragswerk die verschiedensten Ausdrücke bis hin zu einer «Impfung des Ich» oder einem heute notwendigen «Herausschälen des Ich» aus den Funktionen des astralischen Leibes.

Man vergegenwärtige sich zweierlei: Was hier geschildert wird, ist ein Entwicklungseinschlag, der in einem weit zurückliegenden Erdzeitalter (der so genannten lemurischen Erdepoche) stattgefunden hat. Unsere heutige Seelenkonfiguration in ihrem Verhältnis zu unserem Ich hat sich aus diesem Einschlag entwickelt. Was ebenso gilt, ist die Konfliktsituation zwischen den benannten Gruppen geistiger Wesenheiten. Nicht nur von den luziferischen Wesenheiten kann behauptet werden, dass sie weiter (bis heute) ihren Einfluss auf den Menschen ausüben; dasselbe gilt auch für die beiden anderen Gruppen geistiger Wesenheiten, die ahrimanischen und auch die asurischen, die bislang nicht erwähnt worden sind. Deshalb wird aus der «kosmischen Geschichte» die eine oder andere Einzelheit noch zu berichten sein.

Das Auftreten Ahrimans

Ein planetarischer Zustand läuft in sieben aufeinander folgenden großen Zeitabschnitten ab. Bei der Erde sind der erste, zweite und dritte Zeitabschnitt Wiederholungen der vorangegangenen planetarischen Zustände unter den neuen Bedingungen der Erde. Sie sind also von der Rückerinnerung alter Zustände beherrscht und dem Verwandeln dieser Zustände in irdische Verhältnisse. Die bereits erwähnte Lemuris ist die Wiederholung des planetarischen Zustands des alten Mondes. Die Erinnerung aktiviert die oppositionellen Vorgänge Luzifers, die auf dem alten Mond stattfanden, für die Erde. Der Einfluss Luzifers auf die Menschenvorfahren erhält einen mächtigen Auftrieb und führt zu dem Geschehen, welches das Alte Testament als Sündenfall bezeichnet. Schon die referierte kurze Darstellung dieses Vorgangs in der *Geheimwissenschaft* zeigt, dass dadurch eine völlige Veränderung der menschlichen Konstitution stattfindet, deren Einzelheiten später genauer verfolgt werden.

Dieser erneuten Aktivierung des luziferischen Einflusses geht aber ein zentrales Ereignis voraus: die Begabung des Menschen mit dem Ich. So wie auf der alten Sonne der Ätherleib dem Menschen geschenkt wurde, auf dem alten Mond der Astralleib, so jetzt das Ich. In diesem Falle opfern die Geister der Form, die laut Dionysios Areopagita der mittleren Gruppe der Hierarchien angehören, einen Teil ihres eigenen Wesens.

Die luziferische Beeinflussung des Menschenwesens erscheint wie eine Gegenbewegung. Denn um das Ich geht es bei der luziferischen Verführung. Es wird stärker an den Astralleib gebunden, als das von den «regulären» Geistern vorgesehen war. Die Dramatik von Ich-Begabung und luziferischer Verführung beherrscht das Geschehen so stark, dass der Einfluss der zweiten Widersachermacht, nämlich Ahrimans, leicht übersehen wird.

Es ist bislang über das Wirken Ahrimans in der Evolutionsgeschichte nichts ausgesagt worden. Seine Opposition gegenüber den regulären

Geistern liegt früher als die der luziferischen. Sie findet schon auf dem planetarischen Zustand der alten Sonne statt. Trotzdem greift Ahriman erst viel später in das Evolutionsgeschehen ein, nämlich in der alten Atlantis. Die Atlantis ist eine der schon erwähnten großen Zeitepochen; sie folgt auf die Lemuris. Dabei wirkt Ahriman auf das Unterbewusste des Menschen. Erst ab der Zeitenwende attackiert er das menschliche Bewusstsein direkt. Voraussetzung für das Auftreten Ahrimans ist das vorangegangene Wirken der luziferischen Geister. Das Einfallstor Ahrimans ist der durch die luziferische Verführung möglich gewordene Irrtum. Der Irrtum kann erfahrungsgemäß von allen möglichen Gefühlen begleitet werden. Ahriman inauguriert durch den Irrtum das Gefühl der Furcht. Irrtum und Furcht sind die Ursache dafür, dass sich vor das Wirken der Götter «der Schleier der irdischen Wahrnehmungen hinwob und in ihnen die eigentlichen Kräfte der Sonnenwesen sich verbargen ... Geistig angesehen stellt sich das Auftreten der Furcht so, dass innerhalb der Erdenkräfte, unter deren Einfluss der Mensch durch die luziferischen Mächte gelangt war, andere Mächte wirksam waren, die viel früher im Entwickelungslaufe als die luziferischen Unregelmäßigkeiten angenommen hatten. Mit den Erdenkräften nahm der Mensch die Einflüsse dieser Mächte in sein Wesen herein. Sie gaben Gefühlen, die ohne sie ganz anders gewirkt hätten, die Eigenschaft der Furcht. Man kann diese Wesenheiten die ahrimanischen nennen.»[110]

Zwei wichtige Charakteristika Ahrimans werden erwähnt. Seine Auflehnung gegen die schöpferischen Götter und deren Intentionen hat viel früher stattgefunden als die Luzifers. Und: Er ist in besonderer Weise mit den Kräften der materiellen Erde vertraut. Mit Luzifer hat er die Intention der Rebellion gemein. Ahriman möchte die Herrschaft über den Menschen gewinnen. Das soll nach seinen Intentionen durch ein Besetzen der menschlichen Intelligenz mit seiner Kraft geschehen. Dazu muss aber das menschliche Bewusstsein sich zuerst vom göttlichen Einfluss weiter entfernt haben, als dies zum Zeitpunkt der Lemuris geschehen ist. Erst als die Einflüsse Luzifers eine Zeit lang gewirkt haben, beginnt Ahrimans Einfluss. Ahriman möchte die weitere Evolution der Erde und des Menschen anhalten. Dem Menschen sollen alle Zukunftskräfte geraubt werden, er soll gewissermaßen ein Denkmal seiner bisherigen Entwicklung werden. In Ahriman tritt uns die Entwicklungsfeindlichkeit gewissermaßen personifiziert entgegen. Er will uns weismachen, dass alle Lebenserscheinungen bereits endgültig und unveränderbar festgelegt sind. Freiheit und die aus ihr geschöpfte Veränderung des Menschen und der Welt durch das Ich soll als eine Illusion erscheinen. Er ist so der Inspirator des heutigen Materialismus. Damit ist auch die zweite Weltmacht, welcher der Mensch ausgesetzt ist, in ihrem Wirken innerhalb der Evolution anfänglich charakterisiert.

Um eine deutliche Vorstellung davon zu bekommen, welche Veränderungen im menschlichen Bewusstsein durch das Wirken Ahrimans eintraten, folgt hier ein Abschnitt aus einem Vortrag Rudolf Steiners vom 2. April 1922. Was die zitierte Stelle aus der *Geheimwissenschaft* in höchster Abstraktion zusammenfasst, wird dort anschaulich dargestellt. Die Vortragsstelle beantwortet auch die Frage, inwiefern Ahriman ein Inaugurator der Todeskräfte ist, die langsam in die Evolution der Menschheit eingreifen, und welche Wirkung sie haben. Anders ausgedrückt: Wie wird «der Schleier der irdischen Wahrnehmungen» gewoben, «der die eigentlichen Kräfte der Sonnenwesen» verbirgt? Ein Geheimnis der Mysterien des Todes wird offen gelegt. Nur auf der Grundlage des permanenten Sterbens der menschlichen Organisation wird die intellektuelle Tätigkeit, die das Selbstbewusstsein begründet, erst möglich. Der Eingriff Ahrimans in die Evolution löst zwei Erfahrungen im Menschen aus. Die eine lässt den Menschen den Tod als schmerzvollen Einschnitt erleben. Der Tod ist fortan von Ungewissheit begleitet. Vorher gab es nur eine Metamorphose eines Lebenszustandes in den anderen. Dieses Erleben der Metamorphose begleitete eine ungebrochene Erfahrung der geistigen Welt. Die Erfahrung des Todes als Lebensende setzt umgekehrt den Verlust dieser Geisterfahrung voraus. Was nach dem Tod kommt, entzieht sich dem menschlichen Bewusstsein.

«Durch ihre atavistischen Hellseherfähigkeiten waren diese ersten auf der Erde wandelnden Menschen in der Lage, Götterweisheit zu empfangen. Das heißt doch nichts Geringeres als: Sie konnten belehrt werden durch die Götterwesen, die aus dem Reiche der höheren Hierarchien auf die Erde heruntersstiegen, selbstverständlich auf spirituelle Art, auf geistige Art heruntersstiegen, und dann auch auf geistige Art die Seelen lehrten. Solches Belehrtwerden durch die göttlichen Wesen selbst, die heruntersstiegen von den geistigen Welten auf die Erde, kannte man durchaus in den alten Zeiten der irdischen Menschenentwickelungen. Es war ein Zustand der Entrücktheit, in dem sich die Menschen, zumeist solche, die durch die Mysterieneinweihung hindurchgegangen waren, versetzen konnten, wo sie also zum großen Teil außerhalb ihres Leibes mit ihrer Seele waren, sodass sie nicht angewiesen waren auf äußere Sinneswahrnehmungen, nicht angewiesen waren etwa auf ein äußeres Gespräch, das mit dem Munde hätte geführt werden müssen, sondern wo sie in der Lage waren, auf geistige Art Göttermitteilungen zu empfangen. Sie empfingen nicht in dem, was wir heute Traum nennen, sondern in einem lebendigen Verkehr auf geistige Art mit den göttlich-geistigen Wesenheiten das, was diese ansahen als ihre eigentliche Weisheit.

Diese Weisheit erstreckte sich zunächst auf Mitteilungen, welche die Götter dem Menschen machten über den Aufenthalt der menschlichen Seelen in der göttlich-geistigen Welt vor dem Heruntersteigen in den irdischen Leib. Das, was die Seelen erlebten, bevor sie durch die Empfängnis heruntergestiegen waren in einen irdischen Leib, lehrten die Götter die Menschen in dem Zustande, den ich geschildert habe. Die Menschen hatten dabei das Gefühl, dass sie eigentlich nur an etwas erinnert wurden. Sie meinten, indem die Götter ihnen diese Mitteilungen machten, sie würden erinnert an das, was sie eben vor der Geburt beziehungsweise vor der Empfängnis in der geistig-seelischen Welt erlebt haben. Es klingt noch bei Plato durch, dass so etwas in älteren Zeiten durchaus der Fall war. Sodass wir zurückschauen können heute auf eine göttlich-geistige Weisheit, welche die Menschen hier auf der Erde empfingen in den charakterisierten Zuständen, man darf eben durchaus nicht im uneigentlichen Sinne, sondern im ganz eigentlichen Sinne sagen: von den Göttern selbst.

Diese Weisheit war von ganz besonderer Art. Sie war nämlich so, dass die Menschen auf der Erde nichts wussten, so sonderbar das dem heutigen Menschen klingt, von dem Tode. Wie gesagt, es wird Ihnen heute sonderbar klingen, und dennoch ist es so, dass die ältesten Erdenbewohner nichts wussten von dem Tode, denn das Kind weiß nichts von Tode. Die Menschen, die in dieser Weise unterrichtet wurden, wie ich es angedeutet habe, und die diesen Unterricht wiederum auf die anderen Menschen, die auch noch atavistisches Hellsehen hatten, ausdehnten, diese Menschen bekamen sogleich ein Bewusstsein, dass ihr Seelisches her-

untergestiegen ist aus göttlich-geistigen Welten, in einen Körper hineingekommen ist, wiederum aus dem Körper hinausgehen wird, und sie
sahen auf diesen Fortschritt des seelisch-geistigen Lebens. Die Geburt
und der Tod kamen ihnen als eine Verwandlung vor, nicht als irgendetwas, was Anfang und Ende von etwas ist.

Sie waren mit ihrem geistig-seelischen Leben eben nicht in den Tod
verstrickt. Sie sahen das menschliche Leben nur von innen an. Wenn sie
nach der Geburt hinschauten, so dehnte sich dieses menschliche Leben
über die Geburt hinaus in das Geistige hinein. Wenn sie nach dem Tode
hinschauten, so dehnte sich das geistig-seelisch Leben wiederum über
den Tod in das Geistige hinein. Geburt und Tod waren von keiner Bedeutung für das Leben. Man kannte nur das Leben, man kannte nicht den
Tod.

Aus diesem Zustande kamen die Menschen allmählich heraus. Und
wenn man die Menschheitsentwickelung in ihrem Fortschreiten von den
ältesten Zeiten bis gegen das Mysterium von Golgatha verfolgt, so kann
man sagen: Die Menschen lernten immer mehr und mehr den Tod als
etwas, was einen Eindruck auf sie machte, kennen. Ihre Seele verstrickte
sich mit dem Tode, und es wurde eine Gefühlsfrage: Was wird denn nun
mit der Seele, wenn der Mensch durch den Tod geht? So standen die
Menschen in den ältesten Zeiten überhaupt nicht vor der Frage nach dem
Tode als einem Ende. Sie haben höchstens nach der besonderen Art der
Verwandlung gefragt. Sie haben gefragt, ob es der Hauch ist, der aus dem
Menschen hinausgeht und fortströmt, und damit die Seele in die Ewigkeit hinübergeht, oder sie haben sich eine andere Vorstellung gemacht,
wie da das geistig-seelische Leben fortströmt. Über die Art dieses Fort-
strömens haben sie nachgedacht, aber über den Tod als ein Ende haben
die Menschen nicht nachgedacht.

Als das Mysterium von Golgatha herannahte, da fühlten eigentlich erst
die Menschen, dass der Tod eine Bedeutung hat, dass das irdische Leben
etwas ist, was ein Ende hat. Natürlich wurde das nicht eine philosophisch
formulierte wissenschaftliche Frage, aber es legte sich auf die Seele als
eine Empfindung. Zu dieser Empfindung mussten die Menschen im irdischen Leben kommen, denn in das irdische Leben musste eindringen für
die Menschheitsentwickelung der Verstand, der Intellekt. Der Intellekt
ist aber abhängig davon, dass wir sterben können.

Der Mensch musste also in den Tod hinein verstrickt werden. Der Mensch musste den Tod kennen lernen. Die alten Zeiten, in denen die Menschen den Tod nicht kannten, waren alle unintellektualistisch. Die Menschen bekamen die Vorstellungen durch Eingebungen aus der geistigen Welt, dachten sie nicht aus. Einen Intellekt gab es nicht. Aber der Intellekt musste Platz greifen. Der Intellekt kann nur dadurch Platz greifen, dass – sprechen wir es auf geistig-seelische Art aus – der Mensch sterben kann, dass er fortwährend die Absterbekräfte in sich trägt. Auf physische Weise könnte man sagen: Der Tod kann nur dadurch eintreten, dass der Mensch nicht nur in seinem übrigen Leibe, sondern auch innerhalb seines Gehirns Salze ablagert, das heißt mineralisch-feste Bestandteile, tote Bestandteile ablagert. Das Gehirn enthält fortwährend die Tendenz nach Salzablagerungen, nach nicht zustande gekommenen Knochenbildungen. Sodass das Gehirn fortwährend die Tendenz nach dem Tode hin enthält. Diese Einimpfung des Todes musste über die Menschheit kommen. Und nur das, was hervorging aus dieser Notwendigkeit, dass der Tod wirklich eine Rolle spielte im menschlichen Leben, das war die äußere Bekanntschaft mit dem Tode. Wären die Menschen so geblieben, wie sie in alten Zeiten waren, dass sie eigentlich den Tod gar nicht gekannt haben, dann hätten sie niemals einen Intellekt entwickeln können, denn der Intellekt ist nur möglich in einer Welt, in welcher der Tod waltet.»[111] GA 211

Eine bemerkenswerte Technik, die Evolution voranzutreiben

In demselben Vortrag führt Rudolf Steiner weiter aus: «Man kann das [das Bewusstwerden des Todes] aber auch ansehen vonseiten der höheren Hierarchien. Da stellt sich etwas anderes dar. Die höheren Hierarchien enthalten in ihrem Wesen die Kräfte, welche gebildet haben Saturn, Sonne, Mond und zuletzt die Erde. Wenn die höheren Hierarchien nun ihre Lehre gewissermaßen unter sich ausgesprochen hätten bis zum Mysterium von Golgatha hin, so würden sie gesagt haben: Wir können aus Saturn, Sonne und Mond heraus die Erde gestalten. Aber die Erde würde, wenn sie nur das in sich enthielte, was wir dem Saturn, der Sonne, dem Monde haben einverleiben können, niemals Wesen entwickeln können, welche vom Sterben etwas wissen, welche daher Intellekt in sich entwickeln können. Wir höheren Hierarchien sind imstande, aus dem Monde hervorgehen zu lassen eine Erde, in der die Menschen nichts vom Sterben wissen, in der sie aber auch nicht den Intellekt entwickeln können. Es ist uns höheren Hierarchien unmöglich, die Erde so zu gestalten, dass sie die Kräfte hergibt, damit Menschen zum Intellekt kommen. Da müssen wir uns einlassen auf ein ganz anderes Wesen, auf ein Wesen, das von anderen Wegen herkommt, als wir hergekommen sind, auf das ahrimanische Wesen. Ahriman ist ein Wesen, das nicht zu unserer Hierarchie gehört. Ahriman kommt auf anderem Wege in die Evolutionsströmung herein. Wir müssen uns mit diesem Ahriman einlassen. Wenn wir den Ahriman dulden innerhalb der Erdenentwickelung, wenn wir ihm einen Anteil gewähren, dann bringt er uns den Tod und damit den Intellekt, und wir können in die menschliche Wesenheit Tod und Intellekt aufnehmen. Ahriman kennt den Tod. Ahriman kennt ihn, weil er verquickt mit der Erde ist, weil er Wege gegangen ist, durch die er mit der Erdenentwickelung zusammenhängt. Er ist ein Wissender, ein Weiser des Todes. Er ist daher auch der Herr des Intellektes.

Die Götter mussten sich – wenn man so sagen darf – einlassen mit

Ahriman. Sie mussten sich sagen: Die Evolution kann ohne Ahriman nicht fortschreiten. Es handelt sich darum, dass Ahriman in die Evolution aufgenommen werden kann. Aber wenn Ahriman in die Evolution aufgenommen wird und er nun der Herr wird über den Tod und damit über den Intellekt, dann entfällt uns die Erde, dann nimmt Ahriman, der nur ein Interesse daran hat, die ganze Erde zu verintellektualisieren, die Erde für sich in Anspruch.

Die Götter standen vor der großen Frage, die Herrschaft über die Erde an Ahriman in einem gewissen Sinne zu verlieren. Da ergab sich nur die eine Möglichkeit, dass die Götter selber etwas kennen lernten, was sie in ihren Götterwelten, die nicht von Ahriman durchdrungen waren, nicht haben kennen lernen können, dass die Götter durch einen ihrer Abgesandten, den Christus, den Tod auf der Erde selber kennen lernten. Es musste ein Gott sterben auf der Erde, und er musste so sterben, dass das nicht in der Götterweisheit, sondern in dem menschlichen Irrtum begründet ist, der Platz greifen würde, wenn Ahriman allein die Herrschaft hätte. Es musste ein Gott durch den Tod gehen, und er musste den Tod überwinden. Sodass das Mysterium von Golgatha für die Götter bedeutete: die Bereicherung ihres Wissens durch die Weisheit vom Tode. Wäre kein Gott durch den Tod gegangen, so wäre die Erde ganz intellektualistisch geworden, ohne jemals in die Evolution hineinzukommen, die die Götter von vornherein für sie bestimmt haben.

Die Menschen haben den Tod nicht gekannt in alten Zeiten. Sie haben den Tod aber kennen gelernt. Sie mussten vor der Empfindung stehen: Mit dem Tode, das heißt mit dem Intellekt, gehen wir in eine ganz andere Entwickelungsströmung hinein, als die ist, von der wir hergekommen sind. Nun lehrte der Christus seinen Eingeweihten, er sei aus einer Welt gekommen, in der man den Tod nicht kannte; er habe auf der Erde den Tod kennen gelernt, er habe den Tod besiegt. Versteht man diesen Zusammenhang der irdischen Welt mit der göttlichen Welt, dann weiß man den Intellekt wiederum zurückzuführen zu der Spiritualität. So ungefähr könnte man aussprechen das, was der Inhalt jener esoterischen Lehren war, die der Christus seinen eingeweihten Schülern gegeben hat. Das, was er ihnen gegeben hat, war eben die Lehre von dem Tode, wie er sich von dem Schauplatze der Götterwelt ausnimmt.

Man muss, wenn man die ganze Tiefe dieser esoterischen Lehre einsehen will, sich klar sein darüber, dass es für den Menschen, der die ganze Menschheitsevolution versteht, eine Erkenntnis ist: Die Götter haben Ahriman besiegt, indem sie seine Kräfte für die Erde nutzbar gemacht haben, aber abgestumpft haben sie seine Macht, indem sie selber den Tod kennen lernten in der Wesenheit des Christus. Die Götter haben zwar den Ahriman eingefügt in die Erdenentwickelung, aber sie haben, indem sie ihn benutzt haben, ihn gezwungen, herunterzukommen in die Erdenentwickelung, nicht seine eigene Herrschaft bis zum Ende durchzuführen.

Derjenige, der nun Ahriman kennen lernt seit dem Mysterium von Golgatha und der ihn vorher kennt, der weiß, dass Ahriman gewartet hat auf den welthistorischen Augenblick, in dem er so eingreifen kann, dass diese Wirkung nicht nur, wie es schon seit der atlantischen Zeit war – das wissen Sie aus meiner *Geheimwissenschaft* –, auf das Unbewusste und Unterbewusste der Menschen ausgeübt wurde, sondern wie er eingreifen konnte auch in das Bewusstsein der Menschen. Wenn man menschliche Ausdrücke auf göttliches Wollen anwenden möchte, so möchte man sagen: Ahriman wartete mit Sehnsucht auf den Augenblick, wo er in das menschliche Bewusstsein mit seiner Macht eindringen konnte.

Nun wurde er überrascht davon, dass er früher nicht gewusst hat, dass ein göttlicher Entschluss vorlag, ein Wesen auf die Erde zu senden, den Christus, der durch den Tod ging. Dadurch war zwar das Eingreifen des Ahriman möglich, aber seiner eigentlichen Herrschaft war die Spitze abgebrochen. Seit jener Zeit benützt Ahriman jede Gelegenheit, um die Menschen zum bloßen Gebrauche des Intellektes zu bringen; Ahriman hat noch heute die Hoffnung nicht aufgegeben, dass es ihm gelingen werde, die Menschen zum bloßen Gebrauch ihres Intellektes zu bringen.

Was würde das bedeuten? Wenn es Ahriman gelingen könnte, den Menschen die Überzeugung restlos beizubringen, sodass jede andere Überzeugung von der Erde hinschwinden würde, dass der Mensch nur in seinem Leibe leben kann, dass er nicht trennbar ist als geistig-seelisches Wesen von seinem Leibe, so würde die menschliche Seele so ergriffen werden von der Todesidee, dass Ahriman leicht seine Pläne verwirklichen könnte. Darauf hofft Ahriman immer. Und man darf zum Beispiel sagen, dass in Ahrimans Gemüt – wenn man bei Ahriman von Gemüt sprechen darf, aber es ist ja vergleichsweise – besondere Freude herrschte

– immer gebrauche ich menschliche Ausdrücke für das, wofür eigentlich andere ersonnen werden müssten –, dass in Ahrimans Gemüt besondere Freude herrschte in der Zeit von den vierziger Jahren des neunzehnten Jahrhunderts bis gegen das Ende des neunzehnten Jahrhunderts, denn in der vorwiegenden Herrschaft des Materialismus konnte Ahriman wieder hoffen für seine Herrschaft über die Erde.

Es ist doch sogar gelungen, dass in dieser Zeit die Theologie materialistisch geworden ist. Ich habe erwähnt, wie die Theologie unchristlich geworden ist, wie der Basler Theologe Overbeck ein Buch geschrieben hat, in dem er zu beweisen versuchte, dass die moderne Theologie gar nicht mehr christlich ist. Da konnte Ahriman wiederum hoffen.

Und eine Gegnerschaft gegen Ahriman ist eigentlich heute nur in solchen Lehren vorhanden, wie sie durch die Anthroposophie fließen. Wenn durch die Anthroposophie wiederum den Menschen klar wird die Selbstständigkeit des geistig-seelischen Wesens, unabhängig von dem körperlichen Wesen, dann muss Ahriman zunächst seine Hoffnung aufgeben. Dieses Kämpfen des Christus gegen Ahriman ist schon wiederum möglich, sodass eine Ahnung davon entstehen kann im Evangelium in der Versuchungsgeschichte. Aber ganz verstehen wird man die Sache eben nur, wenn man das, was ich auch schon öfter hier ausgeführt habe, durchdringt, dass für die ältere Menschheitsentwickelung mehr Luzifer eine Rolle spielt und Ahriman auf das menschliche Bewusstsein erst einen Einfluss gewinnt seit der Zeit des Mysteriums von Golgatha. Vorher hatte er auch einen Einfluss auf die Menschheit, aber nicht eigentlich auf das Bewusstsein.

Wenn man in das menschliche Gemüt hineinschaut, so muss man sagen: Es ist der wichtigste Punkt der irdischen Menschheitsentwickelung da, wo der Mensch erkennen lernt, dass in dem Christus-Impuls eine Kraft lebt, durch die er selbst, wenn er sich mit ihr verbindet, den Tod in sich überwindet.

Von der geistigen Außenwelt angesehen, bedeutet das, dass von der Seite der zu Saturn, Sonne, Mond, Erde und so weiter gehörigen Hierarchien Ahriman hereingezogen worden ist in die Erdenentwickelung, aber seine Herrschaftsansprüche beschränkt worden sind, indem sie in den Dienst der Erdenentwickelung hereingestellt werden. Gewissermaßen ist Ahriman hereingezwungen worden in die Erdenentwickelung.

Ohne ihn hätten die Götter nicht den Intellektualismus in die Menschheit hineinbringen können. Wenn sie nicht durch das Christus-Ereignis es dahin gebracht hätten, dass der Herrschaft des Ahriman die Spitze abgebrochen wäre, so würde Ahriman die ganze Erde innerlich verintellektualisiert, äußerlich vermaterialisiert haben. Wir haben eben in dem Mysterium von Golgatha nicht bloß ein inneres mystisches Ereignis zu sehen, sondern wir haben durchaus ein äußeres Ereignis zu sehen, das aber nicht im Sinne der äußeren materiellen Geschichtsforschung dargestellt werden darf, sondern das dargestellt werden muss so, dass es das Aufnehmen des Ahrimanismus in die Erdenentwickelung bedeutet, aber zu gleicher Zeit in einer gewissen Weise das Überwinden des Ahrimanismus.

Wir haben also einen Götterkampf, der sich abspielte durch das Mysterium von Golgatha. Dass sich da ein Götterkampf abgespielt hat, das war eben etwas, was auch zu dem Inhalte der esoterischen Lehren gehörte, die der Christus seinen eingeweihten Schülern nach seiner Auferstehung beibrachte. Wenn man das bezeichnete, was da als esoterisches Christentum waltete, so kann man sagen, dass die Menschen in alten Zeiten der Erdenentwickelung gewusst haben: Sie hingen zusammen mit den Götterwelten. Sie wussten von den Götterwelten durch die Offenbarungen, die ich Ihnen charakterisiert habe. Aber aus diesen Götterwelten konnte ihnen keine Mitteilung kommen von dem Tode, denn in diesen Götterwelten gab es den Tod nicht, und für den Menschen selber gab es den Tod nicht, indem man nur das gleichmäßige, kontinuierliche Fortschreiten des Geistig-Seelischen durch die Götterinstitutionen erkennen konnte. Der Mensch sah herankommen die Bedeutung des Todes hier. Er konnte sich erringen eine gewisse Kraft, sich zu halten an den Christus, um den Tod zu überwinden. Das ist innermenschliche Entwickelung. Aber das Esoterische, das der Christus seinen eingeweihten Schülern gegeben hat, bestand eben darin, dass er ihnen gesagt hat: Was sich auf Golgatha vollzogen hat, ist der Abglanz von überirdischen Ereignissen, von einem Verhältnis, das sich abspielte zwischen den Götterwelten, die mit Saturn, Sonne und Mond zusammenhängen und mit der bisherigen Erde, und Ahriman. Dass man auf das Kreuz von Golgatha nicht bloß so hinschauen kann, als ob damit etwas Irdisches zum Ausdrucke käme, sondern dass das Kreuz von

Golgatha eine Bedeutung hat für den ganzen Kosmos, das war das, was Inhalt des esoterischen Christentums war …

Und die Einverleibung des Intellektes, die ja insbesondere schon im vierten, fünften Jahrhundert nach dem Mysterium von Golgatha beginnt, die dann den besonderen Umschwung erlebt im fünfzehnten Jahrhundert, wo der fünfte nachatlantische Zeitraum beginnt, diese Entwickelung des Intellekts brachte es dahin, dass man die alte Weisheit nicht mehr hatte, durch die man so etwas noch einsehen konnte, und die neue Weisheit noch nicht entwickelt war. Die Menschen vergaßen gewissermaßen ein Zeitalter hindurch dasjenige, worauf es esoterisch im Christentum ankam …

Zu welcher Überzeugung musste sich denn Paulus durchringen? Zu der Überzeugung, dass bei den Menschen Irrtum sein kann dasjenige, was einmal von den Göttern als Wahrheit gekommen ist, dass die Menschen es haben zum Irrtume machen können, solch starkem Irrtum, dass der Schuldloseste durch den Kreuzestod geht … Ursprüngliche Götterweisheit, sie strömt herunter bis zu der Weisheit der Schriftgelehrten, die die Zeitgenossen des Mysteriums von Golgatha innerhalb des Hebräertums waren. Da kann nur die Wahrheit drinnen sein, so musste Saulus denken. Aber man musste anders denken. Paulus, als er noch Saulus war, sagte sich: Ist das wirklich der Christus, der Messias, der durch den Kreuzestod gegangen ist, so muss da drinnen in dieser Strömung Irrtum sein. Da muss Irrtum zugemischt sein der Wahrheit, denn der Irrtum muss es sein, der den Christus ans Kreuz gebracht hat, das heißt, die einstige Götterwahrheit muss in den Menschen zum Irrtum geworden sein.

Selbstverständlich konnte der Saulus sich nur überzeugen durch die Tatsache, dass das so ist. Nur Christus selbst konnte ihn überzeugen, wenn er ihm erschien, wie das durch das Ereignis von Damaskus geschehen ist. Was bedeutete das aber für den Saulus? Das bedeutete, dass eben nicht mehr die alte Götterweisheit war, sondern dass in diese das Ahrimanische hereingeströmt war.

So kam Paulus dazu, einzusehen, dass die Menschheitsentwickelung von einem Feinde ergriffen war und dass dieser Feind der Quell des Irrtums auf der Erde ist.

Indem er den Intellekt bringt, bringt er zugleich die Möglichkeit des

Irrtums, und indem der Irrtum in seiner größten Ausbildung erschien, wird er zu demjenigen Irrtum, der den Schuldlosen ans Kreuz bringt. Man musste ja erst diese Überzeugung gewinnen können, dass der Schuldlose ans Kreuz kommen kann. Dadurch empfing man erst eine Anschauung darüber, wie Ahriman in die Menschheitsentwickelung herein seinen Weg gefunden hat und wie in der menschlichen Ich-Entwickelung, indem das Mysterium von Golgatha sich abspielte, eben ein übersinnlich-überirdisches Ereignis vorhanden war. Das Esoterische kann niemals ein bloßes Mystisches sein. Es ist immer ein gewaltiges Missverständnis, wenn man die bloße Mystik zur Esoterik umdeutet. Das Esoterische ist immer ein Erkennen von Tatsachen, die sich in der geistigen Welt als solche abspielen, die hinter dem Schleier des Sinnlichen stehen. Und hinter dem Schleier der Sinnlichkeit steht die Ausgleichung zwischen der Götterwelt und der ahrimanischen Welt, wie sie sich abspielt durch den Kreuzestod des Christus Jesus ...

Christus ist der Erstgeborene, der durch den Tod gegangen ist aus der Welt der Hierarchien, die mit der Erdenentwickelung in Saturn, Sonne und Mond zusammenhängen.

Die Aufnahme des Todes in das Leben, das ist das Geheimnis von Golgatha. Vorher hatte man das Leben ohne den Tod gekannt, jetzt lernte man den Tod als einen Bestandteil des Lebens kennen, als ein Erlebnis, welches verstärkt das Leben. Es war ein schwächeres Leben, durch das die Menschheit gegangen ist, als sie noch nicht den Tod gekannt hat. Die Menschheit muss stärker leben, wenn sie durch den Tod durchgehen will und dennoch leben will. Und der Tod bedeutet in dieser Beziehung zugleich den Intellekt. Die Menschen hatten ein verhältnismäßig schwaches Lebensgefühl notwendig, als sie sich noch nicht mit dem Intellekt zu plagen hatten. Die älteren Menschen, die in ihre inneren Offenbarungen bildhaft hereinbekamen das Wissen von den göttlichen Welten, die starben innerlich nicht. Sie blieben immer lebendig. Sie konnten lachen über den Tod, weil sie ja doch innerlich lebendig blieben. Die Griechen erzählen noch davon, wie glücklich die Alten waren, weil sie, bevor sie ans Sterben kamen, so innerlich betäubt wurden, gewissermaßen, dass sie nicht merkten, dass es dem Tode entgegenging. Das war aber schon der letzte Ausläufer dieser Weltanschauung, die nichts von dem Tode wusste. Der neuere Mensch erlebt den Intellekt. Der Intellekt macht uns innerlich kalt, macht uns innerlich tot. Der Intellekt lähmt uns. Wir leben eigentlich nicht, wenn wir den Intellekt entwickeln. Man muss das nur empfinden, dass man ja eigentlich nicht lebt, wenn man denkt, dass man sein Leben ausgießt in tote Verstandesbilder, und dass man ein starkes Leben braucht, um dasjenige, was in der toten Verstandesbildung ist, nun dennoch als schaffendes Leben zu empfinden, wenn man sich auf dasjenige Gebiet begibt, wo aus der Kraft des reinen Denkens heraus die sittlichen Impulse kommen, wo man die Freiheit des Menschen verstehen lernt aus den Impulsen des reinen Denkens heraus.

Das habe ich versucht darzustellen in meiner *Philosophie der Freiheit.* Diese *Philosophie der Freiheit* ist eigentlich eine Moralanschauung, welche eine Anleitung dazu sein will, die toten Gedanken als Moralimpulse zu beleben, zur Auferstehung zu bringen. Insofern ist innerliches Christentum durchaus in einer solchen Freiheitsphilosophie.»[112] GA 211

Als bloße Mitteilung, mit kühlem Herzen aufgenommen, taugt dieser Vortrag gewiss nicht. Lüftet er doch anfänglich den Schleier, der sonst über dem Götterwirken liegt. Das allein schon kann betroffen machen.

Aus den bisherigen Darstellungen ergibt sich, dass die luziferische Verführung die Möglichkeit der Freiheit in die menschliche Entwicklung einbringt. Die für jede Entwicklung notwendige Polarisierung ergibt sich aus dem Abfall dieser irregulären Geister. Sie bringen von dem bisherigen Gestaltungswillen der Hierarchien abweichende Intentionen in die Evolution. Für menschliche Denkart entsteht die Vorstellung, dass die regulären Geister das als Affront erleiden müssen und auf die luziferischen Intentionen nur ablehnend reagieren.

In der vorhergegangenen Darstellung wird ein anderes Bild gezeichnet. Auch Ahriman ist ein Wesen, das dem intendierten Gestaltungswillen der regulären Geister nicht folgt. Aber ihm wird durch eben diese Geister eine neue Aufgabe «zugewiesen». Und zwar eine Aufgabe, die außerhalb der Gestaltungsmöglichkeiten der regulären Geister liegt. Dem Menschen soll (damit er durch eigene Tätigkeit zum Selbstbewusstsein kommt) der Intellekt eingepflanzt werden. Die regulären Geister «bedienen» sich Ahrimans. Sie laden ihn gewissermaßen zu einer autonomen Mitgestaltung an der Erd- und Menschenentwicklung ein. Ahrimans Intentionen betreffen einen Bereich, in dem – bildhaft gesprochen – die regulären Geister nicht «zu Hause» waren. Hier tritt eine Begrenzung der Gestaltungsmöglichkeiten der Hierarchien zutage. Und diese Grenze ist signifikant. Die Schöpferkraft der Hierarchien ist «nur» Wesen und Leben erzeugend. Der Tod und damit die Devolution ist der Schöpferkraft der Hierarchien nicht wesensgemäß. Aber die Hierarchien holen den, der über die Weisheit der Todeskräfte herrscht, in den Evolutionsgang herein. Sie setzen damit die irdische Schöpfung dem langsamen Verfall aus.

Nur zu leicht wird Entwicklung als ein Vorgang dargestellt, der sich, einmal in Gang gesetzt, mit Notwendigkeit ins Endlose fortsetzt. Nicht bedacht wird dabei, dass in einem solchen Prozess Freiheit nicht möglich wäre. Damit diese entstehen kann, müssen die gestalterischen Triebkräfte, die vordem walteten, aller Seinsqualität entledigt werden. Das kann nur geschehen, wenn sie für den, der Freiheit erwerben soll, abgelähmt, das aber heißt den Todeskräften anheim gegeben werden. Genau das geschieht in Bezug auf die Götterwirksamkeit mit dem menschlichen Bewusstsein durch das Wirken Ahrimans. Für das menschliche Bewusstsein ist das elementare Wirken der Götter ausgelöscht. Im Unterbewusstsein haben wir das, was Rudolf Steiner die Schneidung der Welt in Wahrnehmung und Denken nennt, mit Ahrimans Hilfe vollzogen. Sie legt den Schleier über das Weltgeschehen, das im Übersinnlichen stattfindet. Es ist ganz und gar uns überlassen, ob wir in diesem Zustand weiter verharren oder ihn überwinden wollen. Die Überwindung bestände darin, dass aus eigenem Willen die Fessel der Todeskräfte abgestreift würde. Dann entstünde das Bewusstsein der Götterwelt neu, jetzt durch Ichtätigkeit geboren. Ist das der Dreh- und Angelpunkt der Weltentwicklung? Mit anderen Worten: Zielt diese nicht mit unbeirrbarer Konsequenz auf diesen Punkt?

Wie anders wäre sonst zu erklären, dass Ahriman, ein Geist der Auflehnung, in die Weltentwicklung einbezogen wird, um die Intellektualität im Menschen möglich zu machen. Von diesem Vortrag fällt ein ganz neues Licht auf die Skizze der Bewusstseinsentwicklung am Anfang der Darstellung. Wird doch dadurch einsehbar, dass Rudolf Steiner sein Übungsbuch *Die Philosophie der Freiheit* als bedeutenden Einschlag in die Kulturgeschichte ansehen muss, weil sie diesen fälligen Bewusstseinswandel einleitet und die schöpferischen Kräfte aktiviert, die durch das Mysterium von Golgatha in die Evolution eingebracht wurden.

Das andere aber ist, dass ein geistiges Wesen aus dem Reigen der regulären Geister die Todeskräfte selbst (ohne jede Schuld) erfährt. Diese Erfahrung beinhaltet nicht nur ein Kennenlernen der Todeskräfte, sondern auch einen gestalterischen Umgang mit ihnen. Die Leiblichkeit, mit der sich das Christus-Wesen verbunden hat und dadurch Mensch geworden ist, wird umgestaltet; denn diese trägt die Folgen der luziferischen Verführung und des ahrimanischen Wirkens in sich. Mit dieser Tatsache wird der Christus konfrontiert. Aber aus ihrem Erleiden wächst die Kraft, die Ursachen, die zu dieser Bewusstseinssituation geführt haben, aufzuheben. Wie wir später genauer sehen werden, resultiert die von den Widersachermächten herbeigeführte Verfremdung gegenüber dem menschlichen Urbild aus einer Verschiebung der menschlichen Wesensglieder. Das Verhältnis von Ich, Astralleib, Ätherleib und physischem Leib wird im Gegensatz zum «Paradiesesmenschen» verändert. Ihre Reorganisation durch den Christus wird der Auferstehungsleib genannt. Diese Umwandlung wird uns verständlicher werden, sobald wir den Paradiesesmenschen genauer kennen gelernt haben. Der Organisation des Menschen wird durch dieses Christusopfer die Möglichkeit einer neuen Entwicklungsrichtung gegeben, sodass der Mensch in langen Zeiträumen dem von Christus vorangeschrittenen Weg folgen kann. Die Nachfolge Christi durch den Menschen wird prinzipiell möglich.

Die Größe des Christusopfers wird durch mehrere Tatsachen charakterisiert: Es wird freiwillig geleistet. Dieser Tat entspringt die Liebe. Die Liebe tritt als Evolutionskraft neben die waltende Weisheit, von der die Schöpfung zeugt. Die Liebe wird bedingungslos verschenkt. Dem Empfänger erwachsen aus ihr keine Verpflichtungen, es sei denn die, welche er sich selbst setzt. Das zeigt, dass die neu gespendete Evolutionskraft aufs engste mit dem Ich und der menschlichen Freiheit verbunden ist. Die innere Substanz des Ich ist mit dieser neuen Evolutionskraft verwandt. Deswegen kann der Mensch, der im Anblick der stattgefundenen Auferstehung vom Saulus zum Paulus wird, seine größte Ich-Tat darin sehen, sich nach dem Wort zu verhalten: «Nicht ich, sondern der Christus in mir!» Das durch die luziferische Verführung und Ahrimans Wirken gefesselte Ich wird mithilfe dieser Evolutionskraft befreit.

Dieser Christus-Impuls wird als bedeutendstes Ereignis der Weltgeschichte erkannt. Man stelle sich nur vor, er wäre ausgeblieben. Dann wäre die Menschheitsgeschichte im Banne Luzifers und Ahrimans verlaufen. So mächtig dieser Impuls ist, so vergleichsweise «leise» ist er. Er drängt sich dem Menschen zu keiner Zeit auf. Er will mit derselben Kraft aufgenommen sein, mit der er selber wirkt.

Das Ur-Drama der menschlichen Entwicklung ist damit skizziert. Seine Wirkungen spielen sich nicht in abgehobenen Höhen ab, sondern bestimmen das alltägliche Geschehen.

Liebe, Weisheit, Macht

Über das Thema «Liebe, Weisheit und Macht» äußert sich Rudolf Steiner in einem Vortrag 1912 in Zürich. Er klärt dort das Verhältnis dieser drei Weltprinzipien. Unsere tradierte Gottesvorstellung spricht Gott die Allwissenheit, die Liebe und die Allmacht zu. Deren Vertreter geraten dabei mit dem Begriff der Freiheit immer in Schwierigkeiten, denn folgerichtig gedacht, schließt eine solche Gottesvorstellung die menschliche Freiheit aus. So wie der Fortschritt von der Zweiteilung der schaffenden Weltenkräfte zur Dreiheit erst eine Gottesvorstellung skizziert, welche die menschliche Freiheit ermöglicht, so die Klärung der wechselseitigen Beziehungen jener Kräfte, die in diesen drei Begriffen ihren Ausdruck finden. Der vorangehende Vortrag spricht von der Einbindung Ahrimans in den Schaffensprozess der Hierarchien, er spricht von einer Teilung der Macht mit Ahriman und einer Teilung der Weisheit mit Luzifer. Nur die Liebe bleibt ohne Einschränkung dem Christus vorbehalten. Übt der Mensch die Liebe, so bringt ihm das individuell keine Vorteile. Alle Liebeskräfte strömen als belebende Macht in die Schöpfung ein. Ihr verdanken wir unser Dasein; dadurch stehen wir in ihrer Schuld. Diese wird durch die Liebe fortschreitend abgetragen. Dieses Abtragen der Dankesschuld gibt der Seelenverfassung den Charakter des selbstlosen Opfers. Die Liebe steht im diametralen Gegensatz zum Egoismus. Der Egoismus ist ein Durchgangsstadium, das dem Menschen hilft, sein Selbstbewusstsein auszubilden, sodass die Liebe aus freien Stücken, also ich-durchdrungen, geleistet werden kann. Jedes Opfer trägt fortan die Handschrift der Individualität und ist doch selbstlos. Die Eingeweihten sind Vorreiter auf diesem Wege, indem sie ihre individuellen Fähigkeiten in den Dienst der gesamten Menschheit, also aller Menschenbrüder, stellen. Nur dann sind sie in die neue Gemeinschaft, der Christus vorsteht, aufgenommen.

«Die Bedeutung der Liebe im Wirken der Welt wollen wir uns so vor  die Seele führen: Liebe ist dasjenige, was uns immer auf Lebensschulden

165

der Vergangenheit verweist, und weil wir vom Bezahlen der Schulden für die Zukunft nichts haben, darum haben wir selbst nichts von unseren Liebestaten. Wir müssen unsere Liebestaten zurücklassen in der Welt, da aber sind sie eingeschrieben in das geistige Weltengeschehen. Wir vervollkommnen uns nicht durch unsere Liebestaten, nur durch die anderen Taten, aber die Welt wird reicher durch unsere Liebestaten. Denn Liebe ist das Schöpferische in der Welt.

Es gibt neben der Liebe noch zwei andere Mächte in der Welt. Wie lassen diese sich mit der Liebe vergleichen? Die eine Macht ist die Kraft, die Stärke; die zweite ist die Weisheit. Bei der Stärke kann man von schwacher Macht, von einer stärkeren Macht und von Allmacht reden; ebenso bei der Weisheit – da gibt es auch Stufen bis zur Allwissenheit, zur Allweisheit. In demselben Sinne von Stufen der Liebe zu reden, geht nicht recht an. Was ist All-Liebe, Liebe zu allen Wesen? Man kann nicht so bei der Liebe von einer Steigerung sprechen, wie von einer Steigerung des Wissens oder der Macht bis zur Allwissenheit oder Allmacht. Durch solche Steigerung wird unsere eigene Wesenheit vollkommener. Das ist aber nicht so der Fall, wenn wir ein paar Wesen oder mehr lieben; das hat in dieser Weise mit der Vervollkommnung unseres Wesens nichts zu tun. Liebe für alles, was lebt, lässt sich nicht vergleichen mit Allmacht; die Begriffe der Größe, der Steigerung lassen sich nicht recht auf die Liebe anwenden. Dem göttlichen Wesen, das durch die Welt lebt und webt, kann man ihm das Prädikat der Allmacht beilegen? Gefühlsvorurteile müssen dabei schweigen: Wenn Gott allmächtig wäre, dann würde er alles das tun, was geschieht, es wäre also die menschliche Freiheit dann unmöglich. Die Allmacht Gottes würde die menschliche Freiheit ausschließen! Die Allmacht der Gottheit ist zweifellos nicht vorhanden, wenn der Mensch frei sein kann.

Hat das Göttliche Allwissenheit? Da das Hinstreben zur Gottähnlichkeit des Menschen höchstes Ziel ist, müsste unser Streben nach Allweisheit gehen. Ist denn Allweisheit das höchste Gut? Wenn Allweisheit das höchste Gut ist, dann müsste in jedem Augenblick sich eine ungeheure Kluft zwischen dem Menschen und dem Gott, der allweise ist, auftun. Der Mensch müsste in jedem Augenblick sich dieser Kluft bewusst sein, wenn es so wäre, dass der Gott das höchste Gut, die Allweisheit, für sich hat und sie dem Menschen vorenthalten hat. – Nicht ist die umfassendste

Eigenschaft der Gottheit die Allmacht, nicht die Allweisheit, sondern die Liebe, die Eigenschaft, bei der keine Steigerung mehr möglich ist. Gott ist voller Liebe, ist reine Liebe, ist sozusagen aus der Substanz der Liebe geboren. Gott ist reine, lautere Liebe, nicht höchste Weisheit, nicht höchste Macht. Gott hat behalten die Liebe, geteilt aber hat er die Macht und die Weisheit mit Luzifer und Ahriman. Die Weisheit hat er geteilt mit Luzifer und mit Ahriman die Macht, damit der Mensch frei sei, damit der Mensch unter dem Einfluss der Weisheit weiterschreiten könne.

Suchen wir alles Schöpferische zu ergründen, so kommen wir auf die Liebe; der Grund alles Lebendigen ist die Liebe. Ein anderer Impuls ist es innerhalb der Entwickelung, der dahin führt, dass die Wesen immer weiser und mächtiger werden. Vervollkommnung wird erreicht durch Weisheit und Macht. Wie sich die Entwickelung von Weisheit und Macht ändert, das sehen wir am Werdegang der Menschheit: Wir haben eine fortlaufende Entwickelung, dann den Christus-Impuls, der einmal hereingekommen ist in die Menschheit durch das Mysterium von Golgatha. Die Liebe ist also nicht stückweise hereingekommen in die Welt, sondern es strömt die Liebe als eine Gabe der Gottheit herein in die Menschheit. Als ein fertig Abgeschlossenes fließt die Liebe in die Menschheit herein; der Mensch aber kann nach und nach den Impuls aufnehmen. Ein einmaliger Impuls ist der göttliche Impuls der Liebe, so wie wir ihn als Erdenimpuls brauchen.

Die wahre Liebe ist nicht fähig der Verminderung und der Vermehrung. Liebe ist etwas, was eine ganz andere Natur hat als Weisheit und Macht. Liebe erweckt keine Hoffnungen auf die Zukunft, Liebe ist Abschlagszahlung für die Vergangenheit. So auch stellt sich das Mysterium von Golgatha in die Weltentwickelung herein. War denn die Gottheit der Menschheit etwas schuldig?

Durch den Luzifer-Einfluss zog ein gewisses Element in die Menschheit ein, dem gegenüber etwas von dem, was früher da war, ihr genommen werden musste. Dieses, was da neu einzog, führte zur absteigenden Linie, dem das Mysterium von Golgatha entgegenbrachte die Möglichkeit, alle Schuld abzuzahlen. Der Impuls von Golgatha ist nicht gekommen, um uns unsere Sünden, die wir in der Entwickelung begehen, abzunehmen, sondern er ist gekommen, damit das sein Gegengewicht erhalte, was durch Luzifer eingezogen ist in die Menschheit. Nehmen wir an, dass jemand nichts wisse von dem Namen des Christus Jesus, nichts von dem, was in den Evangelien mitgeteilt ist, dass er aber Kenntnisse habe von dem radikalen Unterschied zwischen dem Charakter von Weisheit und Macht und demjenigen der Liebe. Ein solcher Mensch ist in echt christlichem Sinne, auch wenn er nichts weiß von dem Mysterium von Golgatha, ein Christ. Wer die Liebe so kennt, dass er weiß, Liebe ist da, um Schulden zu zahlen, und bringt keinen Vorteil für die Zukunft, der ist ein Christ. Das Begreifen der Natur der Liebe – heißt Christ sein! Durch bloße Theosophie mit ‹Karma› und ‹Reinkarnation› kann man ein großer Egoist werden, wenn man nicht hinzunimmt den Liebesimpuls, den Christus-Impuls; denn dann erst erreicht man das, was den Egoismus der Theosophie überbrückt. Man erreicht den Ausgleich durch ein Verständnis des Christus-Impulses. Weil Theosophie der Menschheit nötig ist, wird sie ihr heute gegeben. Aber es liegt die starke Gefahr darinnen, dass, wenn bloß Theosophie getrieben wird ohne den Christus-Impuls, den Impuls der Liebe, dass dann die Menschen durch Theosophie den Egoismus in sich nur größer machen, dass sie ihn züchten, sogar über den Tod hinaus. Wir dürfen daraus nicht den Schluss ziehen, dass man keine Theosophie treiben soll, sondern wir müssen einsehen lernen, dass das Verständnis der Substanz der Liebe zur Theosophie hinzugehört ...

Es glauben nun viele Menschen, dieses Mysterium von Golgatha so menschlich wie möglich darstellen zu müssen, sie glauben, das wäre eine Tat, die innerhalb der Erde zu verzeichnen wäre, eine Erdentat. Das ist es aber nicht. Von den höheren Welten her betrachtet, ist es erst zu sehen, das Mysterium von Golgatha, wie es auf der Erde sich vollzogen hat.

Wir wollen wieder den Anfang der Erdenentwickelung und den des Menschen vor uns hinstellen. Der Mensch hat damals gewisse geistige Kräfte gehabt; dann kam Luzifer an ihn heran, und damit stehen wir an dem Punkte, wo man sagen kann: sie, die fortschreitenden Götter, geben ab ihre Allmacht an Luzifer, damit der Mensch frei werden kann. Tiefer aber als beabsichtigt war, sank der Mensch in die Materie; er entgleitet den fortschreitenden Göttern, er geht weiter hinunter, als es gewollt war. Wie können nun die fortschreitenden Götter den Menschen wieder zu sich heraufziehen? Um dieses zu verstehen, müssen wir hinschauen in den Rat der Götter, nicht auf die Erde. Für die Götter vollbringt der Christus die Tat, um den Göttern die Menschen zurückzuholen. Die Tat des Luzifer ist also eine Tat in der übersinnlichen Welt; die Tat des Christus geschieht in der übersinnlichen, aber auch in der sinnlichen Welt – ein Mensch kann sie nicht ausführen. Die Tat des Luzifer vollzog sich in der übersinnlichen Welt. Aber nun ist der Christus auf die Erde heruntergestiegen, um auf der Erde seine Tat zu vollbringen, und die Menschen sind die Zuschauer dieser Tat. Eine Göttertat, eine Götterangelegenheit ist das Mysterium von Golgatha, wobei die Menschen zuschauen. Das Tor des Himmels ist geöffnet, und herein leuchtet eine Göttertat. Die einzige Tat der Erde ist es, die ganz übersinnlich ist, daher ist es kein Wunder, wenn diejenigen, die nicht an Übersinnliches glauben, an die Tat des Christus ganz und gar nicht glauben. Göttertat ist die Tat des Christus, die Tat, welche die Götter für sich vollziehen. Seinen Glanz und seine einzigartige Bedeutung erhält das Mysterium von Golgatha dadurch, und die Menschen sind geladen zu Zeugen dieser Tat. Ein geschichtliches Zeugnis dafür ist darum auch nicht zu finden, denn die Menschen haben nur das Äußere davon gesehen; die Evangelien aber sind aus der Anschauung des Übersinnlichen geschrieben, daher sind sie leicht zu leugnen, wenn man für das Übersinnliche keinen Sinn hat.

Zu den höchsten Erfahrungen innerhalb der geistigen Welt gehört von einem gewissen Gesichtspunkte aus die Tatsache des Mysteriums von Golgatha. Die Tat des Luzifer spielt sich ab zu einer Zeit, wo der Mensch noch Teilnehmer der übersinnlichen Welt war, die Tat des Christus spielt sich ab mitten im materiellen Leben: sie ist eine physisch-spirituelle Tat. Die Tat des Luzifer können wir begreifen, wenn wir die Welt weisheitsvoll erforschen. Um die Tat des Mysteriums von Golgatha zu begreifen, dazu reicht keine Weisheit aus. Alle Weisheit dieser Welt können wir haben, aber unverständlich kann uns doch die Tat des Christus sein. Denn Liebe ist zum Verständnis des Mysteriums von Golgatha nötig. Erst wenn die Liebe in die Weisheit strömt und wieder umgekehrt, dann wird es möglich, das Mysterium von Golgatha zu begreifen, dann erst, wenn der Mensch gegen den Tod hin Liebe zur Weisheit entwickelt. Die mit Weisheit vereinte Liebe, die brauchen wir, wenn wir durch die Pforte des Todes gehen, weil wir sonst sterben ohne eine Weisheit, die mit Liebe vereinigt ist. Wozu brauchen wir sie? Philosophie ist Liebe zur Weisheit. Die alte Weisheit war nicht Philosophie, denn die alte Weisheit ist nicht durch Liebe geboren, sondern durch Offenbarung. Eine Philosophie des

169

Orients gibt es nicht, aber eine Weisheit des Orients gibt es. Die Philosophie als Weisheitsliebe ist hereingekommen in die Welt mit dem Christus; da also haben wir den Einzug der Weisheit aus dem Impuls der Liebe heraus. Durch den Christus-Impuls ist er in die Welt gekommen. Wir müssen nun den Impuls der Liebe anwenden auf die Weisheit selber …

Vorbestimmt war der Mensch durch Jehova zur Gruppenseelenhaftigkeit, zur allmählichen Durchdringung mit Liebe durch die Blutsverwandtschaft; als Persönlichkeit lebt er durch Luzifer. Es gab also ursprünglich einen Zusammenschluss der Menschen, dann ein Getrenntwerden durch das luziferische Prinzip, das die Selbstsucht und Selbstständigkeit des Menschen fördert. Mit der Selbstsucht kam das Böse in die Welt. Es musste dies geschehen, weil das Gute nicht ergriffen werden konnte ohne das Böse. Es liefert durch die Siege des Menschen über sich selbst die Möglichkeit für die Entfaltung der Liebe. Christus brachte dem in Egoismus versinkenden Menschen den Antrieb zu dieser Selbstüberwindung und die Kraft, dadurch das Böse zu besiegen. Und nun werden durch die Christus-Taten zusammengeführt diejenigen, die durch die Selbstsucht getrennt waren. Wahr im tiefsten Sinne werden so die Worte des Christus, der von den Taten der Liebe spricht, indem er uns sagt: ‹Was ihr getan habt einem der Geringsten, das habt ihr mir getan!› – Auf die irdische Welt zurückgeflutet ist jene göttliche Tat der Liebe, sie wird nach und nach die Menschheitsentwickelung durchströmen und trotz der absterbenden physischen Kräfte sie im Geiste wiederbeleben, weil sie nicht aus dem Egoismus heraus geschehen ist, nur aus dem Geiste der Liebe …

Die Menschheitszukunft wird aber noch aus etwas anderem als aus Liebe bestehen. Geistige Vervollkommnung wird für den irdischen Menschen das erstrebenswerteste Ziel sein – Sie finden dies geschildert am Anfang meiner Mysteriendichtung *Die Prüfung der Seele* –, aber niemand, der die Taten der Liebe versteht, wird im eignen Streben nach Vervollkommnung etwas sehen, wovon er noch sagen könnte: es sei dieses Streben selbstlos. Vervollkommnung ist etwas, wodurch wir unser Wesen, unsere Persönlichkeit stärken und fördern wollen. Unseren Wert aber für die Welt müssen wir lediglich in den Taten der Liebe sehen, nicht in den Taten der Selbstvervollkommnung. Darüber dürfen wir uns keiner Täuschung hingeben. Sucht einer, dem Christus nachzufolgen auf dem

Wege der Liebe zur Weisheit, so gilt von solcher Weisheit, die er in den Dienst der Welt stellt, nur so viel, als was von ihr mit Liebe durchsetzt ist.

Weisheit, die in Liebe getaucht ist, die zugleich die Welt fördert und sie dem Christus zuführt, diese Liebe zur Weisheit schließt auch die Lüge aus. Denn Lüge ist der Gegensatz der Tatsachen, und wer in Liebe aufgeht innerhalb der Tatsachen, der kennt keine Lüge. Die Lüge entstammt dem Egoismus, ausnahmslos. Wenn wir durch die Liebe den Weg zur Weisheit gefunden haben, dann sind wir hindurchgedrungen durch die wachsende Kraft der Überwindung, durch die selbstlose Liebe, auch zur Weisheit. Dadurch wird der Mensch zur freien Persönlichkeit. Das Böse war der Untergrund, in den das Licht der Liebe hineinscheinen konnte; sie aber ist es, die den Sinn des Bösen, die Stellung des Bösen in der Welt erkennbar macht. Das Licht ist erkennbar geworden durch die Finsternis. Nur der freie Mensch kann ein rechter Christ werden.»[113]

Wie wirkt der Christus im Laufe der Erdentwicklung bis zum Mysterium von Golgatha?

Rudolf Steiner fasst das Interesse der regulären Geister am Menschen einmal in eine aufschlussreiche Formulierung. Er sagt, der Mensch sei die Religion der Götter. Mit dieser Formulierung ist sicher nicht der einzelne Mensch gemeint, sondern das Entwicklungsziel, das mit der Menschheit durch die geistige Welt während der Evolution verfolgt wird. Inwiefern dieses Ziel und seine konkrete Ausgestaltung im Reigen der Hierarchien etwas Besonderes ist, werden die künftigen Darstellungen noch weiter verdeutlichen. Diese Intentionen bestimmen den einen Entwicklungsstrom der Weltentwicklung.

Der andere Entwicklungsstrom umfasst jene Wesen, die in dem Aufstand, in der Rebellion gegenüber den Wesen des ersten Entwicklungsstroms zugunsten gesonderten Eigenwillens agieren. Sie geben ihre mögliche reguläre Entwicklung auf. Die Bezeichnung ‹Widersachermächte› charakterisiert den Widerstand dieser Wesen gegenüber den Intentionen des ersten Entwicklungsstromes. Sie wollen deren Werk eine andere Wendung geben.

Unter diesem Aspekt könnte man das sich ergebende Drama erst einmal als eine Götterangelegenheit ansehen, von der allerdings der Mensch unmittelbar betroffen ist. Nach der Opposition der luziferischen Geister nimmt die Weltentwicklung einen ganz anderen Verlauf, als sie ihn ohne diesen Einschlag genommen hätte. Man nehme als ein Beispiel die Regulierung der Zustände des Wachens und Schlafens. Sie wird notwendig, um den Einfluss der luziferischen Wesen einzudämmen. Im Wachen geht der Mensch den Neigungen nach, welche der luziferische Einfluss dem Astralleib eingeprägt hat. Im Schlaf dagegen ist der Mensch dem Einfluss der regulären Geister anheim gegeben. Sie wirken den Todeskräften entgegen, die von dem luziferisch imprägnierten Astralleib aus die übrige Organisation ergreifen. Die regulären Geister begegnen den durch Luzifer geschaffenen geistigen Tatsachen in einem gestalterischen Prozess, der den oppositionellen Einschlag produktiv verarbeitet.

Die Vorsorge des Christus für eine gedeihliche Menschheitsentwicklung setzt nicht erst mit der Inkarnation Christi auf Erden ein. Sie reicht im Evolutionsgeschehen der Erde weit zurück.

Die vorher in der *Geheimwissenschaft* geschilderte neue Regelung der Planetenverhältnisse und das neue Verhältnis von Wachen und Schlafen gehen auf das Wirken der Sonnenwesen, denen Christus vorsteht, zurück. Wir sehen in dem Christus einen beständigen Begleiter der Evolution und eine wesentliche Kraft in der Dramaturgie des Göttergeschehens.

Die Verbindung mit diesen Wesen wird schon in bestimmten Orakelstätten der alten Atlantis gesucht. Diese Orte (Mysterienstätten) übernehmen die Aufgabe, den luziferischen Einfluss auf den Menschen produktiv zu verwandeln, um die Verbindung mit den regulären Geistern aufrechtzuerhalten.

Die Fülle der atlantischen Orakelstätten entsprach der Differenziertheit jenes Stromes der dem ursprünglichen Entwicklungsziel verbundenen Geistwesen. Es wurde aber auch von den Eingeweihten erlebt, dass den mit der Sonne verbundenen Geistwesen eine Mittelpunktstellung im Chor dieser Geister zukam.

«Es war nun für einzelne Menschen des atlantischen Zeitalters die Möglichkeit gegeben, sich so wenig als möglich in die Sinnenwelt zu verstricken. Durch sie wurde der luziferische Einfluss aus einem Hindernis der Menschheitsentwickelung zum Mittel eines höheren Fortschreitens. Sie waren durch ihn in der Lage, früher, als es sonst möglich gewesen wäre, die Erkenntnis für die Erdendinge zu entfalten. Dabei versuchten diese Menschen, den Irrtum aus ihrem Vorstellungsleben zu entfernen und die ursprünglichen Absichten der geistigen Wesen aus den Erscheinungen der Welt zu ergründen. Sie hielten sich frei von den nach der bloßen Sinnenwelt gelenkten Trieben und Begierden des astralischen Leibes. Dadurch wurden sie von dessen Irrtümern immer freier. Das führte bei ihnen Zustände herbei, durch welche sie bloß in jenem Teile des Lebensleibes wahrnahmen, welcher in der geschilderten Weise vom physischen Leibe getrennt war. In solchen Zuständen war das Wahrnehmungsvermögen des physischen Leibes wie ausgelöscht und dieser selbst wie tot. Dann waren sie durch den Lebensleib ganz verbunden mit dem Reiche der ‹Geister der Form› und konnten von diesen erfahren, wie sie geführt und gelenkt werden von jenem hohen Wesen, das die Führung hatte bei der Trennung von Sonne und Erde und durch das sich später den Menschen das Verständnis für den ‹Christus› eröffnete. Solche Menschen waren Eingeweihte (Initiierte). Weil aber des Menschen Individualität in der oben geschilderten Art in den Bereich der Mondwesen gekommen war, so konnten auch diese Eingeweihten in der Regel von dem Sonnenwesen nicht unmittelbar berührt werden, sondern es konnte ihnen nur wie in einer Spiegelung durch die Mondwesen gezeigt werden. Sie sahen dann nicht das Sonnenwesen unmittelbar, sondern dessen Abglanz …

Das hier in Bezug auf den Christus Gesagte wird nur dann nicht missverstanden werden, wenn man bedenkt, dass die übersinnliche Erkenntnis in dem Erscheinen des Christus auf der Erde ein Ereignis sehen muss, auf das als ein in der Zukunft Bevorstehendes diejenigen hingewiesen haben, welche vor diesem Ereignis mit dem Sinn der Erdenentwickelung bekannt waren. Man ginge fehl, wenn man bei diesen ‹Eingeweihten› ein Verhältnis zu dem Christus voraussetzen würde, das erst durch dieses Ereignis möglich geworden ist. Aber *das* konnten sie prophetisch begreifen und ihren Schülern begreiflich machen: ‹Wer von der Macht des Sonnenwesens berührt ist, der sieht den Christus an die Erde herankommen.›»[114]

Wir nehmen beim Studium der *Geheimwissenschaft* heute an der Göttergeschichte teil. – Die *Geheimwissenschaft im Umriss* erscheint 1910. In den Jahren danach verfolgt Rudolf Steiner das Wirken des Christusgeistes unter den verschiedensten Aspekten. So entsteht ein esoterisches Christentum, das Altes und Neues Testament in neuem Licht erscheinen lässt.

Aus der Fülle dieser Darstellungen über das Christentum sei eine ausgewählt: der Vortrag vom 1. Juni 1914 in Basel. Rudolf Steiner schildert dort, wie die Christuswesenheit sich mit den Evolutionstatsachen, die Luzifer und Ahriman in Szene gesetzt haben, auseinander setzt. Vier Opfertaten des Christus werden enthüllt. Erst die vierte ist das uns bekannte Geschehen auf Golgatha. Die drei vorangehenden spielen sich in der geistigen Welt ab, haben aber für die menschliche Entwicklung die allergrößte Bedeutung.

Rudolf Steiner hält es mit diesem Thema wie mit manchen anderen wichtigen Themen. Er führt es in einigen Städten mit leichten Variationen aus, um es später nicht mehr anzusprechen. Es ist durch diese Handhabung in den Fundus der Geisteswissenschaft eingeschrieben. Dort kann es der Studierende finden. Ob er es für seine Studien berücksichtigt, bleibt ihm überlassen.

«Für unsere gegenwärtige Kultur ist vor allen Dingen nötig, dass wir immer mehr und mehr gewinnen, indem wir die Ergebnisse der Geisteswissenschaft auf uns wirken lassen, eine neue Christus-Erkenntnis. Und gerade dieser neuen Christus-Erkenntnis ist manches so feindlich, was heute das Amtssiegel des Christlichen trägt. Notwendig ist, dass immer mehr und mehr ein Verständnis erworben wird dafür, wie wir für unsere Kultur eine Schule der Selbstlosigkeit brauchen. Eine Erneuerung der Moral, eine Vertiefung des menschlichen sittlichen Lebens kann nur kommen durch die Schulung der Selbstlosigkeit. Diese Schule der Selbstlosigkeit kann der Mensch nach den Bedingungen des gegenwärtigen Zeitenzyklus nur durchmachen, wenn er sich ein Verständnis erwirbt für wirkliche Selbstlosigkeit. Nun können wir, wenn wir die Weltenevolution, die Weltenentwickelung durchgehen, kein tieferes Verständnis finden für Selbstlosigkeit als dasjenige, was uns durch die Erscheinung des Christus auf Erden gegeben worden ist. Und den Christus erkennen, heißt die Schule der Selbstlosigkeit durchmachen …

Dieses Mysterium von Golgatha ist so, wie wir es kennen, *einmal* verlaufen innerhalb der physischen Erdenentwickelung. Einmal verleiblichte sich diejenige Wesenheit, die wir als die Christus-Wesenheit anerkennen, in einem menschlichen Leibe, in dem Leibe des Jesus von Nazareth. Aber drei Vorstufen hat dieses Mysterium von Golgatha. Dreimal ist vorher etwas geschehen, allerdings noch nicht auf der Erde, aber in der geistigen Welt. Und gewissermaßen haben wir drei Mysterien von Golgatha, von denen wir sagen müssen, dass sie noch nicht auf dem physischen Plan sich vollzogen haben. Das vierte erst hat sich auf dem physischen Plan abgespielt und ist dasjenige, von dem uns die Evangelien und die Paulinischen Briefe Kunde geben. Vorbereitet ist dieses größte Erdenereignis durch drei überirdische Ereignisse. Diese überirdischen Ereignisse fielen so, dass das eine in der alten lemurischen Zeit liegt, zwei liegen in der atlantischen Zeit. Das vierte Ereignis liegt in der nachatlantischen Zeit und ist unser Mysterium von Golgatha.

Die drei vorhergehenden sind Ereignisse, die sich nicht auf der Erde abgespielt haben, sondern in der überirdischen Welt, aber die Kraft dieser Ereignisse ist auf die Erde heruntergedrungen. Wir wollen versuchen zu verstehen, wie die Kräfte der drei, das Mysterium von Golgatha vorbereitenden überirdischen Ereignisse in die Menschheitsentwickelung hereingewirkt haben.

In Bezug auf unser sittliches Leben, unser Weltverständnis und in Bezug auf dasjenige, was innerhalb unserer Bewusstseinsseele sich abspielt, müssen wir erst selbstlos werden. Das ist eine Aufgabe der jetzigen Kultur gegen die Zukunft hin. Die Menschheit muss immer selbstloser und selbstloser werden, darin liegt die Zukunft der richtigen sittlichen Lebenstaten, die Zukunft aller Liebestaten, die durch die Erdenmenschheit geschehen können. Unser bewusstes Leben ist auf dem Wege zur Selbstlosigkeit oder muss auf dem Wege zur Selbstlosigkeit sein. In einer gewissen Beziehung aber gibt es in uns schon wesenhaft Selbstloses. Und es wäre das größte Unglück des Erdenmenschen, wenn er mit Bezug auf gewisse Teile seines Wesens so selbstsüchtig sein müsste, wie er es in vieler Beziehung heute noch sein muss in Bezug auf sein moralisches, intellektuelles und gefühlsmäßiges Leben. Wenn die Selbstsucht zum Beispiel in demselben Grad unsere Sinne ergreifen würde oder ergreifen könnte, wie sie unsere Moral ergreift, so wäre dies das größte Unglück für den Erdenmenschen. Denn unsere Sinne wirken an unserem Leibe so, dass in dieser Sinneswirkung sich Selbstlosigkeit ausspricht.

Wir haben Augen in unserem Leibe. Durch diese Augen sehen wir. Aber wir sehen nur dadurch, dass tatsächlich die Augen selbstlos sind, dass wir sie gar nicht spüren. Wir tragen sie in uns, wir sehen gleichsam durch die Augen hindurch die Dinge, aber die Augen selbst sind ausgelöscht als solche in unserem Wahrnehmen. So ist es auch mit den anderen Sinnen. Wir nehmen die Welt dadurch wahr, dass unser Sinnensystem selbstlos ist. Nehmen wir einmal an, unsere Augen wären selbstsüchtig. Was würde dann mit dem Menschen geschehen? Wir würden uns zum Beispiel einer blauen Farbe nähern, und indem wir uns ihr nähern, würde unser Auge, weil das Auge so wirken würde, dass es nicht die Farbe durchlassen, sondern sie unmittelbar im Auge selbst erschöpfen würde, von dem Blau, indem es sich ihm näherte, ausgesogen werden. Wie eine Saugkraft würde man es im Auge empfinden, wenn das Auge so selbstsüchtig werden könnte, wie wir in unserem moralischen, intellektuellen und Gefühlsleben sind. Wenn wir uns einer roten Farbe nähern und unser Auge sich nicht selbstlos verhalten würde, sondern Anspruch darauf machen würde, die Wirkung des Rot in sich zu erleben, so würde das Rot wie stechend auf unser Auge wirken. Und wenn unser Auge selbstsüchtig würde, so wäre es so, dass wir gegenüber allen Eindrücken einen Saug- oder Stechschmerz hätten. Wir wären uns bewusst, dass wir Augen haben, aber wir würden bloß Saug- oder Stechschmerzen wahrnehmen. In Wirklichkeit ist es für den heutigen Menschen so, dass er durch die Welt geht und weiß, dass Farben- und Lichtwirkungen da sind. Aber er braucht nicht an das Auge zu denken. Es löscht sich selbstlos aus während des Wahrnehmens. Und ebenso ist es mit den anderen Sinnen.

In unseren Sinnen waltet Selbstlosigkeit. Aber zu dieser Selbstlosigkeit wären die Sinne nicht gekommen, schon in der lemurischen Zeit wäre ihnen die Selbstlosigkeit genommen worden, wenn Luzifer frei für sich hätte wirken können in dieser alten lemurischen Zeit. Der Geist, von dem mit Recht das biblische Wort gesagt wird: Euer Auge wird geöffnet sein –, dieser Geist hat notwendig gemacht, dass der Mensch in eine Sphäre des Erdenlebens versetzt worden ist, in welcher seine Augen, wenn sie sich so entwickelt hätten, wie sie sich unter dem Einflusse Luzifers hätten entwickeln müssen, selbstsüchtig geworden wären. Und bei jedem Eindruck – und so würde es auch für die anderen Sinne sein – hätte der Mensch gerufen: Ach, hier sticht es! – und er hätte nicht die rote Farbe in seiner Umgebung wahrgenommen, oder er hätte gesagt: Ach, es saugt an mir – und hätte nicht die blaue Farbe wahrgenommen, sondern im Auge die saugende Wirkung. Abgewendet worden ist noch in der lemurischen Zeit diese Gefahr von der Menschheitsentwickelung dadurch, dass sich – aber jetzt nicht auf der Erde, sondern in den überirdischen Welten – diejenige Wesenheit, die später durch das Mysterium von Golgatha sich in dem Leib des Jesus von Nazareth verleiblicht hat, dazumal verseelt – ich kann nicht sagen verleiblicht – hat in ein Erzengelwesen, ein Wesen aus der Hierarchie der Archangeloi. So lebte, während die Erde ihr lemurisches Zeitalter durchmachte, in geistigen Höhen ein Wesen, welches – man möchte sagen, durch eine Art Vorbotschaft der Johannestaufe – dadurch entstanden ist, dass ein Erzengel seine Seelischheit hingeopfert hat und der Christus dieses Erzengelwesen durchdrang.

Dadurch aber löste er eine Kraft aus, die in die menschliche Erdenentwickelung hereinwirkte. Und das Ergebnis dieser Einwirkung war eine Beruhigung der Sinne, ein Harmonischwerden der Sinne. Und wenn wir uns heute unserer Sinne so bedienen können, dass diese Sinne selbstlos sind, werden wir – wenn wir in Bezug auf diese Tatsache verstanden haben und der Weltenordnung dankbar gemacht worden sind – hinschauen in alte Zeiten und werden sagen: Das, was wir als Sinnenmenschen sind, was möglich macht, dass wir nicht Schmerz durch unsere Sinne, sondern die herrliche Natur um uns herum empfinden, das rührt von dem ersten Christus-Opfer her. Dadurch, dass er sich verseelt hat in einem Erzengel, bringt er die Wirkung hervor, welche die Gefahr der Selbstsucht der Sinne von der Menschheitsentwickelung ablenkte. Das war die erste Vorstufe des Mysteriums von Golgatha.

Lernen wird der Mensch allmählich das tiefe, bedeutsame religiöse Gefühl entwickeln, wenn er hinschaut auf die Herrlichkeit der Natur, wenn er hinaufschaut zum Sternenhimmel, auf alles dasjenige, was das Sonnenlicht bescheint, was im tierischen, im mineralischen, im pflanzlichen Reich um uns herum ist, sagen lernen wird der Mensch: Dass ich so die Welt um mich herum schauen kann, dass ich so hineingestellt bin in diese Welt, dass meine Sinne nicht Quellen von Schmerzen sind, sondern das Werkzeug der Wahrnehmung der Herrlichkeit der Welt, das verdanke ich dem ersten Opfer, das vonseiten des Christus als Vorbereitung vorangegangen ist dem Mysterium von Golgatha. – Und vor uns erblicken wir perspektivisch eine Zeit, in der die Naturbetrachtung, der Naturgenuss durchchristet sein wird, wo die Menschen fühlen werden, sich sagen werden, wenn sie hinausgehen und sich erlaben an dem herrlichen Frühling, an den Schönheiten des Sommers oder an sonstigen Herrlichkeiten der Natur: Indem wir das alles aufnehmen können, was Herrliches die Natur um uns ausbreitet, müssen wir uns bewusst sein: Nicht wir, der Christus in unseren Sinnen ist es, der uns geeignet macht, also die herrliche Natur zu empfinden.

Und es war in den ersten Zeiten der atlantischen Entwickelung, da wollte sich – jetzt durch Luzifer und Ahriman bewirkt – die Selbstsucht eines anderen Systems der menschlichen Organisation bemächtigen, nämlich der Lebensorgane. Versuchen wir einmal, uns das Wesentliche unserer Lebensorganisation von diesem Gesichtspunkt aus vor Augen zu führen. Was ist denn dieses Wesentliche? Man braucht nur zu denken,

178

wie es dem Menschen ergeht, wenn dieses Wesentliche der Lebensorgane beeinträchtigt ist. Und es ist beeinträchtigt, wenn organische Erkrankungen der Lebensorgane auftreten. Da beginnt der Mensch zu erleben die Selbstsucht seiner Lunge, seines Herzens, Magens und anderer Organe. Da beginnen die Zeiten, wo der Mensch erst, indem er den Schmerz fühlt, weiß, er hat einen Magen, ein Herz, wo er es weiß im unmittelbaren Bewusstsein: Kranksein heißt, ein Organ ist selbstsüchtig geworden, führt ein eigenes Leben in unserem Organismus. In dem gewöhnlichen normalen Menschenleben ist das nicht der Fall. Da leben in der Gesamtorganisation des Menschen die einzelnen Organe des Menschen selbstlos. Und unsere alltägliche Verfassung hält uns nur dann sicher in der Welt aufrecht, wenn wir mit selbstlosen Organen durch die Welt gehen können, wenn wir nicht spüren, dass wir Magen, Lunge und so weiter haben, sondern wenn wir sie haben, ohne sie zu spüren, wenn sie nicht selbst sich gleich geltend machen, sondern wenn sie im ganzen Organismus dienende Glieder sind.

Bei anderer Gelegenheit, ein andermal werden wir davon sprechen, warum Krankheit durch die Selbstsucht der Organe bewirkt wird, heute soll nur auf den normalen Zustand hingewiesen werden. Wäre es nur auf Ahriman und Luzifer angekommen, so wären ganz andere Zustände eingetreten schon in der atlantischen Entwickelung. Jedes einzelne menschliche Organ wäre selbstsüchtig geworden und etwas ganz Merkwürdiges hätte sich ereignet. Nehmen wir an, der Mensch näherte sich irgendeiner Frucht, also etwas, was in der Außenwelt ist und was von uns genossen werden kann oder was in irgendeiner Beziehung zu unserer Leibesorganisation steht. Es wird einmal gerade diese Beziehung zu unseren Lebensorganen ein Gegenstand des medizinischen Studiums sein, wenn die Wissenschaft sich wird anregen lassen von der Geisteswissenschaft. Dann wird man wissen, dass, wenn der Mensch zum Beispiel sich Kirschen pflückt vom Baum und sie isst, gerade das, was mit den Kirschen in die Organisation übergeht, eine besondere Beziehung zu gewissen Organen hat, andere Früchte haben andere Beziehungen zu anderen Organen. Alles, was in die menschliche Organisation hineinkommt, hat gewisse Beziehungen zu dieser Organisation. Wenn das erfüllt worden wäre, was durch Ahriman und Luzifer hätte geschehen sollen in der atlantischen Zeit, dann hätten wir zum Beispiel Kirschen gepflückt, und im höchsten

Maße hätte das Organ, das zu den Kirschen Beziehung hat, eine Gier gehabt. Eine unendliche Gier wäre da zum Ausdruck gekommen, und der Mensch hätte gespürt das betreffende Organ, das selbstsüchtig sich herausstellen würde aus dem Gesamtorganismus, aber die anderen Organe würden dafür ebenso selbstsüchtig dagegen streiten in seinem Organismus. Oder nehmen wir einen anderen Fall: Es sei irgendetwas da, was dem Menschen schädlich ist. Geradeso wie die Dinge der Außenwelt gewisse Beziehungen zum Menschen haben im guten Sinn, so haben andere Dinge der Außenwelt nachteilige Beziehungen. Wenn der Mensch sich irgendeiner giftigen Pflanze näherte oder etwas anderem, was nur nachteilige Beziehungen zu diesem oder jenem Organ hätte, so würde er diese Beziehung durch die innere Tätigkeit des Organs spüren, und dies würde sich ausdrücken in einem furchtbaren, quälenden Angstgefühl. Der Mensch würde fühlen: Vor ihm ist etwas, was da auf sein Organ so wirkt, dass es sich gleichsam ausgebrannt fühlt.

Nehmen wir jetzt nicht dasjenige, was der Mensch isst, nehmen wir die Luft, die uns umgibt. Alles, was in der Luft auftritt, hat Beziehung zu unseren Organen. Wenn das in Erfüllung gegangen wäre, was Ahriman und Luzifer gewollt haben, wenn der Mensch nur so auf sich angewiesen wäre, so würde er gejagt werden durch die Welt zwischen tierischster Begierde nach dem, was dem einen oder anderen Organ zuträglich ist, und furchtbarem Ekel vor dem, was dem einen oder anderen Organ schädlich ist. Stellen wir uns vor, wenn wir so hineingestellt wären in die Welt, mit solchen Leibesorganen, dass wir im höchsten Maße ein Spielball wären für jedes angenehme Aroma, dem wir, wennschon es eine Stunde entfernt ist, nachlaufen würden, oder ein Ekelgefühl nötigte uns schon von weither, dass wir entflöhen. Wenn wir so wie ein Kautschukball hin- und hergeworfen würden, denken Sie sich, wie könnten wir uns da entwickeln in der Welt? Dass das nicht so kam, dass unsere Lebensorgane abgedämpft worden sind, dass sie harmonisiert worden sind, ist die Folge davon, dass sich in der Zeit, in der der Mensch die erste atlantische Entwickelung durchmachte, in überirdischen Sphären die zweite Vorstufe des Mysteriums von Golgatha ereignete. Wieder verseelte sich die Christus-Wesenheit in einer Erzengelwesenheit, und das, was dadurch bewirkt wurde, das strahlte in die Erdenatmosphäre herunter. Da entstand jene Harmonisierung, jene Abdämpfung der Lebensorgane, die

180

die Organe im Menschen selbstlos macht. In unserem Zusammensein mit der Außenwelt würden wir fortwährend die Ursache haben von den schlimmsten Erkrankungen, wir könnten gar nicht gesund sein, wenn nicht dieses zweite Christus-Ereignis eingetreten wäre. Und wiederum wird sich – das tritt uns als eine Perspektive für die Zukunft entgegen – die Menschheit, wenn sie sich wird durchdringen können mit einem wirklichen Verständnis von der geistigen Welt, ein Dankbarkeitsgefühl aneignen gegenüber den geistigen Wesenheiten, von denen der Mensch abhängt. Es wird sich die Menschheit erfüllen mit jenem wahren Frommsein, durch das sie sagen wird: Ich empfinde es, dass ich ein physischer Mensch mit der Selbstlosigkeit der Organe nur sein kann dadurch, dass nicht ich allein in der Welt mich entwickelt habe, sondern der Christus in mir, der mir meine Organe so gestaltet hat, dass ich Mensch sein kann! – So lernen wir immer mehr und mehr, dass wir im Grunde genommen alles dasjenige, was uns zum Menschen macht, im allerumfassendsten Sinne so auffassen müssen, dass wir sagen: Nicht ich, der Christus in mir. Der Christus hat gesorgt für die ganze Menschheitsentwickelung in den drei Vorstufen des Mysteriums von Golgatha, die er verrichtet hat vor dem eigentlichen Mysterium von Golgatha.

Es war in den letzten Zeiten der atlantischen Entwickelung, da stand die Menschheit vor einer dritten Gefahr. Da sollten in Unordnung kommen Denken, Fühlen und Wollen. Die Selbstsucht sollte einziehen in Denken, Fühlen und Wollen. Was würde dadurch entstanden sein? Nun, der Mensch würde dieses oder jenes gewollt haben, würde diesen oder jenen Willensimpulsen nachgegangen sein, einem anderen Impuls würde sein Denken, wieder einem anderen sein Fühlen nachgegangen sein. Notwendig war es für die Menschheitsentwickelung, dass Denken, Fühlen und Wollen sich als selbstlose Dinge der Gesamtheit der Seele einfügten. Unter dem bloßen Einfluss von Luzifer und Ahriman würden sie das nicht gekonnt haben. Da würden Denken, Fühlen, Wollen selbstsüchtig geworden sein, sie hätten gleichsam das harmonische Wirken der Seele zerrissen. Da trat dann, gegen Ende der atlantischen Entwickelung, das dritte Christus-Ereignis ein. Wiederum verseelte sich die Christus-Wesenheit in einem Erzengelwesen, und die Kraft, die in der überirdischen Welt dadurch entstand, dass der Christus ein Erzengelwesen durchdrang, die ermöglichte die Harmonisierung von Denken, Fühlen und Wollen.

Wahrhaftig, so wie die physischen Sonnenstrahlen auf die Erde wirken müssen, damit nicht alles Pflanzenleben verdorrt, so muss von überirdischen Welten der Sonnengeist spiegelnd auf die Erde herein wirken, wie ich es jetzt geschildert habe. Auf der dritten Stufe hat er harmonisiert Denken, Fühlen und Wollen, so wie sie für das normale Menschenleben harmonisiert werden mussten.

Was wäre aus dem Menschen geworden, wenn dieses dritte Christus-Ereignis nicht eingetreten wäre? Furienhaft würde er erfasst worden sein von seinen wilden Begierden, von seinem Willensleben. Rasend hätte er werden können, trotzdem auf der anderen Seite wiederum sein Verstand selbstsüchtig höhnisch gedacht hätte über dasjenige, was rasend der Wille vollbringt. Das ist abgewendet worden durch das dritte Christus-Ereignis, da der Christus zum dritten Mal als Christus-Wesenheit in der äußeren Seele eines Erzengels war, eines Wesens aus der Hierarchie der Archangeloi.

Die Menschheit hat sich eine Erinnerung erhalten daran, wie die menschliche Leidenschaft und das menschliche Denken harmonisiert worden sind durch die Kräfte, die damals herunterwirkten aus den überirdischen Welten. Und dieses Erinnerungszeichen ist vorhanden, wird nur nicht in richtiger Weise verstanden. St. Georg, der den Drachen besiegt, oder Michael, der den Drachen besiegt, ist das Zeichen, das gebildet worden ist für das dritte Christus-Ereignis, da in Erzengelgestalt sich verseelt hat der Christus. Und der Drache, den er zertritt, ist derjenige, der in Unordnung gebracht hat das menschliche Denken, Fühlen und Wollen. Alle, die auf St. Georg mit dem Drachen oder auf Michael mit dem Drachen oder auf ähnliche Angelegenheiten hinblicken, sprechen in Wahrheit von dem dritten Christus-Ereignis. Und die Griechen, welche in ihrer wunderbaren Mythologie etwas geschaffen haben wie Nachbilder desjenigen, was sich am Ende der atlantischen Zeit in der geistigen Welt zugetragen hat, verehrten den Sonnengeist als den Harmonisator von Denken, Fühlen und Wollen in den Menschen. Du Sonnengeist – so sagten sich diejenigen Menschen in Griechenland, die etwas davon gewusst haben –, du hast dich in ätherischer Geistgestalt – denn so ist die Gestalt derer, die wir heute Archangeloi nennen – verseelt. Da hast du dasjenige, was sonst wild und unbeherrscht in der menschlichen Seele als Denken, Fühlen und Wollen durcheinander rasen würde, zur Harmonie entfaltet auf deiner wunderbaren Leier, auf der du die Töne der menschlichen Seele harmonisch erklingen lässt! – Da wurde der Sonnengeist der Schutzgeist der im Menschen wild stürmenden Leidenschaften, wenn sie, wie es geschehen konnte, auflebten in den wilden Dämpfen, die aus dem Inneren der Erde aufsteigen, die durch die Erde brechen. Und wenn nun ein Mensch sich ihnen aussetzen würde und nur diese Dämpfe auf sich wirken ließe, er würde wild durcheinander rasen haben in sich Denken, Fühlen und Wollen. So setzte der Grieche die Pythia über solche, die Leidenschaften von der Erde aus durch Luzifer und Ahriman in Unordnung bringenden Dämpfe, aber Apollo überleuchtete die Pythia, besiegte die Wildheit der Leidenschaften – und sie wurde zur Weissagerin. In dem Sonnengeist des Apollo empfand der Grieche den Christus des dritten Christus-Ereignisses. Und in dem Verhältnis dazu der die Leidenschaften beherrschenden Stimmung der Pythia, in diesem Schutz, den der Gott Apollo der Pythia angedeihen ließ, in ihm sah der Grieche die Wirkung des dritten Christus-Opfers: die Harmonisierung der in Unordnung kommenden menschlichen Leidenschaften durch das dritte Christus-Ereignis. Der Sonnengeist Apoll aber ist im Grunde genommen dasselbe für die Griechen, was im Bild dargestellt wurde als Michael oder St. Georg, der den Drachen besiegt.

So sehen wir, dass es einen Sinn hatte, wenn Justin, der Märtyrer, einen merkwürdigen Ausspruch tut. Einen Ausspruch, der, da ihn der Märtyrer getan hat, doch auch als christlich angesehen werden darf, trotzdem verschiedene heutige Vertreter des Christentums ihn verketzern würden. Justin sagte: Heraklit und Sokrates und Plato waren auch Christen, aber nur solche, wie man Christ sein konnte, bevor eben das Mysterium von Golgatha sich vollzogen hatte. Die Theologen von heute wissen nichts mehr davon, aber die ersten Zeiten des Christentums, die christlichen Märtyrer wussten es noch, dass die alten griechischen Weisen, wenn sie auch vielleicht nicht den Namen des Christus angewandt haben, doch, wenn man gefragt hätte: Wer war Apollo?, aus ihrem Mysterienwissen heraus geantwortet hätten: Der große Sonnengeist, der später in einem Menschen leben wird, der tritt in Apollo uns so entgegen, dass er wie in einer Erzengelgestalt in ihm verseelt ist.

Und dann kam das vierte, das irdische Mysterium, das von Golgatha. Dieselbe Christus-Wesenheit, die sich dreimal in Erzengelgestalt verseelt

183

hat, dieselbe Christus-Gestalt verleiblicht sich dann durch das Ereignis, das wir die Johannestaufe im Jordan nennen, in dem Leibe des Jesus von Nazareth.»[115]

Wir können in diesem Vortrag die Wirkungen, die von der luziferischen Verführung und Ahrimans Taten ausgehen, neu studieren. Sie waren heftiger, als es heute den Anschein hat. Der Leib als Instrument der Seele und des Geistes soll von allen Verbindungen, die ihn geschaffen haben und die er erlebend wahrnimmt, getrennt werden. Die Funktion des Instruments wird verfälscht. Nur dessen eigene Befindlichkeit soll durch die Seele erfahren werden. Und zwar so, dass eine Souveränität gegenüber dem Instrument Leib nicht aufkommen kann. Es ist eine Tendenz am Werke, die das Wesen des Menschen in die Organisation bannen will.

Am anschaulichsten tritt das zutage, wenn die Wirkensweise der Widersachermächte im Seelischen dargestellt wird: «Furienhaft würde er [der Mensch] erfasst worden sein von seinen wilden Begierden, von seinem Willensleben. Rasend hätte er werden können, trotzdem auf der anderen Seite wiederum sein Verstand höhnisch gelacht hätte über dasjenige, was rasend der Wille vollbringt.»

Aussonderung des Menschen vom Geschehen der übrigen Welt, das ihn geschaffen hat, wird intendiert. Die Seelenfähigkeiten sollen unverbunden ihre eigenen Wege gehen. Vom Gesichtspunkt des Ich betrachtet, ist der Vorgang ein Ich-Verlust. Das sind die Absichten der Verführung. Diese Intentionen lassen im isolierten Menschen zusätzlich grenzenlosen Hochmut und Selbstsucht entstehen – ein Inferno der Leidenschaften, denen jedes Maß abhanden gekommen ist.

Diese Bilder sind keineswegs unverständlich. Wir erleben heute solche seelischen Bildungen bei einzelnen Menschen und bei uns selbst. Wem es schwer fällt, dafür Beispiele zu finden, der studiere beispielsweise die Phänomene, die bei der Kinderprostitution am Werke sind. Wir treffen auf eine wilde Gier, die keine Grenzen kennt. Sie unterjocht selbst unschuldige Kinder und zerstört deren Seelenleben. Blanker, höhnischer Zynismus betrachtet die Kinder als Ware, mit der Geld zu verdienen ist, wenn man die hemmungslose Gier mit dieser Ware bedient. Skrupel sind in diesem Geschäft unbekannt. Aus Selbstsucht nimmt man jede Zerstörung in Kauf. Der Sinn des Lebens wird reduziert auf Lust und Geldgewinn. Der Gewinn soll Garant für das genussvolle eigene Leben sein. Solche Verhaltensfiguren findet man nicht nur bei der Kinderprostitution – der Egoismus, der Quellort aller Übel, wird heute mehr oder weniger als normal betrachtet.

Was mit den vier Christustaten in die Welt tritt, ist unter dem Gesichtspunkt jenes Verstandes, der den Egoismus begründet, eine blanke Narretei. Denn der Inaugurator dieser Taten gewinnt durch sie nichts; im Gegenteil: Er bringt nur Opfer. Das entgegengesetzte Verhaltensmuster zum Egoismus tritt in die Welt: die Selbstlosigkeit. Sie ist die innerste Substanz des Christus-Impulses, der Liebe.

Anders ausgedrückt: Die Liebe waltet mit unvorstellbarer Hingabe, sie ist die Umwandlungskraft, welche die menschliche Organisation auf drei Ebenen so läutern kann, dass diese für den noch schlummernden menschlichen Geist ein brauchbares Instrument bleibt. Andernfalls hätte dieses Instrument den menschlichen Geist nicht aufnehmen können. Die Ergebnisse der bis dahin gelaufenen Evolution wären verfälscht worden.

Der Vortrag zeigt ein Mysterienschauspiel, das kosmische Dimensionen hat. Im Nachvollzug seiner Inhalte kann der Mensch seine Überheblichkeit beherrschen lernen. Erst wenn Dankbarkeit unsere Seele erfüllt, haben wir die bloß intellektuelle Stellung zu solchen Mysterieninhalten überwunden. Wir tauchen mit diesem Gefühl gleichsam in die Lebensprozesse der Dramatik ein. Rudolf Steiner gebraucht merkwürdige Formulierungen, um das menschliche Gemüt an diesem Vorgang teilhaben zu lassen. Um z.B. das sachgemäße Gefühl zu erwecken, das die Naturbetrachtung begleiten soll, wird gesagt: «... indem wir das alles aufnehmen können, was Herrliches die Natur um uns ausbreitet, müssen wir uns bewusst sein: Nicht wir, der Christus in unseren Sinnen ist es, der uns geeignet macht, ... die herrliche Natur zu empfinden.» Die Dramatik eines geschichtlichen Vorgangs in ferner Vergangenheit wäre demnach nicht abgeschlossen, sondern wirkte in der Gegenwart fort (siehe das Spezialkapitel über die Sinne, S. 261ff.). Nur liegt es heute weitgehend am Menschen, wer in dem Spannungsfeld Luzifer, Christus, Ahriman siegt. Deshalb der Vorschlag, die Allgegenwärtigkeit des Christus-Impulses hereinzurufen in die menschliche Seele. Auf ein Übfeld der Ich-Aktivität wird aufmerksam gemacht, das geduldig abgeschritten sein will und das eine Seelendiätetik einleiten kann.

Erweiterung der Gesichtspunkte

Am 22. März 1909 hält Rudolf Steiner in Berlin den ersten Vortrag, der die Widersachermächte und die für sie typischen Entwicklungsimpulse konzentriert charakterisiert. Dieser Vortrag kann als Zusammenfassung dessen dienen, was bisher ausgeführt wurde. Doch er gibt auch bisher unerwähnte, ungewöhnliche Ausblicke. So lenkt der Vortragende unter anderem den Blick auf eine dritte Widersachermacht, die Asuras. Diese beginnen erst in der fünften nachatlantischen Kulturperiode in die Entwicklung einzugreifen bzw. auf den Menschen zu wirken. Diese Erweiterung des Blickfeldes ist notwendig, da manche Zeitphänomene erst mit der Charakteristik dieser Wesen ihre Aufklärung finden.

In dem Vortrag wird aber auch von einer möglichen «Erlösung» Luzifers gesprochen, die dann sich ereignen kann, wenn der durch die luziferischen Mächte ausgelöste Individualimpuls sich mit dem Christentum verbindet. In Europa hat diese Verbindung seit dem Mysterium von Golgatha vor allem mit den Kräften des Gemüts stattgefunden. Ihr soll jene folgen, die mit einem gesteigerten Bewusstsein Erkenntnislicht über den Christusimpuls verbreitet. Das kann durch übersinnliche Forschung geschehen. Die aber basiert auf einer Verwandlung jener Kräfte, welche der luziferische und ahrimanische Einfluss auf die Wesensglieder ausgeübt haben. Die konkreten Schritte dieser Verwandlung werden uns später noch beschäftigen. Vorläufig soll nur darauf hingewiesen werden, dass im menschlichen Seelenleben nicht nur Egoismus möglich ist, sondern auch sein Gegenteil, die Selbstlosigkeit. In den Vorstufen des Mysteriums von Golgatha wird jene Grundfähigkeit der Verwandlung des Seelenlebens konkret vorgelebt. Der vorangegangene Vortrag beginnt deshalb mit dem Hinweis auf die Weltbedeutung dieser Tugend. Sie stellt, treu verfolgt, die luziferischen Gaben der menschlichen Seele wieder in den Dienst der regulären Götter. Dieses menschliche Bemühen bindet das Wirken Luzifers wieder in die Intentionen der regulären Wesen ein. Insofern wird Luzifer von seiner Widerpartrolle «erlöst». Der einzelne Mensch erlebt ihn dann als Lichtträger einer individuellen, vom Menschen freiwillig geleisteten Erkenntnis.

Diese Einsicht, die sich aus dem Drama der Evolution ergibt, überrascht. Sie steht im Gegensatz zu den Empfindungen, die sich im Gemütsverständnis des Christentums im Laufe vieler Jahrhunderte gebildet haben und auch von den Kirchen vertreten werden. Die letzteren haben den Blick einseitig auf den Widerstand gerichtet, welcher der menschlichen Entwicklung durch Luzifer entgegensteht. Aus dem Blick geriet ihnen, was aus der Auseinandersetzung mit diesen Kräften an neuer individueller Erkenntnis der geistigen Welt entstehen kann. Solche Erkenntnis haben sie früh für unmöglich erklärt und dafür den Glauben gesetzt. In der Überraschung, welche dieser Vortrag auslöst, klingt das traditionelle gemüthafte Element nach, in dem noch meine Generation aufwuchs.

«Wir haben öfters zurückgeblickt in die Zeiten, die der großen atlantischen Flut vorangegangen sind, in denen unsere Vorfahren, d.h. unsere eigenen Seelen, in den Vorfahrenleibern auf dem alten atlantischen Kontinent gelebt haben zwischen Europa, Afrika und Amerika. Und wir haben zurückgeblickt auf jene noch älteren Zeiten, die wir als die lemurischen Zeiten bezeichnen, in denen die Menschenseelen, die jetzt verkörpert sind, auf viel niedrigerer Stufe des Daseins standen als heute. Auf diesen Zeitraum wollen wir heute noch einmal zurückkommen. Wir wollen uns zunächst sagen: Der Mensch hat seine heutige Stufe des Empfindungslebens, des Willenslebens, der Intelligenz, ja seine heutige Gestalt dadurch errungen, dass im Erdendasein mitgewirkt haben diejenigen geistigen Wesenheiten, die höher stehen im Weltenall als der Mensch. Welche geistigen Wesenheiten da beteiligt sind, haben wir ja öfters auseinander gesetzt. Wir haben gesprochen von den Geistern, die wir die Throne nennen, die Geister der Weisheit, Geister der Bewegung, der Form, der Persönlichkeit und so weiter.

Das sind die großen Werk- und Baumeister des Daseins, das sind diejenigen Wesenheiten, die Schritt für Schritt unser Menschengeschlecht vorwärts gebracht haben bis zu unserem heutigen Standpunkt des Daseins. Nun müssen wir uns heute einmal recht deutlich vor die Seele führen, dass andere Geister und andere Wesenheiten noch eingegriffen haben als

187

diejenigen, welche die menschliche Entwickelung vorwärts bringen. Es haben in einer gewissen Weise geistige Wesenheiten eingegriffen, die feindlich gegenüberstehen den vorwärts schreitenden geistigen Mächten. Und wir können für jeden dieser Zeiträume, sowohl für das lemurische wie auch für das atlantische Zeitalter, wie auch für unsere nachatlantische Zeit, in der wir leben, angeben, welche geistigen Wesenheiten sozusagen die Hemmungen gebracht haben, welche geistigen Wesenheiten feindlich gegenübertraten denjenigen, die die Menschheit bloß vorwärts bringen wollen.

Im lemurischen Zeitalter, in dem ersten, das uns heute beschäftigt in dem Erdensein, haben in die menschliche Entwickelung die luziferischen Wesenheiten eingegriffen. Sie stellen sich in einer gewissen Beziehung feindlich gegenüber denjenigen Mächten, die dazumal den Menschen bloß vorwärts bringen wollten. In dem atlantischen Zeitalter stellten sich feindlich den fortschreitenden Mächten die Geister gegenüber, die wir als die Geister des Ahriman oder auch des Mephistopheles bezeichnen. Ahrimanische Geister, mephistophelische Geister, das sind diejenigen, die eigentlich, wenn man die Namen genau nimmt, in der mittelalterlichen Anschauung die Geister des Satans genannt wurden, der nicht zu verwechseln ist mit Luzifer.

In unserem Zeitalter werden nach und nach noch andere geistige Wesenheiten hemmend den vorwärtsschreitenden in den Weg treten. Von ihnen werden wir nachher zu sprechen haben. Wir werden uns jetzt zuerst fragen, was eigentlich diese luziferischen Geister im alten lemurischen Zeitalter bewirkt haben.

Wir wollen heute von einem ganz bestimmten Gesichtspunkte aus das alles ins Auge fassen. Wo haben denn eigentlich die luziferischen Geister eingegriffen im alten lemurischen Zeitalter? Sie verstehen am besten, um was es sich dabei handelt, wenn sie noch einmal den Blick zurückschweifen lassen, wie der Mensch sich entwickelt hat.

Sie wissen, wie der Mensch sich auf dem alten Saturn dadurch entwickelt hat, dass die Throne ausgegossen haben ihre eigene Substanz und dass da die erste Anlage gelegt worden ist zu dem menschlichen physischen Leib. Wir wissen, dass dann die Geister der Weisheit auf der Sonne ihm den Äther- oder Lebensleib eingeprägt haben. Nun war es an den Geistern der Form, auf der Erde dem Menschen das Ich zu geben, damit

188

der Mensch dadurch, dass er sich von seiner Umgebung unterscheidet, in einer gewissen Weise ein selbstständiges Wesen werden könne. Aber wenn der Mensch auch durch die Geister der Form ein selbstständiges Wesen geworden wäre gegenüber der Außenwelt, gegenüber dem, was ihn auf der Erde umgibt, er würde durch diese Geister der Form niemals ein selbstständiges Wesen ihnen selbst gegenüber geworden sein; er wäre von ihnen abhängig geblieben, er wäre an Fäden von ihnen gelenkt und geleitet worden. Dass das nicht eingetreten ist, das ist die in gewisser Beziehung sogar wohltätige Wirkung der Tatsache, dass sich in der lemurischen Zeit die luziferischen Wesenheiten entgegengestellt haben den Geistern der Form. Diese luziferischen Wesenheiten haben dem Menschen die Anwartschaft auf seine Freiheit gegeben. Allerdings haben sie dem Menschen damit auch die Möglichkeit des Bösen gegeben, die Möglichkeit des Verfalls in sinnliche Leidenschaften und Begierden. In was haben denn eigentlich diese luziferischen Geister eingegriffen? Sie haben eingegriffen in das, was da war, und zwar in dasjenige, was zuletzt dem Menschen gegeben worden ist, in den astralischen Leib, was damals in gewisser Beziehung des Menschen Innerstes war. Darin haben sie sich festgesetzt, davon haben sie Besitz ergriffen. Von diesem astralischen Leib hätten sonst, wenn die luziferischen Wesenheiten nicht gekommen wären, nur Besitz ergriffen die Geister der Form. Sie hätten diesem astralischen Leib jene Kräfte eingeprägt, die dem Menschen das Menschenantlitz geben, die den Menschen eben zum Ebenbild der Götter, der Geister der Form machten. Das alles wäre aus dem Menschen geworden, aber der Mensch wäre abhängig geblieben von diesen Geistern der Form zeit seines Lebens durch alle Ewigkeiten.

Nun haben sich gleichsam hineingeschlichen die luziferischen Wesenheiten in den astralischen Leib, sodass jetzt zwei Arten von Wesenheiten in dem astralischen Leib wirkten: diejenigen Wesenheiten, die den Menschen vorwärts treiben, und diejenigen Wesenheiten, die den Menschen in diesem rückhaltlosen Vorwärtstreiben allerdings hemmen, dafür aber seine Selbstständigkeit zu einer innerlich befestigten machten. Wären die luziferischen Wesenheiten nicht gekommen, so wäre der Mensch im Stande der Unschuld und Reinheit in seinem astralischen Leib geblieben. Keine Leidenschaften wären in ihm aufgetreten, die ihn hätten begehren lassen, was er auf der Erde allein finden kann. Sozusagen dichter, niedriger haben die luziferischen Wesenheiten die Leidenschaften, Triebe und Begierden gemacht. Der Mensch wäre sonst so geblieben, wenn die luziferischen Wesenheiten nicht gekommen wären, dass er sich immerfort gesehnt hätte hinauf zu seiner Heimat, zu den geistigen Reichen, von denen er heruntergestiegen ist. Er hätte nicht Gefallen gefunden an dem, was ihn auf der Erde umgibt, er hätte unmöglich Interesse finden können an den irdischen Eindrücken. Zu diesem Interesse, zu diesem Begehren der irdischen Eindrücke ist er durch die luziferischen Geister gekommen. Sie haben ihn in die irdische Sphäre dadurch hineingedrängt, dass sie sein Innerstes, seinen astralischen Leib, durchsetzt haben. Wodurch ist es denn nun gekommen, dass in jener Zeit der Mensch nicht ganz abfiel von den Geistern der Form oder überhaupt von den höheren geistigen Reichen? Wodurch ist es gekommen, dass der Mensch nicht in seine Interessen und Begierden der sinnlichen Welt vollständig verfiel?

Das ist dadurch gekommen, dass die Geister, die den Menschen vorwärts bringen, ihre Gegenmittel ergriffen. Sie haben ihre Gegenmittel in der Art ergriffen, dass sie die menschliche Wesenheit mit etwas durchsetzt haben, was sonst nicht in dieser menschlichen Wesenheit wäre, sie haben sie durchsetzt mit Krankheit und Leiden und Schmerzen. Das ist das notwendige Gegengewicht geworden gegen die Taten der luziferischen Geister.

Die luziferischen Geister haben dem Menschen die sinnliche Begierde gegeben, die höheren Wesenheiten haben ihre Gegenmittel ergriffen in dem Sinne, dass der Mensch nunmehr nicht unbedingt dieser Sinneswelt verfallen konnte, indem sie ins Gefolge der sinnlichen Begierden und sinnlichen Interessen Krankheit und Leiden gesetzt haben, sodass in der Welt genau ebenso viele Leiden und Schmerzen sind wie bloßes Interesse für die physische, sinnliche Welt. Beide halten sich vollständig das Gleichgewicht, von keinem ist mehr in der Welt vorhanden: ebenso viele sinnliche Begierden, ebenso viele sinnliche Leidenschaften wie Krankheit und Schmerzen. Das war die gegenseitige Aufeinanderwirkung der luziferischen Geister und der Geister der Form im lemurischen Zeitalter. Wären diese luziferischen Geister nicht gekommen, dann würde der Mensch nicht so früh in die irdische Sphäre hinuntergestiegen sein. Seine Leidenschaft, seine Begierde für die sinnliche Welt hat es auch gemacht, dass er früher seine Augen aufgeschlossen erhalten hat, dass er früher den ganzen Umkreis des sinnlichen Daseins hat sehen können. Der Mensch hätte, wenn es regelmäßig nach den fortschreitenden Geistern gegangen wäre, erst von der Mitte der atlantischen Zeit an die Umwelt gesehen. Aber er hätte sie dann geistig gesehen, nicht so wie heute, er hätte sie so gesehen, dass sie ihm überall der Ausdruck von geistigen Wesenheiten gewesen wäre. Dadurch, dass der Mensch verfrüht heruntversetzt worden ist in die irdische Sphäre, dass ihn seine irdischen Interessen und Begierden heruntergedrängt haben, dadurch kam es anders, wie es sonst gekommen wäre in der Mitte der atlantischen Zeit.

Dadurch haben sich hineingemischt in das, was der Mensch hat sehen und begreifen können, die ahrimanischen Geister, diejenigen Geister, die eben auch mit dem Namen mephistophelische Geister bezeichnet werden können. Dadurch verfiel der Mensch in Irrtum, verfiel in das, was man eigentlich erst *die bewusste Sünde* nennen könnte. Also von der Mitte der atlantischen Zeit an wirkt auf den Menschen die Schar der ahrimanischen Geister ein. Wozu hat nun diese Schar der ahrimanischen Geister sozusagen den Menschen verführt? Sie hat ihn dazu verführt, dass er das, was in seiner Umgebung ist, für stofflich, für materiell hält, dass er nicht durch dieses Stoffliche hindurchsieht auf die wahren Untergründe des Stofflichen, auf das Geistige. Würde der Mensch in jedem Stein, in jeder Pflanze und in jedem Tier das Geistige sehen, er würde niemals verfallen sein in Irrtum und damit in das Böse, sondern der Mensch würde, wenn nur die fortschreitenden Geister auf ihn gewirkt hätten, bewahrt geblieben sein vor jenen Illusionen, denen er immer verfallen muss, wenn er nur auf die Aussage der Sinneswelt baut.

Was haben nun dagegen diejenigen geistigen Wesenheiten, welche den Menschen in seinem Fortschreiten erhalten wollen, gegen diese Verführung, gegen Irrtum und Illusion aus dem Sinnlichen unternommen? Sie haben dagegen unternommen, dass der Mensch tatsächlich nunmehr erst mit Recht – natürlich ist das langsam und allmählich gekommen, aber hier liegen die Kräfte, warum das gekommen ist – sozusagen in die Lage versetzt wird, aus der sinnlichen Welt heraus wiederum die Möglichkeit zu gewinnen, über Irrtum und Sünde und das Böse hinwegzukommen, das heißt, sie haben dem Menschen die Möglichkeit gegeben, sein Karma zu tragen und auszuwirken. Haben also diejenigen Wesenheiten, welche die Verführung der luziferischen Wesenheiten gutzumachen hatten, Leiden und Schmerzen, ja auch das, was damit zusammenhängt, den Tod in die Welt gebracht, so haben diejenigen Wesenheiten, welche auszubessern hatten, was aus dem Irrtum über die sinnliche Welt fließt, dem Menschen die Möglichkeit gegeben, durch sein Karma allen Irrtum wieder zu beseitigen, alles Böse wiederum zu verwischen, das er in der Welt angerichtet hat. Denn was wäre geschehen, wenn der Mensch nur dem Bösen, dem Irrtum verfallen wäre? Dann würde der Mensch nach und nach sozusagen eins geworden sein mit dem Irrtum, er würde unmöglich haben vorwärts schreiten können; denn mit jedem Irrtum, mit jeder Lüge, mit jeder Illusion werfen wir uns ein Hindernis des Fortschreitens in den Weg. Wir würden immer um so viel zurückkommen in unserem Fortschreiten, als wir uns Hindernisse in den Weg werfen durch Irrtum und Sünde, wenn wir nicht in der Lage wären, Irrtum und Sünde zu korrigieren, das heißt, wir könnten in Wahrheit das Menschenziel nicht erreichen. Es wäre unmöglich, das, was das Menschenziel ist, zu erreichen, wenn nicht die gegensätzlichen Kräfte, die Kräfte des Karma, wirken würden.

Denken Sie einmal, Sie begehen irgendein Unrecht in einem Leben. Dieses Unrecht, das Sie begangen haben, das bedeutet, wenn es so stehen bliebe in Ihrem Leben, nichts Geringeres, als dass Sie den Schritt, den Sie vorwärts gemacht hätten, wenn Sie das Unrecht nicht begangen hätten, verloren haben. Und mit jedem Unrecht würden Sie einen Schritt verlieren, und dafür wäre gesorgt, dass genügend viele Schritte zurück gemacht werden. Wenn die Möglichkeit nicht gegeben wäre, sich über den Irrtum zu erheben, so müsste der Mensch zuletzt in Irrtum versinken. So aber ist die Wohltat des Karma eingetreten. Was bedeutet diese Wohltat für den Menschen? Ist Karma irgendetwas, vor dem der Mensch sich fürchten soll, vor dem der Mensch schaudern soll? Nein! Karma ist eine Macht, für die *der Mensch eigentlich den Weltenplänen dankbar sein sollte.* Denn Karma sagt uns: Hast du einen Irrtum begangen – Gott lässt seiner nicht spotten! Was du gesät hast, das musst du auch ernten. Dieser Irrtum bewirkt, dass du ihn verbessern musst; dann hast du ihn aus deinem Karma ausgetilgt, und du kannst wieder ein Stück vorwärts schreiten.

Ohne Karma wäre unser Fortschreiten in der menschlichen Laufbahn unmöglich. Karma erweist uns die Wohltat, dass wir jeden Irrtum wieder gutmachen müssen, dass wir alles, was wir rückwärts getan haben, wieder vernichten müssen. So trat als die Folge der Taten des Ahriman Karma auf.

Und nun gehen wir weiter. In unserer Zeit gehen wir jenem Zeitalter entgegen, in dem nun andere Wesenheiten sich an den Menschen heranmachen werden, Wesenheiten, welche immer mehr und mehr in der Menschenzukunft, die vor uns liegt, in die menschliche Entwickelung eingreifen werden. Genau ebenso, wie die luziferischen Geister im lemurischen Zeitalter eingegriffen haben, die ahrimanischen Geister im atlantischen Zeitalter, so werden nach und nach auch in unserem Zeitalter Wesenheiten eingreifen. Machen wir uns einmal klar, was das für Wesenheiten sein werden.

Die Wesenheiten, die im lemurischen Zeitalter eingegriffen haben, von denen mussten wir sagen: Sie haben sich im astralischen Leib des Menschen festgesetzt, haben seine Interessen, seine Triebe und Begierden in die irdische Sphäre heruntergezogen. In was, genauer gesagt, haben sich diese luziferischen Wesenheiten festgesetzt?

Verstehen können Sie das nur, wenn Sie jene Gliederung zugrunde legen, welche Ihnen in meinem Buche *Theosophie* gegeben ist. Da ist gezeigt, dass wir am Menschen zunächst seinen physischen Leib zu unterscheiden haben, dann seinen Äther- oder Lebensleib und seinen astralischen Leib, oder, wie ich ihn dort genannt habe, den Empfindungsleib oder Seelenleib.

Wenn wir diese drei Glieder betrachten, so sind es genau die drei Glieder, die dem Menschen gegeben waren vor seiner irdischen Laufbahn. Was da genannt ist der physische Leib, das ist auf dem alten Saturn veranlagt worden, was genannt ist der Ätherleib, das ist auf der Sonne veranlagt, und dasjenige, was da genannt ist der Seelen- oder Empfindungsleib, ist auf dem alten Monde veranlagt. Jetzt sind auf der Erde nach und nach dazugekommen die Empfindungsseele, die eigentlich eine unbewusste Umänderung, eine unbewusste Bearbeitung des Empfindungsleibes ist. In der Empfindungsseele hat sich verankert Luzifer; da hinein hat er sich geschlichen, da sitzt er drinnen. Weiter ist entstanden durch die unbewusste Umarbeitung des Ätherleibes die Verstandesseele. Genaueres ist darüber gesagt in der Abhandlung über *Die Erziehung des Kindes*. In diesem zweiten Glied der menschlichen Seele, der Verstandesseele, also in dem umgearbeiteten Stück des Ätherleibes, da hat sich festgesetzt Ahriman. Da ist er drinnen und führt den Menschen zu falschen Urteilen über das Materielle, führt ihn zu Irrtum und Sünde und Lüge, zu allem, was eben aus der Verstandes- oder Gemütsseele kommt. In alledem zum Beispiel, dass der Mensch sich der Illusion hingibt, mit der Materie sei das Richtige gegeben, haben wir Einflüsterungen des Ahriman, des Mephistopheles zu sehen. Drittens kommt an die Reihe die Bewusstseinsseele, die in einer unbewussten Umarbeitung des physischen Leibes besteht. Es ist Ihnen ja erinnerlich, wie diese Umarbeitung geschah. Gegen das Ende der atlantischen Zeit trat der Ätherleib des Kopfes ganz hinein in den physischen Kopf und gestaltete allmählich den physischen Leib so um, dass er eine selbstbewusste Wesenheit wurde. An dieser unbewussten Umarbeitung des physischen Leibes, an der Bewusstseinsseele, arbeitet der Mensch heute noch immer im Grunde genommen. Und in der Zeit, die jetzt kommen wird, werden sich hineinschleichen in diese Bewusstseinsseele und damit in das, was man das menschliche Ich nennt – denn das Ich geht auf in der Bewusstseinsseele – diejenigen geistigen Wesenheiten, die man die Asuras nennt. Die Asuras werden mit einer viel intensiveren Kraft das Böse entwickeln als selbst die satanischen Mächte der atlantischen oder gar die luziferischen Geister der lemurischen Zeit.

Das Böse, das die luziferischen Geister den Menschen zugleich mit der Wohltat der Freiheit brachten, das werden sie alles im Verlaufe der Erdenzeit ganz abstreifen. Dasjenige Böse, das die ahrimanischen Geister gebracht haben, kann abgestreift werden in dem Ablauf der karmischen Gesetzmäßigkeit. Das Böse aber, das die asurischen Mächte bringen, ist nicht auf eine solche Weise zu sühnen. Haben die guten Geister dem Menschen Schmerzen und Leiden, Krankheit und Tod gegeben, damit er sich trotz der Möglichkeit des Bösen aufwärts entwickeln kann, haben die guten Geister die Möglichkeit des Karma gegenüber den ahrimanischen Mächten gegeben, um den Irrtum wieder auszugleichen – gegenüber den asurischen Geistern wird das im Verlaufe des Erdendaseins nicht so leicht sein. Denn diese asurischen Geister werden bewirken, dass das, was von ihnen ergriffen ist – und es ist ja des Menschen tiefstes Innerstes, die Bewusstseinsseele mit dem Ich –, dass das Ich sich vereinigt mit der Sinnlichkeit der Erde. Es wird Stück für Stück aus dem Ich herausgerissen werden, und in demselben Maße, wie sich die asurischen Geister in der Bewusstseinsseele festsetzen, in demselben Maße muss der Mensch auf der Erde zurücklassen Stücke seines Daseins. Das wird unwiderbringlich verloren sein, was den asurischen Mächten verfallen ist.

194

Nicht, dass der ganze Mensch ihnen zu verfallen braucht, aber Stücke werden aus dem Geiste des Menschen herausgeschnitten durch die asurischen Mächte. Diese asurischen Mächte kündigen sich in unserem Zeitalter an durch den Geist, der da waltet und den wir nennen könnten den Geist des bloßen Lebens in der Sinnlichkeit und des Vergessens aller wirklichen geistigen Wesenheiten und geistigen Welten. Man könnte sagen: Heute ist es erst mehr theoretisch, dass die asurischen Mächte den Menschen verführen. Heute gaukeln sie ihm vielfach vor, dass sein Ich ein Ergebnis wäre der bloßen physischen Welt. Heute verführen sie ihn zu einer Art theoretischem Materialismus. Aber sie werden im weiteren Verlauf – und das kündigt sich immer mehr und mehr an durch die wüsten Leidenschaften der Sinnlichkeit, die immer mehr und mehr auf die Erde herniedersteigen – dem Menschen den Blick umdunkeln gegenüber den geistigen Wesenheiten und geistigen Mächten. Es wird der Mensch nichts wissen und nichts wissen wollen von einer geistigen Welt. Er wird immer mehr und mehr nicht nur lehren, dass die höchsten sittlichen Ideen des Menschen nur höhere Ausgestaltungen der tierischen Triebe sind, er wird nicht nur lehren, dass das menschliche Denken nur eine Umwandlung dessen ist, was auch das Tier hat, er wird nicht nur lehren, dass der Mensch nicht bloß seiner Gestalt nach mit dem Tier verwandt ist, dass er auch seiner ganzen Wesenheit nach vom Tier abstamme, sondern der Mensch wird mit solcher Anschauung Ernst machen und so leben.

Heute lebt ja noch niemand im Sinne des Satzes, dass der Mensch seiner Wesenheit nach vom Tiere abstamme. Aber diese Weltanschauung wird unbedingt kommen, und sie wird im Gefolge haben, dass die Menschen mit dieser Weltanschauung auch wie Tiere leben werden, heruntersinken werden in die bloßen tierischen Triebe und tierischen Leidenschaften. Und in mancherlei von dem, was hier nicht weiter charakterisiert zu werden braucht, was sich jetzt namentlich an den Stätten der großen Städte als wüste Orgien einer zwecklosen Sinnlichkeit geltend macht, sehen wir schon groteskes Höllenleuchten derjenigen Geister, die wir als die asurischen bezeichnen.

Wenden wir den Blick noch einmal zurück. Wir haben gesagt, dass es die Geister waren, die den Menschen vorwärts bringen wollen, die ihm Leiden und Schmerzen und auch den Tod geschickt haben. In der biblischen Urkunde wird es deutlich angekündigt: In Schmerzen sollst du deine Kinder gebären! – Der Tod ist in die Welt gekommen. Das ist ja das, was diejenigen Mächte, die den luziferischen entgegenstehen, über den Menschen verhängten. Wer hat dem Menschen Karma, wer hat überhaupt dem Menschen die Möglichkeit gegeben, dass es ein Karma gibt? Verstehen werden Sie nur, was jetzt gesagt ist, wenn Sie sich nicht in pedantischer Weise an die irdischen Zeitbegriffe halten. Mit dem irdischen Zeitbegriff glaubt der Mensch, dass das, was da oder dort einmal vorgeht, eine Wirkung nur haben kann in Bezug auf das Nachfolgende. In der geistigen Welt ist es aber so, dass das, was geschieht, sich in seinen Wirkungen schon vorher zeigt, dass es schon vorher in seinen Wirkungen da ist. Woher kommt die Wohltat des Karma? Woraus ist eigentlich in unserer Erdentwickelung diese Wohltat entsprungen, dass es ein Karma gibt? Von keiner anderen Kraft kommt das Karma in der ganzen Entwickelung als von dem Christus.

Wenn der Christus auch erst später erschienen ist, vorhanden war er in der geistigen Sphäre der Erde schon immer. Schon in den alten atlantischen Orakeln haben die Orakel-Priester von dem Geist der Sonne, von dem Christus gesprochen. Die heiligen Rishis in der indischen Kulturperiode haben gesprochen von Vishva Karman; Zarathustra hat in Persien von Ahura Mazdao gesprochen. Es hat Hermes von dem Osiris gesprochen; und es hat gesprochen von jener Kraft, die durch ihr Ewiges der Ausgleich alles Natürlichen ist, von jener Kraft, die in dem ‹Ehjeh asher ehjeh› lebt, der Vorverkündigung des Christus, der Moses. Alle haben von dem Christus gesprochen; aber wo war er zu finden in diesen alten Zeiten? Nur da, wo das geistige Auge hat hineinschauen können, in der geistigen Welt. In der geistigen Welt war er immer zu finden, und er war in der geistigen Welt wirksam, aus der geistigen Welt heraus wirksam. Er ist derjenige, der dem Menschen vorher schon, bevor er auf der Erde aufgetreten ist, heruntergesandt hat die Möglichkeit des Karma. Dann trat er auf der Erde selber auf, und wir wissen, was dem Menschen dadurch geworden ist, dass er auf der Erde auftrat. Wir haben geschildert seine Wirkungen in der irdischen Sphäre selber. Wir haben die Bedeutung des Ereignisses von Golgatha dargestellt. Wir haben geschildert seine Wirkung auch bei denen, die damals, als das Ereignis von Golgatha geschah, nicht im irdischen Leibe verkörpert waren, die dazumal in der geistigen Welt waren. Wir wissen, dass in dem Augenblick, wo auf Golgatha das Blut aus den Wunden floss, der Geist des Christus in der Unterwelt erschien, und wir haben gesagt: Da ging es durch die ganze Welt des Geistes wie eine Erleuchtung, wie eine Erhellung; kurz, wir haben gesagt, dass das Erscheinen des Christus auf der Erde das wichtigste Ereignis ist, auch für die Welt, die der Mensch durchlebt zwischen dem Tode und der neuen Geburt.

Es ist durchaus eine reale Wirkung, die ausgeht von diesem Christus. Wir brauchen uns nur zu fragen, was geschehen wäre mit der Erde, wenn der Christus nicht erschienen wäre. Gerade in dem Gegenbild einer Christus-losen Erde können Sie die ganze Bedeutung der Christus-Erscheinung ermessen. Nehmen wir einmal an, der Christus wäre nicht erschienen, das Ereignis von Golgatha hätte nicht stattgefunden in der Zeit, in welcher der Christus erschienen ist.

Vor dem Erscheinen des Christus war es für die Seelen der fortgeschrittensten Menschen, die das tiefste Interesse für das Erdenleben sich angeeignet hatten, in der geistigen Welt so, dass wirklich der Ausspruch des Griechen darauf passte: Lieber ein Bettler sein in der Oberwelt als ein König im Reiche der Schatten. Denn einsam und in finsterer Umgebung fühlten sich die Seelen in der geistigen Welt, bevor das Ereignis von Golgatha eintrat. Die geistige Welt war damals nicht in ihrer ganzen lichtvollen Klarheit durchsichtig für die, die, durch das Tor des Todes kommend, in sie hineinschritten. Ein jeder fühlte sich allein, sich in sich zurückgestoßen, wie eine Mauer war es aufgerichtet gegenüber jedem anderen. Und das wäre immer stärker und stärker geworden. Die Menschen hätten sich in ihrem Ich verhärtet, die Menschen wären völlig auf sich zurückgewiesen gewesen, keiner hätte die Brücke zu dem anderen gefunden. Die Menschen wären wieder verkörpert worden, und war der Egoismus vorher schon ein sehr großer, er wäre mit jeder neuen Inkarnation ungeheurer geworden.

Das ganze Erdendasein würde den Menschen immer mehr und mehr zu dem wüstesten Egoisten gemacht haben. Keine Aussicht wäre gewesen, dass jemals auf dem Erdenrund eine Brüderlichkeit, eine innere Harmonie der Seelen zustande gekommen wäre; denn mit jedem Durchgang durch das geistige Reich wären stärkere Einflüsse in das Ego eingezogen. Das wäre bei einer Christus-losen Erde geschehen. Dass der Mensch wieder allmählich den Weg finden wird von Seele zu Seele, dass er die Möglichkeit gewinnt, die große Kraft der Brüderlichkeit auf die ganze Menschheit auszugießen, das ist der Tatsache zu verdanken, dass der Christus erschienen ist, dass das Ereignis von Golgatha stattgefunden hat. So erscheint der Christus als diejenige Macht, welche es dem Menschen möglich machte, das Erdendasein in der entsprechenden Weise auszunützen, das heißt, gerade Karma in der entsprechenden Weise zu gestalten. Denn Karma muss auf der Erde ausgewirkt werden. Dass der Mensch die Kraft findet, in dem irdisch-pysischen Dasein sein Karma in der entsprechenden Weise zu verbessern, dass er die Möglichkeit bekommt, eine fortschreitende Entwickelung zu finden, das verdankt er der Wirkung des Christus-Ereignisses, der Anwesenheit des Christus in der irdischen Sphäre.

So sehen wir, wie die verschiedensten Kräfte und Wesenheiten im Verlaufe der Menschheitsentwickelung zusammenwirken. Wäre der Christus nicht auf die Erde gekommen – wir sehen es jetzt ganz klar, was wir vorher nur im Allgemeinen andeuten konnten, indem wir sagten: Der Mensch wäre in seinem Irrtum versunken, weil er immer mehr und mehr sich verhärtet hätte, sozusagen eine Kugel für sich geworden wäre, die nichts gewusst hätte von den anderen Wesenheiten, ganz in sich abgeschlossen. Da hinein hätte der Irrtum und die Sünde den Menschen getrieben.

So ist der Christus eben der Lichtführer, der hinausführt aus Irrtum und Sünde; und dadurch ist der Mensch imstande, den Weg aufwärts zu finden. Nun fragen wir uns: Was hat denn der Mensch verloren, indem er heruntergestiegen ist aus der geistigen Welt, dass er sich verstrickte unter dem Einfluss Luzifers in die Begierden und Leidenschaften und dann durch den Einfluss Ahrimans in Irrtum, Illusion und Lüge in Bezug auf die irdische Welt? Er hat den unmittelbaren Einblick in die geistige Welt verloren, das Verständnis der geistigen Welt hat der Mensch verloren.

Was soll also der Mensch wiedergewinnen? Wiedergewinnen soll der Mensch das volle Verständnis für die geistige Welt. Und die Tat des Christus kann von dem Menschen als einem selbstbewussten Wesen erst dadurch ergriffen werden, dass der Mensch zum vollen Verständnis der Bedeutung des Christus kommt. Gewiss, die Christus-Kraft ist da. Die Christus-Kraft hat der Mensch nicht auf die Erde gebracht. Die Chistus-

Kraft ist eben auf die Erde durch den Christus gekommen. Durch den Christus ist die Möglichkeit des Karma in die Menschheit hineingekommen. Aber nun soll der Mensch als ein selbstbewusstes Wesen das Wesen des Christus und den Zusammenhang des Christus mit der ganzen Welt erkennen. Nur dadurch kann der Mensch wirklich als ein Ich wirken. Was tut denn der Mensch, wenn er jetzt, nachdem der Christus da war, nicht nur die Kraft des Christus unbewusst auf sich wirken lässt, nicht sozusagen nur sagt: Ich bin schon zufrieden, dass der Christus da war, er wird mich schon erlösen und dafür sorgen, dass ich vorwärts komme! – sondern wenn der Mensch sich sagt: Ich will erkennen, was der Christus ist, wie er heruntersteig, ich will durch meinen Geist Anteil haben an der Tat des Christus! – was tut der Mensch dadurch?

Erinnern Sie sich, dass dadurch, dass die luziferischen Geister sich einschlichen in den menschlichen Astralleib, der Mensch heruntergestiegen ist in die sinnliche Welt, dass er dadurch allerdings dem Bösen hat verfallen können, aber auch die Möglichkeit der selbstbewussten Freiheit errungen hat. Luzifer ist im Wesen des Menschen, hat den Menschen heruntergeholt sozusagen auf die Erde, ihn verstrickt in das irdische Dasein, indem er zuerst die Leidenschaften und Begierden, die im astralischen Leib war, in die Erde geführt hat, sodass dann auch Ahriman angreifen konnte im ätherischen Leib, in der Verstandesseele. Nun ist der Christus erschienen und damit diejenige Kraft, die den Menschen auch wiederum hinauftragen kann in die geistige Welt. Aber jetzt kann der Mensch, wenn er will, den Christus erkennen! Jetzt kann sich der Mensch alle Weisheit sammeln, um den Christus zu erkennen. Was tut er dadurch? Etwas Ungeheures! Wenn der Mensch den Christus erkennt, wenn er sich wirklich einlässt auf die Weisheit, um zu durchschauen, was der Christus ist, dann erlöst er sich und die luziferischen Wesenheiten durch die Christus-Erkenntnis. Würde der Mensch sich bloß sagen: Ich bin zufrieden damit, dass der Christus da war, ich lasse mich erlösen unbewusst! – dann würde der Mensch niemals zur Erlösung der luziferischen Wesenheiten etwas beitragen. Diese luziferischen Wesenheiten, die dem Menschen die Freiheit gebracht haben, geben ihm auch die Möglichkeit, diese Freiheit jetzt in einer freien Weise zu benutzen, um den Christus zu durchschauen. Dann werden in dem Feuer des Christentums geläutert und gereinigt die luziferischen Geister, und es wird das, was durch die luziferischen Geister an der Erde gesündigt worden ist, aus einer Sünde in eine Wohltat umgewandelt werden. Die Freiheit ist errungen, aber sie wird als eine Wohltat mit hineingenommen werden in die geistige Sphäre. Dass der Mensch das kann, dass er imstande ist, den Christus zu erkennen, dass Luzifer in einer neuen Gestalt aufersteht und sich als der Heilige Geist mit dem Christus vereinigen kann, das hat der Christus selbst noch als eine Prophezeiung denen gesagt, die um ihn waren, als er sagte: Ihr könnt erleuchtet werden mit dem neuen Geist, mit dem Heiligen Geist! – Dieser Heilige Geist ist kein anderer als der, durch den auch begriffen wird, was der Christus eigentlich getan hat. Christus wollte nicht bloß wirken, er wollte auch begriffen, er wollte auch verstanden sein. Deshalb gehört es zum Christentum, dass der Geist, der die Menschen inspiriert, der Heilige Geist, zu den Menschen gesandt wird …

Der Mensch denkt: Wozu brauche ich mich um das zu kümmern, was in der geistigen Welt vorgeht? Wenn ich sterbe, gehe ich ja ohnehin in die geistige Welt, da werde ich schon sehen und hören, was da drinnen ist! In unzähligen Variationen können Sie das hören, jene bequeme Weise: Ach, was kümmere ich mich vor meinem Tode um das Geistige! Ich werde ja sehen, was daran ist; denn das kann ja nichts ändern an meinem Verhältnis zur geistigen Welt, ob ich mich hier damit befasse oder nicht! So ist es aber nicht. Der Mensch, der so denkt, wird eine finstere und düstere Welt kennen lernen. Es wird sein, wie wenn er nicht viel unterscheiden könne von dem, was Sie beschrieben finden in meinem Buche *Theosophie* von den geistigen Welten. Denn dass der Mensch hier in der physischen Welt seinen Geist und seine Seele verbindet mit der geistigen Welt, das macht ihn erst fähig zu sehen, indem er sich hier darauf vorbereitet. Die geistige Welt ist da; die Fähigkeit, darin zu sehen, müssen Sie sich hier auf der Erde erringen, sonst sind Sie blind in der geistigen Welt. So ist Geisteswissenschaft die Macht, die Ihnen erst die Möglichkeit gibt, überhaupt bewusst in die geistige Welt einzudringen. Wäre der Christus nicht in der physischen Welt erschienen, so würde der Mensch versinken in der physischen Welt, könnte nicht in die geistige Welt eintreten. So aber wird er hinaufgehoben durch den Christus in die geistige Welt, dass er darinnen bewusst wird, darinnen sehen kann. Das hängt davon ab, dass er sich auch zu verbinden weiß mit dem, den der Christus gesandt hat, mit dem Geist; sonst ist er unbewusst. Der Mensch muss sich seine Unsterblichkeit erwerben, denn eine Unsterblichkeit, die unbewusst ist, ist noch keine Unsterblichkeit. Schon der Meister Eckhart hat daraufhin das schöne Wort gesprochen: Was nützte es dem Menschen, ein König zu sein, wenn er doch nicht weiß, dass er das ist? – Damit hat er aber gemeint: Was nützt dem Menschen alle geistige Welt, ohne dass er weiß, was die geistigen Welten sind? Aneignen können Sie sich das Sehvermögen für die geistige Welt nur in der physischen Welt. Das mögen diejenigen beherzigen, die da fragen: Warum ist denn der Mensch überhaupt heruntergestiegen in die physische Welt? Der Mensch ist heruntergestiegen, damit er hier sehend werden kann für die geistige Welt. Blind würde er bleiben für die geistige Welt, wenn er nicht heruntergestiegen wäre und sich hier das selbstbewusste Wesen angeeignet hätte, mit dem er zurückkehren kann in die geistige Welt, sodass sie jetzt lichtvoll vor seiner Seele liegt.

So ist Geisteswissenschaft nicht bloß eine Weltanschauung, sondern sie ist etwas, ohne das der Mensch gar nicht in seinem unsterblichen Teil etwas von unsterblichen Welten wissen kann. Eine reale Macht ist Geisteswissenschaft, etwas, was als eine Wirklichkeit in die Seele einfließt. Und indem Sie hier sitzen und Geisteswissenschaft treiben, lernen Sie nicht nur etwas wissen, sondern Sie wachsen hinein, etwas zu werden, was Sie sonst nicht sein würden. Das ist der Unterschied zwischen der Geisteswissenschaft und anderen Weltanschauungen. Alle anderen Weltanschauungen beziehen sich auf das Wissen, Anthroposophie bezieht sich auf das Sein des Menschen ...

So sehen wir, wie Mächte in der Welt zusammenwirken, wie alles, was scheinbar widerstrebend ist dem Fortschreiten der Menschheit, hinterher als eine Wohltat sich erweist. So sehen wir auch, dass in der nachchristlichen Zeit, von Zeitalter zu Zeitalter, der Geist, der den Menschen befreit hat, wieder auftauchen wird in einer neuen Gestalt – der führende Lichtträger Luzifer wird seine Erlösung finden. Denn alles, was im Weltenplane ist, ist gut, und das Böse hat nur seinen Bestand durch eine gewisse Zeit hindurch. Daher glaubt nur der an die Ewigkeit des Bösen, der das Zeitliche mit dem Ewigen verwechselt; und daher kann derjenige das Böse niemals verstehen, der nicht aufsteigt von dem Zeitlichen zu dem Ewigen.»[116]

Die Opposition der Widersachermächte gegenüber den regulären Geistern schafft Polaritäten im Weltgeschehen, die wechselseitig aufeinander Einfluss haben. Die Taten der so genannten regulären Geister werden «affiziert» bzw. herausgefordert. Jedem Eingriff der Widersacher stehen «Ausgleichstaten» der regulären Geister entgegen. Im Wechselspiel beider entwickeln sich die Welttatsachen und auch der Mensch zu seiner heute vorliegenden Konstitution. Der Kosmos ist ein Organismus von Wesen, wo jede Veränderung – hier das Entstehen der Opposition – sich jedem Teil des Organismus mitteilt.

Es kann die Frage auftauchen: Warum wurde diese Opposition durch die regulären Geister nicht verhindert?

Aus welcher Seelenhaltung entsteht eine solche Frage? Man sehnt sich nach einem prästabilisierten Lauf der Welt, in dem – möglichst zu einem nie in Frage gestellten Heil des Menschen – alles geregelt ist. Und in dem den regulären Geistern bzw. Gott das Attribut der Allmacht zugeschrieben wird. Doch stürzt dieses Attribut den nachdenklichen Menschen beim Betrachten der unvollkommenen Welt in eine nicht geringe seelische Not. Denn die Welt ist voller Ereignisse, welche keineswegs Heil, sondern Unheil für den Menschen zeitigen. Die Zweifel von Hans Jonas werden zu unseren eigenen.

Blickt man auf den Mittelpunkt der Weltgeschichte, nämlich das Mysterium von Golgatha und alles, was zu seiner Vorbereitung nötig war, erleben wir ein fortwährendes Opfer, also das Gegenteil von einem Ausleben von Allmacht. In der Versuchergeschichte des Neuen Testaments provozieren die Widersachermächte Christus geradezu, Allmacht zu praktizieren. Sie wissen, dass das Prinzip der Freiheit aufgehoben wäre, wenn ihre Versuchung gelänge. Das möchten sie, aber sie erreichen es nicht.

Gestehen wir uns offen ein, dass der Gedanke, dass auch Geistwesen sich entwickeln, uns erst einmal irritiert. Zu lange und zu selbstverständlich hat die Vorstellung von einer bis ins Kleinste geregelten Welt unsere Seele in Beschlag genommen, als dass wir ihr leichten Herzens Ade sagen. Versuchen wir das, so wird uns ahnungsweise das eigene Risiko bewusst, das diese neuen Gedanken über die Weltentwickelung beinhaltet.

Uns wird in dieser Weltsicht eine große Verantwortung zugewiesen. Je nachdem, welchen Beitrag wir selbst für die Weltentwickelung leisten, nimmt diese unterschiedliche Verläufe. In dem Moment, wo die Möglichkeit der menschlichen Freiheit weltgeschichtlich zur Realität wird, entscheiden wir nicht nur über unsere eigene Entwickelung, sondern auch mit über das Schicksal anderer Wesen.

Die im Vortrag erwähnte Erlösung des Luzifers wird z.B. doch nur Realität, wenn die Gabe, die er den Menschen gebracht hat, nämlich die Freiheit, von ihnen in selbstloser Weise genutzt wird. Mit ihr kann eine neue Erkenntnis des Christus erworben werden. Freilich nur dann, wenn durch die eigene Tat des Menschen die Folgen der luziferischen Verführung im Menschen aufgehoben werden. Was das konkret heißt, werden die folgenden Ausführungen noch zeigen. An dieser Stelle der Darstellungen aber kann schon verständlich sein, dass bei diesem Vorgang die Egoität, welche die Wurzel aller Übel ist, abgearbeitet werden muss. Die Egoität auszuleben ist allein dort berechtigt, wo es nur um die Entfaltung der eigenen Persönlichkeit auf dem Wege zu einer neuen Erkenntnis der geistigen Welt geht. Dabei sind die größten individuellen Leistungen zu erbringen, die aber nur zum Ziele haben, aus eigener Kraft die Selbstlosigkeit herzustellen, d.h. unverstellte Hingabe und Offenheit für die Welt. Deplatziert ist die Seelenhaltung des Egoismus dagegen im sozialen Verkehr. Dort bringt sie die schlimmsten Übel hervor.

Die dritte Widersachermacht – die Asuras

Die Mitteilungen über die Asuras bedrücken. Verfällt der Mensch deren Intentionen, scheint es keinen Ausgleich dafür zu geben. Während für den luziferischen Einfluss Krankheit, Leid und Tod Ausgleich schaffen, bei ahrimanischen Einflüssen das Karma die Überwindung der Verfehlungen ermöglicht, scheint es bei den Übeln, welche die Asuras im Menschen anrichten, keine wie auch immer geartete Gegenwirkung zu geben. In dem zitierten Vortrag vom 22. März 1909 wird weder ausdrücklich gesagt, dass es einen Ausgleich nicht gäbe, noch wird er dargestellt. Allerdings wird von einem unwiderbringlichen Verlust gesprochen.

Rudolf Steiner hat wiederholt dargestellt, wie anders vor allem das soziale Verhalten der Menschen in der Zukunft sein wird.[117] In der Gegenwart, die derart vom Egoismus geprägt ist, klingen die Darstellungen wie eine Utopie. Die Menschen werden dann nicht glücklich sein können, solange andere im Unglück leben. Das wird bei denen der Fall sein, die den Anschluss an den Christus-Impuls gefunden haben, also bei den selbstlosen Dienern dieses Impulses. Fast unvorstellbar ist auch die Kraft, mit der solche Menschen wirken werden, weil sie aus der Wahrheit sprechen.

In einer Zeit, in welcher der Mensch zu seiner Selbstständigkeit und damit auch zu seiner Verantwortung erwacht, ist es naheliegend zu denken, dass das Korrektiv für üble Handlungen von Menschen ausgehen muss. Gesteigerte Anteilnahme und Mitleid werden doch gerade denen, welche in die Fänge der Asuras gefallen sind, gelten. Freilich gilt auch in diesem Falle, dass die angebotene Hilfe von denen, die geschädigt worden sind, angenommen werden muss. Doch diesen wird doch in der Lebensrückschau nach dem Tode ein Tableau ihrer Erdenwirkungen vor Augen geführt, und sie durchleiden die Schmerzen jener, denen sie Unrecht getan haben. Das kann ein Ausgangspunkt dafür sein, die Hilfe anzunehmen.

Halten wir fest, dass die Asuras in der Bewusstseinsseele wirken, dass sie diese in eine andere Strebensrichtung lenken wollen. Die Bewusst-seinsseele lässt Empfindungs- und Verstandesseele hinter sich. Ihr Streben ist auf die Wahrheit und das wahrhaft Gute gerichtet. Nicht Gefallen und Missfallen entscheiden über die Bedeutung der Dinge. Insofern der Mensch die Wahrheit erkennt und verbindlich in ihr lebt, agiert er in der Bewusstseinsseele. Die Wahrheit zeigt sich dabei als ein vom Menschen unabhängiges Wesen. Diese Denkgebärde klärt den Menschen über sich selbst und über die Welt auf. So heißt es in der *Theosophie* über die Bewusstseinsseele: «Es ist für ihn [den Menschen] eine selbstverständliche Überzeugung, dass die Denkgesetze in Übereinstimmung mit der Weltordnung sind. Er betrachtet sich deshalb als ein Einheimischer in der Welt, weil diese Übereinstimmung besteht. Diese Übereinstimmung ist eine der gewichtigen Tatsachen, durch die der Mensch seine eigene Wesenheit kennen lernt.» Oder: «Indem der Mensch das selbstständige Wahre und Gute in seinem Innern aufleben lässt, erhebt er sich über die bloße Empfindungsseele. Der ewige Geist scheint in diese herein. Ein Licht geht in ihr auf, das unvergänglich ist. Sofern die Seele in diesem Lichte lebt, ist sie eines Ewigen teilhaftig. Sie verbindet mit ihm ihr eigenes Dasein. Was die Seele als Wahres und Gutes in sich trägt, ist unsterblich in ihr.»[118]

Aber erreichen alle Menschen, die im Bewusstseinsseelenzeitalter leben, diese seelische Verfassung? Dass die Verwirklichung dieses Zustandes möglich ist, ist durch das Leben vieler Menschen bewiesen. Doch auch das Gegenteil gilt: Man könnte viele der gängigen Erkenntnistheorien und der Menschenbilder, die sie stützen, als ein aktiv betriebenes Vergessen der geistigen Welt bezeichnen. Sie bereiten den Weg, das Sinnliche als einzige Realität anzuerkennen. Entsprechend wird das Begehren einzig und allein auf das Sinnliche gerichtet.

Die bereits zitierte Bemerkung Rudolf Steiners über die asurischen Mächte aus dem Vortrag vom 22. März 1909 stimmt nicht mehr: «Man könnte sagen: Heute ist es mehr theoretisch, dass die asurischen Mächte den Menschen verführen, heute gaukeln sie ihm vielfach vor, dass sein Ich ein Ergebnis wäre der bloßen physischen Welt. Heute verführen sie ihn zu einer Art theoretischen Materialismus. Aber sie werden im weiteren Verlauf – und das kündigt sich immer mehr und mehr an – durch die wüsten Leidenschaften der Sinnlichkeit, die immer mehr und mehr auf die Erde herniedersteigen, dem Menschen den Blick umdunkeln gegenüber den geistigen Wesenheiten und geistigen Mächten. Es wird der Mensch nichts wissen und nichts wissen wollen von einer geistigen Welt. Er wird immer mehr und mehr nicht nur lehren, dass die höchsten sittlichen Ideen des Menschen nur höhere Ausgestaltungen der tierischen Treibe sind, er wird nicht nur lehren, dass das menschliche Denken nur eine Umwandlung dessen ist, was auch das Tier hat, er wird nicht nur lehren, dass der Mensch nicht bloß seiner Gestalt nach mit dem Tier verwandt ist, dass er auch seiner ganzen Wesenheit nach vom Tier abstamme, sondern der Mensch wird mit solcher Anschauung Ernst machen und so leben.»

Was am Anfang des letzten Jahrhunderts prognostiziert wurde, ist längst eingetreten. Am Beginn des neuen Jahrtausends wird nicht nur die Abstammung des Menschen vom Tier als die einzige Denkmöglichkeit angesehen, sondern auch diejenigen, welche noch (quasi mittelalterlich) von Seele oder Geist sprechen, als unqualifiziert charakterisiert, lebenspraktische Entscheidungen zu treffen. Dafür ein Beispiel: In einer Erklärung von zweiundzwanzig prominenten Wissenschaftlern wurde zu Beginn des Jahres 1998 die Ankündigung von großen Fortschritten beim Klonen von höheren Tieren begrüßt. Unterschrieben ist die Erklärung unter anderen von dem Philosophen Isaihah Berlin, vom Nobelpreisträger Francis Crick, dem Biologen Richard Dawkins und der Sozialkritikerin Taslima Nasrin. Da heißt es: «Die menschliche Natur wird als einzigartig und heilig angesehen ... Doch soweit die Wissenschaft das sagen kann, ist Homo sapiens ein Vertreter des Tierreiches ... Das reiche menschliche Repertoire an Gedanken, Gefühlen, Sehnsüchten und Hoffnungen scheint sich aus elektrochemischen Hirnprozessen zu speisen und nicht aus einer immateriellen Seele.» Die Erklärung geht aber einen entscheidenden Schritt weiter. Sie hält diese Ansicht vom Menschen als die einzig mögliche. So heißt es: «Daher erhebt sich aus der gegenwärtigen Debatte um das Klonen sofort die Frage, ob die Fürsprecher von übernatürlichen oder spirituellen Weltbildern wirklich über sinnvolle Qualifikationen verfügen, um zu dieser Debatte beizutragen ... Wir sehen die Gefahr, dass Forschung mit enormem potenziellem Nutzen nur deshalb unterdrückt wird, weil sie mit den religiösen Vorstellungen mancher Leute im Konflikt steht.»[119]

Im Klartext: Die Vertreter von spirituellen Weltanschauungen sind bei der Debatte über den Fortgang der Menschheit auszuschließen, da ihnen die «modernen» Qualifikationen fehlen. Sie werden als untauglich erklärt, das Leben zu meistern. Die materialistische Wissenschaft erhebt sich zur einzigen Instanz, die bestimmt, was richtig und falsch ist.

Die asurischen Mächte kündigen sich ferner durch den «Geist des bloßen Lebens in der Sinnlichkeit» an. Dieser Geist hat wahrlich im alltäglichen Leben Platz gegriffen. Unzählige Menschen sehen heute in der Befriedigung der Sinnlichkeit das übergeordnete Ziel ihres Lebens. Sie betrachten das Leben geradezu als Anlass, sinnlich zu genießen. Da ihnen das Leben sowieso zu kurz erscheint, streben sie an, es gesteigert auszukosten. Sie richten alle Aufmerksamkeit darauf, dem Genuss ausgiebig nachzugehen.

Die Sexualität ist nur ein Teil des angestrebten Genusses. Aber an ihr kann man beobachten, wie das asurische Element sich in das Leben einschleicht. In dem Maße, in dem die Sexualität ihre Einbindung in die vielen Facetten einer menschlichen Beziehung verliert und zum Selbstzweck wird, stellt sich der Wunsch ein, das Erleben im Genuss zu steigern. Eine wenigstens so empfundene Steigerung ist die Perversion. Der Partner wird zum Objekt. In diesen Zustand schlägt ein Wille ein, den anderen Menschen zu beherrschen und dienstbar zu machen. Zusätzlich wird die Macht über den anderen genossen. Dabei zeigt sich, dass die so entbundene Erotik den Kitzel der Macht gebiert. Wird ihm nachgegeben, kann die Lust an der völligen Knechtung des Partners auftreten, sogar die Lust am fremden Leid. An der Qual des anderen Menschen wird die eigene «Persönlichkeitssteigerung» erlebt.

Solcher Machtkitzel kann sich in den unterschiedlichsten Attitüden und Gewohnheiten auswirken. Allen aber ist als Grundgeste die Menschenverachtung eigen. Sie beginnt bei der Manipulation von Menschen, etwa durch wirtschaftliche Zwänge; sie endet bei der Lust am Mord. Es waltet ein Wille, der von jeder vernünftigen Sinngebung ausgegrenzt ist. Die oft zu beobachtende Brutalität, z.B. während der äußerst grausamen Kämpfe zwischen Hutus und Tutsis in Ruanda und Kongo (ehemals Zaire) seit Beginn der neunziger Jahre, beim Niedermetzeln wehrloser Frauen und Kinder in Algerien usw., führt uns vor Augen, dass dabei

Menschen zu Tieren werden. Richtiger wäre zu sagen: Die Menschen geraten bei solchen Handlungen unter das Niveau des Tieres. Denn die Lust am bloßen Mord ist dem Tier fremd. Nein, diese Gräuel sind der Schattenwurf eines Selbstbewusstseins, das auf Freiheit angelegt ist. Das totale Vergessen des eigenen Ursprungs ist heute möglich und wird gesteigert durch Taten, die den Stempel völligen Widersinns gegenüber dem Ursprung der Schöpfung haben. Dieser Widersinn wird ein Teil der Weltwirklichkeit.

Während das Wirken Luzifers und Ahrimans durch den Impuls, der von Christus ausgeht, in ein produktives Weltverhältnis eingebunden werden, begegnen wir in den Asuras Wesenheiten, die die totale Verneinung gegenüber der bisherigen Wirklichkeit inspirieren. In ihren Intentionen tritt der blanke Hass gegenüber allem Bestehenden zutage. Das macht uns, die wir diese Vorgänge beobachten, zutiefst betroffen und sprachlos. Wir können die Vorgänge mit unserer bisherigen Begrifflichkeit nicht fassen, sie sprengen unseren Verstand. Wir werden ihnen gegenüber hilflos, weil das beherrschende Prinzip dieser Intentionen die praktizierte Unvernunft ist.

Vom Menschen her gesehen, wird bei solchem Verhalten das Bewusstsein leer. Persönliche Erkenntnis wird aufgegeben. An ihre Stelle tritt die Inspiration der Asuras. Sie bewirkt ablehnenden Hass gegenüber allem, was sich außerhalb der Grenzen der eigenen Haut befindet. Nicht nur Egoismus agiert, sondern die blinde Zerstörungswut herrscht. An ihr wird Gefallen und Lust entwickelt. Auch Lust an Folter und Mord.

Es ist bezeichnend, dass die Asuras ihren Angriff auf das Ich richten. Es soll geknechtet und seiner möglichen Herrschaft über seine Hüllen beraubt werden. Der Mittelpunkt der Weltentwicklung, die Individualisierung des Menschen, wird bekämpft. Der gedankliche Ausgangspunkt dafür ist, die Determination des Menschen durch seinen Leib festzuschreiben. Das führt zu einer Mechanisierung des Geistes. Diese lässt eine Animalisierung des Leibes als «sinnvoll» erscheinen. Sie hat eine Vegetarisierung der Seele zur Folge. Deren einziges Ziel ist Lustgewinn und Machtkitzel. Lustvolle Zerstörung wird durch den Einfluss der Asuras zum Lebensinhalt und zum Motiv für das eigene Handeln. Die Intentionen der regulären Geister werden total verneint und alles darangesetzt, sie auszuschalten. In diesem Kampf erscheint eine Versöhnung unmöglich. Der unbedingte Widersacher der Weltentwicklung und damit des Christus-Impulses wird sichtbar.

Es gibt Bilder, bei denen die geschilderten Tendenzen klar vor Augen treten. Die zunehmende Kinderpornografie und Kinderprostitution sind ein Beispiel dafür, welche Gräuel durch sie im täglichen Leben ausgelöst werden. Eltern verschachern ihre Kinder für Geld und missbrauchen sie selbst. Jede Empfindung dafür, was den Kindern dabei an Leid zugefügt wird, ist erloschen. Die schlimmsten seelischen Kränkungen werden in Kauf genommen, wenn nur durch die Prostitution die eigene Lust befriedigt wird. Totale Besessenheit nimmt ihren Lauf. Der Mensch wird zur Karikatur seiner selbst, weil jede selbst gesetzte Ich-Kraft im Moment gefesselt ist. Zerstörung herrscht, verursacht durch den Verfall einer ins Maßlose gesteigerten Egoität.

Das Risiko der Freiheit wird in solchen Bildern erlebbar; es birgt die Möglichkeit, dem Widersinn zu verfallen. Die menschliche Freiheit eröffnet zwei Wege: den der Liebe zu aller Schöpfung und jenen der ungehemmten Selbstliebe. Jeder Mensch muss sich individuell entscheiden, welchen Weg er selbst gehen will. Es erscheint nicht ausgeschlossen, dass sich die Menschheit mit diesen Entscheidungen teilt, weil sie gegensätzlichen geistigen Prinzipien folgt.

Sorat, der Feind des Christus-Impulses

Immer dann, wenn eine Hierarchie im Gang der Weltentwicklung ihre «Menschheitsstufe» durchläuft, kann es vorkommen, dass geistige Wesen das gesteckte Ziel nicht erreichen. Sie bleiben hinter der intendierten Entwicklung zurück und geraten dadurch in Gegensatz zu ihr. Das ist mit allen drei Gruppen von Widersachermächten geschehen.

Während des alten Saturns betrifft diese Tatsache die Hierarchie der Archai. Die Zurückgebliebenen aus ihren Reihen wurden zu Asuras. Auf der alten Sonne durchlaufen die Archangeloi diesen Entwicklungszustand. Das Ergebnis ist die Opposition Ahrimans. Auf dem alten Mond geht die Opposition von Luzifer aus.[120]

Der Einfluss auf den Ich-begabten Menschen während des dritten Entwicklungszustandes unserer Erde (im lemurischen Zeitalter) erfolgt zuerst durch Luzifer. Es findet das statt, was wir mit dem Wort Sündenfall zu fassen versuchen und auf dessen Wirklichkeit und Folgen noch näher eingegangen werden wird. Erst mit der Atlantis beginnt der Einfluss Ahrimans auf den Ich-begabten Menschen. Die Asuras greifen erst im Bewusstseinsseelen-Zeitalter in das Geschehen ein. Die Beeinflussung geschieht also in umgekehrter Reihenfolge des Verwandlungsmomentes dieser Wesen.

Entsprechend sind auch die Haupteinflussgebiete dieser drei Gruppen von Widersachermächten verschieden. Auf dem alten Mond wurde dem Menschen sein Astralleib geschenkt und später metamorphosiert in die Empfindungsseele. Sie ist vor allem der Angriffspunkt für luziferisches Wirken. Empfindungen und Emotionen unsachgemäß zu lenken ist Luzifers Ziel. Denn aufgepeitschte Emotionen erzeugen seelischen Wahn.

Auf der alten Sonne wurde der physische Leib mit Leben, also einem Ätherleib, begabt, der im Seelischen zur Verstandesseele umgewandelt wurde. Die Verstandesseele ist das Einfallstor Ahrimans. Er versucht, ihre Vorstellungsbildung auf einseitige bzw. falsche Interpretationen der

Phänomene festzulegen. Der Materialismus und die von ihm ausgehenden Folgen (etwa der Bolschewismus) führen zu vielfältigen Illusionen und – werden sie in das praktische Leben eingeführt – zu einer Quelle der Übel.

Die Asuras bekämpfen die Bewusstseinsseele, eine Metamorphose jener Kräfte, die geistig dem physischen Leib zugrunde liegen. Die Produktivkräfte der Bewusstseinsseele werden durch Beeinflussung zur Sinnlichkeit abgefangen. Die Animalisierung des Leibes wird propagiert.

Selten weist Rudolf Steiner auf eine Oppositionskraft zum Christus-Impuls hin, die er Sonnendämon oder Sorat nennt.[121] Ihr oberstes Ziel ist die Vernichtung des Christus-Impulses. Das Ich, die freie, unsterbliche Individualität, soll ausgerottet werden. Sorat verkörpert den abgrundtiefen Hass gegenüber der regulären Evolution. Er impulsiert die Widersachermächte. Vier Vortragsstellen können das beleuchten.

Am 22. Januar 1917 charakterisiert Rudolf Steiner eine Aufgabe des fortwirkenden Christus im Zeitalter der Bewusstseinsseele: «Der Christus hat eine wichtige Tat im fünften … nachatlantischen Zeitraum zu tun: nämlich hier für die Erde ein Helfer zu werden zur Überwindung, zur letztlichen Überwindung alles desjenigen, was aus dem Nationalprinzip kommt.»[122]

Am 3. April 1920 beschreibt Rudolf Steiner Nationalismus und Bolschewismus so: «Diese zwei Dinge sind heraufgekommen …: der Nationalismus, die luziferische Gestalt des Anti-Christentums, und dasjenige, was gipfelt in den Leninismen und Trotzkismen, die ahrimanische Gestalt des Antichristentums. Das sind die Schaufeln, mit denen heute das Grab des Christentums gegraben werden soll, die Nationalismen und die Leninismen. Und überall, wo Kultus getrieben wird mit Nationalismen und mit Trotzkismen …, dort wird heute dem Christentum das Grab gegraben, dort herrscht für den Einsichtigen eine Stimmung, die im rechten Sinne eine Karsamstag-Stimmung ist. Der Träger des Christentums ruht im Grabe, und die Menschen legen einen Stein darauf. Zwei Steine legten die Menschen auf den Repräsentanten des Christentums, die Nationalismen und die äußerlichen Sozialismen.»[123]

Der Bolschewismus, der «äußerliche» Sozialismus, wird eindeutig als ahrimanische Intention bezeichnet. Er verfrüht und veräußerlicht den Impuls des Sozialismus, der zu dem Individual-Impuls dazugehört, und pervertiert ihn dadurch.

Am 13. Juni 1920 führt Rudolf Steiner aus: «Das ist eine ahrimanische Initiation, die einfach einer anderen Weltensphäre angehört, als unsere Weltensphäre ist. Aber es ist eine Initiation, die in ihrem Schoße die Macht hat, die menschliche Zivilisation von der Erde hinwegzubekommen; alles dasjenige, was sich als menschliche Zivilisation gebildet hat, hinwegzubekommen von dieser Erde ... Lenin, Trotzki und ähnliche Leute sind die Werkzeuge dieser ahrimanischen Mächte.»[124] ×)

Am 12. September 1924 heißt es: «... die gegenwärtige Verfassung Russlands, das ist dasjenige, was durch die in die Menschenseele eindringenden Soratgeister angestrebt wird».[125] Eine ahrimanische Intention verbindet sich mit dem Bestreben Sorats, um den Ich-Impuls zu bekämpfen. Das Ich soll, bildlich gesprochen, so ausgehöhlt werden, dass die menschlichen Hüllen für eine Besetzung durch fremde Geistigkeit offen werden. Der entselbstete Mensch soll zum Träger einer fremden Geistigkeit werden – oder anders gewendet: zum Werkzeug der Widersachermächte.

Es gehört Mut dazu einzusehen, dass wir Zeitzeugen real wirkender Mächte sind, welche auf die Vernichtung des Ich zielen. Und doch: Werden die Symptome der Grausamkeit, die über weite Strecken die Geschichte des 20. Jahrhunderts prägen, nicht durch solche Gedanken erst verständlich? Können wir die Symptome der Entselbstung nicht in der Umwelt – oder bei uns selbst – handgreiflich beobachten?

Eine Charakteristik des Wesens Sorat durch Rudolf Steiner lautet: «Es stammt aus anderen Weltperioden, hat anderer Weltperioden Neigungen angenommen und wird sich tief befriedigt fühlen, wenn es auf Wesen stößt, wie diese bösen Wesen sein werden, die sich geweigert haben, innerlich anzunehmen, was als Gutes aus der Erde fließen kann. Dieses Wesen hat nichts von der Erde haben können. Es hat kommen sehen die Erdenentwickelung, aber es hat sich gesagt: Ich bin nicht mit der Erde so fortgeschritten, dass ich von dem irdischen Dasein etwas haben kann. – Dieses Wesen hätte nur dadurch etwas haben können von der Erde, wenn es in einem bestimmten Augenblick die Herrschaft hätte erlangen können, nämlich da, wo das Christus-Prinzip heruntergestiegen ist auf die Erde. Wenn dieses Christus-Prinzip damals im Keim erstickt worden wäre, wenn der Christus von dem Widersacher hätte überwunden werden können, dann allerdings wäre es möglich gewesen, dass die Erde in ihrer Ganzheit diesem Sorat-Prinzip verfallen wäre. Das ist nicht der Fall gewesen, und so muss sich dieses Wesen begnügen mit den Abfällen, die sich nicht hingeneigt haben zum Christus-Prinzip, mit jenen Menschen, die in der Materie stecken geblieben sind; die werden in der Zukunft seine Heerscharen sein.»[126]

Diese künftigen Heerscharen haben Vorläufer. Es sind diejenigen Menschen, die schon heute die schwarze Magie handhaben. Sie haben durchaus ein profundes Wissen von der geistigen Welt. Aber sie möchten mit diesem Wissen nicht der Menschheit dienen, sondern sie beherrschen. Dieser Vorgang wird von alters her als Sünde wider den Heiligen Geist bezeichnet, eine Sünde, die keine Vergebung erlangt. Auch diese alte Formel spricht davon, dass der so agierende Mensch von jenen Vorgängen ausgesondert, verstoßen wird, die das Ziel der Menschheitsentwicklung verfolgen.

Solche Vorbereiter des Sorat-Prinzips sind also durchaus Eingeweihte. Aber sie wollen mit dem Prinzip des Christus nichts zu tun haben, das ihnen beim Übergang der Schwelle zur geistigen Welt von dem Wesen, das sie hütet, zugerufen wird: «Du bist zu der gegenwärtigen Stufe deiner Vollendung gekommen durch die Fähigkeiten, welche du in der Sinnenwelt entwickeln konntest, solange du noch auf sie angewiesen warst. Nun aber muss für dich eine Zeit beginnen, in welcher deine befreiten Kräfte weiter an dieser Sinneswelt arbeiten. Bisher hast du dich selbst erlöst, nun kannst du als ein Befreiter alle deine Genossen in der Sinnenwelt mitbefreien. Als Einzelner hast du bis heute gestrebt; nun gliedere dich ein in das Ganze, damit du nicht nur dich mitbringst in die übersinnliche Welt, sondern alles andere, was in der sinnlichen vorhanden ist.»[127]

Mit diesen Worten wird das Prinzip der Liebe angemahnt, sagt doch der Hüter von sich selbst: «Ich kann kein Seliger sein, solange es noch Unselige gibt.»[128] Damit charakterisiert der Hüter die selbstlose Liebe des Christus-Impulses. Seine Begründung, dass die Liebe zum anderen walten müsse, ist der Hinweis auf die bisherige Weltentwicklung. «… ihr seid alle miteinander verbunden. Ihr musstet alle hinabsteigen in die Sinnenwelt, um aus ihr heraufzuholen die Kräfte für eine höhere. Würdest du dich von ihnen trennen, so missbrauchtest du die Kräfte, die du doch nur in Gemeinschaft mit ihnen hast entwickeln können. Wären sie nicht hinabgestiegen, so hättest es auch du nicht können; ohne sie fehlten dir die Kräfte zu deinem übersinnlichen Dasein. Du musst diese Kräfte, die du mit ihnen errungen hast, auch mit ihnen teilen.»[129]

Die Ablehnung dieses Sozialimpulses besiegelt die Trennung von diesem Impuls und mit ihr die Verbindung mit dem Sorat-Prinzip. Die Folge davon ist das Wirken durch schwarze Magie. Es hat unter anderem zum Ziel, die Macht über Menschen zu erlangen, deren Verfassung zu entmenschlichen, indem das Ich ausgerottet wird.

Mensch erhält?

Verstandesseele   Empfindungsseele

phys. Leib   Ätherleib   Astralleib
auf dem   auf der   auf dem

4 Saturn   ☉ Sonne   ☾ Mond

Archai   Archangeloi   Angeloi

Asuras   Ahriman   Lucifer

☿ Erde

Lemurische Epoche   Atlantis   Nach atlantische Epoche
Lucifer   Ahriman   Bewusstseinsseele Zeitalter:
wirkt   wirkt   Asuras wirken

IV. DIE LUZIFERISCHE VERFÜHRUNG

Die Unzulänglichkeit der an der Sinneswelt gebildeten Vorstellungen für die Auffassung geistiger Vorgänge: der Paradiesesmensch

Die Unzulänglichkeit unser üblichen Vorstellungen kann an einer Darstellung Rudolf Steiners über den Menschen vor dem Sündenfall bewusst werden. Sie findet sich in dem Vortragszyklus *Die Welt der Sinne und die Welt des Geistes*.[130] Das Erkennen ist aber durchaus in der Lage, diese Unzulänglichkeit zu überwinden. Es muss sich nur auf seine ihm innewohnenden Kräfte des sinnlichkeitsfreien Denkens besinnen. Rudolf Steiner skizziert den von Luzifer noch unbeeinflussten Menschen folgendermaßen:

«Wie wäre denn also dieser Mensch, wenn er paradiesisch geblieben wäre? Nun, da will ich Ihnen heute zunächst einmal, damit wir morgen auf diese Dinge mit leichteren Vorstellungen aufbauen können, eine flüchtige Skizze von dem geben, was der Mensch geworden wäre, wenn der luziferische Einfluss nicht gekommen wäre. Wäre nämlich dieser Einfluss nicht gekommen, dann würde ja zunächst bei der menschlichen Evolution auf der Erde das da gewesen sein, was aus dem Einfluss der Geister der Form gekommen ist. Denn die Geister der Form waren die letzten Geister der höheren Hierarchien, die in den Menschen hereingewirkt haben. Diese Geister der Form haben nur eine rein übersinnliche Form geschaffen, nichts Räumliches zunächst. Das, was da geworden wäre – lassen Sie mich es heute nur kursorisch anführen –, das könnte nämlich kein äußeres Auge sehen, könnten keine äußeren Sinne wahrnehmen, denn rein seelische Formen können nicht von äußeren Sinnen wahrgenommen werden. Was da geworden wäre, fiele zusammen mit dem, was Ihnen beschrieben ist in *Wie erlangt man Erkenntnisse der höheren Welten?* mit dem, was gegeben ist mit der imaginativen Erkenntnis. Imagination wäre das, was die Geister der Form zunächst geschaffen hätten. Also nichts Sinnliches, sondern übersinnliche Imagination.

Nehmen wir einmal das, was da ungefähr geworden wäre, ganz schematisch, so hätten wir ein Imaginationsbild dessen, was die Geister der

Form als Imagination des Menschen geschaffen haben, und das wäre durchsetzt von dem, was dem Menschen geblieben ist aus den Schöpfungen der früheren Hierarchien. Sodass dieses durchsetzt wäre von dem, was dem Menschen geblieben wäre durch die Geister der Bewegung, von innerer Bewegung, und es würde uns entgegentreten als dasjenige, was wir beschrieben haben in *Wie erlangt man Erkenntnisse der höheren Welten?* als durch inspirierte Erkenntnis gegeben, denn diese Bewegungen würden nur als Inspiration erkenntlich sein. Das heißt: Der ganze Mensch würde aus Imagination bestehen, und dann würde sich das andere ergeben, was Bewegung ist, die Inspiration. Und das, was die Geister der Weisheit geben, das würde Intuition sein. Das würden also wesenhafte innere Inhalte sein, mit denen das alles in irgendeiner Weise noch ausgefüllt wäre. Wir müssten hier hinein Intuition, das heißt unmittelbare Wesenheiten setzen. Und das Ganze würden wir dann als hervorgehend aus dem Kosmos, wie mit einem Aura-Ei umhüllt, finden, das nun das Ergebnis wäre der Geister des Willens. Das wäre die übersinnliche Menschennatur, die bestehen würde aus Inhalten, die nur einer rein übersinnlichen Erkenntnis zugänglich sein würden. So fantastisch das aussieht, es ist der wirkliche Mensch, wenn wir so sagen dürfen, symbolisch: der paradiesische Mensch, der nicht besteht aus denjenigen Materie-Inhalten, aus denen er heute besteht, sondern der durchaus ein übersinnliches Wesen hat.»[131] GA 134

Die Geister der Form «malen» in dieser Darstellung ätherische Bilder, die den Sinnen nicht zugänglich sind. Die Arbeitsweise der Geister der Form läuft auf ein Imaginieren von Weltintentionen hinaus. Diese Imaginationen sind Quellpunkt künftiger Entwicklung. Malen doch auch heute, wie wir noch sehen werden, die Engel (im Auftrag der Geister der Form) Zukunftsbilder in den menschlichen Seelenleib, die erst künftig das Weltgeschehen formend gestalten werden. So sind sie im Gewande des Ätherischen, in dem sie zuerst auftreten, durchaus Realität.

Ihnen Realität abzusprechen begründete eine Illusion. Aber wir leben mit und in solchen Illusionen. Sprechen wir doch auch dem Geistesleben, gleich in welchen Formen es von der tätigen Menschenseele hervorgebracht wird, Folgen ab. Der Materialismus des 19. Jahrhunderts hat die Ergebnisse der Denktätigkeit zum ideologischen Überbau erklärt, der neben der so genannten Wirklichkeit ein zu vernachlässigendes Sonderdasein führt. Damit wurde die Wahrheit der Weltentwicklung gewissermaßen auf den Kopf gestellt.

Es ist ja verhältnismäßig leicht, die geschilderte Tätigkeit der Geister der Form sich jenseits des Raumes zu denken. Nur ist es damit getan, dass dieser Gedanke einmal in der Seele aufblitzt, um dann wieder im Meer der Vergessenheit unterzugehen? Diese Schilderung des Menschen vor dem Sündenfall verdiente es, wiederholt vor die Seele gestellt zu werden, um durch sie ein Gefühl dafür zu entwickeln, wie radikal anders gedacht werden muss, um einen Zugang zur menschenschaffenden Wirklichkeit zu finden. Die Imaginationen werden zudem in rastloser Bewegung befindlich geschildert, die eine Harmonie in unendlichen Variationen bewirkt. Die Inspiration ist hier ein Gestaltungsprinzip der schöpferisch hergestellten Verbindungen jener Imaginationen, die zusätzlich von den Geistern der Weisheit intuitierend befruchtet werden. Wer sich die Aufgabe stellt, diese «Skizze» – wie Rudolf Steiner seine oben zitierte Schilderung des Paradiesesmenschen bezeichnet – nachschaffend vor die Seele zu stellen, erlebt sehr genau die Tätigkeit, die er aktivieren muss, damit ihm das anfänglich gelingt. Die «Skizze» ist also Aufforderung zu gesteigerter Eigentätigkeit. Wer erlebte dabei aber nicht auch die Grenzen, an die seine Tätigkeit stößt? Sie sind immer erneute Aufforderung, über sie hinauszukommen.

Solche Übung wird sich erst einmal in ausgesparten Momenten des Lebens abspielen. Es kann die Empfindung um sich greifen – und das wäre eine erste Überwindung des Materialismus –, dass das Erscheinungsbild des Menschen, dem wir begegnen, für sich und absolut genommen eine Illusion ist. Das aber zeigt schon die Auseinandersetzung mit dem Kapitel «Die Welt als Wahrnehmung» in der *Philosophie der Freiheit*. Die Darstellung des Paradiesesmenschen fördert die Auffassung, dass der Mensch eigentlich ein Kraftfeld ist. Das sinnliche Erscheinungsbild deutet nur auf dieses Kraftfeld hin, das durch die Tätigkeit geistiger Wesen schaffend gebildet wird.

Wie anfänglich sind unsere Erkenntnisbemühungen bei der Aufklärung eines solchen Sachverhaltes! Denn in der konkreten Menschenbegegnung wird dieses reale Menschenbild schnell wieder vergessen. Es begleitet uns nicht durch den Tag.

Dieser Paradiesesmensch lebte also in einer ätherischen Form der Imagination; er hatte, obwohl wir uns auf dem planetarischen Zustand Erde befinden, keinen materiellen Leib. Der auf dem alten Saturn angelegte Keim des physischen Leibes ist zwar durch die weiteren planetarischen Zustände vollkommener geworden, er muss sich aber deshalb keineswegs in materieller Form manifestieren. Die Gesetzlichkeiten des physischen Leibes können durchaus eine ätherische Gestalt haben.

Wir, die wir in unserem Seelenleben so stark an die sinnlichen Erscheinungen gekettet sind, mag es erstaunen, dass der Mensch von den regulären Geistern so gewollt war. Und doch leuchtet ein, dass er gerade durch diese Konstitution teilhatte an dem Wirken der Hierarchien, die auch in ihm selbst wirksam waren. Die Hingabe an ihr Wirken bestimmte seinen Seeleninhalt. Alle Schulung hat heute das Ziel, von dem materiellen Leib durch gesteigerte Seelentätigkeit unabhängig zu werden. Umgekehrt gehen die Folgen der luziferischen Verführung dahin, den Menschen in die Stofflichkeit zu verstricken, den physischen Leib zu verstofflichen, um das Miterleben der tätigen kosmischen Wesen zu verdunkeln. Nur dadurch kann das Erleben auf die eigene Person konzentriert werden. Das ist der Weg, die Selbstsucht anzufachen. In Vorträgen, die sich ausführlich mit dieser Leiblichkeit des Paradiesesmenschen beschäftigen, spricht Rudolf Steiner von einem «Zerbrechen» der Form des physischen Leibes durch die luziferische Verführung.[132]

Das, was Resultat der planetarischen Entwicklung ist oder – anders formuliert – das Ergebnis des Wirkens der Geister der Throne, der Weisheit, der Bewegung, der Form, zerbricht. Diese Form, die Ausdruck eines bestimmten Verhältnisses von Ich, Astralleib, Ätherleib und physischem Leibe ist, wird «verschoben» und verliert dadurch ihre ursprüngliche Gestalt, deren «Skizze» oben aufgezeichnet wurde. Die dort charakterisierten Inspirationskräfte werden durch den luziferischen Einfluss verändert. Der bis dahin nur als geistige Identität fassbare physische Leib wird durch Luzifer verstofflicht. Die vom Menschen damals erfassbare geistige Welt wird langsam durch die Erfahrung sinnlicher Erscheinungen verschleiert. Die Sinne ergreifen die Erscheinungswelt, und die geistige Schau tritt schrittweise zurück. Die Vertreibung aus dem Paradies fasst diesen Vorgang ins Bild. Die geistige Welt beginnt für das Schauen zu verdämmern. Den Höhepunkt dieser Entwicklungstendenz finden wir in den letzten zwei Jahrhunderten.

Das Wirken Christi ist aber, wie wir gesehen haben, die Antwort auf die luziferische Verführung. Konkret wird diese Antwort mit dem Auferstehungsleib gegeben. In ihm ist die menschengemäße Ordnung der vom luziferischen und ahrimanischen Wirken zerbrochenen Form des physischen Leibes der Menschheit wieder hergestellt. Das besagt viel: zuerst, dass die eingetretene Verfremdung des Verhältnisses der Wesensglieder ohne diese Tat von keinem Menschen hätte wiederhergestellt werden können. Denn der Mensch unterlag dem durch Luzifer hervorgerufenen Einfluss, der sich in dem Verdämmern der geistigen Welt beispielhaft ausdrückt. Selbst dort, wo man mit größter Anstrengung dem Versiegen einer geistigen Welt entgegenarbeitete, nämlich in den Mysterien, gelang es immer weniger, zu gesicherten Erkenntnissen zu kommen. Ein zunehmender Verfall der Mysterien trat ein. Der Einschlag des Christus-Impulses in die Evolutionsgeschichte änderte das.

Jeder Mensch kann an diesem Ereignis teilhaben. Insofern ist der Auferstehungsleib ein Geschenk an alle. Aber Christus achtet die Würde des Menschen. Die Tätigkeit, um an diesem Geschenk teilzuhaben, muss vom einzelnen Menschen ausgehen.

Mit dem Auferstehungsleib ist eine objektive Tatsache in die Welt eingeschrieben. Er ist ein makrokosmisches Ereignis, von dem eine heilende Wirkung ausgeht. Ihr Ausgangspunkt ist die geistige Macht des Christus, ihre Wirkung ist die potenzielle Befreiung des Ich von der verfremdeten menschlichen Organisation. Charakteristisch ist, dass diese Organisation dabei nicht abgestoßen, sondern verwandelt wird.

Im Auferstehungsleib ist also auch das Urbild des Physischen Leibes neu errungen, das Verhältnis der Wesensglieder wieder zurechtgerückt. Das hat die größte Wirkung für das Ich des Menschen, wird es doch aus der Dominanz des Astralleibes zu einem freien Wirken entlassen. Eigentlich kann das Ich erst seit dem vierten Opfer des Christus sich selbst wieder finden. Für den christlichen Schulungsweg ist es charakteristisch, dass er mit der inneren Seelengeste der Devotion beginnt, die in der Fußwaschung ins Bild gefasst wird. Die Verehrung dessen, was durch die Evolution geworden ist, steht am Anfang aller Schulung.

Was geschah mit dem Menschen bei der luziferischen Verführung?

In dem Kapitel über den Paradiesesmenschen wurde skizziert, wie anders der Mensch von den Hierarchien gedacht war, als er uns in seiner heutigen Erscheinung gegenübertritt. Die Ursache dieser Veränderung – nämlich der Sündenfall – wurde zwar erwähnt, aber nicht im Einzelnen geschildert. Der folgende Vortragsauszug holt dies nach. In ihm werden die Veränderungen des «Sündenfalls» im Wesensgefüge des Menschen aufgezeigt, deren Wirkungen bis in die physische Organisation verfolgt.

Der «Sündenfall» wird in der Bibel mit dem Wesen des Luzifer in Verbindung gebracht. Doch es wird auch dort deutlich, dass die «Vertreibung aus dem Paradies» kein Vorgang ist, der schlagartig erfolgt. Vielmehr wird ein Entwicklungsprozess angestoßen, der sich über lange Zeit in das Weltgeschehen einlebt. Man kann durchaus die Frage aufwerfen, wann dieser Prozess seinen Höhepunkt erreicht hat. Ist im mythologischen Bewusstsein nicht noch eine lebendige Verbindung mit der Götterwelt vorhanden, reißt diese endgültig nicht erst mit dem Beginn des Bewusstseinsseelenzeitalters ab, als die Krise des menschlichen Bewusstseins eklatant auftritt? Wie man diese Frage auch im Einzelnen beurteilen mag, eines ist deutlich: Man hat es mit langen Entwicklungszeiträumen zu tun. So betrachtet, ist es berechtigt, das Wirken Ahrimans in die Betrachtung des Sündenfalls mit einzubeziehen – auch wenn er seine Tätigkeit in diesem Geschehen erst später als Luzifer aufnimmt. Der luziferische Impuls bedingt sein Gegenteil, den ahrimanischen.

«Wir müssen hier an dieser Stelle eine Betrachtung einfügen, die vielleicht, sagen wir, für die heutige Stunde etwas schwierig sein könnte, die aber, wenn sie einmal gemacht ist, uns außerordentlich tief hineinführt in das Verständnis der Welt und namentlich des menschlichen Wesens als solchem. Wir werden von vornherein voraussetzen können, dass physischer Leib, Ätherleib, astralischer Leib und Ich in einer gewissen Weise zusammengefügt sein müssen. Nun, derjenige, der auf Grundlage entwickelten Hellsehertums sich einlassen kann auf eine Betrachtung dieser Zusammenfügung der vier Glieder der menschlichen Natur, der bekommt, wenn er den Menschen so betrachtet, wie er nun einmal ist in der Welt, den Eindruck – wir werden schon sehen, wie wichtig es ist, diesen Eindruck einmal zu berücksichtigen –, wie eigentlich diese vier Glieder der menschlichen Natur unregelmäßig zusammengefügt sind. Sie sind im heutigen Menschen so zusammengefügt, dass man sagen muss: Es muss einmal in diese Zusammenfügung irgendeine Unordnung gekommen sein. – Also wohl gemerkt, das Folgende soll gesagt werden: Man erhält durch eine Untersuchung der vier Glieder der menschlichen Wesenheit den Eindruck: die stecken eigentlich nicht so ineinander, wie sie zueinander gehörten, sondern die stecken unordentlich ineinander, da ist einmal Unordnung hineingekommen. Diesen Eindruck erhält man. Und Sie können, gerade wenn dieser Punkt von den Geheimnissen des Lebens berührt wird, wiederum einmal sehen, welche unendlichen Tiefen die richtig verstandenen okkulten religiösen Urkunden in sich tragen.

Wir werden nämlich nach und nach sehen, dass das, was mit dieser Unordnung gemeint ist, ganz wunderbar ausgedrückt ist in der Bibel mit den Worten, die Luzifer zum Menschen sagt, wenn er ihn verführen, versuchen will: Eure Augen werden aufgetan werden und ihr werdet unterscheiden das Gute und das Böse. – In diesen Worten liegt etwas ungeheuer Tiefes. Es soll das nicht nur heißen: Eure Augen sollen aufgetan werden. Die Augen stehen hier als Repräsentanten der Sinne überhaupt. Wenn wir das Wort des Luzifer in der richtigen Weise verstehen, so können wir es in der folgenden Weise übersetzen: Alle eure Sinne werden anders wirken, als sie eigentlich wirken sollten, wenn ihr nur den Göttern folgen wolltet und nicht mir – nämlich dem Luzifer. In einer anderen Gestalt sozusagen wirken durch den Einfluss des Luzifer die Sinne, als sie sonst wirken würden. Ja, es ist allerdings außerordentlich schwer für den gegenwärtigen Menschen, sich vorzustellen, wie diese Sinne wirken, und ich werde schon manches Groteske sagen müssen, wenn ich Ihnen klarmachen will, wie diese Sinne eigentlich wirken würden, wenn nicht die Unordnung eingetreten wäre in der Zusammenfügung der vier Glieder der menschlichen Natur durch Luzifer. Man muss Groteskes sagen aus dem Grunde, weil ja die Menschen sich gar nicht denken können, so wie sie nun einmal sind, dass irgendetwas anderes eigentlich richtig wäre von Anfang an als das, was die Menschen eben gegenwärtig erleben. Was könnte für den gegenwärtigen Menschen natürlicher und selbstverständlicher sein, als dass, wenn man die Frage aufwirft: Wozu gehören eigentlich die Augen des Menschen? – er die Antwort gibt: Nun, selbstverständlich zum Sehen. Und man könnte sagen, es hat schon in gewissem Sinn, nicht wahr, ein Mensch das Recht, einen für einen Narren zu halten, wenn man ihm sagt: Die Augen gehören nicht zum Sehen! In Wirklichkeit sollten vom Ursprung der Erdenentwickelung aus des Menschen Augen gar nicht zum Sehen gehören. Sie sind so zum Sehen geworden, wie sie heute sehen, erst durch die Verführung des Luzifer. Nämlich das, was eigentlich Sehkraft des Menschen ist, das sollte nicht das Auge durchdringen und nach außen gehen bis zu den so genannten Dingen, sondern es sollte eigentlich nur gehen bis ans Auge heran, und der Mensch sollte eigentlich bei jedem Sehakt, bei jeder Tätigkeit des Sehens, wenn es nach den ursprünglichen Absichten der Götter – lassen Sie mich diesen Ausdruck gebrauchen – gegangen wäre, er sollte sich eigentlich bei jedem Sehakt unmittelbar seines Auges wirklich bewusst werden, das heißt, er sollte nicht ein äußeres Ding sehen, sondern sollte eigentlich sein Auge empfinden. Er sollte sich der Tätigkeit bewusst werden, die im Auge als solchem vorgeht, während er sich heute der Tätigkeit des Sehens nicht bewusst ist, sondern sich erst dessen bewusst wird, was da geschieht durch die Tätigkeit des Auges: Er wird sich bewusst, was als äußerer Gegenstand ihm entgegentritt. Aber der Mensch sollte sich viel früher schon in seinem Sehen selber verfangen als erst da beim Gegenstande: er sollte sich schon im Auge seiner bewusst werden. Die Tätigkeit des Auges als solche sollte er fühlen.

Das kann der Mensch eigentlich heute kaum beim Auge, wenn er nicht eine besondere okkulte Entwickelung durchgemacht hat. Mit der Hand kann der Mensch das; denn der Mensch kann wenigstens unterscheiden, ob er mit der Hand auf einen Gegenstand aufgreift oder ob er die Hand nur frei bewegt, zwecklos, sodass er sich nur der eigenen Tätigkeit der Hand bewusst wird. Wenn der Mensch bloß seine Sehkraft nach dem Auge richtet, nun, dann sieht er nichts. Das ist beim heutigen Menschen so der Fall; aber so ist es ursprünglich nicht beabsichtigt gewesen, sondern so, dass der Mensch, wenn er sein Auge in Betracht zieht oder sein Ohr, kurz, irgendein Sinnesorgan, den waltenden Willen wahrnimmt, wirklich im waltenden Willen geradezu schwimmt und das erkennt an der Eigenart, wie das sein Auge berührt. Ganz ähnlich sollte es mit dem Auge ergehen, wie es mit der Hand ist. Wenn Sie etwas ergreifen, so spüren Sie, dass der Gegenstand hart ist, wenn Sie ihn schwer überwinden können, dass er weich ist, wenn Sie leicht seine Härte überwinden können. Aber Sie spüren eigentlich das, was Sie mit Ihrer Hand tun. So wäre das Auge auch. Man würde das Auge nur spüren, das Auge sozusagen unmittelbar empfinden als im Zusammenhang stehend mit dem waltenden Willen, wenn der Ätherleib richtig in den physischen Leib eingeschaltet wäre.

Nun ist der Ätherleib nicht richtig eingeschaltet in den physischen Leib. Das ist das Eigenartige, dass der Ätherleib nicht richtig eingeschaltet ist in den physischen Leib. Aber dies ist nur ein Beispiel für die Unordnung, die im Menschen ist. Es ist überhaupt kein Leib der menschlichen Wesenheit in die anderen Leiber ordentlich eingeschaltet, sondern es ist sozusagen alles im Menschen in Unordnung. Wenn nicht der luziferische Einfluss geschehen wäre am Ausgangspunkt der Erdenentwickelung, dann wäre alle Einschaltung der vier Glieder der menschlichen Wesenheit eine andere geworden. Und das ist, was wir uns heute klarmachen wollen, dass etwas ganz Besonderes geschehen ist durch die Unordnung, die da eingetreten ist durch den Luzifer-Einfluss in dem Zusammenschluss der vier Glieder der menschlichen Natur.

Wir wollen uns das auf folgende Weise klarmachen. Ich will zunächst die Sache schematisch ausdrücken, will mich schematisch behelfen (siehe Schema Seite 235). Nehmen wir zuerst das Verhältnis des physischen Leibes und des im physischen Leib eingeschalteten Ätherleibes. Wenn der Ätherleib ganz regulär, wie es ursprünglich beabsichtigt war von den leitenden Göttern, hineingegossen wäre in den physischen Leib, dann würde der Mensch ringsherum um sich etwas erleben – ja, wir haben schwer Worte für die Dinge, weil die Dinge eben nicht wirklich sind – wie ein fortdauerndes Rieseln von waltendem Willen. Differenzierten, waltenden Willen würde der Mensch überall wahrnehmen, und er würde einen gewissen Unterschied in den Willenswirkungen wahrnehmen, je nachdem er sich bewusst wird, dass er die Organe seiner Augen, seiner Ohren und dergleichen auf die Welt richtet. Diese Organe in ihrer Verschiedenheit würden ihm nur Gelegenheit geben, in anderer Weise den

Willen zu erleben, aber rieselnden Willen würde der Mensch überall empfinden. Das würde dann geschehen, wenn, wie gesagt, der Ätherleib ordentlich, wie es beabsichtigt war von den leitenden Göttern, in den physischen Leib eingeschaltet wäre. Das ist aber nicht der Fall, sondern es ist so, dass der Ätherleib nicht vollständig in dem menschlichen physischen Leib drinnen ist, dass er sozusagen im physischen Leib ein Stück sich selbst überlassen hat; dass er also nicht vollständig diesen physischen Leib durchdringt, sondern dass der physische Leib in einer gewissen Beziehung ein Übergewicht hat an eigener Tätigkeit, das er nicht haben sollte. Es gibt also sozusagen Stellen in dem menschlichen physischen Leib, die nicht vollständig vom Ätherleib so durchdrungen sind, wie sie durchdrungen sein sollten nach der ursprünglichen Absicht der die Erdenentwickelung leitenden göttlich-geistigen Wesenheiten. Und diese Stellen, wo der physische Leib nicht ordentlich durchdrungen ist vom Ätherleib, sind diejenigen, wo sich die Sinnesorgane ausbilden. Und weil das so gekommen ist, haben die Sinnesorgane ihre heutige Gestalt. Daher findet sich bei jedem Sinnesorgan dieses höchst Merkwürdige, dass da rein physikalische Wirkungen auftreten, die sozusagen wie ausgeschlossen sind von den allgemeinen Lebenswirkungen.

Denken Sie doch, dass Sie im Auge etwas haben, was Sie vergleichen können mit den rein physikalischen Wirkungen einer Dunkelkammer, eines fotografischen Apparates. Es ist so, wie wenn ein Stück des physischen Leibes herausgenommen wäre aus der allgemeinen Durchdringung mit dem Ätherleibe. Das ist auch der Fall. Ebenso ist es mit dem eigentümlichen inneren Ohr, wo im Ohrlabyrinth so etwas wie eine Klaviatur vorhanden ist. Der Ätherleib ist gleichsam zurückgeschoben worden, und es sind Eigenleistungen physischer Natur im physischen Leib, die nicht in der entsprechenden Weise durchdrungen werden vom Ätherleib, und dadurch entsteht das, was wir die Sinnesempfindungen nennen. Farben werden dadurch erlebt, dass der Ätherleib für das Auge nicht in der ordentlichen Weise das Organ durchdringt und dass da innerhalb der Organisation rein physische Wirkungen eingeschlossen sind. Und so ist es bei allen Sinnen, dass ein Übergewicht des physischen Leibes über den Ätherleib stattfindet. Sodass wir sagen können: Wir haben es erstens zu tun mit dem Eigentümlichen, das wir in dem Verhältnis zwischen physischem und Ätherleib nennen können ein Übergewicht des physischen

Leibes über den Ätherleib. Wäre dieses Übergewicht des physischen Leibes nicht vorhanden, dann wäre die ganze um uns ausgebreitete Sinneswelt, so wie sie heute ist, nicht vorhanden, sondern der Mensch stünde mit der umliegenden Welt so in Verbindung, dass er alles als rieselnden, wogenden, waltenden Willen wahrnehmen würde. Wenn ein solches Überwiegen des physischen Leibes über den Ätherleib nicht der Fall wäre, würde er sich gar nicht passiv, sondern aktiv fühlen, so wie er sich aktiv fühlt, wenn er seine Hand ausstreckt. Das ist also eine außerordentlich interessante Tatsache, die sich wirklich einer höheren, einer okkulten Beobachtung der menschlichen Wesenheit ergibt: dass alle Sinneswelt darauf beruht, dass gleichsam der Ätherleib zurückgeschoben worden ist von den Sinnesorganen und dass da etwas eingelagert ist, was bloße physische Welt ist in uns. (Auge, Ohr ...)

Nun kommen wir zweitens zu dem Verhältnis von Ätherleib und Astralleib. Das ist nun wiederum nicht so, dass in der richtigen Weise der Astralleib den Ätherleib durchdringt, sondern wieder gibt es ein Übergewicht des Ätherleibes über den Astralleib in der menschlichen Natur. Ein Übergewicht des Ätherleibes über den astralischen Leib kann man mit einer geringfügigen Hellseherkraft schon sehr bald untersuchen. Dazu gehört gar nicht besonders viel: Nämlich wenn es ein solches Übergewicht nicht gäbe, würde unter vielem anderen der Mensch niemals weinen können. Er könnte nicht weinen. Sofort, wenn man einen weinenden Menschen beobachtet, einen Menschen, der diese sonderbare salzige Flüssigkeit aus den Augendrüsen absondert, da merkt man, dass in diesem Falle eine zu große Tätigkeit des Ätherleibes gegenüber der eingefügten Tätigkeit des astralischen Leibes vorhanden ist. Der Mensch kann das, was er astralisch erlebt, nicht vollständig in seinen Ätherleib hineinleben, der Ätherleib hat ein Übergewicht über den astralischen Leib, und dieses Übergewicht drückt sich dadurch aus, dass der Ätherleib zurückwirkt auf den physischen Leib und ihm die Tränen auspresst. Aber so ist es nun mit aller Drüsenabsonderung, mit all dem, was überhaupt drüsenartige Absonderungsprozesse im Menschen sind. Die alle beruhen auf einem Übergewicht des Ätherleibes über den astralischen Leib. Und dieses Übergewicht, dieses gestörte Gleichgewicht, das drückt sich so aus in seiner Fortsetzung auf den physischen Leib, dass eben all die Absonderungen der Drüsen erfolgen.

Sonst würde nämlich nicht eine Absonderung stattfinden in der Drüsentätigkeit, sondern es würde sich die Tätigkeit des astralischen Leibes, wenn sie sich decken würde mit dem Ätherleib, in der inneren Beweglichkeit und in der inneren Tätigkeit der Drüsen erschöpfen. Die Drüsen würden nichts aus sich auspressen, sondern sie würden in sich selber sich erschöpfen. Ein Auspressen einer Materie würde nicht stattfinden. Sie sehen also, dass ganz gewaltig sich zeigen vor einer okkulten Beobachtung die Folgen der luziferischen Verführung. Es würde zum Beispiel der Mensch, wenn Luzifer nicht eingetreten wäre in die Weltordnung, niemals schwitzen – verzeihen Sie den harten Ausdruck –, sondern es wäre, entsprechend der Tätigkeit, die da stattfindet, eine im Innern, im Innern der betreffenden Organe sich erschöpfende Tätigkeit, Bewegung; es würde nichts nach außen dringen aus der Drüse. Sodass wir sagen können: Wir haben zweitens ein Übergewicht des Ätherleibes über den astralischen Leib.

Wenn wir die eigentümliche Natur unserer Sinneswelt ableiten aus dem ersten Übergewicht, indem wir sagen: Das Übergewicht des physischen Leibes über den Ätherleib, das bewirkt eigentlich das eigentümliche Aussehen unserer Sinneswelt, so können wir sagen: Dasjenige, was Übergewicht des Ätherleibes über den astralischen Leib ist, das bewirkt, was wir nennen können unsere gefühlsmäßige Eigenempfindung. Denn die Gesamtempfindung, das Gesamtbefinden des Menschen, sofern es sich in dem Leibesbefinden ausdrückt, das kommt durch dieses Übergewicht des Ätherleibes über den astralischen Leib zustande. Also das rein körperliche Befinden, das körperliche Gesamtgefühl, das ist das, was subjektiv zum Ausdruck bringt dieses Übergewicht.

Wenn wir nun die Betrachtung fortsetzen wollen, dann dürfen wir nicht schematisch vorgehen. Denn, nicht wahr, derjenige, der jetzt schematisch vorgehen würde, der würde es leicht haben, der würde sagen: Nun ja, da hat er konstruiert ein Übergewicht des physischen Leibes über den Ätherleib, dann ein Übergewicht des Ätherleibes über den Astralleib, jetzt käme als Drittes ein Übergewicht des Astralleibes über das Ich. Das würde ein Aufstellen eines Schemas nach reinen Verstandesgrundsätzen bedeuten, aber man kommt dadurch zu nichts. So darf man die Betrachtung nicht fortsetzen. Es ist tatsächlich so, dass, wenn man bei okkulten Tatsachen irgendetwas mitgeteilt erhält und das dann durch den Verstand schema-

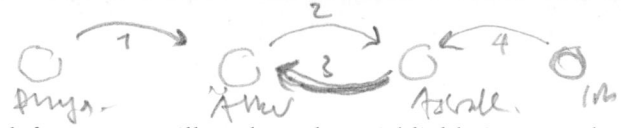

tisch fortsetzen will, es dann der Wirklichkeit gegenüber doch immer anders kommt. Es geht nicht, mit dem Verstand fortzusetzen, es geht manchmal ein Stück lang, dann kommt es aber wieder anders. Nämlich jetzt muss man als Drittes annehmen ein umgekehrtes Übergewicht, ein Übergewicht des astralischen Leibes über den Ätherleib. Jetzt muss als Drittes noch einmal in Betracht gezogen werden das Verhältnis des astralischen Leibes zum Ätherleibe, und dann kommt wiederum für die okkulte Beobachtung ein Übergewicht des Astralleibes über den Ätherleib.

Dieses Übergewicht, das ist sogar zunächst das allerwichtigste in Bezug auf die menschliche Beobachtung. Denn sehen Sie, wenn Sie den Menschen im allergröbsten Sinn betrachten, nämlich, ich möchte sagen so recht materialistisch, so könnte sich Ihnen der Mensch eigentlich so darstellen, wie er wirklich in manchen materialistischen Büchern geschildert ist: als ein recht großer Verdauungsapparat, als ein Apparat, der isst und verdaut und seinen Körper aufbaut aus den Substanzen, die er durch Essen aufgenommen hat und die er in der verschiedensten Weise verarbeitet hat und so weiter. Tatsächlich, in den materialistischen Weltanschauungen finden Sie den Menschen kaum viel anders geschildert als so, dass er ein großer Verdauungs- und Essapparat ist, also ein Apparat, der Stoffe aufnimmt von außen und sie im Innern verarbeitet, sie in der verschiedensten Weise verteilt auf die Muskeln, Knochen, Sehnen und so weiter. Wenn man den Menschen im Groben betrachtet, wenn man absieht von dem, was der Mensch dadurch ist, dass er eine sinnliche Welt wahrnimmt, dass er in einem körperlichen Gesamtgefühl gewisse Drüsenabsonderungen wahrnimmt, und überhaupt, wenn man nur auf das Grobe der Nahrungsaufnahme sieht, auf das, was mit den Stoffen vorgeht von ihrer Aufnahme durch den Mund bis zu ihrer Verarbeitung zum Blut und zum Umlauf dieses Blutes – wenn man das, was der Mensch im Groben ist, in Betracht zieht, so ist dies der materielle Prozess, der letzten Endes der physische Ausdruck ist für das, was als Übergewicht existiert des astralischen Leibes über den Ätherleib. Nämlich Sie erinnern sich, dass wir, wenn wir die Welt überhaupt geistig betrachten, hinter jedem Sinnlichen ein Geistiges sehen müssen. Das Sinnliche ist eigentlich nur die äußere Erscheinung. Hinter all diesen groben Vorgängen der Nahrungsaufnahme und -verarbeitung haben wir als geistige Kräfte zu sehen das Übergewicht des astralischen Leibes über den Ätherleib. So-

229

dass wir sagen können: Es drückt sich dieses Übergewicht des astralischen Leibes über den Ätherleib aus in den normalen organischen Lebensvorgängen, insofern diese physisch sind; also in den normalen physisch-organischen Lebensvorgängen.

Ja, sehen Sie, da haben wir etwas Sonderbares herausbekommen. Ich bitte Sie, dieses Sonderbare recht zu betrachten. Sie müssen sich nämlich klarmachen: Das, was der Materialismus oftmals als den ganzen Menschen ansieht, das, was eigentlich die Hauptsorge weitaus der meisten Menschen ist – Nahrung aufzunehmen und die Stoffe nach den verschiedenen Organen des Körpers zu tragen –, das ist durch nichts anderes überhaupt vorhanden als dadurch, dass durch den luziferischen Einfluss einmal eine solche Verschiebung stattgefunden hat, die ein Übergewicht des astralischen Leibes über den Ätherleib hervorgerufen hat. Das heißt, wenn es den Luzifer nicht gegeben hätte am Anfang der Menschheitsentwickelung und der nicht in der charakterisierten Weise den astralischen und den Ätherleib verschoben hätte, so würde der Mensch in der heutigen Weise nicht essen und verdauen und die Stoffe verarbeiten, wie er das tut. Das also, was als materialistische Hauptsache beim Menschen angesehen wird, ist eine rein luziferische Tat, ist überhaupt nichts anderes als das Produkt einer Verschiebung zwischen Astralleib und Ätherleib, sodass der Astralleib etwas abgekriegt hat an Tätigkeit durch Luzifer, wodurch er ein Übergewicht erlangt hat über den Ätherleib. Das hat ihm Luzifer gegeben, und dadurch nämlich ist der Mensch überhaupt dazu gekommen, grobe Nahrungsmittel aufzunehmen. Der Mensch war gar nicht dazu bestimmt, grobe Nahrungsmittel aufzunehmen, sondern er sollte eine Daseinsart bilden, eine Daseinsstufe haben, auf der er gar nicht grobe Nahrungsmittel aufzunehmen brauchte.

Wunderbar drückt uns diese Tatsache aus, dass durch die Versuchung des Luzifer bewirkt worden ist, was wir nennen können die Vertreibung aus dem Paradiese. Denn im Paradiese sein heißt nichts anderes, als ein geistiges Wesen zu sein und nicht nötig zu haben, physische Nahrungsmittel aufzunehmen und sie in sich zu verarbeiten. Das ist die Vertreibung aus dem Paradiese, was den weitaus meisten materialistisch gesinnten Menschen als die höchste Lust erscheint. Die Menschen sind nicht nur dadurch gestraft worden, dass sie sozusagen Nahrungsmittel aufnehmen und verarbeiten müssen, sondern sie sind doppelt gestraft, weil das, was in den

Symbolen der Bibel den ersten Menschen als der größte Verlust erschien: dass sie heraus mussten aus dem Paradies und physische Nahrung aufnehmen, für die weitaus meisten Menschen der größte Genuss geworden ist. So sehr haben sich die Menschen verändert, dass sogar das Sein außer dem Paradies für sie die größte Lust geworden ist. Das ist allerdings sonderbar, dass man sich diese Dinge klarmachen muss, aber man muss es.

Endlich kommen wir zu einem Vierten. Das ist jetzt ein Verhältnis des Ich zum astralischen Leib, und da tritt durch die luziferische Verschiebung ein Übergewicht des Ich ein über die Tätigkeit des astralischen Leibes. Sie sehen, was wir nicht haben: Wir haben kein eigentliches Übergewicht des astralischen Leibes über das Ich. Das ist eben nicht vorhanden. Man darf das nicht schematisch konstruieren, sondern man muss nach der Beobachtung vorgehen und wissen, dass die Beziehung zwischen dem Astralleib und Ätherleib doppelt vorhanden ist, und hier nur so, dass wir ein Übergewicht des Ich über den astralischen Leib haben. Das heißt, dass das Ich sich nicht so zum astralischen Leib verhält, wie es eigentlich ursprünglich beabsichtigt war, bevor der luziferische Einfluss eintrat, sondern dass es egoistischer ist, ichlicher ist, als es hätte sein sollen. Es ist egoistischer, es ist ichlicher geworden, als es hätte sein sollen. Das geschah durch den luziferischen Einfluss. Was geschah denn da eigentlich, dass dieses Übergewicht stattfand, welches das vierte ist in dem, was wir angeführt haben – was geschah denn da eigentlich? Da müssen wir nun ins Auge fassen, wie das ordentliche Verhältnis wäre zwischen dem Ich und dem astralischen Leibe.

Dieses ordentliche Verhältnis, das kann man allerdings nur erkennen, indem man es sozusagen wiederherstellt. Denn so, wie der Mensch einmal heute in der Welt ist, wie er also unterlegen ist dem luziferischen Einfluss, so ist eben das Verhältnis des Ich zum astralischen Leib kein ordentliches, sondern es ist ein Übergewicht des Ich da. Der Mensch ist ichlicher, als er sein sollte – verzeihen Sie die Wortbildung, aber sie ist eine ganz entsprechende. Nun haben wir nämlich die Betrachtung schon angestellt, die uns dazu führt, wie das Ich eigentlich sein sollte. Es wird das Ich so, wie es ein regelmäßiges Verhältnis gibt, wenn der Mensch in weiser und energischer und geduldiger Selbstzucht sich aneignet die Dinge, die genannt worden sind als Staunen, als Verehrungsgefühl für das Erforschte, als Gefühl des weisen Einklanges mit den Welterscheinungen und als Ergebung. So wie dann das Ich steht zum astralischen Leib, so macht es für unsere unbefangene Beobachtung den Eindruck: Jetzt steht das Ich richtig, jetzt hat das Ich rückgängig gemacht, was durch den luziferischen Einfluss eingetreten war. Nur dadurch, dass man bis zur höchsten Stufe diese vier genannten Eigenschaften der Seele ausbildet, kann man das ursprüngliche Verhältnis wiederum herstellen. Und wie steht denn dann das Ich zum astralischen Leib? Ja, sehen Sie, das ist eben das Eigentümliche. Sie können das schon entnehmen, wenn Sie gewisse Kapitel aus dem Buche *Wie erlangt man Erkenntnisse der höheren Welten?* mit Aufmerksamkeit verfolgen: In dem Zustand, wie der Mensch heute ist, ist er eigentlich fortwährend innig verwoben mit seinem Denken, Fühlen und Wollen. Man kann kaum leicht, nicht wahr, einen Zustand finden im äußeren Bewusstsein, wo der Mensch eigentlich bloß in seinem Ich ist, wo er nicht verwoben ist mit Denken, Fühlen und Wollen. Verlangen Sie nur einmal von sich selber, dass Sie den reinen Gedanken des Ich fassen wollen. Unsere anthroposophischen Freunde, die keuchen fast unter der Anstrengung, den reinen Gedanken des Ich zu fassen, wenn Dr. Unger immer wieder und wiederum verlangt, man soll diesen reinen Gedanken des Ich, abgesehen von all unserem Denken, Fühlen, Wollen, nun wirklich denken. Es ist ein förmliches Die-Puste-Verlieren, wie man in Norddeutschland sagt.

Sie sehen daraus die Schwierigkeit, zu diesem Ich nur als Gedanken zu kommen, geschweige denn es wirklich herauszuschälen aus diesem Denken, Fühlen und Wollen. Wenn der Mensch so in seiner Seele für gewöhnlich ist, dann schießen diese Gedanken-, Gefühls- und Willensäußerungen durch die Seele; dann auch die Begierden. Da ist er nie abgesondert mit seinem Ich von Denken, Fühlen und Wollen. Das ist es aber, was man durch die vier geschilderten Zustände erreicht: außerhalb des Denkens, Fühlens und Wollens stehen zu können und dies anschauen zu können wie irgendetwas außer uns. So gleichgültig müssen uns unsere eigenen Gedanken werden wie Gegenstände außer uns –, wenn wir nicht mehr sagen: Ich denke, sondern wenn uns unser Denken wie ein sich abspielender Prozess erscheint, der uns eigentlich gar nichts angeht. Und ebenso muss es mit Fühlen und Wollen werden. Jeder Mensch, der nur ein klein wenig nachsinnt über seine Seeleneigentümlichkeiten, der muss sich sagen: So etwas kann man sich als Ideal vorstellen, als ein Ideal, das

*) *[handschriftliche Notiz]*

erfüllbar ist. Aber es ist der Mensch tatsächlich so vermischt mit seinem Denken, Fühlen und Wollen, dass er sich außerordentlich schwer herauskriegt und es ihm schwierig wird, mit der Gesinnung durch die Welt zu gehen. Da gehe ich durch die Welt und nun führe ich auch noch immer so einen zweiten Gesellen mit mir, der mir anhängt, weil ich mit ihm verwachsen bin, aber der mir wie eine Art Doppelgänger erscheint. Da denkt's, fühlt's, will's neben mir. Ich bin doch ein anderer, ich bin das, was ich in meinem Ich bin; ich gehe nebenher neben dem, was ich wie eine Dreiheit, wie drei Säcke mit mir herumtrage, von denen der eine ausgefüllt ist mit meinem Denken, der andere mit meinem Fühlen und der dritte mit meinem Wollen. Aber bevor man nicht gekommen ist zu der Praktizierung dieser ‹Drei-Säcke-Theorie›, kann man sich keinen rechten Begriff machen von dem Gegenüberstehen des Ich zum Denken, Fühlen und Wollen, wie es ursprünglich beabsichtigt war von den göttlichen Wesen, bevor der luziferische Einfluss an den Menschen herangekommen ist. Zum Zuschauer seiner selbst war der Mensch bestimmt, nicht zum In-sich-Erleben.

Worin hat denn die eigentliche Versuchung, die ursprüngliche Versuchung bestanden? Sagen wir es uns so trivial als möglich: Darin hat sie bestanden, dass Luzifer – ich werde jetzt ein wenig übersetzen – herangetreten ist an dieses menschliche Ich, das der Mensch hätte erhalten sollen in seiner Reinheit neben dem Astralleib, der ihm schon auf dem Mond gegeben war, und gesagt hat: Sieh einmal, Mensch, das ist langweilig, da immer nur mit diesem einzigen Mittelpunkt ‹Ich-bin› herumzuwandeln und alles Übrige nur anzuschauen. Viel kurzweiliger ist es, du tauchst unter in deinen Astralleib. Ich gebe dir die Kraft dazu, hineinzutauchen in deinen Astralleib, und du bleibst nicht einseitig stehen mit deinem Ich und schaust nur immer hin auf deinen Doppelgänger, sondern tauchst unter in ihn. Und was über dich kommen würde, indem du untertauchst in deinen Astralleib, was wie ein Ertrinken sich ausnehmen würde, das ersetze ich dir, indem ich dir von meiner Kraft etwas gebe. – Da tauchte das Ich unter, und damit es nicht ertränke, bekam es eingeimpft die luziferische Kraft. Und was sich der Mensch aufgenommen hat an luziferischer Kraft, das ist der Überschuss des Ich über den Astralleib, das ist die größere Ichlichkeit, die eigentlich eine Luziferität ist.

Und was ist sie denn in Wirklichkeit, wie tritt sie uns im Leben entgegen? Ja, zunächst tritt uns diese Luziferität, diese übergroße Ichlichkeit im Leben dadurch entgegen, dass wir eben vermischt sind, sagen wir, zunächst mit unseren Gedanken, dann auch mit unseren Gefühlen und Willensimpulsen. Zunächst mit unseren Gedanken. Ja, sehen Sie, der Mensch wäre überhaupt niemals – verzeihen Sie jetzt den für die Außenwelt verrückten, aber bezeichnenden Ausdruck – zu der vertrackten Idee gekommen, dass er eine Vernunft in sich habe, dass er Gedanken hege in sich, wenn nicht Luzifer damit herangetreten wäre; sondern er hätte gewusst, dass die Gedanken außer ihm sind, dass er also anschauen muss das Denken. Der Mensch würde immer betrachtet haben, bis der Gedanke gegeben ist, bis geoffenbart ist, was mit dem Denken gemeint ist. Das ist zum Beispiel in meiner *Philosophie der Freiheit* dargestellt. Der Mensch würde nicht auf die Idee gekommen sein: Du sollst allerlei Gedanken zusammenfügen, du sollst in dir urteilen. Das Urteilen in sich, unabhängig von aller Offenbarung, ist ein luziferisches Wesen in uns. So ist die ganze Vernunft, insofern der Mensch sie als seine Eigenheit betrachtet, eigentlich ein Irrtum, es ist bloß durch die luziferische Verführung in den Menschen die Idee hineingekommen, dass er Vernunft haben soll. Und jetzt werden Sie es verstehen, dass in einer gewissen Weise diese Vernunft auch durch eine Verschiebung entstanden ist, dass diese Vernunft durchaus nicht als das Maßgebende für alle menschliche Erfassung des Wirklichen aufgestellt werden kann.

Ich habe in Karlsruhe darauf aufmerksam gemacht, dass es für einen Menschen, der auf seine Vernunft baut, ganz begreiflich erscheint, wenn er sagt: ja, wenn ich begreifen will die Auferstehung beim Mysterium von Golgatha, dann muss ich meine Vernunft einfach streichen. Denn alles das, was diese sagt, widerspricht der Auferstehung. So sagt der Mensch des neunzehnten Jahrhunderts, so sagt selbst schon der Theologe, insofern er liberaler Theologe ist, im neunzehnten Jahrhundert. Aber wie soll er denn überhaupt erwarten, dass das Mysterium von Golgatha, dass etwas, was gerade keine Tat ist, die mit dem Luziferischen verflochten sein sollte, was ganz außerhalb der Sphäre des Luzifer liegt, was gekommen ist, um die Sphäre des Luziferischen zu überwinden, dass das begriffen werden soll mit dem, was durch Luzifer ihm zukommt, nämlich durch seine eigene Vernunft! Es ist nichts selbstverständlicher, als dass man mit eigener Vernunft niemals diese Dinge begreifen kann. Denn sie ist ein luziferisches Geschenk und ist nicht geeignet, die Dinge zu begreifen, die nicht mit dem Wirken des Luzifer zusammenhängen. Das ist der tiefere Zusammenhang dieser Sache. Wäre das Mysterium von Golgatha mit der menschlichen Vernunft begreifbar, dann, meine lieben Freunde, hätte es gar nicht zu geschehen brauchen, dann wäre es ganz unnötig, dieses Mysterium von Golgatha. Denn es ist geradezu da, um die Verschiebung, welche durch den luziferischen Einfluss zustande gekommen ist, wieder auszugleichen, also gerade, um den Menschen zu kurieren von dieser sonderbaren Anmaßung, von diesem sonderbaren Hochmut der Vernunft, der sich dadurch äußert, dass der Mensch alles mit seiner Vernunft begreifen will. Hier ist die Stelle, zu begreifen, wie eigentlich die Vernunft als solche begrenzt ist. Dass die menschliche Erkenntnis begrenzt sei, dagegen ist von mir oft protestiert worden; aber die Vernunft als solche ist begrenzt.

Physischer Leib – Ätherleib
1. Übergewicht des physischen Leibes über den Ätherleib:
Sinneswelt

Ätherleib – Astralleib
2. Übergewicht des Ätherleibes über den astralischen Leib:
Körperliches Gesamtgefühl

*_____

Astralleib – Ätherleib
3. Übergewicht des Astralleibes über den Ätherleib:
Normale physisch-organische Lebensvorgänge

Ich – Astralleib
4. Übergewicht des Ich über den Astralleib:
Verwobensein des Ich mit Denken, Fühlen und Wollen

* Hier treffen sich Luzifer und Ahriman.

Wenn Sie nun dieses, was hier als Tabelle sich ergeben hat, anschauen, so werden Sie sagen: Man erkennt daran, wovon eigentlich die ursprüngliche Unordnung ausgegangen ist. Was muss denn die erste Unordnung gewesen sein bei der luziferischen Verführung? Selbstverständlich die, welche wir nennen: Übergewicht des Ich über den Astralleib.

Davon ging aller luziferische Einfluss aus, dass dem Ich luziferische Kraft zugefügt worden ist, dass dieses Ich sich unrein vermischt hat mit Denken, Fühlen und Wollen und dann das luziferische Übergewicht erhalten hat über den Astralleib. Dadurch hat der Astralleib erst wiederum seinerseits sein Übergewicht über den Ätherleib erlangt. Und jetzt war das Gleichgewicht im Menschen gestört. Das ist so, sehen Sie, wie wenn durch den luziferischen Einfluss ein Schlag ausgeübt worden wäre auf den Astralleib, der seinerseits setzt das fort und hat sein Übergewicht über den Ätherleib. Aber da geht es nicht weiter. Der Ätherleib setzt nicht einfach den Schlag wieder fort. Das ist so, wie wenn Sie auf eine elastische Kugel aufschlagen: da kommen Sie mit dem Schlag bis zu einer gewissen Grenze, dann gibt die Kugel das zurück. Wir können sprechen vom Überschuss des Astralleibes über den Ätherleib; dann dreht sich die Geschichte um, jetzt kriegt der Ätherleib über den Astralleib ein Übergewicht, er schnappt zurück, schnellt wiederum zurück. Das ist das umgekehrte Übergewicht, hier bei 2. Und dann folgt das Übergewicht des physischen Leibes über den Ätherleib. Diese beiden schlagen zurück. Warum schlagen sie zurück? Aus dem Grunde, weil, während hier Luzifer gewirkt hat, um hinzuschlagen, von der anderen Seite im physischen Leib und Ätherleib Ahriman zurückschlägt. Sodass tatsächlich hier in der Mitte, wo auf der einen Seite das Übergewicht des Ätherleibes über den Astralleib und des physischen Leibes über den Ätherleib, und auf der anderen Seite das Übergewicht des Astralleibes über den Ätherleib und des Ich über den Astralleib ist, zusammenprallen Ahriman und Luzifer. Da kommen sie zusammen. Es gibt im Menschen einen Mittelpunkt, wo sich begegnen in seiner eigenen Wesenheit Luzifer und Ahriman. Da hat der Mensch Gelegenheit, entweder mit dem Luzifer hinzuschwingen und den Astralleib tiefer in den Ätherleib einzubohren, als das gut ist, oder aber er hat Gelegenheit, die Stoßkraft des Ahriman aufzunehmen und den Ätherleib tiefer in den Astralleib hineinschlagen zu lassen, als es richtig und regelmäßig ist. Mit solchen Kraftwirkungen haben wir es zu tun.»[133]

Aphoristische Bemerkungen zum Vortrag vom 29. Dezember 1911

Welch ein dramatischer Umschwung in der Entwicklung des Menschen wird uns vor Augen geführt! Erst wenn wir dieser Schilderung das Bild des Menschen vor dem Sündenfall entgegenhalten, wird die Dramatik des Vorgangs in ihrer Gänze bewusst.

Für gewöhnlich versagt die Vernunft, solche Umschwünge erlebend nachzuvollziehen. Sie sind mit unseren Denkgewohnheiten nicht in Übereinstimmung zu bringen. Erst die Entwicklung des übersinnlichen Bewusstseins eröffnet uns den Zugang zu ihnen. Deshalb ist es so wichtig, die Fähigkeit des übersinnlichen Bewusstseins aus der naturwissenschaftlichen Betrachtungsweise zu entwickeln, die zum Quellort der Bewusstseinsveränderungen werden kann. Damit wird zwischen beiden Bewusstseinszuständen die Brücke geschlagen.

Durch das Eingreifen Luzifers und Ahrimans wird ein Wesen gestaltet, das es bisher im Plan der Evolution nicht gegeben hat. Über Imagination, Inspiration, Intuition hinaus wird eine einmalige Fähigkeit entwickelt: das Denken. Dieses ist den Schöpfermächten des Menschen, den Geistern des Willens, der Weisheit, der Bewegung, der Form fremd. Nicht nur der Tod liegt jenseits ihrer Erfahrung, sondern auch das Denken. Erst mit der Menschwerdung Christi finden sie Zugang zum Verständnis des Todes und des Denkens. Andererseits setzen die Widersachermächte alles daran, den von ihnen inaugurierten Zustand der Schneidung zwischen Wahrnehmung und Denken so zu erhalten, dass die höheren Bewusstseinszustände, die mit der Imagination beginnen, vom Menschen nicht erreicht werden. Sie möchten das Gegenstandsbewusstsein verewigen. Ein Kampf um die Form des menschlichen Bewusstseins ist entbrannt.

Dem Eingriff der Widersachermächte in die Evolution stehen die vier Christusopfer entgegen. Beide makrokosmischen Impulse walten im Menschen, an beiden nimmt er teil. Wie er sich in diesem Spannungsfeld entscheidet, ist nicht nur für ihn wichtig, sondern auch für die weitere

Entwicklung der Welt. Der Gedanke, der sich dem Wesen der Welt zu nähern versucht, hat andere Wirkungen in der geistigen Welt als jener, der Nominalismus verbreitet. Beide haben eine unverwechselbare Affinität zur Wahrheit und damit zu unterschiedlichen Wesen. Deren Wirkensmöglichkeiten werden dadurch gestärkt. Im ersten Falle entsteht eine Harmonie mit jenen Wesen, welche die reguläre Entwicklung des Menschen vorantreiben. Im zweiten Falle werden die Widersachermächte gestärkt. Das Kräfteverhältnis der Wesen untereinander wird durch die Seelenäußerungen des Menschen mitbestimmt.

Wie schon die Betrachtungen über die Asuras zeigten, wird der Mensch, der zunehmend in die Rolle eines Schöpferwesens hineinwächst (auch wenn ihm dies nicht bewusst sein mag), von der geistigen Welt ernst genommen. Nicht nur die äußere Welt wird von menschlichen Gedanken und Empfindungen umgestaltet, sondern auch die geistige Welt. Auch für sie gilt, dass ein achter Schöpfungstag angebrochen ist, dessen Impulse vom Menschen kommen.

Das Wort aus der *Philosophie der Freiheit* ‹Mit welchem Recht erklärt ihr die Welt fertig ohne das Denken?› erhält einen neuen Sinn. Nicht nur für das Verstehen der Welt hat das Denken Bedeutung, sondern auch für den Fortgang der Welt. An einem geisteswissenschaftlichen Forschungsergebnis über das nachtodliche Leben kann das Urteil über die weltgeschichtliche Bedeutung des Denkens noch einmal veranschaulicht werden:

«Wer die Geistesgeschichte der letzten Jahrzehnte des 19. Jahrhunderts und die ersten Jahrzehnte des 20. Jahrhunderts kennt, der weiß, dass man nicht einmal mehr das Wort Geist anzuwenden gewusst hat auf das Richtige: Man hat es auf alles Mögliche angewendet, nur nicht auf dasjenige, was wirklich Geist ist. So haben die Seelen keine Möglichkeit gehabt, den Geist hier zu kennen … Sie lechzen jetzt, da sie durch die Pforte des Todes eingetreten in die geistige Welt, sie lechzen, ja wonach lechzen sie, diese Seelen, die hier im Materialismus lebten, wonach lechzen sie? Nach zerstörerischen Kräften in der physischen Welt lechzen sie! Denn das ist die Abschlagszahlung.»[134] – «… [Sie] dürsten nach zerstörerischen Vorgängen hier auf dem physischen Plan, weil sie aus diesen zerstörenden Vorgängen Kräfte für das geistig-seelische Leben nach dem Tode schöpfen. Und wir bekommen daraus die praktische Aufforderung, alles, was an uns ist, zu tun, um das Einzige, was in der Zukunft von der Menschheit die zerstörenden Kräfte wird hinwegnehmen können, das spirituelle Leben zu fördern.»[135]

Geht man dieser Aussage nach, so stellt sich die Empfindung ein: Die geistige Welt kann menschliches Tun, das im Widerstreit zur Weltentwicklung agiert, d.h. dabei die Realität der geistigen Welt nicht beachtet, nicht einfach hinnehmen. Die Menschen müssen nach ihrem Tode das zerstören, was sie (gewissermaßen widerrechtlich) geschaffen haben. Indem sie ihr Werk tilgen, erwachsen ihnen Kräfte für ihre weitere Entwicklung durch eine Befreiung von den Folgen der eigenen Taten. Aus der Sicht der geistigen Wesen wird dieser Vorgang als Abschlagszahlung bezeichnet. Damit wird deutlich, dass das Zerstörungswerk nicht die einzige Folge dessen wird, was die Menschen durch ihre Taten der Welt eingeschrieben haben.

Wer unter diesem Aspekt das abgelaufene Jahrhundert betrachtet, sieht eine beträchtliche Zunahme der Zerstörungskräfte am Werk. Wer aber erkennt deren Ursachen? Und doch haben solche Zerstörungen auch bei den Lebenden eine Wirkung. Im augenblicklichen Schock, den sie auslösen, werden Fragen aufgeworfen, deren konsequente Verfolgung die Menschen aufwecken könnten. Denn das Böse zeigt in der Zerstörung sein Gesicht. Wer aber erkennt, dass ihr Ursprung in der Verfassung des heutigen Bewusstseins liegt und dass dieses Bewusstsein einer Veränderung bedarf? Zumal die Widersachermächte diese Artung des Bewusstseins erhalten, wenn nicht steigern möchten!

Und dennoch: Wie das Widersacherwirken eine geistige Wirklichkeit ist, so ist es auch der Christus-Impuls, der exemplarisch die Bildetendenzen, welche die Organisation des Menschen verschoben haben, aufgehoben hat. Paulus spricht vom neuen Adam, der durch das christliche Mysterium geschaffen wurde. Ihm aus eigener individueller Kraft nachzueifern ist seitdem möglich geworden. Die damit umrissene Aufgabe wird erleichtert, wenn man sich die Wirkensweisen und Wirkungen der Widersachermächte bewusst macht, wie das der zitierte Vortrag tut. Man erkennt, so man das will, wo die eigene Übung zur Veränderung des Bewusstseins anzusetzen hat. Insofern bereitet die Erkenntnis der Widersachermächte den Übungsweg vor.

Dieser Kampf kontroverser geistiger Strömungen birgt eine ungeheure

Dramatik. Muss man doch von vielen Gedanken der letzten zwei Jahrhunderte sagen, dass sie ihre Korrespondenz mit den Intentionen der regulären Geister verloren haben. Solche Gedanken schaffen eine Welt, welche die Kontinuität mit den Schöpfermächten, die an ihrem Anfang stehen, verloren hat. Sie erweisen sich als Nahrung für die Geister des Widerstands. Wie die geistige Welt auf eine solche Tatsache antwortet, wurde kurz erwähnt. Jeder Einzelne von uns steht also mitten im Spannungsfeld dieser Strömungen. Er kann nicht flüchten. Aber er kann durch Darstellungen, wie sie der Vortrag vom 29. Dezember 1911 gibt, den Zeitereignissen mit viel größerer Aufmerksamkeit begegnen.

V. TOPOGRAFIE DER VERSCHIEBUNGEN

Höheres und niederes Ich

Wie in einem Organismus gibt es im Kosmos der Hierarchien Abhängigkeiten. Die kosmischen Verhältnisse sind nicht auf Ewigkeiten determiniert, sondern können sich auch durch die Intentionen einzelner Geistwesen ändern. Solche Entschlüsse haben Folgen. Eine der weitreichendsten Entschlüsse der regulären Geister war die Einbindung Ahrimans in die Weltgestaltung. Macht diese Entscheidung doch notwendig, dass ein Wesen aus ihrer Mitte als Ausgleich Mensch werden muss, um den Tod zu erfahren, der bis dahin außerhalb des Erfahrungshorizontes der regulären Geister lag. Erst dieser Tod ließ die regulären Geister die Weisheit des Todes und Ahrimans durchschauen.

Ein anderes Beispiel ist die Opposition der luziferischen Geister auf dem alten Mond. War doch auch diese Tat außerordentlich folgenreich für den Organismus der geistigen Welt und speziell für den Menschen. Von diesem Augenblick an wirken auf die Menschheit zwei Entwicklungsströme. Der eine zielt darauf, dass die Erfahrungen, welche die Menschheit im Laufe der Erdentwicklung macht, in das Ich des Menschen eingeschrieben werden. Dadurch wird der einzelne Mensch fortlaufend reifer, da er den Extrakt der gesamten Erdentwicklung in sich aufnimmt. Es wird auf der Erde dasselbe Gestaltungsprinzip anschaubar, das bereits für den Astralleib auf dem alten Mond galt und entsprechend für Ätherleib und physischen Leib auf der alten Sonne und dem alten Saturn. Wurden die Gestaltungsformen dieser Hüllennatur des menschlichen Ich auch durch die Einflüsse neuer planetarischer Zustände laufend verändert, so blieben dennoch die Ur-Intentionen, die bei ihrer «Geburt» auftraten, erhalten. In diesem Sinne sollte dem neugeborenen Ich auf der Erde die Fülle der Erderfahrungen durch den ersten Entwicklungsstrom eingebildet werden. Die Beobachtung der Kulturepochen legt offen, wie stets das Gut, das eine Epoche herausgearbeitet hatte, durch den Einschlag der nächsten verändert wurde. Es lebt aber ein Extrakt der alten Epoche in der neuen fort. Wäre beispielsweise das heutige Leben ohne die spezifische Gestaltung der griechischen Kulturepoche möglich? Ist nicht die Ausbildung des Denkens, die in der griechischen Kulturepoche in so grandioser Weise erfolgte, die Grundlage und Essenz unserer Verstandeskultur? Haben nicht unsere eigenen denkerischen Bestrebungen in der griechischen Philosophie ein nicht wegzudenkendes Fundament, auch dann, wenn im Bewusstseinsseelenalter neue Begriffe geschaffen werden?

Diese kontinuierliche Entwicklung wird oft durch eine Illusion überdeckt. Jede neue Kulturepoche wird von dem Enthusiasmus beflügelt, etwas nie Dagewesenes zu schaffen, das für alle Ewigkeit gelten wird. Man kann solche Konzentration auf die neue Aufgabe nur begrüßen, denn sie ist der Antrieb für höhere Leistung. Die Geschichte lehrt aber, dass nie für die Ewigkeit gestaltet wurde. Den Grund dafür klärt ein ungewöhnliches Ergebnis geistiger Forschung. Es ist der Strom der Widersachermächte, der sich in die Wirkungen der regulären Geister einmischt. Geschichte wird offensichtlich nicht nur auf der Erde bewirkt. Die Geistwesen, die mit der Erde und dem Menschen verbunden sind, wirken mit. Ihre Intentionen haben Gewicht.

Aus dem Impuls der luziferischen Geister ergibt sich ein zweiter Entwicklungsstrom, dem der Mensch ausgesetzt ist. Das Ziel, den Extrakt der auf der Erde zu machenden Erfahrungen im Ich zu sammeln, ist beiden Entwicklungsströmungen gleichermaßen eigen. Aber die oppositionelle Strömung des Luzifer möchte nicht, dass dieser Gewinn der Erdentwicklung dem Menschen von außen gegeben wird, sondern dass ihn der Mensch durch eigene Aktivität erringt. Deswegen schließt die luziferische Verführung für den Menschen die Tore zur geistigen Welt und öffnet die Sinne für die Erde.

Luzifer entfacht im Menschen das Feuer des Prometheus, der nicht auf die Götter setzt, sondern nur auf seine eigene Kraft. Der Enthusiasmus für alles schöpferische Tun wird durch Luzifer dem Menschen eingepflanzt. Weltgeschichtlich entsprechen dem zwei geschichtliche Strömungen. Die Kain-Strömung vertritt diesen luziferischen Impuls. Aus ihren Reihen gehen jene Menschen hervor, welche die Erde bearbeiten und nach ihrem Willen umgestalten. So ist Kain der erste Ackerbauer, der dem Boden abringt, was er zu seinem Lebensunterhalt benötigt. Abel ist der Hirte, dem der Lebensunterhalt geschenkt wird. Er verehrt den, dem er alles verdankt. Abel ist der Urvater jener Menschen, die als Priester ihr Augenmerk und ihren Willen vor allem darauf richten, die Verbindung mit dem Entwicklungsstrom der regulären Geistwesen aufrechtzuerhalten. Abels Opfer wird von Jahwe angenommen, das des Kain nicht. Der Grund dafür liegt in der Hinwendung Kains zur Entwicklungsströmung, die Luzifer in die Welt bringt. Kurz und prägnant formuliert: «Der Begriff der luziferischen Geister besteht im Wesentlichen darin, dass diese Geister ein selbstständiges, inneres Leben entwickeln wollen.»[136] Zu diesem inneren Leben gehört eine durch Eigentätigkeit hervorgebrachte Erkenntnis. Eine andere Formulierung Rudolf Steiners lautet deshalb: «Die, welche vor der Erkenntnis Furcht haben, betrachten Luzifer als den Bösen.»[137]

Kurz vor dieser Aussage heißt es: Wer Erkenntnis sucht, «wird sich das Urteil abgewöhnen, dass etwas unter allen Umständen gut oder böse ist». Mit dem Begriff der Deplatzierung haben wir gleich am Anfang der Darstellung versucht, diese Tatsache zu klären. Das Gute wird zum Bösen, wenn es zur falschen Zeit und am falschen Orte wirkt. Das Böse fällt dann aus der Harmonie der Weltenordnung heraus. Das bewirkt die Isolation des bösen Wesens. Es grenzt sich von der Harmonie der Hierarchien aus und wird einsam. Einen Grundzug Luzifers charakterisiert deshalb Rudolf Steiner als Sehnsucht nach dem Zustand, den er vor solcher Isolation besaß.[138] Andererseits übt Luzifer eine Wirkung auf den Menschen aus, die von den regulären Geistern nicht ausgehen könnte. In der Spannung beider Strömungen wird dem Menschen die Möglichkeit gegeben, sich als freies Geistwesen zu konstituieren. Der Reichtum der Erdenerfahrungen wird individuell. Der einzelne Mensch kann durch bewusste Arbeit ein Mikrokosmos werden, in dem der Makrokosmos auf neue Art erscheint.

«Durch diese Mächte, die eine normale Entwicklung für sich durchmachen, hätte es … geschehen können, dass der Mensch sein Ich immer mehr und mehr erfüllt hätte mit dieser fortschreitenden Bereicherung der menschlichen Entwickelung. Hineinfließen würde von Zeit zu Zeit das, was den Menschen weiterbringt. Der Mensch würde sich immer mehr anfüllen mit den Gaben der geistigen Welt und zuletzt, wenn die Erde an ihrem Ziel sein würde, wäre es selbstverständlich, dass der Mensch alles, was aus den geistigen Welten gegeben worden wäre, in sich hätte. Aber eines wäre nicht möglich: dass der Mensch ureigensten, heiligen Eifer entwickelte, Hingebung und Feuer für das, was da geschaffen wird von Kulturepoche zu Kulturepoche. Aus demselben Untergrunde, aus dem jeder Wunsch, jede Begierde herauswächst, erwächst auch der Wunsch nach den großen Idealen, erwächst auch die Menschenbeglückung, nach Leistungen der Künste in den aufeinander folgenden Kulturepochen. Aus demselben Grunde, aus dem verderbliche, nach dem Bösen gehende Begierden erwachsen, erwachsen auch die Bestrebungen nach dem Höchsten, was auf der Erde geleistet werden kann. Und es würde das nicht da sein, für was die menschliche Seele als für ein höchstes Gut entbrennt, wenn es nicht auf der anderen Seite möglich wäre, dass dieselbe Begierde auch nach der anderen Seite in das Laster und in das Böse hinuntersinken kann. Dass es diese Möglichkeit in der Menschheitsentwickelung gibt, das ist das Werk der luziferischen Geister. So dürfen wir nicht verkennen, dass die luziferischen Geister für die Menschen Freiheit gebracht haben zugleich mit der Möglichkeit des Bösen, freie Empfänglichkeit für das, was sonst in die menschliche Seele nur einfließen würde.»[139]

Schlecht wird dieser luziferische Impuls, wenn die Begeisterung, alles in der Erkenntnis offenbar zu machen, in Hochmut umschlägt. Dann gerät der Mensch in die Verirrung, den Wahn, das Böse. Doch: «Freiheit kann nur dadurch eruießen, dass der Mensch sich den höchsten Inhalt seines Erden-Ich selber gibt. Dasjenige Ich, das der Mensch haben würde, wenn ihm alle Ziele am Ende der Erdenentwickelung gegeben würden, kann nicht frei sein; denn es ist von vornherein bestimmt gewesen, alle Güter der Erdenentwickelung in die Menschen einfließen zu lassen. Frei werden konnte der Mensch nur, indem er zu diesem Ich ein anderes, irrtumfähiges Ich hinzuschafft, das in der Lage ist, immer wieder und wieder nach der Seite des Guten und nach der Seite des Bösen zu pendeln und das immer wieder hinaufstreben kann zu dem, was der Inhalt aller Erdenentwickelung ist. Das niedere Ich musste dem Menschen beigegeben werden durch Luzifer, damit das Hinaufarbeiten des Menschen zum höheren Ich seine ureigenste Tat sein kann.»[1410]

Wir nähern uns der Freiheit so weit, «als es uns gelungen ist, Herr zu werden über die Einflüsse Luzifers und Ahrimans». Den vielen Charak-

246

teristika dessen, was bei der luziferischen Verführung stattgefunden hat, wird eine neue Sicht hinzugefügt. Das niedere Ich ist ein Resultat der Wesensgliederverschiebung. Das Erleben der konzentrierten reinen Wahrnehmung kann uns eine Ahnung davon verschaffen, was in dem Paradiesesmenschen vor sich ging. In der Wahrnehmung gehen wir ganz in dem Wahrgenommenen auf. Wir sind in diesen Augenblicken ganz an die Welt hingegeben. Soweit uns die Hingabe, wir können auch sagen: die Liebe zur Welt gelingt, nähern wir uns einem Bewusstsein, das dem Paradiesesmenschen eigen war und wie die Engel es heute noch haben. Denn diese lassen ihr Wesen im Anblick der Hierarchien verströmen, setzen das, was sie empfangen, in ihre Taten um.

Das höhere Ich folgt solcher seelischen Verfassung beispielsweise nach dem Tode beim Gestalten des künftigen Schicksals. Der Ausgleich für das, was einseitig im vorangegangenen Leben war, wird entworfen. Der Entwurf wird nicht durch persönliche Sentimentalitäten gestört, sondern den vorliegenden Tatsachen nach gewoben. Das niedere Ich ist in dieser Tätigkeit außer Kraft gesetzt. Dessen Gebundenheit an den Egoismus und den Irrtum wird nicht ins Spiel gebracht. Das höhere Ich lebt das Ziel menschlicher Entwicklung, nämlich «Herr zu werden über die Einflüsse Luzifers und Ahrimans». Dazu sind die Widerstände nötig, die das höhere Ich im Einklang mit den regulären Geistwesen als Schicksal schafft. Es schöpft aus dem Sinn der Erdentwicklung die Maßstäbe der Schicksalsgestaltung. Das Schicksal wird aus der Zukunft der Erdentwicklung, die sich noch verwirklichen will, entworfen, während das niedere Ich total an die Vergangenheit gebunden ist.

247

Die Fesselung des höheren Ich durch die Triebnatur des niederen Ich

Die Verschiebungen, welche die luziferische Versuchung in der menschlichen Organisation bewirkte, müssen einzeln untersucht werden. Zuerst sei auf einige Phänomene aufmerksam gemacht, die das Ich und den Astralleib betreffen.

Rudolf Steiners Darstellung der luziferischen Verführung spricht von einem Übergewicht des Ich über den Astralleib. Dieses Übergewicht des Ich kommt nur deshalb zustande, weil Luzifer es mit seinen Kräften impft. «Und was sich der Mensch aufgenommen hat an luziferischer Kraft, das ist der Überschuss des Ich über den Astralleib, das ist die größere Ichlichkeit, die eigentlich eine Luziferität ist.»[141] Sie impulsiert – langfristig gesehen – den Egoismus. Sie ist eine «fremde», aufgezwungene Kraft, die nicht im Wesen des Ich urständet. Das Übergewicht des Ich über den Astralleib begründet keineswegs eine Souveränität des Ich gegenüber dem Seelenleben. Durch die zu enge Verbindung mit ihm wird die Souveränität des Ich über Denken, Fühlen und Wollen sogar gemindert.

Bei manchen seelischen Äußerungen, etwa den Wünschen, Trieben und Begierden, fällt uns auf, dass sie bisweilen das Ich und dessen gesetzte Ziele völlig entmachten. Das, was der Mensch sich als Ziel seiner Handlungen vorgenommen hatte, wird außer Kraft gesetzt. Der Kampf, der sich dabei zwischen den eigenen Motiven und den elementaren Kräften des Astralleibes abspielt, zeigt keineswegs immer das Ich souverän. Oft sind die elementaren Wünsche und Sehnsüchte des Begehrens Sieger.

Besonders deutlich wird das, wenn man in solchen Momenten die beiden Grundkräfte jeder Bewusstseinssteigerung, Aufmerksamkeit und Hingabe, bei ihrer «Zerstörung» verfolgt. Die Aufmerksamkeit nach innen wie nach außen wird betäubt. Sie kann sich nur entfalten, wenn der Tätige prüfenden Abstand zum Objekt herstellt. Das gelingt in Momenten stürmischen Begehrens nicht. Die elementare Kraft des Triebes lässt solchen Abstand nicht aufkommen. Der Sturm der Leidenschaft fegt die Aufmerksamkeit hinweg. Sie wird unterdrückt von der fiebrigen Erwartung des Genusses. Für den unbeteiligten Beobachter erscheinen solche Menschen wie in einem Wahn befangen. Sie tun, was sie am Ende ihres «Rausches» oft selbst nicht verstehen.

Auch die tastende, feinfühlige Hingabe wird überrannt. Braucht sie doch zu ihrer Entfaltung die Aufmerksamkeit. Erst wenn das Gegenüber mit Aufmerksamkeit ergriffen wird, sodass seine Schönheit oder Einmaligkeit bewusst wird, wächst die Zuneigung, die Vorstufe der Hingabe ist. Sie entfaltet sich auf der Grundlage einer detaillierten Erfahrung des erst einmal fremden Wesens, das einem gegenübertritt. Die größte Sorgsamkeit der Beobachtung und des Denkens ist gefordert, um dem fremden Wesen gerecht zu werden, es zu achten. Was sich abspielt, verlangt nach behutsamer Zartheit, nicht nach Begierdenglut. Die letztere macht den Willen blind, ist also untauglich für die hingebende Liebe. Sie ist ein Zerrbild von ihr.

Die Liebe will das fremde Wesen nicht nur gelten lassen, sondern ihm selbstlos dienen. Die Leidenschaft dagegen schafft ein gesteigertes Selbstwertgefühl. Es kann die Dinge, auf welche sie sich richtet, nur in Relation zu sich selbst sehen. Die Leidenschaft sucht nach einer Steigerung des eigenen Ich-Erlebens. Die Zustände der Selbstlosigkeit und der gesteigerten Selbstigkeit spiegeln die Polarität des höheren und des niederen Ich. Das niedere Ich ist eine Wirkung der Wesensverschiebung, und zwar die gravierendste.

Das Selbstwertgefühl des niederen Ich entsteht dadurch, dass es seinen Willen gegenüber der Umgebung durchsetzt. Es ernährt sich aus dem Erleben der Macht gegenüber der Schöpfung und den Menschen. Steigt die Überhebung ins Maßlose, tritt die Hybris auf. In solchen Momenten ist die Korrektur durch andere Menschen vergeblich. Sie löst nur Hass und Feindschaft aus. Die Diktaturen sind ein Anschauungsbeispiel dafür, wie solche Vorgänge bis zum Mord sich steigern können. Wenn überhaupt, wird Korrektur erst dann möglich, wenn der Wille, der die Übersteigerung anfeuert, sich erschöpft. Denn solches Geltendmachen des niederen Ich verzehrt die Seelenkräfte.

In den extremen Fällen, in denen das Ich wie von einem Dämon beherrscht zu sein scheint, machen sich Verachtung, Neid, Tücke, und wie die Übel alle heißen, breit. Die Übel sind nicht zu übersehen. Weniger deutlich sind die Vorgänge, die solche Übel einläuten. Sie scheinen vergleichsweise harmlos zu sein. Und doch wird bei ihrer Bildung eine meist unbewusste Antipathie in Gang gesetzt, die zur Gewohnheit wird und relativ schnell den Habitus dieser Menschen bestimmt. In dieser gleichsam eingeschliffenen Antipathie gegenüber der Umwelt liegen die Wurzeln zu Selbstliebe und Selbstüberschätzung. Während die meisten Menschen sich von den krassen Übeln distanzieren, wird deren Entwicklung in den kleinen Vorgängen des Alltags oft übersehen.

Schon die Sinneswahrnehmung und die sich anschließende Empfindung verläuft nur selten sachgemäß. Sie wird nur zu leicht von der seelischen Befindlichkeit des Betrachters durch beliebige Sympathie oder Antipathie verfälscht. So ist die reine, selbstlose Wahrnehmung eine hohe Kunst. Allein schon die nicht in die Disziplin genommene Wahrnehmung verstellt das Verhältnis des Menschen zur Welt. Folglich wird das Seelenleben isoliert. Die Wahrheitsfindung wird unendlich erschwert, wenn nicht unmöglich gemacht. Die Vorprägung des subjektiv Seelischen, welche den Wahrnehmungsakt prädominiert, wird nicht korrigiert. Der Mensch bleibt und will dann auch auf der Entwicklungsstufe, die erreicht ist, stehen bleiben. Das Bewusstsein wird kein reiner Spiegel der Vorgänge, die sich zwischen Mensch und Welt abspielen. Der Mensch wird in seiner unreflektierten Subjektivität festgehalten. Nur der Kampf um eine sachgemäße Wahrnehmung befreit ihn von dieser Fessel und öffnet ihm den Sinn für neue Erfahrung.

Auch das Denken ist schnell emotionsbestimmt. Oft geht es dem Menschen nicht um die Sache, sondern um die Rechtfertigung eines einmal gefassten Standpunktes. Auch das bewirkt einen Realitätsverlust im Umgang mit der Welt. Der Mensch wird auf sich zurückverwiesen und von der objektiven Gedankenwelt, in der das höhere Ich west, getrennt. Da er keinen Anschluss an diese Welt findet, wird sie zu einer Scheinwelt erklärt, die nur «Verrückte» für wahr halten können. Atheismus, Agnostizismus, Materialismus sind die gravierenden Folgen eines Vorgangs, der in scheinbar unbedeutenden Verhaltensweisen seinen Anfang nimmt. Die unreflektierten, luziferischen Vorprägungen haben eines gemeinsam: Sie wollen das höhere Ich nicht zur Entfaltung kommen lassen. Dieses Ich scheint wie von einem Doppelgänger beherrscht, gewissermaßen dämonisiert. Es versinkt, wenn auch gewissermaßen «leise», in der von Luzifer bestimmten Vorprägung des Astralleibes. Rudolf Steiner charakterisiert die Überwindung dieses Zustandes als einen «Ruck», der das Seelenleben umwendet.

Aufmerksame Beobachtung kann in diesen Vorprägungen der Wahrnehmungs- und Denktätigkeit sehr wohl jene bösen Neigungen entdecken, die, haben sie sich erst einmal eingenistet, überraschende Folgen nach sich ziehen. Es bekommt die seelische Befindlichkeit eine gleichsam schwarze Qualität. Solcher Egoismus suggeriert, dass es der eigenen Person Vorteile brächte, wenn man diese Seelenhaltung gegenüber seinen Mitmenschen einsetzt. Damit wird bewusst Macht über andere angestrebt. Die Abhängigkeit anderer Menschen vom eigenen Willen stellt sich ein. Ein von der Emotion verkürztes Denken liefert die Argumente, die solches Vorgehen rechtfertigen. Eisige Kälte beherrscht dann das Seelenleben. Ahriman herrscht. Die konkreten Zeitphänomene, die diese Signatur zeigen, sind exemplarisch im ersten Teil des Buches beschrieben worden. In ihnen sind nicht nur luziferische Kräfte am Werk, sondern auch ahrimanisch-asurische. Das von den Widersachermächten «geimpfte» niedere Ich wird zum Quellort der Zerstörung. Damit zerstört es aber auch sich selbst. Im Vollzug der Taten herrscht «kalte» Sinnlichkeit. Sie unterjocht das eigene und das fremde Ich-Wesen. Der beobachtbare Wahn steigert sich bisweilen zum Irrsinn, das heißt zum totalen Widersinn. Menschen verlieren ihr Menschsein. In solchem Zustand «genügt» es beispielsweise nicht mehr, schutzlose Frauen und Kinder zu töten. Sie müssen, um dieser kalten Sinnlichkeit zu genügen, dann noch zerstückelt werden. Perversität beherrscht den Alltag.

Auf diesem Hintergrund ist das Freilegen der eigenen bösen Neigungen kein leichtes und angenehmes Geschäft. Die grauenerregenden Extreme menschlicher Verfehlungen lassen das Urteil aufkommen, dass man selbst zu solchen Taten völlig unfähig wäre. Man sieht nicht (oder will nicht sehen), dass zwischen solchen Verfehlungen und den eigenen Neigungen zwar ein «quantitativer», aber kein qualitativer Unterschied besteht. Die gewissermaßen kleine Bosheit hat die gleichen seelischen Bildetendenzen wie jene Bosheiten, die großes Elend über die Menschen bringen. Auch die Tendenzen der kleinen Bosheiten stehen der sachgemäßen Erkenntnis im Wege, binden das Ich zu stark an den Astralleib, verhindern neue Erkenntnis. Das durchschaut gerade der, welcher sich um Selbsterziehung ernsthaft bemüht. Er steht vor der Aufgabe, das unkontrollierte Seelenleben unter die Kontrolle des höheren, selbstbestimmten Ich zu bekommen. Allein schon die Gedankenkontrolle ist mühselige Arbeit. Die Gedankenproduktion entbehrt bisweilen über weite Strecken jeglicher Leitung durch das Ich. Haben wir es uns beispielsweise mühsam angewöhnt, jeden Gedanken, den wir hervorbringen, mit seinem genauen Gegenteil zu konfrontieren, um unsere Gedankenfreiheit zu stärken? Ist uns klar geworden, dass sowohl These wie Antithese logisch einwandfrei bewiesen werden können? Leuchtet uns bei diesem Bemühen ein, dass auch die Vernunfttätigkeit luziferisch tingiert sein kann?

Erinnern wir uns, was in dem Vortrag vom 29. Dezember 1911 über den Gebrauch der Vernunft gesagt worden ist: «... der Mensch wäre überhaupt niemals ... zu der vertrackten Idee gekommen, dass er eine Vernunft *in sich* habe, dass er Gedanken hege *in sich*, wenn nicht Luzifer damit herangetreten wäre, sondern er hätte gewusst, dass die Gedanken außer ihm sind, dass er also anschauen muss das Denken. Der Mensch würde immer betrachtet haben, bis der Gedanke gegeben ist, bis geoffenbart ist, was mit dem Denken gemeint ist. Das ist zum Beispiel in meiner *Philosophie der Freiheit* dargestellt. Der Mensch würde nicht auf die Idee gekommen sein: Du sollst allerlei Gedanken zusammenfügen, du sollst in dir urteilen. Das Urteilen in sich, unabhängig von aller Offenbarung, ist ein luziferisches Wesen in uns. So ist die ganze Vernunft, insofern der Mensch sie als seine Eigenheit betrachtet, eigentlich ein Irrtum, es ist bloß durch die luziferische Verführung in den Menschen die Idee hineingekommen, dass er Vernunft haben (besitzen) soll. Und jetzt werden Sie es verstehen, dass in einer gewissen Weise diese Vernunft auch durch eine Verschiebung entstanden ist, dass diese Vernunft durchaus nicht als das Maßgebende für alle menschliche Erfassung des Wirklichen aufgestellt werden kann.»

Schon die Überheblichkeit, die suggeriert, dass der Gedanke ohne jede Korrespondenz mit der geistigen Welt produziert wird, isoliert uns vom Weltgeschehen. In diesem Falle ist bereits eine Bildetendenz am Werk, die – gesteigert – Ursache für die schlimmsten Verfehlungen sein kann. Die Neigung zur Selbstüberschätzung lässt beispielsweise auch den

Menschen sehr leicht jede soziale Ordnung sprengen; er hält nur sich selbst und seine subjektiven Auffassungen für die einzig richtigen und verachtet jeden von ihr abweichenden Gedanken beziehungsweise die Menschen, die ihn vertreten. Toleranz muss, wie wir wissen, erkämpft werden.

Der Hinweis, nicht auf die bösen Taten, sondern auf die bösen Neigungen auch und gerade im Alltagsleben zu schauen, führt uns zu einem weiten Übfeld der kleinen Schritte. Der Kampf gegen die Übel der Zeit beginnt bei der Veränderung der eigenen Gewohnheiten. Sie werden meist nicht für wesentlich angesehen. Sie aber sind es, die das Unbill einleiten. Die anthroposophische Schulung setzt deshalb bei so einfachen Übungen wie der Gedankenkontrolle, der Belebung des Gedächtnisses, der Balance der Gefühle, der bewussten rhythmischen Gliederung des Tages und ähnlichen kleinen Dingen an. Sie sind das Fundament, ohne das kein Bewusstseinsfortschritt erreicht werden kann. Wer sie missachtet, läuft ins Leere. Bei sich selbst kann jeder mit der Verwandlung der bösen Neigungen beginnen. Die Überwindung des Widerstandes, der sich solchem Üben entgegenstellt, stärkt das Ich und vermindert seine Abhängigkeit.

Das Wirken der Widersachermächte in den Lebensprozessen

In dem folgenden Vortrag vom 3. September 1916 werden die Veränderungen, die Luzifer und Ahriman in den sieben Lebensprozessen seit der Versuchung hervorgerufen haben, charakterisiert. Vorab eine Bemerkung Rudolf Steiners, die nicht nur für diesen Vortrag gilt, sondern die ebenso für das Gesamtwerk gültig ist: «Man braucht nicht drinnenzustehen in der geistigen Welt, sondern nur Vorstellungen durch die Geisteswissenschaft selber sich zu erwerben suchen, die ja an der Schwelle zur geistigen Welt liegen, und man wird fühlen, dass dadurch dieses Wissen, diese Erkenntnis viel aktiver, viel innerlich intensiver wird, dass sie wirklich fähig wird, einzudringen in das, was in den Wesen kraftet ... Wir müssen gewissermaßen miterleben das Weltenall, nicht bloß uns hinstellen als Zuschauer und es von seiner Oberfläche aus auf uns wirken lassen. Man muss miterleben, was in den Wesen drinnen kraftet, lebt, webt. Es wird wirklich nicht nur ein anderes Wissen erworben durch die Geisteswissenschaft, sondern ein andersartiges Wissen.»[142]

Eine solche Bemühung beginnt schon beim Lesen. Wer sich klarmacht, dass erst das Erleben und Mitleben der Vortragsinhalte den Leser an die Wirklichkeit heranrückt, wird anders als sonst im Leben lesen lernen. Solches Lesen schließt die rein intellektuelle Bewältigung des Inhalts ein, aber sie bleibt nicht bei ihr stehen. Aus dem Leben geschöpft, will die Begrifflichkeit, die hier vermittelt wird, auch im übrigen Seelenleben aufgenommen sein. Ohne das (allerdings reine) Feuer des Gemüts verliert der Gedankeninhalt für den Menschen schon leise seine Wirklichkeit. So wie er im Herzen des Vortragenden erlebt worden ist, will er vom Leser nachgeschaffen sein.

«Wir sehen ..., dass wir uns schon in Bezug auf dieses Ahrimanische und Luziferische objektiver verhalten müssen, als das sehr häufig geschieht, aus dem einfachen Grunde, weil an unserer Gesamtmenschheitsgestaltung ja in einer so eingreifenden Weise das ahrimanische, das luziferische Prinzip beteiligt sind. Nun, wenn wir uns aber erinnern, dass Ahrimanisches und Luziferisches nur dann in der Entwickelung des Menschen von Schaden ist, wenn sie deplatziert sind, wenn sie nicht an der rechten Stelle auftreten, so werden wir uns auch vorstellen können, dass das ahrimanische Prinzip ... und das luziferische Prinzip ... gewissermaßen auf irrtümliche Weise, auf unrechtmäßige Weise eingegriffen haben, nicht so, wie sie gewissermaßen zugelassen worden sind in der Evolution. Und dann entstehen die verschiedenen Verirrungen des Menschen. Diese Verirrungen müssen möglich sein, sonst könnte der Mensch nicht aus eigenem, freiem Willen heraus seine Wege im Weltenall gehen. Es muss sowohl möglich sein, dass dasjenige, was wir gewissermaßen nur durch Ahrimans Macht haben können, abirren kann, als auch, dass dasjenige, was wir durch Luzifers Macht haben können, abirren kann, und dass wir im steten Aufrechterhalten gegen das Ahrimanische und das Luziferische, im Beherrschen dieser Mächte, gerade den rechten Weg in unserer Evolution finden.

... Geradeso, wie wir die zwölf Sinnesbezirke ins Auge fassen, können wir die Lebensgebiete ins Auge fassen: Atmung, Wärmung, Ernährung, Absonderung, Erhaltung, Wachstum, Reproduktion. Das sind die sieben Lebensimpulse, gleichsam das Planetensystem, das im Menschen ist, im Gegensätze zu dem Tierkreissystem der zwölf Sinnesgebiete. Aber so, wie auf das Tierkreissystem der zwölf Sinnesgebiete Ahrimanisches und Luziferisches Einfluss hat, etwas anderes hervorgebracht hat, als in der regelrecht fortgehenden Evolution liegt, so ist das auch mit diesen sieben Lebensimpulsen der Fall. Wiederum können wir sagen: Diese drei Lebensimpulse, die äußeren, die mehr den Menschen mit der Außenwelt in Verbindung setzenden Lebensimpulse können ahrimanisch beeinflusst werden, und die mehr dem inneren Lebensprozess entsprechenden Lebensimpulse können luziferisch beeinflusst werden. Nur in der Mitte gleicht gewissermaßen die Absonderung etwas aus, was mehr durch seine natürliche Gestaltung schon von selbst im Gleichgewicht ist.

Bei der Atmung liegt etwas vor, was so bezeichnet werden kann: Wir atmen wirklich nicht bloß so, wie wir atmen würden, wenn nur die regelmäßig fortwirkenden göttlich-geistigen Impulse in der Atmung tätig wären, diejenigen Impulse, von denen der Beginn des Alten Testamentes

spricht, wie wenn in der Atmung nur die Jahve-Kraft da wäre. Wir atmen
so, wie es der Umgestaltung unseres Atmungssystems durch ahrimanische Kräfte entspricht, die … eingegriffen haben in das menschliche Leben in der atlantischen Zeit. Wir atmen nämlich nicht bloß, sondern wir
verbrauchen unseren Organismus durch die Atmung. Und in diesem
Verbrauchen äußert sich ein gewisses Lebenswohlgefühl. In der Tat, im
Laufe unseres Lebens zwischen Geburt und Tod liegt das vor, dass wir in
einer gewissen Weise energischer den Atmungsprozess betreiben, als es
uns zugeteilt ist. Das Verbrauchen unserer Lebenskräfte hängt sehr stark
mit diesem ahrimanischen Einfluss zusammen. Etwa, grob gesprochen,
könnte man sagen: Wir würden weniger Sauerstoff einatmen in der gleichen Zeit, wenn der ahrimanische Einfluss nicht da wäre, und es würde
nicht in einer so intensiven Weise, wie es jetzt der Fall ist, der Prozess des
Alterns stattfinden, jenes Verbrauchens unseres Organismus, der sich im
Altern ausdrückt, im Älterwerden, in dem Sinne, dass man das Älterwerden sieht, dass es nicht bloß Zurücklegung von Jahren ist. Das hängt
vielfach mit diesem *ahrimanischen Einfluss* auf den Atmungsprozess zusammen.

Die Wärmung ist durch den ahrimanischen Einfluss verbunden mit
einem stärkeren Verbrennungsprozess in unserem Organismus, als er bei
regulärer Evolution stattfinden würde; Verbrauchen ist gleich Verbrennen. Wir verbrennen uns in der Tat selber.

Und die Ernährung ist durch den ahrimanischen Einfluss verbunden
mit einer Ablagerung, sodass dasjenige, was wir als Nahrung aufnehmen,
nicht bloß verarbeitet wird, sondern dass es gewissermaßen fast wie
Fremdstoff sich einlagert in den Organismus. Die Fettbildung, das Fett-
ansetzen, das ist der geläufigste Prozess, der hierher gehört. Dieses Fett-
ansetzen, das ist ein solcher Prozess, der hier von seiner ahrimanischen
Seite erläutert werden muss. Er könnte selbstverständlich auch von der
luziferischen Seite erläutert werden, das würde aber auf ein anderes Kapitel führen. Also Ablagerung, die Möglichkeit, die Ernährungsstoffe
abzulagern, sodass sie bleiben, dass sie gewissermaßen Fremdstoffe werden, Verbrauchen, Verbrennen, Ablagern, das ist auf ahrimanischen Einfluss zurückzuführen bei diesen drei Lebensimpulsen. – Die Absonderung scheidet in gewisser Weise aus.

Die Erhaltung erleidet einen *luziferischen Einfluss.* Alle Kräfte gestal-

256

ten unsern inneren Erhaltungsprozess um, und das, was da zustande kommt, ist sogar ähnlich der Ablagerung. Alle Anlagen, die wir in uns haben zur Verkapselung, Verknöcherung, zum Sklerotischwerden, sind mit auf dieses Gebiet zu setzen. Verhärtung im Ganzen, könnte man es nennen. Wir verhärten unseren Organismus im Laufe unseres Lebens. Das geschieht durch einen luziferischen Einfluss, ist auch mit luziferischen Wirkungen verbunden. Denn diese Verhärtungsprozesse empfinden wir eigentlich, bis sie über ein gewisses Ziel hinausschießen, bis sie dann zur Sklerose, zu anderen Erkrankungszuständen werden, als ein gewisses fortdauerndes Wohlgefühl im Organismus. Erst wenn die Sache über einen gewissen Punkt hinausgeht, empfinden wir es nicht mehr als ein Wohlgefühl, sondern als eine Krankheit, sei es als Sklerose, sei es als Starbildung oder dergleichen.

Auch der Wachstumsprozess erleidet einen luziferischen Einfluss, und der drückt sich so aus, dass ohne diesen luziferischen Einfluss der Mensch wachsen würde, ohne dass zwischen der Geburt und dem Tode im Verlaufe des Wachstums eine besondere Diskontinuität auftreten würde. Aber weil der luziferische Einfluss da ist, wird gerade in den ersten Stadien des Wachstums, gerade in den ersten Perioden des Wachstums der luziferische Einfluss sehr stark und gestaltet den bloßen Wachstumsprozess um zum Reifungsprozess. Das Reifen, die Reifung, Geschlechtsreife, das ist eine luziferische Umgestaltung des bloßen Wachstumsprozesses. Und alles, was damit verbunden ist, zeigt, dass eben die ursprüngliche Evolutionsanlage, die nicht zu dieser Diskontinuität des Reifens führt, den Menschen in ein kontinuierliches Wachstum hineindrängen würde. Die Reifung beim weiblichen und männlichen Geschlecht und alles, was damit zusammenhängt, die Umbildung, die in den Jahren der Reife stattfindet bis zur Stimmumbildung, das alles hängt mit diesem luziferischen Einfluss zusammen.

Das Wirken des luziferischen Einflusses auf die Reproduktion macht die Reproduktion zur Generation, zur äußeren physischen Fortpflanzungsmöglichkeit. Ursprünglich, durch die fortschreitenden göttlichgeistigen Kräfte, ist der Mensch ja dazu veranlagt, nur sich selbst zu reproduzieren, das heißt, er muss ja immer sich reproduzieren, nicht wahr? Damit er wachsen kann, müssen immer Teile neu entstehen: eine innere Reproduktion. Dass die äußere Reproduktion dazukommt, dass die Reproduktion zur Generation wird, das ist auf den luziferischen Einfluss zurückzuführen. Sie wissen ja, dass insbesondere das letztere – der luziferische Einfluss auf Reproduktion, Wachstum – sehr deutlich wiederum in der Bibel angedeutet wird. Man braucht ja die Bibel nur zu lesen, so wird man aus den gewaltigen, titanischen Bildern, die dort vorhanden sind, wahrhaftig das herauslesen können, was Ihnen jetzt auch angeführt worden ist. Sie sehen also, da haben wir auch ein Zusammenwirken von Luziferischem und Ahrimanischem.

ahrimanisch	1 Atmung	–	Verbrauchen
	2 Wärmung	–	Verbrennen
	3 Ernährung	–	Ablagerung

4 Absonderung

luziferisch	5 Erhaltung	–	Verhärtung
	6 Wachstum	–	Reifung
	7 Reproduktion	–	Generation

Wenn Sie nun überschauen, was wir … über die sieben Lebensprozesse sagen, … so kommen Sie darauf, sich zu gestehen, dass ein Wissen, welches diese Dinge bloßlegt, anders beschaffen sein muss als dasjenige, was man heute gewöhnlich Wissen nennt. Das heutige Wissen, die heutige Erkenntnis tippt gewissermaßen nur an die Außenfläche, an die Oberfläche der Dinge. Aber man muss sich Begriffe, Vorstellungen, die an der Schwelle der geistigen Welt liegen, erwerben. Man braucht nicht drinnenzustehen in der geistigen Welt, sondern nur Vorstellungen durch die Geisteswissenschaft selber sich zu erwerben suchen, die ja an der Schwelle zur geistigen Welt liegen, und man wird fühlen, dass dadurch dieses Wissen, diese Erkenntnis viel aktiver, viel innerlich intensiver wird, dass sie wirklich fähig wird, einzudringen in das, was in den Wesen kraftet, also für unsere Fälle hier: was im Menschen selber kraftet. Wir müssen gewissermaßen miterleben das Weltenall, nicht bloß uns hinstellen als Zuschauer und es von seiner Oberfläche aus auf uns wirken lassen. Man muss miterleben, was in den Wesen drinnen kraftet, lebt, webt. Es

wird wirklich nicht nur ein anderes Wissen erworben durch die Geisteswissenschaft, sondern ein andersartiges Wissen. Sie können nicht, wenn
Sie bloß sich so verhalten wie ein heutiger Anatom oder Physiologe,
auseinander halten im Atmungsprozess den Teil, der gewissermaßen regulär ist, und den Teil, der ahrimanisch ist, weil das natürlich gleichzeitig
geschieht, weil man gewissermaßen hineinschlüpfen muss in den Atmungsprozess und ihn erleben muss. Dann erlebt man schon das
Ineinanderspielen der beiden Kräfte, Impulse. Dieses Untertauchen in
die Welt, das ist etwas, was gerade unserer gegenwärtigen Zeit verloren
gegangen ist und insbesondere der gegenwärtigen Wissenschaft vielfach
verloren gegangen ist. Man glaubt – ich habe das öfter betont – so leicht,
dass dieses aktive, innerlich tätige, dieses in die Dinge untertauchende
Wissen, sodass man nicht bloß zu den Oberflächen, sondern zu den
Kräften kommt, entweder überhaupt nie ein Wissen war oder der
Menschheit längst verloren gegangen ist. Das ist nicht richtig. Denn so
sehr lange ist es der Menschheit gar nicht verloren gegangen. Man
braucht nur ein wenig zurückzugehen im Laufe der Jahrhunderte, dann
hat man durchaus die Möglichkeit, zu studieren, wie in gar nicht weit
zurückliegender Zeit dieses innerlich aktive Wissen vorhanden war.
Nehmen Sie den Lebensprozess. Er ist zunächst ein Ganzer, er konstituiert uns ja, er macht uns aus, dieser Lebensprozess. Aber es sind ineinander spielend sieben Impulse – wirklich ein inneres Planetensystem. Ich
habe Sie darauf aufmerksam gemacht …, dass man sich wird an manches
Paradoxe gewöhnen müssen, wenn man eine wirkliche Erkenntnis wird
haben wollen.

Ich habe gesagt: Was im Menschen vor sich geht und was der heutige
materialistische Darwinismus im Menschen sucht, das wird man nicht als
eine Erklärung ansehen dessen, was im Menschen vorgeht, sondern das
gerade als eine Erklärung des Makrokosmos, des Universums. Und umgekehrt: In dem, was draußen die großen astronomischen Prozesse sind,
darin wird man die Erklärung finden für das, was im Menschen ist. Da
muss man aber lebendig im Weltenprozess drinnenstehen, da muss man
wirklich untertauchen. Da muss man nicht bloß von der Oberfläche aus
den Weltenprozess ansehen. Sonne, Mond, Mars, Merkur, Jupiter und so
weiter so äußerlich anschauen, wie sie über den Himmel hinübergehen,
das ist eben an der Oberfläche anschaulich, sondern miterleben das, was

sie tun bei ihrem Gang durch das Weltenall, das ist nötig, miterleben die Kräfte, die ausstrahlen, differenziert ausstrahlen, das heißt von jedem dieser Planeten anders, sodass differenzierte Kräfte da draußen sind. Aber wenn es richtig ist, dass das Universum das, was in uns ist, erklärt, so liegt Ihnen der Gedanke, der ganz richtig ist, auch nicht mehr ferne: Wenn man die Kräfte, die in den Planeten stecken, nun wirklich lebendig kennt, so muss in diesem lebendigen Erfassen etwas liegen, was begreiflich macht das menschliche Leben. Aus dem Universum herein durch lebendige Erkenntnis das menschliche Leben verstehen, das ist das, was durch die jetzige Geisteswissenschaft gewollt ist, was aber auch früher da war.»[143]

Das Einwirken der Widersachermächte bei der Gestaltung der Sinnesorganisation

Die Folgen des Sündenfalls werden durch Rudolf Steiner bisweilen als ein Zerbrechen der leiblichen Organisation charakterisiert. Die Leiblichkeit wird materieller, als sie von den regulären Geistern intuitiert war. Der Mensch handelt sich durch den geistigen Einfluss des Sündenfalls Verfestigung und Tod der Leiblichkeit ein. Wir erinnern uns an die Schilderung jener Organisation, die der Mensch vor dem Sündenfall hatte, wo er die Erde gleichsam nur berührte. Dieses Urbild der regulären Geister wird durch die Einflussnahme Luzifers und Ahrimans zerbrochen. Die Organisation des Menschen wird über das imaginierte, inspirierte, intuitierte Urbild hinaus irdisch gemacht. Dadurch verändern sich unter anderem nicht nur die einstmaligen Sinnesorgane selbst, sondern auch deren Funktion. Der folgende Vortrag beschreibt konkret die Folgen der Einflussnahme der Widersacher auf die Sinnesorganisation des Menschen.

Die Zwölfgliedrigkeit der Sinne wurde von Rudolf Steiner wiederholt charakterisiert, ohne dass er auf den Beitrag, den Luzifer und Ahriman an ihrer Gestalt haben, einging. Das wird in dem folgenden Vortrag vom 2. September 1916 nachgeholt. Ahriman wirkt auf die oberen Sinne (Ichsinn, Gedankensinn, Sprachsinn), Luzifer auf die unteren (Tastsinn, Lebenssinn, Bewegungssinn). Eine solche Einflussnahme geschieht auch heute noch. Diese wird besonders markant für den Ich-Sinn geschildert.

Die Sinne hatten vor dem Sündenfall Wahrnehmungen der geistigen Welt. Die Abdunkelung dieser Wahrnehmungen sowohl der geistigen Außen- als auch der Innenwelt in die heutige Wahrnehmungsform wird beschrieben, sodass der eingetretene Verlust erlebbar wird, aber auch der Gewinn. Erstaunliche Tatsachen werden dabei aufgehellt, beispielsweise dass die Sprache eine Gabe Ahrimans sei. Bei der Lektüre empfiehlt es sich, den Grundgedanken im Hintergrund zu haben, dass auch durch diese Veränderung und Abschattung im Sinneswesen ebenfalls jene Entwicklung bewirkt wird, die Freiheit ermöglicht.

In anderer Art sorgt der Einfluss Luzifers für die Trübung der Wahrnehmungsfähigkeit der unteren Sinne. Sie dienten vor der luziferischen Verführung dazu, die Wirkung des in die Leiblichkeit eingezogenen Ich zu erfahren (Tastsinn), den Astralleib am Ätherleib zu spiegeln (Lebenssinn), im Bewegungssinn den Zusammenhang zwischen Ätherleib und dem Bewegungsmenschen zu erleben. Diese Sinne hatten also die ursprüngliche Aufgabe, Ätherleib, Astralleib und Ich erleben zu lassen. Sie wurden dadurch getrübt, dass diese Fähigkeiten auf die Außenwelt (Tastsinn) bzw. auf die Befindlichkeit des physischen Leibes «abgelenkt» wurden.

Mit diesen Vorbemerkungen mag die Aufmerksamkeit und Konzentration angeregt sein, welche die Lektüre dieses Vortrags verdient.

«Wir wollen unseren Sinn wenden auf die zwölf Sinne des Menschen. Führen wir uns sie noch einmal vor, diese zwölf Sinne des Menschen.

Ichsinn: Ich bitte Sie, noch einmal ins Auge zu fassen dasjenige, was ich in Bezug auf diesen Ichsinn gesagt habe. Dieser Ichsinn ist nicht gemeint mit Bezug auf die Fähigkeit unseres eigenen Ich-Wahrnehmens. Mit diesem Ichsinn nehmen wir nicht unser eigenes Ich wahr, jenes Ich, das uns auf der Erde erst zugekommen ist, sondern mit diesem Ichsinn nehmen wir die Iche der anderen Menschen wahr. Also alles dasjenige, was uns mit einem Ich behaftet entgegentritt in der physischen Welt, das nehmen wir mit diesem Ichsinn wahr.

Das zweite ist der Denksinn. Der Denksinn hat wiederum nichts zu tun mit unseren eigenen Gedankenbildungen. Wenn wir selber denken, so ist dieses Denken nicht eine Tätigkeit des Denksinns, sondern das ist etwas ganz anderes. Wir werden davon noch sprechen. Der Denksinn bezieht sich darauf, dass wir die Fähigkeit haben, die Gedanken der anderen Menschen zu verstehen, wahrzunehmen. Also mit unseren eigenen Gedankenbildungen hat dieser Denksinn zunächst nichts zu tun.

Sprachsinn: Der hat wiederum nichts zu tun mit der Bildung unserer eigenen Sprache, nichts zu tun zunächst mit der Fähigkeit, die dem eigenen Sprechen zugrunde liegt, sondern er ist der Sinn für das Verständnis dessen, was zu uns gesprochen wird von dem anderen Menschen.

Hörsinn oder Tonsinn: Das kann ja nicht missverstanden werden.

Wärmesinn, Sehsinn, Geschmackssinn, Geruchssinn, Gleichgewichtssinn: Ich habe ja diese Sinne öfter schon und auch in diesen Betrachtungen wieder erklärt.

Bewegungssinn, Lebenssinn, Tastsinn.

Das sind die zwölf Sinne, durch die wir hier in der physischen Welt die Außenwelt wahrnehmen. Das materialistische Denken verzeichnet ja, wie Sie wissen, von diesen Sinnen nur den Tonsinn, den Wärmesinn – wobei sie den aber zusammenwirft mit dem Tastsinn –, Sehsinn, Geschmackssinn, Geruchssinn, und spricht infolgedessen von fünf Sinnen. Allerdings, die neuere Wissenschaft, die neuere Physiologie, Sinnesphysiologie, fügt schon dazu den Gleichgewichtssinn, Bewegungssinn, Lebenssinn, und unterscheidet auch zwischen dem Tastsinn und Wärmesinn. Von einem besonderen Sprachsinn, von einem besonderen Denksinn – Gedankensinn könnte man auch sagen – und von einem besonderen Ichsinn spricht die gewöhnliche Wissenschaft, die gewöhnliche Physiologie nicht, weil sie aus der Art ihres Denkens heraus heute auch noch nicht davon sprechen kann … Weil ihr so gar nichts vorliegt als ein Wahrnehmungsorgan für den Ichsinn, den Gedankensinn und den Sprachsinn, weil ihr so gar nichts dafür vorliegt, was sie vergleichen könnte zum Beispiel mit dem Ohre für den Tonsinn oder mit dem Auge für den Sehsinn, so spricht sie nicht von diesen Sinnen: Ichsinn, Gedankensinn, Sprachsinn. Für uns entsteht aber die Frage: Gibt es wirklich keine Organe für den Ichsinn, den Gedankensinn, den Sprachsinn? Wir wollen heute einmal auf die genaueren Untersuchungen dieser Dinge eingehen.

Also mit dem Ichsinn ist gemeint unsere Fähigkeit, die Iche der anderen Menschen wahrzunehmen. Eine besonders ungenügende und unzulängliche Aussage des modernen Denkens ist die, dass man eigentlich das Ich des anderen Menschen gar nicht wahrnehme, sondern auf das Ich des anderen Menschen immer mehr oder weniger nur schließen würde. Wir sehen so etwas auf uns zukommen – so nimmt diese Denkweise an –, welches aufrecht auf zwei Beinen geht, ein Bein immer an dem anderen vorbeiführt oder eines neben das andere hinsetzt, gestützt von diesen Beinen einen Rumpf hat, daran pendeln zwei Arme, die verschiedene Bewegungen ausführen zu verschiedenen Zwecken; dann sitzt weiter darauf ein Haupt, welches Töne äußert, spricht, Gesten äußert. Und wenn so etwas, wie ich es jetzt beschrieben habe, uns entgegentritt, so schließen wir: Das ist der Träger eines Ich. – So meint die materialistische Anschauung. Dies ist ein vollständiger Unsinn, ein wirklicher, echter

Unsinn; denn die Wahrheit ist, dass ebenso wie wir mit den Augen Farben sehen, wie wir mit dem Ohre Töne hören, wir auch das Ich des anderen wirklich wahrnehmen. Ganz ohne Zweifel, wir nehmen es wahr. Und diese Wahrnehmung ist eine selbstständige. So wie das Sehen nicht auf einem Schluss beruht, wie das Hören nicht auf einem Schluss beruht, so beruht das Wahrnehmen des Ich des anderen nicht auf einem Schluss, sondern ist eine unmittelbar wirkliche, selbstständige Wahrheit, die unabhängig gewonnen wird davon, dass wir den andern sehen, dass wir seine Töne hören. Abgesehen davon, dass wir seine Sprache vernehmen, dass wir sein Inkarnat sehen, dass wir seine Gesten auf uns wirken lassen, abgesehen von alledem nehmen wir unmittelbar das Ich des andern wahr. Und so wenig der Sehsinn mit dem Tonsinn zu tun hat, so wenig hat die Ich-Wahrnehmung mit dem Sehsinn oder mit dem Tonsinn oder mit irgendeinem anderen Sinne zu tun. Es ist eine selbstständige Ich-Wahrnehmung. Ehe das nicht eingesehen wird, ruht die Wissenschaft von den Sinnen nicht auf soliden Grundlagen.

Nun entsteht die Frage: Was ist das Organ für die Wahrnehmung des anderen Ich? Was nimmt in uns das andere Ich wahr, so wie wir mit dem Sehorgan Farben oder Hell und Dunkel wahrnehmen, so wie wir mit den Ohren Töne wahrnehmen? Was nimmt das Ich des anderen wahr? Die Ich-Wahrnehmung hat ebenso ihr Organ, wie die Sehwahrnehmung oder die Tonwahrnehmung. Nur ist das Organ der Ich-Wahrnehmung gewissermaßen so gestaltet, dass sein Ausgangspunkt im Haupte liegt, aber das ganze Gebiet des übrigen Leibes, insoferne es vom Haupte abhängig ist, Organ bildet für die Ich-Wahrnehmung des anderen. Wirklich, der ganze Mensch als Wahrnehmungsorgan gefasst, *insoferne er hier sinnlich-physisch gestaltet ist,* ist Wahrnehmungsorgan für das Ich des anderen. Gewissermaßen könnte man auch sagen: Wahrnehmungsorgan für das Ich des anderen ist der Kopf, insoferne er den ganzen Menschen an sich anhängen hat und seine Wahrnehmungsfähigkeit für das Ich durch den ganzen Menschen durchstrahlt. Der Mensch, insofern er ruhig ist, insoferne er die ruhige Menschengestalt ist gewissermaßen mit dem Kopf als Mittelpunkt, ist Wahrnehmungsorgan für das Ich des anderen Menschen. So ist das Wahrnehmungsorgan für das Ich des anderen Menschen das größte Wahrnehmungsorgan, das wir haben, und wir sind selbst als physischer Mensch das größte Wahrnehmungsorgan, das wir haben.

264

Nun kommen wir zum Gedankensinn. Was ist Wahrnehmungsorgan
für die Gedanken des anderen? Wahrnehmungsorgan für die Gedanken
des anderen ist alles dasjenige, was wir sind, *insoferne wir in uns Regsamkeit, Leben verspüren.* Wenn Sie sich also denken, dass Sie in Ihrem
ganzen Organismus Leben haben und dieses Leben eine Einheit ist – also
nicht insoferne Sie gestaltet sind, sondern insoferne Sie Leben in sich
tragen –, so ist dieses in Ihnen getragene Leben des gesamten Organismus, insofern es sich ausdrückt im Physischen, Organ für die Gedanken,
die uns von außen entgegenkommen. Wären wir nicht so gestaltet, wie
wir sind, könnten wir nicht das Ich des anderen wahrnehmen; würden
wir nicht so belebt sein, wie wir sind, könnten wir nicht die Gedanken
des anderen wahrnehmen. Das ist nicht der Lebenssinn, von dem ich hier
spreche. Nicht dass wir unsere Gesamtlebensverfassung innerlich wahrnehmen, ist hier in Frage – das gehört zum Lebenssinn –, sondern insofern wir das Leben in uns tragen. Und dieses Lebendige in uns, alles das,
was in uns physischer Organismus des Lebens ist, das ist Wahrnehmungsorgan für die Gedanken, die der andere uns zuwendet.

Und insofern wir Kraft haben, uns zu bewegen, ausführen zu können
alles das, was wir durch unser Inneres an Bewegungen haben, zum Beispiel wenn wir die Hände bewegen, wenn wir das Haupt drehen oder
von oben nach unten bewegen, führen wir von innen heraus Bewegungen
aus. Also insofern wir diese Kräfte haben, den Körper in Bewegung zu
versetzen, liegt dieser Bewegbarkeit in uns ein physischer Organismus
zugrunde. *Das ist nicht der physische Organismus des Lebens, das ist der
physische Organismus der Bewegungsfähigkeit.* Der ist nun zugleich das
Wahrnehmungsorgan für die Sprache, für die Worte, die uns der andere
zusendet. Wir könnten keine Worte verstehen, wenn wir nicht in uns
einen physischen Bewegungsapparat hätten. Wahrhaftig, insofern von
unserem Zentralnervensystem die Nerven zu unserem gesamten Bewe-
gungsvorgang ausgehen, liegt darinnen auch der Sinnesapparat für die
Worte, die zu uns gesprochen werden. So spezialisieren sich die Sinnesorgane. Der ganze Mensch: Sinnesorgan für das Ich; das Lebendige, das
dem Physischen zugrunde liegt: Sinnesorgan für das Denken; der in sich
bewegbare Mensch: Sinnesorgan für die Worte.

Noch mehr spezialisiert ist nun der Tonsinn. Obwohl auch mehr als
dasjenige, was gewöhnlich die Physiologie zum Gehörapparat rechnet,

dazugehört, so ist doch schon der Tonsinn mehr spezialisiert. Nun, über den Tonsinn brauche ich nicht zu sprechen. Da können Sie ja, wenn Sie ein gewöhnliches Lehrbuch der Sinnesphysiologie in die Hand nehmen, den Tonsinn, das Organ des Tonsinns beschrieben finden. – Schwieriger wird es einem heute noch, das Organ für den Wärmesinn beschrieben zu finden, weil der, wie gesagt, mit dem Tastsinn zusammengeworfen wird. Aber der Wärmesinn ist eigentlich ein sehr spezialisierter Sinn. Während der Tastsinn über den ganzen Organismus verbreitet ist, ist der Wärmesinn nur scheinbar über den ganzen Organismus verbreitet. Natürlich sind wir für Wärmeeinflüsse am ganzen Organismus zugänglich, aber als Sinn, als Wahrnehmung der Wärme, ist der Wärmesinn sehr konzentriert in dem Rumpf des Menschen, in dem Brustteil. – Die Spezialisierung dann in Bezug auf die Organe für den Sehsinn, Geschmackssinn, Geruchssinn sind ja natürlich bekannt aus der gewöhnlichen Beobachtung oder aus dem, was die gewöhnliche Wissenschaft zu sagen weiß.

Nun können wir wirklich in einer gewissen Weise die mittlere Partie, die untere Partie und die obere Partie unseres Sinneslebens voneinander unterscheiden, und wir wollen heute eine besondere Betrachtung noch anstellen mit Bezug auf diese Unterscheidung. Gehen wir dabei aus von dem Sprachsinn, und betrachten wir den Sprachsinn. Ich sagte: Insofern wir Bewegungsorganik in uns tragen, können wir die Worte wahrnehmen. Das liegt also dem Sprachsinn zugrunde. Wir können aber nicht nur die Worte des anderen wahrnehmen, verstehen, wir haben also nicht nur einen Sprachsinn, sondern wir haben auch eine Sprachfähigkeit, eine Sprachmöglichkeit; wir sprechen selber. Und das ist nun interessant und wichtig, welches das Verhältnis ist zwischen unserer Fähigkeit, zu sprechen und unserer Fähigkeit, die Sprache zu verstehen; also jetzt nicht die Töne zu hören, bitte unterscheiden Sie das, sondern die Sprache zu verstehen. Tonsinn und Sprachsinn muss da genau unterschieden werden. Also wir können nicht nur die Worte des anderen verstehen, sondern wir können selber sprechen. Wie verhält sich das eine zum anderen, das Sprechen zum Sprache-Verstehen?

Wenn wir den Menschen untersuchen mit den Mitteln der Geisteswissenschaft, so finden wir, dass dasjenige, was dem Worte-Verstehen zugrunde liegt und was dem Sprechen zugrunde liegt, sehr verwandt ist miteinander. Wenn wir auf das blicken wollen, was eigentlich dem Sprechen zugrunde liegt, so können wir zunächst zurückgehen bis zum menschlichen seelischen Leben, in dem ja für jeden, der vernünftig ist, unleugbar der Ausgang des Sprechens liegt. Das Sprechen stammt aus dem Seelischen, wird angefacht durch den Willen im Seelischen. Ohne dass wir wollen, also einen Willensimpuls entwickeln, kommt natürlich kein gesprochenes Wort zustande. Beobachtet man nun geisteswissenschaftlich den Menschen, wenn er spricht, so geschieht etwas *Ähnliches* in ihm, wie da geschieht, wenn er das Gesprochene versteht. Aber das, was geschieht, wenn der Mensch selber spricht, umfasst einen viel kleineren Teil des Organismus, viel weniger vom Bewegungsorganismus. Das heißt, der ganze Bewegungsorganismus kommt in Betracht als Sprachsinn, als Wortesinn; der ganze Bewegungsorganismus ist Sprachsinn zugleich. *Ein Teil ist herausgehoben und wird in Bewegung versetzt durch die Seele, wenn wir sprechen,* – ein Teil dieses Bewegungsorganismus. Und dieser herausgegriffene Teil des Bewegungsorganismus, der hat eben sein hauptsächliches Organ im Kehlkopf, *und das Sprechen ist Erregung der Bewegungen im Kehlkopf durch die Impulse des Willens.* Was im Kehlkopf vorgeht beim eigenen Sprechen, kommt so zustande, dass aus dem Seelischen heraus die Willensimpulse kommen und den im Kehlkopfsystem konzentrierten Bewegungsorganismus in Bewegung versetzen, während unser gesamter Bewegungsorganismus Sinnesorganismus ist für die Wortewahrnehmung. Nur, dass wir diesen Bewegungsorganismus, indem wir Worte wahrnehmen, in Ruhe halten. Gerade dadurch, dass wir ihn in Ruhe halten, gerade dadurch nehmen wir die Worte wahr und verstehen die Worte. Instinktiv weiß das in einer gewissen Beziehung jeder Mensch; denn jeder Mensch tut etwas Instinktives zuweilen, wodurch er andeutet, dass er das weiß in seinem Unterbewusstsein, was ich jetzt eben auseinander gesetzt habe. Ich will ganz im Groben sprechen. Denken Sie, ich mache diese Bewegung (zur Abwehr erhobene Hand). Die Fähigkeit, diese Bewegung zu machen, insofern sie aus meinem ganzen Bewegungsorganismus kommt – denn jede kleinste Bewegung ist nicht bloß in einem Teile lokalisiert, sondern kommt aus dem ganzen Bewegungsorganismus des Menschen –, bewirkt etwas ganz Bestimmtes. Indem ich diese Bewegung nicht mache, mache ich dasjenige, was ich haben muss, damit ich irgendetwas Bestimmtes verstehe, was in Worten ausgedrückt wird durch einen anderen Menschen. Ich verstehe, was der andere sagt, dadurch, dass ich, wenn er spricht, diese Bewegung nicht ausführe, sondern sie unterdrücke, dass ich in mir den Bewegungsorganismus nur gewissermaßen bis in die Fingerspitzen errege, aber zurückhalte die Bewegung, also anhalte, staue. Indem ich dieselbe Bewegung staue, begreife ich etwas, was gesprochen wird. Will man etwas nicht hören, macht man oftmals diese Bewegung – womit man andeuten will, dass man unterdrücken will das Hören. Das ist das instinktive Wissen von dem, was dieses Stauen der Bewegung bedeutet.

Nun ist der Mensch ursprünglich so veranlagt, dass der gesamte Bewegungsorganismus, der zugleich der Wortesinn-Organismus ist, gewissermaßen das in der regelrecht fortlaufenden Evolution des Menschen Gelegene ist. So wie wir einstmals in der lemurischen Zeit entlassen worden sind aus unserem Zusammenhang mit dem Weltenganzen, sind wir veranlagt, Worte zu verstehen. *Aber wir sind damals noch nicht veranlagt gewesen, Worte zu sprechen.* Es wird Ihnen das kurios vorkommen, dass wir veranlagt sein konnten, Worte zu verstehen, aber nicht veranlagt gewesen sind, Worte zu sprechen. Es ist aber nur scheinbar etwas Kurioses; denn so ganz genau ist unser Bewegungsorganismus nicht veranlagt, die Worte des anderen zu hören, zu verstehen, die Worte des anderen Menschen zu verstehen, *sondern – verschiedenes andere zu verstehen.* Wir waren ursprünglich viel mehr dazu veranlagt, die elementarische Sprache der Natur zu verstehen, das Walten gewisser elementarischer Wesenheiten in der Außenwelt wahrzunehmen. *Das haben wir verlernt; dafür haben wir einzutauschen gehabt die Fähigkeit des eigenen Sprechens.* Das ist dadurch gekommen, dass mit unserem uns ursprünglich verliehenen Bewegungsorganismus die ahrimanische Macht während der atlantischen Zeit eine Veränderung vorgenommen hat. *Die ahrimanische Macht ist es, der wir verdanken, dass wir sprechen können,* dass wir die Gabe der Sprache haben. Sodass wir sagen müssen: Wir sind eigentlich als Menschen wirklich ursprünglich veranlagt gewesen, anders Sprache wahrzunehmen, als wir jetzt wahrnehmen. Wir sind so veranlagt gewesen, Sprache wahrzunehmen, dass wir eigentlich dem anderen gegenübergetreten wären – und so sonderbar uns das jetzt vorkommt, aber man gewöhnt sich ja natürlich, besonders im Laufe so langer Zeiten, wie es seit den atlantischen Zeiten her ist, an das, was eben geschehen ist –, wir sind veranlagt gewesen, mehr oder weniger den ganzen anderen

Menschen wahrzunehmen in Gebärden und Gesten, in stummen Ausdrucksmitteln, und diese selbst mit unserem eigenen Bewegungsapparat nachzuahmen *und uns so ohne die physisch hörbare Sprache zu verständigen. Viel geistiger uns zu verständigen waren wir veranlagt.* In diese mehr geistige Verständigungsart hat Ahriman eingegriffen, hat unseren Organismus spezialisiert, das Kehlkopfsystem geeignet gemacht, tönende Worte hervorzubringen. Und das, was dann übrig geblieben ist vom Kehlkopfsystem, geeignet gemacht zu haben, tönende Worte *zu verstehen,* das ist also eine ahrimanische Gabe.

Insofern wir ein Lebensorganismus sind, können wir wahrnehmen die Gedanken des anderen. Wiederum sind wir dazu veranlagt gewesen, viel geistiger die Gedanken des anderen wahrzunehmen, als wir sie eigentlich jetzt wahrnehmen. Gewissermaßen im einfachen Dem-andern-Gegenübertreten sind wir veranlagt gewesen, seine Gedanken innerlich nachzufühlen, sie nachzuleben. Es ist ein grober physischer Abglanz, wie wir heute die Gedanken des anderen ja sogar nur auf dem Umweg der Sprache wahrnehmen. Und höchstens, wenn wir uns ein wenig dressieren auf die Gestikulationen und auf das Mienenspiel und auf die Physiognomie des anderen, können wir noch einen Nachklang von dem wahrnehmen, wozu wir veranlagt waren. Die ganze Denkdisposition eines Menschen wahrzunehmen waren wir veranlagt, indem wir ihm gegenübertraten, sie nachzuleben und die einzelnen Denkäußerungen aus den einzelnen Gesten, einzelnen Mienen wahrzunehmen. Wiederum ist es eine ahrimanische Gabe, durch welche umgewandelt worden ist diese mehr geistige Art der Wahrnehmungen der Gedankenwelt, die sich sogar im Verlaufe der Menschheitsevolution immer mehr und mehr auf die äußere Sprache konzentriert hat.

Wir brauchten gar nicht so sehr weit zurückzugehen in der Menschheitsentwickelung, nur bis in die ägyptisch-chaldäische Zeit, von der indischen gar nicht zu sprechen, wo das noch in höchstem Maße ausgebildet war – wir brauchten nur hinter die Zeit zurückzugehen, da finden wir noch ein feines Verständnis bei der Menschheit für das Gedankenleben, insofern es sich ausgedrückt hat in den unausgesprochenen Worten, in dem, was durch Physiognomie, durch Gesten, selbst durch Stellungen, durch die ganze Art des Gegenübertretens des einen Menschen zum anderen, zum Ausdrucke gekommen ist. Dafür hat der Mensch sein

Verständnis verloren. Immer weniger und weniger ist von dem erhalten geblieben, und heute ist schon recht wenig Verständnis dafür vorhanden, die inneren Gedankengeheimnisse des Menschen zu erlauschen aus der Art und Weise, wie er uns entgegentritt. Wir hören fast nur mehr auf dasjenige, was von seinen Gedanken, in seinen Gedanken, an seinen Gedanken dadurch zu uns kommt, dass er es uns durch die hörbaren Worte mitteilt. *Dadurch aber, dass dies geschehen ist, haben wir die Fähigkeit erhalten, unseren Lebensapparat, unseren Lebensorganismus selbst zum Denkapparat zu machen.* Wir würden nicht die Gabe des Denkens haben, wenn das nicht geschehen wäre, was ich gesagt habe, wenn nicht jener ahrimanische Einfluss gekommen wäre, von dem ich gesprochen habe. So sehen Sie, dass in einer gewissen Beziehung zusammenhängt unsere heutige Fähigkeit, zu sprechen, mit dem Wortesinn, Sprachsinn, aber auf dem Umwege durch ahrimanische Einflüsse; *dass unsere heutige Fähigkeit, zu denken, zusammenhängt mit unserem Gedankensinn, wiederum auf dem Umwege durch ahrimanische Einflüsse.*

Dann waren wir veranlagt, in feiner Weise das Ich des anderen Menschen zu verspüren, es nicht nur zu erleben, sondern innerlich wahrzunehmen; denn unser ganzer Mensch ist Ichsinn-Organ. Es arbeitet Ahriman heute noch immer sehr stark daran, auch diesen Ichsinn zu spezialisieren, wie er den Sprachsinn und den Gedankensinn spezialisiert, umgeändert hat. Das ist sogar im Werden, und das drückt sich darin aus, dass mit Bezug darauf die Menschheit einer merkwürdigen Tendenz entgegengeht. Man muss etwas ganz Paradoxes sagen, wenn man von dem spricht, was eigentlich nun hier gemeint ist. Es drückt sich heute nur in den allerersten Anfängen aus, eigentlich noch mehr auf philosophische Weise. Es gibt heute schon Philosophen, welche die Fähigkeit, innerlich das Ich zu erleben, ganz leugnen: zum Beispiel Mach und andere; ich habe davon in dem philosophischen Vortrag, den ich neulich gehalten habe, gesprochen. Diese Menschen müssten eigentlich der Ansicht sein, dass man keine Fähigkeit hat, innerlich das Ich wahrzunehmen, sondern dass man das Ich wahrnimmt dadurch, dass man anderes wahrnimmt. Und die Tendenz geht dahin, so zu denken, wie ich es jetzt grotesk andeuten will. Die Menschen würden dahin kommen, sich zu sagen: Da treten mir andere entgegen, die auf zwei Beinen pendelnd herumwandeln, wie ich es vorhin beschrieben habe, und daraus schließe ich, dass da innerlich ein Ich ist. Und weil ich geradeso ausschaue wie der, so schließe ich zurück, dass auch ich ein Ich habe. – *Da würde man von den Ichs der anderen auf das eigene Ich schließen.* Das liegt schon in dem Wesen von vielen Behauptungen, die heute aufgestellt werden, namentlich, wenn von der Seite, die ich eben meine, beschrieben wird, wie das Ich sich eigentlich während unserer einzelnen Evolution zwischen Geburt und Tod entwickelt. Lesen Sie in den heutigen Psychologien nach, da werden Sie schon beschrieben finden, wie diese Ich-Erfassung sich entwickelt an dem anderen. Dadurch, dass wir sie zuerst als Kind nicht haben, aber die anderen wahrnehmen, dadurch übertragen wir, was wir an den anderen sehen, auch auf uns selber. *Die Fähigkeit, von dem anderen auf uns zu schließen, die wird allerdings immer größer und größer werden.* Geradeso, wie sich nach und nach die Fähigkeit des Denkens entwickelt hat aus der Fähigkeit des Denksinns, die Fähigkeit der Sprache aus der Fähigkeit des Sprachsinns, *so wird die Fähigkeit, an der ganzen Welt sich mitzuerleben, immer mehr entwickelt, neben der Fähigkeit, die anderen Iche wahrzunehmen.* Wir haben es da mit feineren Unterscheidungen zu tun, aber man muss diese schon erfassen. So arbeitet gewissermaßen an diesem Ende des Menschen das Ahrimanische sehr mit – sehr, sehr mit.

Betrachten wir den Menschen jetzt von der anderen Seite. Da haben wir den Tastsinn. Ich sagte Ihnen: Der Tastsinn ist eigentlich im Grunde ein innerer Sinn. Denn wenn Sie etwas antasten, etwa den Tisch, so übt das auf Sie einen Druck aus, aber das, was Sie wahrnehmen, ist eigentlich ein inneres Erlebnis. Das, was in Ihnen bewirkt wird beim Anstoß, das ist das, was eigentlich das Wahrnehme-Erlebnis ist. Was Sie da erleben, bleibt ganz in Ihrem Inneren beim Tastsinn. Es ist also der Tastsinn doch etwas, was im Grund genommen nur bis zu der äußersten Peripherie der Haut geht; und weil die Außenwelt an diese Peripherie der Haut stößt und wir nach diesem Anstoßen oder nach anderen Berührungen mit der Außenwelt Innenerlebnisse haben, haben wir die Erlebnisse des Tastsinns. Der Tastsinn ist also der am meisten peripherische Sinn und doch im Grunde ein innerer Sinn. Der Apparat für das Tasten ist am meisten ausgebildet an der Peripherie und schickt nur seine feinen Verzweigungen nach dem Innern, die nur deshalb nicht ordentlich bloßgelegt sind von der äußeren wissenschaftlichen Physiologie, weil diese nicht ordentlich den Tastsinn vom Wärmesinn unterscheidet.

Wir tragen auch ein Organ des Tastsinns mit, das gewissermaßen wie ein Geflecht auf unserer ganzen Oberfläche ausgebreitet ist und feine Verzweigungen nach dem Innern schickt. Dieses Geflecht, wenn ich es so nennen darf – es ist grob bezeichnet –, was ist es denn eigentlich? Wozu ist denn das ursprünglich da gewesen? Es ist eben das von vornherein eine auffällige Tatsache, dass dieser Tastsinn, trotzdem er jetzt verwendet wird, um durch Berührung die räumliche Außenwelt wahrzunehmen, in seinen Erlebnissen uns die inneren Erlebnisse gibt. Das ist eine ebenso wenig zu leugnende wie auf der anderen Seite bedeutungsvolle, merkwürdige Tatsache. Und sie hängt damit zusammen – das ergibt sich ja aus der Geisteswissenschaft –, dass dieser Tastsinn wiederum ursprünglich nicht eigentlich zum Wahrnehmen der Außenwelt bestimmt war, so wie er heute ist, gar nicht zum Wahrnehmen der physischen Außenwelt bestimmt war, sondern eine Metamorphose durchgemacht hat. *Dieser Tastsinn ist eigentlich dazu bestimmt, dass wir unser Ich, ganz geistig gefasst, das vierte Glied unseres Organismus, geistig ausstrecken durch unseren ganzen Körper. Und die Organe, welche die Organe des Tastsinns sind, geben uns eigentlich ursprünglich im inneren Erleben unser Ich-Gefühl, unsere innerliche Ich-Wahrnehmung.*

Jetzt sind wir bei der innerlichen Ich-Wahrnehmung. Also unterscheiden Sie wohl: Das Wesen des Ich, das ist ein wirkliches Wesen, ein geistig substanzielles Wesen, das sich in uns befindet, das sich in uns dehnt bis zu dem Geflecht des Tastsinns hin; und das, was das Geflecht des Tastsinns ist, das innerlich berührt wird vom sich erstreckenden Ich, gibt die Wahrnehmung des Ich. Würde es bei der ursprünglichen Bestimmung geblieben sein, deren Wesen ich jetzt angedeutet habe, dann würde wir durch den Tastsinn nicht solche Wahrnehmungen haben, wie wir sie jetzt haben. Wir würden ja gewiss dann auch auf die Dinge der Außenwelt stoßen, aber das würde uns höchst gleichgültig lassen. Wir würden dieses Stoßen oder meinetwillen das Darüberfahren mit den Fingerspitzen über die Sachen nicht als Tasten haben. *Wir würden also solche Zusammenstöße mit der Außenwelt so empfinden, dass wir unser Ich dabei empfinden, unser Ich dabei erleben, aber nicht von der Wahrnehmung der Außenwelt sprechen.* Es musste seit unserer Entwickelung von der lemurischen Zeit an unser Organismus umgewandelt werden, dass er aus einem Wahrnehmungserreger für das innere Ich Tastorgan wurde, fähig, die Außenwelt durch Tasten wahrzunehmen. *Und das ist eine luziferische Tat*, das ist einem luziferischen Einfluss zuzuschreiben. Dadurch ist unser Ich-Erlebnis so spezialisiert worden, dass wir die Außenwelt tastend erleben, dadurch natürlich auch unser Ich-Erlebnis getrübt haben. Wir würden das Ich-Erlebnis ganz anders haben, wenn wir durch die Welt gingen und nicht immer zu achten hätten, was uns stößt oder drückt, oder ob etwas rau oder glatt ist und so weiter.

Es mischt sich also das Luziferische, das den Tastsinn gestaltet hat, in das Ich-Erlebnis da hinein. Da ist also ein Innerlichstes mit einem Äußerlichen vermischt, wie beim Sprachsinn ein Äußeres mit einem Inneren vermischt ist. Der Sprachsinn ist dazu bestimmt gewesen, nur Worte wahrzunehmen, die dann nicht zu tönen brauchen, *also Sinnwahrnehmen*. Sprechen als Innerliches hat sich dazu hineingemischt. Hier war es ein Innerliches, und ein Äußerliches ist dazugekommen, die Wahrnehmung draußen.

Lebenssinn: Das, was Organ des Lebenssinns ist, wodurch wir unsere innern Gebilde, unsere innere Verfassung erlebend wahrnehmen, das ist nun in ähnlicher Weise umgestaltet worden durch einen luziferischen Einfluss; denn ursprünglich waren wir in dieser Beziehung nur bestimmt, *dass sich unser astralischer Leib innerlich wahrnimmt*, erlebt an unserem Lebensorganismus. Nun ist aber hineingemischt worden die Fähigkeit, die innere Leibesverfassung, die innere Verfassung des Menschen als Wohlgefühl oder Missgefühl zu erleben. Das ist luziferischer Impuls, der dort heineingemischt ist. Wie hier das Ich zusammengespannt wird mit dem Tasten, so wird hier der astralische Leib mit dem Wohl- oder Missgefühl unserer Lebensverfassung zusammengespannt.

Und wiederum, unser Bewegungsorganismus ist ursprünglich so hergerichtet gewesen, dass wir nur die Wechselwirkung unseres Ätherleibes mit unserem Bewegungsorganismus erleben würden. Dazu ist gekommen die Fähigkeit, unsere innere Beweglichkeit wahrzunehmen und zu erleben, eben der Bewegungssinn selber. Wieder ein luziferischer Impuls. Wir verdanken also von zwei Seiten her luziferischen und ahrimanischen Einflüssen Umgestaltungen unseres ganzen Menschenwesens. Die eigentlich für den physischen Plan bestimmten Sinne, Ichsinn, Denksinn, Sprachsinn, sind ahrimanisch umgestaltet. Und nur dadurch sind wir das geworden, was wir als Menschen auf dem physischen Plan sind, dass Tastsinn, Lebenssinn, Bewegungssinn luziferisch umgestaltet sind. Und nur ein mittleres Gebiet haben wir, das gewissermaßen sich bewahrt hat vor diesen Einflüssen. Das ist die genauere, detaillierte Darstellung dieses unseres Organismus.

1. Ichsinn
2. Denksinn
3. Sprachsinn

4. Tonsinn
5. Wärmesinn
6. Sehsinn
7. Geschmackssinn
8. Geruchssinn

9. Gleichgewichtssinn
10. Bewegungssinn
11. Lebenssinn
12. Tastsinn

Wir sehen da, wie es schon notwendig ist, das Augenmerk zu richten auf jenen Gleichgewichtszustand, der das Wesentliche, das Bedeutungsvolle ist, der hergestellt werden muss zwischen Ahrimanischem und Luziferischem in der Welt. Denken Sie, dass gewissermaßen an den äußersten Enden das Ich des Menschen beteiligt ist, hier gewissermaßen das Ich von außen, am Tastsinn das Ich von innen. Ebenso ist der astralische Leib am Denken beteiligt, aber am Lebensorganismus wiederum von innen beteiligt. Der Ätherleib ist beteiligt hier, wenn das Sprechen nicht geschieht, aber ebenso beteiligt am Bewegungssinn von innen. In der Mitte haben wir gewissermaßen dasjenige, woran ‹ich taste – denke – lebe – spreche – bewege› weniger beteiligt sind, eine Art Hypomochlion, wie es die Waage hat in der Mitte, wo sie ruht. Je mehr man gegen die Mitte kommt, desto mehr bleibt der Waagebalken ruhig. An den Seiten schlägt er aus. So hätten wir in der Mitte eine Art Ruheverhältnis.

Da enthüllt sich uns schon die menschliche Wesenheit, in einer bedeutungsvollen Weise von zwei Seiten her beeinflusst. Und es ist notwendig, dass das Ahrimanische und das Luziferische in der rechten Art ins Auge gefasst wird, wenn man den Menschen verstehen will in seinem Aufbau, wie auch in seiner heutigen Betätigung.»[144]

274

Die Tore der Geburt und des Todes werden für das Bewusstsein geschlossen

In alten Zeiten, als die Wirkung der luziferischen Verführung noch nicht voll wirksam war, standen die Tore der Geburt und des Todes offen. Der Mensch wusste von seinen vorgeburtlichen Erfahrungen wie von denen nach dem Tode. Der Lebenslauf begann nicht mit der Geburt. Die Geburt war nur eine – wenn auch wichtige – Metamorphose der menschlichen Existenz. Das nachtodliche Leben und die Zeit zwischen Geburt und Tod bildeten eine – wenn auch differenzierte – Einheit. Damit wurden die Erlebnisse im Nachtodlichen und Vorgeburtlichen in die Betrachtung der eigenen Existenz einbezogen.

Das änderte sich mit der Zeit des Griechentums radikal, als die beiden Tore sich schlossen und die Stimmung aufkam, besser ein Bettler auf Erden als ein König im Reiche der Schatten zu sein. Damit wurde aber auch die Unsterblichkeit der Menschenseele ein Begriff, der nur tradiert wurde, aber nicht durch Erfahrung gedeckt war. Die Weltanschauung des Atheismus wurde eingeleitet, von deren Richtigkeit viele Menschen heute felsenfest überzeugt sind. Kritische Geister wie etwa der Philosoph und Mathematiker Bertrand Russel halten sich in dieser Frage auch andere Denkmöglichkeiten offen: «Gott hat mir nicht genügend Zeichen gegeben …» Diese Einschätzung der geistigen Welt durch das menschliche Bewusstsein war durch das Eingreifen Luzifers in das Weltgeschehen beabsichtigt. Denn alles, was an geschenkter Offenbarung an den Menschen herantrat, stand der Freiheit der Menschenseele entgegen. Damit diese Freiheit eintreten konnte, mussten die beiden Tore geschlossen, der Blick des Menschen ausschließlich auf die Sinnenwelt konzentriert werden. Die Erfahrungen der geistigen Welt zwischen Tod und neuer Geburt sanken ins Unterbewusste.

Erreicht wurde das durch die Wesensgliederverschiebung und die starke Verbindung der menschlichen Organisation mit der Materie. Durch die bewusstseinsmäßige Verdunkelung konnte das niedere Ich, die Gabe

Luzifers, sich besonders gut entfalten. Es band den Menschen fest an die Erde. Die menschliche Freiheit folgt einem eisernen Gesetz. Sie kann nur erreicht werden, wenn die Erfahrung der geistigen Welt, die vorher geschenkt worden war, durch eigene Arbeit wieder erschlossen wird.

Diese stärkere Verbindung des Geistig-Seelischen mit der dichteren Materialität zerstört stückweise – und zwar von der Geburt an – unsere menschliche Leiblichkeit. «Von unserer Geburt angefangen, nehmen wir eine dichtere Materialität auf, als wir ohne den luziferischen Einfluss aufgenommen hätten, sodass wir unsere Leiblichkeit langsam vernichten, bis sie mit dem Eintreten des Todes ganz unbrauchbar geworden ist.»[145]

Nicht nur der Tod, sondern auch die Krankheit hat ihren Ursprung in der Wesensgliederverschiebung, in dem zu starken Eingreifen des physischen Leibes. Dieser ist nach den Gesetzen der geistigen Welt erschaffen. Mit ihm verbindet sich ein Geistig-Seelisches, das mit einem Auflehnungsimpuls gegen die geistigen Pläne, nach denen der physische Leib aufgebaut worden ist, agiert, beispielsweise durch das niedere Ich. Dieser Abfall von den Ursprungsimpulsen verstärkt sich durch den Individualisierungsimpuls, der sich im Laufe der Inkarnationen verstärkt. Durch die immer enger werdende Bindung des individualisierten Geistig-Seelischen geschieht nicht nur eine immer stärker werdende Verdunkelung des menschlichen Bewusstseins. Alle drei Hüllenorganisationen des menschlichen Ich werden mit den Abirrungen, dem Irrtum des niederen Ich geimpft. Anders gewendet: Zerstörungsprozesse, die eine andere Geistigkeit repräsentieren, machen sich breit. Krankheit entsteht. Der Ausgleich für diesen Prozess ist der Schmerz, der im Gefolge der Krankheit auftritt, beziehungsweise es sind die Behinderungen, die durch die Krankheit ausgelöst werden. Mit dem Schmerz wird zu den Ursachen der Krankheit ein Gegengewicht geschaffen, wieder Balance hergestellt.

Da die Ursachen der Krankheit in vielen Fällen nicht in ihrer geistig-seelischen Qualität durchschaut werden, bleibt ihr Auftauchen oft ein Rätsel, dem der Mensch bloß ausgeliefert zu sein scheint. Das macht ein positives Umgehen mit der Krankheit so schwer, weil sie als ein von außen verhängtes Geschick angesehen wird. Dass sie der Kunstgriff der geistigen Welt ist, der Individuation immer wieder zum Ausgleich ihrer Irrtümer zu verhelfen, also neue Chancen zu eröffnen, wird nur selten erlebt. Meist wird mit der Krankheit gehadert. Aktive Ergebenheit könnte sich nur einstellen, wenn Erkenntnis den Sachverhalt wirklich klären könnte. Auch dann wäre die Ergebenheit zu erringen, sie wäre noch ein schwer zu vollziehender Willensakt, wie alle Akte, welche die luziferische Beeinflussung aufheben können.

Mit dem Schließen der Tore ist ein anderer Ausgleich der luziferisch-ahrimanischen Verführungen, vielleicht der wichtigste, aus dem Bewusstsein geschwunden: die Läuterung der Seele durch die Erlebnisse, die kurz nach dem Tode beginnen und Jahrzehnte in Anspruch nehmen können. Sie beziehen sich vor allem auf den sozialen Bereich.

Schon eine noch wenig tiefgreifende Rückbesinnung auf das vergangene Leben macht uns bewusst, dass unsere Handlungen im anderen Menschen unterschiedliche seelische Zustände ausgelöst haben. Wir haben nicht nur Freude hervorgerufen, Befriedigung, Heiterkeit und Wärme in unserer Umgebung erzeugt, sondern auch das Gegenteil. Wie viele Menschen haben wir tief verletzt, mit harter Kritik belegt, sind unfreundlich mit ihnen verfahren, ja grob, und haben dadurch oft ihrem Leben eine Wendung gegeben, die sie lange leiden ließ. Hat man nur erst einmal den Gesichtspunkt eingenommen, dass unsere Taten, die größten wie die kleinsten, sich von uns lösen und in der Welt objektiv wirken, werden unzählige Erlebnisse auftauchen, die uns nachdenklich stimmen. Gewiss hatten wir Gründe, uns so und nicht anders zu verhalten, aber diese Gründe machen die Wirkungen, die von diesen Taten ausgehen, nicht ungeschehen.

Durch die bisherigen Ausführungen zieht sich – gleichsam wie ein roter Faden – der Gedanke des Ausgleichs, der Balance. Die Einseitigkeiten, die von uns ausgegangen sind, begegnen uns in ihren Folgen wieder, fallen gleichsam auf uns zurück. Das geschieht selbstverständlich auch mit jenen, die eine heilsame Wirkung hatten. Zur individuellen Fortentwicklung gehört offensichtlich diese Wendung der Taten, sodass die Möglichkeit eintritt, sie von der anderen Seite her zu erfahren und dabei zu verobjektivieren. Wir lösen – wie der Terminus technicus heißt – Karma aus, das zu uns zurückkehrt.

In dieser Zeit kurz nach unserem Tode erfahren wir vor allem zwei Erlebnisse. Das erste betrifft unsere Triebnatur, die sich nur mithilfe des zu stark verdichteten Leibes ausleben konnte. Der Leib aber fehlt. Das ruft große schmerzliche Entbehrung hervor. Wie bei der Krankheit ist der Schmerz ein Ausgleich für das zu starke Wirken der Triebnatur des niederen Ich. Mit seiner Hilfe wird sie abgearbeitet.

Kamaloka Das zweite Erlebnis lässt einen die Leiden jener Menschen erleben, die wir ihnen durch unsere Menschentaten früher zugefügt haben. Wir sind existenziell jener Fremde, den wir beispielsweise misshandelt haben, in allen Facetten seiner Seele. Denkt man etwa an die Brutalität, mit der Menschen andere knechten, eine Brutalität, die jetzt auf den Verursacher zurückfällt, dann können wir die Dramen nachempfinden, die sich in der nachtodlichen Welt abspielen. Nun wird offenbar, was sich in der Seelenwelt einstmals abspielte. Einfühlsame Naturen werden die Betroffenheit nachempfinden können, die sich aus der Begegnung mit uns selbst einstellt. Mag das Gemüt, als wir die Tat begingen, geschwiegen haben – die damalige Kälte ist jetzt tiefem Empfinden gewichen.

Aus diesen Seelenerlebnissen bildet sich eine dritte Erfahrung: Durch sie reifen Entschlüsse. Denn mögen wir die seelischen Folgen unserer Taten noch so intensiv im Nachtodlichen erlebt haben, eines ist damit noch nicht ausgeglichen: ihre objektiven Folgen. Ein krasses Beispiel für diesen Zustand ist bereits erwähnt worden: Die Seelen, die ihr Leben lang in einer materialistischen Weltauffassung verharrten, inaugurieren Zerstörungskräfte für die materialistische Kultur. Nimmt man das geisteswissenschaftliche Forschungsergebnis ernst, so wird man zu einem völlig anderen Begriff über die Welt der Toten geführt, als er heute üblich ist. Da unsere augenblicklichen Erfahrungen die nachtodliche Hälfte unserer Existenz nicht erfassen, kommen wir schnell zu der Auffassung, dass unsere Individualität mit dem Tode erlischt. Die übersinnliche Erfahrung eröffnet eine Fülle von Tätigkeiten, die im Nachtodlichen geschehen. Die dritte Erfahrung zeigt, dass die Toten Intentionen entwickeln, die sie in die Werkwelt der Lebenden einfließen lassen.

Manche Intentionen sind weitläufiger als das Wirken in die Welt der Lebenden. Sie sind verbunden mit der eigenen Individualität in einer nächsten Inkarnation. Ihr Ziel ist, die objektiven Folgen der Taten innerhalb der letzten Inkarnation auszugleichen. Es bilden sich im Vorgeburtlichen Absichten, welche die Individualität in Relation zur geistigen Welt erkennen kann. Die Einflüsse Luzifers und Ahrimans haben uns unter das Niveau gebracht, das zu verwirklichen die regulären Geister mit uns angestrebt haben. Der Pendelschlag, den diese Situation auslöst, besteht in der Gegenbewegung, dieses Niveau wieder herzustellen. Was unfassbar, ja irritierend war, dass die Kräfte des Bösen ihre eigentliche Aufgabe darin haben, den Menschen an dem übersinnlichen Bewusstsein zunehmend teilnehmen zu lassen, wird aus einer Betrachtung des zweiten Teiles unserer Existenz verständlich: «So wird aus dem Bösen heraus auf eine sonderbar paradoxe Art die Menschheit des fünften nachatlantischen Zeitraums zu der Erneuerung des Mysteriums von Golgatha geführt. Durch das Erleben des Bösen wird zustande gebracht, dass der Christus wiederum erscheinen kann, wie er durch den Tod im vierten nachatlantischen Zeitraum erschienen ist.»[146]

Das Wirken der Widersachermächte im nachtodlichen Leben

Je nachdem, wie unser Leib geformt worden ist, erlaubt er der Seele, ein angemessenes oder ein eingeschränktes Verhältnis mit der Sinneswelt aufzubauen. Wie für den Musiker ein gutes Instrument wichtig ist, so für die Seele ein sorgsam gestalteter Leib, der es erlaubt, auf der Erde fruchtbar wirksam zu werden.

Erst die Erforschung des Geistig-Seelischen im nachtodlichen Leben klärt uns über die vollständigen Voraussetzungen dieser Leibbildung auf. Sie beginnt keineswegs erst mit der Konzeption des Menschen im Leibe der Mutter, sondern sie hat eine weiter zurückliegende Vorgeschichte. Viele Lebensfragen lassen sich nur beantworten, wenn erkennend nicht nur das Leben während Geburt und Tod verfolgt wird, sondern auch zusätzlich das Leben zwischen Tod und neuer Geburt. Erst dann wird eine Einheit anschaubar, von der das Leben zwischen Geburt und Tod nur ein Teil ist.

Die ersten Stadien der geistig-seelischen Entwicklung nach dem Tode sind ein Entkleiden des menschlichen Wesenskerns von seinen Hüllen. Nicht nur der physische Leib des Menschen wird abgelegt, sondern auch der Lebensbildekräfteleib und der Astralleib. Dieser Vorgang der Enthüllung ist begleitet von einer Aufarbeitung des vorangegangenen Lebens unter dem Gesichtspunkt der neu erworbenen Daseinsform. Nicht die Gesetze der Sinneswelt sind jetzt wirksam, sondern jene Gesetze, aus denen das Ich heraus geschaffen wurde und in der es beheimatet ist. Deren Maßstäbe werden an das vorangegangene Leben angelegt, die Folgen des Erdenlebens verarbeitet. Dabei zeigt sich, dass verschieden geführte Lebensläufe verschiedene Verhältnisse des Ich zu den Wesen der geistigen Welt schaffen. Die Art der Lebensführung auf Erden schafft also unterschiedliche Dispositionen für das Leben in der geistigen Welt. Wir haben es in der Hand, für unsere geistige Existenz vorzusorgen. Freilich ist es dann nötig, die Folgen menschlicher Erdentaten für die geistige Welt zu kennen. Die Auffassung, dass man – falls es ein nachtodliches Leben überhaupt gibt – schon sehen werde, was sich in ihm zuträgt, gibt die bewusste Gestaltung für die Zukunft aus der Hand. Da die geistigen Verhältnisse zu Weltwesen im nachtodlichen Leben später die Form der erneuten Umhüllungen des Ich für eine neue Inkarnation mitbestimmen, beeinflussen wir unsere künftige Leibgestaltung selbst mit. Das geschieht durch die Art, wie wir das Leben auf der Erde gestaltet haben.

«Wir sind für dieses Leben in der physischen Welt nur dann zulänglich, wenn wir uns solche Kräfte aus der geistigen Welt mitbringen, durch die wir uns einen dieser physischen Welt mit allen ihren Forderungen gewachsenen Leib aufbauen können. Die Kräfte, die übersinnlichen Kräfte, welche der Mensch braucht, um an seinem Leib und auch seinem Schicksal zu formen, sie erhalten wir von jenen Wesenheiten und Kräften der höheren Hierarchien, mit denen wir zwischen Tod und neuer Geburt in Zusammenhang kommen. Was wir zum Aufbau unseres Leibes brauchen, das müssen wir uns also erwerben in der Zeit, die unserer Geburt vorangegangen ist seit dem letzten Tode. Wir müssen sozusagen zwischen dem Tode und einer nächsten Geburt Schritt für Schritt an die entsprechenden Wesenheiten herantreten, die uns bescheren, uns übergeben können die Kräfte, die wir dann, wenn wir wieder ins physische Dasein getreten sind, zu unserem Leben brauchen.»[147]   GA 141

Der Besitz dieser Gaben für die Gestaltung der Hüllen und des Schicksals wird aber vom Menschen nur erworben, wenn er die schenkenden Wesen erkennt. Eine solche Erkenntnis wird jedoch durch jenes Bewusstsein bestimmt, das der Mensch sich auf Erden erwirbt. Hat er die Existenz einer geistigen Welt anerkannt, so hat er die Voraussetzung geschaffen, ein erstes Verhältnis zu jenen Wesen, die bei der Leibgestaltung für eine neue Inkarnation tätig sind, herzustellen. Er erlebt die Geschenke, die ihm im nachtodlichen Leben dargereicht werden, bewusst. – Anders bei Menschen, deren Erkenntnis ausschließlich auf die materielle Welt gerichtet war. Die Entfremdung solcher Menschen von der geistigen Welt ist so groß geworden, dass sie im nachtodlichen Leben die Kräfte der Leibgestaltung nicht mit solchem Bewusstsein aufnehmen können. Bildhaft gesprochen: Die reale Begegnung mit den geistigen Wesen spielt sich im Bewusstseinsdunkel ab. «Denn das Licht, geistig gesprochen, welches wir brauchen, um zu erkennen, wie diese Wesenheiten an uns herantreten, welche Gaben wir von den einen oder anderen Wesenheiten zu unserem nächsten Leben empfangen sollen, das Licht des Verständnisses dafür können wir nicht in der übersinnlichen Welt selber erlangen, sondern das müssen wir hier in der physischen Erdenverkörperung erlangen. Wir gehen so durch das übersinnliche Leben bis zur nächsten Geburt, dass wir an allem vorübergehen, nichts erkennen und nirgends die Kräfte in Empfang nehmen, die wir zum nächsten Leben brauchen, wenn wir, durch die Pforte des Todes hindurchgehend, keine Ideen und Begriffe mitbringen, um sie in das spirituelle Leben zu tragen.»[148]

Wir geraten ins Hintertreffen, weil wir nicht jene Begrifflichkeit auf Erden erworben haben, die das Licht des Verständnisses über das nachtodliche Leben ausbreitet. Dadurch schwächen wir die Gaben, die uns von geistigen Wesen für den Leibaufbau geschenkt werden. Das behindert dessen Gestaltung. Diese entspricht nicht mehr dem, was ein gesundes Verhältnis des Menschenwesens zu seiner Leiblichkeit begründet. Ein Hemmnis für die Aktivität des Geistig-Seelischen in der Welt tritt auf, weil diese Hemmnisse überwunden werden müssen.

Der Gestaltaufbau solcher Menschen gelingt also nur unzulänglich. Die Folge davon ist: Die Organbildung macht es bereits schwer, die Wahrheiten des geistigen Lebens zu denken. Denken, Fühlen und Wollen haben in diesem Sinne für ihre sachgemäße Entfaltung schlechte Instrumente. Treten solche Menschen nach ihrem Erdenleben wieder in die geistige Welt ein, so erwartet sie nicht wie das erste Mal Finsternis, sondern jetzt wird die geistige Welt durch Luzifer erleuchtet. Dadurch bekommen aber die Gaben der Hierarchien zum Leibaufbau eine luziferische Tangierung.

«Wenn wir Menschen im Leben antreffen, welche ihre Leiblichkeit in der Weise zugearbeitet haben, dass sie ihren Verstand gut benutzen können, sich auch gewisse Geschicklichkeiten erwerben, durch die sie sich hochbringen können, es aber nur zu ihrem eigenen Vorteil tun, wenn sie ihre Gaben nur anwenden, um das zu erhaschen, was für sie und ihr Sein Bedeutung hat, wenn sie also recht rücksichtslos, trocken ihren Vorteil im Auge haben, wie es gerade in unserer Zeit viele Menschen gibt, dann findet der Seher sehr häufig, dass sie jene Vorgeschichte durchgemacht haben, welche eben charakterisiert worden ist.»[149]

Ein weiteres Charakteristikum unserer Zeit ist, dass Menschen ihre Gedanken nicht zu Ende denken, ihre Logik gleichsam abbricht. Dieser Seelenzustand nährt die Illusion, die Träumerei, die kein rechtes Verhältnis zur Umwelt aufkommen lassen. Für diesen Menschentyp wird eine anders verlaufende Inkarnationskette aufgedeckt:

«Wenn wir also drei solcher Erdenleben mithilfe der Geistesforschung verfolgen, so finden wir in dem ersten als Grundstimmung in der Seele egoistische Mystik, egoistische Religiosität. Und wenn wir heute Menschen betrachten, die sich in der gekennzeichneten Weise dem Leben gegenüber verhalten [also den logischen Gedanken abbrechen], so kommen wir ja durch die geistige Forschung in die Zeiten zurück, in welchen in Hülle und Fülle Seelen da waren, die eigentlich nur aus vollem Egoismus heraus eine religiöse Stimmung entwickelten. Sie gingen dann durch ein Dasein zwischen Tod und neuer Geburt, ohnmächtig von den geistigen Wesenheiten die Gaben zu empfangen, die ihnen das nächste Leben richtig gestalten sollten. Dann wurde das nächste Leben ein mürrisches, ein hypochondrisches, wo ihnen alles zuwider war. Dadurch wieder bereiteten sie sich dazu vor, dass nun, wenn sie durch die Pforte des Todes gegangen sind, Ahriman und dessen Scharen ihre Führer waren und sie solche Kräfte bekamen, wodurch sie in dem nun folgenden Erdenleben eine mangelhafte Logik, ein kurzsichtiges, stumpfes Denken zeigen.»[150]

Es geht um das rechte gedankliche Verhältnis zur Welt, das auf der Erde erobert werden muss, um bestimmte, notwendige Erlebnisse in der geistigen Welt zu haben, die dann wiederum ein «heiles» leibliches Instrument veranlassen. Materialismus und religiöse Schwärmerei können dieses Verhältnis nicht herstellen. Ihre Folge ist eine zu starke Verbindung des Menschen mit luziferischen und ahrimanischen Mächten. Diese veranlassen geistig-seelische Dispositionen für die hypertrophierte Sucht nach dem eigenen Vorteil und die des «stumpfen», lückenhaften Denkens.

Extreme Entwicklungen werden geschildert. Sie werfen die Frage auf: Wie ist jenes Verhalten, das im Gleichgewicht zwischen den Extremen geformt werden kann, welches das gesunde Verhältnis zur Welt herstellt? Wir leben in einer Zeit, wo das menschliche Leben durch tausend Notwendigkeiten bestimmt ist. Wer die daraus erwachsenden Pflichten vernachlässigte, gewänne kein gesundes Verhältnis zu seiner Umwelt. Tut der Mensch aber seine Pflicht, so wird er über weite Strecken von Notwendigkeiten bestimmt. Um das rechte Verhältnis zu seiner Umwelt zu finden, muss er für diese Sachlage als Ausgleich ein Gegengewicht schaffen. Dieses entsteht, wenn sich der Mensch über seine Pflichten hinaus Ziele setzt und diese mit Hingabe und Enthusiasmus verfolgt. In solchen Momenten realisiert der Mensch ein Stück von jener Freiheit, die von den regulären Geistern als Ziel der Weltentwicklung intendiert ist. Die Liebe (Hingabe) an die Idee, mit der man sich der für notwendig erkannten Tat verschreibt, erobert für das Ich jene Selbstlosigkeit, die nicht nur ihn, sondern auch die Welt erwärmen kann:

«Diese Stimmung der Seele: nicht bloß aus Pflicht, sondern aus Liebe, aus Neigung, aus Hingabe zu denken und zu tun, diese Stimmung bereitet die Seele dazu vor, ein Diener der guten Mächte von Gesundheit, von heilsamen Kräften zu werden, die aus der übersinnlichen Welt in unsere physische Welt hinuntergeschickt werden, ein Diener von allem Sprießenden und Sprossenden, Gedeihenden zu werden und die Seligkeit zu empfinden, die man dadurch empfinden kann.»[151]

Allein die Schöpferkraft, welche *Die Philosophie der Freiheit* im Einzelnen beschreibt, findet im nachtodlichen Leben das rechte Verhältnis zu den regulären Geistern und deren Intentionen. Der Mensch wird ihr Diener. Solch spirituellem Individualismus entspricht die von Rudolf Steiner vorgeschlagene Übersetzung des Buchtitels ins Englische: *Philosophy of Spiritual Activity*.

Im selben Atemzug wird das Augenmerk auf eine weitere Seelentätigkeit gelenkt, die der spirituellen Aktivität zur Seite treten muss: die Rücksichtnahme solcher Aktivität auf die Bedingungen des Umfeldes, also ihre Anpassung an dieses. Wo sind im Umfeld Ansatzpunkte, die, weitergeführt, spirituelle Aktivität verständlich machen? Das Anpassen der eigenen Tätigkeit an das Umfeld, sodass dieses zum Verständnis der eigenen Taten geführt werden kann, befestigt weiter die Mittellage zwischen luziferischen und ahrimanischen Intentionen. Dies erfordert ein bewusstes umfassendes Einleben in die Anforderungen des Lebens. Was hat eine solche Seelenstimmung für Folgen im nachtodlichen Leben?

Der Mensch wird «ein Mitarbeiter, ein Helfer derjenigen Geister …, welche den menschlichen Fortschritt fördern». Schon einmal ist bemerkt worden, dass es in der menschheitlichen Entwicklung Fälligkeitstermine gibt, welche der Menschheit ermöglichen, einen Schritt in ihrer seelischen Verfassung voranzuschreiten. Die Umstände, die das ermöglichen, werden nicht allein vom Menschen geschaffen, sie werden durch die regulären Geister bewirkt. Ihnen tritt der Mensch im nachtodlichen Leben zur Seite, wenn er im vorangegangenen Erdenleben sich aufmerksam bemüht hat, sich zielgerichtet im Leben der Umwelt zu behausen. «Karma wird erst dann in der richtigen, umfassenden Weise verstanden, wenn wir in die Lage kommen, es in seinen Einzelheiten zu betrachten, in jenen Einzelheiten, die uns zeigen, in wie mannigfaltiger Art Ursachen und Wirkungen zusammenhängen hier in der physischen Welt, in der geistigen Welt und im Gesamtdasein.»[152]

Das nachtodliche Leben ist also vom Erdenleben nicht zu trennen. Sie bilden eine Einheit und sind durch Wirkungen und Folgen mannigfach verzahnt. Unter anderem bedeutet dies, dass Dinge, die im Erdenleben versäumt worden sind, nicht im Leben nach dem Tode nachgeholt werden können, sondern erst in einem folgenden Erdenleben. Das legt Hingabe und Aufmerksamkeit für das Erdenleben nahe.

Überraschend mag vielleicht sein, dass auch Luzifer und Ahriman in beiden Welten wirken. Verständlich wird dies, wenn man das menschliche Gesamtdasein als eine Einheit sieht; Wirkungen, die ausgelöst wurden, übergreifen die beiden Teile. Ein Unterschied zwischen dem Leben auf Erden und dem Leben in der geistigen Welt besteht allerdings: Im Erdenleben hängt es vom Menschen ab, wie er sich zu beiden Mächten stellt. Im nachtodlichen Leben fehlt ihm diese Freiheit. Er kann nur ertragen, dass er sich selbst in den Bereich der Widersachermächte gebracht hat.

Reinkarnation und Karma – Hilfen für die menschliche Entwicklung

Der Gedanke der Reinkarnation und des Schicksalsgesetzes (Karma) war nicht nur dem Orient bekannt, sondern wurde auch von vielen bedeutenden Menschen Mitteleuropas gedacht und als wahr empfunden. Was allerdings fehlte, war eine detaillierte Forschung über die sich dabei abspielenden Vorgänge, wie sie die beiden vorangegangenen Kapitel in ersten Schritten liefern. Wie zahlreich diese Menschen sind, denen der Gedanke der Reinkarnation Rätsel löste, und wie sie diesen Gedanken formulierten, zeigt Emil Bocks schönes Buch *Wiederholte Erdenleben. Die Wiederverkörperungsidee in der deutschen Geistesgeschichte.*[153]

Eine für die Aufklärung typische Form der Begründung gab Lessing: Wer die Geschichte des Bewusstseinswandels studiert, so führte er aus, stößt auf sehr unterschiedliche Bewusstseinsarten. Sie liefern den Menschen ganz unterschiedliche Erlebnisse und Erfahrungen. Sie versetzen ihn in ein jeweils unterschiedliches Weltverhältnis. Andererseits ist jede ihrer Stufen Glied einer fortschreitenden Fähigkeits- und Bewusstseinsentwicklung. Es scheint widersinnig, eine dieser Stufen überspringen zu wollen. Ihre Abfolge ergibt einen Sinn, nämlich die Individuation des Menschen. Sie ist das Ziel dieser Entwicklung. Erwägt man den Zusammenhang beider Gedanken, so erscheint es notwendig, dass die Individualität an den Erfahrungen jeder dieser Stufen teilgenommen hat, um zu dem zu werden, was sie heute ist. Lessing hat das auf seine unnachahmliche Art in seiner Schrift *Die Erziehung des Menschengeschlechts* abgehandelt und den Gedanken der Reinkarnation als plausibel dargestellt.

In jedem Menschenleben ist – wenn auch sehr unterschiedlich – eine Entwicklung zu beobachten. Gleichzeitig erscheint unter dem Gesichtspunkt der Entwicklung jedes Lebens wie ein ergänzungsbedürftiges Fragment. Deshalb ist es schwer vorstellbar, dass die Aktivität, mit der sich die Individualität äußert, mit dem Tode ein Ende haben soll. So prophezeit Goethe beim Tode Wielands dessen Individualität eine weite-

286

re «unendliche» Produktion. Für eine solche Anschauung ist der Tod zwar ein bedeutender Einschnitt, aber kein Ende. In dem Organismus geistiger Wesen, welche der Erscheinungswelt zugrunde liegen, ist ein Verschwinden auch einer einzigen geistigen Entität nicht denkbar. Sie kann Verwandlungen unterliegen, sich aber nicht in ein Nichts auflösen.

Wie die Tätigkeit der Hierarchien Folgen hat, so das, was der Mensch denkt, fühlt und tut. Das wissen wir in jenen Augenblicken, wo wir unser vergangenes Verhalten prüfen und Richter über unsere Gedanken, Gefühle und Taten werden. Dabei lebt die Empfindung in uns auf, dass nicht nur unsere Taten sich von uns losgelöst haben und «in der Welt» wirken, sondern dass das auch für unsere Gedanken und Gefühle gilt. Die Welt ist eben nicht nur eine physische, sondern auch eine seelisch-geistige. Zu ihr gehören die geistigen Wesen, die einen Organismus bilden, in dem nichts verloren geht. Beispielsweise ist mein Hass, den ich einem anderen Menschen entgegenschicke, wirksam, selbstverständlich auch das Mitleid, das ich für einen anderen empfinde.

Jedes Gefühl, aber auch jeder Gedanke und jede Tat hat seine Affinität – oder Diskrepanz – zu bestimmten geistigen Wesen. Die Gestaltungen der Seele werden von ihnen angezogen oder abgestoßen. Das gilt für alle Äußerungen unseres Seelenlebens. Das gehört zur Rolle des Menschen als schöpferisches Wesen. In bestimmten Augenblicken berühren wir den Saum dieser Weltwirklichkeit, um ihn im nächsten Augenblick wieder zu verlieren. Es wird noch lange dauern, bis die Gewissheit, dass wir auf die physische wie auf die geistige Welt wirken, unser Leben so begleitet, dass sie als Grundstimmung in allen Taten mitschwingt.

Wenn jede Individualität eine einmalige Gattung ist, müssen die Folgen unserer Taten, unserer Gedanken und Gefühle, die keine Übereinstimmung mit den Intentionen der Schöpfermächte haben, immer wieder auf uns selbst zurückfallen. Es gibt für die Wirkung dessen, was wir ausgelöst haben, keinen anderen Adressaten als den Absender. Der aber kann das, was sich im Laufe eines Lebens an Fehlleistungen angesammelt hat, nicht in dem verbleibenden Rest seines Lebens korrigieren. So gesehen ist die Chance, die ein neues Leben für einen Ausgleich bietet, der Ausdruck unendlicher Liebe und Gnade. Diese Gnade wird uns geschenkt. Lässt man sich auf diese Sicht ein, klingt es verständlich, dass Rudolf Steiner Christus den Herrn des Karma nennt.

In den stillen Stunden des Rückblicks auf den eigenen Lebenslauf bilanzieren wir. Es entsteht in uns selbst die Sehnsucht, manche Taten zu verbessern, unsere Lebensbilanz auszugleichen. Wir erkennen selbst – wenigstens teilweise – die Diskrepanz zwischen dem, was wir im Leben geschafft haben, und der Weltwirklichkeit. Die mangelnde Gelegenheit, diesen Gegensatz noch in diesem Leben vollständig auszugleichen, bereitet uns Schmerz. Dieser Schmerz kann bisweilen sehr tief sein, wir nennen ihn Reue. Der Schmerz zeigt uns unser partielles Unvermögen, unserer Rolle als Schöpfer schon gerecht zu werden. Es gibt eine Reue, die frei von Angst vor dem Gericht ist. Sie mündet im Hinblick auf die Schöpferwesen in Demut. Sie sehnt die Möglichkeit des Ausgleichs herbei. Freilich erzeugt das Geständnis von den eigenen Unzulänglichkeiten bei manchen Menschen auch Angst, da ihnen jeder Ausgleich unmöglich scheint.

Die Gewissheit, dass wir alle sterben müssen, wird aus dem heutigen Leben tunlichst verdrängt und mit ihr die Gelegenheit, sich den Sinn des Lebens bewusst zu machen. Dabei könnte doch zumindest der nahe Tod Anlass zur Rückbesinnung auf das eigene Leben sein. Solche gewollte Rückschau ist ein wesentliches Schulungselement. Wir stoßen mit ihr in einen Seelenbereich vor, den das übersteigerte Ich oft verdeckt, den nur ruhige Gelassenheit erschließt. Ich will ihn den «Bereich der Geschenke» nennen, durch den wir, oft auch durch Kleinigkeiten, Förderung von außen erfahren haben. Solche Erfahrung lädt dazu ein, Dankbarkeit zu entwickeln.

Schwieriger ist es, Aufmerksamkeit auf das zu lenken, was in unserem Leben ohne unser Zutun verhindert worden ist. Meist entgeht einem die leise Führung der eigenen Person, die uns beschützt; nur selten wird sie bewusst. Ein Beispiel: Ein Freund, der von einer Bergtour kam, wollte mit dem nächsten Zug nach Hause fahren. Für die lange Bahnfahrt kaufte er sich eine Zeitung. Dabei verpasste er den Zug; er musste auf den nächsten warten. Wenig später erfuhr er, dass jener Zug, den er hatte benutzen wollen, verunglückt war. Es hatte mehrere Tote gegeben.

Rudolf Steiner regt immer wieder an, nicht nur auf das zu schauen, was tatsächlich geschehen ist, sondern sich auch darüber Gedanken zu machen, was durch den Ablauf der Geschehnisse unter Umständen verhindert worden ist. In diesem Üben soll das Bewusstsein für jene Führung der eigenen Person, die gewissermaßen hinter den Kulissen des äußeren Daseins sich abspielt, geweckt werden.

Der Einwand liegt nahe, dass damit ungesunder Spekulation Tür und Tor geöffnet würde. Diese zu befördern ist gewiss nicht das Anliegen Steiners. Auch scheint es nicht gar zu schwer, zwischen Hypothese und Tatsache zu unterscheiden. Solche Hypothesenbildung ähnelt einer anderen Grundübung des Schulungsweges: das Unmögliche so lange für möglich zu halten, bis das Gegenteil nicht bewiesen ist. Diese Übung erteilt jener Einstellung eine Absage, die meint, alles sei in der Welt restlos geklärt. Auch eine solche Übung redet nicht der Fantasterei das Wort. Sie will nur einer voreiligen Kritik von «ungewöhnlichen Ereignissen» entgegentreten. Beide Übungen regen an, vorliegende Sachverhalte unvoreingenommen und ernsthaft zu prüfen.

Wird das Bewusstsein in der Übung fündig, hat das für das weitere Leben große Bedeutung. Man berührt jene Sphäre, die das Interesse der Weltschöpfermächte für den Menschen erlebbar macht. Diese sind nicht nur Richter, sondern auch gnadenvolle Helfer des Menschen. Eine solche Erfahrung begründet persönliches Vertrauen gegenüber der geistigen Welt. Das schmälert nicht die Eigenständigkeit der Person, sondern es rückt sie erst in ein fruchtbares Verhältnis zur geistigen Welt. Wer staunend erkannt hat, dass alle Evolution auf die Individuation des Menschen hinausläuft, kann gar nicht gering von sich selbst als Individuum denken, ohne dass er dadurch der Überheblichkeit verfiele.

Es gibt Institutionen, die den Menschen nicht für fähig halten, ein individuelles Verhältnis zur geistigen Welt aufzubauen. Diese Institutionen haben – da die Evolution eben auf Individuation drängt – langfristig keine Zukunft. Nein, an Selbstbewusstsein fehlt es dem übenden Menschen nicht! Aber ein solcher Mensch schaut nicht nur auf alle Intentionen der geistigen Welt, welche die Individuation des Menschen überhaupt erst ermöglichten, sondern auch auf die Auseinandersetzungen in der geistigen Welt, die sich in der Dramatik der Gegenwart spiegelt, und er wird dann auf der Hut sein, sich selbst zu überschätzen. Wenn er ferner langsam begreift, dass die Selbstüberschätzung das notwendige, aber schwerwiegende Grundübel auf dem Wege zur Individuation ist und dieses Übel tief in seinen Wesensgliedern verankert wurde, wird er gewarnt sein und bescheiden werden.

289

Das durch anfängliche Erfahrung keimende Vertrauen in die geistige Welt ist eine der Quellen, welche die Ergebenheit speisen. Wer auch nur diejenigen Forschungsergebnisse Rudolf Steiners, von denen das vorliegende Buch berichtet, zusammenschaut, wird zu dem Schluss kommen, dass höchste Eigentätigkeit der Individualität und Ergebenheit keine Gegensätze sind. Das Ich findet im Umgang mit ihnen erst schrittweise zu sich selbst, d.h. zu dem Wesen, das sich von dem Einfluss der luziferischen Verführung langsam löst. Damit eröffnet sich für den Menschen – und zwar nur in dem Maße, wie er das Herauslösen realisiert hat – ein neuer Zugang zur geistigen Welt. In diesem neu erworbenen Verhältnis ist die Ergebung ein sachgemäßes Verhalten. Es raubt ihm kein Jota seiner Selbstständigkeit. Solches Verhalten wird ihm im Anblick der Tatsachen Bedürfnis. Er antwortet auf sie mit der gleichen Kraft, die ihm von ihnen entgegenströmt.

Das gilt auch für das Schicksal. Haben wir im Auge, dass es die Folgen unserer eigenen Taten ist, können wir es eigentlich nicht als ungerecht ansehen. Es kann dann – auch wenn es schwer ist – als Entwicklungshilfe empfunden werden. Ist es doch die einzig mögliche Art, uns zu fördern, ohne unsere Freiheit anzutasten. Diese Förderung erleben wir erstaunt dort, wo Menschen ein besonders schweres Schicksal meistern. Das emotionale Anrennen gegen den Schicksalsschlag, das so verständlich ist, weicht dann der Anerkennung der Schicksaltatsachen. Das Selbstmitleid wird getilgt, mit dem Schicksal gerungen. An seinem Widerstand erwächst oft eine ungeahnte Kraft des Ich. Solche Menschen bewundern wir; sie leben uns die Autonomie des Ich vor und auch die Wandlungskräfte, die von ihr ausgehen können. Die Leistung dieser Menschen belebt das soziale Umfeld, schenkt anderen Menschen Orientierung und Lebenskraft. Das bereitet Luzifer und Ahriman Pein.

Machen wir uns bewusst, dass es bei dem vorgegebenen Kräfteverhältnis zwischen Widersachermächten und dem Menschen eigentlich gar nicht möglich ist, ohne fremde Hilfe zu siegen. Möglich wird das nur, weil das Mysterium von Golgatha eine Welttatsache geworden ist. Trotzdem ist der Schulungsweg kein Spaziergang. Er kann es schon deswegen nicht sein, weil Schöpferkräfte freigelegt werden müssen. Der Schulungsweg ist – der Ausdruck sei gestattet – ein echter Kreuzweg. Deswegen fehlen denen, die ihn erst anfänglich beschritten haben, auch die Maßstäbe für die Leistung derer, die reiche Erkenntniserte auf ihm eingefahren haben. Bei den heutigen Vorstellungen von menschlichem Glück ist die Erwähnung schmerzlicher Erfahrung auf diesem Wege besonders unbeliebt. Und doch: Die Wurzel jeder bedeutenden Erkenntnis ist der Schmerz. Obwohl die Fortgeschrittenen selten davon sprechen, sind die Bahnbrecher auf solchem Wege die Schmerzensreichen.

«Da stellt sich heraus, wenn der Geistesforscher sich auf seinen Weg begibt, um in höhere Welten hinaufzusteigen, um wirklich mit seinem Geistig-Seelischen herauszukommen aus dem Leiblichen und leibfrei wahrzunehmen, dass dann alles dasjenige, auf was er zurückblicken muss als auf ein Böses, ja nur auf ein Unvollkommenes im Leben, ihm die schwersten Hindernisse auf seinen Weg gibt. Die schwersten Hindernisse kommen von dem, worauf man zurückblicken muss als auf etwas Unvollkommenes.»[154]

Die Gewissheit der eigenen Unvollkommenheit verursacht Pein. Die Leichtfertigkeit in der Lebensführung weicht dem Ernst der Lebensprüfungen. «… es soll wiederholt sein, was schon einmal sehr eindringlich hervorgehoben worden ist: dass der Weg zur Geistesforschung in gewissem Sinne ein Martyrium ist, und dies auch gerade aus dem Grunde, weil man in dem Augenblick, in dem man mit dem Geistig-Seelischen aus dem Leiblichen herauskommt und der geistigen Welt teilhaftig wird, zurückblickt auf sein Leben mit seinen Unvollkommenheiten und nun weiß: Diese Unvollkommenheiten trägst du mit dir; wie der Komet seinen Kometenschweif; die trägst du in dir mit hinüber in ein anderes Leben und musst sie auszugleichen suchen in späteren Leben. Das, worüber du bis jetzt geschritten bist, ohne ein Bewusstsein davon zu haben, das schaust du jetzt. Du weißt, was dir bevorsteht. Dieses tragische Hinschauen auf das, was man im gewöhnlichen Leben ist, hängt einem an, wenn man den Weg in die geistige Welt hinauf sucht.»[155]

Eine geistige Schulung kommt also ohne eine Erkenntnis von der Wirksamkeit des Bösen nicht aus. Es ist notwendig zu erkennen, woher das Böse kommt, das den Menschen auf seinem geistigen Wege behindert. In der geschilderten Verschiebung der Wesensglieder nimmt die Deplatzierung des Sündenfalls ihren Ausgang. Mit ihr und ihren vielfältigen Wirkungen hat der Geistesschüler zu kämpfen, sie bilden seine und unser aller Hindernisse. Der Sündenfall wird zur Urtragödie des Menschen, von der alle weiteren Tragödien ihren Stoff beziehen.

Was der Mensch heute ist, weckt im Betrachter ein tragisches Gefühl, das gerade bei dem, der in die geistige Welt eintritt und diese Sachlage existenziell erlebt, gesteigert auftritt. Deswegen spricht Rudolf Steiner vom tragischen Hinschauen – und dem Martyrium. An anderer Stelle wird als Grundlage jeder echten Erkenntnis der Schmerz genannt. Wer den Balanceakt zwischen Luziferischem und Ahrimanischem konkret versucht, wird finden, dass der Schmerz ihn begleitet. Denn er schaut wieder und wieder auf das noch nicht gestimmte Instrument der Seele, das dem Eintritt in die geistige Welt entgegensteht.

Aristoteles spricht von der Wirkung der Tragödie auf den Menschen. Indem der Mensch sich ihrem Anblick hingibt, entsteht im Betrachter das Gefühl und das Bedürfnis, seine eigenen Unzulänglichkeiten zu verwandeln. Vom Miterleben der Tragödie kann demnach Katharsis ausgehen. Der Begriff der Katharsis deutet auf eine aktiv zu vollziehende Reinigung der Seele von jenen Schatten, welche die Folgen der luziferischen Verführung in die Seele gewoben haben. Schulung ist das Bemühen, diese Schatten zu durchleuchten, weil sonst die übersinnliche Erfahrung nicht Platz greifen kann. Schon der Anblick der Schatten, welche uns begleiten, bereitet Pein, noch mehr aber der Verzicht auf tausend Gewohnheiten, die sich ins Seelenleben als Schatten eingeschlichen haben und die Stimmung des Instrumentes Seele trüben. Was muss man nicht alles hinter sich lassen, um dem abzuhelfen! Derjenige, der diesen Kampf auf sich nimmt, macht die Erfahrung, dass beim strebenden Menschen der Widerstand gegen die Verwandlung wächst, und solcher Widerstand ist selbst mit der Einweihung nicht zu Ende. Die gesteigerte Egoität, die für die Bildung der Seele notwendig ist, trifft bei der Einweihung auf den «großen Hüter». Dieses Treffen entscheidet darüber, ob der Einzuweihende sich dem Wirken des Christus-Impulses verbinden will oder nicht. Der Hüter hat nur dann Interesse am Menschen, wenn dieser all seine erworbenen Fähigkeiten in den Dienst am Mitmenschen stellen will. Altruismus für das soziale Handeln wird vom Prüfling gefordert. Seine freiwillige Einbindung in die Interessen der gesamten Menschheit wird als Ziel gesetzt, also ein anzustrebender Gleichklang zu dem, der für die Entwicklung dieser Menschheit das größte Opfer gebracht hat.

Wer die Dramatik, die in dieser zweiten Hüter-Begegnung anschaubar wird, auf sich wirken lässt, steht vor der Tatsache, dass die Entscheidung für den Altruismus im sozialen Leben auch für den Eingeweihten keineswegs eine Selbstverständlichkeit ist. Es kann die erarbeitete individuelle geistige Potenz, die zum Erleben hinter der Schwelle führt, durchaus auch zur Ablehnung der Hüterforderung führen. Auch das Erleben der geistigen Welt kann für egoistische Zwecke genützt werden. Dann wird die höchste Potenz der Übel freigesetzt, die bewusste Leugnung der Intentionen der regulären Geister, obwohl man deren Realität sehr wohl kennt. Die Lüge wird zum Kern solcher Intentionen. Ein derartiger Mensch entschließt sich aus freien Stücken für die Widersachermächte. Er tritt gewissermaßen in den Chor der Widersachermächte ein. Nicht durch den Entschluss der regulären Geister wird er etwa wie Ahriman zu solchem Wirken aufgerufen. Er allein entschließt sich, den Widersachermächten zu dienen. Es ist in unsere Hand gegeben, die Freiheit in dieser oder jener Weise zu nutzen.

Solche Überlegungen vertiefen die Erkenntnis, dass Reinkarnation und Karma die großen Kunstgriffe sind, welche die Individuation des Menschen mit den Ur-Intentionen der Schöpfung versöhnen können. Die Rolle, die dabei dem Menschen zufällt, erfordert Mut; und schon seit dem Anfang des 20. Jahrhunderts ist es notwendig, dass diese Aufgabe vom Menschen bewusst ergriffen wird. Den Schulungsweg zu erkennen und ihn zu begehen ist zu einer Schicksalsnotwendigkeit der Menschheit geworden, also Menschheitskarma.

VI. EINE UNGEWÖHNLICHE MENSCHENKUNDE

6

$$\frac{7 \cdot 2160}{148120}$$

$$\frac{12 \cdot 2160}{\begin{array}{r} 4320 \\ 2160 \\ \hline 25920 \end{array}}$$

$$\frac{7 \cdot 25.920}{181.440.}$$

Aphoristisches über die Entwicklung geistiger Wesen

Bevor wir von einem neuen Gesichtspunkt aus die Entwicklung und das Wesen des Menschen betrachten, bedarf es der Klärung einiger Begriffe. Schon *Die Geheimwissenschaft im Umriss* schildert, wie auf den jeweiligen planetarischen Zuständen (Saturn, Sonne, Mond, Erde) Wesen ihre «Menschheitsstufe» erreichten. Vereinfacht ausgedrückt: Sie fanden den Weg vom geschaffenen zum mitschaffenden Wesen für weitere Entwicklungen. Der Umschwung im Leben dieser Wesen wird in dem folgenden Vortrag für die Geister der dritten Hierarchie (Archai, Erzengel, Engel) geschildert. Vom Menschen wird gesagt, dass er seine Menschheitsstufe im Laufe des Planetenzustands «Erde» voll erreichen werde. Das Mitgestalten im Chor der Geister ist also der Möglichkeit nach für den Menschen vorhanden, bedarf aber zur Realisierung seiner eigenen (freiwilligen) Aktivität. Schematisch gegliedert befindet sich der Mensch heute auf der vierten Stufe seiner Entwicklung, die Engel auf der fünften, die Erzengel auf der sechsten, die Archai auf der siebten. Die Vollmacht der Archai kann also der Mensch erst auf dem siebten Umwandlungszustand des alten Saturn (genannt Vulkan) erreichen.

Aber nicht nur die dritte Hierarchie war am Werke. Die Geister der Form, die zur zweiten Hierarchie gezählt werden, sind bekanntlich bei der Gestaltung des planetarischen Zustands Erde besonders intensiv tätig.[156] Ihre Menschheitsstufe haben sie bereits vor der alten Saturnentwicklung absolviert, ihre eigene Entwicklung entspricht also einer achten Stufe.

Sie sind es vor allem, die den Stoffwechsel-Gliedmaßen-Organismus für den Menschen auf dem Planeten Erde geschaffen haben und auch heute in ihm wirken. In der Entwicklungsströmung des Kopfes klingt die Vergangenheit der Evolution nach; im unteren Menschen aber wirken Kräfte, die erst in ferner Zukunft ihren Höhepunkt der Entwicklung erreicht haben werden. Zukünftige Entwicklung wirft ihr Licht in die

Gegenwart herein. Beide Entwicklungsströmungen begegnen sich im Menschen und wollen vom geistigen Wesen des Menschen genutzt, bearbeitet und in eine fruchtbare Wechselwirkung gebracht werden.

«Nun wissen Sie, dass unserer Entwickelung, die wir als unsere Erdenentwickelung aufzufassen haben, vorangeht eine andere Entwickelung, dass wir also in einer vollen kosmischen Entwickelung drinnenstehen. Sie wissen aber erstens, dass diese Entwickelung weiterschreitet, dass diese Entwickelung an einem Punkt angelangt ist, über den sie hinausgehen wird zu weiteren, fortgeschritteneren Stufen. Sie wissen aber auch zweitens, dass wir es zu tun haben, wenn wir die Welt als solche betrachten, nicht nur mit denjenigen Wesen, die uns zunächst im irdischen Felde entgegentreten, also im mineralischen, im pflanzlichen, im tierischen Reiche, im menschlichen Reiche, sondern dass wir es zu tun haben mit Wesen, die diesen Reichen übergeordnet sind, und die wir zusammengefasst haben als die Wesen der höheren Hierarchien. Wir müssen immer, wenn wir von der vollen Entwickelung sprechen, auch auf diese Wesen der höheren Hierarchien Rücksicht nehmen.

Diese Wesen machen ja ihrerseits auch eine Entwickelung durch, die wir verstehen können, wenn wir Analogien finden zu unserer eigenen menschlichen Entwickelung und zu derjenigen, die sonst in den verschiedenen Reichen der Erde vorhanden ist. Ich bitte Sie, nur das Folgende einmal zu berücksichtigen. Sie wissen, wir Menschen sind durchgedrungen durch eine Saturn-, Sonnen-, Mondenentwickelung und sind auf unserer Erde angekommen, sodass wir, wenn wir unsere kosmische Entwickelung ins Auge fassen, davon sprechen können, dass wir als Menschen, wie wir uns nun in der Erdenumgebung fühlen, auf der vierten Stufe unserer Entwickelung angelangt sind.

Betrachten wir einmal die unmittelbar über unserer Menschenstufe stehenden Wesen, die wir als die Angeloi bezeichnen. Wir können, wenn wir bloß die Analogie geltend machen, sagen: Diese Wesenheiten, wenn sie auch ganz andere Formen haben als die Form des Menschendaseins ist und zunächst für physische Menschensinne unsichtbar sind, sie haben die Entwickelungsstufe des Jupiter.

Gehen wir dann zu den Archangeloi, so haben sie die Entwickelungsstufe, welche die Menschheit auf der Venus erlangt haben wird. Und gehen wir zu den Archai, zu den Zeitgeistern, also zu denjenigen Wesenheiten, die ganz besonders hereinragen in unsere irdische Entwickelung, so stehen diese bereits in der Vulkanentwickelung (also in planetarischen Zuständen, die dem der heutigen Erde folgen werden; siehe dazu *Die Geheimwissenschaft im Umriss*).

Nun entsteht die bedeutsame Frage: Es gibt ja nun auch die nächst höherstehende Klasse von Wesenheiten, welche der Hierarchie der so genannten Formgeister angehört. Wenn wir uns fragen, auf welcher Stufe stehen diese Formgeister, dann müssen wir uns sagen: Sie sind bereits hinausgerückt über dasjenige, was wir Menschen zunächst als unsere Zukunftsentwickelung, als die Vulkanentwickelung erblicken. Sie sind also auf einer Stufe angelangt, von der wir sagen müssen: Wenn wir unsere, für unsere Betrachtungen zunächst hinreichenden Stufen als sieben Stufen bezeichnen, so sind diese Wesenheiten, die wir die Formgeister nennen, auf der achten Stufe angelangt. Wir können also sagen: Wir Menschen stehen auf der vierten Stufe der Entwickelung, nehmen wir die achte Stufe, so finden wir da die Formgeister.

Nun können wir aber nicht uns etwa diese Stufenfolge der Entwickelung nebeneinander denken, sondern wir müssen uns denken, dass das alles durcheinander geschoben ist. So wie etwa der Luftkreis, der die Erde umgibt und durchdringt, so ist auch diese achte Entwickelungssphäre, welcher die Formgeister angehören, so, dass sie durchdringt die Sphäre, in der wir uns zunächst als Menschen befinden. Wir wollen zunächst diese zwei Stufen der Entwickelung streng ins Auge fassen.

Wir wollen uns sagen: Wir Menschen als solche, wir befinden uns in einer Sphäre, welche eine vierte Stufe der Entwickelung erlangt hat. Nun befinden wir uns aber außerdem, wenn wir zunächst von allem Übrigen absehen, in dem Reiche, das die Formgeister um uns und durch uns als das ihrige zu betrachten haben. Nehmen wir nun konkret den Menschen in seiner Entwickelung. Wir haben ja öfter die Entwickelung dieses Menschen in seiner Gliederung unterschieden. Wir haben unterschieden die Hauptesentwickelung von der übrigen Entwickelung des Menschen. Wir teilen die übrige Entwickelung wiederum in zwei Glieder, in die Brustentwickelung und in die Gliedmaßenentwickelung. Davon wollen wir jetzt zunächst absehen. Wir wollen uns nur auf den Standpunkt stellen, dass wir im Menschen haben alles dasjenige, was zur Hauptesentwickelung gehört, und alles dasjenige, was dem übrigen Menschen zuerteilt ist.

Nun denken Sie sich einmal bildlich die Sache so, dass Sie sich etwa eine Meeresoberfläche denken, den Menschen wie im Meere watend, im Meere sich vorwärts bewegend, sodass nur sein Kopf herausragt, dann würden Sie durch dieses Bild – es ist selbstverständlich ein Bild – die Lage des gegenwärtigen Menschen haben. Alles dasjenige, worinnen der Kopf wurzelt, würden wir zu der vierten Stufe der Entwickelung zu rechnen haben, und dasjenige, worinnen der Mensch watet, worinnen er sich zwar gehend, oder wir können sagen, schwimmend vorwärts bewegt, würden wir zu bezeichnen haben als die achte Stufe der Entwickelung. Denn es ist das Eigentümliche, dass der Mensch in einer gewissen Weise entwachsen ist mit seinem Haupt demjenigen Elemente, in dem die Geister der Form ihr eigentümliches Wesen entfalten. Der Mensch ist gewissermaßen emanzipiert mit Bezug auf seine Hauptesbildung von demjenigen, was durchimprägniert wird von den Wesen der Geister der Form.

Nur dadurch, dass man dieses gründlich versteht, kann man wirklich zu einer Auffassung des Menschen kommen. Denn nur dadurch wird man die besondere Stellung, die der Mensch in der Welt hat, in der richtigen Weise erfassen. *Man wird nämlich nur dadurch richtig erfassen, dass der Mensch, insofern er einen gewissen schöpferischen Einfluss auf sich zu verspüren hat vonseiten der Geister der Form, diesen schöpferischen Einfluss nicht verspürt unmittelbar durch die Fähigkeiten seines Hauptes, sondern verspürt durch dasjenige, was von seinem übrigen Organismus als Wirkung auf das Haupt ausgeübt wird.* Sie wissen ja, wir atmen, und das Atmen steht mit unserem Blutkreislauf im Zusammenhange, wenn wir äußerlich physiologisch sprechen. Das Blut wird aber auch in das Haupt getrieben. Dadurch ist das Haupt in einem organischen, in einem lebensvollen Zusammenhange mit dem übrigen Organismus. Es wird genährt, es wird belebt von dem übrigen Organismus.

Sie müssen zwei Dinge genau unterscheiden. Das eine ist, dass das Haupt in unmittelbarem Zusammenhange steht mit der Außenwelt. Wenn Sie eine Sache sehen, so nehmen Sie diese Sache durch Ihre Augen wahr. Da ist ein unmittelbarer Zusammenhang zwischen der Außenwelt und Ihrem Haupte. Wenn Sie aber das Leben Ihres Hauptes betrachten, wie es unterhalten wird durch den Atmungs- und Blutkreislaufprozess, dann haben Sie heraufschießend das Blut von dem übrigen Organismus in das Haupt, und Sie können sagen, da haben Sie keinen unmittelbaren

Zusammenhang Ihres Hauptes mit der Umgebung, sondern einen mittelbaren.

Sie müssen natürlich nicht pedantisch unterscheiden, indem Sie sagen, nun ja, die Atemluft wird ja durch den Mund eingezogen, also gehört die Atmung auch zum Haupte. Ich habe deshalb gesagt, das ist nur ein Bild. Organisch gehört dasjenige, was durch den Mund eingezogen wird, nicht eigentlich zum Haupte, sondern es gehört zu dem übrigen Organismus.

Wenn Sie einmal diese Grundbegriffe, die wir jetzt aufgenommen haben, zunächst ins Auge fassen wollen, wenn Sie festhalten wollen an der Idee, dass wir drinnenstehen in zwei Sphären, in derjenigen Sphäre, in die wir gebracht sind dadurch, dass wir Saturn-, Sonnen-, Mondenentwickelung durchgemacht haben und innerhalb der Erdenentwickelung stehen, dass wir also auf der vierten Stufe unserer Entwickelung stehen, wenn Sie ferner in Betracht ziehen, dass wir außerdem drinnenstehen in einem Leben, in einer Sphäre, welche so angehört den Formgeistern wie uns die Erde angehört, welche aber unsere Erde durchdringt und unser Haupt ausschließt, sodass wir mit unserem ganzen übrigen Organismus, mit alledem, was nicht Sinnesauffassung ist, stehen in dieser achten Sphäre …»[157]

Uns verblüfft immer wieder, dass nicht nur der Mensch in Entwicklung begriffen ist, sondern auch die geistigen Wesen, die an seinem Werden teilhaben. Aber nur derjenige kann verblüfft sein, der die statische Vorstellung eines Gottes, der alles und jedes vom Urbeginne her bestimmt, nicht überwunden hat. Die geistige Welt wird als ein Kosmos von Beziehungen zwischen geistigen Wesen erfahren – Wesen, die ebenso fortschreiten wie der Mensch.

Wieder nutzt ein solcher Begriff wenig, wenn er nicht vom Gemüt ergriffen, d.h. erlebt wird. Andernfalls bleibt das Aufzeigen solcher Beziehungen eine intellektuelle Spielerei, welche die Art des heutigen Vorstellungslebens kaum verändert. Ihr ist beispielsweise das Frommsein fremd. Erst das Gemüt rückt jene Kräfte, die im Willen walten, näher als sonst an das Bewusstsein heran.

Jeder in sich geschlossene Gedanke, der aus der Erfahrung der geistigen Welt geschöpft ist, kann zum Meditationsinhalt durch den Menschen gemacht werden. Ja in manchen Vortragspassagen wird geradezu aufgefordert, sich so zu verhalten. Konzentration (Wille) und Gefühl lassen den Gedankeninhalt zu einem viel stärkeren Erlebnis werden, als das sonst der Fall ist. Das Fühlen ist eine Form des Begehrens. Also lebt im Fühlen auch der Wille. Dieser wird aktiviert, wenn ein Gefühl an einem Gedankeninhalt bewusst entwickelt wird. An klaren Gedanken entzündete und gewachsene Gefühle sind heute selten geworden. Auch das Frommsein z.B. stellt sich selbst bei so staunenswerten Ereignissen wie etwa der vier Christusopfer keineswegs elementar ein. Es bedarf ebenfalls der bewussten Pflege, um sich voll zu entfalten. Die Selbstbeobachtung merkt aber auch, dass durch ein solches Gefühl der Gedankeninhalt erst zum eigenen Besitz wird. Er verbindet sich eindringlicher mit dem Seelenleben. Erst wenn das geschieht, kann die eigene Quellkraft des Gedankens sich der Seele mitteilen. Wille (Begehren), Gefühl und Denken gehen dann eine intensivere Verbindung ein, als das üblich ist. Sie wird vom Ich hergestellt und auch kontrolliert.

Was uns ebenfalls verblüfft, ist die Konkretheit, mit der über die Einflussnahme geistiger Wesen auf die Entwicklung des Menschen gesprochen wird, in diesem Falle über die Verbindung der Geister der Form mit dem Stoffwechsel-Gliedmaßen-Menschen und dem in ihm wurzelnden Willen. Das Haupt hat sich von den Einflüssen der Geister der Form emanzipiert. Anders ausgedrückt: In der heutigen Erkenntnis wirken keine Seinselemente mehr. Beobachtung und Denken sind zum Bilde abgelähmt. Das garantiert, dass der Erkennende die Ergebnisse seiner Erkenntnis selbstständig und autonom setzt. Es besagt aber auch, dass über die Kräfte des Kopfes kein Anschluss an die Sphäre der Inspiration der Geister der Form zu gewinnen ist. Diese Kopfkräfte dienen dem bewussten Ergreifen der durch den Sinnenschein gegebenen Phänomene. Das Denken kann sich der geistigen Wirklichkeit nur dann bemächtigen, wenn Gefühl und Wille intensiviert werden und so erst die Wirklichkeit der achten Sphäre dem Zugriff des verlebendigten Denkens schrittweise zugänglich wird.

Im Menschen begegnen sich zwei grundverschiedene Entwicklungsströmungen

Hans Jonas bewegt sich mit seinem Denken an der Grenze der Sinneserfahrung, ohne dass es ihm gelingt, deren Schleier zu durchstoßen. Er wird von einer umfassenden Wahrheit berührt, kann aber deren Einzelheiten nicht aufzeigen. Aber schon diese Berührung bringt ihn in Gegensatz zu heute üblichen Vorstellungen.

Die Geheimwissenschaft Rudolf Steiners eröffnet den Blick auf eine Welt geistiger Wesen, die Werdeprozesse durchlaufen. Das Mittel, mit dem ihre Entwicklung geschieht, ist die Arbeit dieser Wesen an der Evolution der Erde, des zu ihr gehörenden Planetensystems und des Menschen.

In Gedankenform wird durch Rudolf Steiner ein Bild der geistigen Welt gefasst, dessen Aspekte und Verhältnisse dem Leser ungewohnt sind. Dieses Weltbild geht über alles, was er bisher an Weltanschauung kennen gelernt hat, hinaus. Bezeichnet man die bislang ausgebildeten Weltanschauungen als Produkte unserer Zeit, so kann man Rudolf Steiner auch heute noch getrost einen Kämpfer gegen seine Zeit nennen. Lässt sich der Leser auf das Weltgemälde unvoreingenommen ein, so können ihn zwei Tatsachen tief beeindrucken: die geistige Kraft des Entdeckers, der das eigene Bewusstsein gegenüber den Mächten, die geschildert werden, aufrechterhält, und der grenzenlose Mut, die gewonnenen Erkenntnisse gegenüber einer Welt, die ganz andere Erkenntniswege geht, zu vertreten. Aus dem Schock, den das Bild eines solchen Kämpfers in der eigenen Seele auslösen kann, flüchtet man nur allzu gern in die Auffassung, dass hier nur die neue Fassung einer alten Urweisheit angeboten wird, die kindliche Zustände der Menschheit in so reichem Maße begleitete. Das ist eine freundliche Reaktion. Die weniger freundliche ist, ein solches Weltbild als pure Illusion zu deklarieren. Man lässt dann freilich den Darstellungsstil außer Betracht, der ein geschultes naturwissenschaftliches Denken verrät. Mehr noch: Man vergisst den Schulungsweg der *Philosophie der Freiheit,* der eben dieses Denken an die Erfahrung der geistigen Welt heran- und in sie hineinführt.

Der Studierende steht erstaunt vor dem in wenigen Jahren erarbeiteten Reichtum der Forschungsergebnisse. Man muss eine gewisse Scheu überwinden, Einzelheiten aus diesem Bilder- und Gedankenkosmos herauszulösen. Denn der Leser erlebt den Künstler Rudolf Steiner, der eine schier unerschöpfliche Fülle von Tatsachen zum eindringlichen Bild formt. Was sagen die Vorträge von 1919 über den Menschen aus?

Ausgangspunkt der Betrachtung ist die menschliche Gestalt. Eine bloß sinnenfällige Auffassung lässt sie als einheitlich erscheinen. Diese Einheit kann aber nicht aufrechterhalten werden, wenn das Wesenhafte der Erscheinung, also der in ihr wirkende Geist, für die übersinnliche Erfahrung fassbar wird. Also werden die Tatsachen von Kopf- und Gliedmaßensystem den geistigen Ursachen nach verfolgt. Das erschließt zwei Wirkensströme, die völlig unterschiedliche Entwicklungsstadien zeigen.

Ja dem Gedanken der Evolution wird jener der Devolution hinzugefügt. Erst die Zusammenschau beider ergibt ein realistisches Bild der Wirklichkeit. Gerade das Zurücknehmen der Gestaltung nach einem Höhepunkt der Entwicklung schafft den Freiraum, in dem neue, höhere Evolution sich entfalten kann. Die menschliche Organisation unterliegt also einer zweifachen Entwicklung. In der Kopforganisation des Menschen hat die auf dem alten Saturn eingeleitete Entwicklung ihren Höhepunkt erreicht, ja überschritten. Die übrige Organisation, das rhythmische System und das Stoffwechsel-Gliedmaßen-System, wurde in späteren Zeiten dem Menschen angefügt und befindet sich noch in einer aufsteigenden Entwicklung. Die Gesamtorganisation des Menschen ist also keine einheitliche, sondern ergibt sich aus dem Zusammenfluss zweier sehr unterschiedlicher Strömungen. Das hat für die Erkenntnis des Menschen weitreichende Folgen.

«Gerade indem man gewissermaßen nur die Zweiheit unterschied, auf der einen Seite das Gute, auf der anderen Seite das Böse, verfiel man in den Fehler, zum Bösen alles hinzuzurechnen, was wir bezeichnen mussten im Laufe der Zeit als das Luziferische und als das Ahrimanische. Nur hat man nicht erkannt, dass man zusammengeworfen hat zwei Weltelemente in eines. Dadurch ist es gekommen, dass man auf der anderen Seite nach dem Guten hin in der Tat die luziferischen Elemente geschoben hat, dass man mit anderen Worten glaubte, Göttliches zu verehren, Göttliches zu erkennen, dass man vom Göttlichen mit Namen sprach, aber doch das luziferische Element in dieses Göttliche hineinmischte. Dadurch aber wird es auch unserer Zeit so schwer, zu einem reinen Begriff des Göttlichen und zu einem reinen Begriff des Christus-Impulses in der Menschheits- und Weltenentwickelung zu kommen. Wir sind gewohnt worden, aus der Kultur der Jahrhunderte heraus, wegen der Anerkennung dieser Zweiheit auf der einen Seite zu sprechen von dem Seelischen, auf der anderen Seite zu sprechen von dem Leiblichen oder Körperlichen Und wir haben den Zusammenhang verloren zwischen jenen Vorstellungen, die uns das Seelisch-Geistige vermitteln, und denjenigen Vorstellungen, die uns das Leibliche vermitteln. Wir sprechen heute, und am meisten tut das unsere Schulpsychologie, wenn wir vom Denken, vom Wollen, vom Gemüte, vom Fühlen sprechen, kaum von etwas anderem als von Wortklängen. Wir kommen zu keinen wirklichen inneren inhaltsvollen Vorstellungen von diesem seelischen Elemente. Und wir sprechen auf der anderen Seite von einem entgeistigten Materiellen, von einem seelenlosen Materiellen, und wir klopfen gleichsam auf dieses äußere harte, steinhafte, seelenlose Materielle und können keine Brücke bauen von ihm zum Seelischen hinüber.

In zwei Elemente auseinander gefallen ist uns das Geistige und das Leibliche, das zu gleicher Zeit ein Geistiges ist. Mit bloßen Theorien kommt man zu einer solchen Brücke zwischen dem Leiblichen und Geistigen nicht. Und da man nicht dazu kommt, hat vor allen Dingen unser ganzes wissenschaftliches Denken diesen Charakter eines Zwiespaltes zwischen Leiblichem und Geistigem oder Seelischem angenommen. Man möchte sagen: Auf der einen Seite sind die verschiedenen Glaubensbekenntnisse dahinein verfallen, auf ein Geistiges hinzuweisen, ohne in der Lage zu sein, darzulegen, wie dieses Geistige unmittelbar eingreift ins Leiblich-Körperliche, wie es schöpferisch tätig ist an dem Leiblich-Körperlichen, auf der anderen Seite aber betrachtet heute ein seelenloses Wissen, eine seelenlose Naturanschauung das Körperliche so, dass sie nirgends durch die leiblichen Vorgänge hindurchschauen kann auf das in diesen leiblichen Vorgängen waltende Geistig-Seelische. Wer von diesem Gesichtspunkte aus die naturwissenschaftliche Anschauung, wie sie sich entwickelt hat im Laufe des 19. Jahrhunderts und in das 20. Jahrhundert herein, überblickt, der wird sich sagen müssen: Alles dasjenige, was da auftritt, erscheint wie eine Folge dessen, was eben charakterisiert worden ist. Wir müssen aber vor allen Dingen das Richtige … hinzusetzen, bevor wir den Irrwahn, der heute das Richtige zudeckt, voll einsehen können.

Man spricht heute vom Menschen wie von einer einheitlichen Wesenheit, gleichgültig, ob man vom Seelischen spricht oder ob man vom Leiblichen spricht. Man spricht vom Seelischen als einer einheitlichen Wesenheit. Und dennoch, Sie werden aus unseren Betrachtungen gesehen haben, dass im Menschenwesen vor allen Dingen der Ihnen schon angedeutete große Gegensatz waltet zwischen all dem, was Hauptes- oder Kopfbildung ist, und all dem – wir wollen es jetzt nicht weiter gliedern, Sie wissen, es kann auch weiter gegliedert werden, aber wir wollen es jetzt in eins zusammenfassen –, was der Mensch an sich trägt außer seiner Hauptes- oder Kopfesbildung. Man fragt nach der Entwickelung des Menschen. Man muss in ganz anderer Art fragen nach der Entwickelung des Menschen in Bezug auf seine Hauptesbildung, Kopfbildung, und nach der Entwickelung des Menschen in Bezug auf die übrige Leibesbildung.

Wenn wir die Kopfbildung des Menschen – fassen wir sie zunächst ganz körperlich auf – ins Auge fassen, insofern diese Kopfbildung den Organismus enthält für das sinnliche Wahrnehmen oder für das Denken oder Vorstellen, dann müssen wir allerdings weit zurückblicken in die kosmische Entwickelung des Menschen. Dann müssen wir uns sagen: Dasjenige, was heute seinen Ausdruck findet in der menschlichen Hauptesbildung, das hat sich nach und nach entwickelt und umgeformt. Es hat sich hindurchentwickelt durch die alte Saturnbildung, durch die alte Sonnenbildung, durch die alte Mondenbildung und ist dann weiterentwickelt worden während der Erdenzeit. Aber so ist es nicht mit dem, was die andere Leiblichkeit des Menschen ist. Es wäre ganz falsch, eine einheitliche Entwickelungsgeschichte zu suchen für den ganzen Menschen. Wir können sagen: Die Hauptesbildung, die weist zurück auf die vorhergehenden planetarischen Stufen unserer Erdenbildung: Mondenbildung, Sonnenbildung, Saturnbildung. Dasjenige, was zuletzt seinen unmittelbaren Abschluss gefunden hat in dem menschlichen Haupte, das geht auf eine weite Entwickelung zurück. Wenn wir aber dazufügen alles Übrige, was zum Menschen gehört, so dürfen wir nicht zurückgehen bis zu der Saturnbildung, sondern wir müssen sagen: Dasjenige, was der Mensch an sich trägt außer seinem Haupte, das können wir höchstens, insoweit es die Brustbildung ist, zurückverfolgen bis in die planetarische Mondenzeit, dasjenige, was die Gliedmaßen sind, ist erst während der Erdenformation an den Menschen herangekommen.

… Spricht man überhaupt von einem Zusammenhang des Menschen mit der Tierwelt in Bezug auf die Entwickelung, dann kann man nur sagen: Dasjenige, was im menschlichen Haupte ist, das geht zurück auf eine frühere Tierbildung. Das menschliche Haupt ist umgewandelte Tiergestalt, sehr stark umgewandelte Tiergestalt.

Der Mensch hat äußerlich, allerdings in ganz anderen physikalischen Verhältnissen, eine Tierbildung gehabt, als es noch gar keine Tiere gab. Die Tiere haben sich später zum Menschen hinzugebildet. Dasjenige aber, was im Menschen Tierbildung gehabt hat, das ist heute menschliches Haupt, menschlicher Kopf geworden. Und dasjenige, was an den Kopf angesetzt ist als der übrige Organismus, das ist erst gleichzeitig mit der Entwickelung der Tiere an den Kopf angesetzt worden, das hat also nichts zu tun mit einer wirklichen Tierabstammung. Sodass wir eigentlich sagen müssen: Das zunächst scheinbar edelste Glied des Menschen, sein Kopf, weist uns zurück auf die Tierheit; in Bezug auf das hat der Mensch selbst früher eine Art Tiergestalt gehabt. Dasjenige aber, was wir sonst an uns tragen, das haben wir neben der Entwickelung der Tiere als gewissermaßen organischen Ansatz zum Kopfe in der kosmischen Entwickelung hinzu erhalten.

Nun ist das Haupt in einem gewissen Sinne unser Denkorgan geworden. Unser Denkorgan ist also gerade dasjenige geworden, welches Tierabstammung hat, wenn wir so sagen dürfen. Nur hat es allerdings eine sonderbare Tierabstammung. Wenn Sie heute ein menschliches Haupt nehmen, so werden Sie ihm anatomisch vielleicht nicht gleich das ansehen, was zurückweist auf Tiergestalt. Genauer angesehen werden Sie aber doch erkennen, wenn Sie nur richtig zu deuten verstehen die Form der Organe des Hauptes, wie sie umgestaltete Organe der Tierheit sind.

Nun, wenn wir dieses ins Auge fassen, müssen wir allerdings zugleich erwähnen, *dass die Umgestaltung aus der Tierheit heraus für das menschliche Haupt dadurch zustande gekommen ist, dass in dieses Haupt bereits eingezogen ist eine rückwärts gerichtete Entwickelung.* Dasjenige, was voll lebendigen Lebens war in früheren Stadien der Entwickelung, ist im menschlichen Haupte bereits auf dem Wege des Absterbens, ist im menschlichen Haupte in einer rückwärts gerichteten Entwickelung. Ich habe einmal gesagt: Würden wir als Menschen nur Haupt sein, so könnten wir eigentlich niemals leben, so müssten wir im Grunde fortwährend sterben, denn der organische Zusammenhang des menschlichen Hauptes durch die Kräfte des Hauptes selbst ist nicht ein Lebensvorgang, sondern ein Sterbensvorgang. Das, was im Haupte ist, wird fortwährend neu belebt vom übrigen Organismus aus. Dass das Haupt auch teilnimmt am allgemeinen Leben des Organismus, das verdankt es dem übrigen Leben des Organismus. Würde sich das Haupt nur denjenigen Kräften überlassen können, für die es organisiert ist, den sinnlichen Wahrnehmungskräften und den Vorstellungskräften, so würde das Haupt fortwährend absterben. Das Haupt hat fortwährend die Tendenz zu sterben, es muss fortwährend belebt werden. Und wenn wir denken, wenn wir sinnlich wahrnehmen, so geht in unserem Haupte, in unserem Nervensystem überhaupt und seiner Verbindung mit den Sinnesorganen, nicht ein aufsteigender, dem Wachstum oder dergleichen angemessener Lebensprozess vor sich, denn da würden wir nur schlafen können, in tiefen Schlaf versunken sein, da würden wir niemals hell denken können. Nur dadurch, dass fortwährend der *Tod durch unser Haupt zieht, dass eine fortwährende Rückentwickelung da ist, dass die organischen Prozesse fortwährend zurückgenommen werden, dadurch greift in unserem Haupte das Denken und das sinnliche Wahrnehmen Platz.*

Wer in materialistischer Weise aus Gehirnprozessen das Denken oder das Sinneswahrnehmen erklären will, der weiß eben gar nicht, welche Vorgänge im Haupte vor sich gehen, der glaubt, da gehen solche Prozesse vor sich, die sich mit dem organischen Wachstum oder dergleichen vergleichen lassen. Das ist nicht der Fall. Dasjenige, was parallel geht dem Sinneswahrnehmen und dem Vorstellen, das sind Absterbeprozesse, das sind Abtrageprozesse, Zerstörungsprozesse. Das Organische, das Materielle muss erst abgetragen, muss erst zerstört werden, dann erhebt sich über dem organischen Zerstörungsprozess der Denkprozess.

Diese Dinge werden heute von der Menschheit so aufgefasst, dass man versucht, ihre Natur äußerlich zu erschließen. Der Mensch denkt, der Mensch nimmt sinnlich wahr, was aber da parallel in seinem Organismus vorgeht, davon weiß er nichts, das bleibt ihm ganz im Unbewussten sitzen. Nur durch diejenigen Vorgänge, die ich geschildert habe in meinem Buche *Wie erlangt man Erkenntnisse der höheren Welten?*, kann man allmählich aufsteigen zu einer solchen Erkenntnis, die nicht bloß in dem lebt, was man fast nur mit seiner Wortbedeutung das Seelische nennt: im Sinneswahrnehmen und im Denken. Bei einer Entwickelung, die die Seele durchmacht in dieser Art, kann sie auf der einen Seite sich dem Denken, dem Sinneswahrnehmen hingeben und gleichzeitig wahrnehmen, was da im Gehirn geschieht. Da nimmt man nicht dasjenige wahr, was man sonst etwa als Wachstumsprozess empfindet, da nimmt man wahr einen Abbauprozess, der stets wiederum ausgeglichen werden muss vom übrigen Organismus aus.

Das ist die tragische Begleiterscheinung einer wirklichen Erkenntnis unserer Hauptestätigkeit. Der hellsichtige Mensch kann sich nicht erfreuen etwa an einem Aufblühen der organischen Prozesse des Hauptes, wenn er denkt, wenn er sinnlich wahrnimmt, sondern er muss sich bekannt machen mit einem Zerstörungsprozess. Er muss sich aber auch bekannt machen damit, dass der materialistisch Gesinnte annimmt, solche Prozesse spielen sich im menschlichen Haupte ab, welche gerade ausgeschlossen sind, wenn der Mensch denkt oder wenn der Mensch sinnlich wahrnimmt. Gerade das Gegenteil von dem, was wirklich wahr ist, muss der Materialismus für sich annehmen.

… In aufsteigender Entwickelung ist unser anderer menschlicher Organismus. Von diesem anderen menschlichen Organismus dürfen wir nicht etwa glauben, dass er nun keinen Anteil hat an dem Seelisch-Geistigen und seinem Erleben im Menschen. *Fortwährend wird nicht nur das Blut aus dem übrigen Organismus heraufgesendet in das Haupt, sondern fortwährend steigen auch auf in das Blut jene seelisch-geistigen Gedankengebilde, aus denen die Welt gewoben ist, aus denen auch unser Organismus gewoben ist.* Diese seelisch-geistigen Gedankengebilde, die nimmt der Mensch heute in seinem normalen Zustande noch nicht wahr, *aber es ist das Zeitalter eingetreten, in dem der Mensch beginnen muss, dasjenige wahrzunehmen, was aus seinem eigenen Wesen aufsteigt an Gedankengebilden.* Sie wissen ja, wir schlafen nicht bloß vom Einschlafen bis zum Aufwachen, mit einem Teil unseres Wesens schlafen wir den ganzen Tag über. Wir sind eigentlich nur wach in Bezug auf unser Denken, Vorstellen und Sinneswahrnehmen. Wir träumen in Bezug auf unser Gefühlsleben, wir schlafen völlig in Bezug auf unser Willensleben. Denn von dem, was wir wollen, wissen wir ja nur die Gedanken, die Ideen, nicht den Vorgang des Willens. Was der Wille eigentlich macht, das vollzieht sich für unser Bewusstsein so unbewusst wie das Schlafesleben vom Einschlafen bis zum Aufwachen. Aber wenn wir fragen: *Auf welchen Wegen kann allein das Wissen von dem wirklich Göttlichen an den Menschen herankommen?* – dann können wir nicht verweisen auf den Weg durch das Haupt, auf den Weg durch die Sinneswahrnehmung und durch das Denken, *sondern dann können wir nur verweisen auf den Weg, der durchgeht durch unseren übrigen Organismus.* Und das große, gewaltige Geheimnis liegt vor, dass der Mensch sein Haupt entwickelt hat in einer langen Entwickelungsreihe, dass dann hinzugekommen ist dasjenige, was sein übriger Organismus ist, dass das Haupt bereits eine rückläufige Entwickelung angetreten hat, dass aber dasjenige, was der Mensch als sein Göttliches empfinden kann, *durch den übrigen Organismus zu ihm sprechen muss, nicht durch das Haupt.* Denn das ist wichtig, dass man sich klar ist darüber: Durch das Haupt sprachen zu Menschen zunächst nur die luziferischen Wesenheiten. Und wir können sagen: Dem Menschen wurde zu seinem Haupte hinzu erschaffen der übrige Organismus, damit zu ihm sprechen können seine Götter. Am Ausgangspunkt der Bibel steht nicht: Und Gott sandte dem Menschen den Lichterstrahl und er ward eine lebendige Seele – sondern: Gott blies dem Menschen den lebendigen Odem ein und er ward eine lebendige Seele. – Hier wird richtig erkannt, dass durch eine Nicht-Hauptestätigkeit zu dem Menschen der göttliche Impuls kam.

Daraus wird es Ihnen aber auch verständlich sein, dass zunächst dieser göttliche Impuls zum Menschen nur kommen konnte in einer Art unbewussten Hellsehens, oder wenigstens durch ein Verständnis desjenigen, was durch unbewusstes Hellsehen gegeben wurde. Wenn Sie von unserer Bibel das Alte Testament ansehen, so werden Sie es finden müssen – wir wissen das ja von anderen Betrachtungen aus – als ein Ergebnis eines unbewussten Hellsehens. Dessen waren sich auch diejenigen bewusst, die Mithilfe geleistet haben beim Zustandekommen des Alten Testaments. Ich kann Ihnen heute hier nicht das Zustandekommen des Alten Testaments schildern, aber ich möchte Sie doch hinweisen darauf, in wie vielen Betrachtungen wir über solche Dinge uns ergangen haben, wie Sie bei den Lehrern des alten hebräischen Volkes durchaus das Bewusstsein überall finden, dass ihr Gott zu ihnen gesprochen hat nicht durch die unmittelbaren Sinneswahrnehmungen, nicht durch das gewöhnliche Denken, nicht durch alles dasjenige also, wofür das Haupt der Vermittler ist, sondern dass ihr Gott zu ihnen gesprochen hat durch Träume – worunter sie nicht gewöhnliche Träume, sondern von Wirklichkeit durchtränkte Träume verstanden –, was da Gott zu ihnen gesprochen hat durch solche hellseherischen Momente wie zu Moses aus dem Dornbusch und Ähnlichem.»[158]

Die Devolution drängt das Leben des Hauptes zurück. Der dem Haupte zugeordnete Lebensbildekräfteleib wird dadurch aus seiner Aufgabe an der Bildung des Kopfes entbunden. Er wird die Grundlage für das selbstständige Denken und das sinnliche Wahrnehmen. Schauen wir auf den Menschen des mythologischen Zeitalters zurück, so waren bei ihm die Devolutionsprozesse noch nicht so weit fortgeschritten, dass schon das Denken Platz greifen konnte. Noch überwogen die erfrischenden Lebenskräfte.

Was als «Gedankengebilde» des unteren Menschen gefasst wird, ist in Wirklichkeit Imagination, Inspiration, Intuition der Götter. Aus ihnen wurde die Welt wie auch unser Organismus «gewoben». Sie sind im unteren Menschen noch heute anwesend und wirksam. Wie der Mensch viele seiner Schöpfungen vorausdenkt und diese durch seine Gedanken tätig Gestalt gewinnen, so verfahren die Hierarchien. Der göttliche Gedanke ist etwas Übersinnliches und längst real, bevor das materielle Gebilde, das er konstituiert, vorhanden ist. So gibt es eine geistige Existenz des Menschen vor der Bildung seiner leiblichen Organisation bzw. diese verleiblicht sich zuerst in astraler oder ätherischer Gestalt. Von diesen übersinnlichen Gestaltungen wird organisiert, was wir schließlich als sinnenfälliges Gebilde vor uns sehen.

Der schrittweise Verlust des atavistischen, leibgebundenen Hellsehens beruht auf der fortschreitenden Devolution der Organisation des Hauptes, bis auch der letzte Rest der seelisch-geistigen Erfahrung aus der Wahrnehmung getilgt ist. Was leiblich ein Sterbeprozess ist, wird geistig-seelisch zum Selbstbewusstsein, in dem ein Ich sich erfahren kann. Der Hauptes-Mensch emanzipiert sich vom Weltgeschehen und fördert die Individuation.

Aus dieser Sachlage erwächst eine Frage: Auf welchen Wegen kann das Wissen von dem wirklichen Göttlichen an den Menschen herankommen? Anders formuliert: Wie erlangt der Mensch wieder eine Erkenntnis von den in seinen Organisationen waltenden «seelisch-geistigen Gedankengebilden»? Er besitzt diese doch nur unterbewusst. Wie kann er sie ins Bewusstsein heben, sodass sie ihm von den geistigen Grundlagen der Welt und des Menschen «erzählen» können? Auf diese Frage wird erst einmal nur sehr allgemein geantwortet. «Das Göttliche muss durch den übrigen Organismus zu ihm, dem Menschen, sprechen, nicht durch das Haupt.»

Im Willen sich selbst ergreifen

Der untere Mensch wird aber durch das gewöhnliche Bewusstsein nicht erreicht. Der Mensch verschläft dessen Prozesse. Das gilt nicht nur für die Nacht, sondern auch für den Tag. Auch bei Tage werden die Prozesse der Stoffwechsel-Gliedmaßen-Organisation verschlafen. Nur die Kopfprozesse, Wahrnehmung und Denken, werden bewusst erlebt. Die unterschiedliche Genese des Hauptes und die des übrigen Menschen bedingen das Wechselspiel zwischen dem Tag- und dem Nachtmenschen. Um das Göttliche zu erfahren, muss der Nachtmensch aufwachen. Vorab ist das Verhältnis beider noch genauer zu klären.

In alten Zeiten offenbarte sich die geistige Welt noch in Träumen, die so eindringlich waren, dass das Tagesbewusstsein sie nicht unberücksichtigt lassen konnte. Die Gedanken bildeten sich mehr am Inhalt dieser Träume. Die Gedanken waren durch sie belebt.

Der Zustand, der den Gedanken total zum Leichnam ablähmt, ist vollständig und durchgängig erst im Laufe des 19. Jahrhunderts eingetreten. Bis dahin gab es beispielsweise Nachfolger des Philosophen und Schusters Jakob Böhme. Rudolf Steiner beschreibt an ihm exemplarisch, wie anders solche Menschen zum Erlebnis einer geistigen Welt standen, als das heute der Fall ist: «Dieses ältere Hellsehen bestand ja in Kräften, welche aus der Körperlichkeit der Menschen herauskamen. Man muss deshalb nicht sagen, dieses alte Hellsehen lebte im Physischen. Da würde man verkennen, dass ja alles Körperliche durchzogen ist von Geistigem. Aber eigentlich sog der alte Hellseher das, was er in seinen traumhaften Imaginationen vor seine Seele gestellt hatte, aus den Kräften seiner Körperlichkeit heraus. Was im Blut pulsierte, was im Atem kraftete, selbst das, was in den sich verwandelnden Stoffen des Leibes lebte, das dampfte gewissermaßen ins Geistig herauf und gab dem alten Hellseher grandiose Weltbilder ...»[159]

Auf die Situation, dass das Geistige nicht nur die Körperlichkeit durchkraftet, sondern darüber hinaus Imaginationen und Inspirationen dem unbewussten Seelenleben schenkt, verwies auch der vorhergegangene Vortragsabschnitt: «Fortwährend wird nicht nur das Blut aus dem übrigen Organismus heraufgesendet in das Haupt, sondern fortwährend steigen auch auf in das Blut jene seelisch-geistigen Gedankengebilde, aus denen die Welt gewoben ist, aus denen unser Organismus gewoben ist.»[160]

Die Seelenerlebnisse der Nachfolger Jakob Böhmes – das Gestimmtsein ihrer Seele – waren noch ganz andere, als wir sie Ende des 19. Jahrhunderts antreffen: «… da schaut man eigentlich hinein in das Seelenleben einer recht alten Zeit, das … in der Mitte des 19. Jahrhunderts noch vorhanden war, allerdings ganz in der Abenddämmerung, ganz im Verklingen. Denn das, was da verklang, war einstmals ein innerliches Miterleben der göttlich-geistigen Welt in traumhaft hellseherischen Bildern, durch welche der Mensch sich viel mehr als ein Himmelswesen denn als ein Erdenwesen fühlte.»[161]

Eine solche Seelenstimmung lässt sich am Ende des 19. Jahrhunderts gewiss nicht feststellen. Worin aber ist der Umschwung im Seelenleben begründet? Unsere Aufmerksamkeit wird auf die ganz andere heutige Verfassung des Denkprozesses gerichtet: «Gedanken haben ja auch die älteren Menschen gehabt, aber sie haben die Gedanken mit ihrem Hellsehen zugleich bekommen, sie haben von der Umwelt die hellseherischen Bilder empfangen, und dann haben sie aus dem Hellseherischen heraus ihre Gedanken gezogen. Direkt die reinen Gedanken abgezogen von den äußeren Dingen, das haben die älteren Menschen nicht. Das ist die Eigentümlichkeit der neueren Zeit, dass der Mensch lernt, mit dem bloßen Denken die Welt zu umfassen.» Mit anderen Worten: In der Erlebnisweise des modernen Menschen ist auch der letzte Nachklang eines hellseherischen Bewusstseins gelöscht. Der Mensch ist bewusstseinsmäßig aus der ihn bewirkenden geistigen Welt herausgefallen und damit einzig und allein auf sich selbst gestellt. Damit ist die Tagseite des Vorgangs beschrieben. Das hat aber auch deutliche Wirkungen auf die Nachtseite, d.h. den schlafenden Menschen.

«Der bloß denkende moderne Mensch erlebt den Schlaf als die Bewusstlosigkeit, die ihm höchstens durch die Träume unterbrochen wird, von denen er aber mit Recht nicht viel hält. Denn so wie die Seelenverfassung des Menschen in der neueren Zeit ist, haben die Träume nicht viel Wert. Sie sind in der Regel Reminiszenzen an das innere und äußere Leben und haben in ihrem Inhalte keinen besonderen Wert. Sodass eigentlich für den Schlaf [heute] das besonders Charakteristische die Bewusstlosigkeit ist.»

Extrem formuliert: «Ich schlafe im Nichts. Ich bin nicht nichts, indem ich schlafe, ich behalte während des Schlafes mein Ich und meinen astralischen Leib. Ich bin nicht nichts, aber ich reiße mich aus der ganzen Welt heraus, die ich wahrnehme mit meinen Sinnen, die ich begreife mit meinem wachen Verstande. Ich reiße mich während des modernen Schlafes auch heraus aus der Welt, die zum Beispiel Jakob Böhme in besonderen, abnormen Bewusstseinszuständen gesehen hat mit den feineren Kräften des physischen und Ätherleibes, die er sich noch mitgenommen hat in seine Schlafzustände.»

In diesem Schlafzustand sind sowohl die Nachklänge jenes Bewusstseins getilgt, die Wahrnehmung und Verstand im Erleben der Sinneswelt gehabt haben, als auch jene Nachklänge eines alten Hellsehers, die Böhme noch hatte. Ins Nichts geworfen heißt demnach, einen radikalen Bruch mit der bisherigen Weltgeschichte zu vollziehen, alle ihre Einflüsse abzuwenden. Zwei Tatsachen stellen sich ein: «Aber gerade dadurch, dass der moderne Mensch im Nichts schlafen kann, wird ihm seine Freiheit garantiert, denn er lebt sich ein vom Einschlafen bis zum Aufwachen in die Befreiung von aller Welt, in das Nichts. Er wird gerade während des Schlafes unabhängig. Das ist sehr wichtig einzusehen, dass die besondere Art, wie der moderne Mensch schläft, ihm die Garantie für seine Freiheit gibt.»

Um diese Bemerkung zu verstehen, muss man sich daran erinnern, dass dieser Zustand ausgelöst wird durch die Intelligenz, mit der der moderne Mensch in der Welt arbeitet. Diese Tätigkeit lähmt nicht nur die Wirklichkeit zum Gedankenleichnam ab, sondern versetzt das Ich im Schlafzustand bewusstseinsmäßig ins Nichts. Das aber ist auch die Voraussetzung, Neues in der Welt wirksam werden zu lassen, das nicht mehr durch die bisherigen Verhältnisse bestimmt wird.

Rudolf Steiner deutet das sehr behutsam an, ohne es weiter auszuführen: «Und von der Welt, in der dann der Mensch drinnen ist vom Einschlafen bis zum Aufwachen, da kann er ja nichts wahrnehmen, denn das ist eine Zukunftswelt, das ist die Welt, in die sich die Erde verwandeln wird in jenen Zuständen, die ich in meiner *Geheimwissenschaft …* beschrieben habe.» Das ist also die zweite menschenkundliche Tatsache. Beide zusammen veranlassen eine dritte: «… es ist nun auch einmal in der Natur des modernen Menschen begründet, dass er durch alles das, was er da durchgemacht hat, innerlich *willensschwach* geworden ist. Das will der moderne Mensch gar nicht wahr haben, aber es ist so: Der moderne Mensch ist innerlich willensschwach geworden.»

Bislang haben die letzten Nachklänge eines Erlebens der geistigen Welt den Willen moralisch belebt. Diese Belebung entfällt jetzt. Der moderne Mensch ist ungeübt, aus sich selbst zu schaffen. Das lässt seinen Willen schwach erscheinen. Die Quelle, die bislang die Tatkraft angeregt hat, ist versiegt, die neue Quelle noch nicht erschlossen, sie ist noch nicht einmal gefunden. Wie ist das geschehen, und wie kann dieser Zustand überwunden werden?

«Durch Jahrhunderte, seit dem 15. Jahrhundert ist der Mensch in dieser Passivität der Begriffe erzogen. Und heute betrachtet er schon das wie eine Sünde, wenn er innerlich tätig ist, sich seine Gedanken selbst macht. Ja, die Naturgedanken kann man nicht selber machen [siehe das Kapitel über das Sich-im-Einklang-Fühlen mit dem Weltgeschehen, S. 378ff.]. Man würde die Natur nur verunreinigen durch allerlei Fantastereien, wenn man die Naturgedanken selber machte. *Aber man hat in sich den Quell des Denkens.* Man kann eigene Gedanken machen, ja man kann die Gedanken, die man schon hat, weil sie ja eigentlich eben bloße Gedanken sind, mit innerer Wirklichkeit durchdringen. Wann geschieht das? Das geschieht dann, wenn der Mensch so viel Willen aufbringt, dass er wiederum seinen Nachtmenschen in das Tagesleben hineinschiebt, dass er nicht bloß passiv denkt, sondern seinen während des Schlafes unabhängig gewordenen Menschen in seine Gedanken hineinschiebt. Das kann man nur mit den reinen Gedanken.» Also mit einem Gedankenleben, das sinnlichkeitsfrei agiert. Womit man es zu tun hat, darüber gibt der nächste Satz Auskunft: «Eigentlich ist das der Grundgedanke meiner *Philosophie der Freiheit* gewesen, dass ich aufmerksam darauf gemacht habe: In das Denken, das sich der moderne Mensch erworben hat, kann er sein Ich-Wesen wirklich hineinschieben. Jenes Ich-Wesen, das er – ich konnte es damals nicht aussprechen, aber es ist so – während des Schlafzustandes in der modernen Zeit freikriegt, das kann er hineinschieben in das reine Denken. Und so wird der Mensch seines Ich-Wesens sich wirklich bewusst im reinen Denken, wenn er so die Gedanken fasst, dass er aktiv, tätig in ihnen lebt ... Mit anderen Worten: Der Mensch ist im Allgemeinen heute noch nicht dazu gekommen, die Realität, die er als unabhängige Realität im Schlafe erlebt, während des Wachlebens durch Willensstärke hineinzugießen in die Gedanken des Wachlebens.»

Man kann durchaus behaupten, dass der allergrößte Teil der Menschheit sich die moderne Intellektualität zu Eigen gemacht hat. Mit ihrer Hilfe wird in Zukunft noch Großartiges geleistet werden. Aber sie ist für sich genommen untauglich, jene Imaginationen einer geistigen Welt zu erleben und für den menschlichen Fortschritt fruchtbar zu machen. Sie kann die heute fällige Metamorphose des Bewusstseins nicht vollziehen. Der Vollzug ist, natürlich auf der Grundlage der erworbenen Intellektualität, eine Willensfrage. So wie die in Devolution befindliche Kopforganisation des Menschen durch Atmung und Blut des unteren Menschen belebt wird, so die Intellektualität durch den übenden Willen.

«Ich muss ... aus einem innerlich willensmäßig-schöpferischen Prinzip heraus die toten Gedanken beleben. Und auf dieses Beleben der toten Gedanken zielt alles hin, was ich dargestellt habe in *Wie erlangt man Erkenntnisse der höheren Welten?*»[162] Auf dieses Einschlagen des Willens in das innere Seelenleben, damit der Mensch aufwache, kommt alles an.

Wie stehen Luzifer und Ahriman zum oberen und zum unteren Menschen?

Luzifer ist stark mit der Vergangenheit der Menschheitsentwicklung verbunden. Er gestaltet aus der vierten Sphäre, welche die eigentliche Sphäre des Menschen ist, in der also die Kräfte der Saturn-, Sonnen-, Mond- und Erdenentwicklung wirken. Leiblich betrachtet, ist er auf das engste mit der Kopfnatur des Menschen verquickt. Er hat sich mit den Devolutions- bzw. Todeskräften des Hauptes auseinander zu setzen. Denn die Devolution ist nicht seinen eigenen Intentionen entsprungen, sondern jenen der regulären Geister.

Das erscheint vorerst recht merkwürdig. Verständlicher wird diese Tatsache mit der Auffassung Goethes über den Tod. Er sieht den Tod als den Kunstgriff der Natur, viel Leben zu erhalten. Nur durch ihn können Neuschöpfungen in die Welt treten und so Veränderungen des bisher Dagewesenen entstehen. Der Tod ist die Voraussetzung einer lebendigen Evolution. Evolution und Devolution bedingen einander.

Das kann beispielsweise auch an anderen planetarischen Entwicklungen abgelesen werden. Die höhere Stufe der Entwicklung wird nur erreicht, indem die vorherige stirbt. Jede der planetarischen Gestaltungen hat ihren Höhepunkt; ihr Ziel ist dann in der größtmöglichen Ausführung der intendierten Gestalt erreicht. Dem Höhepunkt folgt ein Abstieg, der das Geschaffene wieder entbildet. Das geschieht so weit, dass alle Gestaltungen in einen rein geistigen Zustand zurückkehren. Ein neuer Evolutionseinschlag wird möglich. Die Erde und damit alles, was sie bedingt hat, wird künftig eine gewaltige Metamorphose durchlaufen, die nie dagewesene Entwicklung ermöglicht. Die Erde als planetarischer Zustand hat heute ihren Höhepunkt bereits überschritten. Das zeigt unter anderem die Devolution des Hauptes. Sie bedingt, dass das Seelisch-Geistige des Menschen ein neues Verhältnis zum Leib finden und herstellen muss, um vom absterbenden Haupt nicht dem seelisch-geistigen Tod ausgeliefert zu werden. Wir erinnern uns, dass der Tod einer jener ausgleichenden Faktoren ist, auf die die regulären Geister mithilfe Ahrimans auf die luziferische Verführung antworten, also ein Einschlag, der dem Menschen zum Heile ist. Die Devolution der Gegenwart wird zur Aufforderung an das Ich, aus eigener, individueller Kraft die Bewusstseinserweiterung anzustreben und so seelisch den Todeskräften zu entrinnen.

Was aber haben wir durch den luziferischen Einschlag gewonnen? «Da offenbart sich dem Schauen der Initiationswissenschaft zunächst, dass wir in der vierten Sphäre unserer Entwicklung leben, wir ... wahrnehmende und intelligente Menschen sind. Aber wir dürfen nie vergessen, dass eben in diese Intelligenz ... hereinspielt die luziferische Macht. Diese luziferische Macht ist eigentlich innig verbunden mit der besonderen Art von Intelligenz, die heute noch der Mensch wesentlich als seine eigentliche, ihm zukommende Intelligenz ansieht, mit der er am liebsten als seiner Intelligenz wirtschaftet ...

Sie können fühlen, was dieser intelligente Impuls in der Menschheit bedeutet, wenn Sie das unpersönliche Element der noch gegenwärtigen menschlichen Intelligenz ins Auge fassen. Nicht wahr, wir Menschen haben viele persönliche Interessen. Wir begegnen einander mit unseren persönlichen Interessen, und in Bezug auf unsere persönlichen Interessen sind wir eben individualisiert. Aber diese Individualisierung macht Halt vor der Intelligenz. In Bezug auf die Intelligenz, in Bezug auf die Logik haben wir, alle Menschen, das Gleiche und rechnen mit diesem Gleichen.»[163]

Nun wird in dem eben zitierten Vortrag eine Entwicklungstatsache umrissen, die selten in dieser Deutlichkeit von Rudolf Steiner erwähnt wird. Michael aus der Hierarchie der Erzengel nimmt von alters her eine besondere Stellung ein. Erst wird er als Antlitz Jehovas charakterisiert, später als Antlitz Christi. Diese Charakteristik verdeutlicht seine enge Beziehung zur Trinität. Dies ist weitgehend bekannt. Neu aber ist, dass in dem zitierten Vortrag seine Stellung zu Luzifer mehrfach markant beschrieben wird. Da heißt es:

«Und dennoch, diese Intelligenz ist dem Menschen nur dadurch zugeteilt worden, dass jene höhere Wesenheit, von der ich als der Michael-Wesenheit gesprochen habe, luziferische Geister abgestoßen hat in die Sphäre der Menschen, in die vierte Sphäre der Menschen, und dadurch in den Menschen der intelligente Impuls eigentlich hineingekommen ist ...

Nun, diese luziferische Geistigkeit [im Menschen], sie ist entstanden dadurch, dass Michael die Menschen sozusagen durchdrungen, influenziert hat mit der luziferischen Wesenheit ... Michael hat die luziferischen Scharen in das Reich der Menschen heruntergestoßen. Die luziferischen Scharen haben so zu ihrem Wohnsitz das menschliche Haupt bekommen ...»

Das Intelligent-Werden des Menschen wird also von den regulären Geistern gewollt – auch, dass am Ende der Intelligenzentwicklung der totale Verlust einer Verbindung des Menschen zur geistigen Welt stattfindet. Der «Vertreter» der regulären Geister will die Freiheit des Menschen. Luzifer ist ein Hilfsmittel, dieses zu erreichen, ebenso wie es die von Ahriman in die Evolution eingebrachten Todeskräfte sind.

Unbeschadet dieser Tatsache sind Luzifer und Ahriman Gegner. Luzifer möchte mit aller Kraft die Absterbekräfte des Hauptes annullieren. Er kämpft für eine Belebung des Hauptes. «Fortwährend will Luzifer unser Haupt zu einem so lebendigen machen, wie unser übriger Organismus ein lebendiger ist. Dadurch würde, wenn man auf das Organische sieht, Luzifer abtrünnig machen die Menschheitsentwickelung von ihrer göttlichen Richtung, wenn es ihm gelänge, tatsächlich das menschliche Haupt so zu beleben, wie der übrige Organismus des Menschen belebt wird.»

Seelisch gesprochen, möchte Luzifer die Gedanken, die der Mensch aus gutem Grunde nur als Bild erlebt, substanzialisieren. Er strebt danach, «unsere Vorstellungsinhalte zu durchdringen mit der gewöhnlichen irdischen Wirklichkeit ... Diese Tendenz ist fortwährend mit unserem Menschenwesen verbunden, dass unsere Fantasien Wirklichkeiten werden sollen, und die größtdenkbaren Anstrengungen werden gemacht, damit die menschlichen Fantasien Wirklichkeiten werden können.»

Das würde den Verlust jener Wirklichkeit bedeuten, die als unser Tätigkeitsfeld geschaffen wurde. Wir würden über sie «hinwegfliegen», sie im Stich lassen, unsere Erdenaufgabe verlieren. Das klingt fast absurd. Und doch umgeben uns tagtäglich Bilder menschlichen Verhaltens, die diese Tendenz spiegeln. Wie viel Illusionen leben in der Welt, die von denen, die sie produzieren, als Wirklichkeit genommen werden. Der «sozialistisch erzogene Mensch», der «rechte Nationalsozialist» waren beispielsweise solche Bilder, die, obwohl sie Illusionen waren, das größte reale Unheil bewirkten. Jeder, der behauptete, er wäre frei von solchen

*) Wohnsuche auf dem Mars,
Wohnsitze auf anderen Planeten.

Tendenzen, wäre das beste Beispiel für ihre Wirksamkeit. Wir haben demnach mehrere Kampffelder, die in die menschliche Existenz eingebunden sind. Eines ist das zwischen Luzifer und Ahriman, denn ihre Intentionen sind diametral entgegengesetzt. Jede dieser Mächte kämpft gleichzeitig gegen die Intentionen der regulären Geister. Und der Mensch hat die Aufgabe, in diesem Kraftfeld seine eigene Intention zu finden.

Es gibt einen weiteren Aspekt: «Das Durchschauen der Arbeit Luzifers ... das Hineinpressen von Vitalkräften in die absterbenden Kräfte des menschlichen Hauptes, das bedeutet in Wahrheit letzten Endes die Diagnose sämtlicher innerer Krankheiten.»

Anders Ahriman: «Er macht sich zunächst geltend aus der achten *(Luzi)* Sphäre heraus, aus der geschaffen ist unser übriger Organismus – außer dem Haupte –, der ist in voller Vitalität, er ist durch seine eigene Organisation für die Vitalität geschaffen. Da hinein wirken nun die ahrimanischen Kräfte. Die sind umgekehrt bestrebt, in die Vitalitätskräfte des übrigen Organismus hineinzusenden die Todeskräfte, die eigentlich der göttlichen Entwickelung nach in das Haupt gehören. Sodass wir aus der achten Sphäre heraus die Kräfte des Todes in dieser Weise ... vermittelt erhalten. Das ist wiederum physisch gesprochen.»

Das Kampffeld Ahrimans gegen die göttlichen Kräfte ist damit innerhalb der physischen Organisation aufgezeigt. Im Seelischen richten sich die Impulse Ahrimans gegen den Willen, für dessen Entfaltung die untere Organisation die Grundlage bildet. Im Willen lebt ein ständiges Begehren. Erlebbar wird es, wenn wir die Ziele des Willens ins Auge fassen, ohne dass ein Motiv (also ein Gedanke) den Willen richtet und bestimmt. Dann erfahren wir die merkwürdigsten Wünsche. Sie steigen gleichsam aus dem Dunkel der Nacht in unser Bewusstsein auf. Diese Wünsche will Ahriman regieren, sie in eine bestimmte Richtung lenken.

Bei der Beobachtung des Wahrnehmungsprozesses erleben wir bisweilen eine willentliche Hingabe an die Welt, die ganz in den so erfassten Inhalten aufging, sich ausnahmslos durch diese bestimmen ließ. Eine solche Seelenhaltung hasst Ahriman. Er versucht das Begehren im Willen immer durch den Egoismus zu färben. Aus diesem Egoismus aber entspringen alle Übel. So gefärbt wird der Wille zum Quell des Bösen.

Mit dem Willen realisieren wir die Zukunft. Er ist nicht nur durch seinen «Nachtcharakter» von der Bewusstseinshelligkeit des Gedankens verschieden, sondern auch dadurch, dass er die Resultate der Vergangenheit höchstens als Material für Neuschöpfungen ansieht. Bildhaft gesprochen: Die Vergangenheit interessiert ihn nicht. Er ist in die achte Sphäre eingebunden, nicht in die vierte. «Dasjenige, was als Wunschnatur zugrunde liegt dem Wollen, in das versucht fortwährend Ahriman hineinzubringen das persönliche Element des Menschen. Und dadurch, dass in der Wunschnatur das persönliche Element des Menschen verborgen liegt, dadurch ist unsere menschliche Seelen-Willenstätigkeit eben ein Abdruck unseres Entgegengehens dem Tode. Statt dass wir uns von den göttlichen Idealen durchdringen lassen, diese hineindringen lassen in unser Wünschen und dadurch in unseren Willen, wird etwas Persönliches in unser Wünschen, in unsern Willen hineingebracht … Das luziferisch-ahrimanische Element überliefert uns Krankheit und Tod im Physischen, im Seelischen entwickelt es uns all dasjenige, was als Täuschung auftritt dadurch, dass wir das eine oder das andere, was nur der Gedankenwelt, Vorstellungswelt, Fantasiewelt angehört, als eine Wirklichkeit ansehen. In Bezug auf das geistige Element ferner dringt gerade die Begierde des Egoismus auf diesem Wege in unser Menschenwesen ein.»[164]

Konkrete Entwicklungsimpulse aus der Welt der Geister der Form (Exusiai)

Mit den bisherigen Darstellungen ist die Bedeutung des «unteren» Menschen (der rhythmischen Organisation und der Stoffwechsel-Gliedmaßen-Organisation) für die weitere Menschheitsentwicklung dargestellt. Haben wir doch im unteren Menschen jenen Teil der Leiblichkeit, der noch jung und von Lebens- und geistigen Entwicklungstendenzen durchpulst wird. Hier wirken – unterhalb des menschlichen Bewusstseins – fördernde, reguläre geistige Wesen. Gerade deren Wirkungen wären – das klang in der vorangegangenen Darstellung schon an – ins Bewusstsein zu heben. Vorerst abstrakt formuliert: Die heute durchgängig herrschende Kopfkultur wäre durch eine Kultur des unteren Menschen, also eine Herzens- und Willenskultur, zu ergänzen. Erst damit würde das rechte Gleichgewichtsverhältnis für die Menschenentwicklung hergestellt werden. Indem die Aktivität des Menschen sich dieser Aufgabe konzentriert widmet, wird eine Verbindung geschaffen zu den speziell für die Erdentwicklung so wichtigen Geistern der Form.

Will Ahriman sein Ziel, den Menschen an die Erde zu binden, erreichen, muss er die Inspirationsquelle, die von den Geistern der Form über das Gliedmaßen-Stoffwechsel-System aufrechterhalten wird, im Unterbewussten halten. Dies geschieht erfolgreich, wenn das im Gliedmaßensystem wurzelnde Begehren, also der Wille, triebhaft auf die Befriedigung durch die äußere Welt gerichtet wird. Im Taumel des Begehrens bleiben – vergleichsweise gesprochen – das innere Auge und das innere Ohr für die Götterintentionen blind und taub. Das bietet Ahriman die Möglichkeit, eine falsche Ansicht von der menschlichen Entwicklung zu inspirieren. Davon sprechen eindringlich die weiteren Ausführungen Rudolf Steiners. Die Wirkungen, die von dem Mysterium von Golgatha ausgehen, brauchen Zeit, um sich in das Seelen- und Geistesleben der Menschheit einzuleben. Das Einleben wurde durch die Tatsache erschwert, dass die Begriffe, welche die Antike in Anlehnung an das alte

Mysterienwesen entwickelt hatte, verklangen. Sie waren für ein Verständnis des Christuswesen in den ersten Jahrhunderten nach der Zeitenwende eine große Hilfe. Ihr Verklingen bot Ahriman die Gelegenheit, seine Inspirationen dem menschlichen Geistesleben einzuimpfen. Dadurch entstand z.B. die philosophische Bewegung des Nominalismus. Die höchste Steigerung solchen Strebens stellt aber die materialistische Entwicklungslehre des 19. Jahrhunderts dar. Extrem formuliert: Die Entwicklung des Hauptes, die allein mit der Entwicklung der Tiere in Zusammenhang gebracht werden kann, wird zur ultima ratio vom ganzen Wesen des Menschen.

Rudolf Steiner bemerkt dazu: «... indem man nicht erkannte das luziferische Element in dem menschlichen Haupte, konnte man auch nicht erkennen das ahrimanische Element, mit dem das Göttliche im Kampfe liegt, in der übrigen menschlichen Organisation. Und so entstand denn die rein ahrimanische Dichtung, der Mensch stamme ab aus der Tierreihe.

... Und so schlich sich in die Auffassung des menschlichen Wesens dasjenige auch ein, was im Grund genommen in der neueren Zivilisationsentwickelung eine ganze Weltanschauung durchdrungen hat: das menschliche Haupt wurde zum Edelsten gemacht, das andere ihm entgegengestellt, so wie man entgegenstellt Gutes und Böses in der Welt, den Himmel und die Hölle, eine Zweiheit statt der Dreiheit. In Wahrheit hätte man wissen sollen, dass der Mensch zunächst dasjenige, was er durch sein Haupt in der Welt erringt, der Weisheit der Welt verdankt, aber der luziferischen Weisheit, und dass diese luziferische Weisheit erst nach und nach durchdrungen werden muss von anderen Elementen.»[165]

Einige dieser Elemente werden wir im Beitrag über den Schulungsweg noch genauer kennen lernen. Der Schulungsweg benützt durchaus Sinneserfahrung und Verstand gründlich. Aber er bindet sie in einen umfassenderen Kontext ein. In ihm wird das Gefühls- und Willenselement mit der gleichen Intensität eingesetzt wie der Verstand. «Die Menschheit muss zu der Möglichkeit kommen, kühn und tapfer sich gegenüber zu stellen der Erkenntnis, dass sie an sich von innen aus durch das Ergreifen neuer göttlicher Geheimnisse etwas zu *verbessern* habe an alledem, was ihr gegeben werden kann durch die bloße Einsicht des Hauptes, durch die bloße menschliche irdische Weisheit oder Gescheitheit. Und zuerst muss Korrektur geübt werden können an dem großen Irrtum, der der

Umkehr hat vorausgehen müssen, an dem Irrtum, der da liegt in der materialistischen Ausdeutung der Entwickelungslehre von dem Ursprung des ganzen Menschen aus der Tierreihe heraus.»[166]

Diese ahrimanische Dichtung beherrscht nach wie vor das Geistesleben der Menschheit. In ihrer Konsequenz werden heute schon moralische Defekte als Folge defekter Gene interpretiert. Diese Weltansicht betrachtet nach wie vor das Seelen- und Geistesleben als das Produkt materieller Prozesse. Deswegen erhält heute das Klonen durch diese «Dichtung» eine gleichsam ethische Aufgabe: Nicht der einzelne Mensch hat durch eigene Aktivität etwaige moralische Defekte zu überwinden. Das widerspricht der Ansicht eines völlig leibgebundenen Seelenwesens und muss daher in den Bereich der Illusion verwiesen werden. Nein, das Übel ist an der Wurzel zu packen, indem die natürlichen Defekte beseitigt werden wie etwa bei einem Auto oder einer Waschmaschine. Diese «Ethik» läuft darauf hinaus, die teilweise missratene Schöpfung segensvoll zu korrigieren.

Diese Weltansicht liefert das perfekte Gegenbild einer geisteswissenschaftlichen Schulung. Es stimmt: Ohne Korrektur der materialistischen Ausdeutung der Entwicklungslehre wird sich wenig Neigung verbreiten, sich auf eine geisteswissenschaftliche Schulung einzulassen. Das geschichtliche Symptom zeigt, wie wirkungsvoll Ahriman das Geistesleben durch seine «Dichtung» besetzt hat.

«Nur das wird der Weg sein [die Korrektur der materialistischen Entwicklungslehre], um wiederum zu der Möglichkeit zu kommen, überhaupt in diesem Menschen, wie er vor uns steht, nicht auf der einen Seite ein bloß Geistig-Seelisches, das nur in einem Leibe wohnt, zu sehen, und auf der anderen Seite ein seelenloses Leibliches, sondern zu sehen das Konkret-Geistige, das da arbeitet, wenn auch in einer luziferischen Weise, an dem menschlichen Haupte, das Konkret-Göttlich-Geistige, das an dem ganzen Menschen arbeitet, das einen Gegner allerdings bekommt in der außer dem Haupte befindlichen Organisation in der ahrimanischen Natur.»[167]

Es gibt einen herausragenden Vortrag im Werke Rudolf Steiners, der die Vorgänge, welche die Geister der Form im Menschen *heute* anregen, detailliert schildert: «Was tut der Engel in unserem Astralleib?», gehalten in Zürich am 9. Oktober 1918. Man darf nur eine Bemerkung dieses

Vortrags nicht überlesen: Die im Vortrag geschilderte Engeltätigkeit findet im Auftrag der Geister der Form statt. «Würden diese Bilder nicht geformt, so gäbe es keine Entwickelung der Menschheit in die Zukunft hinein, die den Absichten der Geister der Form entspricht. Was die Geister der Form mit uns bis zum Ende der Erdenentwickelung und weiter erreichen wollen, das müssen sie zuerst in Bildern entwickeln, und aus diesen Bildern wird dann später die umgestaltete Menschheit, die Wirklichkeit. Und diese Bilder in unserem astralischen Leibe formen heute schon die Geister der Form durch die Engel.»[168] GA 182

Wir können das Thema des folgenden Vortrags Rudolf Steiners (vom 9.10.1918) auch noch anders fassen. Er gewährt uns einen Einblick in die Werkstatt jener Wesen, welche – im Unterschied zu den luziferischen und ahrimanischen Geistern – die Menschenwege so begleiten, dass sie das Ziel der Menschenwerdung, das am Anfang der Evolution stand, nicht aus dem Auge verlieren. Ein weiteres Stück Evolutionstechnik wird uns durch diese Schilderungen vor Augen geführt, welche die menschliche Freiheit nicht antastet.

«Anthroposophische Geist-Erfassung soll nicht bloß sein eine theoretische Weltansicht, sondern sie soll sein ein Lebensinhalt und eine Lebenskraft. Und nur wenn wir uns in die Lage versetzen, unsere anthroposophische Weltauffassung in uns so zu erkraften, dass sie wirklich voll lebendig in uns wird, dann erfüllt sie eigentlich ihre Aufgabe. Denn wir sind dadurch, dass wir unsere Seelen vereinigen mit der anthroposophischen Geistes-Erfassung, in einer gewissen Beziehung zu Wächtern über ganz bestimmte, bedeutungsvolle Entwickelungsvorgänge der Menschheit geworden.

Menschen, die sonst nach der einen oder anderen Weltanschauung hinstreben, sind ja in der Regel überzeugt, dass Gedanken, Vorstellungen, außer dem, was sie in ihren menschlichen Seelen sind, nicht noch etwas anderes im Weltenzusammenhange sind, sondern Menschen mit solchen Weltanschauungen glauben: Gedanken, Vorstellungen als Ideale werden sich eben in die Welt so einleben, wie es dem Menschen, insofern er sinnenfällige Taten nur vollbringt, gelingt, sie in der Welt zur Geltung zu bringen. Anthroposophische Gesinnung setzt voraus, dass wir uns klar darüber sind, dass unsere Gedanken und Vorstellungen, um sich zu verwirklichen, noch andere Wege finden müssen, als dasjenige ist, was durch unsere sinnenfälligen Taten, durch unsere Taten in der Sinneswelt geschieht. In der Erkenntnis dieser Lebensnotwendigkeit liegt schon die Aufforderung, dass der Anthroposoph in einer gewissen Weise sich beteiligen müsse an dem Wachen über die Zeichen der Zeit. Es geschieht in der Weltentwickelung gar manches; dem Menschen, insbesondere dem Menschen unseres Zeitalters obliegt es, sich wirkliches Verständnis zu verschaffen von dem, was in der Weltentwickelung, in die er selbst hineingestellt worden ist, geschieht.

Mit Bezug auf den einzelnen Menschen weiß jeder, dass man seine Entwickelung berücksichtigen muss, nicht bloß die äußeren Tatsachen, die um ihn herum sind. Bedenken Sie nur einmal, ich möchte sagen, ganz grob gedacht: Die äußeren sinnenfälligen Tatsachen, die jetzt geschehen, die sind rund herum um die Menschen, die fünf Jahre, zehn Jahre, zwanzig Jahre, dreißig Jahre, fünfzig Jahre, die siebzig Jahre alt sind. Dennoch wird kein einziger Mensch, der vernünftig ist, verlangen, dass man dasselbe Verhältnis des Menschen zu den Tatsachen bei den Fünfjährigen, bei den Zehnjährigen, bei den Zwanzigjährigen, bei den Fünfzigjährigen, bei den Siebzigjährigen herstellen soll. Wie die Menschen sich verhalten sollen zu der äußeren Umgebung, das kann nur bestimmt werden, wenn man auf die Entwickelung des Menschen selbst Rücksicht nimmt. Beim einzelnen Menschen wird das jeder zugeben. Aber so wie der einzelne Mensch einer ganz bestimmten Entwickelung unterliegt, wie er gewissermaßen eine andere Art von Kräften hat als Kind, in der Mitte des Lebensalters, als Greis, so hat die Menschheit im Lauf ihrer Entwickelung auch immer andere und andere Kräfte, und man steht gewissermaßen nur schlafend in der Weltentwickelung drinnen, wenn man nicht beachtet, dass die Menschheit in ihrem Wesen etwas anderes ist im 20. Jahrhundert, als sie im 15. Jahrhundert war oder gar in der Zeit des Mysteriums von Golgatha, oder vorher. Es gehört zu den größten Mängeln und Verirrungen und Verwirrungen gerade unserer Zeit, dass man das, was ich eben gesagt habe, nicht beachten will, dass man der Meinung ist, man könne von dem Menschen oder von der Menschheit im Allgemeinen ganz abstrakt sprechen und müsse nicht wissen, dass diese Menschheit einer Entwickelung unterworfen ist.

Nun fragt es sich: Wie kommt man genauer zu einer Einsicht in diese Dinge? – Sie wissen, ein Wichtiges über diese Entwickelung haben wir ja oftmals besprochen. In der griechisch-lateinischen Zeit, vom 8. vorchristlichen Jahrhundert bis ungefähr ins 15. Jahrhundert der christlichen Zeitrechnung herein, da rechnen wir mit dem so genannten Kulturzeitalter der Verstandes- oder Gemütsseele, und seit dem 15. Jahrhundert rechnen wir mit dem Kulturzeitalter der Bewusstseinsseele. Damit haben wir ein Wesentliches charakterisiert in der Entwickelung der Menschheit, gerade insofern es unsere Zeit betrifft. Wir wissen dadurch, dass die hauptsächlichste Kraft, auf welche gerechnet wird in der Menschheitsentwickelung vom 15. Jahrhundert bis in das 4. Jahrtausend hinein, bis zu dem Anfang des 4. Jahrtausends, die Bewusstseinsseele ist. Aber man darf in der Geisteswissenschaft, in der wirklichen Geisteswissenschaft nirgends bei Allgemeinheiten und Abstraktionen stehen bleiben; man muss überall sehen, konkrete Tatsachen zu erfassen. Die Abstraktionen nützen einem höchstens, wenn man neugierig ist in einem sehr gewöhnlichen Sinne. Will man Geisteswissenschaft zum Lebensinhalt, zur Lebenskraft machen, so muss man ernster sein als neugierig, so muss man nicht bei solchen Abstraktionen stehen bleiben, wie ich sie eben ausgesprochen habe. Dass wir im Zeitalter der Bewusstseinsseele leben, dass vorzugsweise auf die Ausbildung der Bewusstseinsseele gerechnet wird, das ist ganz richtig, dass ist außerordentlich wichtig auch, aber man darf nicht dabei stehen bleiben.

Wollen wir nun zu einer bestimmten Anschauung über die Dinge kommen, so müssen wir vor allen Dingen einmal etwas genauer auf das Wesen des Menschen selber hinsehen. So wie wir Menschen sind, gliedern wir uns im geisteswissenschaftlichen Sinne, wenn wir gewissermaßen von oben heruntersteigen, in das Ich, in den astralischen Leib, in den Ätherleib, den ich in neuerer Zeit auch den Bildekräfteleib genannt habe, und den physischen Leib. Von diesen Gliedern der menschlichen Natur ist eigentlich nur das Ich dasjenige, in dem wir seelisch-geistig zunächst leben und weben. Das Ich ist uns ja auch durch unsere Erdenentwickelung und die sie dirigierenden Geister der Form gegeben. Alles im Grunde, was in unser Bewusstsein eintritt, tritt durch unser Ich in unser Bewusstsein ein. Und wenn das Ich nicht sich so entfaltet, dass es in Verbindung stehen kann – wenn auch durch die Leiber – mit der äußeren Welt, so haben wir ebenso wenig Bewusstsein wie vom Einschlafen bis zum Aufwachen. Das Ich ist dasjenige, was uns mit unserer Umgebung verbindet. Der astralische Leib ist uns durch die unserer Erdenentwickelung vorangehende Mondenentwickelung zugeteilt worden, unser Ätherleib durch die weiter vorangehende Sonnenentwickelung, der physische Leib seiner ersten Anlage nach durch die Saturnentwickelung.

Aber wenn Sie die Schilderung dieser Leiber in der *Geheimwissenschaft im Umriss* durchgehen, da werden Sie sehen, in welch komplizierter Weise dies zustande gekommen ist, was heute der Mensch ist in seiner Zusammenfügung aus den vier charakterisierten Gliedern. Sehen wir nicht aus den Tatsachen, die uns die *Geheimwissenschaft* überliefert, dass an dieser Gliederung in die drei Hüllen des Menschenwesens Geister aller möglichen Hierarchien mitgewirkt haben? Sehen wir nicht, dass dasjenige, was uns als physischer Leib, als Ätherleib, als astralischer Leib umhüllt, sehr, sehr komplizierter Natur ist? Aber nicht nur, dass diese Hierarchien mitgearbeitet haben an dem Zustandekommen unserer Hüllen, *sie arbeiten noch immer darinnen.* Und der versteht den Menschen nicht, der glaubt, dass dieser Mensch bloß die Zusammenfügung ist von Knochen, Blut, Fleisch und so weiter, von denen uns die gewöhnliche Naturwissenschaft, die Physiologie oder Biologie oder Anatomie erzählen.

Nähert man sich der Wirklichkeit dieses menschlichen Hüllenwesens, sieht man dieses menschliche Hüllenwesen in seiner Wahrheit, dann sieht man, wie ineinander arbeiten, planvoll, weisheitsvoll ineinander arbeiten in alle dem, was in unseren Leibeshüllen ohne unser Bewusstsein vorgeht, geistige Wesenheiten der höheren Hierarchien. Sie können aus den, ich möchte sagen, skizzenhaft gehaltenen Umrissen, die ich in meiner *Geheimwissenschaft* gegeben habe über das Zusammenwirken der einzelnen Geister der höheren Hierarchien, damit der Mensch zustande komme, entnehmen, wie kompliziert sich diese Sache im Einzelnen ausnehmen muss. Aber dennoch: will man den Menschen verstehen, so muss man auch diesen Dingen immer mehr im Einzelnen, immer mehr im Konkreten beikommen.

Nun ist es ungeheuer schwierig, auf diesem Felde eine konkrete Frage auch nur ins Auge zu fassen. Sie sind ungeheuer kompliziert, diese konkreten Fragen. Denken Sie einmal, wenn jemand fragen wollte: Was tut im gegenwärtigen Entwickelungszyklus der Menschheit, im Jahre 1918, in dem menschlichen Ätherleib, nun, sagen wir die Hierarchie der Seraphim oder der Dynameis? – Denn diese Frage kann man ebenso aufwerfen, wie man aufwerfen kann die Frage, ob es, sagen wir, in Lugano jetzt regnet oder nicht. Allerdings wird an das eine wie das andere ebenso wenig durch ein bloßes Nachdenken oder eine bloße Theorie herausbekommen, sondern dadurch, dass man an die Tatsachen herantritt. Wie man sich erkundigen muss, meinetwillen durch ein Telegramm oder einen Brief oder dergleichen, ob es jetzt in Lugano regnet oder nicht, so muss man auch durch wirkliches Eindringen in die Tatsachen sich über so etwas erkundigen, wie: Was haben gerade die Geister der Weisheit oder die Throne im gegenwärtigen Menschheitszeitalter für eine Aufgabe, sagen wir im menschlichen Ätherleib? – Aber nun ist eine solche Frage wie die gerade aufgeworfene von einer außerordentlichen Kompliziertheit, und wir können uns gewissermaßen nur immer nähern solchen Gebieten, auf denen solche Fragen wachsen. Es ist wirklich eigentlich auf diesem Gebiete dafür gesorgt, dass dem Menschen seine Schwingen nicht in den Himmel hineinwachsen und er übermütig und stolz wird, wenn er nach wirklicher Erkenntnis strebt.

Gewissermaßen die nächsten Aussichten, die uns unmittelbar etwas angehen, sind diejenigen, über die wir klar sehen können. Aber über die sollen wir auch klar sehen, wenn wir nicht schlafen wollen in Bezug auf das Hineingestelltsein in die menschliche Entwickelung. Und so will ich Ihnen von einer Frage sprechen, die nicht so vage, nicht so unbestimmt ist – obwohl sie sehr konkret ist – wie diese Frage: Was machen die Dynameis oder die Throne in unserem Ätherleib? – Ich will Ihnen eine andere Frage sagen, die nicht so vage, nicht so unbestimmt ist, sondern sogar den Menschen der Gegenwart angehen soll. Diese Frage ist: Was machen die allernächst an dem Menschen tätigen Wesen der Angeloi im gegenwärtigen Menschheitszeitalter innerhalb des Astralleibes?

Der Astralleib liegt unserem Menschen-Ich, wenn wir in unser inneres Wesen schauen, am nächsten. Es ist also zu hoffen, dass die Beantwortung der eben gestellten Frage uns recht viel angehen könnte. Die Angeloi sind die nächste Hierarchie über der Menschenhierarchie selber. Also wir stellen eine bescheidene Frage, und wir werden nachher sehen, dass die Beantwortung dieser Frage: Was machen gerade jetzt in unserem Lebensalter der Menschheit, die das 20. Jahrhundert durchläuft, in diesem Lebensalter der Menschheit, das begonnen hat im 15. Jahrhundert und bis in den Beginn des 4. Jahrtausends dauern wird, was machen die Angeloi in dem menschlichen astralischen Leibe? – für uns sehr wichtig sein wird.

Nun, was kann man denn überhaupt darüber sagen, wie sich eine solche Frage beantworten lässt? Man kann nur sagen: Geistesforschung, wenn sie ernsthaft getrieben wird, ist nicht eine Spielerei mit Vorstellungen oder eine Spielerei mit Worten, sondern sie arbeitet wirklich hinein in die Gebiete, wo die geistige Welt anschaulich wird. Und so etwas Nächstliegendes kann eben angeschaut werden. – Aber es kann eigentlich diese Frage fruchtbar nur beantwortet werden im Zeitalter der Bewusstseinsseele selbst.

Sie könnten sich denken: Würde in anderen Zeitaltern diese Frage habe aufgeworfen werden können und beantwortet werden sollen, so würde wahrscheinlich Antwort da sein. – Aber weder im Zeitalter des atavistischen Hellsehens noch im Zeitalter der griechisch-lateinischen Kultur konnte diese Frage beantwortet werden, aus dem Grunde nicht, *weil die Bilder, die man im atavistischen Hellsehen in der Seele bekommen hat, die Beobachtungen über die Taten der Engel in unserem astralischen Leibe verdunkelten.* Da war nichts zu sehen, gerade dadurch, dass man die Bilder hatte, die das atavistische Hellsehen gab. Und im griechisch-lateinischen Zeitalter war das Denken noch nicht so stark, wie es jetzt ist. Das Denken hat schon eine Verstärkung erfahren, gerade durch das naturwissenschaftliche Zeitalter eine Verstärkung erfahren, sodass das Zeitalter der Bewusstseinsseele dasjenige ist, in dem bewusst auch eingedrungen werden kann in eine solche Frage wie die eben aufgestellte. Darinnen muss sich gerade die Fruchtbarkeit unserer Geisteswissenschaft für das Leben zeigen, dass wir nicht bloß mit Theorien abspeisen, sondern dass wir Dinge zu sagen wissen, die für das Leben eine eingreifende Bedeutung haben.

Was tun die Engel in unserem astralischen Leibe? Wir können nur dann uns überzeugen, was sie da tun, wenn wir bis zu einem gewissen Grade hellsichtiger Beobachtung aufsteigen, sodass wir sehen, was in unserem astralischen Leibe drinnen sich abspielt. Also bis zu einem gewissen Grade wenigstens der imaginativen Erkenntnis muss aufgestiegen werden, wenn die angedeutete Frage beantwortet werden soll. Dann zeigt sich, dass diese Wesenheiten aus der Hierarchie der Angeloi – und in gewisser Weise jeder Einzelne der Angeloi, der für jeden Menschen gewissermaßen seine Aufgabe hat, *aber auch namentlich durch ihr Zusammenwirken* – Bilder im menschlichen astralischen Leibe formen. Unter der

Anleitung der Geister der Form formen sie Bilder. Wenn man nicht aufsteigt zur imaginativen Erkenntnis, so weiß man nicht, dass fortwährend in unserem Astralleib Bilder geformt werden. Sie entstehen und vergehen, diese Bilder. Würden diese Bilder nicht geformt, so gäbe es keine Entwickelung der Menschheit in die Zukunft hinein, die den Absichten der Geister der Form entspricht. Was die Geister der Form mit uns bis zum Ende der Erdenentwickelung und weiter erreichen wollen, das müssen sie zuerst in Bildern entwickeln, und aus diesen Bildern wird dann später die umgestaltete Menschheit, die Wirklichkeit. Und diese Bilder in unserem astralischen Leibe formen heute schon die Geister der Form durch die Engel. Die Engel formen im menschlichen astralischen Leib Bilder, Bilder, die man mit dem zur Hellsichtigkeit entwickelten Denken erreichen kann. Und man kann diese Bilder, welche die Engel in unserem astralischen Leibe formen, verfolgen. Dann zeigt sich, dass diese Bilder nach ganz bestimmten Impulsen, nach ganz bestimmten Prinzipien geformt werden. Und zwar so werden sie geformt, dass in der Art, wie diese Bilder entstehen, gewissermaßen Kräfte für die zukünftige Entwickelung der Menschheit liegen. Wenn man – so sonderbar es klingt, man muss das so ausdrücken – die Engel bei dieser ihrer Arbeit betrachtet, *so haben diese Engel bei dieser ihrer Arbeit eine ganz bestimmte Absicht für die künftige soziale Gestaltung des Menschenlebens auf Erden;* und sie wollen solche Bilder in den menschlichen astralischen Leibern erzeugen, welche ganz bestimmte soziale Zustände im menschlichen Zusammenleben der Zukunft herbeiführen.

Die Menschen können sich sträuben, anzuerkennen, dass Engel in ihnen Zukunftsideale auslösen wollen, aber es ist doch so. Und zwar wirkt ein ganz bestimmter Grundsatz bei dieser Bilderformung der Angeloi. Es wirkt der Grundsatz, dass in der Zukunft kein Mensch Ruhe haben soll im Genusse von Glück, wenn andere neben ihm unglücklich sind. *Es herrscht ein gewisser Impuls absolutester Brüderlichkeit,* absolutester Vereinheitlichung des Menschengeschlechtes, richtig verstandener Brüderlichkeit mit Bezug auf die sozialen Zustände im physischen Leben. Das ist das eine, der eine Gesichtspunkt, nach dem wir sehen, dass die Angeloi die Bilder im menschlichen astralischen Leibe formen.

Aber es gibt noch einen zweiten Impuls, unter dessen Gesichtspunkt diese Angeloi formen; das ist: sie verfolgen nicht nur gewisse Absichten mit Bezug auf das äußere soziale Leben, sondern sie verfolgen auch gewisse *Absichten mit Bezug auf die menschliche Seele*, auf das seelische Leben der Menschen. Mit Bezug auf das seelische Leben der Menschen, da verfolgen sie durch ihre Bilder, die sie dem astralischen Leibe einprägen, *das Ziel, dass in der Zukunft jeder Mensch in jedem Menschen ein verborgenes Göttliches sehen soll.*

Also wohlgemerkt: Anders soll es werden nach der Absicht, die in der Arbeit der Angeloi liegt. Es soll werden so, dass wir nicht den Menschen gewissermaßen wie ein höher entwickeltes Tier nur seinen physischen Qualitäten nach betrachten, weder in der Theorie noch in der Praxis, sondern dass wir jedem Menschen entgegentreten mit dem voll ausgebildeten Gefühl: In dem Menschen erscheint etwas, was aus den göttlichen Weltengründen heraus sich offenbart, durch Fleisch und Blut sich offenbart ...

Das wird einmal, wenn es verwirklicht wird, eine ganz bestimmte Folge haben. Alle freie Religiosität, die sich in der Zukunft innerhalb der Menschheit entwickeln wird, wird darauf beruhen, dass in jedem Menschen das Ebenbild der Gottheit wirklich in unmittelbarer Lebenspraxis, nicht bloß in der Theorie, anerkannt werde. Dann wird es keinen Religionszwang geben können, dann wird es keinen Religionszwang zu geben brauchen, *denn dann wird die Begegnung jedes Menschen mit jedem Menschen von vornherein eine religiöse Handlung, ein Sakrament sein,* und niemand wird durch eine besondere Kirche, die äußere Einrichtungen auf dem physischen Plan hat, nötig haben, das religiöse Leben aufrechtzuerhalten. Die Kirche kann, wenn sie sich selber richtig versteht, nur die eine Absicht haben, sich unnötig zu machen auf dem physischen Plane, indem das ganze Leben zum Ausdruck des Übersinnlichen gemacht wird.

Das liegt wenigstens den Impulsen der Arbeit der Engel zugrunde: vollständige Freiheit des religiösen Lebens über die Menschen hin auszugießen. Und ein Drittes liegt zugrunde: den Menschen die Möglichkeit zu geben, *durch das Denken zum Geist zu gelangen,* durch das Denken zum Geist zu gelangen, durch das Denken über den Abgrund hinweg zum Erleben im Geistigen zu kommen. *Geisteswissenschaft für den Geist, Religionsfreiheit für die Seele, Brüderlichkeit für die Leiber,* das tönt wie eine Weltenmusik durch die Arbeit der Engel in den menschlichen astralischen Leibern. Man braucht, möchte ich sagen, nur sein Bewusstsein bis zu einer gewissen anderen Schicht hinaufzuheben, dann fühlt man sich hineinversetzt in diese wunderbare Arbeitsstätte der Angeloi in dem menschlichen astralischen Leibe.

Nun ist es so, dass wir im Zeitalter der Bewusstseinsseele leben, und in diesem Zeitalter der Bewusstseinsseele tun die Angeloi im menschlichen astralischen Leibe das, was ich eben erzählt habe. *Die Menschen sollen nach und nach bewusst zum Erfassen dessen kommen, was ich eben erzählt habe.* Das gehört in die menschliche Entwickelung hinein. Wie kommt man denn überhaupt dazu, so etwas zu sagen, wie das, was ich jetzt eben ausgesprochen habe? Wo findet man gewissermaßen diese Arbeit? *Nun, heute findet man sie noch in dem schlafenden Menschen.* Man findet sie in den Schlafzuständen der Menschen vom Einschlafen bis zum Aufwachen. Man findet sie auch in den wachenden Schlafzuständen. Ich habe oft davon gesprochen, wie die Menschen, trotzdem sie wach sind, in den wichtigsten Angelegenheiten eigentlich ihr Leben verschlafen. Und ich kann Ihnen die allerdings nicht sehr erfreuliche Versicherungen geben, dass man wirklich, wenn man bewusst durchs Leben geht, heute viele, viele schlafende Menschen findet. Sie lassen geschehen, was in der Welt geschieht, ohne sich dafür zu interessieren, ohne sich darum zu bekümmern, ohne sich damit zu verbinden. Dasjenige, was vorbeigeht an großen Weltereignissen, das geht an den Menschen oftmals so vorbei, wie dasjenige, was sich in der Stadt abspielt, vor einem Schlafenden vorbeigeht, trotzdem die Leute scheinbar wach sind. Dann aber, wenn die Menschen gerade wachend so etwas Besonderes verschlafen, dann zeigt sich, wie in ihren astralischen Leibern – ganz unabhängig von dem, was sie wissen wollen oder nicht wissen wollen – diese wichtige Arbeit der Angeloi sich abspielt, von der ich gesprochen habe.

Solche Dinge spielen sich vielfach ab in einer Weise, die den Menschen recht rätselvoll, recht paradox erscheinen muss. Da hält man manchen für ganz unwürdig, das oder jenes an Verbindungen mit der geistigen Welt einzugehen. Aber in Wahrheit ist der Betreffende nichts anderes als zunächst in dieser Inkarnation eine furchtbare Schlafmütze, die alles verschläft, was um ihn herum vorgeht; in seinem astralischen Leib aber arbeitet der Engel aus der Gemeinschaft der Engel heraus an der Zukunft der Menschheit. Der astralische Leib wird trotzdem benutzt, und man

334

kann an seinem astralischen Leib so etwas beobachten. *Aber darauf kommt es an, dass so etwas sich gerade hereindrängt in das menschliche Bewusstsein.* Die Bewusstseinsseele muss erhoben werden zu der Anerkennung desjenigen, was nur auf diese Weise gefunden werden kann.

Indem wir diese Voraussetzungen gemacht haben, werden Sie begreifen, wenn ich Sie nun aufmerksam mache darauf, dass eben dieses Zeitalter der Bewusstseinsseele zudrängt einem ganz bestimmten Ereignisse und dass es, weil wir es mit der Bewusstseinsseele zu tun haben, von den Menschen abhängen wird, wie dieses Ereignis sich in der Menschheitsentwickelung vollzieht. Sehen Sie, das Ereignis kann um ein Jahrhundert früher oder später kommen, aber eigentlich müsste es in das Gebiet der Menschheitsentwickelung hereinkommen. Und dieses Ereignis kann man eben so charakterisieren, dass man sagt: Die Menschen müssen rein durch ihre Bewusstseinsseele, durch ihr bewusstes Denken dazu kommen, dass sie schauen, wie es die Engel machen, um die Zukunft der Menschheit vorzubereiten. – Dasjenige, was Geisteswissenschaft auf diesem Gebiete lehrt, muss praktische Lebensweisheit der Menschheit werden, solche praktische Lebensweisheit, dass die Menschen die feste Überzeugung haben können: Es ist ihr eigenes Weisheitsgut, indem sie anerkennen, dass die Engel dies wollen, was ich charakterisiert habe.

Nun ist aber das Menschengeschlecht in Bezug auf die Annäherung zu seiner Freiheit so weit fortgeschritten, dass es von dem Menschengeschlecht schon selber abhängt, ob es das betreffende Ereignis verschlafen oder mit voller Bewusstheit ihm entgegengehen will. Was würde es heißen: ihm mit voller Bewusstheit entgegengehen? Sehen Sie, mit voller Bewusstheit ihm entgegengehen heißt das Folgende: Man kann heute Geisteswissenschaft studieren, sie ist da, man braucht wahrhaftig nicht einmal etwas anderes zu tun, als Geisteswissenschaft zu studieren. Wenn man außerdem noch allerlei Meditationen macht, wenn man berücksichtigt dasjenige, was an praktischen Anleitungen durch so etwas gegeben ist wie in *Wie erlangt man Erkenntnisse der höheren Welten?*, so unterstützt man die Sache weiter. Aber das Nötige geschieht schon, wenn man nur Geisteswissenschaft studiert und richtig bewusst versteht. Man kann, ohne hellseherische Fähigkeiten sich anzueignen, Geisteswissenschaft heute studieren; jeder Mensch kann es, der sich nicht selber Vorurteile in den Weg legt. Und wenn die Menschen immer mehr und mehr Geisteswissenschaft studieren, wenn sie sich die Begriffe und Ideen aneignen, die in der Geisteswissenschaft gegeben sind, dann werden sie in ihrem Bewusstsein so weit erwachen, dass gewisse Ereignisse eben nicht verschlafen werden, sondern bewusst vorübergehen.

Und diese Ereignisse, wir können sie noch genauer charakterisieren. Denn im Grunde ist, dass wir wissen, was der Engel tut, nur die Vorbereitung. Die Hauptsache ist, dass eben in einem bestimmten Zeitpunkte ein Dreifaches eintreten wird. *Wie gesagt, je nachdem sich die Menschen verhalten, wird der Zeitpunkt früher oder später, oder im allerschlimmsten Falle gar nicht eintreten.* Aber dasjenige, was eintreten soll, ist eben das, dass der Menschheit durch ihre Engelwelt ein Dreifaches gezeigt wird. Erstens wird gezeigt, wie man wirklich die tiefere Seite der Menschennatur mit seinem unmittelbarsten menschlichen Interesse erfassen kann. Ja, es wird ein Zeitpunkt kommen, den die Menschen nicht verschlafen sollen, wo die Menschen einen anregenden Impuls aus der geistigen Welt heraus durch ihren Engel empfangen werden, der dahin gehen wird, dass wir ein viel tieferes Interesse an jedem Menschen haben werden, als wir geneigt sind, heute zu haben. Diese Erhöhung des Interesses an unserem Mitmenschen soll sich nicht bloß etwa so subjektiv entwickeln, wie dies die Menschen so bequem in sich entwickeln, *sondern mit einem Ruck,* indem tatsächlich dem Menschen eingeflößt wird von spiritueller Seite ein gewisses Geheimnis, was der andere Mensch ist. Ich meine damit etwas ganz, ganz Konkretes, nicht irgendwelche theoretische Erwägung, sondern: Die Menschen erfahren etwas, was sie an jedem Menschen interessieren kann.

Das ist das eine, und das wird das soziale Leben ganz besonders erringen. Und das zweite wird sein, dass von der geistigen Welt aus der Engel unwiderleglich dem Menschen zeigen wird, dass der Christus-Impuls außer allem Übrigen auch völlige Religionsfreiheit für die Menschen bedingt, dass nur das das rechte Christentum ist, welches absolute Religionsfreiheit möglich macht. Und das dritte ist eben die unwiderlegliche Einsicht in die geistige Natur der Welt.

Dieses Ereignis, wie gesagt, es soll so eintreten, dass die Bewusstseinsseele des Menschen ein gewisses Verhältnis dazu erhält. Das steht einmal der Menschheit in ihrer Entwickelung bevor. Denn daraufhin arbeitet der Engel durch seine Bilder im menschlichen astralischen Leibe. *Nun*

336

mache ich Sie aber darauf aufmerksam, dass dieses Ereignis, das da bevorsteht, schon in den menschlichen Willen gestellt ist. Die Menschen können ja manches unterlassen. Und viele unterlassen heute noch vieles, was hinführen soll zum wachenden Erleben des angedeuteten Zeitpunktes.»

Die zitierte Vortragsstelle ist eine Konkretion des Entwicklungsstromes, der von der Zukunft her im Menschen wirkt. Dass der Mensch nicht nur im Zeitenstrom steht, der aus der Vergangenheit wirkt, ist eine der großen Überraschungen einer spirituellen Menschenkunde. Die Impulse, die uns aus der Zukunft zuströmen, besitzen die Kraft, ein schöpferisches Element in die Entwicklung einzubringen, Unvorhergesehenes Wirklichkeit werden zu lassen. Indem wir uns in diese Impulse einleben, erfahren wir nicht nur von unseren eigenen Entwicklungszielen, sondern auch etwas über das Werden der Götter.

Schon Hans Jonas hatte im Anblick der Geschichte des letzten Jahrhunderts es als zwingend notwendig erlebt, den Göttern, den Hierarchien also, ein Werden zuzuschreiben. Rudolf Steiner berichtet in diesem Vortrag Einzelheiten aus der Werkstatt des Werdens. Es wird klar, dass die eigentlichen Impulsträger dieses Entwicklungsstromes die Geister der Form sind, jene Geister also, die den Menschen mit dem Ich begabten. Geschildert aber wird das Wirken der Engel im Auftrag der Geister der Form. Das Zusammenwirken jener Geister, welche dem Ziel der Weltentwicklung treu geblieben sind, wird erfahrbar.

Die Topografie jener Wirkungen, die hier geschildert werden, zielt auf den Stoffwechsel-Gliedmaßen-Menschen oder, seelisch ausgedrückt, auf den menschlichen Willen. Er – und nur er – ist der Ausgangspunkt für die menschliche Bewusstseinssteigerung, die Einsicht in die waltende Wirklichkeit der geistigen Welt ermöglicht. Wir mögen jedes Element des Schulungsweges betrachten: Es wird dem Menschen nicht geschenkt, sondern es muss aus eigenem Entschluss willentlich realisiert werden. Das gilt für die Aufmerksamkeit wie die Hingabe, für die Devotion wie für das Sich-einig-Fühlen mit den Welterscheinungen. Ihre notwendige Steigerung in eine neue Gestalt erfahren diese Fähigkeiten nur durch selbst gesetzte, konzentrierte Willenstätigkeit. Um dieses Ziel zu erreichen, muss der Wille sich aller vorgegebenen Intentionen enthalten, alle Wirkungen, die dem Vergangenheitsstrom entlehnt sind, müssen getilgt werden, um Schöpferkraft freizusetzen.

«Nun gibt es aber, wie Sie wissen, andere Wesen in der Weltentwickelung, die ein Interesse daran haben, den Menschen aus seiner Bahn hinauszubringen: Das sind die ahrimanischen und die luziferischen Wesenheiten. Das, was ich eben gesagt habe, liegt in der göttlichen Entwickelung des Menschen. Es müsste eigentlich der Mensch, wenn er sich so recht seiner eigenen Natur überließe, zu der Anschauung desjenigen kommen, was der Engel in seinem astralischen Leibe entfaltet. Aber die luziferische Entwickelung, sie geht dahin, den Menschen abzudrängen von der Einsicht in die Arbeit der Angelos-Hierarchie. Und diese luziferischen Wesen, sie machen es in folgender Weise, um den Menschen abzudrängen: Sie machen es so, dass sie den freien Willen des Menschen hemmen. Sie versuchen, dem Menschen Dunkelheit zu geben über die Praxis seines freien Willens, indem sie ihn zwar zu einem guten Wesen machen – Luzifer will von diesem Gesichtspunkte aus, den ich jetzt berühre, beim Menschen eigentlich das Gute, *das Geistige –, aber er will ihn automatisch machen, ohne freien Willen;* es soll der Mensch ins Hellsehen nach guten Prinzipien hineinversetzt werden, *aber gewissermaßen automatisch; die luziferischen Wesenheiten wollen dem Menschen seinen freien Willen, die Möglichkeit zum Bösen, nehmen.* Sie wollen ihn so machen, dass er zwar aus dem Geiste heraus, aber wie ein geistiges Abbild handelt, nämlich ohne freien Willen. Automatisch wollen sie ihn machen, die luziferischen Wesen.

Das hängt mit ganz gewissen Geheimnissen der Entwickelung zusammen. Die luziferischen Wesen, Sie wissen es, sind auf anderen Entwickelungsstufen stehengebliebene Wesenheiten, die Fremdartiges in die normale Entwickelung hereinbringen. Diese luziferischen Wesen haben ein hohes Interesse daran, den Menschen so zu ergreifen, dass er nicht zum freien Willen kommt, weil sie selbst den freien Willen sich nicht errungen haben. Der freie Wille kann nur auf der Erde errungen werden. Aber sie wollen mit der Erde nichts zu tun haben, sie wollen nur Saturn-, Sonnen-, Mondenentwickelung, und da stehen bleiben, nichts mit der Erdenentwickelung zu tun haben. Sie hassen gewissermaßen den freien Willen des Menschen. Sie handeln hoch geistig, aber sie handeln automatisch – das ist außerordentlich bedeutsam –, und sie wollen zu ihrer Höhe, zu ihrer geistigen Höhe den Menschen erheben. Sie wollen ihn automatisch machen; geistig, aber automatisch. Dadurch würde auf der einen Seite die Gefahr erzeugt, dass der Mensch, wenn er zu früh, bevor seine volle Bewusstseinsseele funktioniert, zum geistig automatisch handelnden Wesen wird, jene Offenbarung verschläft, die kommen soll und die ich eben charakterisiert habe.

Aber auch die ahrimanischen Wesen arbeiten dieser Offenbarung entgegen. Sie streben nicht danach, den Menschen besonders geistig zu machen, aber sie streben danach, in dem Menschen das Bewusstsein seiner Geistigkeit zu ertöten. Sie streben danach, dem Menschen die Anschauung beizubringen, dass er eigentlich nur ein vollkommen ausgebildetes Tier ist. Ahriman ist in Wahrheit der große Lehrer des materialistischen Darwinismus. Ahriman ist auch der große Lehrer all derjenigen technischen und praktischen Betätigung innerhalb der Erdenentwickelung, die nichts gelten lassen will als das äußere sinnenfällige menschliche Leben, die nur eine ausgebreitete Technik haben will, damit in raffinierterer Weise der Mensch dieselben Ess- und Trinkbedürfnisse und sonstigen Bedürfnisse befriedigt, die auch das Tier befriedigt. In dem Menschen ertöten, verdunkeln das Bewusstsein, dass er ein Abbild der Gottheit ist, das streben für die Bewusstseinsseele durch allerlei raffinierte wissenschaftliche Mittel die ahrimanischen Geister in unserer Zeit an.

In früheren Zeitaltern würde es den ahrimanischen Geistern nichts genützt haben, durch Theorien den Menschen die Wahrheit in dieser Weise zu verdunkeln. Warum? Noch während des griechisch-lateinischen Zeitalters, aber noch mehr in dem älteren Zeitalter, in dem der Mensch noch das atavistische Hellsehen, die Bilder hatte, da war es ganz gleichgültig, wie der Mensch dachte. Da hatte er seine Bilder. Durch seine Bilder sah er in die geistige Welt hinein. Was ihm Ahriman beigebracht hätte über seine Beziehung zu den Tieren, das würde gar keine Bedeutung gehabt haben für seine Lebenshaltung. Das Denken ist erst mächtig geworden – in seiner Ohnmacht mächtig geworden, könnte man sagen – in unserem fünften nachatlantischen Zeitalter, seit dem 15. Jahrhundert. *Erst seit jener Zeit ist das Denken geeignet, die Bewusstseinsseele hineinzubringen in das geistige Gebiet, damit aber auch, sie zu verhindern, hineinzukommen in die geistige Welt.* Erst jetzt erleben wir die Zeit, wo eine Theorie durch Wissenschaft auf bewusste Weise dem Menschen seine Göttlichkeit und die Erfahrungen über das Göttliche raubt. Das ist eben nur im Zeitalter der Bewusstseinsseele möglich. Daher streben die ahrimanischen Geister an, solche Lehren über den Menschen zu verbreiten, die den göttlichen Ursprung des Menschen verdunkeln.

Aus der Anführung dieser der normal-göttlichen Entwickelung des Menschen entgegenstrebenden Strömungen kann man entnehmen, wie man sich einrichten muss im Leben, damit man eben das, wovon gesprochen worden ist, was da kommen soll als eine Offenbarung in die Menschenentwickelung, nicht verschlafe. Sonst entsteht eine große Gefahr. Und der Mensch muss aufmerksam sein auf diese Gefahr, sonst wird statt des bedeutungsvollen Ereignisses, das mächtig eingreifen soll in die zukünftige Gestaltung der Erdenentwickelung, dasjenige eintreten, was recht gefährlich werden kann dieser Erdenentwickelung.

Sehen Sie, gewisse geistige Wesenheiten erlangen ja ihre Entwickelung durch den Menschen, indem sich der Mensch mitentwickelt. Die Engel, die in dem menschlichen astralischen Leibe ihre Bilder entwickeln, entwickeln diese Bilder natürlich nicht als Spiel, sondern damit etwas erreicht wird. Da aber das, was erreicht werden soll, gerade innerhalb der Erdenmenschheit erreicht werden soll, so würde ja die ganze Geschichte zum Spiel, wenn die Menschen, nachdem sie die Bewusstseinsseele erlangt haben, bewusst die ganze Sache außer Acht ließen. Es würde das Ganze zum Spiel! Die Engel würden nur ein Spiel treiben in der Entwickelung des astralischen Leibes des Menschen. Nur dadurch, dass das sich in der Menschheit verwirklicht, dadurch ist es kein Spiel, sondern Ernst. Daraus aber werden Sie entnehmen können, dass die Arbeit der Engel unter allen Umständen ernst bleiben muss. Bedenken Sie, was das wäre hinter den Kulissen des Daseins, wenn die Menschen einfach durch ihre Schlafmützigkeit die Arbeit der Engel zum Spiel machen könnten!

Und wenn das nun doch geschähe, wenn doch die Erdenmenschheit dabei beharren würde, das wichtige geistige Offenbarungsereignis der Zukunft zu verschlafen? Wenn die Menschen zum Beispiel den mittleren Teil – die auf die Religionsfreiheit bezügliche Sache – verschlafen würden, wenn sie die Wiederholung des Mysteriums von Golgatha auf dem Ätherplane, von der ich oft gesprochen habe, die Wiedererscheinung des ätherischen Christus, wenn sie das verschlafen würden, oder die anderen Dinge verschlafen würden, dann müsste dasjenige, was mit den Bildern im astralischen Leibe des Menschen erreicht werden soll, auf einem anderen Wege von den Engeln angestrebt werden. Und das, was die Menschen

340

in ihrem Astralleibe nicht erreichen lassen, indem sie wach werden, das würde in diesem Falle angestrebt dadurch, dass die Engel ihre Absichten verwirklichen durch die schlafenden Menschenleiber. Also dasjenige, was die Menschen verschlafen würden im Wachzustande und die Engel dadurch nicht erreichen können, das würde erreicht werden mithilfe der in dem Bette liegen bleibenden menschlichen physischen Leiber und Ätherleiber während des Schlafens. Dort würden die Kräfte gesucht werden, um das zu erreichen. Was mit den wachen Menschen, wenn die wachen Seelen in dem Ätherleib und in dem physischen Leib drinnen sind, sich nicht erreichen lässt, das wird mit den schlafenden Ätherleibern und physischen Leibern erreicht, wenn die Menschen, die wachen sollten, dann schlafend heraußen sind mit ihrem Ich und ihrem astralischen Leibe.

Das ist die große Gefahr für das Bewusstseinszeitalter. Das ist dasjenige Ereignis, welches sich noch vollziehen könnte, wenn die Menschen sich nicht zu dem geistigen Leben hinwenden wollten, vor dem Beginne des 3. Jahrtausends. Wir stehen nur noch eine kurze Zeit entfernt vor dem Beginne des 3. Jahrtausends. Es beginnt ja das 3. Jahrtausend bekanntlich mit dem Jahre 2000. Es könnte sich noch vollziehen, dass, statt mit dem wachenden Menschen, mit den schlafenden Leibern der Menschen das erreicht werden müsste, was erreicht werden soll für die Engel durch ihre Arbeit; dass die Engel ihre ganze Arbeit aus dem astralischen Leib des Menschen herausholen müssten, um sie unterzutauchen in den Ätherleib, damit sie sich verwirklichen könne. *Aber der Mensch würde nicht drinnen sein!* So müsste es sich im Ätherleib verwirklichen, wenn der Mensch nicht dabei ist, denn wenn der Mensch dabei wäre im wachen Zustande, so würde er das hindern.»[169]

Ein Enthüllen der Taten, welche die Engel in unserem astralischen Leib verrichten, ist eine Zeitaufgabe. Geschieht das Enthüllen nicht, dann werden die Engel durch die Lethargie des Menschen gezwungen, ihre Arbeit in den Ätherleib zu verlegen. Dann aber wird die Möglichkeit der Freiheit pervertiert, Instinkte werden freigesetzt.

Das ist das erste Gegenbild der Entwicklung, die dann eintreten würde. Konkret wäre es in den sexuellen Verwirrungen zu beobachten und in wüsten Nationalismen, die eine Metamorphose jener sexuellen Kräfte sind, in einer Auflehnung gegen die Brüderlichkeit.

Dem zweiten Gegenbild entspricht das instinktive Erkennen gewisser Substanzen als Krankheitserreger oder Heilmittel. Die Tür zur Manipulation wird geöffnet: «... man wird ganz nach egoistischen Dingen einrichten können, Krankheiten hervorzubringen oder sie nicht hervorzubringen.»

Das dritte Gegenbild wird durch eine neue Technik charaktisiert: «Eine gewisse geistige Lenkung des maschinellen, des mechanischen Wesens wird man gerade auf diese Weise instinktiv erkennen lernen, und die ganze Technik wird in ein wüstes Fahrwasser kommen. Aber dem Egoismus wird dieses wüste Fahrwasser außerordentlich gut dienen und gefallen.»

Drei Bilder eines gesteigerten, instinktiven Egoismus werden vorgestellt. Das erste Bild ist größtenteils Wirklichkeit geworden. Wer beispielsweise vor der seelischen Perversion gegenüber unschuldigen Kindern nicht zurückschreckt, dem wird man ein die sozialen Bindungen zerstörendes Instinktleben zuschreiben müssen. Tausendfache Vergewaltigung und Mord im Gefolge vermeintlicher nationaler Interessen sind fester Bestandteil der Geschichte der letzten Jahrzehnte.

Die unzähligen «Nebenwirkungen» vieler Heilmittel sind bekannt. Diese Nebenwirkungen sind oft handfeste Verursacher anderer Krankheiten, sodass der Einsatz solcher Heilmittel oft die komplizierte Frage einer Abwägung aufwirft. Die Wirkung der Substanzen auf das Wesensgefüge ist weitgehend unerforscht. Es fällt einem schwer zu glauben, dass es Menschen geben soll, die das Wissen um Substanzen zum Schaden der Menschen verwenden. Beobachtbar dagegen ist das rapide Ansteigen des Egoismus, der vor nichts zurückschreckt. Ist deshalb eine solche Verwendung von so genannten Heilmitteln als unmöglich auszuschließen?

Die Freisetzung zerstörerischer Kräfte durch die Technik hat sich gesteigert. Was allerdings eine geistige Lenkung des Maschinenwesens unter rein egoistischen Gesichtspunkten bedeutet, ist im Augenblick noch nicht nachvollziehbar.

Die Diskrepanz zwischen Intellekt und Moral

Ein Rätsel, das die Gegenwart uns stellt, ist das Auseinanderklaffen von Intellektualität und Moral. In der *Zeit* erschien Anfang des Jahres 1999 ein Artikel, der den augenblicklichen Stand der praktischen Anwendung von Gentechnik beschrieb. Ethische Überlegungen, so wurde dargestellt, treten in den Hintergrund. Ausschlaggebend dagegen ist die Anschauung, dass der so genannte Markt mit seiner Nachfrage nach Genprodukten ethische Bedenken verdrängt. Der Markt wird, wie so oft in Wirtschaftsfragen, zum Maßstab aller Handlungen. Es wäre töricht, ihn nicht zu befriedigen, wenn dies möglich ist. Der Autor kommt zu dem überraschenden Schluss: Wir wissen zu viel! – Richtiger wäre wohl zu sagen: Unsere Moralität ist zu schwach, um mit dem wachsenden Wissen umzugehen. Es regiert immer mehr die Maxime: Was machbar ist, ist ohne Einschränkung umzusetzen. Die Gentechnik ist nur eines der vielen Beobachtungsfelder, wo die Ambivalenz von Intellektualität und Moral sichtbar wird. Wie kann diese Disharmonie erklärt werden?

Eine erste Antwort für die Diskrepanz von Intellektualität und Moral ergibt sich, wenn man die unterschiedlichen Entwicklungszustände der menschlichen Organisation ins Auge fasst. Der physische Leib des Menschen hat die längste Entwicklungsgeschichte. Seine Anlage wurde auf dem planetarischen Zustand des Saturn geschaffen. Seitdem fanden drei Metamorphosen seiner Gestalt statt, nämlich immer dann, wenn ein neues Wesensglied die Konstitution des Menschen bereicherte. Seine letzte Gestaltveränderung fand statt, als das Ich dem Menschen von den Geistern der Form geschenkt wurde. Damals musste der physische Leib tauglich gemacht werden, ein Ich-Träger zu werden.

«Nun ist aber der Apparat für unsere Intellektualität, dasjenige, was als Werkzeug dient unserer Intellektualität, innig zusammenhängend mit unserem physischen Leib. Nur dadurch, dass unser physischer Leib eine so umfassende Entwickelung durch die Saturn-Sonnen-Monden-Erdenzeit durchgemacht hat, nur dadurch ist er dieses vollkommene Instrument geworden, welches wir erkennen in der Nervenentwickelung, in der Gehirnentwickelung, in der Blutentwickelung. Dieses vollkommene Instrument benutzen wir, wenn wir intellektualistisch tätig sind.»[170]

Diese Tatsache macht verständlich, dass die Intellektualität im Zeitalter der Verstandes- und Gemütsseele (also vom 6. vorchristlichen Jahrhundert ab) eine solche Höhe der Entwicklung erreicht hat.

In der Vortragsstelle wird von der besonderen Reife der physischen Organisation gesprochen. Sie dient dem Intellekt als Instrument. Das gilt vornehmlich für die Kopf- und Nervenorganisation. Die Stoffwechsel-Gliedmaßen-Organisation besitzt dagegen diese Reife nicht. Sie wird erst auf dem planetarischen Zustand Erde der bisherigen menschlichen Organisation hinzugefügt. Entwicklungsgeschichtlich ist sie vergleichsweise jung. Sie dient nicht dem Intellekt, sondern dem Willen, durch den die Moralität oder die Unmoralität in die Welt tritt. Ihre Bildung fällt in die Zeit, in der die Geister der Form den Menschen mit dem Ich begaben. Der junge Reifezustand von Stoffwechsel-Gliedmaßen-Organisation und Ich entsprechen sich. Mithilfe des Willens agiert das Ich. Es setzt Taten in die Welt, die diese neu gestalten. Eine vom Menschen geschaffene Kultur entsteht. Diese vom Ich gesteuerte Willenstätigkeit setzt erst mit dem Verlust des mythischen Bewusstseins ein. Beherrschend wird sie im Zeitalter der Bewusstseinsseele. Die Intentionen der Geister der Form leben zwar nach wie vor in den Bildekräften der Stoffwechsel-Gliedmaßen-Organisation. Bewusst aber werden sie nur, wenn die Eigentätigkeit des Ich sie durch umfassende Schulung zur Erfahrung bringt. In diese entwicklungsoffene Situation schleicht sich Ahriman. Er weiß, dass seine Intentionen mit dem Menschen nur in Erfüllung gehen können, wenn unterbunden wird, dass der Mensch ein freies Verhältnis zu den Absichten der Geister der Form findet. Die junge Stoffwechsel-Gliedmaßen-Organisation hat sich Ahriman deshalb als Wirkensfeld ausgesucht. Er versucht, an die Stelle der Inspirationen, die aus den Bildekräften der Organisation entlassen werden, Illusionen zu setzen. Beispielsweise die Abstammung des Menschen vom Tier. Ist erst einmal das menschliche Bewusstsein von dieser Vorstellung besetzt, lähmt sie jede autonome Tätigkeit, die allein zur übersinnlichen Erfahrung führen kann. Durch eine solche Illusion erscheint der Mensch «endgültig» determiniert. Jede über den augenblicklichen Entwicklungszustand hinausgehende Vorstellung vom Menschen ist demnach nur durch leibliche Veränderungen zu erreichen, alles andere ist Illusion.

Ahriman unterstützt die bösen Neigungen, die seit der Verführung des Luzifer in das Ich-Instrument des Willens eingepflanzt worden sind. Er versucht, das Ich an die leibgebundenen Willensäußerungen Instinkt, Trieb und Begierde zu ketten. Er bekämpft alle Versuche, den Willen unter die Autonomie des Ich zu stellen, er bekämpft also den aus Erkenntnis handelnden Menschen.

Eine zweite Tatsache aber muss zusätzlich beachtet werden: «... die Welt, in der wir sind vom Einschlafen bis zum Aufwachen, sie hat eine bestimmte Eigentümlichkeit: Sie hat nichts in sich von moralischen Gesetzen. So sonderbar Ihnen das scheinen kann, vom Einschlafen bis zum Aufwachen sind Sie in einer Welt, die nichts von moralischen Gesetzen in sich hat. Es ist eine Welt, welche, man könnte auch sagen, noch nicht moralisch ist. Heraus bringen wir, wenn wir aufwachen, aus dieser Welt zwar Impulse, die dann den physischen Leib, den Ätherleib ergreifen können nach der Richtung der Intellektualität, die ihn aber nicht ergreifen können aus dieser geistigen Welt heraus in der Richtung der Moralität. Das ist ganz ausgeschlossen, denn in der Welt, in der wir vom Einschlafen bis zum Aufwachen sind, gibt es keine moralischen Gesetze. Diejenigen Menschen, die das glauben, dass es gescheiter wäre, wenn die Götter die Sache so angeordnet hätten, dass der Mensch nicht auf dem physischen Plane zu leben braucht, diese Menschen irren gar sehr: denn der Mensch könnte dann nie moralisch werden. Das Moralische eignet sich der Mensch nämlich gerade durch sein Leben hier auf dem physischen Plane an ... wir tragen aus der geistigen Welt wohl Weisheit hinein in den physischen Leib, wir tragen aber nicht Moralität hinein.»[171]

Eine andere Formulierung für denselben Tatbestand wurde bereits erwähnt. Das Ich, das sich im Schlafe von der Leiblichkeit löst, unterliegt keiner Beeinflussung von «außen». Nach den bisherigen Ausführungen über die Entstehung des Bösen entspricht dieser Zustand einer Notwendigkeit. Moral muss in der heutigen Zeit ausschließlich eine Leistung der Individualität sein. Jede Vorgabe würde diese Leistung beeinträchtigen, Freiheit erschweren. Für diese Leistung ist das Ich heute reif geworden.

Vor dieser Reife waren Gebote und Strafe, wenn sie gebrochen wurden, gerechtfertigt, heute nicht mehr. Der eingetretene Werteverfall zeigt besonders deutlich das Doppelgesicht unserer Zeit. Man kann ihn beklagen, da er zum Verfall der sozialen Bindungen führt, Degenerationserscheinungen auslöst, den Menschen gefährdet. Auf jeden Fall ist er risikoreich, für den Erwerb der Freiheit aber notwendig. Für diese verborgene Chance fehlt jedoch noch weitgehend die Einsicht.

Hier liegt ein weiterer Schlüssel für das Verständnis, dass Intellektualität und Moralität so auseinander klaffen. Das Leben auf der Erde ist für den Menschen erst die Schule der Moralität. Moralität kann nur aus einem Ich erfließen; dazu muss dieses Ich aber erst voll in die Welt getreten sein. Sucht man nach dem großen Impulsator der Moralität, wird man keinen größeren moralischen Impuls finden als jenen, der von Christus ausgeht. Deswegen ist es von so großer Bedeutung, dass jeder Mensch persönlichen Anschluss findet an diesen Impuls. Er tritt als etwas ganz Neues in die Welt und zeigt die Moralität in höchster Vollendung. Die Evolution schreitet von der Weisheit zur Liebe fort. Studiert kann das werden, indem man sich in das Wesen des Christentums einlebt.

Wichtig ist auch, dass dieser Impuls das alte Gesetz ablöst. Noch in der ägyptischen Kulturepoche spielte sich das Leben bis in alle Einzelheiten nach strengen Regeln ab, die von den Mysterien vorgegeben waren. Die Moral wurde durch das Gesetz geregelt, unter anderem durch die Gebote des Moses. Der neue Impuls des Christentums strebt eine Verinnerlichung des alten Gesetzes an. Nicht mehr durch ein äußeres Gebot soll der Mensch sein Leben moralisch ordnen, sondern weil er selbstständig erkennt, was im einzelnen Lebensaugenblick zu tun ist, und er diese Erkenntnis so liebt, dass er sie als selbst gewähltes Motiv in seine Handlungen fließen lässt.

Der Christus-Impuls wendet sich an das einzelne Ich, die Individualität. Das alte Gesetz ist lediglich Vorbereitung für diesen neuen Entwicklungseinschlag. «… die Götter haben die Menschen nicht zu Automaten machen wollen, um gewissermaßen automatisch auf sie zu wirken, sondern sie haben sie zu freien Wesen machen wollen, die erkennen können, wodurch sie vorwärts gebracht werden können».[172]

In der Krise der Moralität, die einen erschreckenden Umfang angenommen hat, wird heute sehr oft die Besinnung auf alte Werte gefordert. Damit wird der Blick rückwärts gewendet auf eine Zeit, in der moralisches Verhalten durch Übereinkunft und Obrigkeit mehr oder weniger erzwungen wurde. Wie stark die dabei entwickelten althergebrachten Gewohnheiten selbst heute noch nachwirken, erlebten wir in den letzten Jahrzehnten beispielsweise in den Auseinandersetzungen über die Rolle der Frau im gesellschaftlichen Leben. Das Rollenbild war häufig auf Auffassungen fixiert, welche die Frau als ein Gruppenwesen behandeln und nicht als Individualität. Entsprechend vehement wurde vonseiten der Frauen gegen dieses Rollenbild aufbegehrt. Der Erfolg solcher Auflehnung ist aber nach wie vor beschränkt, obwohl die fortschreitende Individualisierung ein eindeutiges Bestreben unserer Zeit ist. Daran sieht man, wie zäh sich eingeschliffene Formen erhalten. Dennoch sind solche Formen unzeitgemäß, ein Bild dafür, wie retardierende Kräfte mit zukünftigen ringen. Der Appell, alte Formen wieder zu aktivieren, vergisst den gesellschaftlichen Kontext, der sie historisch ermöglichte. Im Zeichen der Individualisierung sind solche Appelle fruchtlos; sie verhallen. Für die Gegenwart ist charakteristisch, dass die Menschen geradezu allergisch gegen jede moralische Vorgabe sind. Das äußert sich im Aufbrechen aller bisherigen Tabus. In dieser Geste zeigt sich, dass die Individualität sich auf nichts anderes stellen möchte als auf die eigene Einsicht und das eigene Wollen. Nur über die individuelle Erkenntnis können heute Entschlüsse reifen, hinter die sich die Individualität stellt.

Da aber eine wirklichkeitsgemäße Erkenntnis heute selten ist, kann die missbrauchte Intellektualität uns weismachen, dass beispielsweise die Bedingungen der Wirtschaft bzw. des Marktes so beherrschend sind, dass ethische Bedenken als völlig nebensächlich übergangen werden können.

Doch das löst auch Widerstand aus. Die Menschheit ist trotz solcher Fehlurteile auf dem Wege zu einer ganz individuellen Moral. Rudolf Steiner hat einmal das Ich als Baby unter den Wesensgliedern bezeichnet. So wie der Reifezustand eines kleinen Kindes gegenüber dem der Erwachsenen unvollkommen ist, so die Gestalt des Ich gegenüber der physischen Organisation. Zusätzlich ist das Ich durch die luziferische Verführung an diese Organisation über ein gesundes Maß hinaus gebunden. Beide Umstände erschweren es dem Ich, souverän zu handeln. Und doch ist diese Souveränität das Ziel der Ich-Entwicklung. Sie verdeutlicht die eigentliche Erdenaufgabe des Menschen. Diese Souveränität ist nicht mit einem Wurf zu erreichen, sondern nur durch wiederholte Übung. Reinkarnation und Karma sind die Technik, mit der dieses Üben nach objektiven Maßstäben, die das spezielle Verhältnis des Menschen zur geistigen Welt im nachtodlichen Leben liefert, überhaupt möglich wird. Auf diesem Wege gelingt es, der Welt die Moral individuell einzupflanzen. Die selbstlose Liebe als höchste Stufe der Moral kann erklommen werden, da ein Gott sie freilassend vorgelebt hat.

In unserer Zeit ist also besonders der zielgerichtete Willen gefragt; er muss gestärkt werden. Wie aber soll das geschehen? Dadurch, dass der Mensch ein kontinuierlich Übender wird. Er wählt dafür Übungen, deren Erfüllung nicht das Leben ihm abfordert, sondern die er sich selbst setzt. Er wird dadurch ein Stück unabhängiger von den Widerständen des äußeren Lebens und sicherer im Bewusstsein eigener Kraft. Die Technik, mit der Willensstärke langsam erobert werden kann, ist die bewusste Wiederholung des Gleichen. Die Resultate der Übungen sollen in dem Gewohnheitsleib (Ätherleib) als bleibender Besitz verankert werden. Das geschieht allein durch die wiederholte Übung. Wir kennen diese Technik bei der Wiederholung von Wörtern, Zahlen, Ideen, die unserem Gedächtnis eingeprägt werden sollen. Der Ätherleib ist eben nicht nur der Träger der Gewohnheiten, sondern auch des Gedächtnisses. Er ist nur durch beständige und bewusste Wiederholung zu beeindrucken.

Rudolf Steiner gibt einen Kanon von Übungen an, die eine erstrebenswerte Wirkung auf das Geistig-Seelische haben. Er nennt sie «Allgemeine Anforderungen, die ein jeder an sich stellen muss, der eine okkulte Entwickelung durchmachen will». «In dem Folgenden werden die Bedingungen dargestellt, die einer okkulten Entwickelung zugrunde liegen müssen. Es sollte niemand denken, dass er durch irgendwelche Maßnahmen des äußeren oder inneren Lebens vorwärts kommen könne, wenn er diese Bedingungen nicht erfüllt. Alle Meditations- und Konzentrations- und sonstigen Übungen werden wertlos, ja in einer gewissen Beziehung sogar schädlich sein, wenn das Leben nicht im Sinne dieser Bedingungen sich regelt. Man kann dem Menschen keine Kräfte geben, man kann nur die in ihm schon liegenden zur Entwickelung bringen. Sie entwickeln sich nicht von selbst, weil es äußere und innere Hindernisse für sie gibt. Die äußeren Hindernisse werden behoben durch die folgenden Lebensregeln. Die inneren durch die besonderen Anweisungen über Meditation und Konzentration.»[173]

Die folgenden Übungen sind demnach ein Fundament für jedes geistige Streben. Ohne sie haben sonstige Übungen keinen Halt, kein Gerüst.

Die erste Übung ist die Kontrolle der Gedanken. Ein zuerst einfacher Gedanke wird durch eigene Initiative in den Mittelpunkt des Bewusstseins gerückt. «Man sagt sich: Ich gehe jetzt von diesem Gedanken aus und reihe an ihn durch eigenste innere Initiative alles, was sachgemäß mit ihm verbunden werden kann.»[174] Das übliche sprunghafte Irrlichterieren der Gedanken soll in die Zucht genommen werden und allein der Ordnung (Tatsachenlogik), die sie besitzen, gefolgt werden.

Zweitens: Kontrolle des Willens. «Man versuche, irgendeine Handlung zu erdenken, die man nach dem Verlaufe seines bisherigen Lebens gewiss nicht vorgenommen hätte. Man mache sich nun diese Handlung für jeden Tag selbst zur Pflicht.»[175]

Drittens: Kontrolle der Gefühle. «… in den Mittelpunkt des Lebens [soll] gerückt werden die Ausbildung eines gewissen Gleichmutes gegenüber den Schwankungen von Lust und Leid, Freude und Schmerz, das ‹Himmelhochjauchzend, zu-Tode-betrübt› soll mit Bewusstsein durch eine gleichmäßige Stimmung ersetzt werden.»[176] Aufmerksamkeit wird auf das innere Seelenleben gelenkt, es wird gemäßigt. Manche befürchten, dass dadurch die Unmittelbarkeit des Gefühls leiden würde. Die Erfahrung dagegen lehrt, dass ganz neue Gefühle auftauchen, die durch Zorn, Ärger, Ängstlichkeit oder gar Furcht bislang überdeckt wurden.

Die vierte Übung, die Positivität, lenkt den Blick wieder auf den Umgang mit der Welt und den Menschen. Die Erfahrungen, die man mit ihnen macht, sollen in einer bestimmten Weise bearbeitet werden. «Sie besteht darin, allen Erfahrungen, Wesenheiten und Dingen gegenüber stets das in ihnen vorhandene Gute, Vortreffliche, Schöne usw. aufzusuchen … Es gibt einen Standpunkt, der sich liebevoll in die fremde Erscheinung oder das fremde Wesen versetzt und sich überall fragt: Wie kommt dieses Andere dazu, so zu sein oder zu tun? Ein solcher Standpunkt kommt ganz von selbst dazu, sich mehr zu bestreben, dem Unvollkommenen zu helfen, als es bloß zu tadeln und kritisieren.»[177] Die Wirkung solcher Übung kann sein: «Man lernt ein Stück seiner Umgebung noch wie etwas betrachten, das zu einem selber gehört. Es ist recht viel Konzentration zu dieser Übung notwendig und vor allen Dingen ein Anerkennen der Tatsache, dass alles Stürmische, Leidenschaftliche, Affektreiche völlig vernichtend auf die angedeutete Stimmung wirkt.»[178] Man wird erinnert an die Stimmung, die sich einstellen muss, wenn man sich mit den Welterscheinungen im Einklang fühlt. Auch dort führt schnelle Kritik und Emotion auf einen Holzweg.

Die fünfte Übung ist die Unbefangenheit gegenüber allen neuen Erfahrungen. Deren schnelle Einordnung in bestehende Denkmuster muss vermieden werden, auch und gerade dann, wenn die Erfahrung unwahrscheinlich klingt. «‹Das habe ich noch nie gehört, das habe ich noch nie gesehen, das glaube ich nicht, das ist eine Täuschung›, mit dieser Gesinnung muss der esoterische Schüler vollständig brechen ... Was er bisher als gesetzmäßig erkannt hat, was ihm als möglich erschienen ist, darf keine Fessel sein für die Aufnahme einer neuen Wahrheit.»[179]

Rudolf Steiner rät, jede Übung einen Monat lang durchzuführen. Das Element der bewussten Wiederholung des Gleichen, also die Stärkung des Willens, soll zum Tragen kommen. Bei jeder neuen Übung sollen die vorangegangenen aber nicht völlig außer Acht gelassen werden, sonst würden die bereits erworbenen Früchte verloren gehen. Der Eindruck, der in einem Monat des Übens auf den Ätherleib erzielt worden ist, soll erhalten bleiben. Das geschieht dadurch, dass, soweit das möglich ist, «alte» Übungen rekapituliert werden.

Die sechste Übung ist dann ein harmonisches Geltendmachen der fünf. «Im sechsten Monat soll man dann versuchen, systematisch in einer regelmäßigen Abwechslung alle fünf Übungen immer wieder und wieder vorzunehmen. Es bildet sich daher allmählich ein schönes Gleichgewicht der Seele heraus. Man wird namentlich bemerken, dass etwa vorhandene Unzufriedenheiten mit Erscheinungen und Wesen der Welt vollständig verschwinden. Eine allen Erlebnissen versöhnliche Stimmung bemächtigt sich der Seele, die keineswegs Gleichgültigkeit ist, sondern im Gegenteil erst befähigt, tatsächlich bessernd und fortschrittlich in der Welt zu arbeiten. Ein ruhiges Verständnis von Dingen eröffnet sich, die früher der Seele völlig verschlossen waren.»[180]

Mit den vier Stimmungen des Schulungsweges (die in Teil VII. dargestellt werden: Staunen, Devotion, Sich-im-Einklang-Fühlen, Ergebung) und den sechs Grundübungen wird ein weites Übfeld aufgezeigt, das,

350

richtig beackert, eine Stärkung des Willens herbeiführt. Jede Aktion wird durch das Ich der eigenen Organisation und der Welt eingeschrieben. In ihrem Vollzug wird das niedere Ich, das durch den Sündenfall erzeugt wurde, in seine Grenzen verwiesen bzw. verwandelt. Langsam kann die Autonomie des aktiven Ich am Widerstand der Grenzerfahrung mit den bösen Neigungen erfahren werden.

Es gibt heute viele Menschen, die nach einer Erweiterung ihres Bewusstseins suchen und dazu alte orientalische Schulungswege beschreiten. Diese Übungswege haben bei ihrer Gestaltung Rücksicht genommen auf die Konstitution der damaligen Menschen, die von der des modernen Mitteleuropäers sehr verschieden war. Mit den sechs Grundübungen und den vier Grundstimmungen (siehe S. 366ff.) wird das Bewusstsein des heutigen Europäers berücksichtigt. Wer sie zu praktizieren versucht, wird ohne Schwierigkeiten Anschluss an das reiche weitere Übungsgut der Anthroposophie finden. Noch einmal sei ein Satz aus der Einleitung zu diesen Übungen rekapituliert: «Es sollte niemand denken, dass er durch irgendwelche Maßnahmen des äußeren oder inneren Lebens vorwärts kommen könnte, wenn er diese Bedingungen nicht erfüllt.»[181]

VII. EIN SPEZIELLER SCHULUNGSWEG

Grundlagen

Der anthroposophische Schulungsweg zielt auf die Steigerung des Bewusstseins. Eine neue Wahrnehmungsfähigkeit soll erübt werden, welche über die uns momentan gegebene hinausführt. Die Seele soll durch spezielle Übungen näher an die geistige Welt herangeführt werden. Das erfordert den produktiven Umgang mit der durch die Widersachermächte umgestalteten leiblich-seelisch-geistigen Organisation des Menschen. Alle Übungen zielen letztlich auf eine Veränderung des Wahrnehmungsprozesses. Deshalb sollen einige Bemerkungen über ihn zu den folgenden vier Grundübungen überleiten.

Die atmende Wahrnehmung

Ungemein erweitert wird das Verständnis für den Wahrnehmungsprozess, wenn man ihn mit jenem auf dem alten Mond vergleicht. Sinne, die uns heute zu Eigen sind, fehlten damals: Ich-, Gedanken-, Sprachsinn zum Beispiel. Sie erweisen sich als echte Erdensinne. Das Sinneswesen war damals auch nicht Grundlage eines Selbst-Bewusstseins, sondern die Wahrnehmung lieferte nur ein Bewusstsein, typisch für ein Wesen, das als höchstes Wesensglied einen Astralleib hat. Lebensprozess und Sinnesprozess waren damals noch nicht so wie heute getrennt. Die Sinneswahrnehmung war somit eine viel lebendiger flutende. Dafür ein Beispiel: «Das war nicht so, dass man äußerlich einen Gegenstand anschaute, äußerlich Farbe wahrnahm, sondern da lebte das Auge in der Farbe drinnen, und das Leben wurde unterhalten durch die Farben, die durch das Auge kamen. Das Auge war eine Art *Farbenatmungsorgan*. Die Lebensverfassung hing zusammen mit der Beziehung, die man mit der Außenwelt durch das Auge in den Wahrnehmungsprozess des Auges einging. Man dehnte sich aus während des Mondes, wurde breit, wenn man in das Blau hineinkam …»[182]

Auch die Art, wie wir heute atmen, bestimmt nicht unwesentlich unsere Lebensverfassung. Diese ist anders, ob wir flach oder tief atmen und so unterschiedlich Gelegenheit geben, wie der Sauerstoff von der Organisation aufgenommen und diese vom Kohlenstoff befreit wird. Die Atmung ist ein Lebensprozess, dessen Korrespondenz mit der uns umgebenden Außenwelt wir leicht beobachten können. Überraschend an der Darstellung Rudolf Steiners über den alten Mond ist aber, dass die Sinnesorgane *Atmungsorgane* waren. Für das Auge war die eingeatmete Farbe «Stofflichkeit»: Ätherkräfte wurden also eingeatmet und verbanden sich mit der spezifischen Gestalt des eigenen Ätherleibes. Der Ätherleib war für die ihn umgebende Ätherwelt offen. Die Organe, die diese offene Korrespondenz herstellten, waren die Sinne. Für den Menschen galt, was heute, wenn auch in anderer Weise, für das Tier gilt: die starke Abhängigkeit seiner Lebensprozesse von der Umwelt.

Rudolf Steiner schildert für den alten Mond zusätzlich, dass auch die Seelenprozesse viel stärker mit den Lebensprozessen verbunden waren. Nicht nur die Lebensprozesse der Umgebung wurden durch die Sinne eingeatmet, sondern die Astralität der Umgebung formte auch durch die starke Verbindung von Lebens- und Seelenprozess die Vision. Diese an der Außenwelt gebildeten Visionen bestimmten existenziell das Seelenleben des Mondenmenschen. Ihnen gegenüber war keine Freiheit möglich, sondern nur das Mitleben dessen, was gestalterisch in das Seelenleben eingriff, den menschlichen Astralleib von außen formte.

Mit der Ich-Begabung des Menschen auf der Erde fand zunehmend eine Entkoppelung von Sinnes- und Lebensprozess einerseits und Lebens- und Seelenprozess andererseits statt. Das Ende dieser Entkoppelung ist, dass die Wirklichkeit der uns umgebenden Welt, wenn sie in der Vorstellungsbildung bewusst wird, nur Bild ist. Jede ätherische oder astrale Tingierung der Wahrnehmungsinhalte ist gelöscht. Das menschliche Bewusstsein ist zum absoluten Innenraum geworden, in den die Außenwelt nur im Bilde eintritt. Die heutige Verbindung des Ich-Wesens mit der menschlichen Erdenorganisation bewirkt dies. Ist diese Verbindung noch nicht in angemessener Weise erfolgt, tritt mit der Wahrnehmung nach wie vor ein naturgegebenes Hellsehen auf. Es wird zu Recht als ein atavistisches bezeichnet, weil in ihm alte Bewusstseinszustände der Menschheit aufleben, die heute häufig eine krankmachende Wirkung auf die Organisation haben und den Menschen dann ohne ich-gesetzte Vernunft handeln lassen. Das erworbene Gegenstandsbewusstsein arbeitet solche Bewusstseinszustände ab. Es kann aber nicht unmittelbar darüber aufklären, ob die einstmals erfahrene Geistwirklichkeit der Welt besteht oder nicht.

Es entsteht die Frage, ob der Atmungsvorgang im Sinnesprozess völlig aufgehoben ist oder ob er weiter, aber jetzt unbewusst, sich abspielt. Sollte das letztere der Fall sein, ist zu fragen, wie er ich-gerecht zu erfassen wäre.

Die Naturwissenschaft als wichtiger fortschrittlicher Impuls

Die Naturwissenschaft rückt die Wahrnehmung in den Mittelpunkt menschlichen Erkenntnisstrebens. Sie erkennt, dass es für dieses keinen anderen Ausgangspunkt gibt, und so will sie ohne Vor-Urteil auffassen, was dieser Ausgangspunkt ihr zu bieten hat. Freilich hält sie dieses Streben selten konsequent durch und verlässt in der urteilenden Theoriebildung sehr leicht und oft zu schnell den Schauplatz der Phänomene. Jede neue Generation muss beispielsweise eine Fülle von naturwissenschaftlichem Wissen nur für die Erinnerung adaptieren. Diese Form des Lernens lässt die Frage aufkommen, ob sie die eigene Forderung, die Urteilsbildung hart am Phänomen zu vollziehen, fördert.

Goethe ahnte, dass der Wahrnehmungsinhalt mehr zu bieten hat, als das Gegenstandsbewusstsein ihm in einem ersten schnellen Anlauf abringt. In seiner Seele lebte unmittelbare Devotion vor dem Phänomen; er wollte das Denken erst einmal dafür verwenden, die Phänomene so zu ordnen, dass sie sich selbst «aussprechen» können. In seinen diesbezüglichen praktischen Bemühungen kam er zu der Überzeugung, dass nur dieser geduldige Umgang mit den Phänomenen wirkliche Einsicht in ihr

Wesen vermittelt. Er bekannte, dass die Phänomene, richtig geordnet, bereits die Theorie seien, also das Wesen der Sache offenbaren.

Rudolf Steiner wendet die naturwissenschaftliche Methode im Sinne Goethes auch in der Philosophie an. Das Motto der *Philosophie der Freiheit,* «Seelische Beobachtungsresultate nach naturwissenschaftlicher Methode», wird streng durchgehalten. Dem Leser fällt die Lektüre dieses Buches oft schwer, weil er die entsprechenden Beobachtungsresultate, auf denen die Urteilskonsequenzen dieses Buches basieren, bei sich selbst nicht ohne weiteres herstellen kann. Er scheitert weniger an deren gedanklicher Verknüpfung als an seiner mangelnden Wahrnehmungsfähigkeit. Was reiner Wahrnehmungsinhalt ist, klingt in seinen Ohren oft wie ungerechtfertigte Behauptung. *Die Philosophie der Freiheit* ist deshalb vor allem als Übungsbuch zu verstehen, jene Beobachtungsresultate, aus denen sie schöpft, bei sich selbst herzustellen. Auch hier geht es um gesteigerte Wahrnehmungsfähigkeit und ein Denken, das sich von den dabei gefundenen Phänomenen nicht entfernt.

In dem Vortragszyklus «Kosmische und menschliche Geschichte» stellt Rudolf Steiner die Aufgabe, die charakterisierte Wahrnehmungsfähigkeit des alten Mondes auf neue Art wieder anzustreben.[183] War diese naturgegeben, so soll sie jetzt mithilfe erhöhter und bewusster Ich-Aktivität neu gestaltet werden. Durch willentlich gerichtete Übungen sollen also die Lebensprozesse wieder stärker an die Sinnestätigkeit herangeführt werden, es sollen die Seelenprozesse diesen Vorgang bewusster begleiten. Das Wohl-Beschauen der Phänomene soll gesteigert werden, gerade auch im Sinne des recht verstandenen naturwissenschaftlichen Impulses. Wie kann das geschehen?

Diese Methode ist nicht allein für jedes naturwissenschaftliche Streben gültig, sondern gleichermaßen auch für künstlerisches Gestalten und die es begleitende ästhetische Anschauung. Die Aktivierung des Sehvorganges würde heißen, «dass der Mensch sieht, aber in dem Sehen zugleich darinnen etwas lebt. Die Sinnesprozesse werden eben etwas in Bewegung gebracht. Das Leben wird angeregt. Das kann ruhig geschehen. Dann wird diesen Sinnesorganen etwas einverleibt von dem, was sonst nur die Lebensorgane haben. Die Lebensorgane haben eine starke innerliche Durchkraftung mit Sympathie und Antipathie … Das Auge sieht nicht nur Rot, sondern es empfindet Sympathie und Antipathie mit der Farbe.»[184]

Eine willentlich gerichtete stärkere Verbindung des Beobachtens mit den Wahrnehmungsinhalten wird hier beschrieben, d.h. ein bewusstes Öffnen des seelischen Binnenraumes durch den Willen. Der Sinnenfälligkeit der Weltgeistigkeit wird ein durchlebteres Organ entgegengehalten.

Es gilt auch hier, dass Gleiches nur durch Gleiches erkannt werden kann. Der neu belebte Blick erfasst überrascht die vom Leben durchzogene Sinnenfälligkeit, oder anders gewendet: er erlebt eine der Metamorphosen des Wahrnehmungsinhaltes. Wird dieser nachträglich malerisch oder plastisch gestaltet, dann wird diese Form der Welterscheinung für jedermann zugänglich; auch der noch abgelähmte Blick kann ihr entgegentreten. Für den letzteren ist das Kunstwerk oft ein Ärgernis, weil es im Vergleich mit der übrigen Sinnenwelt, die der noch nicht gesteigerte Blick erfasst, durch sein Anders-Sein irritiert.

Rudolf Steiner charakterisiert den beschriebenen Sachverhalt sehr drastisch. Er sagt, dass das Kunstwerk für das «normal» wahrnehmende Bewusstsein eine Lüge sei – einfach deswegen, weil dessen Gestalt für das übliche Wahrnehmen nirgendwo gegeben ist. Wahr würde das Kunstwerk erst für jene Wahrnehmung, welche die so genannte elementarische Welt mithilfe der Imagination erreicht hat. Damit ist gleichzeitig das Ziel eines speziellen Übungsweges aufgezeigt.

Die neu bewusst werdenden Imaginationen sind nach wie vor Wahrnehmungen, weil auch sie als Tatsachen in das Bewusstsein eintreten. Darin liegt ihre Objektivität. Aber sie werden nur dem «gesteigerten» Blick bewusst. Nur das willentlich belebte Sinnesorgan kann diese «Objektivität» erreichen. In ihm wird das individuell Ätherische dem objektiv durch die Welt geformten Ätherischen angestaltet: Gleiches erkennt Gleiches.

Dem entspricht auch die von Rudolf Steiner geschilderte Wirkung des Kunstwerkes auf den Betrachter, der sich auf dessen Erscheinung wirklich einlässt. Das Kunstwerk hat die Kraft, «einen herauszureißen aus dem bloßen sinnlichen Anschauen»; Kunst, die aus der elementarischen Welt real geschöpft ist, ist demnach auch ein ständiger Anruf zur Belebung der Sinnesprozesse. Auch die ätherische Wahrnehmungsgestalt ist nach wie vor Erscheinung und nicht Wesen. Aber ihre Erscheinung ist wesensverwandter als jene, welche durch das «bloß sinnliche Anschauen» umgriffen wird. Das Wesen zeigt in ihr mehr «sein Gesicht». Der

Grenzgänger zwischen den Metamorphosen der Wahrnehmungswelt kann erstaunt feststellen: «O Baum, o Wiesenhang, o Abendlicht, auf einmal bringst du's beinah zum Gesicht» (Rilke).[185]

Der Wechsel zwischen den Wahrnehmungsebenen, oder anders gewendet, zwischen jenen grundlegenden Metamorphosen der Wahrnehmung, die zwischen sinnenfälliger und imaginativer Anschauung liegen, ist nicht ohne Anfechtungen und Gefahren. Die größte ist leicht auszumachen: «Wenn einer einen wirklichkeitsgemäßen Sinn hat, dann kommt er durch das Leben in ästhetischer Auffassung zu einer höheren Wahrheit. Wenn einer einen nicht wirklichkeitsgemäßen Sinn hat, so kann er gerade durch die ästhetische Auffassung der Welt in die Verlogenheit kommen.»

So erstaunlich das klingen mag: Auch der Kern modernen künstlerischen Schaffens gründet in der Strenge, mit der der ursprüngliche naturwissenschaftliche Impuls die Wahrnehmung handhabt und wie er sie für den Erkenntnisprozess aufarbeitet. Deshalb ist auch Geisteswissenschaft diesem Ursprung verpflichtet. Gerade weil die Wahrnehmung in der elementarischen Welt eine «fließendere» wird, die unter dem Signum schneller Verwandlungen steht, bedarf es erhöhter Selbstkontrolle, sich nicht in ihr zu verlieren. Diese Kontrolle an wach-beständiger Selbstlosigkeit bei Wahrung der eigenen Intention wird im «gewöhnlichen» naturwissenschaftlichen Anschauen vorgeübt. Deshalb kann Rudolf Steiner behaupten: «Wer nicht Gewissenhaftigkeit hat gegenüber dem, was sinnliche Tatsache ist, der kann niemals zu jener verantwortungsvollen Gewissenhaftigkeit kommen, die notwendig ist, um geistige Tatsachen aufzufassen.» Deshalb birgt jede Ablenkung von der intensivierten Anschauung eine Gefahr für die gedeihliche Entwicklung der menschlichen Seelenfähigkeiten.

Ein großes Hindernis für die charakterisierte Entwicklung der Sinnespflege ist ein Gedankenleben, das ohne ständige Rückkehr zur Anschauung sich verselbstständigt. Es verlässt dann eben eine Grundsäule menschlicher Erkenntnis: die Beobachtung. Es meint, ein wirklichkeitsgemäßes Weltbild allein auf der Säule des Denkens aufbauen zu können. Es missachtet die Tatsache, dass das Ich mit der Organisation ein Verhältnis eingegangen ist, das bewirkt, dass die Welt in zweierlei Weise an es herantritt und dass die Beobachtung vor dem Denken liegt. Das

Ich-Bewusstsein gründet in der zwölffachen Weltvermittlung durch die Sinnesorganisation, die den «eigentlichen» physischen Leib konstituiert.

Diejenige Wesenheit, die den Menschen den Aufgaben an der Erde entfremden will, ist Luzifer. Er wird von Rudolf Steiner deshalb auch als Inspirator eines Geisteslebens charakterisiert, das von den Tatsachen der Sinneswelt abhebt. Das Luziferische in seiner Wesenheit zu erfassen wird durch eine vorerst widersprüchliche Tatsache erschwert: Es sind luziferische Wesenheiten, die alles das, was wir materielle Kultur unseres Zeitalters nennen, inspirieren.[186] Gleichzeitig fördern sie den Traum, dass mit jenen Gedankenformen, mit denen die materielle Welt beherrscht werden kann, alle Welttatsachen zu erklären sind. Der Inhalt dieses Traums aber ist eine ahrimanische Inspiration. Diese komplizierte Tatsache lässt leicht den Trugschluss aufkommen, dass die materielle Kultur allein als eine Folge ahrimanischen Wirkens aufzufassen sei. Dieser Trugschluss verdeckt, dass luziferisches Wirken erst das Tor für den ahrimanischen Einfluss öffnet, dass die luziferische Tendenz, sich schnell von den Phänomenen abzuwenden, Ahriman erst die Möglichkeit gibt, diese rein materialistisch zu deuten. Die materialistische Weltansicht kann nur ausgebildet werden, indem das Denken sich von der Wahrnehmung entfernt und seine Resultate ihr überstülpt. Die in den Sinneserscheinungen waltende Weisheit wird somit für das menschliche Bewusstsein verloren.

Als ein generelles Heilmittel gegenüber der das heutige Geistesleben bestimmenden luziferischen Tendenz nennt Rudolf Steiner den Goetheanismus, bei dem jedes einzelne Phänomen wohl angeschaut und aus seinen eigenen Bedingungen beurteilt werden soll. Dem Denken *über* die Phänomene wird ein solches *aus* den Phänomenen entgegengesetzt. Dieses kann sich aber nicht ohne eine neue intensive Schulung der Wahrnehmungsfähigkeit entwickeln. Der Wille, der in der Stoffwechsel-Gliedmaßen-Organisation urständet, ist durch Ich-Tätigkeiten sowohl in das Denken als auch in die Sinnesprozesse hineinzutragen. Nicht nur Denkwille ist zu entwickeln, sondern auch Wahrnehmungswille. Anders gewendet: Die Regsamkeit des Geistes wendet sich mit gesteigertem Interesse den Wahrnehmungsinhalten zu.

Der neue Yoga-Wille

In dem Vortragszyklus «Die Sendung Michaels» erklärt Rudolf Steiner, warum die Yoga-Schulung bis in den dritten nachatlantischen Kulturzeitraum berechtigt war. Bis zu diesem Zeitpunkt war die Luft von geistigen Wesen stark durchseelt. Deren Wirksamkeit wurde durch die Atemschulung erlebt. Wie empfand man damals den Atemprozess? Wenn ein Baum bewegt wird, dann wirkt Gott außerhalb. Wenn ich meinen Arm bewege, dann wirkt Gott innerhalb des Menschen. «Wenn ich die Luft einziehe, innerlich verarbeite und wiederum nach außen lasse, dann ist der Gott von außen, der hereingeht und wiederum hinausgeht. So empfand man dasselbe Göttliche draußen, drinnen, aber in einem Punkte zugleich draußen, drinnen. Man sagte sich: Indem ich Atmungswesen bin, bin ich zugleich ein Wesen der Natur draußen, zu gleicher Zeit ich selbst.»[187]

Naturdasein und Menschendasein überkreuzen sich an einem Punkt, nämlich im Atmungsprozess. Das ist die Grundlage der Yoga-Schulung. Dieses Verhältnis des Menschen zur Natur, das die Bewusstseinslage der dritten nachatlantischen Kulturperiode charakterisiert, ändert sich beim Übergang in die nächste Kulturperiode radikal. Der Mensch steht isoliert der Natur gegenüber. Der Kreuzungspunkt, in dem sich beide trafen, ist verloren gegangen.

«Das Richtige kann nur angestrebt werden, wenn wir uns einer viel feineren Beziehung zur Außenwelt bewusst werden, sodass mit Bezug auf unseren Ätherleib etwas stattfindet, das immer mehr und mehr in unser Bewusstsein hereinkommen muss, ähnlich wie der Atmungsprozess. Wie wir beim Atmungsprozess frischen Sauerstoff einatmen und unbrauchbare Kohlenstoffluft ausatmen, so ist ein ähnlicher Prozess vorhanden in allen unseren Sinneswahrnehmungen … Sie schauen auf eine Flamme hin. Da geschieht etwas, was sich vergleichen lässt, nur viel feiner ist, mit dem Einatmen. Machen Sie dann das Auge zu, so haben Sie das Nachbild der Flamme. In diesem Prozess ist außer dem, was rein physiologisch ist, der menschliche Ätherleib sehr beteiligt. Aber in diesem Prozess steckt etwas sehr, sehr Bedeutsames. Da drinnen ist nunmehr das Seelische, das vor drei Jahrtausenden mit der Luft ein- und ausgeatmet worden ist. Und wir müssen lernen, in ähnlicher Weise den Sinnesprozess in seiner Durchseelung einzusetzen, wie man vor drei Jahrtausenden den Atmungsprozess eingesetzt hat.»[188]

Was im Wahrnehmungsprozess tätig ist, beschreibt Rudolf Steiner im selben Vortrag lapidar: «Von außen wirken die Weltgedanken in uns herein; von innen wirket der Menschheitswille hinaus. Und es durchkreuzen sich Menschheitswillen und Weltgedanken in diesem Kreuzungspunkt.»

Um diese Charakteristik des Sinnesprozesses zu verstehen, muss man an der Erkenntnis festhalten, dass die sich metamorphosierenden Wahrnehmungsinhalte Erscheinungen der Weltgeistigkeit sind. An deren Ursprung steht die Seelentätigkeit geistiger Wesen, die vom Wesen sich trennt und objektiviert und so die unterschiedlichen Erscheinungen der Welt bewirkt. Wir haben es bei dem, was sich den Sinnen einbildet, mit *alten* objektivierten Seelenformen zu tun; im Falle der Natur mit solchen, die durch die Geister der Persönlichkeit auf dem alten Saturn kreiert worden sind. In dem, was diese alte Geistigkeit gegenläufig erfasst, wirkt gleichsam junger Menschheitswille. In diesem Willen, der sich der Stoffwechselorganisation bedient, lebt das Ich; aber in der Hingabe an die Welt lebt es vorerst unbewusst. Indem in dem Sinnesprozess Weltengeistigkeit und Menschheitswille sich durchkreuzen, kann das Ich für diese aufwachen.

Rudolf Steiner hat immer wieder dargestellt, dass jeder Willensprozess durch die Erde wirkt, dass die Erde, jetzt als Wesen gedacht, die individuelle Willenstätigkeit erst ermöglicht, der Mensch mithilfe der Erde erst zu sich selbst findet. Anders gewendet: Der Mensch erreicht erst auf der Erde seine Menschheitsstufe, das heißt, er tritt jetzt in die hierarchische Verantwortung ein, weil er zur selbstbewussten Eigenaktivität fortschreitet.

Nun wissen wir, dass die Menschheit nur aus eigenen Kräften diese «hierarchische» Tätigkeit nicht hätte ausüben können. Es war eine Belebung ihrer Kräfte und der Kräfte der Erde dafür notwendig. Diese trat durch das Christusopfer auf Golgatha ein; dadurch verband sich Christus einerseits untrennbar mit der Menschheit, andererseits mit der Erde. Wenn Rudolf Steiner in dem oben angeführten Zitat nicht vom individuellen Willen spricht, der den Weltgedanken entgegenströmt, sondern vom Menschheitswillen, so deutet er eben diese Tatsache an. Ein von der Subjektivität befreiter Wille ist dafür notwendig. Dem entspricht auch, dass diese Begegnung und Durchkreuzung von Weltgedanken und Menschheitswillen für den Menschen bisher tief unterbewusst erfolgt.

Der «neue Yoga-Wille» hat genau an diesem Punkte anzusetzen. Durch willentliche Schulung der Wahrnehmungsfähigkeit besteht die Möglichkeit, zu den in dem Wahrnehmungsprozess wirkenden Welttatsachen vorzudringen und damit zu jenem Gebiet, wo die Weltenseele in ihrer Wirksamkeit auch heute gefunden werden kann.

Der neue Wirkensort der Weltenseele, der hier beschrieben wird, ist bedeutsam. Solange diese im Element der Luft wirkte, fand sie der alte Yoga-Wille in der Inspiration. Heute, wo sie im Sinnesprozess atmet, wird sie durch Imagination gefunden. Die Imagination wird aber mithilfe der Schulung der Wahrnehmungsprozesse erbildet, nämlich dann, wenn die Grenze zwischen sinnlicher Anschauung und Wahrnehmung der elementarischen Welt durchstoßen wird, die letztere ihr «Gesicht» zu zeigen beginnt.

Folgerichtig kommt Rudolf Steiner in diesem Vortrag auf Goethe zu sprechen, in dessen Anschauungsart «sich nicht hineinmischt der luziferische Gedanke, der aus dem Kopf des Menschen selber kommt». Auch «der Kopf» selbst ist «alte» Geistigkeit, nämlich das Resultat einer vorigen Inkarnation. Er ist für sich allein genommen ungeeignet zur Belebung alter Weltgedanken. Er selbst muss belebt werden, und zwar durch den Willen des «zweiten» Menschen, wenn er seine rechtmäßige Aufgabe in der Gegenwart erfüllen soll. Die Belebung ist doppelt gerichtet: auf das Denken selbst und auf die Wahrnehmungsfähigkeit, also auf beide Säulen des Erkennens. Die Anwendung «alter» Kopfgedanken auf die Natur entfernt den Menschen von seiner möglichen Entwicklung und von einem wirklichen Naturverständnis. Luzifer verführt ihn, auf einer Entwicklungsstufe stehen zu bleiben, die für die Findung des Selbstbewusstseins wichtig war; aber es ist damit die zukünftige Aufgabe gegenüber der Erde nicht zu erreichen. Das Ziel der Wahrnehmungsschulung, für die Goethe erste, bedeutungsvolle Schritte tat, wird von Rudolf Steiner so charakterisiert: «Dann werden wir das Christus-Verhältnis zur äußeren Natur haben. Da wird das Christus-Verhältnis zur äußeren Natur etwas sein wie eine Art geistigen Atmungsprozesses.»[189]

Wir haben die Belebung des «Kopfes» bisher einseitig geschildert, indem wir vor allem die Belebung der Sinnesprozesse ins Auge fassten.

Zur Abrundung und Differenzierung sei auf die zweite Art, die Organisation des Hauptes zu beleben, wenigstens hingewiesen: die Verlebendigung des Denkens. Um sie zu erreichen, muss wieder der Wille, jetzt als Denkwille, mit der Hauptesorganisation verbunden werden. Seine höchste Steigerung erfährt der Denkwille dort, wo alle Wahrnehmungsinhalte aus dem Denken getilgt sind, also das reine Denken erreicht wird. Mit ihm wird eine ungemein wichtige Erfahrung gemacht: Im reinen Denken wird das Vorstellungsmäßige des Denkens abgearbeitet, genauer: der Bildcharakter der Vorstellungen. Das kann auch gegenüber der Ich-Vorstellung gelingen. Das Ich erfährt sich dann selbst im Denkwillen als wirksame Realität. So wie der Mensch dann bei sich selbst zum Wesen vorstößt, so kann dies auch gegenüber allen anderen Erscheinungen gelingen. Auf diesem Wege wird der Mensch in Bezug auf die Relationen von Erscheinung und Wesen urteilsfähig. Eine solche Urteilskraft ist Grundlage jeder modernen Bewusstseinssteigerung, die diesen Namen verdient. Sie ist auch notwendig für die Beurteilung der imaginativen Welt, die sich der gesteigerten Wahrnehmungsfähigkeit, dem neuen Yoga-Willen, langsam erschließt und die elementarische Welt der Imagination zunehmend hellseherisch erfasst. Auch die Imagination ist Erscheinung, wenn auch auf einer höheren Ebene als die sinnenfällige. Ohne Urteilsfähigkeit wäre der Mensch dieser neuen Erscheinungswelt ebenfalls ausgeliefert, weil – im Gegensatz zu früheren Zeiten – die Erscheinungen «ihren Namen nicht mehr auf der Stirn tragen» (Rudolf Steiner). Auch in der Einweihung behält das naturwissenschaftliche Prinzip, das Urteil gleichsam an und aus der Wahrnehmung zu bilden, seine Gültigkeit. Es bedarf größerer Anstrengung, die Urteilskraft hier durchzusetzen, da die Metamorphose der Erscheinungen in der elementaren Welt fließend erfolgt. Die Natur zeigt zwar in der Imagination mehr ihr «Gesicht»; das Wesen aber, das sich in ihr ausspricht, muss nach wie vor urteilend gefunden werden. Man sieht: Beide Belebungen der Kopforganisation müssen getätigt werden, um die Imagination zu erüben. Urteilsfähigkeit ohne Erscheinungsinhalt, an dem sie sich immer neu erprobt und korrigiert, dringt nicht bis zum Kern der Welt vor. Erst die Intuition überwindet die doppelte Voraussetzung für jede Erkenntnis: Wahrnehmung und Denken.

Das Staunen

Das grundlegende Buch über die geisteswissenschaftliche Schulung ist die Schrift *Wie erlangt man Erkenntnisse der höheren Welten?*[190] Es ist Rudolf Steiners Art, ein Thema unter vielen Gesichtspunkten zu behandeln; daher folgen später, nach Verfassen des Werkes, wesentliche Ergänzungen. Daneben gibt es auch viele Vorträge, die speziell dieses Thema aufgreifen. Eine erste Übersicht über die unterschiedlichen Aspekte der Schulung gibt Stefan Lebers Zusammenstellung in dem Taschenbuch *Wege der Übung*.[191]

Der besondere viergliedrige Schulungsweg, dem hier nachgegangen werden soll, erhält seine Färbung dadurch, dass er im Rahmen einer Vortragsreihe steht, die das Thema der luziferischen Verführung ausführlich behandelt. In anderen Zusammenhängen nennt Rudolf Steiner diese Übungen die vier Grundstimmungen des Schulungsweges.[192] Diese vier Übungen haben offensichtlich ein besonderes Gewicht gegenüber der luziferischen Verführung.

Die Seelengeste des Staunens, mit der dieser Schulungsweg beginnt, kann am besten beim kleinen Kind beobachtet werden. Es ist nicht übertrieben, wenn man in bestimmten Augenblicken vom Kind sagt: Es ist ganz Staunen, d.h. ganz hingegeben an die Welt. Diese Hingabe ist ohne jeden Vorbehalt. Das Seelenwesen wird mit dem, was vor ihm steht, eine Einheit. Es fließt ganz in die Sache aus und wird tief beeindruckt.

Beim kleinen Kind ist die Hingabe an die Welt eine durchgängige Lebensform. Rudolf Steiner kennzeichnet diese Attitüde des kindlichen Seelenlebens mit zwei Begriffen. Der erste: *Das Kind ist ganz Sinnesorgan.* Noch ist die Vorstellungswelt, die das Kind später das Selbstbewusstsein erobern lassen wird, kaum in der kindlichen Seele ausgebildet. Deswegen wird das «Trinken» der Welt bzw. das Ausfließen des Seelenlebens in die Welt durch nichts irritiert. Denn bis zu den Vorstellungen, die ein Selbstbewusstsein schaffen, ist noch ein weiter Weg. Das

Auge nimmt die Welt rein auf, und es antwortet die Seele mit hingebungsvollem Staunen. In diesem seelischen Atmungsprozess kann das Kind lange verharren; die Korrespondenz der Seele mit der Welt wird durch keine Vorstellungen gestört, und sie befriedigt das kindliche Seelenleben. Nichts anderes hat neben den bestaunten Objekten im Seelenleben Platz. Die Sinneswelt und die sie gestaltenden Kräfte werden in das Seelenleben eingelassen, ohne dass etwas sie hemmte; und das Seelenleben antwortet auf sie mit reiner Empfindung. Der kindliche Sinnesmensch lebt die konzentrierte Hingabe an die Welt vor. Es herrscht die Empfindung: Die Welt ist gut. Ich werde von ihr getragen, bin in ihr aufgehoben. Nicht diese Urteile leben in der kindlichen Seele, aber die ihnen entsprechenden Empfindungen, die aus solcher Hingabe erwachsen.

Der zweite Begriff lautet: *Das Kind ist ganz Wille.* Auch dieser Wille orientiert sich nicht an eigenen Vorstellungen, sondern an den Tätigkeiten, vor allem an denjenigen der Erwachsenen in der Umgebung des Kindes. Das kleine Kind ahmt sie nach. Um das zu können, muss es in den Gesten seiner Umgebung leben, also mit dem Seelenleben in diese ausgegossen sein. Dieser Wille führt zu keiner Reflexion, sondern er strebt zur Tat. Das Kind lebt sich durch ihn tätig in die Welt ein. Der kindliche Wille nimmt dabei nicht nur die Gesten der Erwachsenen wahr, sondern auch die Seelenstimmung, die sie begleiten. Es ist ein Hellfühlen besonderer Art. Dieses vom Staunen beherrschte Welt-Erleben findet beim Kind vor jedem Denken statt. Der starke Gefühlsbezug, den die Hingabe an die Welt auslöst, weckt erst später das erste Vorstellungsleben. Auf diesem Quellgrund des Gefühls entfaltet sich dann das Vorstellen am gesündesten, weil es von dem Erleben der Dinge noch ganz erfüllt ist. Dieses intensive Einleben in die Welt ist der Natur des Kindes gemäß. Es wird von dieser Haltung des Staunens gleichsam gelenkt.

Der selbstbewusste Erwachsene findet andere Bedingungen des Seelenlebens vor als das Kind. Das Gegenstandsbewusstsein hat ihn vom staunenden Welterleben weit entfernt. Er lebt in einer Welt, die nach schneller Vorstellungsbildung drängt. Der Materialismus huldigt der Auffassung, dass durch ihn prinzipiell alles erklärbar sei. Es sei nur eine Frage der Zeit, bis auch die letzten offen stehenden Fragen gelöst sein würden. Mit dieser Haltung scheint ihm alles machbar. Diese ungetrübte

Selbstgewissheit verstellt dem Menschen (meist unbewusst) den unbefangenen Umgang mit der Welt.

Das Neue Testament behauptet: «So ihr nicht werdet wie die Kindlein, werdet ihr nicht in das Himmelreich kommen.» Und der Weise sagt, dass er vom kleinen Kind durchaus etwas lernen könne. Was ist es, was so wichtig am kleinen Kind ist, dass es selbst dem Weisen als erstrebenswert erscheint? Es ist die Hingabe an die Welt, die das Kind auszeichnet, an deren Ende das Staunen steht. Im Unterschied zum Kind muss sich der Erwachsene die Haltung der Hingabe hart erarbeiten. Er muss vorerst die schnelle Vorstellungsbildung, die ihn von der unvoreingenommenen Hingabe an die Welt abhält, zurückdrängen, um die Welt der Erscheinungen unverstellt in sein Bewusstsein aufzunehmen.

Die schnelle Vorstellungsbildung hantiert mit dem, was man bereits für gewiss hält. Sie ist eigentlich vergangenheitsorientiert. Das Staunen öffnet die Erkenntnis für Unvorhergesehenes. Mit seiner Hilfe vergewissert sich der Staunende auch aufs Neue seiner alten Vorstellungen, weil ihn das Staunen noch einmal an den Ursprung seiner Erkenntnisbemühungen zurückführt. Der Wille, der bei den Bemühungen um das Staunen den Sinnesmenschen ergreift und belebt, öffnet den Sinn für ein neues, gesteigertes Wahrnehmen. Dem Künstler ist solches Wahrnehmen zur Gewohnheit geworden. Diese Verhaltensweise wird ihm zum Bedürfnis, weil er tausendfach erfahren hat, dass er mit ihrer Hilfe fähig wird, der Welt neue Gebärden abzulauschen. Das Staunen, intensiv geübt, erschließt den Gleichnischarakter der Welt. Es setzt den Betrachter auf die Spur, die geistigen Werdekräfte zu finden, welche die Welt gestalten. Das Staunen beflügelt die Wahrnehmungsfähigkeit.

Unsere Beobachtung ist in der Regel zu flüchtig und deshalb zu undifferenziert. Erst wenn wir ruhig und aufmerksam wahrnehmen, zeigen uns die Dinge ihre wahre Gestalt. Vieles, was wir – in der wahren Bedeutung des Wortes – «übersehen» haben, tritt völlig neu, gleichsam jungfräulich in das Bewusstsein. Da diese neuen Wahrnehmungsinhalte doch zum Ganzen der Sache gehören, müssen wir uns gestehen, dass wir vorher nur einen Bruchteil der Welt wahrnahmen. Indem wir diesen Bruchteil für das Ganze nahmen, wurde unsere Erkenntnis ohne unser Wissen irregeleitet. Jetzt stellen wir – eben erstaunt – fest: Wollen wir die Welt erschließen, müssen wir uns an die Welt der Erscheinungen ganz hingeben. Gleich Kindern müssen wir uns von ihr überraschen lassen, ehe wir das Wahrgenommene bedenken. Das Goethe-Wort «Die Phänomene sind die Theorie» geht uns erst jetzt in seiner Bedeutung für ein richtiges und fruchtbares Weltverhältnis auf. Es befördert die Neuentdeckungen eines zur Reife getriebenen Wahrnehmungsaktes. Es ist ein Geselle unserer Entdeckerfreude. Dabei wird auch wahrgenommen – nicht gedacht –, wie auf dem Grunde dieses Gefühls die Frage keimt.

Das Staunen ist ein Gefühl, das Gedanke werden will – und werden kann. Wir können bei der Beobachtung des Staunens zu einer ungewöhnlichen Tatsache des Seelenlebens vorstoßen. Gewöhnlich werden Denken, Fühlen und Wollen als getrennt agierende Seelenfähigkeiten aufgefasst. Der Beobachter des Staunens entdeckt dagegen ihre Verwandlung. Der reine Beobachtungswille empfängt hingebungsvoll die Welt und wird zum Gefühl des Staunens. Dieses drängt, indem es Fragen aufwirft, auf deren Beantwortung durch das Denken. Sehr abstrakt formuliert: Erkenntnis wird nicht allein durch eine Ausbildung des Denkens gefördert, sondern durch eine Gestaltung des Seelenlebens in seiner Gänze. Das Staunen ist eine gute und gesunde Grundlage für die Erkenntnis. Wird es für unwichtig gehalten oder übergangen, dann kann die Erkenntnis nicht jenen Grad erreichen, der ihr möglich wäre. Das Vorstellungsleben wird abstrakt.

Die luziferische Verführung hat in den Sinnen einen Zustand herbeigeführt, der ein Übergewicht des physischen Leibes über den Ätherleib zeigt. Das Bemühen um das Staunen läutet eine Gegenbewegung ein. Der absichtsvoll gelenkte Wille belebt das Auge – und so alle Sinne. Die Aufmerksamkeit erschließt eine neue Welt. Jeder, der sich ihrer bedient, weiß, dass ihre Voraussetzung Konzentration ist. Im Ringen um Konzentration wird der Wille, der sie herstellt, erfahrbar. Dasselbe gilt für die innere Ruhe, eine weitere Voraussetzung für die Aufmerksamkeit. Erst wenn das zufällige Seelengewoge beruhigt worden ist, kann sich die Aufmerksamkeit entfalten. Im vorgeprägten Seelenleben muss erst willentlich ein Freiraum geschaffen werden, in dem die Welt sich unverstellt einbilden kann.

Rudolf Steiner charakterisiert die Kraft des Staunens unter anderem so: «Wenn ein Mensch, gleichgültig, wie sonst die Verhältnisse sind, durch welche er zum menschlichen Forschen und Sinnen kommt, von dem

Staunen ausgeht, also nicht von irgendetwas anderem, sondern vom Staunen über die Weltentatsachen, dann ist das so, wie wenn man ein Samenkorn in die Erde steckt und eine Pflanze daraus emporwächst.»[193]

Die ersten Stadien der Seelenfähigkeiten, welche das Staunen anregen, haben wir beschrieben. Das Samenkorn Staunen wird eine lebendige Kraft, die auch andere Fähigkeiten wachsen lässt. Fehlt der Erkenntnis diese lebendige Kraft, kann sie sich nicht in der rechten Art entfalten.

«Alle solche Ausgangspunkte [nämlich alle Welterkenntnis, die nicht vom Staunen ausgeht], die führen nur zu einem solchen Zusammenleben mit der Wahrheit, das sich vergleichen lässt damit, dass man aus Papiermaché eine Pflanze macht und nicht aus dem Samen sie zieht.»[194] Anders ausgedrückt: Ein solches Erkenntnisverfahren liebt die Abstraktion. Im Spiegelungsvorgang der lebendigen Ideen an der menschlichen Organisation verlieren diese ihre Lebendigkeit. Eine drastische, aber realistische Bezeichnung für diesen Zustand ist: Sie sind – im Vergleich zu den lebendigen Ideen – ein Leichnam, also gewissermaßen Papiermaché gegenüber der Wirklichkeit. Diese Schatten der Wirklichkeit können nur einen Bereich der Welt klären: den Bereich des Toten. Dort feiern sie ihre faszinierenden Triumphe. Sie nähren die Illusion, dass auch alle anderen Lebensbereiche durch sie geklärt werden könnten.

Die abstrakte Gedankenbildung bringt dem Menschen schätzenswerte Vorteile. Vor allem durch sie etabliert sich das Selbstbewusstsein, das niemand missen möchte. Betrachtet man aber das Finden zu sich selbst nicht als ein Ende der Bewusstseinsentwicklung, sondern als ein Durchgangsstadium, dann wird man einsehen können, dass die Abstraktion auch willentlich überwunden werden kann. Das durch sie geschärfte Denken braucht dabei nicht aufgegeben zu werden, wenn man den anthroposophischen Schulungsweg beginnt. Im Gegenteil: Es soll jeden Schritt des Schulungsweges begleiten. Darauf beruht jede moderne Schulung. Dagegen muss die schnelle, unkontrollierte Vorstellungsbildung, welche den Akt der Wahrnehmung zu kurz kommen lässt, überwunden werden. Durch sie wird die Erkenntnis unstatthaft verkürzt. Sie reißt den Menschen zu stark und schnell aus seinem wahrnehmenden Weltbezug heraus und leitet ihn dadurch leicht in die Irre. Dieser Verkürzung des Erkennens kann mit dem Staunen entgegengewirkt werden. Es bindet den Menschen auf neue Art in die wahrnehmende Teilhabe an der Welt ein.

Die Devotion

Das Wort Devotion ist heute weitgehend verpönt; es riecht förmlich nach Unterwerfung. Deshalb muss sofort klargestellt werden, dass die hier gemeinte Devotion nicht gegenüber Menschen oder Institutionen entwickelt werden soll, sondern gegenüber der Wahrheit. Die Wahrheit müssen wir zuerst erringen, bevor wir ihr gegenüber Ehrfurcht entwickeln können. Wir liefern uns also, indem wir das Gefühl der Devotion entwickeln, keinem undurchschaubaren Inhalt aus, sondern bearbeiten auf eine neue Art das, was wir selbst hervorgebracht haben und von dem wir in allen Einzelheiten wissen, wie es zustande gekommen ist.

Dieser erweiterte Umgang mit Ideen durch die Devotion ist heute wenig üblich. Die abstrakte Form, in der Gedanken üblicherweise gehandelt werden, kehrt vor allem deren Rationalität hervor. Dabei sind Gefühle nicht gefragt, ja sie werden geradezu als hinderlich angesehen. Dagegen ist vorerst nichts einzuwenden. Aber zu bedenken ist, dass die Erkenntnisbemühung sich auf das totale Seelenleben abstützt; dass durch die gezielte Schulung des Gefühls und des Willens die Erkenntnisbemühung nicht behindert, sondern gefördert wird.

Gegenüber allen Einzelheiten der Schöpfung kann sachgemäß Devotion entwickelt werden. Bei besinnlicher Seelenruhe stellt sie sich als Antwort auf mächtige Welterscheinungen und Gedanken leicht ein: beim Sonnenaufgang, beim Anblick des gestirnten Himmels oder bei der Idee von den Hierarchien. Da geht das Staunen in die Ehrfurcht über. Aber auch gegenüber scheinbar «geringen» Welterscheinungen ist die Devotion möglich. Sind sie doch auch Erscheinung eines in ihnen wirkenden Geistigen.

Den Menschen ist eine solche Seelenhaltung heute meist fremd. Wollte man sie ihnen nahe legen, würde man auf Unverständnis stoßen. Sie würden uns vorhalten, dass es ihre Aufgabe sei, gezielt Produkte herzustellen und nicht über deren Rohstoffe zu sinnieren oder gar für sie Empfindungen zu entwickeln. Alle Aufmerksamkeit sei auf die Produktion zu richten. Ob sie wohl merken, dass sie sich durch eine solche Haltung der eigenen Naturgrundlage gegenüber entfremden? Diese Haltung ist indes so üblich geworden, dass die Entfremdung, die sie auslöst, kaum mehr auffällt. Der Umgang mit der Naturgrundlage wird immer achtloser. Erst die ökologische Bewegung hat sich gegen diesen Trend gewendet, indem sie vor allem einen Aspekt, nämlich die Bedeutung der natürlichen Ressourcen für die Allgemeinheit, besonders hervorgehoben hat. So kann Achtung vor dem Geschenk der Naturgrundlage wieder Platz greifen. Devotion aber ist mehr als Achtung.

Was wird mit der willentlichen Entfaltung des Gefühls der Devotion vom Übenden angestrebt? Das Erkennen braucht die Kraft der Distanzierung, also der Antipathie gegenüber der Welt. Solange wir mit dem Gedankeninhalt, der die Erscheinungswelt bestimmt, gleichsam bewusstseinsmäßig «verschwimmen», können wir ihn nicht entdecken. Erst wenn wir ihm gegenüber die distanzierte Eigenständigkeit erringen, wird er uns bewusst. Das Aktivieren der Antipathiekräfte ist also eine unabdingbare Voraussetzung für jede Erkenntnis. Derjenige, der sie zugunsten eines «träumenden» Gefühls abschaffen wollte, wäre ein Narr. Gleichzeitig aber kann man nüchtern feststellen, dass beim Einsatz der Antipathie das Seelenleben eine gewisse Einseitigkeit erfährt.

Dass Wille beim Schöpfen der Gedanken am Werke sein muss, das erfährt der den Gedanken schaffende Mensch durch die aufzubringende Anstrengung. Aber Gefühl? Man kann das Üben der Devotion erst einmal als ein Ausbalancieren jener vorherrschenden Antipathie auffassen, die beim Finden der Gedankeninhalte notwendig ist. Die Kraft der Antipathie wird aufgewogen durch ein gewolltes sympathisches Ruhen auf dem gefundenen Gedanken. Der Gedanke wird erlebt. Dabei werden ihm Sympathiekräfte der menschlichen Seele entgegengebracht. Die Distanz zu ihm wird durch das Gefühl ein Stück weit überwunden. Der Gedanke wird – bildhaft gesprochen – dem Gefühlsleben eingepflanzt. Das Gefühlsleben in seiner Gänze antwortet auf diesen Vorgang. Dadurch tritt eine erhöhte Identifikation mit dem Gedanken und auch der Sache, die er repräsentiert, auf. Ihm wird willentlich das Gefühlsleben entgegengebracht. Das so hergestellte Erleben des Gedankens führt beispielsweise seine Konsequenzen vor Augen. Es entscheidet, wie sich der Mensch zu ihnen verhält.

Goethe hat mit feinsinniger Beobachtung vier Richtungen der Ehrfurcht festgestellt: Ehrfurcht gegenüber dem, was unter uns ist (also gegenüber der geschaffenen Natur), Ehrfurcht vor dem, was neben uns ist (also gegenüber dem Mitmenschen), Ehrfurcht vor dem, was über uns ist (also den Wesen, die beides geschaffen haben). Diese drei Ehrfurchten sind bekannt. Weniger bekannt ist die vierte: die Ehrfurcht vor sich selbst (also gegenüber dem eigenen geistigen Wesen).

Gleich, mit welchen der vier Erfahrungsfelder man beginnt, wir finden zumindest einen Abglanz waltender Weisheit, die in den Erscheinungen am Werke ist. Das Weisheitswalten zeigt, dass ein permanenter Wille die Erscheinungen formt, erhält, verwandelt. In solchem Erleben kann Devotion vor dieser Weisheit keimen. Darin liegt keine Unterwerfung, sondern eine gesteigerte Anerkennung der Tatsachen.

Wir haben beim Staunen eine Metamorphose des Willens in das Gefühl und schließlich in ein erstes Denken beobachten können. Beim Entwickeln der Devotion stoßen wir auf umgekehrte Bildeprozesse. Eine Idee wird dem Gefühl eingebildet. Das Gefühlsleben antwortet darauf mit Devotion. Doch dabei bleibt es nicht. Dieses Gefühl der Devotion verwandelt sich in das der Verantwortung. In der Ehrfurcht vor dem, was unter uns ist, entsteht ein Verantwortungsgefühl für die Schöpfung. Es gehört zu den Zeichen der Zeit, dass sich in den letzten drei Jahrzehnten dieses Gefühl belebt hat. Auch der Menschenkreis, der soziales Verantwortungsgefühl empfindet, wird größer. Hier regt sich ebenfalls Widerstand gegen ein globales, menschenverachtendes Machtstreben. Die Ehrfurcht vor sich selbst zeitigt bei immer mehr Menschen eine heilsame Unruhe. Sie fragen sich, wo sie ihre Menschenkraft sinnvoll einbringen können, und ziehen oft für den eigenen Lebenslauf erstaunliche Konsequenzen. Die durch die Tatsachen gegebene Lebensschule wirkt.

Am wenigsten ausgebildet ist heute das Verantwortungsgefühl gegenüber den Wesen der geistigen Welt. Geisteswissenschaft kann für diese Art von Devotion eine Erkenntnisgrundlage liefern. Hier erlebe ich besonders stark die Verantwortung derer, die durch ihr Schicksal der Geisteswissenschaft begegneten.

Im Verantwortungsgefühl erleben wir die Metamorphose der Devotion in den Willen. Denn, kräftig genug erlebt, drängt dieses Gefühl auf die der Sache gemäße Handlung.

Dem Staunen tritt die Devotion als eine ungemein wichtige Haltung für den Erkennenden zur Seite. Nicht ohne Grund erwähnt Rudolf Steiner bei den Bedingungen des Schulungsweges die Devotion an erster Stelle, und er fordert in einem sonst unüblichen Darstellungsstil dreimal auf, sie energisch zu entwickeln.[195] Wir können in der Devotion eine Anleitung bzw. eine Bedingung für den aus Erkenntnis handelnden Menschen erkennen. Der ehrfurchtsvolle Umgang mit der Idee macht diese für den handelnden Menschen verbindlich. Es wird durch die Devotion die Einheit von Idee und Tat, wenn auch nicht gestiftet, so doch ungemein befördert.

Bei den Darstellungen Rudolf Steiners über den «Dämon Ich» fällt keine einzige Bemerkung in Richtung: Du sollst nicht lügen, nicht neidisch sein usw.[196] Mancher Leser wird das als selbstverständlich ansehen, wäre doch damit die Freiheitssphäre des Zuhörers verletzt. Erkenntnisse werden ausgebreitet, Konsequenzen mag jeder selbst ziehen – oder auch nicht. Das ist die Haltung eines ethischen Individualisten, der sich des Moralisierens enthält. Statt des Moralisierens werden Wege der Schulung aufgezeigt. Verfolgt man deren Schritte, so erweisen sie sich als ein Heilmittel, die «Verschiebung» der Wesensglieder aufzuheben. Freilich muss man die Medizin selbst einnehmen und darf nicht erwarten, dass Heilung schnell erfolgt. Dazu dauerte der Krankheitsprozess bereits zu lange.

Das Üben der Devotion befördert einen Seelenzustand, in dem die Überheblichkeit des Ich abgebaut wird. Überheblichkeit und Devotion sind Gegensätze wie Feuer und Wasser. Doch die menschliche Natur ist kompliziert. Übe ich, um mich den Wirkungen luziferischer Beeinflussung zu entziehen, lasse ich, gleichsam durch eine Hintertür, den Herrn des Egoismus wieder in mein Haus ein, weil ich um meiner selbst willen übe.

Es gab, vor allem im Mittelalter, Genies der Devotion. Bei ihnen kann man sehen, wie die Haltung der Devotion ihr ganzes Leben bestimmt. Sie verbinden sich durch die Devotion so stark mit der Gedankenwelt und der in ihr aufleuchtenden geistigen Wirklichkeit, dass dieses Gefühl für sie gewissermaßen zur Gewohnheit wird. All ihr Sinnen und Trachten ist auf das Ziel gerichtet, mit der geistigen Welt in Übereinstimmung zu leben. Der heilige Franz von Assisi und die heilige Elisabeth sind Beispiele dafür. Mit jeder Faser ihres Herzens streben sie Selbstlosigkeit an und betrachten sich als Diener für das, was über ihnen ist. Sie lassen das Verhältnis zu ihrem Mitmenschen und zur Natur von dieser Hingabe bestimmen. Der heilige Franz pflegt die Aussätzigen, belehrt den Wolf von Gubbio und singt den Sonnengesang.

Die Anwesenheit solcher Menschen wird von ihrer Umgebung als Wohltat empfunden. Von ihnen geht eine heilende Wirkung aus. Leben sie doch dar, was als Sehnsucht in jeder Menschenseele lebt, nämlich die Entbindung des Ich aus den Hindernissen einer durch die Widersachermächte verfälschten Natur. An ihrem Leben kann man eine Metamorphose der Seelenkräfte studieren, auf die Rudolf Steiner hinweist. In den Besprechungen über die so genannten Monatstugenden wird die Verwandlung der Devotion besprochen: Devotion wird zu Opferkraft.[197] Indem diese Heiligen dienen, überwinden sie Schritt für Schritt die Selbstsucht, die Mutter aller Übel. Sie folgen dem Paulinischen Wort als ihrem Leitstern: «Nicht ich, sondern der Christus in mir.» Dieses Wort gibt die Richtung an, in der sich alles Seelenstreben dieser Menschen bewegt. Sie sind diejenigen, welche den Grundsätzen folgen, durch die der Christus-Impuls unter den Lebensbedingungen der damaligen Zeit realisiert wird. Geopfert wird das, was nicht in Übereinstimmung empfunden wird mit den Intentionen der regulären Entwicklungsströmung. An dieser Gebärde der Opferkraft kann man den Charakter der Devotion ablesen: Sie drängt nach der Konkretion dessen, was durch das Staunen und die Devotion erfahrbar geworden ist. Diese Erfahrungen sollen das alltägliche Leben bestimmen.

Die Betrachtung über die Devotion schließt in dem Buch *Wie erlangt man Erkenntnisse der höheren Welten?* mit einem geistigen Gesetz: «Es ist ein Grundsatz in aller Geheimwissenschaft, der nicht übertreten werden darf, wenn irgendein Ziel erreicht werden soll. Jede Geheimschulung muss ihn dem Schüler einprägen. Er heißt: Jede Erkenntnis, die du suchst, nur um dein Wissen zu bereichern, nur um Schätze in dir anzuhäufen, führt dich ab von deinem Wege; jede Erkenntnis aber, die du suchst, um reifer zu werden auf dem Wege der Menschenveredelung und der Weltenentwickelung, die bringt dich einen Schritt vorwärts. Dieses Gesetz fordert unerbittlich seine Beobachtung. Und man ist nicht früher Geheimschüler, ehe man dieses Gesetz zur Richtschnur seines Lebens gemacht hat. Man kann diese Wahrheit der geistigen Schulung in den kurzen Satz zusammenfassen: Jede Idee, die dir nicht zum Ideal wird, ertötet in deiner Seele eine Kraft; jede Idee, die aber zum Ideal wird, erschafft in dir Lebenskräfte.»[198]

Die hier eingeforderte Verbindlichkeit der Erkenntnis wird von jenen Heiligen vorgelebt. Ihr Leben erzählt von der Wirklichkeit des angeführten Gesetzes. Sie erschaffen in sich Lebenskräfte, die sie restlos in den Menschenkreis, in dem sie leben, einfließen lassen. Sie nehmen eine Entwicklung vorweg, welche die Bewusstseinsseele ergreifen will. An ihnen wird erlebbar, welche Möglichkeiten in der menschlichen Entwicklung liegen, wenn sie denn vom Ich selbstlos ergriffen werden.

Ein Blick in unsere Gesellschaft genügt, um herauszufinden, dass eine an der Erkenntnis orientierte Devotion selten geworden ist. Wie ein Nebenprodukt heutiger Denkweise finden wir eine sich steigernde *Missachtung*. Beispielsweise ist das Gemüt der Menschen von dem vom Darwinismus geprägten Begriff der Selektion besetzt. Nur glauben eben die verschiedensten Menschengruppen, die Besten, das heißt die Auserwählten, zu sein. Wohin eine solche Idee, wenn praktische Konsequenzen aus ihr gezogen werden, führt, hat Hitlers «Tausendjähriges Reich» bewiesen. Und es ist kein Zufall, dass im Gefolge einer solchen Idee die absolute Missachtung gegenüber dem Andersdenkenden und den vermeintlich rassisch Minderwertigen auftrat. Das Gegenbild der Devotion feierte dabei Triumphe und verirrte sich, in der Vernichtung anderer Menschen ein anzustrebendes Ziel zu sehen: ein Menetekel der Missachtung ohne jedes Erbarmen.

Man meint, die zwölf Jahre des «Tausendjährigen Reiches» hätten genügen müssen, um ein für alle Mal eine Wiederholung solchen Gräuels auszuschließen. Jeder weiß heute, dass der moralische Appell, sich anders zu verhalten, nicht genügte. Man will sich dennoch nicht eingestehen, dass die Denkweise, der wir uns alltäglich bedienen, die Tendenz hat, die Weltabhängigkeit der eigenen Person zunehmend aus dem Blick zu verlieren. Alles wird vom Menschen nur mehr im Blick auf sich selbst beurteilt. Wichtig ist allein, der eigenen Person Vorteile zu verschaffen. Dieser Isolierung des Ich durch die Antipathie entgleitet jede vorurteilsfreie Verbindung zur Welt.

Man kann über die Devotion viel lernen, wenn man ihr Gegenbild, die Missachtung, studiert. Unsere bisherigen Betrachtungen legen nahe, nach zwei Gegenbildern der Devotion zu suchen. Das erste wurde charakterisiert. Das zweite Gegenbild erscheint dort, wo die Devotion sich nicht allein der Wahrheit verpflichtet fühlt, sondern sich als Verehrung von Menschen oder Institutionen auslebt, die bestimmen, was für den Einzelnen richtig oder falsch ist. Was war beispielsweise Hitler im Nazi-Deutschland für ein gefeierter und verehrter Mann! Die Menschen verloren in ihrer Hingabe an diese Person jede Autonomie. – Die der Wahrheit verpflichtete Devotion ist die Mitte zwischen beiden Extremen.

Die Bedeutung der Devotion für die seelische Entwicklung soll eine Bemerkung Rudolf Steiners zusammenfassen. «Nach dem Staunen muss der Zustand der Verehrung, der Ehrfurcht kommen. Und ein jegliches Denken, das sich emanzipiert von der Ehrfurcht, von dem ehrfürchtigen Aufschauen zu dem, was sich dem Denken darbietet, das wird nicht in die Wirklichkeit hineindringen können. Niemals darf das Denken sozusagen auf eigenen leichten Füßen dahintänzeln in der Welt. Es muss wurzeln, wenn es über den Standpunkt des Staunens hinweggekommen ist, in der Empfindung, in dem Gefühl der Verehrung der Weltengründe.»[199]

Sich im weisheitsvollen Einklang mit den Weltgesetzen fühlen

Der Einklang mit den Weltgesetzen muss erst hergestellt werden, bevor er erlebend gefühlt werden kann. Dazu aber muss der Mensch die Weltgesetze erkennen, das Denken muss also wirklichkeitsgemäß gestaltet werden. Welche Voraussetzungen müssen dafür erfüllt werden?

Eine Fehlerquelle der Erkenntnis liegt in der falschen Verbindung von Wahrnehmung und Begriff. Damit Einsicht entstehen kann, müssen sie also in der rechten Weise miteinander verbunden werden. Wer den Vollzug dieses Vorgangs wiederholt beobachtet, stellt fest, dass er sehr unterschiedlich gehandhabt wird. Bisweilen vollzieht er sich mit einer geradezu atemberaubenden Schnelligkeit. Kaum ist die Wahrnehmung im Bewusstseinshorizont aufgetaucht, ist sie bereits mit einem Begriff verbunden und lebt als Vorstellung in uns weiter. Wir produzieren Hunderte solcher Vorstellungen am Tage.

Ganz selten geschieht es, dass wir bei unserer Vorstellungsbildung zögerlich werden. Das passiert beispielsweise dann, wenn eine für uns völlig neue Wahrnehmung in den Bewusstseinshorizont eintritt. Sie überrascht uns und beugt sich nicht dem gewöhnlichen Schnellverfahren. Die Vorstellungsbildung wird zum Experiment, in dem wir mit verschiedenen Begriffen auf die Wahrnehmung zugehen, sie ihr zur Erklärung anbieten. Es dauert bisweilen recht lange, ehe wir uns davon überzeugt haben, dass Wahrnehmung und Begriff wirklich zusammengehören. Beleuchten wir mit dieser Erfahrung unsere übliche Vorstellungsbildung, kann uns aufgehen, wie verhältnismäßig unbewusst wir mit ihr umgehen.

Noch augenfälliger kann uns der zu wenig geprüfte Umgang der Vorstellungsbildung bei den Irrtümern, die uns unterlaufen, entgegentreten. Bei ihnen wird uns eines Tages bewusst, dass die Verbindung von Wahrnehmung und Begriff missglückt ist. Dadurch ist ein falsches Weltbild entstanden. Wir haben, solange wir dem Irrtum huldigten, keinen Einklang mit den Weltgesetzen fühlen können. Wenn wir trotzdem meinten, im Besitze der Wahrheit zu sein, so erlagen wir einer Illusion.

Zweierlei kann uns in solchen Augenblicken aufgehen:

1. Katastrophale Folgen können solche Irrtümer bzw. Illusionen in der Welt anrichten, solange sie als «gültige Wahrheiten» genommen werden. Wir werden durch sie unversehens in Schuld verstrickt, ohne dass wir das wollten.

2. Wir sind durch solche Einsichten angehalten, mit der Vorstellungsbildung sehr verantwortlich umzugehen. Was heißt das?

Das Bilden der Vorstellung hat meist den Charakter des Feststellens. Dieser Charakter müsste in ein Suchen umgewandelt werden. Dann wäre die Vorstellungsbildung *eine* Möglichkeit, experimentell die Verbindung von Wahrnehmung und Begriff sorgfältig zu prüfen. Eine solche Einstellung würde anregen, ein und denselben Tatsachenkomplex von den verschiedensten Gesichtspunkten aus zu betrachten und die unterschiedlichen Betrachtungen miteinander ins Spiel zu bringen. Das würde unseren Horizont erweitern und uns vor Fehlurteilen bewahren. Die dialektische Methode, die These und Antithese bei ein und derselben Sache gegenüberstellt, wäre ein erster Schritt auf diesem Wege. Gibt es aber etwa einen Moment, wo die Phänomene gleichsam sich selbst aussprechen, wenn wir ihnen Gelegenheit geben, in unserem Bewusstsein längere Zeit unverstellt zu leben?

Dazu müssten sie aber erst unverstellt aufgefasst werden. Mit dieser Überlegung werden wir zum Vorgang des Wahrnehmens geführt. Auch da treffen wir auf eine sehr ernst zu nehmende Tatsache. Wenn experimentell ein Vorgang vor Besuchern nach vorher festgelegten Regeln abgespielt wird, sind nur wenige Teilnehmer danach in der Lage, ihn tatsachengetreu wiederzugeben. Die Übrigen meinen zwar, dass auch sie den Vorfall sachgemäß darstellen. Aber zwischen den Bildern ihres Gedächtnisses und dem realen Vorgang klafft ein großer Widerspruch.

Durch ungenaues Wahrnehmen wird eine Vorstellungsbildung, welche die Wirklichkeit einfangen soll, von vornherein unmöglich gemacht. Selbstbesinnung macht uns also darauf aufmerksam, dass unsere Vorstellungsbildung von zwei Seiten her gefährdet ist, die Wirklichkeit zu erfassen. Die ungenaue, flüchtige Wahrnehmung und die ungeprüfte, zu eilige

Vorstellungsbildung liefern uns Resultate, die für das Erfassen der Wirklichkeit untauglich sind. Wer auf diese beiden Klippen unserer Erkenntnis nicht achtet, wird ungewollt zum Lügner, wenn er seine unhaltbaren Urteile als Erkenntnis zum Besten gibt.

Bei der flüchtigen Auffassung der Welt ist Luzifer am Werke, und wir sind, überlassen wir uns der Flüchtigkeit, ihm untertan. Luzifer geht es keineswegs um ein Erleben, das durch die Tatsachen bestimmt und geformt wird, sondern um eine durch die Emotionalität geprägte Erlebnisweise. Sie soll das Seelenleben beherrschen, an ihr soll vor allem das Eigensein kräftig und gewissermaßen «heiß» erfahren werden. In den Vordergrund des Erlebens tritt das subjektive Gefallen und nicht das Lauschen nach jenen Qualitäten, die für das spezielle Phänomen charakteristisch sind. Über die Welt wird gewissermaßen ein Schleier gelegt, der im Erkenntnisstreben erst durchstoßen sein will.

Als Herr der Lüge trachtet Ahriman danach, auf andere Weise den weisheitsvollen Einklang mit den Weltgesetzen nicht aufkommen zu lassen. Die schnelle Vorstellungsbildung zu befördern ist für sein Streben ein probates Mittel, Erkenntnis zu verstellen. Dadurch entstehen Halb- bzw. Viertelswahrheiten. Gerade weil diese teilweise berechtigt sind, lässt sich mit ihnen trefflich – und doch falsch – argumentieren. Eine Scheinwahrheit wird konstituiert, die in der Regel die Weltsicht mehr verstellt als eine handfeste Lüge. Ihr relativer Wahrheitsgehalt lässt es zu, dass die Halbwahrheit mit größter Emotionalität vertreten werden kann. In diesem Fall öffnet Ahriman wieder Luzifers Wirken die Tür.

Verfolgen wir ein wenig die dialektische Methode, die ein Weg ist, mit der Urteilsbildung sorgfältiger als üblich umzugehen. Das Erstaunliche an der dialektischen Methode ist, dass sowohl die These als auch ihr Gegenteil logisch begründet werden können. Wird diese Tatsache mit aller Intensität erlebt, können Zweifel aufkommen, ob die Logik ein adäquates Instrument ist, die Wirklichkeit einzufangen.

Rudolf Steiner berichtet von einer Persönlichkeit, Laurenz Müllner, die in seinem Lebensgang eine gewisse Rolle spielte.[200] Dieser katholische Philosophieprofessor hatte die Gabe in hohem Maße ausgebildet, sich im Reiche der Gedanken souverän zu bewegen. Er konnte jeden Gedankeninhalt blendend verteidigen, ebenso ihn zweifelhaft erscheinen lassen. Was aber für unsere Überlegungen besonders interessant ist:

Müllner bezeichnete sich selbst als Skeptiker. Damit war ausgedrückt, dass er keiner Weltansicht, die er denkend erforscht hatte, das Vermögen zubilligte, eine wirkliche Welterklärung zu liefern. Er hatte offensichtlich eine Diskrepanz zwischen den Gedankengebäuden und der Wirklichkeit entdeckt, für die er aber kein Mittel fand, sie zu überbrücken.

Rudolf Steiner hat die scholastische Denkschulung zu wiederholten Malen gerühmt und gefordert, sich ihr zu unterziehen; er beklagt, dass das Denken seiner Zeit die Schärfe und die innere Beweglichkeit der Gedankenführung, welche die Scholastik bereits erreicht hatte, verloren habe. Mit diesen Bemerkungen mag eindeutig geklärt sein, dass die folgenden Ausführungen sich nicht gegen eine solche Denkschulung richten oder sie gar außer Kraft setzen möchten. Aber die nur logische Handhabung des Denkens erscheint ergänzungsbedürftig.

In immer neuen Anläufen macht Rudolf Steiner klar, dass es eine Tatsachenlogik gibt, also eine Gesetzlichkeit, welche die Welt der Tatsachen regiert, und dass diese Tatsachenlogik mit der gewöhnlichen Logik nicht unbedingt übereinstimmen müsse. (Der Begriff der Tatsachenlogik wird unten noch weiter abgehandelt, siehe S. 410ff.) Das zu denken bereitet manchem Schwierigkeit. Haben wir doch bisher in der Überzeugung gelebt, dass unser Denken die Aufgabe habe, die Weltgesetzlichkeit mit dem logischen Denken zu begründen. Das aber bestreitet Rudolf Steiner, ja er charakterisiert solches Streben als einen luziferisch bedingten Hochmut der Vernunft. Gestehen wir uns ein, dass uns dies – so radikal formuliert – auf eine harte Probe des Verständnisses stellt. Wenn wir bei diesem offensichtlich springenden Punkt verharren und über ihn nachsinnen, können wir an uns selbst irre werden.

Was wäre denn dann die Aufgabe des logischen Denkens? Wiederum sehr lapidar fasst Steiner sie so zusammen: Es soll dazu benutzt werden, die Welterscheinungen so zu ordnen, dass diesen die Gelegenheit gegeben wird, sich selbst auszusprechen, und es soll der Selbsterziehung dienen.

Bei der ersten Forderung fällt die Tendenz auf, das Denken näher an die Welterscheinungen, die uns die Sinne vermitteln, heranzurücken. Denn in den Erscheinungen wirkt die erwähnte Tatsachenlogik. Sie ist nur streng am Phänomen zu entdecken. Dieses Streben nach gründlicher, ja gesteigerter Erfahrung soll uns im Umgang mit der Welt leiten. Aus diesem Bestreben, sich der Welterfahrung intensiv hinzugeben, ergäbe sich dann die Konsequenz, das Urteil erst einmal zurückzuhalten, zu stauen, damit die Erscheinungswelt den ihr gebührenden Raum im Bewusstsein hat. Wenn wir der Erscheinungsseite des Geistes kein aktives Interesse entgegenbringen, wie sollte sich dann der in ihr wirkende Geist in unserem Bewusstsein aussprechen können?

Doch lassen wir Rudolf Steiner selbst sprechen: «Aber dieses sich in weisheitsvollen Einklang setzen mit der Wirklichkeit, das ist etwas, was nicht so ohne weiteres geht. Wenn es so ohne weiteres ginge, meine lieben Freunde, dann würden Sie jetzt, und dann würde niemals ein Mensch in diesem Punkt die Verführung durch Luzifer erfahren haben. Denn eigentlich war dem Menschen von den göttlichen Führern der Welt durchaus zugedacht das, was man nennt Unterscheidung von Gut und Böse, Erwerbung von Erkenntnis, Essen vom Baum der Erkenntnis – aber für eine spätere Zeit. Dasjenige, was gefehlt worden ist von den Menschen, das ist, dass sie in zu früher Zeit diese Erkenntnis von Gut und Böse sich haben aneignen wollen. Was ihnen für später zugedacht war, haben sie unter der Verführung Luzifers sich früher aneignen wollen; darin liegt es. Dabei konnte nur herauskommen eine unzulängliche Erkenntnis, die sich zur wirklichen Erkenntnis, welche sich der Mensch hätte erringen sollen, wie sie ihm zugedacht war, so verhält wie eine Frühgeburt zu einem ausgereiften Kinde … Es hätte also eine Zeit verfließen sollen, in welcher der Mensch nach und nach hätte heranreifen lassen sollen gewisse Seelenzustände, dann hätte ihm die Erkenntnis zufallen müssen. Diese Ursünde der Menschheit, die begeht man heute noch immer; denn wenn man sie nicht begehen würde, so würde man weniger darauf bedacht sein, wie man rasch das oder jenes als Wahrheit sich aneignen kann, sondern man würde darauf bedacht sein, wie man reif werden kann, um gewisse Wahrheiten erst zu begreifen.

… Eigentlich begehen die Menschen immer noch die Erbsünde, indem sie glauben, auf jeder Stufe alles begreifen zu können, und nichts darauf geben, dass man erst etwas durchmachen muss, um dieses oder jenes zu begreifen, dass man ein inneres Getragensein haben muss von dem Bewusstsein, dass man eigentlich mit all seinen strengen Urteilen gar nichts erreichen kann in der Wirklichkeit.

… Ein richtiges Urteil kann sich nur ergeben, wenn wir einen gewissen Reifezustand erlangt haben, wenn wir gewartet haben, bis das Urteil uns zuspringt. Nicht wenn wir uns Mühe geben, das Urteil zu finden, sondern wenn wir uns Mühe geben, uns reif zu machen, dass das Urteil an uns herankommt, dann hat das Urteil etwas mit der Wirklichkeit zu tun. Derjenige, der sich noch so furchtbar anstrengt, ein richtiges Urteil zu fällen, der kann nie darauf bauen, dass er durch diese innere Anstrengung zu einem irgendwie maßgeblichen Urteil kommt. Der allein kann hoffen, zu einem richtigen Urteil zu kommen, der alle Sorgfalt darauf verwendet, immer reifer und reifer zu werden, sozusagen die richtigen Urteile zu erwarten von den Offenbarungen, die ihm zuströmen, weil er reif geworden ist.»[201]

Diese radikalen Formulierungen wollen die Aufmerksamkeit auf eine generell notwendige Entwicklung lenken: das Herausschälen des Ich aus der zu engen Verbindung mit Denken, Fühlen und Wollen. Das aber ist eine Frage der Selbsterziehung. Diese allein schafft die angesprochene Reifung der geistig-seelischen Disposition des Menschen. Deshalb sollte das Denken sich auf die Selbsterziehung des Menschen konzentrieren. Solange das Ich zu tief im Seelenleben steckt und dort gebunden ist, ist der Mensch nicht «reif». Wofür ist er nicht reif? Für das Auffassen der Wirklichkeit, d.h. der geistigen Welt, welche die sinnliche konstituiert. Sie kann sich im menschlichen Bewusstsein nicht aussprechen, weil das unbewusste Wirken der Ur-Sünde das verhindert. Wenn die Selbsterziehung nicht nach Reife strebt und die Wesensglieder in ein neues Verhältnis bringt, wird diese Sünde erneut tagtäglich begangen. Ihre Wirkungen werden im Seelenleben befestigt statt aufgehoben.

Die Reifung, welche die Selbsterziehung in Angriff nimmt, besteht in lauter konkreten Schritten. Das Staunen vor der Erscheinungswelt ist ein solch konkreter erster Schritt. Er gibt dem an das Wahrnehmen anschließende Denken eine bestimmte Richtung. Wissen um des Wissens willen ist solchem Bestreben fremd. Das Üben des Staunens ist deshalb ein Beginn, das Bewusstsein zu wenden.

Die Devotion lenkt wiederum das Seelenleben in eine bestimmte Richtung. Durch sie wird z.B. die Abstraktion des Gedankens zurückgeholt in ein «herzhaftes» Erleben. Wer seine Gedanken intensiv zu erleben sucht, bemerkt bald, dass ihn eine solche Tätigkeit die Qualität der Gedanken für das Leben erfahren lässt. Bei diesem Prozess geht es nicht nur darum, ob der Gedanke logisch ist, sondern ob er ein fruchtbares Verhältnis zum Leben begründet. Dabei kommt einem das Goethe-Wort in den Sinn: «Was fruchtbar ist, allein ist wahr.» Beim Prüfen der Fruchtbarkeit des Gedankens geht es gewiss nicht allein um die Logik, mit welcher er entwickelt worden ist, sondern zusätzlich um seinen Lebensbezug. Insofern ein durchaus logischer Gedanke sich feindlich zum Leben verhält, ist er nicht wahr. Er hat demnach keinen Bezug zu dem Fortschritt der Entwicklung, sondern tritt ihr hemmend, ja zerstörerisch entgegen. Im Erleben besteht der Gedanke gleichsam seine Lebensprobe. Das Erleben, das mit allen Fasern des Herzens begleitet wird, garantiert erst die eigene Souveränität gegenüber der Gedankenwelt. Darauf weist schon der erstaunliche Gedanke der *Philosophie der Freiheit* hin: «Man muss sich der Idee erlebend gegenüberstellen; sonst gerät man unter ihre Knechtschaft.»[202] Die Knechtschaft, die den Menschen gleichsam fesselt, entsteht dann, wenn das Erleben und das Prüfen der Idee auf ihre Lebenstauglichkeit unterbleibt. Mit der bisher entwickelten Begrifflichkeit könnte man auch sagen: Der Mensch verfällt dabei luziferisch-ahrimanischen Bildekräften, weil das Bewusstsein unzulänglich beweglich ist. Im dogmatischen Verfechten einer Idee wird das Bewusstsein so besetzt und gleichsam getrübt, dass selbst im Anblick einer katastrophalen Lebenssituation, die eben diese Dogmatik herbeigeführt hat, keine korrigierende Einsicht keimt. Stalin und Hitler und viele andere sind extreme, aber beredte Beispiele dafür, dass der Mensch unter die Knechtschaft der Idee geraten kann, er von ihr besessen gemacht wird.

Wenn man unter diesen Aspekten den Schulungsweg studiert, stellt man fest, dass Rudolf Steiner z.B. das Streben nach Aktivierung der Wahrnehmung konsequent verfolgt. Er leitet die Aufmerksamkeit auf Wahrnehmungsfelder, die dem gewöhnlichen Bewusstsein geradezu «entgehen». Als ein Beispiel für viele andere sei an das Erleben vom Gedeihen und Verwelken einer Pflanze in *Wie erlangt man Erkenntnisse höherer Welten?* erinnert. Der Blick wird auf Naturtatsachen gerichtet, gleichermaßen aber auch auf Seelenäußerungen, die beim intensiven Wahrnehmen auf sie antworten, also auf Welt und Mensch zugleich. Der Wille im Wahrnehmungsprozess wird gesteigert. Im so gestalteten Verhältnis zwischen Subjekt und Objekt ergeben sich – vielleicht erst nach unzähligen Versuchen – zwei Bilder, die als Ausdruck von Wachsen und Ersterben angesehen werden können. Die Welt beginnt in Bildern zu

384

sprechen bzw. regt diese im Betrachter an. Voraussetzung ist, dass er sich dem Erleben dieser Wahrnehmungen aktiv hingibt und sie ohne ein Gegenüberstehen zum Objekt in der Erinnerung wiederholt. Er stellt – höchst tätig – sein Bewusstsein für diese Korrespondenz zwischen Subjekt und Objekt zur Verfügung und wartet ab, was sich ereignet. Das klingt sehr einfach und ist doch schwer.

Die hauptsächlichste Schwierigkeit ist, dass wir zu solchem Verhalten nicht erzogen wurden. Heutige Pädagogik zielt nicht darauf ab, eine lebendige Anschauung und deren Erleben zu pflegen, sondern möglichst schnell einen Begriff für die Wahrnehmung zu finden. Bei jedem neuen Begegnen mit demselben Gegenstand schießt dann die übernommene Vorstellung in die Begegnung ein. Sie blendet damit den Betrachter. Sie lässt nämlich das, was sich im Prozess der Begegnung über die bisherige Vorstellung hinaus noch bilden könnte, gar nicht erst aufkommen. Uns bleibt bei dieser Art der Begegnung mit der Welt meist nur ein Namen. Diese Vorgehensweise distanziert uns gründlich von der Weltwirklichkeit und spinnt uns in die Isolation ein. Diese selbst geschaffene Isolation macht das Welterleben des betrachtenden Subjekts blass und starr.

Man macht sich selten klar, dass diese spezielle Sonderung (wie vieles andere) eine handgreifliche Wirkung der Widersachermächte ist. Wir empfinden die eingeschränkte Weltbegegnung als normal. Deshalb forciert die heute maßgebliche Kultur die schnelle Förderung der Intelligenz. Ist sie doch die Grundlage für unsere gesamte Zivilisation. Erst wenn wir das historische, mythische Bewusstsein in unsere Überlegungen einbeziehen, gewinnen wir ein realistisches Urteil über die Bedeutung unserer Intelligenz. Radikal gesprochen: Sie tötet das naturgegebene imaginative Bewusstsein alter Zeiten. Der Sinn dieses Entwicklungsschrittes ist es, das Selbstbewusstsein zu gewinnen. Dieser Ertrag einer Epoche der Ablähmung soll in eine neue Bewusstseinsverwandlung, nämlich das neue imaginative Bewusstsein, mitgenommen werden.

Dadurch entsteht im Unterschied zum alten, mythischen Bewusstsein ein neues Hellsehen, das vom individuellen Menschen aus freiem Entschluss aktiviert wird. Es überwindet die Ablähmung des vorangegangenen Bewusstseinszustandes. Die anfängliche Wesensbegegnung eröffnet eine neue Sicht der Wirklichkeit.

Man muss sich diese Grundfigur menschheitlicher Entwicklung immer wieder vor Augen stellen, um beispielsweise den Sinn der dritten Etappe des hier verfolgten Schulungsweges zu verstehen. Dieser Weg ist keineswegs intelligenzfeindlich. Er macht nur deutlich, welche Schritte unternommen werden müssen, um das neue imaginative Bewusstsein zu realisieren. Dass dabei Gewohnheiten verändert werden müssen, sollte niemanden wundern. Wie sollte ein neues Bewusstsein ohne Veränderung alter Zustände entstehen können?

Wir stoßen also beim Schulungsweg auf eine freiwillig unternommene Aktion, die allen Gewohnheiten zuwiderläuft. Die «reine» Wahrnehmung wird angestrebt. Aus der wahrnehmenden Tätigkeit werden alle vorgegebenen Wünsche und Vorstellungen getilgt. Selbstlosigkeit soll walten. Die luziferisch bedingte, zu starke Bindung des Ich an die Emotion, die oft die Wahrnehmung leitet, soll überwunden werden. Im Sinne der Schulung wird das Denken eingesetzt, um die sich dabei abspielenden seelischen Vorgänge bewusst zu verfolgen und aus ihnen Konsequenzen für die Selbsterziehung abzuleiten. Das Urteil über die dabei auftauchenden Wahrnehmungsinhalte soll dagegen zurückgehalten werden. Es wird dem Urteilen willentlich versagt, zu einer schnellen (meist dann auch endgültigen) Feststellung zu kommen, dass eine Sache so oder so sei.

Das Urteilen beginnt immer mit einem Vergleichen. Das ist unter anderem die bedeutsame Leistung der Vernunft, dass sie weit auseinander liegende Erscheinungen, die auf den ersten Blick nichts miteinander zu tun haben, aneinander rückt und ihre Gemeinsamkeit klärt oder ausschließt. Dieses Vergleichen, d.h. immer neue Versuche variabler Kompositionen von Welttatsachen herzustellen, wird dem Denken in seiner neuen Funktion nicht abgesprochen. Mit ihr erfüllt das Denken gerade seine ihm zugedachte Aufgabe. Je freier und einfallsreicher es dabei agiert, umso besser. Ein fantasievolles inneres Experimentieren ist gewünscht. Nur das Diktat einer letzten festlegenden Aussage soll dem Urteil so lang wie möglich verwehrt werden. Offenbarung des Wesens, das in der Tatsachenlogik wirkt, wird von dem um Erkenntnis ringenden Menschen höchst aktiv abgewartet. Das Urteil soll ihm – wie der Vortragstext sagt – zuspringen. Auf ein Sich-selbst-Aussprechen der in den Erscheinungen waltenden Tatsachenlogik wird gesetzt.

Von der Tatsachenlogik wird freilich nicht erwartet, dass sie sich dem

Betrachter ohne eigene Anstrengung ergäbe. Im Gegenteil: Sie ist nur durch erhöhte Aktivität zu erreichen. Die Aktivität richtet sich auf die Lebenserfahrung und die Selbsterziehung. Wir beginnen zu ahnen, welche Mühseligkeiten dieser Prozess beinhaltet, sollen die Grenzen (Beschränkungen) unseres bisherigen Erkenntnisstrebens überwunden werden. Eine Schwierigkeit des vorgeschlagenen Weges aber besteht darin, dass er erst gegangen werden muss, ehe er beurteilt werden kann. Sicher, Rudolf Steiner lässt es bei Darstellungen des Schulungsweges an Begründungen nicht fehlen. Aber das sind Gründe, die ein anderer gefunden hat, nicht wir selbst. Erst wenn wir sie erlebend nachvollzogen haben, sind sie unser Besitz.

Beim Übergang über diese Schwelle – wenn sie denn überschritten wird – kann deutlich die Angst erlebt werden, die dabei aus Seelenuntergründen auftaucht. Sie bedient sich der unterschiedlichsten Masken intellektueller Einwände. Darüber sollte man nicht überheblich spotten. Denn nichts charakterisiert das Ungewöhnliche, man könnte auch sagen: den revolutionären Umbruch des seelischen Verhaltens mehr als diese Angst. Das Abenteuer, das in der Schulung vorgeschlagen wird, ist wirklich existenziell. Ich kann mit Sicherheit vermuten, dass die Erfahrungen, die auf diesem Wege dann meine eigenen würden, schockierend sein könnten (weil völlig ungewohnt), und dass durch sie meine bisherige Existenz und deren Verhalten in Frage gestellt wird.

Rudolf Steiner hat Goethe als einen Vorboten der Anthroposophie bezeichnet und aufgezeigt, dass dessen Erkenntnisverhalten bereits die Richtung eingeschlagen hat, welche die Geisteswissenschaft weiter verfolge. Stammen doch von Goethe für die Schulung der Sinne und des Denkens solch erhellende Aussprüche wie: «Die Phänomene sind die Theorie.» Goethe benutzte, wie oben dargestellt, sein Denken dazu, die Phänomene so zu ordnen, dass sie ihr Wesen selbst aussprechen können. Er meinte, eine solche denkend hergestellte Ordnung bei dem, was er Urphänomene nennt, gefunden zu haben. Derartiges Gelingen weckte in ihm Begeisterung – und Angst: «Das unmittelbare Gewahrwerden der Urphänomene versetzt uns in eine Art von Angst: wir fühlen unsere Unzulänglichkeit; nur durch das ewige Spiel der Empirie belebt, erfreuen sie uns.»[203] Fasst Goethe mit dem Begriff Unzulänglichkeit nicht einen Zipfel des Weltendramas der Versuchung? Wir fühlen uns nicht reif, die

Schwelle zu überschreiten. Die Angst kann uns verdeutlichen, wie sehr die Benutzung der Intellektualität die Stütze unseres Ich-Bewusstseins ist. Demgegenüber verlangt das Abwarten-Können eine viel stärkere seelische Kraft. Die Sicherung des Ich-Bewusstsein geht jetzt von der überwindenden Kraft der Selbsterziehung aus, die in allen drei Seelenbereichen Autonomie anstrebt. Das Abwarten gerät jedes Mal zur Prüfung. Bleibt die geistige Welt stumm oder spricht sie? Und wenn sie denn spricht, muss ihre Sprache entziffert werden.

Mit diesen Überlegungen sind wir auf der Spur, die Weltgesetze zu finden. Das Sich-im-weisheitsvollen-Einklang-Fühlen ist noch etwas anderes. Das, was wir an Erkenntnissen finden, muss uns zusätzlich «ans Herz wachsen». Ihnen gebührt die Devotion. Das Im-Einklang-Fühlen geht noch über die Devotion hinaus. Derjenige, der sich um Devotion bemüht, bildet jene Opferkraft aus, die langsam die Folgen der Erbsünde tilgt. Die höchste Form des Sich-im-Einklang-Fühlens ist die Intuition. Unser Geistig-Seelisches wird eine Einheit mit einem anderen Geistig-Seelischen, das uns bisher fremd war. Wir verlieren uns nicht an das andere Wesen, aber wir werden mit ihm eins, wir klingen mit ihm zusammen. Ein bewusstes Leben im ursprünglich Fremden hebt frühere Dissonanzen auf.

Diejenigen, die Anthroposophie studieren, befinden sich in einer merkwürdigen Lage. Ihnen werden Darstellungen zur Verfügung gestellt, die aus der Intuitionskraft kommen. Eine fremde Intuitionskraft gibt sie an uns weiter. Während sich dem Forscher die Intuition eröffnete, nachdem er den Weg gegangen war und weiter geht, fallen sie dem Studierenden zu und fordern – zu Recht – erst einmal seine Intellektualität heraus. Jeder reibt sich zunächst an den so ungewöhnlichen Begriffen. Es kann ein Leben ausfüllen, sich mit ihnen auseinander zu setzen. Wir sollten nur darüber nicht vergessen, dass Rudolf Steiner in den so genannten Leitsätzen, als er die Summe seines Lebens zog, die Anthroposophie als einen Weg bezeichnete.[204]

Zusammenfassend eine Charakteristik Rudolf Steiners über Goethe aus *Goethes Weltanschauung:* «Die Wahrheit erkennen heißt ihm in der Wahrheit leben. Und in der Wahrheit leben ist nichts anderes, als bei der Betrachtung jedes einzelnen Dinges hinzusehen, welches innere Erlebnis sich einstellt, wenn man diesem Dinge gegenübersteht.»[205]

Die Ergebung

Mit dem Staunen leisten wir eine Belebung der Sinne, also des physischen Leibes. Die zur Gewohnheit gewordene Devotion erfrischt den Äther-leib, den Träger der Gewohnheiten. Das Sich-im-weisheitsvollen-Ein-klang-Fühlen mit den Weltgesetzen gestaltet unser Seelisches (den Astralleib) um. Es geht dabei wesentlich um einen neuen, unüblichen Gebrauch des Denkens. «Nicht darauf kommt es an, dass man sozusagen sich dahintersetzt und auspresst aus seiner Seele, was man für richtig hält, sondern darauf, dass man sich reif macht und sich zuspringen lässt das Urteil aus den Tatsachen selber. So stehen muss man zum Denken, dass man das Denken nicht zum Richter über die Dinge macht, sondern zum Instrument für das Aussprechen der Dinge. Das heißt sich in Einklang mit den Dingen setzen.»[206]

Erklärt man das Denken zum Richter, ist eine unbewusste (oder auch bewusste) Überheblichkeit am Werk. Sie hält die durch die Widersacher-mächte bedingte Form der heutigen geistig-seelischen Organisation des Menschen für gut und trefflich. Daher ist keine Veranlassung gegeben, deren Funktionsweise willentlich zu verändern, sie für die Erkenntnis durch Selbsterziehung erst «reif» zu machen. – Wer so denkt, bleibt in der Isolation, die die Widersachermächte bewirkt haben, stecken. Das Sich-im-Einklang-Fühlen ist das genaue Gegenteil. Mit ihm, wenn es denn er-reicht wird, stellt sich die Keuschheit im Umgang mit der Welt ein. Sie ist der Gegenpol zum Gefühl, dass alles in der Welt machbar sei. In der Geste ‹Alles ist machbar› liegt eine Arroganz, die, obwohl sie heute üblich ge-worden ist, die Isolation des Menschen von der geistigen Welt bekräftigt.

Ergebung in den Weltenlauf, die *vierte* Stufe des speziellen Schulungs-weges, ist die freiwillige Anerkennung der Intentionen, die von den regu-lären Geistern ausgehen. Sie ist zudem ein gewolltes Opfer der Eigen-intentionen zugunsten des in den Erscheinungen waltenden Welten-willens, also der Tatsachenlogik.

Der gewöhnliche Begriff von Ergebung hat einen passiven Charakter. Wir lassen zu, was wir sowieso nicht verhindern können. Wir tilgen höchstens aktiv den Groll, der unsere Begegnung mit dem Unvermeidbaren manchmal begleitet, weil wir erkennen, dass der Groll uns nicht weiterhilft, unser Geschick nicht wendet. Das charakterisiert aber nicht jenen Begriff von Ergebung, von dem die vierte Stufe dieses speziellen Schulungsweges spricht.

In der Ergebung leben zwei Seelenhaltungen: das Vertrauen und die Geduld. Das Vertrauen regiert die Auffassung: Wenn ich mich verändere, wird sich auch meine Sicht der Welt verändern. Das kann ich wahrnehmen, wenn ich ernsthaft diese Veränderung übe. Sie beginnt schon damit, dass sich im Prozess des Übens neue Fragen einstellen, aber auch neue Erfahrungen. Diese Erfahrungen sind vorerst oft ein Rätsel. Aber unter ihnen sind auch gelegentlich solche, bei denen ihre Antwort aufleuchtet. Der vorher erlebte absolute Schnitt zwischen Wahrnehmung und Denken wird (sehr anfänglich) aufgehoben. Es tritt dann das ein, worauf die erst einmal paradoxe Formulierung hindeutet, dass die Dinge «sich selbst aussprechen, die Urteile einem zuspringen». Das Vertrauen wächst. Ich sage mir: Dort, wo das nicht der Fall ist, wird die Erhellung schon eintreten, wenn ich mich durch mein Üben dafür reif gemacht habe.

Manchmal kann ich auch beobachten, wie der Wille, von dem ich weiß, dass *ich* ihn aufbringe und kein anderer, so diszipliniert werden kann, dass er sich aller subjektiver Intentionen begibt. Er wirkt als Kraft weiter, aber mit dem Charakter selbstloser Hingabe. Er ist dann auch für die ungewöhnliche Begegnung offen. Mein Wille kann durch mich jedes Zwanges entkleidet werden, etwas erreichen zu wollen. In solchen Augenblicken erhasche ich jenen Zustand, der mit dem Begriff der Ergebung gemeint ist. Resignation oder gar Fatalismus sind ihm völlig fremd; dazu muss er viel zu aktiv hergestellt werden. Darüber hinaus ist jeder auch noch so geheime Machtanspruch des Willens getilgt. Eher lebt in ihm ein leises (keineswegs «heißes») Gefühl der geduldigen Erwartung.

Der Geduld wird dabei viel abverlangt. Wer wollte nicht, dass sich Ergebnisse seines geistigen Strebens schnell einstellen, vor allem dann, wenn diese Erkenntnisse für die Bewältigung des praktischen Lebens dringend gebraucht werden. Das Erleben der Ohnmacht in solchen Momenten ist eine heilsame Erfahrung, aber nur dann, wenn die Geduld nicht in Resignation umschlägt. Die Geduld sorgt auch dafür, dass solche Ohnmacht sich nicht in blindem Aktionismus austobt. Sie mahnt ferner, das eigene Vermögen nicht zu überschätzen, die augenblickliche Seelenverfassung zu akzeptieren. In der Stille der Seele muss aber in solchen Augenblicken, die uns unsere Grenzen zeigen, das Streben nach Selbsterziehung unbeirrbar aufrechterhalten werden. Mit solchen Überlegungen versteht man etwas besser die Tugendübung des Monats November: Geduld wird zu Einsicht. Die Ungeduld unserer Zeit, ihre überhastete Hektik gewinnt auf dem Hintergrund solchen Erlebens eine neue Beleuchtung. Die Hektik ist ein Beispiel dafür, wie die einer gesunden menschlichen Entwicklung widerstrebenden Mächte das heutige Leben oft bis in alle Einzelheiten beeinflussen. Wirkliche Einsicht kann nur in der geduldigen, aktiven Ruhe reifen.

Die Ergebung erweist sich als die schwerste dieser vier Übungen. Sie verbindet durchgängig höchste Aktivität mit ruhiger, gegründeter Gelassenheit. So erobert sie einen Freiraum für das eigene kräftige Wesen, bindet aber dessen Aktivität in das Dienen am Weltenwesen ein. Der Mensch belehrt sich so selbst, das Weltenwesen zu lieben.

Bislang wurde die Ergebung vor allem im Erkenntnisprozess verfolgt. Aber wie steht es mit der Ergebung im Verhalten? Unseren Handlungen setzt die Welt Widerstand entgegen. Wir müssen uns ebenfalls verändern, wenn wir den Aufgaben, welche die soziale Gemeinschaft uns stellt, gerecht werden wollen. Das gesamte Berufsleben ist ein Beispiel für diese Veränderung des persönlichen Verhaltens im Sinne der gestellten Aufgaben. Sie verlangen bei ihrer Ausführung oft ein gerüttelt Maß an Selbstlosigkeit.

Machen wir uns genügend bewusst, dass das Leben von uns eine permanente Schulung fordert? Diese Lebensschule ist der große Erzieher für die Neugestaltung unserer Gegebenheiten. Nur wenn wir die Neugestaltung persönlich wollen, werden wir der Lebensschule gerecht.

Nun gibt es aber auch Widerstände, die wir nicht verändern können, Krankheiten, Schicksalsschläge zum Beispiel. Sie treffen uns gewissermaßen aus heiterem Himmel, und wir müssen sie in ähnlicher Art hinnehmen wie Regen und Sonnenschein, die sich ebenfalls unserer Einwirkung entziehen. Aber unsere individuelle Stellung zu diesen Tatsachen können wir sehr wohl beeinflussen. Verdammen wir sie und ihren Widerstand als missliche Übel, so können sie uns unser gesamtes Leben vergällen. Solches Verhalten lastet dann auf der Seele und trübt sie. Wir geraten unter ihre Knechtschaft, wenn sie uns in dieser Art beeinflussen.

Auch auf Schicksalsschläge können wir in neuer Weise antworten. Sie können Anlass sein, unser bisheriges Leben neu zu überdenken. Sind sie beziehungslos, gleichsam wie ein Fremder in unser Leben getreten, oder haben sie vielleicht doch einen überschaubaren Bezug zu uns? Wollen sie uns etwas sagen, was wir derzeit noch nicht verstehen, dessen Sinn wir aber finden können? Solches Besinnen hat oft zu neuen Überzeugungen geführt, sodass im Nachhinein der Schicksalsschlag als Geschenk empfunden wurde. Die Menschen waren froh, dass sie ihn erleben durften, weil er ihr gesamtes bisheriges Leben – manchmal äußerst radikal – veränderte. Sie empfanden, dass diese persönliche Veränderung ohne einen solchen Schicksalsschlag nicht eingetreten wäre. Und sie entwickelten, so paradox das auch klingen mag, Dankbarkeit gegenüber dem schweren Schicksal. Das konnten sie aber nur, weil sie auf den eingetretenen Widerstand mit gesteigerter innerer Aktivität antworteten. Solche Haltung entspricht genau der Ergebung im Erkenntnisverhalten. Das Vertrauen, das in der Ergebung aufscheint, ist kein blindes. Im Gegenteil: Es stellt sich erst ein, wenn eine Erhellung des Bewusstseins vorangegangen ist. Es macht ernst mit der Überzeugung, dass auch die geringste Welttatsache ohne das Wirken geistiger Wesen nicht stattfindet und somit ihren Sinn hat. Dieser Sinn aber erschließt sich oft erst nach einem langen Üben der Ergebung.

Man versteht langsam, ohne es schon in allen Konsequenzen zu begreifen, warum Rudolf Steiner die eingehende geisteswissenschaftliche Darstellung des Sündenfalls in den Vorträgen vom 27. und 28. Dezember 1911 mit der Offenlegung dieses speziellen Schulungsweges beginnt.[207]

Die Frage ‹Wie finde ich den Christus?› muss nach den bisherigen Darstellungen jedem aufmerksamen Leser auf den Nägeln brennen. Sie findet in diesem Schulungsweg eine erste Antwort. Ist doch die Eroberung des Freiraums für das eigene Wesen und die Art, wie er angestrebt wird, die beste Voraussetzung auch dafür, das Tor für ein Verständnis des Christus-Impulses zu öffnen.

Die Ergebenheit in den Weltenlauf ist die höchste Stufe der Anerkennung, dass es eine Tatsachenlogik gibt. Staunen, Devotion, Sich-im-Ein-klang-Fühlen und Ergebenheit führen den Menschen, so er sich ener-gisch um sie bemüht, zum schrittweisen Erleben dieser Tatsachenlogik. Sie ist nichts anderes als die in den Dingen schaffende Wirklichkeit des Geistes. Sie «springt» einem aber nur entgegen, wenn man jene Einflüsse zu tilgen versucht, die uns einst von dem Erfassen der Wirklichkeit ent-fernt haben. Die Produkte dieser Einflüsse finden wir in der Selbstbe-trachtung. Von ihnen befreien können wir uns nur, wenn wir die Öff-nung der Seele, wie sie in der Hingabe der vier Stufen veranlagt ist, aktiv herstellen. Mit ihr wird die Isolation des heutigen Entwicklungszustan-des der Seele aufgehoben, die Überheblichkeit zurückgenommen. In die-ser Arbeit erleben wir eine höchste Steigerung des Ich, das selbstlos zu werden versucht.

Die Verantwortung beim Bilden der Gedanken

Vor allem das Kapitel «Sich-im-Einklang-Fühlen» regt eine völlig neue Art der Vorstellungsbildung an. Dadurch, dass die Vorstellungen sich im Gedächtnis und in den Gewohnheiten manifestieren, hat das besonnene Bilden der Vorstellungen eine so hohe Bedeutung für das menschliche Leben. Verständlich ist auch, dass die Widersachermächte solche Vorstellungsbildung nicht aufkommen lassen wollen, sie attackieren. Die Einsicht in die Wirklichkeit soll verhindert werden. Das hat nicht nur Folgen für das menschliche Leben, sondern darüber hinaus für die Zukunft der Welt. Dies lässt sich an der Entwicklung des menschlichen Gedächtnisses studieren.

Das Gedächtnis ist eines der größten Hilfsmittel zur Individualisierung. Verlässt uns einmal die Kraft des Gedächtnisses, fühlen wir eine irritierende Hilflosigkeit gegenüber der Situation, in der uns der Gedächtnisausfall befällt. In solch kurzen Ausnahmesituationen merken wir erst, wie die Identität unserer Person vom Funktionieren des Gedächtnisses abhängt. Es gibt unseren Beziehungen zur Umwelt und dadurch auch zu uns selbst einen festen Halt. Umgekehrt verlässt uns mit jedem Gedächtnisausfall die gewöhnlich gewährte Sicherheit.

Im früheren mythischen Bewusstsein erschien mit dem Erscheinungsbild gleichzeitig ein Wesen, dessen Ausdruck das Bild war. Damit war die Wirklichkeit durch den Augenschein geklärt. Genauer: Die geistige Welt klärte dieses Weltverhältnis für den Menschen. Seitdem das mythische Bewusstsein verklungen ist, fällt dem einzelnen Menschen die Aufgabe zu, dieses Verhältnis durch eigene Tätigkeit zu klären. Das gibt den Widersachermächten die Gelegenheit, ihre täuschende Macht zur Geltung zu bringen. Die Vorstellungen werden bei der Abbildung der wirklichen Welt leicht irregeführt. Falsche Abbildungen stellen sich ein. Das hat nicht nur für den Menschen Folgen.

Als der Mensch auf dem alten Mond noch vollständig unter der Führung der geistigen Wesen stand, wurde ihm nicht nur mit der übersinnlichen Wahrnehmung der Sinn der Welt offengelegt, sondern es wurde auch für seine Erinnerung gesorgt. Alles, was der Mensch tat, wurde in den objektiven Weltenäther eingeprägt. Dort konnte er seine Taten gewissermaßen ablesen. Er brauchte nur seinen Blick auf das Weltgedächtnis zu richten.

Das Erinnern war also ein Vorgang, der sich in Korrespondenz mit der Außenwelt ergab. Erst mit dem Verlust der absoluten Führung durch die regulären geistigen Wesen wurde das Erinnern ein Vorgang, der sich immer mehr im Innern des Menschen abspielte. Heute werden die Vorstellungen durch Ich-Tätigkeit in den eigenen Ätherleib eingeprägt. Nur durch ein «inneres» Lesen können sie vergegenwärtigt werden. Erst mit dem Tode gehen diese Einprägungen in den Weltenäther über. Die Antwort auf diese Vorstellungswelt, die in den eigenen Ätherleib eingeprägt wurde, ist die Bildung des Karma nach Maßgabe dieser Bilderwelt durch geistige Wesen für eine künftige Inkarnation. Wir erhalten dadurch die Gelegenheit, beispielsweise Gedanken, die wir nicht im Einklang mit der Weltwirklichkeit gebildet haben, zu korrigieren bzw. umzuschmelzen.

Wir müssen aber die Tatsache ins Auge fassen, dass dieses Verhältnis zwischen Gedächtnis und dem eigenen Ätherleib bzw. dem Weltenäther sich heute wiederum verändert. Erkenntnisse werden künftig – jetzt nicht mithilfe geistiger Wesen, sondern allein durch die Aktivität des Menschen – direkt in den Weltenäther eingeschrieben werden. Die erste Vorbereitung dieser Zukunft fällt in unsere heutige Zeit. Sie bahnt sich durch folgende Tatsachen an.

Die Geisteswissenschaft ist nicht durch das heutige, übliche Gegenstandsbewusstsein erworben worden. Ihr Erwerb setzt eine Weiterentwicklung des heutigen Bewusstseins voraus. Es werden die Bedingungen geschaffen, unter denen sich die geistige Welt im menschlichen Bewusstsein aussprechen kann. Erst dadurch kann das Im-weisheitsvollen-Einklang-Fühlen mit den Welterscheinungen hergestellt werden. Wenn dies gelingt, lässt die Intuitionskraft die Wirklichkeit anwesend sein. Das bewirkt aber auch, dass die *so* gestalteten Intuitionen direkt in den Weltenäther eingeschrieben werden, vor allem dann, wenn so gefundene Gedanken von Menschen erlebend gepflegt werden.

Das Auftreten der Geisteswissenschaft entspricht demnach einer Zeitnotwendigkeit. Sie ist einerseits Vorbereitung auf eine Bewusstseinsentwicklung, die mit ihr eingeleitet wird. Sie ist andererseits auch Gegengewicht für eine Welttatsache, welche die Geisteswissenschaft offen legt, nämlich dass die luziferisch-ahrimanisch bestimmte Vorstellung des Menschen seit dem fünften nachatlantischen Zeitraum beginnt, sich ebenfalls direkt in den Weltenäther einzuschreiben.

«… worauf ich früher hinwies: dass der Mensch das korrigieren kann, was in ihm [seinem Ätherleib] eingeschrieben werden kann, das ist richtig, soweit es einen bestimmten Inhalt betrifft. Aber es hört auf, richtig zu werden für alles dasjenige, was ich Ihnen … charakterisiert habe als von Luzifer und Ahriman herrührend. Und die werden in Zukunft nur überwunden werden dadurch, dass man das Gleichgewicht zwischen ihnen herstellt, wie ich es auch ausgeführt habe. Die Menschen produzieren von sich aus, auch von unserem fünften nachatlantischen Zeitraum an, allerdings nur solches, das wieder korrigiert werden kann. Aber unter dem Einflusse Luzifers und Ahrimans, wenn sie nicht lernen auf der Hut zu sein vor ihnen, graben sie doch in die allgemeine Äthersubstanzialität der Welt ein, was sie denken, was sie unter dem Einflusse Luzifers und Ahrimans vollführen … Das wird nun ebenso eingetragen, wie sonst nur die Ergebnisse der Geisteswissenschaft.»[208]

Damit werden für die weitere Entwicklung der Welt Realitäten geschaffen, denn die so tingierten Gedanken, Empfindungen und Willensimpulse sind wesenhafte Keimpunkte für die künftige Evolution. Immer dann, wenn eine Hierarchie ihre Menschheitsstufe erreicht (wie etwa die Archai auf dem alten Saturn), tragen ihre Taten zur Entwicklung der Welt bei, auch wenn dieser keimhafte Beitrag erst in ferner Zukunft voll realisiert wird. So ist unsere heutige Erscheinungswelt Ausdruck der Taten der Archai auf dem alten Saturn. Mit diesen Hinweisen wird festgestellt, dass heute der Mensch in die Rolle als Mitschöpfer der Evolution eintritt und dass zwei unterschiedliche Wirkensweisen von ihm ausgehen können. Er muss zwischen regulären Geistern und den Widersachermächten Partei ergreifen, sich den Mächten zuordnen, die radikal unterschiedliche Zielvorstellungen von der Welt haben.

Vor diesem Hintergrund rückt die Vorstellungsbildung bzw. das Gedächtnis und die durch es bestimmte Gewohnheitsbildung in ein neues Licht. Die Übung, sich im weisheitsvollen Einklang zu fühlen mit den

396

Weltgesetzen, fordert einen bewusstseinsmäßig gesteigerten Umgang mit den Erkenntnisinhalten, also eine gesteigerte Wachheit und ein gesteigertes Verantwortungsgefühl für das, was wir äußern und tun. Es bedarf eines energischen Rucks, sich aus der gewöhnlichen Lethargie des Lebens herauszureißen, einzusehen, dass der Umschwung des Geschöpfes Mensch zum Mitschöpfer ganz neuer Energien bedarf. Deswegen sei ein Aspekt des heutigen Bildeprozesses der Gedanken und der Vorstellungen noch einmal mit dem Wortlaut Rudolf Steiners beschrieben:

«Für die nächste Zeit, für viele Jahrtausende kommt es darauf an, dass wir uns als Menschen Verantwortlichkeitsgefühl aneignen für einen Gedanken, den wir fassen. Und man kann ungefähr das Gedankenfassen so verstehen, dass der Gedanke so weit ist, dass wir ihn in die Sprache übersetzen und eventuell zur Mitteilung geeignet machen. Solange wir ihn nicht erst so formuliert haben, dass wir den Gedanken zur Mitteilung geeignet machen, solange hat der Gedanke allerdings nicht das Stadium erreicht, wo Ahriman viel anfangen kann. Haben wir aber den Gedanken so weit getrieben, dass wir ihn zur Mitteilung reif halten, das heißt, dass wir einmal bereit sind, in der Zeit, die da kommt, den Gedanken mitzuteilen – dann, dann passt Ahriman auf, um den Gedanken zu haben und ihn hineinzusetzen in die allgemeine Weltensubstanzialität. Verbunden muss sein mit dem Achtgeben darauf, dass wir zuletzt richtig formulierte Gedanken haben, denen wir gegenüber die Verantwortung übernehmen können, dass wir uns aneignen, überhaupt das Denken wie ein Suchen zu behandeln. Wir haben als Menschen heute noch – das ist das Erbstück des vierten nachatlantischen Zeitraums ... – zu stark das Bewusstsein, dass wir jeden Gedanken gleich formulieren dürfen. Das Denken ist uns gar nicht dazu gegeben, um gleich Gedanken fertig zu machen! Es ist uns vielmehr zum Suchen gegeben, damit wir nachgehen den Tatsachen, sie zusammentragen und wenden nach allen Seiten. Nicht wahr, so wie der Mensch heute ist, formt er am liebsten rasch einen Gedanken, den er dann so rasch wie möglich auch über die Lippen bringt oder aufs Papier hinschreibt oder so etwas. Er will ihn möglichst rasch in der Welt draußen haben. Aber nicht dazu ist uns das Denken gegeben, um voreilig den Gedanken zu bilden, sondern um zu suchen, das Denken als Operation anzusehen, als etwas, das möglichst lange in diesem Gestalten bleibt. Und suspendieren sollte man gewissermaßen den formulierten Gedanken, bis man vor sich selber verantworten kann, man habe eine Tatsache nach allen Seiten gedreht und gewendet ...

Es wird ungeheuer viel davon abhängen, dass eine Anzahl von Menschen gerade diese geforderte Tatsache, die ich jetzt charakterisiert habe, auffasst. Denn es ist heute eigentlich gar nicht auszudenken, wie gegen diese Maxime, das Denken zum Suchen zu verwenden und möglichst lange den fertigen Gedanken zu suspendieren, gesündigt wird. Und deshalb durchschwirren Lügengespinste unsere Welt, deshalb wird die Lüge immer mehr und mehr zur Gewohnheit. Aber indem der Hang zur Lüge, die Tendenz zur Lüge unsere Menschheit ergreift, geht die Menschheit direkt in die Dekadenz über, und ein fortwährendes Hin- und Herpendeln zwischen Ahriman und Luzifer findet statt. Auf der einen Seite wird Unwahres gesagt, sei es direkt aus bösem Willen, sei es aber auch aus Leichtsinn, und da haben wir schon, indem wir sagen ‹bösen Willen, Leichtsinn›, darauf hingedeutet, dass mit dem Lügengeist [Ahriman] Luzifer verbündet ist! Mit dem Lügengeist ist Luzifer verbündet, aber dann kann er [an den Menschen] besonders gut heran, denn das Lügen erzeugt wiederum Leidenschaft. Und wir verlieren die Kraft, Gleichgewicht zu halten zwischen dem, was wir fühlen und wollen, und dem, was wir denken.

Es wird sehr notwendig sein, dass die Menschen genügend stark aus dem Unterbewusstsein heraufbringen ins Bewusstsein, wie unendlich verbreitet heute die gegenteilige Tendenz ist von dem, was hier als eine Notwendigkeit für die Zukunft gefordert wird: die harte Verantwortlichkeit gegenüber dem, was man als Wahrheit formuliert. Wir sehen sie in erschreckender Weise verschwinden, insbesondere in den letzten Jahren. Aber das Wichtige ist, dass man Acht geben muss. Denn die Menschen wissen nicht in ihrem oberen Bewusstsein, wie stark die Tendenz ist, die Unwahrheit zu sagen.

Wirklich, etwas wird zu einer Wahrheit erst dann, wenn man es nach allen Seiten gewendet, wenn man es überallhin gewissermaßen gestellt hat und von verschiedenen Seiten hat beleuchten lassen; wenn man wirklich das Urteil möglichst lange suspendiert hat. Nicht eine vorschnell gesprochene Anschauung, vorschnell gesprochene Meinung, vorschnell gesprochene Mitteilung einer Tatsache kann Wahrheit sein. Sie kann so wirken, dass die Menschheit immer mehr und mehr in die Dekadenz kommt. Man kann geradezu Experimente machen in dieser Beziehung. Nicht wahr, so glattweg lügen ja die Menschen meist nicht. Gewiss, manche Menschen tun es auch: aber was das Allerschlimmste ist, das ist das unbewusste und unterbewusste Lügen aus einer luziferischen Verführung heraus, sodass man eine halbe oder Viertels- oder Achtels- oder Sechzehntelwahrheit, ja sogar eine Achtundneunzighundertstelwahrheit sagt, aber durch das Dynamische der zwei Hundertstel, die übrig bleiben, alles ins Schlimme treibt.»[209]

Wir sind auf die Tatsache, dass die heutigen Menschen an der künftigen Weltentwicklung aktiv teilhaben, schon mehrfach gestoßen. Hier wird die Technik, mit der das geschieht, offen gelegt: das Einschreiben der menschlichen Gedanken in das Weltgedächtnis. Das geschah, als sich die Menschheit noch auf einer Kindheitsstufe befand und die Erkenntnis vorgegeben war. Es hörte auf, als der Mensch das übersinnliche Bewusstsein verlor und der Gedanke geboren wurde. Die Gedankenentwicklung hat heute jene Reife erreicht, die es ermöglicht, die Gedanken der Bewusstseinsseele wieder in das Weltgedächtnis einzuschreiben, jetzt aber so, dass der Mensch über die Qualität seiner Gedanken entscheidet.

VIII. WEGE ZU EINER IMAGINATIVEN ERKENNTNIS

Das Mysterium der Erkenntnis

Vertieft man sich in die vorher ausgeführten Beobachtungen zur Vorstellungs- und Gedankenbildung, so wird man an die letzte Lebenszeit des Thomas von Aquin erinnert. Dieser hatte bei der Heiligen Messe die übersinnliche Erfahrung von der Anwesenheit Christi. Der so überaus aktive Philosoph fiel daraufhin in ein schweigsames Sinnen, aus dem sich die Frage ergab: Wie wird das Denken christlich? Der größte Denker des Mittelalters konnte offensichtlich seinen eigenen, umfassenden Denkversuchen noch nicht jene christliche Qualität des Denkens zuschreiben, obwohl sich sein Denken inhaltlich immer wieder mit dem Christentum beschäftigte.

Im Lebenswerk des Thomas liegt die sorgfältigste denkerische Auseinandersetzung mit dem Christentum vor. Es ist schwer, sich vorzustellen, wie diese denkerische Betätigung noch zu steigern wäre. Das Christlich-Werden des Denkens scheint deshalb in einer qualitativen Umkehr des üblichen Denkprozesses zu liegen.

Haben wir in den Hinweisen, die Rudolf Steiner zum Denken gibt, diese qualitative Umkehr vor uns? Grundlegend ist, dass seine Hinweise nicht Ausdruck von Spekulationen sind, sondern Resultate einer gesteigerten Beobachtung. Mit ihr wird die Intellektualität, in der die Widersachermächte am Werke sind, nicht aufgehoben, aber es werden ihre «blendenden» Wirkungen, die oft ins Dunkel führen, entschärft. Der intellektuelle Sündenfall erhält etwa durch die Beobachtung des Denkens eine neue Qualität. Der mit der Intellektualität erworbenen Wachheit wird ein neues Betätigungsfeld zugewiesen. Ihre künftige Aufgabe liegt in einer Schärfung der Beobachtungsintensität.

Im Umgang mit dem üblichen Denken wird erfahren, dass die schnelle Vorstellungsbildung – überspitzt formuliert – mehr Irrtümer schafft als Erkenntnis bringt. Aus dieser Beobachtung ergibt sich ein behutsamer, gleichwohl intensiver Umgang mit den Wahrnehmungen, Phänomenen,

Symptomen. Die dabei notwendige Vorstellungsbildung wird als eine experimentelle eingeschätzt und durch den häufigen Wechsel der Standpunkte geprüft bzw. korrigiert. Man kann schon diesen Vorgang als ein liebevolles Verbinden mit der geschaffenen Welt bezeichnen, als eine erste christliche Note im Erkenntnisakt. Die Suchbewegung des Denkens, welche die Phänomene und die gebildeten Vorstellungen immer neu prüft, nimmt die Welt ernst. Das schafft vielfältige Beziehungen zu den Dingen, man beginnt, mit ihnen zu leben. Das aber ist die unabdingbare Voraussetzung dafür, dass die Sprache der Dinge erlauscht wird, dass sie sich im Wesen selbst aussprechen. Auf diesem Hintergrund kann man die leicht missverständliche Bemerkung Rudolf Steiners verstehen, dass das Denken sich darauf beschränken sollte, die Dinge in immer neue Zusammenhänge zu rücken. Anders gewendet: Die Vielfalt der Gesichtspunkte und das gesteigerte Miterleben der Welt sind Voraussetzungen für das anzustrebende imaginative Bewusstsein.

Manche Formulierungen Rudolf Steiners gehen noch weiter: Das Denken sei gar nicht für die Erkenntnis da, sondern für die Selbsterziehung des Menschen. Es nimmt schon wunder, wenn einer der schärfsten Denker der Neuzeit ein solches Urteil fällt. Was soll es verdeutlichen? Der nüchtern Erkennende findet in seiner seelischen Konstitution die größten Hindernisse für sein Erkenntnisstreben. Diese Tatsache ruft nach durch das Denken geleiteter Selbsterziehung. Die gezielte Bewusstseinssteigerung bedarf der Wachheit und Kontrolle durch das Ich. Dieses geschaffene Selbstbewusstsein ist für die übersinnliche Erkenntnis ein Fundament. Nur, der Erkennende muss auch gegenüber dem Denken ein absoluter Souverän werden. Das bedeutet unter anderem, dass er nicht am einmal gefällten Urteil klebt, sondern Denkresultate aus anderen Gesichtswinkeln berücksichtigt. Das Denken muss beweglich werden. Mehr noch: Der Mensch muss das Denken im Gegenüberstand mit den Phänomenen auch unterdrücken können; sonst wird er nicht erreichen, dass die Dinge selbst zu sprechen anfangen. Sonst bleiben die ihnen zugrunde liegenden Imaginationen, Inspirationen, Intuitionen stumm. Die strengste Ausbildung des Denkens bestünde also nicht nur darin, das Denken vielfältig differenziert zu entfalten, sondern auch, es willentlich auszuschalten. Wie ist das zu verstehen?

Halten wir fest, dass die gesamte Seele es ist, die erkennt, und dass die

Formen der Erkenntnis sich wandeln. Das zeigt schon der Vergleich zwischen mythischem und philosophischem Bewusstsein. Die Seele ist in den unterschiedlichen Bewusstseinszuständen jeweils anders figuriert, aber es sind die gleichen Grundkräfte der Seele am Werke. Wird das Denken angehalten, werden die an die Denkform gebundenen Kräfte entlassen und können für eine neue Seelengestaltung verwendet werden, beispielsweise für das Auffassungsorgan der Imagination. Die Höherentwicklung des Bewusstseins besteht gerade darin, dass dieses willentliche Schweigegebot später z.B. auch für die Imagination gilt. Auch die Imaginationen müssen später willentlich unterdrückt werden, wenn die Inspiration sich einstellen soll. Die Höherentwicklung des Bewusstseins arbeitet mit diesem Mittel der Stauung. Es verdeutlicht die notwendige Souveränität des Forschers. Für die Seele bedeutet Höherentwicklung des Bewusstseins freies Gestalten und Entstalten ihrer Kräfte unter der Ägide des Ich. Der bisweilige willentliche und bewusste Rückstau jener Kräfte, welche die Denkform gestalten wollen, gehört zum Instrumentarium übersinnlicher Erkenntnis. Er ist Resultat gelungener Selbsterziehung.

Noch viel überraschender sind andere Ausführungen Rudolf Steiners über die eigentliche Aufgabe jener Seelenkräfte, die der Erkenntnis zugrunde liegen. Um sie darzustellen, bedient er sich eines Vergleichs. Was ist die Aufgabe einer Weizenpflanze? Doch sicher die, mit ihren Samenkörnern für den Erhalt der Art zu sorgen. Allein das liegt in ihrer inneren Entwicklungslinie. Das Weizenkorn ist zusätzlich eine geschätzte Nahrung für den Menschen. Aber das ist ein Nebeneffekt, der mit der eigentlichen Entwicklungslinie des Weizens nichts zu tun hat. Wer darlegen wollte, dass dieser Nebeneffekt die Hauptsache sei, würde sich irren. Er würde spätestens dann seinen Irrtum selbst einsehen, wenn sämtlicher Weizen für diesen Zweck benutzt worden wäre. Dann wäre der Weizen als Art erloschen. Mit dieser Darstellung von Haupt- und Nebeneffekt wird nun das Vorstellen betrachtet und ein überraschendes Urteil gefällt: «… das, was wir das Erkenntnismäßige nennen, was als Vorstellung, als Wahrheit, als Weisheit in uns lebt, das ist ursprünglich gar nicht dazu da, die Dinge draußen abzubilden. Dieses Abbilden der Dinge draußen, das ist ein Nebenstrom, wie es ein Nebenstrom ist für die Weizenkörner, den Menschen zu ernähren.»[210]

Wir erinnern uns, dass die Wahrnehmung der Außenwelt und das

Denken über sie erst mit der luziferischen Verführung inauguriert werden und dadurch die Wesensbegegnung mit der Welt schrittweise verloren gegangen ist. Diese «Nebenströmung» der in der Wahrheitsfindung wirkenden Kraft erhält im Laufe der Entwicklung immer mehr Gewicht und führt schließlich in der griechisch-lateinischen Kulturepoche zur Schneidung der Welt in Wahrnehmung und Denken. Der Hauptstrom ist ins Unbewusste gesunken.

Was aber ist beim Menschen diese Hauptströmung? Wir haben bereits gesehen, dass die Technik des Karmas es uns ermöglicht, immer neu zu lernen, also auch alte Vorurteile abzubauen und damit vollkommener zu werden. Dazu ist das Instrument des Leibes erforderlich. Inkarnation wird angestrebt. Mit ihr verbindet sich der Mensch, wie wir bereits besprochen haben, sehr unterschiedlich. Denn Kopf und übriger Leib unterliegen zwei völlig verschiedenen Entwicklungsströmungen. Das Überraschende geisteswissenschaftlicher Menschenkunde ist nun, dass der heutige Kopf eine Metamorphose jener Kräfte ist, die in der vorherigen Inkarnation im Leib wirksam waren. Wir stehen vor der Tatsache, dass mit jedem Tod der Kopf gleichsam «abgeworfen» und dass der Kopf der nächsten Inkarnation aus den Kräften des übrigen Leibes produktiv und gestaltgebend aufgebaut wird. Diese gewaltige Metamorphose geschieht nicht von selbst, sondern sie bedarf der Kräfte, die sie bewirken. Das ist die Aufgabe der im Laufe des Lebens individuell erworbenen Weisheit. Diese Weisheit ist als ein Wesenhaftes vorzustellen. Sie hat teil an der Umstülpung der Leibesnatur in die Kopfnatur. Das ist die eigentliche Aufgabe der im Menschen erworbenen Wahrheit. «Bestimmt ist nämlich unsere erkenntnismäßige Betätigung, unser wahrheitsmäßiges Arbeiten dazu, Kräfte in uns zu entwickeln zwischen Geburt und Tod, welche umwandeln unseren Organismus nach dem Tode, das heißt seine Kraftgestalt, in die Kraftgestalt des Kopfes.»[211]

GA170

Hier stoßen wir wieder auf die Weltbedeutung der Erkenntnis. Das übliche Vorstellen erreicht nicht das Sich-im-weisheitsvollen-Einklang-Fühlen mit den Weltgesetzen. Es ist wirklich ein Nebenprodukt einer Erkenntnis, die aus den Schöpferkräften der Weisheit herausfällt. Aber gerade diese Nebenwirkung, die den Irrtum einschließt, fördert die menschliche Individualität, die dadurch zu sich selbst aufwacht, um bewusst in das Schöpferwesen der Weisheit einzutauchen. Diese Nebenwirkung ist gar nicht zu vermeiden, sie ist eine Wirkung der die Entwicklung mitbestimmenden Widersachermächte. Die Frage aber ist, ob es einen Weg gibt, den größten Gewinn aus diesem Nebenprodukt zu ziehen, es in Richtung der Hauptströmung umzugestalten.

Dass diese Frage von Bedeutung ist, zeigt folgender Hinweis: «Was wir verwenden, um im gewöhnlichen Sinne die äußere Welt aufzufassen, das geht in einer gewissen Weise verloren für unsere Entwickelung, das entziehen wir unserer Entwickelung.»[212] Verloren geht diese Gestaltungskraft, weil sie so angewendet notwendigerweise unter Einflussnahme der Widersachermächte stattfindet. Im bloßen Abbilden der Außenwelt entziehen wir diese Kraft weitgehend der Beeinflussung durch die regulären Mächte der Entwicklung.

In alten Zeiten hätten die regulären Mächte auf solche Tatsachen «geantwortet», um Gleichgewicht zu schaffen. In unserer Zeit wird die «rechte Antwort» weitgehend uns Menschen überlassen. Haben wir doch ein Bewusstsein, das, vom Ich richtig ergriffen, in der Lage ist, die Gleichgewichtslage selbst herzustellen. Die Geisteswissenschaft als in Gedanken gebrachte übersinnliche Erfahrung gibt uns dafür eine einsehbare Orientierung. Was ist der entscheidende Schritt der Verwandlung unseres Wissens?

«Alles das, was der Mensch an Wahrheit erwirbt, die in Bildern der Außenwelt besteht, das soll er in seiner Gemütsempfindung den Göttern übergeben. Es soll das Bewusstsein immer in sich tragen: Erwirbst du Erkenntnisse, die du dem fortlaufenden Strom entziehst, so sei dir klar, dass Erkenntnis-Erwerben ein Götterdienst sein muss. Was an Erkenntnis erworben wird, ohne dass wir uns bewusst sind, dass das ein heiliger Dienst in der Entwickelung der Menschheit ist, ohne dass wir das, was wir uns aneignen von der Außenwelt, den höheren Geistern übergeben, die sich davon nähren, die das in sich aufnehmen – was wir an solcher Erkenntnis erwerben, die wir nicht mit dieser Empfindung begleiten, die wir einfach gedankenlos erwerben, das ist wie Weizenkörner, die in die Erde fallen und verfaulen, das heißt, die keine Ziele erreichen, nicht die ihren und nicht die anderen, die zur menschlichen Nahrung dienen.

Hier sehen Sie einen Punkt, wo Sie fühlen müssen, wie notwendig es ist, dass ein ganz bestimmtes praktisches Resultat aus unseren geisteswissenschaftlichen Bestrebungen hervorgeht, dass wir nicht nur etwas lernend aufnehmen, nicht nur etwas zum Wissen machen, sondern dass durch die Aufnahme der Geisteswissenschaft eine Gesamtempfindung in unsere Seele gelegt wird. Wir verbinden mit dem Begriff des Wissens die Empfindung, dass das Wissen ein göttlicher Dienst sein soll und dass es im Grunde eine Versündigung ist gegen den göttlichen Sinn der Evolution, wenn man das Wissen profaniert, wenn man das Wissen herabzieht von seiner göttlichen Bestimmung … Viel, viel wird davon abhängen, wenn die Entwicklung der Menschheit gesunden soll, dass solche Empfindungen, solche Gefühle entfaltet werden können.»[213]

Nahrung für die Götter durch gezielte Gemütstätigkeit im Umgang mit den Resultaten der Erkenntnis zu schaffen ist fürwahr eine ungewöhnliche Idee, die einiger Bemerkungen bedarf. Dass in gar nicht so lang vergangenen Zeiten menschliche Erkenntnis ein Götterdienst war, ist durch die Mysterien belegt. In ihnen wirkten Wissenschaft, Kunst und Religion noch zusammen. Die Resultate der Erkenntnis wurden als heilige Sache empfunden. Über sie musste beispielsweise geschwiegen werden. Damit sollte eine Profanierung verhindert werden. Die Profanierung geschah erst in jener Zeit, in der die Mysterien verfielen und die «äußere» Erkenntnis sich Bahn brach. Gleichzeitig ereignete sich das «öffentliche» Mysterium auf Golgatha. Durch die Tat Christi wurden im Menschen jene Kräfte veranlagt und befeuert, welche die äußere Erkenntnis wieder zu einem neuen und freiwilligen Götterdienst umwandeln können. Wie dieses Götteropfer durch den von den regulären Geistern initiierten Gebrauch Ahrimans für die Ziele der Weltentwicklung notwendig geworden war, haben wir bereits erfahren. Durch das Opfer auf Golgatha wurde aber auch für die regulären Geister das für sie bis dahin unzugängliche Wissen Erkenntnisinhalt. Es wurde Nahrung für sie. Die menschliche Erkenntnis als Quellort neuer Weltgestaltungskräfte wurde für die Hierarchien Erfahrung.

Das Bestreben, die Erkenntnis wieder zum Götterdienst zu machen, ist die Fortsetzung der Tat Christi durch den Menschen. Dieses Bemühen gehört zu jenen Qualitäten, die für eine Verchristlichung des Denkens charakteristisch sind. Sie weist dem Menschen einen Weg, wie er in die Rolle eines Schöpferwesens in der rechten Art hineinwachsen kann. Die mit Gefühl durchlebten Erkenntnisinhalte werden zur Vorstufe übersinnlicher Erfahrung.

Wir sind bereits im viergliedrigen Schulungsweg für die Überwindung jener Folgen, welche die luziferische Verführung ausgelöst hat, der Devotion begegnet. In dem speziellen Vortrag wurde ein Götterdienst als sachdienlich angesprochen, der jede Erkenntnis begleiten sollte. An ihrem Anfang steht die Einsicht von dem seelischen Kraftverbrauch durch die bloß äußere Erkenntnis. Sie verzehrt die Kräfte, die für eine innere Entwicklung des Menschenwesens gebraucht werden. Wenn diese Wahrheit vor dem inneren Auge steht, entzündet sich die beschriebene Empfindung für diesen Götterdienstes. Sie wird der Ausgleich für den Umgang mit dem abbildhaften Schatten der lebendigen Erkenntnis. Die geistige Welt wird damit nicht nur anerkannt, sondern in das Lebensgefühl des übenden Menschen als Realität aktiv einbezogen. Wille und Gefühl orientieren sich an der Erkenntnis. Deren Resultate werden Gefühl und Wille einverleibt. Das Seelenleben erhält dadurch Lebenskraft.

Aber auch die Folgen, wenn die äußere Erkenntnis *nicht* durch das Gemüt begleitet wird, können erfahren werden: «Das Wissen aber, das nicht in den göttlichen Dienst gestellt wird, das wird von Ahriman ergriffen, das geht in Ahrimans Dienst über und bildet Ahrimans Macht, der es durch seine geistigen Diener dem Weltenprozesse einfügt und dadurch dem Weltenprozesse mehr Hindernisse einfügt – denn Ahriman ist ja zugleich der Gott der Hindernisse –, als gerechterweise da sein dürfen, da sein müssen.»[214]

Die Bedeutung der Kunst für ein gesteigertes Weltverhältnis

Rudolf Steiner wurde nicht müde, in immer neuen Zusammenhängen die Bedeutung der Tatsachenlogik zu charakterisieren. Im Kapitel «Sich-im-Einklang-Fühlen» stießen wir schon einmal auf diesen Begriff.

Das, was gewöhnlich als Logik bezeichnet wird, entdeckte der Erkennende seit dem Beginn der Entwicklung der Verstandes- und Gemütsseele als im Denken waltende Ordnung der Begriffswelt. Das Gesetz von Ursache und Wirkung zeigt gewissermaßen elementar deren Anwendung und verdeutlicht, wie mit ihrer Hilfe die Sinneswelt ergriffen und gestaltet werden kann. Ein neues Zeitalter der Weltgestaltung bricht an.

Mit dem Begriff der Tatsachenlogik will Rudolf Steiner keineswegs die Bedeutung dieser inneren Logik schmälern. Er macht nur darauf aufmerksam, dass sie nicht immer gilt, also hie und da an eine Grenze stößt. Wenn das der Fall ist, kann das Bemühen um Tatsachenlogik weiterhelfen. Das Augenmerk des Erkennenden wird dadurch weniger auf den logischen Zusammenhang der Begriffe als auf den Zusammenhang der Welterscheinungen gerichtet. Musste die übliche Logik durch Konzentration auf den Denkprozess erarbeitet werden, so die Tatsachenlogik durch konzentrierte Hingabe an die Erscheinungswelt. Die zweite Säule der Erkenntnis, die Welt der Wahrnehmungen, soll stärker als bisher aufmerksam begleitet werden. Das schafft eine Steigerung des Bewusstseins, die für das Zeitalter nach der Verstandes- und Gemütsseele notwendig ist.

«Man kommt einer wirklichen Weltauffassung nicht nahe, wenn man nicht etwas ins Auge fasst, was ganz notwendig ins Auge gefasst werden muss, je mehr der Mensch der Zukunft und ihren geistigen Anforderungen entgegengeht. Heute lebt man noch vielfach unter dem Vorurteile: Wenn irgendjemand etwas sagt, was logisch ist und logisch bewiesen werden kann, dann hat es auch die notwendige Bedeutung für das Leben. Aber Logizität, Logizismus allein genügen nicht. Und weil die Menschen immer zufrieden sind, wenn sie etwas irgendwie logisch beweisen können, so behaupten sie auch alle möglichen Weltanschauungen und philosophischen Systeme, die selbstverständlich logisch zu beweisen sind; kein Mensch, der mit Logik bekannt ist, zweifelt, dass sie logisch zu beweisen sind. *Aber es ist nichts getan für das Leben,* mit den bloßen logischen Beweisen, sondern was gedacht wird, was innerlich ersonnen wird, muss nicht nur logisch erdacht, ersonnen sein, sondern wirklichkeitsgemäß. Was bloß logisch ist, gilt nicht; das Wirklichkeitsgemäße nur gilt. Ich werde es Ihnen nur an einem Beispiele klarmachen. Nehmen Sie an, ein Baumstamm liegt hier vor Ihnen, und Sie beschreiben den Baumstamm. Sie können etwas ganz ordentlich beschreiben und Sie können jedem beweisen, dass da ein Wirkliches liegt, weil Sie der äußeren Wirklichkeit gemäß beschrieben haben. Sie haben aber doch eigentlich eine Lüge beschrieben. Denn das, was Sie da beschreiben, hat kein Dasein, weil es so nicht wirklich sein kann als Baumstamm, der da liegt; sondern von dem Baumstamm hat man die Wurzeln abgeschnitten, hat man die Äste, die Zweige abgeschnitten, und das Stück, das da liegt, das tritt nur ins Dasein so, dass Äste und Blüten und Wurzeln mit ins Dasein treten, und es ist ein Unsinn, den Stamm als ein Wirkliches zu denken. So wie er sich zeigt, ist er kein Wirkliches ... Man muss überzeugt sein davon, dass das, was da vor einem liegt als Stamm, eine Lüge ist, weil man nur, wenn man einen Baum ansieht, eine Wahrheit vor sich hat. Logisch ist es nicht gefordert, dass man einen Baumstamm für eine Lüge ansieht und nur einen ganzen Baum für eine Wahrheit ...

Sehen Sie, weil man diese Begriffe des Wirklichkeitsgemäßen nicht hat, entstehen allerlei solche Dinge, wie sie heute entstehen. Kristallografie, auch noch zur Not Mineralogie sind wirklichkeitsgemäße Wissenschaften; Geologie nicht mehr, denn das, was der Geologe beschreibt, ist ebenso eine Abstraktion, wie der Baumstamm eine Abstraktion ist. Wenn er auch daliegt, so ist er doch eine Abstraktion, keine Wirklichkeit. Was geologisch die Erdkruste enthält, das enthält mit dasjenige, was aus ihr herauswächst und ist ohne das nicht denkbar. Und darauf kommt es an, dass Philosophen auftreten, die sich nicht gestatten, Abstraktionen anders zu denken, als indem sie sich der abstrahierenden Kraft bewusst sind, das heißt, indem sie wissen, sie machen bloße Abstraktionen. Wirklichkeitsgemäß denken, nicht bloß logisch denken, das ist etwas, was immer mehr kommen muss. Unter diesem wirklichkeitsgemäßen Denken aber ändert sich unsere gesamte Weltentwickelung. Denn was ist denn vom Standpunkte eines wirklichkeitsgemäßen Denkens die Venus von Milo, die Sixtinische Madonna oder anderes? Vom Erdenstandpunkte aus aufgefasst eine Lüge, keine Wahrheit. Nimmt man sie so, wie sie sind, steht man nicht in der Wahrheit. *Man muss entrückt werden.* Nur der betrachtet ein wirkliches Kunstwerk richtig, der aus der Erdensphäre entrückt wird, weggenommen wird, der wirklich vor der Venus von Milo so steht, dass er anders seelisch konstituiert ist, als er den irdischen Dingen gegenüber konstituiert ist; denn dadurch wird er gerade durch das, was nicht hier wirklich ist, *hineingestoßen* in das Gebiet, wo es wirklich ist, in das Gebiet der elementarischen Welt, wo das wirklich ist, was in der Venus von Milo ist. Gerade dadurch steht man wirklichkeitsgemäß der Venus von Milo gegenüber, dass sie die Kraft besitzt, einen herauszureißen aus dem bloßen sinnlichen Anschauen.»[215]

Das sachgemäße Denken fasst, das ist die erste Charakteristik, Ganzheiten ins Auge. Es folgt der Frage: Was besteht in sich selbst? Diese Suche nach Ganzheiten drängt, das in sich geschlossene Wesen der Erscheinungen zu erfahren; es begnügt sich nicht mit der Feststellung von Details, die aus sich selbst nicht bestehen können. Der als Beispiel gewählte Baumstamm ist nicht ein in sich beschlossenes Ganzes, sondern ein willkürlich begrenztes Teil. Dennoch kann man Untersuchungen über ihn anstellen, die berechtigt und nützlich sind. Wie viel Kubikmeter Holz hat er, wie viele Bretter von einer bestimmten Dicke ergibt er? Wie lange muss sein Holz gelagert werden, damit es weiter verarbeitet werden kann? Und so weiter. Niemand wird bestreiten, dass die Antworten auf diese Fragen Erfahrung und Denken erfordern und dass es für das praktische Leben nützlich ist, sie einer Lösung zuzuführen. Rudolf Steiner bezeichnet nun die Beschäftigung mit Teilen der Wirklichkeit als Abstraktionen. Mit dieser Bezeichnung ist kein Werturteil verbunden. Ohne diese Abstraktionen würde man mit den Aufgaben, die das Leben stellt, nicht zurechtkommen. Es ist also keine Frage, dass man, um das Leben zu meistern, Abstraktionen handhaben muss. Rudolf Steiner drängt lediglich darauf, ein Bewusstsein dafür zu entwickeln, dass man gegebenenfalls mit Abstraktionen umgeht – und dass das Denken sich in dieser Form nicht zu erschöpfen braucht.

Tritt man mit dem üblichen Bewusstsein an das Kunstwerk heran, bleibt es ein Rätsel. Im Verhältnis zur übrigen Umwelt wird es als unwirklich erlebt. Für sie ist es ein «Fremdkörper». Der Künstler arbeitet zwar mit dem Material der gegebenen Erscheinungen, aber er belässt diese nicht in der Gestalt, in der sie ihm entgegentreten. Im Kunstwerk wird deren Gestalt verändert. Andernfalls wäre das Kunstwerk eine Wiederholung der vorhandenen natürlichen Erscheinungen und damit eigentlich überflüssig. Denn die natürliche Erscheinung existiert ja schon und dazu in einer Perfektion, die unüberbietbar ist. Jedes Kunstwerk, das diesen Namen verdient, ordnet die sinnliche Form so, wie sie nicht in der Natur geordnet erscheint. Form und Farben eines menschlichen Antlitzes etwa können von dem, was uns die Natur bietet, radikal verschieden sein. Das Kunstwerk zeigt uns eine völlig neue Sicht der Welt. Diese Umformung ist aber keine subjektiv willkürliche. Das Porträt beispielsweise lässt Wesenszüge des abgebildeten Menschen in die Erscheinung treten, die sein natürliches Antlitz verhüllt. Die neue sinnliche Erscheinung des Kunstwerks ist eine Steigerung gegenüber der Natur. Sie enthüllt mehr als die Natur das in ihr wirkende Wesen. Aber nur dann, wenn es mit einer neuen Seelenverfassung angeschaut wird, einer anderen als der, mit der der Mensch üblicherweise durch die Welt geht. Das Kunstwerk enthält gleichsam die Aufforderung, für es eine andere Auffassung als die übliche, eine neue Auffassung, zu entwickeln. Es verlangt eine gesteigerte Hingabe an seine sinnliche Erscheinung.

Das zu bemerken setzt voraus, dass wir uns auf die Kunst einlassen. Ein neues Wahrnehmen wird dafür gefordert, gewissermaßen ein Yoga der Sinne. Wir beobachten ja in der Regel «flach» und sehr selektiv. Das bemerken wir erst, wenn wir uns ernsthaft mit einer Erscheinung auseinander setzen. Was haben wir nicht alles bei der ersten Begegnung mit ihr «übersehen»! Wie soll sich an einem so lückenhaften Wahrnehmungsresultat eine sachgemäße Vorstellung bilden? Hier liegt die erste Klippe für ein wirklichkeitsgemäßes Verhältnis zur Welt. Erst wenn sie durch eine willentliche Verlebendigung der Sinne überwunden ist, kann man dem Kunstwerk gerecht werden. Rilke beispielsweise sah in der Steigerung dieser Wahrnehmungsqualitäten den zu leistenden Fortschritt der

Kultur. Und wirklich: Wer in dieser Richtung zu üben anfängt, erfährt eine außerordentliche Bereicherung des Seelenlebens.

Die Erfahrung der mangelnden Übereinstimmung der Erscheinung des Kunstwerkes mit den Erscheinungen der Natur, die Rudolf Steiner provokativ eine Lüge nennt, erfährt ihren Grund. Er liegt in der vom Menschen geschaffenen gesteigerten Erscheinung des Kunstwerks gegenüber der Natur. Nach Goethe offenbart die Kunst geheime Naturgesetze, die ohne sie verborgen geblieben wären. Rudolf Steiner bemerkt, dass es Gesetze des Lebendigen sind, die in der elementaren Welt wurzeln. Das Kunstwerk bringt lebendige Imaginationen zur Anschauung. Der Mensch bemerkt, dass die Art der ästhetischen Betrachtung auch auf die Naturbetrachtung übertragen werden kann. Denn auch die Natur verrät dem aufmerksamen Beobachter Gebärden, nach denen sie gebildet wird. Am leichtesten sind diese Gebärden beim Wachstum der Pflanzen zu beobachten. Wie ein Stängel sich aufschwingt, wie ein Blatt sich spreitet und damit eine fest umrissene Gestalt annimmt, lässt uns viel vom Wesen einer Pflanze erfahren. Es tauchen Empfindungen auf, die wir bislang an diesen Wahrnehmungsobjekten nicht kannten. Sie machen uns aufmerksam, dass wir die Sinne viel lebendiger und beseelter ergreifen können, damit neue Wahrnehmungen sich ihnen einbilden.

Goethe meint, dass beispielsweise das Auge vom Licht für das Licht geformt worden sei. Das entspricht der alten philosophischen Auffassung, dass Gleiches nur vom Gleichen erkannt werden kann. Zunächst einmal ist das Licht Gestalter des Auges und jenes Prozesses, die es erhalten und seine Funktion ermöglichen. Indem nun der Mensch wiederum sich des Auges bedient, erfasst er mit diesem Organ das Wirken des Lichtes in der Außenwelt. Das Auge zeigt schaffende Wesen als Ursache seiner Bildung. Dieselben Wesen schaffen im Licht selbst. Werden die Wahrnehmungsprozesse durch gezielten Einsatz des Willens über ihr normales Maß hinaus gesteigert, das heißt stärker durchlebt und beseelt, ergibt das ein Bewusstwerden der im Licht wirkenden Wesen. Das durch die luziferische Verführung eingetretene Übergewicht des physischen Leibes über die Sinne wird durch Eigentätigkeit überwunden, die übersinnliche Erfahrung der Welt, das heißt die der im Auge und im Licht wirkenden Wesen, eingeleitet.

Rudolf Steiner konkretisiert das Entstehen der Farben an der Beobachtung des Astralleibes. Die Seele, genauer ihre augenblickliche Verfassung, äußert sich für die hellsichtige Anschauung im Formen- und Farbenspiel der menschlichen Aura. Sie sind durch seelische Regungen verursacht, das heißt, diese äußern sich durch sie. «Wie der Hellseher am astralischen Leib Rot, Blau, Gelb und Grün wahrnimmt, so sieht das physische Auge um sich herum Rot, Blau, Gelb und Grün. In beiden Fällen ist die Ursache genau die gleiche. Wie hinter dem Rot im Astralleib eine Begierde lebt, so steckt hinter dem Rot der Blume eine Begierde als das ‹Ding an sich›. Eine in der Blume waltende Begierde ist das Rot in der Blume. Was der Gesichtssinn tut, wenn er diesen Punkt überschreitet, ist nichts anderes, als wenn Sie einen Rock umkehren, ihn auf die andere Seite wenden. Während in der Aura sich des Menschen astrale Natur ausprägt, lebt hinter der ganzen Farben- und Lichtwelt, hinter der Welt des Gesichtssinnes, die äußere astrale Natur. Niemals gäbe es in der Welt Farben, wenn nicht die Dinge ganz und gar durchdrungen wären von astralen Wesenheiten [was Rudolf Steiner in dem anderen Zitat elementare Welt nennt]. Was in der Welt als Farben erscheint, rührt von den Astralwesen her, die sich äußerlich durch die Farbe kundtun. Durch die Umwendung des Inneren nach außen geht die Wesenheit von dem höheren auf den niederen Plan herunter [von der elementaren Welt also in die physische]. Sie können das Folgende durch Meditation erreichen: Wenn Sie eine grüne Fläche, etwa ein Laubblatt, vor sich haben und jetzt aus sich herausgehen, um die Sache von der anderen Seite anzuschauen, dann würden Sie die astrale Wesenheit sehen, die hinter der grünen Farbe ist und die sich durch die grüne Farbe anzeigt.»[216]

Das Kunstwerk steht gewissermaßen zwischen der elementaren und der physischen Welt. Setzt man sich ihm mit erhöhter Hingabe im Wahrnehmungsakt aus, so kann durch das Kunstwerk das Seelengefüge gelockert werden. «Es besitzt die Kraft, einen herauszureißen aus der sinnlichen Anschauung.» Das ästhetische Tun und Betrachten kann so zur Vorschule der Meditation werden. «Man muss entrückt werden», also eine andere seelische Verfassung herstellen als jene, die durch die luziferische Verführung üblich ist. Kunstausübung und Kunstbetrachtung können zu einer Therapie für die luziferisch bedingte Befangenheit des Menschen werden.

Wir stoßen bei dieser Darstellung erneut auf vier willentlich herzustellende Urtugenden des Schulungsweges: Hingabe, Ruhe, Geduld und ein helles denkerisches Bewusstsein. Es leuchtet unmittelbar ein, dass ein aufgeregter, also unruhiger Mensch untauglich für eine sachgemäße Wahrnehmung ist. Er ist viel zu sehr mit sich selbst beschäftigt, als dass er ein emotionsloses Verhältnis zur Umwelt herstellen könnte. Der geforderte Gleichmut muss deshalb willentliches Ziel eines bewussten Übens sein. Das Üben um Seelenruhe muss bisweilen lange Zeit fortgesetzt werden, ehe es erste Resultate zeigt. Man muss dem Üben gewissermaßen treu bleiben. Das aber schafft nur die Geduld.

Und es kann in diesem Bemühen die Gewissenhaftigkeit geübt werden. Goethe nennt das: «Aufzufassen, was ist, und nicht, was behagt.» Rudolf Steiner ergänzt: «Denn wer die Gewissenhaftigkeit nicht hat gegenüber dem, was eine sinnliche Tatsache ist, der kann niemals zu jener verantwortungsvollen Gewissenhaftigkeit kommen, die notwendig ist, um geistige Tatsachen ins Auge zu fassen.»[217]

Gewissenhaftigkeit ist nicht nur gegenüber der sinnlichen und der übersinnlichen Erfahrung nötig, sondern muss auch für das Denken geübt werden. Das gewissenhafte Denken behält auch auf dem Felde übersinnlicher Erfahrung seine Gültigkeit. Es ist das Instrument, mit dem der Schauende seine Selbstständigkeit erhält gegenüber den ungewohnten und überraschenden Erfahrungen, denen er jetzt bei der Begegnung mit geistigen Welten gegenübersteht. «Wer in diese Welten hinaufgelangt, lernt zwar Wahrnehmungsweisen kennen, die es auf dem physischen Plan nicht gibt, aber er wird sie mit seinem Denken beherrschen können.»[218]

Wie nötig das ist, zeigt eine detaillierte Schilderung des Übergangs von der sinnlichen zur übersinnlichen Anschauungsweise: «Beim Anschauen einer Blume wird sich zum Beispiel nach und nach etwas von der Blume loslösen. Die Farbe, die zuerst nur an der Oberfläche der Blume haftet, steigt wie eine kleine Flamme auf und schwebt frei im Raume. So gestaltet sich die imaginative Erkenntnis heraus. Es ist dann bei allen Dingen so, als ob sich ihre Oberfläche loslöste. Der ganze Raum erfüllt sich mit der Farbe, die flammenartig im Raume verschwebt. Auf diese Weise scheint sich die ganze Lichtwelt aus der physischen Wirklichkeit herauszuziehen. Wenn sich ein solches Farbenbild herauszieht und frei im Raume schwebt, fängt es bald an, an etwas zu haften. Es drängt zu etwas hin, es bleibt nicht beliebig irgendwo stehen. Es fasst eine Wesenheit ein, die nun selbst als geistige Wesenheit in der Farbe erscheint. Was der Schüler aus den Dingen der physischen Welt als Farbe herausgezogen hat, umkleidet die geistigen Wesenheiten des astralen Raumes.»[219]

Unterscheidungsvermögen ist jetzt gefragt. Was ist in diesen neuen Erscheinungen Spiegelung meiner eigenen Befindlichkeit, die vom eigenen Astralleib ausgeht, und was ist objektiv? Da in dieser Welt gegenüber der physischen das Gesetz der Umkehrung gilt, kann ein böses Wesen in der verlockendsten Gestalt erscheinen.

Besondere Trübung der übersinnlichen Wahrnehmung bewirkt das menschliche Wünschen. «Selbst wenn der Mensch bereits in der Lage ist, die Dinge objektiv zu sehen, so ist noch immer die andere Möglichkeit vorhanden, dass sich seine innere Willkür wie eine Kraft äußert, welche die Erscheinungen lenkt und leitet. Er muss es dahin bringen, dass er dies durchschaut und versteht; denn der Wunsch hat einen starken Einfluss auf dem astralen Plan. Alles, was als dirigierende Kraft hier in der physischen Welt wirkt, ist nicht vorhanden, wenn man in die imaginative Welt kommt. Wenn Sie sich auf dem physischen Plan einbilden, Sie hätten etwas getan, was Sie in Wahrheit nicht getan haben, dann werden sie sich bald davon überzeugen, dass es sich nicht so verhält, indem Ihnen die Tatsachen auf dem physischen Plan entgegentreten. So ist es aber nicht im Astralraum. Da gaukeln Ihnen die eigenen Wünsche Bilder vor, da müssen Sie von einem Wissenden Anleitung haben, wie diese imaginativen Bilder zusammenzusetzen sind, um ihre wahre Bedeutung zu erkennen.»[220]

Erhöhte Aufmerksamkeit ist vonnöten, die Wahrheit zu erkennen. So mag verständlich sein, dass das ästhetische Auffassen eines Kunstwerks eine Chance und eine nicht zu unterschätzende Gefahr eröffnet: «Wenn einer einen wirklichkeitsgemäßen Sinn hat, dann kommt er durch das Leben in ästhetischer Auffassung zu einer höheren Wahrheit. Wenn einer einen nicht wirklichkeitsgemäßen Sinn hat, so kann er gerade durch die ästhetische Auffassung der Welt in die Verlogenheit kommen.»[221]

Charakteristik des imaginativen Bewusstseins

Das übliche Gegenstandsbewusstsein kennen wir genau. Wir halten gehörigen Abstand zu seinen Begriffen und Vorstellungen. Nie geraten wir in Gefahr, ihnen gegenüber unser Selbstbewusstsein zu verlieren. Die Begriffe, die bloße Bilder sind, lassen es zu, dass mit ihnen souverän umgegangen werden kann. Selbst unsachgemäße Verbindungen lassen sie zu. Die in sich geschlossene Wesenheit des Betrachters bei dieser Tätigkeit bleibt bestehen. Den Vorgang begleitet ein gesichertes Selbstbewusstsein. Der gesunde Mensch ist selten in Gefahr, sich in der Vorstellungswelt zu verlieren.

Was ändert sich im seelischen Verhalten, wenn man das imaginative Bewusstsein herstellt? Es ist doch zu vermuten, dass die seelische Disposition sich völlig verändern muss, um ganz andere Erfahrungen an der Welt zu entbinden. Allein eine einzige Aussage Rudolf Steiners über diese ätherische Welt (elementarische Welt) charakterisiert die Situation, in welche die menschliche Seele eintaucht: «Es gibt keine geschlossene, keine abgegrenzte Form in der elementarischen Welt; alles ist in fortwährender Metamorphose. Und dieses sich metamorphosierende Dasein muss man mitmachen als Seele außerhalb des physischen Leibes, wenn man sich in der elementarischen Welt erleben will.»[222]

Versucht man sich diesen Zustand vorzustellen, hat man Schwindelgefühle, die das Selbstbewusstsein in arge Bedrängnis bringen. Es fehlt ihm der ruhende Punkt, von dem aus die Welt zu fassen ist. Stattdessen werden wir in den Tanz der Verwandlungen hineingezogen. Ohne solch mitvollziehendes Miterleben erschließt sich die elementarische Welt nicht, aber sie droht unser Selbstgefühl auszulöschen. «Man kann kein Selbstgefühl entwickeln in der elementarischen Welt, wenn man sein Wollen nicht anstrengt, wenn man sich nicht selber will. Das erfordert allerdings eine Überwindung der menschlichen Bequemlichkeit, einer Bequemlichkeit, die ungeheuer tief eingewurzelt ist.»[223]

Die Schulung für die Ausbildung einer imaginativen Erkenntnis ist demnach die gewollte Verwandlungsfähigkeit der Vorstellungen durch ein «lebendiges» Denken. Das Kapitel «Sich-im-Einklang-Fühlen mit den Weltgesetzen» zeigt wesentliche Bedingungen, das Denken beweglich zu machen. Allein der Wechsel der Standpunkte, unter denen ein und dieselbe Sache betrachtet werden kann, «verflüssigt» einmal eingeschliffene Vorstellungen, macht beweglich. Aber dieser Schulungsaspekt schafft noch nicht das notwendige Selbstgefühl, sich im Meer der flutenden Erscheinungen aufrecht zu erhalten. Dazu ist Willensschulung erforderlich. Sie findet beispielsweise dann statt, wenn einmal gefasste Beschlüsse – etwa für ein meditatives Leben – kontinuierlich durchgehalten werden. Denn es gilt der Grundsatz: Stetige Wiederholung des Gleichen stärkt den Willen. Am stärksten aber wirkt die moralische Lebenshaltung, ohne die eine Erziehung des Willens kaum zu befriedigenden Ergebnissen kommt.

Zum Erwerb imaginativer Erkenntnis ist demnach nicht nur die Schulung des Denkens notwendig, sondern gerade auch die des Willens. Ohne den Willen verlöre man sich selbst in den Turbulenzen des Geschehens. Was aber erlebt man beim Übertritt vom Gegenstandsbewusstsein in die imaginative Welt? Man begegnet lebendigen Wesen, deren Dasein das menschliche Bewusstsein angepasst werden muss. Die Seele muss die Verwandlungen dieser Wesen mitmachen. «Wenn man sich wirklich mit der hellsichtigen Seele einlebt in die elementarische Welt, dann ist das so, wie wenn die Gedanken nicht Dinge wären, die man beherrscht, sondern die Gedanken werden wie lebendige Wesen. Stellen Sie sich einmal vor, Ihre Gedanken wären nicht so, dass Sie sie machen und verbinden und trennen, sondern in Ihrem Bewusstsein fingen die Gedanken, jeder derselbe, ein Eigenleben an, ein wesenhaftes Leben. Sie steckten gleichsam Ihr Bewusstsein hinein in etwas, wo Sie gar nicht die Gedanken so haben können wie in der physisch-sinnlichen Welt, sondern wo die Gedanken lebendige Wesen sind ... So werden die Gedanken, wenn Sie untertauchten mit Ihrer Seele in die elementarische Welt, dass sie sich selber verbinden und trennen, dass sie ein Eigenleben für sich führen. Nun, wahrhaftig, man braucht eine stärkere Kraft der Seele, um mit seinem Bewusstsein lebendigen Gedankenwesen gegenüberzustehen, als den passiven Gedanken der physischen Welt, die mit sich machen lassen, was man will, die sich sogar gefallen lassen, dass sie sich nicht nur gescheit verbinden und trennen lassen, sondern auch manchmal recht töricht. Das sind geduldige Dinger, diese Gedanken der physisch-sinnlichen Welt; sie lassen sich von der Seele alles gefallen. Das wird ganz anders, wenn man sozusagen die Seele hineinsteckt in die elementarische Welt. Da leben die Gedanken ihr selbstständiges Leben. Da muss man sich aufrechterhalten und behaupten mit seinem Seelenleben, nicht passiven Gedanken gegenüber, sondern einem aktiven, in sich selbst regsamen Gedankenleben.»[224]

Das kann man nur mit einem geschulten und daher erstarkten Willensleben.

«Was erlebt man denn da, wenn man so untertaucht? Sehen Sie, wenn man so untertaucht, wenn man sich in das eine oder andere Wesen verwandelt, dann erlebt man etwas, was man nennen könnte: Sympathien und Antipathien, welche wie aus den Seelentiefen herauffluten und sich als Erlebnisse in der hellsichtig gewordenen Seele ausnehmen. Ganz bestimmte Arten von Antipathien oder Sympathien erlebt man, indem man sich in das eine Wesen verwandelt oder in das andere. Indem man so von Verwandlung zu Verwandlung schreitet, erlebt man fortwährend andere Sympathien und Antipathien. Und so, wie man in der physisch-sinnlichen Welt die Wesen, die Dinge charakterisiert, beschreibt, erkennt, überhaupt wahrnimmt, dadurch, dass man sie durch das Auge in Farbe sieht, durch das Ohr in Tönen hört, so würde man dementsprechend, wenn man innerhalb der geistigen Welten selber beschreiben würde, in bestimmten Sympathien und Antipathien beschreiben. Nur ist dabei zu beachten zweierlei: Erstens, wenn man mit den Gewohnheiten der physisch-sinnlichen Welt spricht, so unterscheidet man gewöhnlich nur Grade von Sympathien und Antipathien, stärkere und schwächere Sympathien und Antipathien. So ist es nicht in der elementarischen Welt, sondern da sind die Sympathien und Antipathien nicht nur dem Grade nach voneinander verschieden, sondern *qualitativ,* sodass es verschiedenartige Sympathien und Antipathien gibt. Wie die gelbe und rote Farbe verschiedenartige Farben sind, qualitativ verschieden sind, so sind die mannigfaltigen Sympathien und Antipathien, die man erlebt in der elementarischen Welt, auch qualitativ verschieden, nicht bloß dass die eine stärker und die andere schwächer ist. Daher würde man nicht richtig beschreiben, wenn man, von den Gepflogenheiten der physisch-sinnlichen Welt ausgehend, sagen würde, beim Untertauchen in das eine Wesen verspürt man größere, beim Untertauchen in das andere geringere Sympathien. *Nein, verschieden sind die Sympathien!*

Das ist das eine, was zu beachten ist. Das andere ist, dass man das Verhalten zu Sympathien und Antipathien, wie es ganz naturgemäß ist für die physisch-sinnliche Welt, nicht hinübertragen kann in die elementarische Welt. In der physisch-sinnlichen Welt fühlt man sich angezogen von Sympathien und abgestoßen von Antipathien; man geht zu Wesenheiten hin, die einem sympathisch sind, man will mit denen zusammen sein; von Wesen und Dingen, die einem antipathisch sind, flieht man hinweg, man will mit ihnen nichts zu tun haben. Das kann nicht der Fall sein mit den Sympathien und Antipathien der elementarischen Welt, dass einem, wenn ich mich grotesk ausdrücken darf, die Sympathien sympathisch und die Antipathien antipathisch sind; das darf nicht eintreten in der elementarischen Welt. Das wäre da gerade so, als wenn in der physisch-sinnlichen Welt etwa jemand sagen würde: Ich kann nur die blauen, grünen Farben leiden, ich mag aber nicht die roten und gelben Farben, vor denen laufe ich, was ich laufen kann. – Dass ein Wesen antipathisch ist in der elementarischen Welt, bedeutet, dass es eine bestimmte Eigenschaft dieser elementarischen Welt hat, die man eben als antipathisch bezeichnen muss. Und man muss sich zu diesem Antipathischen so verhalten, wie man sich in der sinnlichen Welt gegenüber von Blau und Rot verhält, nicht dass einem das eine sympathischer und das andere antipathischer ist. So wie man in der physisch-sinnlichen Welt allen Farben mit einer gewissen Gelassenheit entgegentritt, weil sie zum Ausdruck bringen, was die Dinge sind, und nur, wenn man ein Nervösling ist, vor den einen oder anderen Farben davonläuft, oder, wenn man ein Stier ist, die Farbe nicht leiden kann, so wie man da in der physisch-sinnlichen Welt mit Gelassenheit die Farben hinnimmt, so muss man die Sympathien und Antipathien in der elementarischen Welt als Eigenschaften dieser Welt in vollständigem Gleichmut beobachten können. Dazu ist notwendig, dass das Verhalten der Seele, wie es naturgemäß in der physisch-sinnlichen Welt ist, dass dieses Verhalten der Seele, die von Sympathien sich angezogen und von Antipathien abgestoßen fühlt, zu einem ganz anderen wird. Jene Gemütsstimmung, jene Gefühlsverfassung, welche den Sympathien und Antipathien in der physisch-sinnlichen Welt entspricht, muss abgelöst werden gegenüber der elementarischen Welt durch das, was man Seelenruhe, Geistesfriedsamkeit nennen könnte. Mit innerlich geschlossenem Seelenleben, mit geistesfriedsamem Seelenleben muss man untertauchen in die Wesenheiten und dann beim Untertauchen, indem man sich in sie verwandelt, herauftauchen fühlen aus den eigenen Seelentiefen die Eigenschaften dieser Wesen als Sympathien und Antipathien. Dann erst, wenn man dieses alles kann, wenn sich die Seele so verhalten kann zu Sympathien und Antipathien, ist diese Seele fähig, in ihren Erlebnissen das Sich-sympathisch- oder -antipathisch-Erleben, -Erfühlen in den Dingen der elementarischen Welt bildhaft richtig vor sich hintreten zu lassen. Das heißt: dann erst ist man imstande, nicht bloß dasjenige zu fühlen, was eben das Erfühlen in Sympathien und Antipathien ist, sondern wirklich das Erleben seiner selbst, verwandelt in ein anderes Wesen, aufschießen zu sehen als dieses oder jenes farbige Bild oder dieses oder jenes Tonbild der elementarischen Welt.»[225]

Die gesteigerte Seelenruhe, die für das imaginative Leben notwendig ist, wird sicher nicht allein durch eine Schulung des Denkens erzielt, auch nicht allein durch eine Schulung des Willens. Sie ist ein Gleichgewichtszustand zwischen beiden, Zeichen einer verstärkten Souveränität. Im imaginativen Bewusstsein erlebt der Erkennende, dass die Gedanken des gewöhnlichen Bewusstseins wie ein Schattenwurf jener sind, in die er sich jetzt einlebt. Die Abschattung geschieht, wie schon mehrfach gezeigt wurde, durch das heute gegebene Verhältnis der Seele zum Leibe. «Da eröffnet das übersinnliche, hellsichtige Erkennen einen Ausblick in die wahre Natur des Denkens. Keine Philosophie, keine äußere Wissenschaft, wenn sie noch so geistreich auftritt, kann über diese wahre Natur des Denkens irgendetwas Richtiges erkunden ...»[226]

Dasselbe gilt aber auch für den im gewöhnlichen Leben agierenden Willen. Auch er ist nur «eine Abschattung jenes starken wesenhaften Willens, der sich so entfaltet, dass er das Selbst aufrechterhält aus der Willkür heraus, nicht durch äußere Kräfte gestützt. Alles wird willkürlicher – so dürfen wir sagen – in dieser elementarischen Welt, wenn wir uns in dieselbe hineinleben.»[227]

Das Erleben der imaginativen Welt geschieht nur, wenn die Verschiebungen der Wesensglieder, welche der «Sündenfall» verursachte, einen Schritt weit aufgehoben worden sind. In ihm gewinnen Denken, Fühlen und Wollen an Kraft und Intensität unter der Willkür des Ich. Die dafür notwendige Schulung muss ein weiteres Problem im Auge behalten: den Übergang von der einen in die andere Bewusstseinsart. Der Schwellenübergang vom Gegenstandsbewusstsein zum imaginativen ist «geschützt». Solange die Seele die notwendigen Fähigkeiten nicht errungen hat, wird das Tor zur geistigen Welt nicht geöffnet. Probleme aber zeigt der Übertritt aus dem imaginativen Bewusstsein in das Gegenstandsbewusstsein. Im imaginativen Bewusstsein muss, wie die Darstellungen zeigen, eine größere Willkür des Seelenlebens einsetzen. Diese Willkür ist auch beim Übergang in das Gegenstandsbewusstsein nötig. Es dürfen die Erlebnisweisen der beiden Bewusstseinsebenen nicht vermischt werden. Die nötigen Verhaltensweisen für das imaginative Bewusstsein können nicht in das Alltagsleben übertragen werden. Es bedarf der sauberen Scheidung beider Ebenen.

«So sehen wir, wie durchaus die Gepflogenheiten des Seelenlebens anders werden müssen, wenn man die Schwelle von der physisch-sinnlichen in die übersinnliche Welt überschreitet. Würde man mit den Gepflogenheiten, die man den lebendigen Gedankenwesen der elementarischen Welt entgegenbringt, herüberkommen in die physisch-sinnliche Welt, die Schwelle überschreiten und zurückgehen und würde dann nicht das gesunde Denken mit den passiven Gedanken entfalten, sondern festhalten wollen das Verhalten für die elementarische Welt, dann gingen einem die Gedanken fortwährend durch, dann liefe man den Gedanken nach; dann würde man der Sklave seiner Gedanken werden.»[228]

Der gesteigerte Wille des imaginativen Bewusstseins, der in Bilderfluten das Selbstbewusstsein aufrechterhält, muss jetzt die Seelenhaltung der Hingabe ablähmen zur distanzierten Haltung des Gegenstandsbewusstseins. Es muss wieder die Anpassung des gelockerten ätherischen Leibes an den physischen Leib hergestellt werden.

«Nehmen wir nun an, eine hellsichtig gewordene Seele trüge in ihrem Ätherleib diesen Trieb zur Verwandlungsfähigkeit in die physisch-sinnliche Welt herüber. Dann ist dieser Ätherleib mit seiner Tendenz zur Beweglichkeit gleichsam locker im physischen Leib darinnen, und man gerät dadurch als Menschenseele durch die Kräfte seines Ätherleibes in einen Widerspruch mit den Anforderungen der physischen Welt, die einen zu einer bestimmten Persönlichkeit prägen will, weil der Ätherleib, der sich frei bewegen will, dann, wenn er die Schwelle von der geistigen Welt zur physisch-sinnlichen Welt in unrichtiger Weise zurücküberschreitet, alle Augenblicke etwas anderes sein will, etwas, was in Widerspruch stehen kann mit der festen Prägung des physischen Leibes. Um es etwas exakter auszudrücken, man kann vermöge des physischen Leibes, sagen wir, ein europäischer Bankbeamter sein, aber weil der Ätherleib den Trieb zur Befreiung vom physischen Leib herübergetragen hat in die physische Welt, kann man sich einbilden, man sei der Kaiser von China. Oder, um ein anderes Beispiel zu gebrauchen, kann man, sagen wir, Präsident der Theosophischen Gesellschaft sein, und, wenn der Ätherleib locker geworden ist, sich einbilden, man sei vor dem Direktor des Globus gestanden. Da sehen wir, wie in der entschiedensten Weise beachtet werden muss die Schwelle, die sich zwischen der sinnlichen und übersinnlichen Welt genau ergibt; wie man die Anforderungen einer jeglichen Welt ins Seelenauge fassen muss und wie man sich anpassen muss diesen Anforderungen; wie die Seele anders sich verhalten muss, je nachdem sie jenseits oder diesseits der Schwelle steht. Das hängt also damit zusammen, dass man immer und immer wiederum betont, es dürfen nicht in unrechtmäßiger Weise zurückgetragen werden die Gepflogenheiten der übersinnlichen Welten in die sinnliche Welt, wenn man zurückschreitet über die Schwelle. Wenn ich mich flach auszudrücken mir erlauben darf, so kann ich sagen: *Man muss sich in der richtigen Weise in beiden Welten zu benehmen verstehen, man darf nicht das Beobachten, das in der einen Welt richtig ist, in die andere hinübertragen.*»[229]

Ein Zeitsymptom:
die Lockerung des Geistig-Seelischen vom Leib

Die Geschichte zeigt ein Gesetz: Es gibt Fälligkeitstermine für eine starke Verwandlung aller Verhältnisse. Eine geschichtliche Epoche geht unter, eine neue steigt auf.

Haben wir uns wirklich verabschiedet von der Vorstellung, dass die
Entwicklung des Menschen nur einem einheitlichen Impuls folgt? Haben wir das Einbinden Ahrimans in die Weltentwicklung verinnerlicht?
Dann wird es uns auch nicht erstaunen, dass Geistwesen in die Geschichte hereinwirken. Die regulären Geister bedienen sich dabei auch ahrimanischer Wesenheiten (unterschiedlichster Art) bei ihrer Arbeit. Wir werden im Konkreten beispielsweise darauf aufmerksam gemacht, dass dieses Zusammenwirken regulärer Geister und ahrimanischer Wesenheiten
bei Geburt und Tod des Menschen stattfindet. In der heutigen Zeit, eigentlich mit Beginn der technischen Revolution, wenden sich aber diese
Elementargeister einer neuen Aufgabe zu:

«Ich will heute von einer Klasse [von] Wesenheiten sprechen, und
zwar von derjenigen Klasse, welche im Weltenzusammenhange ihre
Aufgabe hat bei der Geburt und dem Tode des Menschen … Nennen
wir sie heute, um Namen zu haben, die Elementargeister der Geburt
und des Todes. Es war wirklich so, dass diejenigen Persönlichkeiten, die
bisher in die Mysterien eingeweiht waren, es als ihre strengste Aufgabe
betrachtet haben, in weiterem Umkreise den Menschen gerade von diesen Elementarwesen der Geburt und des Todes nicht zu sprechen.
Denn spricht man von ihnen, von der ganzen Art und Weise, wie diese
Elementargeister der Geburt und des Todes leben, dann spricht man
von einem Gebiete, das dem Menschen, so wie er sich nun einmal geistig-seelisch entwickelt hat …, doch vorkommt wie glühende Kohle.
Man könnte auch einen anderen Vergleich wählen. Lernt der Mensch
genauer und mit vollem Bewusstsein das Wesen dieser Elementargeister
der Geburt und des Todes kennen, so lernt er eigentlich Kräfte kennen

in diesen Wesen, die dem Leben hier auf dem physischen Plan feindlich sind. Schon das muss für eine einigermaßen normal empfindende Seele eine erschütternde Wahrheit sein, dass sich die die Weltengeschicke lenkenden göttlich-geistigen Wesenheiten, um Geburt und Tod des Menschen in der physischen Welt zustande zu bringen, solcher Elementargeister bedienen müssen, die eigentlich feindlich gesinnt sind allem, was hier auf dem physischen Plan der Mensch als sein Wohlergehen, als seine Wohlfahrt sucht und begehrt. Würde nur alles das bewirkt werden, was der Mensch gerne mag: dass es ihm hier bequem gehe auf dem physischen Plan, dass er gesund wachen und schlafen, gesund seine Arbeit verrichten kann, würde es nur Wesen geben, die diesem bequemen Verlauf des Lebens vorstehen, so würden Geburt und Tod nicht zustande kommen können. Die Götter brauchen schon einmal, um Geburt und Tod zustande zu bringen, solche Wesenheiten, die eigentlich in ihrer ganzen Gesinnung und in ihrer ganzen Weltauffassung einen Drang haben, zu zerstören, zu verwüsten, was dem Menschen seine Wohlfahrt hier auf dem physischen Plan bewirkt.»[230]

Eine realistische Einschätzung der geschichtlichen Situation wird nur durch die Anerkennung von geistigen Mächten möglich, auch solchen, deren Ziel Zerstörung ist. Es kann demnach im Zeitalter der Bewusstseinsseele nicht mehr das Gesetz gelten, über solches Mysterienwissen zu schweigen. Wo aber betätigen sich die erwähnten Elementarwesen von Geburt und Tod, wenn sie nicht im Dienst der regulären Geister stehen?

«Sie wissen: Seit gar nicht langer Zeit sind in die Menschheitsentwickelung immer mehr und mehr Kulturimpulse hereingezogen, die früher nicht da waren, die aber gerade für die Kultur der Gegenwart charakteristisch sind. Versuchen Sie nur einmal, sich in Gedanken zurückzuversetzen in Zeiten, die verhältnismäßig noch gar nicht weit hinter uns liegen. Da werden Sie Zeiten finden, in denen noch keine Dampflokomotiven gefahren sind, Zeiten, in denen man noch nicht sich der Elektrizität bedient hat wie in unserer Zeit; Zeiten, in denen höchstens Denker wie Leonardo da Vinci in Gedanken und im Experiment sich Vorstellungen gemacht haben, wie man durch menschliche Instrumente in die Luft fliegen kann. Das alles ist in verhältnismäßig kurzer Zeit realisiert worden. Bedenken Sie, wie viel heute abhängt von der Verwendung des Dampfes, von der Verwendung der Elektrizität, von der Verwendung jener Luftdichtigkeitsverteilung, die zu der Luftschifffahrt geführt hat, oder zu jener Statik, die zum Fliegerwesen geführt hat … Sie werden sich leicht ein Bild davon machen können, dass es nicht dem Ideal der Menschheit für die nächste Zukunft entspricht, dass die Goethes immer häufiger werden, dagegen dass die Edisons immer häufiger werden. Das ist nun schon einmal das Ideal der gegenwärtigen Menschheit.»[231]

Stellt man sich vor, was im Laufe des 20. Jahrhunderts auf diesen Gebieten geleistet worden ist, kann uns die Schnelligkeit und Weitläufigkeit dieser Tendenz schier den Atem verschlagen.

«Nun glaubt ja allerdings der Gegenwartsmensch, dass sich das alles – Telegraf, Telefon, Dampfkraftverwendung und so weiter – ohne das Mittun von geistigen Wesen vollzieht. Das ist aber nicht der Fall. Die Fortentwickelung der Menschheitskultur, auch wenn der Mensch nichts davon weiß, geschieht auch unter dem Mittun von Elementargeistern … In den Laboratorien, in den Werkstätten, namentlich überall da, wo erfinderischer Geist waltet, da sind die Inspiratoren gewisse elementargeistige Wesenheiten. Nun sind diejenigen Elementargeister, welche seit dem 18. Jahrhundert unserer Kultur die Impulse geben, von derselben Art wie die, welcher sich die Götter bedienen, um Geburt und Tod herbeizuführen … Während also in älteren Zeiten die Elementargeister der Geburt und des Todes im Wesentlichen Diener der göttlich-geistigen Weltenlenker waren, werden von unserer Zeit an … diese Elementargeister … die Diener von Technik, Industrie, von kommerziellem Menschenwesen. Das ist wichtig, dass wir diese erschütternde Wahrheit in aller Stärke und Intensität auf unsere Seele wirken lassen.»[232]

Technik, Industrie, Kommerz haben gewaltige Zerstörungskräfte in die Zivilisation eingeführt. Der Erste Weltkrieg, in dem dieses Mysterienwissen enthüllt wird, war ein «Kinderspiel» an Zerstörungsmacht gegenüber dem, was der Zweite Weltkrieg ins Spiel brachte bzw. was uns heute vor Augen geführt wird. Der irakische Präsident beispielsweise scheute sich nicht, tödliches Nervengas zur Vernichtung unliebsamer Kurden einzusetzen. Seine Politik wiederum wurde «gezüchtigt» durch den Golfkrieg, der uns eine vervielfachte Zerstörungskraft der Waffen, die im Zweiten Weltkrieg verwendet worden waren, vor Augen führte. Die Zerstörungskräfte haben in einem ungeahnten Maßstab zugenommen. Und sie kennzeichnen nicht nur die Technik, sondern auch ein immer mehr von der Technik bestimmtes Wirtschaftsleben. Dieses verbraucht schonungslos die Rohstoffe dieser Erde, und sie «ordnet» – bisweilen mit brutaler Gewalt – die sozialen Verhältnisse. In diesen Symptomen ist zusätzlich ein Weltgesetz wirksam, das ebenfalls geisteswissenschaftliche Forschung aufdeckt. Ein Verständnis dafür zu erwerben ist unter den gegebenen Umständen schwer.

Wir sind schon bei der unterschiedlichen Entwicklungsreife von Kopf- und Gliedmaßenorganisation darauf gestoßen, dass das Haupt Kräften der Devolution unterworfen ist. Diese Devolution beginnt in jenem Augenblick, in dem Ahriman von den regulären Geistern in die Menschheitsentwicklung einbeschlossen wird. Der Meister des Todes beginnt sein Werk. Die ahrimanische Intention wird in jenem Augenblick besonders wirksam, wo die Elementargeister von Geburt und Tod aus der Mitwirkung für die regulären Geister langsam entlassen werden und zunehmend die Entwicklung der Technik, aber auch die sozialen Lebensverhältnisse inspirieren.

Was ist die langfristige Zielsetzung dieser Intention? Radikal gesprochen: die kontinuierliche Ablähmung, ja Zerstörung der Physis des Menschen. Es scheint widersinnig, in diesem Zerstörungsprozess die Möglichkeit einer gedeihlichen Entwicklung zu erkennen. Dennoch ist sie gegeben. Nur widerspricht die dadurch gegebene Entwicklungsmöglichkeit den heutigen Denkgewohnheiten radikal.

Am Anfang der Menschheitsentwicklung stand eine menschliche Existenz, die keine materielle Leiblichkeit kannte (siehe die Schilderung über den Paradiesesmenschen). Was dem Menschen damals restlos geschenkt wurde, nämlich seine rein geistig-seelische Existenz, könnte doch – jetzt aus eigenen Kräften veranlasst und gefördert – ein Entwicklungsziel des autonomen Menschen sein. Sie müsste dann einer Physis, die sich in Devolution befindet, abgerungen werden. Anders ausgedrückt: Das Geistig-Seelische würde dann eine immer größere Selbstständigkeit gegenüber der Leiblichkeit erringen müssen, als der Mensch sie heute besitzt. Stehen wir an dem historischen Wendepunkt, an dem diese Aufgabe begonnen werden muss? Sie scheint fällig. Der Schulungsweg wird unter diesem Aspekt zur notwendigsten Zeitaufgabe. Denn er ist nichts anderes als das Streben nach einer willentlichen Entbindung des Geistig-Seelischen aus der durch luziferische Verführung geprägten Leiblichkeit.

Mit diesem Ziel wird die zentrale Aufgabe der planetarischen Entwicklungsetappe Erde fassbar: zuerst die immer tiefere Verbindung des Ich mit dem Leib und den Verhältnissen der Erde, danach die Lockerung des Geistig-Seelischen nach Maßgabe geistiger Ziele. Diese sich ankündigende Lockerung des Geistig-Seelischen vom Leib kann heute bereits beobachtet werden. Denn die Devolution des Hauptes entlässt zunehmend das in ihm wirkende Geistig-Seelische.

«So sieht derjenige, der geistig die Welt anschaut, gar manche Menschen herumgehen, die eigentlich gar nicht sie selbst sind. Das ist … radikal gesprochen. Es sind wandelnde Leiber und die Seele ist nicht ganz darinnen. Warum? Ja, weil die Seele eben nicht mehr die Aufgabe hat, ganz den Körper zu durchdringen, der schon abbröckelt, sondern weil sie die Aufgabe hat, sich vorzubereiten auf das, was auf dem Jupiter vorgehen wird. Unsere Seele ist schon eine für die Zukunft Vorbereitungen treffende.»[233]

Das Entkörpern des Seelisch-Geistigen, das am Ende des planetarischen Zustands Erde ganz vollzogen sein wird, nimmt heute seinen Anfang. Die Frage ist, ob das Ich das sich lockernde Geistig-Seelische ergreifen und durchdringen kann. Die vor Urzeiten stattgefundene Einbindung Ahrimans als Mitgestalter der Erdenverhältnisse wird nur durch gesteigerte Ich-Tätigkeit ausgeglichen. Die naturhafte Lockerung des Geistig-Seelischen vom Leib hat demnach Chancen und Gefahren. Die Gefahr ist, dass das gelockerte Geistig-Seelische nicht vom Ich, sondern von einer fremden Geistigkeit besetzt wird.

Rudolf Steiner macht den Unterschied von alter und neuer Zeit an dem Phänomen des Genies deutlich: «… worauf beruhten die Genies der Vergangenheit? Sie beruhten darauf, dass eben die Seelen noch die Gewalt hatten, aus der Vererbung heraus oder durch die Erziehungskräfte, Impulse in die Körperlichkeit hineinzusenden, sodass aus dem Körperlichen heraus die Intuitionen, die Inspirationen, die Imaginationen des Genies in unbewusster Art kamen. Mit der aufsteigenden Körperlichkeit war geniale Kraft vorhanden. Mit der abbröckelnden Körperlichkeit der Zukunft wird das nicht der Fall sein. Wo etwas dem Genie Ähnliches in der Zukunft auftreten wird, wird es darauf beruhen, dass die betreffenden Seelen, die man ja auch dann genial nennen mag, eben tiefer hineinsehen in das Leben der geistigen Umgebung, dass also nicht aus dem unbewussten Körperlichen die Impulse heraufsteigen, sondern dass die Betreffenden tiefer hineinsehen in die geistige Welt.»[234]

Die erste Gefahr dieses fälligen Entwicklungsmomentes ist, dass er verschlafen wird. Dann vollzieht sich die Lockerung des Geistig-Seelischen zwar, aber sie wird vom Ich nicht souverän beherrscht. Wenn das Geistig-Seelische sich zu einem Teil aus der Leiblichkeit zurückzieht, so wirkt dieser Teil der Leiblichkeit – bildlich gesprochen – wie ein Vakuum. Durch die entstehende Saugkraft wird eine ahrimanische Geistigkeit angezogen, die es in Besitz nimmt. Viele Menschen im Umkreis des Holocaust beispielsweise erscheinen in ihrem Verhalten wie gespalten. Sie können auf der einen Seite treu sorgende Familienväter sein und auf der anderen Seite Vollstrecker brutalster Gewalt, ohne dass sie den Zwiespalt, der sie beherrscht, empfinden. Sie verschlafen ihn gleichsam und verlieren dabei ihre Identität. Ihr widersprüchliches Verhalten irritiert uns zutiefst.

Besser verständlich werden sie, wenn man die geschilderte geistige Situation der Zeitenwende bei der Beurteilung zugrunde legt. Sie erklärt auch die Zunahme der Übel nach dem Holocaust. Das Essay von Carl Amery, *Hitler als Vorläufer,* stellt fest, dass sich Holocaust-ähnliche Zustände vermehrt haben.[235] Man muss nicht Pessimist sein, um zu der Auffassung zu kommen, dass die bewusste und unbewusste Zerstörungswut noch ganz neue Lebensgebiete erfassen wird. Dies macht aber nur dann nicht pessimistisch, wenn man den Zusammenhang durchschaut, in welchem die erschreckenden Symptome nur Gegenbilder von neuen Entwicklungschancen sind.

Von einer ganz anderen Seite schildert Rudolf Steiner Chancen und Gefahren dieser Lockerung in *Wie erlangt man Erkenntnisse der höheren Welten?* Solange eine solche Lockerung nicht stattgefunden hat oder durch Schulung bewirkt wurde, besteht ein naturgegebener Zusammenhang zwischen Denken, Fühlen und Wollen, der für eine gewisse Balance dieser drei Seelenkräfte sorgt. Indem der Strebende auf dem Schulungsweg in der geistigen Welt Fuß fasst, wird er aus diesem Zusammenhang entlassen. Er muss jetzt selbstständig für den Zusammenhang der drei Seelenkräfte sorgen. Vor allem Ungeduld kann dazu führen, dass der Übende nicht sorgfältig das Bewusstsein und die Kraft erworben hat, diese Leistung des Zusammenklangs der drei Seelenfähigkeiten aus eigener Kraft zu meistern. Dann treten je nach der individuellen Disposition Einseitigkeiten auf, die die Entwicklung des Menschen aufs stärkste gefährden. Rudolf Steiner beschreibt die drei möglichen Abirrungen folgendermaßen:

«Beim Willensmenschen zum Beispiel wirken Denken und Gefühl … doch ausgleichend, und sie verhindern, dass der überwiegende Wille in besondere Ausartungen verfällt. Tritt ein solcher Willensmensch aber in die Geheimschulung ein, so hört der gesetzmäßige Einfluss von Gefühl und Gedanke auf den zu ungeheuren Kraftleistungen unausgesetzt drängenden Willen vollständig auf. Ist dann der Mensch in der vollkommenen Beherrschung des höheren Bewusstseins nicht so weit, dass er selbst die Harmonie hervorrufen kann, so geht der Wille seine eigenen zügellosen Wege. Er überwältigt fortwährend seinen Träger. Gefühl und Denken fallen einer völligen Machtlosigkeit anheim; der Mensch wird durch die ihn sklavisch beherrschende Willensmacht gepeitscht. Eine Gewaltnatur, die von einer zügellosen Handlung zur anderen schreitet, ist entstanden. – Ein zweiter Abweg entsteht, wenn das Gefühl in einer maßlosen Art sich von den gesetzmäßigen Zügeln befreit. Eine zur Verehrung anderer Menschen neigende Person kann sich dann in grenzenlose Abhängigkeit bis zum Verlust jedes eigenen Willens und Gedankens begeben. Statt höherer Erkenntnis ist dann die erbarmungswürdigste Aushöhlung und Kraftlosigkeit das Los einer solchen Persönlichkeit. – Oder es kann bei solch überwiegendem Gefühlsleben eine zu Frömmigkeit und religiöser Erhebung neigende Natur in eine sie ganz hinreißende Religionsschwelgerei verfallen. – Das dritte Übel bildet sich, wenn das Denken überwiegt. Dann tritt eine lebensfeindliche, in sich verschlossene Beschaulichkeit auf. Für solche Menschen scheint dann die Welt nur mehr insofern Bedeutung zu haben, als sie ihnen Gegenstände liefert zur Befriedigung ihrer ins Grenzenlose gesteigerten Weisheitsgier. Sie werden durch keinen Gedanken zu einer Handlung oder einem Gefühl angeregt. Sie treten überall als teilnahmslose kalte Naturen auf.»[236]

Das, was bei okkult Übenden als Irrweg auftreten kann, ist durchaus vermehrt bei Menschen zu beobachten, die keine Bewusstseinsänderung anstreben. Der Grund liegt in der Tatsache, dass «die Seele eben nicht mehr die Aufgabe hat, ganz den Körper zu durchdringen». Diese Lockerung der Beziehung zwischen der Seele und dem Leib wird durch die

Trennung der Seelentätigkeiten begleitet. Sie verlassen zunehmend den früher prästabilisierten Zusammenhang. Der Gewaltmensch, den keine durch ihn ausgelöste Zerstörung beeindruckt oder gar hemmt, ist in allen Volksschichten anzutreffen. Einmal begegnet er uns als Rassist, der Mord und Totschlag nicht scheut, das andere Mal als Vergewaltiger, der seine Opfer verachtet und sexuell nötigt. Trägt nicht auch öfters der Börsenspekulant jene Züge? Ist ihm doch völlig gleichgültig, ob durch seine Transaktionen wirtschaftliche Werte vernichtet oder soziales Elend verursacht werden. Betrug und Korruption nehmen zu. Sie sind doch nichts anderes als suspekte Mittel, die eigenen Intentionen notfalls gegen jedes Recht durchzusetzen. Und bei den kriminellen Organisationen wird nicht vor Mord zurückgeschreckt, gleich ob es um die Durchsetzung wirtschaftlicher oder politischer Interessen geht. Aber auch das private Leben wird zunehmend brutaler. Schon gibt es Gegenden, in denen gewöhnliches soziales Verhalten sich gegen den Terror von Gruppen nicht durchsetzen kann. Kurz: Wer das heutige Leben unvoreingenommen betrachtet, wird, weit über die hier exemplarisch genannten Symptome hinaus, dem Gewaltmenschen begegnen.

Die Gefühlsschwelgerei wird oft nicht so markant erlebt, weil sie sich in das öffentliche Leben weniger einmischt, sondern in ausgesparten Zirkeln «gepflegt» wird. Der gleichzeitige Freitod von Menschengruppen kann aber belegen, dass die Symptome, welche diese Abirrung beschreiben, vorhanden sind. Der Verlust jedes kritischen Gedankens über die Lehren und die Persönlichkeiten, die als Führer hervortreten, wird anschaubar. Nicht selten trifft man auf diese seelische Verfassung auch bei Menschen, die eine Bewusstseinssteigerung anstreben, aber die Wege, die sie beschreiten, unkritisch hinnehmen.

Der dritte Typus der gesteigerten Weisheitsgier ist in seiner Reinheit selten zu finden. Er beginnt da seine Wirkung zu haben, wo die eigene Gedankenproduktion die Folgen, die sie objektiv auslöst, kalt zu lassen scheint. Der italienische Atomwissenschaftler Fermi, der am Bau der ersten Atombombe beteiligt war, wurde einmal gefragt, ob er denn nicht vorausgesehen habe, welche Folgen das Resultat seiner Forschungen haben werde. Er fand jedoch die Perspektive, erstmals in bis dahin verborgene Zusammenhänge hineinzuschauen, so verführerisch, dass er alle Bedenken zurückstellte. Hier wird die Weisheitsgier an einem konkreten

Beispiel anschaubar. Sie weist jede Verantwortung von sich, sie ist nur auf die Vermehrung des Wissens konzentriert. Die Kälte der Einseitigkeit vermittelt dem, der sie willentlich ergreift, Befriedigung.

Diese Abirrungen haben den Charakter des Irreseins. Sie leben sich im Hinblick auf die eigene Person und deren soziales Umfeld als Krankheiten aus. Sie zerstören beide. Die Autonomie der Person geht völlig verloren. Wo dennoch ein gesteigertes Selbstwertgefühl auftaucht, gründet es auf einer Illusion. So kann der Gewaltmensch die Empfindung haben, dass er ein herausragender Mensch sei, weil er alle Hindernisse überwinde. Den Verlust seiner Menschlichkeit erlebt er nicht mehr.

IX. WEITERE AUSBLICKE ZUM WIRKEN DER WIDERSACHERMÄCHTE

Vom Ursprung der Widersachermächte

Kaum eine Frage ist seit der Zeit, in der das Denken das Bewusstsein bestimmt, so intensiv bewegt worden wie die nach dem Ursprung des Bösen. Die Tatsache, dass es neben Gott unübersehbar ihm widerstreitende Mächte gibt, irritierte die Menschen. Besonders groß war diese Irritation dann, wenn nach Aufklärung darüber gesucht wurde, in welchem Augenblick und durch wen das Böse in die Welt tritt. Vor allem die Allmacht Gottes machte den Denkern heftig zu schaffen. Eine Variante dieser Irritation haben wir bereits in dem Ringen von Hans Jonas erlebt, der Auschwitz begreifen wollte. Wie konnte denn ein allmächtiger Gott ein solches Übel zulassen? Noch vertrackter ist aber die Frage, wie aus dem Schöpfergott, der doch existenziell das Gute verkörpert, das Böse entstanden sein sollte. Oder sind neben Gott noch andere unbekannte Schöpfer am Werke gewesen? Fragen über Fragen, ohne dass der Verstand eine Lösung anbieten könnte!

Im Rahmen unserer Betrachtung kann es nicht die Aufgabe sein, eine Geschichte des Ringens um diese Frage darzustellen. Wohl aber ist gefragt, wie die Geisteswissenschaft übersinnliche Erfahrungen zu diesem Thema darstellt. Die gegebenen Hinweise gehen dahin, dass die Hierarchien im Prozess der Schöpfung bisweilen in neue Beziehungen untereinander eintraten und diese neuen Verhältnisse sich auch in der Weltgestaltung niederschlugen, also deren Metamorphosen bewirkten.

Beispielhaft sei eine solche Veränderung im Verhältnis von Seraphim und Throne dargestellt, die sich auf dem alten Saturn bzw. der alten Sonne ereignete. Aus Darstellungen über die Evolution wissen wir, dass die Throne ihre Substanz verströmten. Sie brachten ein Opfer, ohne das alle Gestaltungen, die damals existierten, z.B. die erste Anlage des menschlichen physischen Leibes, nicht möglich gewesen wären. Und höhere Wesen, die Cherubim, nahmen das Opfer entgegen und verbanden sich mit ihm. Aus Sicht der Throne bescherte diese Hingabe die größte Seligkeit.

Diese Beziehung wurde in dem Augenblick eine andere, als eine Gruppe von Cherubim das Opfer nicht mehr annahm, also ihre bisherige Beziehung zu dieser Hierarchiengruppe änderte. Der Verzicht der Cherubim hatte verschiedene Folgen. Bevor sie dargestellt werden, unternimmt Rudolf Steiner einen Versuch, das Leben der menschlichen Seele so anzuregen, dass sie in der rechten Verfassung diesem Ereignis gegenübertreten kann:

«Da gibt es ein Erlebnis, das wir in folgender Weise als Seelenerlebnis beschreiben können. Denken wir uns, dass irgendein Mensch sehen würde eine richtige, echte Opfertat, oder dass er sich vorstellen würde, wie wir es das letzte Mal bei der Betrachtung des alten Saturndaseins als Opfertat der Throne geschildert haben, die Throne hinaufsendend ihre Opfer zu den Cherubim, sodass der Mensch angeregt würde durch das Bild des beseligenden Opfers, das er anschaut und das die Seele lebendig machen würde ... Ein solcher Mensch würde, wenn er lebendige Gefühle hat, wenn er nicht mehr oder weniger gefühllos der Opferseligkeit gegenüberstehen würde, eine tiefgehende Seligkeit empfinden müssen beim Anblick des Opferbildes; er würde in seiner Seele empfinden müssen: das ist die schönste Tat, das schönste Erlebnis, das überhaupt aus unserer Seele hervorgerufen werden kann ... Opfertat ist aktive, in Aktivität sich umsetzende Hingebung. Die Anschauung von dem aktiven, dem tätigen Hingeben kann die Stimmung des Hingegebenseins, des Sich-Verlierens, des Sich-Vergessens in der Anschauung hervorrufen. Denken wir uns diese Stimmung des selbstlosen Sich-Verlierens in der Anschauung ganz in der Seele ausgegossen, dann haben wir mit dieser Stimmung dasjenige, was insofern uns näher kommen soll für unser Verständnis, als wir ohne eine solche Stimmung, wenigstens ohne eine Ahnung und einen Anklang an eine solche Stimmung in Wahrheit niemals zu dem kommen könnten, was die höhere Erkenntnis gibt.»[237] GA 132, (7.11.1911)

Aus der Sicht der Cherubim ist der Vorgang ein Verzicht. Die eigenen Erfahrungen belehren uns, dass nicht weniger aktiver Wille für den Verzicht notwendig ist als für die Durchführung einer Tat. Muss nicht beispielsweise beim Erwerb einer höheren Erkenntnisstufe immer neu auf das, was Gewohnheit geworden ist, aktiv verzichtet werden? Resignation muss oft hart erkämpft werden.

«Es ist doch ein gewisser Unterschied zwischen dem Zustande, der eingetreten wäre, wenn die Cherubim nicht resigniert hätten, und zwischen dem Zustande, der nun dadurch eingetreten ist, dass sie resigniert haben? Drückt sich dieser Unterschied in irgendeiner Weise aus? – Ja, das tut er. Er drückt sich nämlich dadurch aus, dass nunmehr während der Sonnenverhältnisse deutlich *die Folgen jener Resignation* auftreten. Wenn nämlich diese Resignation nicht eingetreten wäre, wenn die betreffenden verzichtenden Cherubim das ihnen gebrachte Opfer angenommen hätten, so hätten sie – jetzt bildlich gesprochen – den Opferrauch in ihrer eigenen Substanz drinnen gehabt; *was sie selber getan hätten, das hätte sich in dem Opferrauch zum Ausdruck gebracht.* Nehmen wir an, diese Cherubim hätten dieses oder jenes vollzogen. Dann wäre es erschienen, äußerlich ausgedrückt, durch die sich verändernden Wolken der Luft; das heißt, in der äußeren Gestalt der Luft würde sich ausgedrückt haben, was die nicht resignierenden Cherubim mit der Opfersubstanz gemacht hätten. Nun aber haben sie dieselbe zurückgewiesen *und sind dadurch aus der Sterblichkeit in die Unsterblichkeit, aus der Vergänglichkeit in die Dauer übergegangen.* Aber die Opfersubstanz ist zunächst da; sie ist sozusagen entlassen aus den Kräften, die sie sonst aufgenommen hätten, und *braucht jetzt nicht zu folgen den Antrieben, den Impulsen der Cherubim; denn diese haben sie entlassen, haben sie zurückgewiesen. Was geschieht nun mit dieser Opfersubstanz? – Es geschieht das, dass andere Wesen sich ihrer bemächtigen, die dadurch, dass sie jetzt diese Opfersubstanz nicht in den Cherubim haben, von den Cherubim unabhängig werden, selbstständige Wesen werden, die neben den Cherubim da sind, während sie sonst dirigiert werden von der Opfersubstanz in den Cherubim drinnen, wenn diese die Opfersubstanz aufgenommen haben. Darauf beruht die Möglichkeit, dass das Gegenteil von Resignation eintritt: dass Wesenheiten die ausgeflossene Opfersubstanz an sich heranziehen und in ihr handeln.* Und das sind die Wesenheiten, die zurückbleiben, *sodass das Zurückbleiben eine Folge der Resignation der Cherubim ist.* Die Cherubim liefern durch das, worauf sie resignieren, den zurückbleibenden Wesenheiten selbst erst die Möglichkeit zum Zurückbleiben. Dadurch, dass ein Opfer abgewiesen wird, können andere Wesenheiten, die nicht resignieren, die den Wünschen und Begierden sich hingeben und ihre Wünsche zum Ausdruck bringen, sich des Gegenstandes des Opfers, der Opfersubstanz, bemächtigen und sind damit in der Möglichkeit, als selbstständige Wesenheiten neben den Opfernden hinzutreten.

So ist mit dem Hinübergehen der Entwickelung von der Sonne zum Mond, mit dem Unsterblichwerden der Cherubim die Möglichkeit gegeben, *dass andere Wesenheiten sich abtrennen in eigener Substanzialität von der fortlaufenden Entwickelung der Cherubim, überhaupt der unsterblichen Wesenheiten.* Wir sehen also, indem wir jetzt den tieferen Grund des Zurückbleibens kennen lernen, dass eigentlich die Urschuld, wenn wir von einer solchen Urschuld sprechen wollen, an diesem Zurückbleiben gar nicht diejenigen haben, welche zurückgeblieben sind. Das ist das Wichtige, dass wir das auffassen. *Hätten die Cherubim die Opfer angenommen, so hätten die luziferischen Wesenheiten nicht zurückbleiben können,* denn sie hätten keine Gelegenheit gehabt, sich in dieser Substanz zu verkörpern. Damit die Möglichkeit vorhanden war, dass Wesenheiten in dieser Weise selbstständig werden, trat vorher der Verzicht ein. *Es ist also in der Weltentwickelung so, dass die Götter sich ihre Gegner selbst hervorgerufen haben.* Hätten Götter nicht verzichtet, so hätten sich Wesenheiten nicht widersetzen können. Oder wenn wir trivial sprechen wollen, können wir sagen, die Götter hätten gleichsam vorausgesehen: Wenn wir nur so fortschaffen, wie wir es getan haben vom Saturn zur Sonne herüber, so werden niemals freie, aus ihrer Willkür heraus handelnde Wesenheiten entstehen. Es muss, damit solche Wesenheiten entstehen können, die Möglichkeit gegeben sein, dass uns Gegner im Weltenall erstehen, dass wir Widerstände finden in dem, was der Zeit unterworfen ist.»[238]

Die Darstellung des Verhältnisses zwischen Throne und Cherubim betrifft die erste Hierarchie. Sie charakterisiert also das Verhältnis zwischen den ranghöchsten Wesenheiten. Die Frage stellt sich, ob hier ein einmaliger Vorgang geschildert wird oder ein Prinzip, das auch für die zweite und dritte Hierarchie gilt.

Eine Antwort auf diese Frage findet sich in den Vorträgen vom 7. und 14.1.1913.[239] Auch in der zweiten und dritten Hierarchie gibt es Wesen, die andere Wege nehmen, als es einer regulären Entwicklung entspricht. So entstehen die verschiedenartigsten polaren Spannungsfelder. Diesen ist der Mensch ausgesetzt. Ein solches Spannungsfeld entsteht beispielsweise durch die Auseinandersetzung zwischen den regulären Geistern

der Form und ihren Genossen, die zurückgebliebene Geister der Bewegung sind, die unregelmäßige Intentionen einbringen.

Der Mensch ist auf den aufrechten Gang, die Sprache, das Denken
hinorganisiert. Er hat eine leibliche Organisation, welche diese drei
grundlegenden Äußerungen eines Ich ermöglichen. Bei der Ich-Begabung des Menschen durch die Geister der Form wurden die leiblichen
Bedingungen des Menschen so umgeschmolzen, dass sie ein Ich-Bewusstsein zulassen. Fasst man diesen Tatbestand ins Auge, so kann es
einen verwundern, dass das Ich-Bewusstsein nicht mit der Geburt auftritt, ebenso wenig wie die anderen Grundfähigkeiten des Menschen. Sie
müssen erst der Organisation abgerungen werden. Am auffälligsten geschieht das bei der Eroberung des aufrechten Standes; er wird nur mit
größter Anstrengung des Kindes durchgesetzt, und es dauert seine Zeit,
bis die Bewegung des Leibes in der Vertikalen einigermaßen mühelos
gelingt. Immer wieder obsiegen erst einmal die Kräfte der Schwere.

Geistig betrachtet, spielt sich hier ein Kampf der regulären Geister der
Form mit ihren irregulären Genossen ab. «[Wir sehen] den Menschen
nicht gleich in die Lage versetzt, die seine Bestimmung ist. Das kommt
daher, dass der Mensch zuletzt, nach den Anstrengungen, die sein wahres
Ich gemacht hat, das ihm das Denken, Sprechen und die vertikale Linie
gegeben hat, sozusagen eingebettet ist in die Sphäre, in welcher die Geister der Form leben, die Exusiai. Diese Geister der Form, die in der Bibel
auch Elohim genannt werden, sind die, von denen eben wirklich die
menschliche Form abstammt, aber eben die Form, … in der das Ich des
Menschen sozusagen natürlich darinnenlebt und sich eindrückt in den
ersten Lebensmonaten und -jahren.

Aber andere Geister stehen noch dagegen, welche den Menschen hinwerfen, ihn wie unter den Stand dieser Geister der Form hinunterwerfen.
Was sind das für Geister?

Die Geister der Form sind die, welche den Menschen dazu befähigen,
sprechen, denken und aufrecht gehen zu lernen. Diejenigen Geister, die
ihn gleichsam hinwerfen, dass er auf allen vieren sich bewegt, dass er
nicht sprechen kann und sein Denken nicht entwickelt in der ersten Lebenszeit, das sind solche Geister, die er im Leben erst überwinden muss,
die ihm eine unrichtige Form zunächst geben. Das sind Geister, die eigentlich schon Geister der Bewegung sein sollten, Dynamis, die aber in

441

ihrer Evolution zurückgeblieben sind und noch nicht einmal auf dem Standpunkte der Geister der Form stehen. Das sind in ihrer Entwicklung stehen gebliebene luziferische Geister, die von außen auf den Menschen wirken und ihn sozusagen dem Element der Schwere übergeben, aus dem er sich erst nach und nach durch die wirklichen Geister der Form erheben muss.»[240]

Ein alltäglicher Vorgang, den wir immer wieder mit Freude beobachten, wird für die übersinnliche Forschung ein Geisteskampf regulärer und unregulärer Wesenheiten. Nicht nur die Geister der ersten Hierarchie werden dazu gebracht, die Rolle der Opposition auszuführen, das geschieht auch in der zweiten (und dritten) Hierarchie.

Die Schilderung der ersten Lebensjahre aus geistiger Sicht klärt auch den Unterschied zwischen dem wahren Ich und dem Ich-Bewusstsein. Durch die Arbeit des ersteren (in der Obhut der regulären Geister der Form) werden erst die Voraussetzungen geschaffen, dass das Ich-Bewusstsein überhaupt entstehen kann. Es wirkt vor jedem Ich-Bewusstsein, das in der ersten Differenzierung des Ich von seiner Umwelt um das dritte Jahr auftaucht. Die großen Taten des wahren Ich liegen vor diesem Zeitpunkt. Sie geben der kindlichen Organisation erst jene Gestalt (Form), die ein Ich-Bewusstsein ermöglicht.

«Indem wir so den Menschen beobachten, wie er sich durch die Geburt ins physische Dasein hereinbegibt, sehen wir in diesen Anstrengungen, die er macht, um sich das zu geben, was er später im Leben haben soll, die wirklich fortschreitenden Geister der Form im Kampfe mit jenen Geistern, die schon Geister der Bewegung sein sollten, aber auf einer früheren Stufe stehen geblieben sind. Mit luziferischen Geistern sehen wir schon da die Geister der Form im Kampfe, und auf diesem Gebiete sind die luziferischen Geister so stark, so kräftig, dass sie nicht das Bewusstsein des Ich aufkommen lassen, das da waltet. Sonst, wenn nicht die luziferischen Geister dieses Bewusstsein niederhielten, würde der Mensch während dieser Zeit zeigen: Du bist ein Kämpfer; du fühlst dich in der horizontalen Lage und willst bewusst die vertikale Lage, du willst sprechen und denken lernen! – Das kann er alles nicht, weil er eingehüllt ist in die luziferischen Geister. Da sehen wir ahnend hin auf das, was wir allmählich erkennen werden als das wahre Ich gegenüber einem bloß dem Bewusstsein erscheinenden Ich.»[241]

442

Wer steht dem entgegen, dass ein Bewusstsein auftreten kann, das dem wahren Ich entspräche? «... [es] rührt von den zurückgebliebenen Geistern des Willens das erste Auftreten des Ich im Menschen her, wie es im ersten Kindheitsalter aufblitzt».[242] Das Ich-Bewusstsein erscheint in der Form der Vorstellung, als Bild, dem jede Seinsqualität fehlt. Dafür ist es notwendig, dass die Ich-Tätigkeit am Leib gespiegelt wird. Fehlt diese Spiegelungsmöglichkeit – beispielsweise im Schlaf, wenn das Ich den Leib verlässt –, tritt Bewusstlosigkeit ein. Wollte man das gewöhnliche Ich-Bewusstsein als das wahre Ich ansehen, müsste man konsequenterweise annehmen, dass das Ich jeden Abend sich auflöst und am Morgen neu entsteht. Die Form, in der sich das übliche Ich-Bewusstsein darlebt, wird von höchsten luziferischen Geistern bewirkt. Seine Reduzierung auf das Erleben von Bildern ist Grundvoraussetzung für die spätere schöpferische Denktätigkeit eines vom Leib unabhängig agierenden wahren Ich.

Was hier geschildert wird, sind zwei Beispiele der Wirkungen polarer geistiger Wesenheiten, deren Ergebnisse in der menschlichen Entwicklung nachgegangen wird. Die Schilderungen entwerfen durchaus kein vollständiges Bild der Vorgänge bis zum ersten Aufblitzen des Ich-Bewusstseins. Ausdrücklich heißt es: «Und dazwischen liegen noch mehrere Tatsachen, wo zurückgebliebene Geister der Weisheit, zurückgebliebene Geister der Bewegung wirken.»[243] Aber sie werfen ein Licht auf die Technik, mit der die Entwicklung des Menschen durch die geistige Welt behindert und gleichzeitig gefördert wird. Es klingt ungewöhnlich und doch verständlich, wenn gesagt wird: «Immer selbstständiger und selbstständiger sollten die Menschen auf der Erde leben. Das haben die führenden geistigen Wesenheiten der höheren Hierarchien ihrerseits gelernt, und darin besteht ihr Fortschritt.»[244]

Wir erleben verschiedene Kampffelder, wo reguläre Wesenheiten mit den Widersachermächten kämpfen. Aus diesen Kämpfen geht u.a. die Disposition des heutigen Menschen hervor. Dass es auch Kämpfe luziferischer Geister gegen ahrimanische gibt, zeigt das nächste Kapitel, das gewissermaßen eine Landkarte der verschiedenen Fronten darstellt. Wichtig ist, dass die Ur-Intention zu solch produktiven Auseinandersetzungen von den regulären Geistern ausgeht. Ihre Devise dabei ist: «Würden wir nur selbst alles anordnen, so würden wir solchen Widerstand nicht finden können. Wir können es uns sehr leicht machen dadurch, dass wir alles Opfer nähmen; dann würde alle Evolution uns unterworfen sein. Das werden wir aber nicht machen; wir wollen Wesenheiten, die sich widersetzen können. Dadurch nehmen wir das Opfer nicht an; sodass jene Wesenheiten durch unsere Resignation und dadurch, dass sie das Opfer nehmen, unsere Gegner werden!»[245]

Rudolf Steiner nennt diese Schilderung selbst «trivial», weil sie in höchster Abstraktion einen vielschichtigen Vorgang auf den Punkt bringt. Damit wird aber der Kern des Vorgangs verständlich. Um dies auszugleichen, wird in der Vortragsreihe immer wieder dieser Entwurf einer neuen Erdentwicklung dargelegt.

Die Schilderung der Resignation gegenüber dem Opfer klärt erneut den Begriff der Deplatzierung. Er diente ja schon früher zur Charakteristik des Bösen. Indem das Gute an einem gewissermaßen falschen Ort auftritt, wirkt es böse. In diesem Fall: Das Opfer gehört im Sinne einer vorangegangenen Entwicklung in den Bereich der Seraphim. Wird es dort nicht angenommen, erleidet das Opfer eine Deplatzierung. Aber diese Deplatzierung verursacht eine neue Entwicklung, die ohne sie nicht stattfinden könnte. Das Wichtige dieser Ausführungen ist, so artikuliert es wenigstens Rudolf Steiner selbst, dass diese Technik der Entwicklung von den Göttern gewollt wird. Sie wollen die Polarität in der Zeit, also im Werden und Vergehen, weil sie fortan ein konstitutives Element der Entwicklung sein soll.

Damit ist die Rätselfrage von der Entstehung des Bösen aus geisteswissenschaftlicher Sicht wenigstens andeutungsweise geklärt. Die durch Götterwillen entstandenen Polaritäten von Wesenheiten werden von den Göttern genutzt, um Freiheit in der Welt zu verankern bzw. das Ich im Widerstand zu stärken, weil es nur so seine himmlische Seite im Erdenwirken aus eigener Freiheit realisieren kann.

444

Die drei Kampffelder zwischen Luzifer und Ahriman und den regulären Geistern

Mit den bisherigen Darstellungen mag deutlich geworden sein, dass wir den Vorgängen des Sündenfalls unsere Freiheit verdanken. Nicht die Intentionen Luzifers zielen auf Freiheit. Freiheit wird erst dadurch möglich, dass reguläre Geister auf den luziferischen Impuls antworten. Dadurch entsteht ein neues Kräfteverhältnis zwischen unterschiedlichen Intentionen. Erst sie wirken auf den Menschen so, dass sie Freiheit ermöglichen. Die eigentlichen Intentionen Luzifers mit dem Menschen sind ganz andere.

Die Folgen solch wechselseitiger Beeinflussung aber sind so vielfältig, dass sie immer neuer Darstellungen unter verschiedenen Gesichtspunkten bedürfen, damit sie erlebend nachvollzogen werden können. Einen seiner späten Vorträge, in dem ungemein gerafft die geistigen Kämpfe hinter den Kulissen des äußeren Daseins geschildert werden, hielt Rudolf Steiner am 16. November 1922 in London.[246] Hier charakterisiert er vor allem besonders eindringlich die Gegensätze der beiden Widersachermächte. Der Kampf zwischen Luzifer und Ahriman wird – wie es heißt – «bis aufs Messer» geführt, also rücksichtslos scharf. Und es gibt «verschiedene Fronten» dieses Kampfes. Aber es wird auch berichtet, wie Jahve vor undenklichen Zeiten einen Frieden zwischen den Parteien gestiftet hat in Bezug auf jene Geistigkeit, die dem Mineral, der Pflanze, dem Tier und dem Menschen, insofern er ein Gattungswesen ist, zugrunde liegt. In diesen Regionen ruhen gewissermaßen die Waffen der Parteien. «Also in Mineralien, in Pflanzen, in Tieren und auch in derjenigen tierischen Natur des Menschen, die nicht heraufgenommen wird ins Seelische, wo der Mensch sich nicht anstecken lässt durch seine Triebe, Begierden und Leidenschaften, da ist Friede gestiftet durch den Vatergott in uralten Zeiten.» Auf welchem Felde aber wird der Kampf «bis aufs Messer» geführt? «… um den Menschen, der sein Selbstbewusstsein errungen hat.» Der Kampf geht also um das Bewusstsein des Menschen.

Die Selbsterfahrung des Ich als geistig autonomes Wesen wollen beide verhindern, aber ihrer beider Vorstellungen, wie der Mensch zu beeinflussen sei, sind diametral verschieden.

Man mag erstaunt sein, weil es bei der Charakteristik der luziferischen Wesen selten hervorgehoben wird: sie wollen einen moralischen Menschen. Da wir vom Bösen die grundsätzliche Vorstellung haben, dass es amoralisch wirkt, fällt es schwer, sich in diese Vorstellung einzuleben. Noch überraschender ist die Aussage, dass sie die Menschen «zu lauter guten Engelnaturen» machen wollen. Aber diese Engel sollen das Moralische «automatenhaft» tun. «Sie sind Wesenheiten, welche außerordentlich auf das moralische Element in der menschlichen sozialen Ordnung halten. Sie halten so stark auf das moralische Element, dass sie die Ansicht haben, der Mensch sollte gar nicht einen wirklichen physischen Körper haben. Sie möchten *in ihrer Art* den Menschen gestaltet haben, weil sie ihn dann, ohne dass er eine Freiheit darinnen hätte, ganz zu moralischen Wesen machen würden. Er würde gar keine physische Natur haben. Er würde ganz allein ein moralisches Wesen sein.»

Luzifer kämpft also auf seine Art gegen das Selbstbewusstsein. «Diese Wesenheiten sind besonders gefährlich allen schwärmerischen, zu einer nebelhaften Mystik veranlagten Menschen. Diese schwärmerischen, zu einer nebelhaften Mystik veranlagten Menschen verfallen sehr leicht diesen Wesenheiten, welche den Menschen hinwegführen möchten von der Erde, ihm eine Art Engelwesen geben möchten, damit er nur ja keinen Versuchungen unterliegt gegenüber dem Unmoralischen.» Es sind Wesen, «die zwar die menschliche Freiheit über alles hassen und die nichts wissen wollen von der menschlichen Freiheit, die die menschliche Freiheit vernichten möchten, die aber die Menschen zu moralischen Automaten machen möchten, zu lauter guten Engelsnaturen».

Die Wesen, die in der Gewalt Ahrimans stehen, werden als «untermenschliche» Wesenheiten bezeichnet. Ihr Wirkungsbereich ist der menschliche Stoffwechsel. Interessant ist ihre Vermehrung: Sie reißen eine maßlos gewordene Instinktnatur des Menschen an sich. «Wenn der Mensch während seines Lebens verfallen ist den ahrimanischen Mächten, sodass er seinen Leidenschaften, Instinkten, Trieben ganz hingegeben ist, dass er ein wüster Mensch ist, dann können sie [die untermenschlichen Wesen] das herausreißen nach dem Tode. Auf diese Weise gibt es nämlich schon eine ganze Bevölkerung, eine untermenschliche Bevölkerung der Erde.»

Wieder stehen wir vor der Tatsache, dass das menschliche Verhalten nicht nur Folgen hat für den Menschen selbst, sondern auch für die Welt. Es vermehrt unter Umständen Ahrimans Scharen, auch wenn der Mensch davon kein Bewusstsein hat. Erst das übersinnliche Bewusstsein erschließt diesen Tatbestand von der Vermehrung untermenschlicher Wesen.

Nun wird von diesen Wesen zusätzlich gesagt, dass sie unendlich intelligent seien. Sie möchten den Menschen sich ähnlich machen. Dazu müssten sie ihn noch irdischer und härter machen, als es der Mensch bereits ist. Sie sind im Gegensatz zu den luziferischen Wesen nicht erdfeindlich, sondern erdbesessen. Sie stemmen sich gegen jede weitere Erdentwicklung, gegen jede Verwandlung der Erde. Sie möchten den jetzigen Erdzustand konservieren und ihn so in aller Zukunft erhalten. In dieser Intention erkennen wir ihre Verwandtschaft mit den Todeskräften. Sie verbinden mit ihrer Tätigkeit eine Hoffnung. «Und da wartet Ahriman, da warten die ahrimanischen Mächte darauf, dass die Menschen einmal in einer solchen Inkarnation herunterkommen durch ein Karma, das durch die Instinkte, Triebe, Leidenschaften bewirkt wird, … dass ihnen nun ein solches [untermenschliches] Wesen besonders gut gefällt, dass Menschen in einem bestimmten Erdenleben sagen: Ich will nicht wieder zurück in die geistige Welt, ich will, nachdem ich meinen physischen Leib verlassen habe, … mich verkörpern in einem solchen untersinnlichen Wesen. Dafür bleibe ich dann mit der Erde vereint … Ich wähle, ein untersinnliches Wesen zu sein.

Und in der Tat, so paradox es klingt, man muss darüber erstaunt sein, weil ja die ahrimanischen Wesen außerordentlich klug sind –, aber sie sind immer der Meinung, das kann man ganz richtig konstatieren, dass sie imstande sein werden, so viele Menschen auf diese Weise hereinzulocken in ihr Geschlecht, dass die Erde sich einmal mit lauter solchen ahrimanischen untermenschlichen Wesen bevölkern werde. Und dadurch wollen sie die Erde selbst unsterblich machen, sodass sie nicht zerstäubt im Weltenraum.»

Die Gegensätze zwischen luziferischen und ahrimanischen Wesenheiten sind also gewaltig. Deshalb ist es einsehbar, dass sie im Kampf um das menschliche Bewusstsein Gegner sind.

Ein weiteres Kampffeld besteht jedoch zwischen den Widersachermächten und den regulären Geistern. Und wieder geht es in dieser Auseinandersetzung um konkrete Tatbestände. Vor deren Schilderung aber muss an eine Tatsache erinnert werden, die schon erwähnt worden ist: Unterschiedliche geistige Wesen beherrschen die Planeten unseres Planetensystems und wirken durch sie. In diesem Vortrag gliedert Rudolf Steiner die geistige Welt nicht in hierarchische Wesen, sondern er spricht von Planetengeistern. Dabei wird deutlich, dass die untersonnigen Planeten auf den unteren Menschen und seine Lebensprozesse wirken, die obersonnigen Planeten auf die Kopfnatur des Menschen. Damit ergeben sich zwei Schlachtfelder. Die untersonnigen Planetengeister und Ahrimans Wirken, das ebenfalls auf den Stoffwechsel zielt, kommen sich gewissermaßen ins Gehege, während die obersonnigen Planetengeister mit den luziferischen Geistern im Krieg liegen.

Die Schilderung macht wieder deutlich, dass der Sündenfall kein einmaliges, gewissermaßen historisches Ereignis ist. Auch in der Folgezeit geht die Auseinandersetzung in der geistigen Welt um den Menschen weiter; sie bestimmt auch die Gegenwart.

Der Führer der untersonnigen Planetengeister ist Jahve, der Mondgott. «Jahve ist ... der Regler der instinktiven Menschennatur ... Durch Jahves rechtmäßige Herrschaft ist eben das Menschengeschlecht auf der Erde geworden, wie wir es kennen. Dazu waren diese Monden-, Merkur- und Venusmächte notwendig. Gegen das Jahvegeschlecht, was also die Menschen sind, begründen diese ahrimanischen Wesenheiten dieses andere Geschlecht ... Sie gehen, während der Mensch schläft, an ihn heran und sagen ihm, das Gute sei böse und das Böse sei gut. Das nimmt der Mensch mit einer furchtbaren Leichtigkeit auf, während er schläft, und bringt es dann in seinen physischen und in seinen Ätherleib hinein. Und diese ahrimanischen Wesenheiten glauben eben ihr Ziel durch diese Einflüsterungen des ruchlos Bösen zu erringen ... Die niedere Natur ist an sich nicht böse und niedrig; sie ist es dadurch, dass in sie die Jahvefeindlichen Mächte in den Menschen eindringen auf die geschilderte Art.»

Auf diesem Kampffeld geht es – wenn wir die Mitteilungen ernst nehmen – um das Aufrechterhalten oder den Verlust der Menschlichkeit. Dass der Mensch sein Menschtum verlieren kann, ist doch keine bloße

Hypothese, sondern ist heute Erfahrung. Wir können dieser Erfahrung so gegenübertreten, dass sie für uns völlig unverständlich bleibt – wir werden sprachlos. Oder wir können die referierten Gedanken in Übereinstimmung mit den erlebten Erfahrungen auf ihre Plausibilität prüfen. Was wir in der Gegenwart gelegentlich erleben, trägt die Züge totaler Menschenverachtung, weil eben die ahrimanischen Wesen in totaler Konfrontation mit den Menschen-schaffenden Kräften stehen.

Dass die so genannte niedere Natur des Menschen weder niedrig noch böse ist, haben wir bereits erfahren. In Teil VI., «Eine ungewöhnliche Menschenkunde», berichteten wir, dass der Stoffwechsel-Gliedmaßen-Mensch von der Sphäre der Geister der Form beeinflusst wird. Die Technik des Wirkens dieser Geister der Form auf den Menschen haben wir in dem Vortrag «Wie wirkt der Engel im Astralleib?» kennen gelernt. Es gibt eine Darstellung von Imaginationen jener Entwicklungsimpulse, welche der Mensch heute im Sinne der regulären Geister ergreifen kann. Es bleibt der Freiheit des Menschen überlassen, ob er sich aus eigenem Entschluss mit diesen Intentionen verbinden will. Sie haben nicht den Charakter von Einflüsterungen, wie er für das Wirken ahrimanischer Geister geschildert worden ist. Vor allem ist ihnen auch die Lüge fremd, mit der Ahriman bei seinen Einflüsterungen agiert.

Jahves Intention, noch genauer charakterisiert, ist es, dem Menschen bei seiner Inkarnation zu helfen, bei der Umhüllung seines Geistig-Seelischen mit der Leiblichkeit. Jahve hat deswegen ein besonderes Interesse an dem Lebensvorgang der Fortpflanzung. «[Er] möchte alles das, was im Menschen mit den Trieben und Instinkten des Fortpflanzungswesens zusammenhängt, ... beherrschen.» Um das mit der übrigen Instinktnatur des Menschen in Einklang zu bringen, geht er ein Bündnis mit den Venus- und Merkurwesen ein. «Die Wesen, die in diesem Bündnis stehen, wollen eigentlich alles, was fleischlich und vom Blute im Innern des Menschen ist, vom Monde, vom Merkur und von der Venus aus beherrschen.» Diese Herrschaft soll ihnen durch Ahriman entrissen werden. Wir finden bei dem Vorgang, wie das angestrebt wird, Charakteristika, wie sie für die Asuras im ersten zusammenfassenden Vortrag über das Böse gebraucht worden sind (siehe S. 204ff.). Damit ist das zweite Schlachtfeld abgesteckt.

Es gibt ein drittes Schlachtfeld, wo die luziferischen Wesen mit den

Planetengeistern der obersonnigen Planeten kämpfen. Die oberen Planetengeister wirken in der Sinnesnatur des Menschen so, dass sie ihn zu einem tüchtigen Erdenmenschen machen wollen. Er soll seine Sinne gebrauchen, aber die Souveränität gegenüber dem, was die Sinne ihm bieten, aufrechterhalten. Diese Wesen haben sich eine zweite Aufgabe gesetzt: «Sie durchdringen das, was uns in der äußeren Natur erscheint, als bloße Natur mit Moralität. Sie bringen die Moralität an den Menschen heran, sie zieht tatsächlich durch die Sinne ein.» Im Anschauen der Welt bekommt die Seele einen Inhalt, der sie über sich selbst hinausführen kann. In dem Maße, in dem wir die Welt ästhetisch betrachten, also ihre Bildnatur entschlüsseln, findet der Mensch zu einer Erkenntnis, die ihm Zugang zu einer moralischen Anschauungsweise eröffnet. Das nutzen die luziferischen Wesen, denn diese Tendenz liegt partiell in ihren eigenen Intentionen. Nur soll nach dem Willen der luziferischen Geister diese Moral gleichsam so durchschlagen und fesseln, dass der Mensch zum moralischen Automaten wird. Das, was in der Sinnesregion sich abspielt, wollen sie fortsetzen, sodass gewissermaßen der gesamte Mensch zum Sinnesorgan wird, das von «außen» gelenkt werden kann.

Nun gibt es einen Entwicklungszustand des Menschen, der solche Züge trägt: der Zustand des Kindes in den ersten Lebensjahren. Beim Kind schlagen die Sinnesprozesse in die Leiblichkeit durch. Die dabei aufgenommene Moral oder Unmoral der das Kind umgebenden menschlichen Handlungen wirkt gesundend oder kränkend bis in die physische Organisation. Sie bestimmt also deren Lebensprozesse. Diese Situation, dass der gesamte Leib zur Sinnesorganisation wird, hat zur Folge, dass das Kind die in seinem Umkreis stattfindenden Handlungen nachahmt. Es ist gleichsam mit seiner Umgebung eine Einheit. Beim Kind ist das ein Durchgangsstadium in Richtung Emanzipation. Die luziferischen Geister aber wollen zu diesem Zustand zurückführen, weil er erlaubt, den Menschen zu einem moralischen Automaten zu machen. Sie hassen die Freiheit.

Drei Kampffelder werden geschildert, in deren Schlachten der Mensch sich behaupten muss: «Erstens kämpfen die ahrimanischen und luziferischen Wesen gegeneinander; zweitens bekämpfen die luziferischen Wesen alles außerhalb der Sonne liegende Marshafte, Jupiterhafte, Saturnhafte, und dann wiederum bekämpfen die ahrimanischen Wesenheiten

450

alles Mondhafte, Venushafte, Merkurhafte.» Moral und Intelligenz stehen sich wie unversöhnlich gegenüber.

Diese drei Kämpfe spielen sich, entsprechend der menschlichen Natur, auf drei Ebenen ab – physischer Leib, Ätherleib, Astralleib sind diese Ebenen. Verfolgt man, was auf den Ebenen geschieht, stellt sich heraus, dass es auf den drei Kampffeldern keine eindeutigen Siege, sondern viele «Enttäuschungen» für die luziferischen und ahrimanischen Wesen gibt. Die regulären Geister, also die Planetengeister, halten dagegen. Ein Beispiel für die erste Ebene, die des physischen Leibes: «Denn nehmen Sie einmal an, es gelingt den ahrimanischen Mächten, im menschlichen physischen Körper einen Sieg zu erringen über die luziferischen Mächte, ... dann verfällt der Mensch durch diesen Sieg der ahrimanischen Mächte in solche Erkrankungen wie Geschwulstbildungen, Karzinombildungen oder Stoffwechselkrankheiten wie Diabetes, Zuckerkrankheit. Wenn irgendwo in einer physischen Menschennatur diese Krankheiten auftreten, dann hat Ahriman gegen Luzifer einen Sieg errungen, der aber damit verknüpft ist, dass die physische Natur des Menschen zeitweilig ruiniert ist. Dann taugt diese physische Natur dem Ahriman nicht dazu, die Instinkte, Triebe herauszureißen und sein eigenes Geschlecht daraus zu bilden. Daraus bekommen Sie eine vielleicht paradoxe, aber richtige Ansicht von der Krankheit. Sie ist in vielen Fällen das einzige Mittel der guten Mächte, den Menschen vor den Fängen Ahrimans zu retten.

Und wenn Luzifer einen Sieg erringt in der menschlichen Natur, ... so verfällt der Mensch in die empfindlichen katharralischen Krankheiten oder in irrsinnige Zustände. Wiederum wird dadurch dem Luzifer sein Sieg streitig gemacht.»

Dass Krankheiten demnach ein Geschenk der «guten Götter» sind, klingt im ersten Augenblick irrwitzig. Doch das wird anders, wenn man auf die seelische Entwicklung schaut, die dem Leib bei der Auseinandersetzung mit der Krankheit abgerungen wird. Vor allem dann ist diese Frage ‹Wem nützt das?› unabwendbar, wenn eine unheilbare Krankheit vorliegt. In den Grenzen zwischen Geburt und Tod findet sie in der neuen Konfiguration der Seele ihre Antwort. Erst wenn man die wiederholten Erdenleben konkret ins Kalkül zieht, wird die Wirkung in vollem Umfange sichtbar.

Die zweite Ebene zeigt folgende Charakteristika: « ... wenn im Ätherleibe die luziferischen Mächte über die ahrimanischen Mächte siegen, wird der Mensch zum Gewohnheitslügner. Aber indem der Mensch zum Gewohnheitslügner wird, wird er ja nicht moralisch, sondern er fällt gerade aus der Welt, in die ihn Luzifer hineinhaben möchte, heraus. Luzifer entreißt den Menschen scheinbar der Erdenwelt; aber er macht ihn statt zu einem moralischen Automaten zum Lügner. Und indem der Mensch zu einem Gewohnheitslügner wird, ... ist in diesem Verlogenmachen des Menschen, so paradox es wiederum klingt, zunächst eine Waffe da der guten Mächte, um den Menschen Luzifer zu entreißen. Denn dass der Mensch zum Lügner wird, kann dann im weiteren Verlauf des Karmas wenigstens ausgebessert werden, während, wenn Luzifer siegen würde, das Menschengeschlecht eben verloren gehen würde, hinaufgehoben würde von der Erde.

Und wenn im Ätherleib Ahriman siegt, dann wird der Mensch ein Besessener, und er wird von der Klugheit innerlich besessen. Dadurch aber, dass er von der Klugheit innerlich besessen wird, bleibt die Klugheit in ihm ... Sie durchsetzt ihn dem Ätherleibe nach. Und wiederum kann Ahriman nicht die Instinkte und Triebe hinunterziehen, weil sie durch die Besessenheit im Ätherleibe sitzen geblieben sind.»

Beide Phänomene können beobachtet werden. Mit beiden geht eine Dämpfung des Bewusstseins einher. Man kann auch vom Gewohnheitslügner sagen, dass er ein Besessener ist, eben ein von der Lüge Besessener. Die Lüge ist habituell geworden, das heißt, sie beherrscht ihn. Es gibt keine schnelle Korrekturmöglichkeit. Der Bereich der Gewohnheiten ist der Einflussnahme des individuellen Geistig-Seelischen entglitten. Besessenheit durch Klugheit ist ein ungewöhnlicher Begriff. Zuerst hat man doch den Eindruck, dass Klugheit ihren Besitzer souverän gegenüber dem Leben mache. Hier aber wird dieser Zustand als eine Gefangenschaft beschrieben. Solange der Besitzer distanziert mit der Klugheit umgehen kann, regiert er sie. Er kann einen klugen Gedanken auch «objektiv» prüfen oder ihn gar willentlich fallen lassen. Er kann erlebend sich den Gedanken gegenüberstellen. Gelingt ihm dies nicht mehr, so wird er ein Knecht seiner Gedanken. Sein Verhältnis zur Wirklichkeit ist gestört, obwohl er subjektiv meint, im Besitz der absoluten Wahrheit zu sein.

Hitler kann man getrost in diesem Sinne als Besessenen bezeichnen. Dass er den Bezug zur Wirklichkeit verloren hatte, zeigt beispielsweise, dass er den offenkundigen Untergang des Reiches nicht anerkennen wollte. Da das Volk versagt hatte, sollte es dafür bis zum bitteren Ende büßen. Aber es gab viele kleine Hitler; sie sind deswegen als solche zu bezeichnen, weil sie in ähnlicher Weise von Gedanken besetzt sind. Nichts kann beispielsweise auch in der wissenschaftlichen Diskussion Peter Singer davon überzeugen, dass die Tötung eines Säuglings nicht dasselbe ist wie die Tötung einer Schnecke. Er wird weiterhin die Ansicht vom gleichen Bewusstsein beider vertreten und seine logischen Konsequenzen daraus ziehen. Es ist schon erstaunlich, mit welch geringer kritischer Distanz z.B. Theorien über das Wirtschaften als absolute Wahrheiten vertreten und auch in Handlungskonsequenzen umgesetzt werden. Desgleichen können Nationalismen zu Mord und Totschlag führen, weil Menschen von Gedanken völlig usurpiert, d.h. besessen sind.

Zur dritten Ebene: Dominiert Ahriman den Astralleib, «dann kann der Mensch dadurch ein wüster Egoist werden, ganz egoistisch. Dadurch hält er aber, indem er wüst, egoistisch wird, seine Instinkte in sich zusammen. Ahriman kriegt sie nicht zum Herausziehen. Und auf diese Weise entgeht auch gerade durch die wüsten Egoisten dem Ahriman seine Beute.» Siegt Luzifer, «so kann der Mensch übergehen in seinem astralischen Leibe zu dem, was man einen ich-losen Träumer nennt».

Durch den Astralleib wird Bewusstsein möglich. In den beiden Beispielen werden uns entgegengesetzte Bewusstseinszustände geschildert. Beim Egoisten ist das Bewusstsein auf die eigene Person konzentriert. Instinkt, Trieb und Begierde werden als Mittel zur Intensivierung des eigenen Erlebens genützt. Insofern sie Instrumente zur Befriedigung der eigenen Begehrlichkeit werden, bleiben sie mit der Person verbunden und können deshalb nicht als Material für eine neue elementarische Welt von Ahriman «herausgerissen» werden.

Fälschlicherweise spricht man von einem «gesunden» Egoismus. Man sollte besser von einer gesunden Selbstbehauptung gegenüber Attacken auf die eigene Person sprechen. Denn Selbstbehauptung kann durchaus mit Selbstlosigkeit verbunden auftreten. Beim ich-losen Träumer wird das Bewusstsein geschwächt. Insofern steht er ganz unter dem Einfluss Luzifers, aber diesem gelingt es nicht, den moralischen Automatismus durchzusetzen.

Was hier getrennt wurde, wirkt in Wirklichkeit zusammen. Besessenheit und Egoismus sind beispielsweise bei ein und derselben Person anzutreffen. Auch der ich-lose Träumer schließt den Gewohnheitslügner nicht aus.

Macht man sich klar, dass im Einzelfall in ihrer Ranghöhe ganz unterschiedliche luziferische und ahrimanische Wesen hinter den Kulissen des äußeren Daseins wirken, so ist der, welcher dieser Erfahrung ausgesetzt ist, in einer schwer zu bewältigenden Lage. Es entsteht vor allem die Frage, wo eine Hilfe erwächst, mit diesen den Menschen attackierenden und vereinseitigenden Kräften zurechtzukommen.

«Und der Christus ist es dann, der in dem Menschen die Mittel angibt, wie man die oberen Mächte mit den unteren Mächten versöhnt. Dazu ist es notwendig, dass man mit dem durch Geisteswissenschaft geschärften Wissen an das Mysterium von Golgatha herantritt. Dann kann in dieses Bemühen Inspiration einfließen. Der gegenwärtige Christus, der sich mit der Erde verbunden hat, spricht.»

«Aber dem Erdenmenschen ist, wenn er das rechte Verhältnis zum Christus findet, selbst dieses an die Hand gegeben, in dem Momente nicht zu verzweifeln, wo er die Verzweiflung höherer Wesen, als er selbst ist, findet, höherer Wesen, die aber einen anderen Weg gehen wollen als diejenigen Gotteswesen, denen der Mensch zugehört und denen er treu bleiben soll im weiteren Erdenverlaufe. Der Mittelpunkt dieser Gotteswesen ist eben das Christuswesen, das einstmals durch die Sonnenscheibe zu den alten Eingeweihten gesprochen hat, das von der Erde aus mithilfe der Sonne nun weiter zu uns spricht; sodass wir, wenn wir von dem Christus heute sprechen, von demjenigen in uns sprechen, der uns auf der Erde zur Seite treten kann als der Führer, der uns herausführt aus dem furchtbaren Widerstreit der ahrimanischen und luziferischen Mächte untereinander und gegen die oberen und unteren Götterwelten.»

Wie finde ich ein produktives Verhältnis zu den Widersachermächten

Damit wir Herr werden im Hause unserer Hüllennatur, bedarf es einiger Voraussetzungen. Die eine ist die Selbsterkenntnis, welche die Disposition des Geistig-Seelischen zwischen Luzifer und Ahriman zum Bewusstsein bringt. «Wenn wir uns immer mehr bemühen, uns keiner Illusion mehr hinzugeben, dann wächst ja in unserem Ich die Kraft, den luziferischen Einfluss entbehren zu können, denn dann werden wir immer mehr fähig zu entscheiden, welche Hingabe die Güter der Menschheit, die nach und nach erobert wurden, verdienen.»[247] Das heißt doch: Die luziferische Begeisterung wird abgelöst durch eine ich-haft gesetzte. Wir nehmen die Kraft der Begeisterung, die uns durch Luzifer zukam, in die eigene Regie. Wir beschneiden sie dort, wo sie bisher über ihr Ziel hinausschoss und zur Illusion führte. Was vorher als dunkler Drang gewirkt hat, wird jetzt bewusst gehandhabt.

Neben die Selbsterkenntnis muss die Welterkenntnis treten. Denn auch sie unterliegt der Illusion. Heute leben die meisten Menschen unter dem Eindruck der ahrimanischen Inspiration, der Mensch sei alleiniges Produkt der Vererbung; eine rein geistig-seelische Komponente, etwa das Ich, entspräche keiner Realität. Damit wird der Blick in die Welt verdunkelt, der Mensch in die Irre geführt und gelähmt. Die Erscheinungen der Welt müssen durchlichtet werden, um ein realistisches Bild vom Verhältnis des Menschen zur Welt zu gewinnen.

«Nachdem wir uns aber Aufklärung verschaffen können über Luzifer und Ahriman, können wir ein anderes Verhältnis zu diesen Mächten gewinnen, können die Früchte ziehen von dem, was getan worden ist, können Luzifer und Ahriman sozusagen ihre Arbeit abnehmen ... Wenn wir selber Luzifer entgegenwirken sollen, wenn wir seine Angelegenheiten in der Zukunft besorgen sollen, wird es bei uns nur die Liebe sein können, die an die Stelle der Taten des Luzifer treten kann; die Liebe aber wird es sein können. Und ebenso wird es dasjenige sein

können, was uns auch aus der Außenwelt fließt, indem wir immer mehr
… diese Dunkelheit hinwegbringen, wenn sie schwindet und wir dazu
gelangen, den ahrimanischen Einfluss auf diese Weise völlig zu überwinden, dann werden wir in der Lage sein, die Welt so zu erkennen, wie
sie wirklich als Erdenwelt ist.»[248]

Nur wenn wir das Wirken der Widersachermächte emotionslos
durchschauen, wird uns klar, welche Förderung wir durch sie erfahren.
Dieser Förderung kann man sachgemäß Dankbarkeit entgegenbringen.
Das klingt nur so lange absurd, wie wir die Widersachermächte nicht
umfassend erkannt haben. Diese Erkenntnis anzustreben ist für unsere
Zeit, die unter einem chaotischen Verhältnis zu diesen Mächten leidet,
eine notwendige Aufgabe. Erst wenn die Dankbarkeit uns als sachgemäße Empfindung erscheinen kann, wird die Liebe sich entfalten
können.

Vorstellungsmäßig lässt sich ein solches Urteil verhältnismäßig leicht
nachvollziehen, nach ihm zu handeln fällt ungemein schwer, heißt es
doch beispielsweise, demjenigen, der uns mit Hass und Feindschaft begegnet, ohne jede Antipathie, ja mit Zuneigung zu antworten. Hier wird
das genaue Gegenteil von dem angestrebt, was mit dem Kampf ums
Dasein als vernünftig und erstrebenswert dargestellt wird.

Rudolf Steiner erweitert den Horizont der Betrachtungen durch die
folgende Bemerkung: «Indem wir Weisheit und Liebe entwickeln, entwickeln wir diejenigen Elemente, die wieder von unseren Seelen ausfließen
werden als Gaben für die, die in der ersten Hälfte der Erdentwickelung
sich hingeopfert haben als luziferische und ahrimanische Mächte, um uns
das zu geben, was wir zur Erringung unserer Freiheit brauchen. Diesen
Mächten werden wir geben müssen, was wir an Weisheit und Liebe so
entwickeln werden.»[249]

Auf zwei Einsichten wird der Blick gelenkt:

- Die Widersachermächte haben ein Opfer gebracht, damit die Entwicklung des Menschen möglich wurde.
- Indem wir Liebe und Weisheit zurückgeben, ein Seelen- und Geistes-
  opfer anstreben, werden die Unregelmäßigkeiten der Widersachermächte, die ihr Opfer verursacht hat, ausgeglichen.

Ein wechselseitiges Karma zwischen dem Menschen und den Hierarchien wird angedeutet, das weit über das persönliche Karma hinausgeht. Und so heißt es weiter: «Das ist der andere Teil des Karma der höheren Wesenheiten, dass wir eine Liebe entwickeln, die nicht bloß in der Menschheit bleibt, sondern die dazu berufen ist, in den Kosmos einzudringen. In Wesenheiten, die höher sind als wir, werden wir die Liebe einströmen lassen können, und diese Wesenheiten werden sie als Opfer empfinden. Es wird Seelenopfer sein. Seelenopfer wird hinaufströmen zu denen, die einst ihre Gaben herunterströmen ließen, wie einst die Rauchopfer hinaufstrebten zu den Geistern in Zeiten, wo Menschen die spirituellen Güter noch hatten. Damals konnten die Menschen nur die symbolischen Rauchfeuer zu den Göttern hinaufsenden. In der Zukunft werden die Menschen Liebesströme hinaufsenden zu den Geistern, und aus dem Liebesopfer wird wieder etwas herunterströmen: dem Menschen werden zuströmen höhere Kräfte, die, von Geistigem dirigiert, mit immer größerer Macht eingreifen werden in unsere physische Welt.»[250]

Für die Erlösung der Widersachermächte, die bereits erwähnt wurde, wird die moralische Technik, mit der sie stattfinden kann, offen gelegt. Verständlicher wird auch die frühere Aussage, dass die eigentliche Aufgabe der Widersachermächte nicht auf das Böse zielt. Böse Taten wurden dort als Nebeneffekt charakterisiert. Das Ziel ihrer Tätigkeit ist das Aktivieren jener Kräfte, die in der Selbst- und Welterkenntnis wieder Anschluss finden an die geistige Wirklichkeit. Anders gewendet: Damit der Mensch als Schöpferwesen in den Reigen der Hierarchien aufgenommen werden kann, erfolgt dieses Opfer höherer Wesen.

Anmerkungen

1 Rudolf Steiner, Notizbuch, Januar 1914, in: *Wahrspruchworte*, GA 40, Dornach [8]1998, S. 125.
2 *Die Zeit*, 12.9.1999.
3 Robert Jungk, *Heller als tausend Sonnen. Das Schicksal der Atomforscher*, Heyne Sachbuch, München 1990, S. 18.
4 Ebd., S. 160.
5 Ebd., S. 170.
6 Ebd., S. 169f.
7 Ebd., S. 357f.
8 Rudolf Steiner, *Nationalökonomischer Kurs*, GA 340, Dornach [5]1979, Vortrag vom 26.7.1922.
9 C. Secretan, zitiert in Udo Herrmannstorfer, *Schein-Marktwirtschaft. Arbeit, Boden, Kapital und die Globalisierung der Wirtschaft*, Stuttgart[3]1997, S. 128.
10 *Die Zeit*, Nr. 41/1999.
11 Ebd.
12 Bericht der *Zeit* über das Treffen in Davos Anfang 2000.
13 Noam Chomsky, *War against people. Menschenrechte und Schurkenstaaten*, Hamburg 2001.
14 Siehe Noam Chomsky, *War against people*, ebd. (Anm. 13).
15 Ebd.
16 *Human Development Report*, deutsche Ausgabe: *Bericht über die menschliche Entwicklung*, hrsg. von der Deutschen Gesellschaft für die Vereinten Nationen e.V., Bonn.
17 Alfred Ploetz, *Grundlinien einer Rassenhygiene*, Berlin 1895, zitiert nach Ludger Weß (Hrsg.), *Die Träume der Genetik. Gentechnische Utopien von sozialem Fortschritt*, Nördlingen 1989, S. 97.
18 Ebd.
19 Etienne. Cabet, *Voyage en Icarie*, deutsch: *Reise nach Ikarien*, erste deutsche Ausgabe Paris 1847.
20 Alfred Ploetz, *Lebenslauf*, 1935, zitiert nach Ludger Weß (Hrsg.), a.a.O. (Anm. 17), S. 93.
21 John Burdon Sanderson Haldane, *Daedalus oder Wissenschaft und Zukunft*, Drei-Masken-Verlag, München 1925.

22 Ebd.
23 Ludger Weß (Hrsg.), a.a.O. (Anm. 17).
24 Ebd.
25 Ebd.
26 Ebd.
27 Ebd., S. 40.
28 D. J. Kerles, *Die Geschichte der Genetik und Eugenik*, zitiert nach Jens Heisterkamp, *Der biotechnische Mensch. Genetische Utopien und ihre Rechtfertigung durch «Bioethik»*, Frankfurt a.M. 1994, S. 33.
29 H.-M. Sass, *Hirntod und Hirnleben in Medizin und Ethik*, Stuttgart 1989, zitiert nach Jens Heisterkamp, a.a.O. (Anm. 28), S. 61.
30 Jens Heisterkamp, ebd., S. 61.
31 Peter Singer, *Praktische Ethik*, Stuttgart 1984.
32 Ebd.
33 Ebd., S. 108.
34 Ebd., S. 104.
35 Ebd., S. 109.
36 Ebd., S. 118.
37 Ebd., S. 179.
38 Ebd.
39 Ebd., S. 183.
40 J. Harris, «Survival Lottery», in: P. Singer (Hg.), *Applied Ethics*, Oxford 1968, zitiert nach Jens Heisterkamp, a.a.O. (Anm. 28), S. 40.
41 D. J. Kerles und C. Hood (Hrsg.), *Der Supercode*, Darmstadt 1993, S. 30.
42 A.a.O. (Anm. 40).
43 Ken Alibek, Stephen Handelmann, *Direktorium 15 – Russlands Geheimpläne für den biologischen Krieg*, Düsseldorf 1999.
44 Ebd., S. 162.
45 Ebd., S. 20.
46 Ebd., S. 55.
47 Ebd.
48 *Spiegel*-Interview.
49 *Der Spiegel*, 6/1998, S. 144.
50 Friedrich Nietzsche, «Von neuen Götzen», in: *Also sprach Zarathustra*.
51 Denis de Rougemont, *Der Anteil des Teufels*, München 1999.
52 Ludger Weß (Hrsg.), a.a.O. (Anm. 17), S. 44.
53 Ebd.
54 A.a.O. (Anm. 16).
55 Rudolf Steiner, *Geisteswissenschaft als Lebensgut*, GA 63, Dornach ²1986, Vortrag vom 15.1.1914.

56   Rudolf Steiner, *Die Rätsel der Philosophie*, GA 18, Dornach [9]1985.

57   Ebd., S. 88/89.

58   Ebd., S. 91.

59   Ebd., S. 91.

60   Ebd., S. 93.

61   Immanuel Kant, Kritik der reinen Vernunft, Vorwort zur 2. Auflage, zitiert nach Rudolf Steiner, *Die Rätsel der Philosophie*, GA 18, Dornach [9]1985, S. 146.

62   Ebd., S. 144.

63   Ebd., S. 120.

64   Ebd., S. 121.

65   Rudolf Steiner, *Die Philosophie des Thomas von Aquino*, GA 74, Dornach [4]1993, Vortrag vom 24.5.1920.

66   Francis Bacon, *Novum Organum*, 2. Buch.

67   Johann Wolfgang von Goethe, zitiert nach Rudolf Steiner, *Die Rätsel der Philosophie*, GA 18, Dornach [9]1985, S. 145.

68   Ders., Erfahrung und Wissenschaft, in: Johann Wolfgang von Goethe, *Werke*, Hamburger Ausgabe, Bd. 13, S. 38.

69   Ders., *Wilhelm Meisters Wanderjahre*, 2. Buch, in: Johann Wolfgang von Goethe, *Werke*, Hamburger Ausgabe, Bd. 8, S. 304.

70   Rudolf Steiner, *Die Rätsel der Philosophie*, GA 18, Dornach [9]1985, S. 151.

71   Johann Wolfgang von Goethe, «Einwirkungen der neueren Philosophie», zitiert nach Rudolf Steiner, *Die Rätsel der Philosophie*, GA 18, Dornach [9]1985, S. 162.

72   Ebd., S. 163.

73   Ebd., S. 170f.

74   Hans Jonas, Der Gottesbegriff nach Auschwitz. Eine jüdische Stimme, in: Hans Jonas, *Gedanken über Gott. Drei Versuche*, Frankfurt a.M. 1994, S. 31f.

75   Ebd., S. 38f. und S. 41.

76   Ebd., S. 43.

77   Ebd., S. 45f.

78   Rudolf Steiner, *Die Philosophie der Freiheit*, GA 4, Dornach [16]1995.

79   Rudolf Steiner, *Wahrheit und Wissenschaft*, GA 3, Dornach [5]1980, Kapitel «Ausgangspunkt der Erkenntnistheorie».

80   Ebd.

81   Friedrich Wilhelm Joseph Schelling, *Sämtliche Werke*, I/1, S. 318 f. Siehe auch den Brief Rudolf Steiners vom 13.1.1881, in: *Briefe*, Bd. 1, GA 38, Dornach [3]1985, S. 13ff.

82 Rudolf Steiner, *Die Philosophie der Freiheit*, GA 4, Dornach [16]1995, 9. Kapitel.

83 Günter Röschert, *Anthroposophie als Aufklärung*, München 1997.

84 Rudolf Steiner, Brief vom 13.1.1881, a.a.O. (Anm. 81).

85 Rudolf Steiner, *Die Geschichte und die Bedingungen der anthroposophischen Bewegung im Verhältnis zur Anthroposophischen Gesellschaft*, GA 258, Dornach [3]1981, Vortrag vom 11.6.1923.

86 Rudolf Steiner, *Die Rätsel der Philosophie*, GA 18, Dornach [9]1985, S. 596.

87 Ebd., S. 597.

88 Ebd., S. 597.

89 Ebd., S. 597 f.

90 Ebd., S. 601 f.

91 Ebd., S. 603.

92 Ebd., S. 604 f.

93 Rudolf Steiner, *Gegensätze in der Menschheitsentwickelung*, GA 197, Dornach [3]1996, Vortrag vom 9.3.1920.

94 Rudolf Steiner, *Die Philosophie der Freiheit*, GA 4, Dornach [16]1995, 5. Kapitel.

95 Siehe Rudolf Steiner, *Mein Lebensgang*, GA 28, Dornach [7]1962, 7. Kapitel über Fercher von Steinwand.

96 Rudolf Steiner, *Geschichtliche Symptomatologie*, GA 185, Dornach [3]1982, Vortrag vom 27.10.1918.

97 Rudolf Steiner, *Die Geheimwissenschaft im Umriss*, GA 13, Dornach [30]1989.

98 Rudolf Steiner, *Geschichtliche Symptomatologie*, GA 185, Dornach [3]1982, Vortrag vom 26.10.1918.

99 Rudolf Steiner, *Die Sendung Michaels*, GA 194, Dornach [4]1994, Vortrag vom 21.11.1919.

100 Rudolf Steiner, *Die Geheimnisse der Schwelle*, GA 147, Dornach [6]1997, Vortrag vom 25.8.1913.

101 Rudolf Steiner, *Die Schwelle der geistigen Welt*, GA 17, Dornach [7]1987, 1. Kapitel.

102 Rudolf Steiner, *Die Geheimwissenschaft im Umriss*, GA 13, Dornach [30]1989.

103 Ebd., S. 191.

104 Ebd., S. 192.

105 Ebd., S. 193ff.

106 Ebd., S. 211.

107 Ebd., S. 206.

108 Ebd., S. 246.

109 Ebd., S. 247ff.

110 Ebd., S. 256.

111 Rudolf Steiner, *Das Sonnenmysterium und das Mysterium von Tod und Auferstehung*, GA 211, Dornach [2]1986, Vortrag vom 2.4.1922.

112 Ebd.

113 Rudolf Steiner, *Erfahrungen des Übersinnlichen. Die drei Wege der Seele zu Christus*, GA 143, Dornach [4]1994, Vortrag vom 17.12.1912.

114 Rudolf Steiner, *Die Geheimwissenschaft im Umriss*, GA 13, Dornach [30]1989, S. 261f.

115 Rudolf Steiner, *Vorstufen zum Mysterium von Golgatha*, GA 152, Dornach [3]1990, Vortrag vom 1.6.1914.

116 Rudolf Steiner, *Geisteswissenschaftliche Menschenkunde*, GA 107, Dornach [5]1988, Vortrag vom 22.3.1909.

117 Unter anderem in *Die Apokalypse des Johannes*, GA 104, Dornach [7]1985, Vortrag vom 30.6.1908.

118 Rudolf Steiner, *Theosophie. Einführung in übersinnliche Welterkenntnis und Menschenbestimmung*, GA 9, Dornach [30]1978, S. 44 und 46.

119 Abgedruckt in *Die Zeit*, Anfang 1998.

120 Rudolf Steiner, *Aus den Inhalten der esoterischen Stunden. Bd. 1*, GA 266/1, Dornach 1995, Vortrag vom 1.11.1906.

121 Beispielsweise in *Die Apokalypse des Johannes*, GA 104, Dornach [7]1985, Vortrag vom 29.6.1908.

122 Rudolf Steiner, *Zeitgeschichtliche Betrachtungen. Das Karma der Unwahrhaftigkeit – Zweiter Teil*, GA 174, Dornach [2]1983, Vortrag vom 22.1.1917.

123 Rudolf Steiner, *Heilfaktoren für den sozialen Organismus*, GA 198, Dornach [2]1984, Vortrag vom 3.4.1920.

124 Rudolf Steiner, *Gegensätze in der Menschheitsentwickelung*, GA 197, Dornach [3]1996, Vortrag vom 13.6.1920.

125 Rudolf Steiner, *Vorträge und Kurse über christlich-religiöses Wirken*, Bd. V, GA 346, Dornach [2]2001, Vortrag vom 12.9.1924.

126 Rudolf Steiner, *Die Apokalypse des Johannes*, GA 104, Dornach [7]1985, Vortrag vom 30.6.1908.

127 Rudolf Steiner, *Wie erlangt man Erkenntnisse der höheren Welten?*, GA 10, Dornach [24]1993, S. 211.

128 Ebd., S. 212.

129 Ebd.

130 Rudolf Steiner, *Die Welt der Sinne und die Welt des Geistes*, GA 134, Dornach [5]1990.

131 Ebd., Vortrag vom 30.12.1911.

132 Rudolf Steiner, *Von Jesus zu Christus*, GA 131, Dornach [7]1988.

133 Rudolf Steiner, *Die Welt der Sinne und die Welt des Geistes*, GA 134, Dornach [5]1990, Vortrag vom 29.12.1911.

134 Rudolf Steiner, *Die spirituellen Hintergründe der äußeren Welt. Der Sturz der Geister der Finsternis*, GA 177, Dornach [5]1999, Vortrag vom 29.9.1917.

135 Ebd., Vortrag vom 30.9.1917.

136 Rudolf Steiner, *Die geistigen Wesenheiten in den Himmelskörpern und Naturreichen*, GA 136, Dornach [6]1996, Vortrag vom 8.4.1912.

137 Rudolf Steiner, *Das christliche Mysterium*, GA 97, Dornach [3]1998, Vortrag vom 4.4.1906.

138 Rudolf Steiner, *Weltenwunder, Seelenprüfungen und Geistesoffenbarungen*, GA 129, Dornach [6]1995, Vortrag vom 21.8.1911.

139 Rudolf Steiner, *Die Offenbarungen des Karma*, GA 120, Dornach [8]1992, Vortrag vom 28.5.1910.

140 Ebd.

141 Rudolf Steiner, *Die Welt der Sinne und die Welt des Geistes*, GA 134, Dornach [5]1990, Vortrag vom 29.12.1911.

142 Rudolf Steiner, *Das Rätsel des Menschen. Die geistigen Hintergründe der menschlichen Geschichte*, GA 170, Dornach [3]1992, Vortrag vom 3.9.1916.

143 Ebd.

144 Ebd., Vortrag vom 2.9.1916.

145 Rudolf Steiner, *Die Offenbarungen des Karma*, GA 120, Dornach [8]1992, Vortrag vom 26.5.1910.

146 Rudolf Steiner, *Geschichtliche Symptomatologie*, GA 185, Dornach [3]1982, Vortrag vom 25.10.1918.

147 Rudolf Steiner, *Das Leben zwischen dem Tode und der neuen Geburt im Verhältnis zu den kosmischen Tatsachen*, GA 141, Dornach [5]1997, Vortrag vom 4.3.1913.

148 Ebd.

149 Ebd.

150 Ebd.

151 Ebd.

152 Ebd.

153 Emil Bock, *Wiederholte Erdenleben. Die Wiederverkörperungsidee in der deutschen Geistesgeschichte*, Stuttgart [7]1996.

154 Rudolf Steiner, *Geisteswissenschaft als Lebensgut*, GA 63, Dornach [2]1986, Vortrag vom 15.1.1914.

155 Ebd.

156 Rudolf Steiner, *Die Geheimwissenschaft im Umriss*, GA 13, Dornach [30]1989.

157 Rudolf Steiner, *Die Sendung Michaels*, GA 194, Dornach [4]1994, Vortrag vom 21.11.1919.

158 Ebd., Vortrag vom 22.11.1919.

159 Rudolf Steiner, *Erdenwissen und Himmelserkenntnis*, GA 221, Dornach [3]1998, Vortrag vom 3.2.1923.

160 Rudolf Steiner, *Die Sendung Michaels*, GA 194, Dornach [4]1994, Vortrag vom 22.11.1919.

161 Rudolf Steiner, *Erdenwissen und Himmelserkenntnis*, GA 221, Dornach [3]1998, Vortrag vom 3.2.1923.

162 Ebd., Vortrag vom 4.2.1923.

163 Rudolf Steiner, *Die Sendung Michaels*, GA 194, Dornach [4]1994, Vortrag vom 23.11.1919.

164 Ebd.

165 Ebd., Vortrag vom 22.11.1919.

166 Ebd.

167 Ebd.

168 Rudolf Steiner, *Der Tod als Lebenswandlung*, GA 182, Dornach [4]1996, Vortrag vom 9.10.1918.

169 Ebd.

170 Rudolf Steiner, *Die spirituellen Hintergründe der äußeren Welt. Der Sturz der Geister der Finsternis*, GA 177, Dornach [5]1999, Vortrag vom 30.9.1917.

171 Ebd.

172 Ebd.

173 Rudolf Steiner, *Seelenübungen. Band I*, GA 267, Dornach [2]2001, S. 55f.

174 Ebd., S. 56.

175 Ebd.

176 Ebd., S. 57.

177 Ebd., S. 58f.

178 Ebd., S. 59.

179 Ebd., S. 60.

180 Ebd., S. 60f.

181 Ebd., S. 55.

182 Rudolf Steiner, *Das Rätsel des Menschen. Die geistigen Hintergründe der menschlichen Geschichte*, GA 170, Dornach [3]1992, Vortrag vom 12.8.1916.

183 Ebd.

184 Ebd.

185 Aus dem Gedicht von Rainer Maria Rilke, «Es winkt zur Fühlung fast aus allen Dingen».

186 Siehe z.B. Rudolf Steiner, *Die geistige Führung des Menschen und der Menschheit*, GA 15, Dornach [10]1987.

187 Rudolf Steiner, *Die Sendung Michaels*, GA 194, Dornach [4]1994, Vortrag vom 30.11.1919.

188 Ebd.

189 Ebd.

190 Rudolf Steiner, *Wie erlangt man Erkenntnisse der höheren Welten?*, GA 10, Dornach [24]1993.

191 *Wege der Übung. Zwölf Vorträge von Rudolf Steiner*, ausgewählt und hrsg. von Stefan Leber, Stuttgart [5]1994.

192 Zum Beispiel Rudolf Steiner, *Erfahrungen des Übersinnlichen. Die drei Wege der Seele zu Christus*, GA 143, Dornach [4]1994, Vortrag vom 15.1.1912.

193 Rudolf Steiner, *Die Welt der Sinne und die Welt des Geistes*, GA 134, Dornach [5]1990, Vortrag vom 27.12.1911.

194 Ebd.

195 Rudolf Steiner, *Wie erlangt man Erkenntnisse der höheren Welten?*, GA 10, Dornach [24]1993, S. 19ff.

196 Zum Beispiel Rudolf Steiner, *Zeitgeschichtliche Betrachtungen. Zweiter Teil*, GA 174, Dornach [2]1983, Vortrag vom 14.1.1917.

197 Rudolf Steiner, *Seelenübungen. Band I*, GA 267, Dornach [2]2001, S. 74.

198 Rudolf Steiner, *Wie erlangt man Erkenntnisse der höheren Welten?*, GA 10, Dornach [24]1993, S. 28.

199 Rudolf Steiner, *Die Welt der Sinne und die Welt des Geistes*, GA 134, Dornach [5]1990, Vortrag vom 27.12.1911.

200 Rudolf Steiner, *Mein Lebensgang*, GA 28, Dornach [9]2000, S. 124ff., sowie Rudolf Steiner, *Die Welt der Sinne und die Welt des Geistes*, GA 134, Dornach [5]1990, Vortrag vom 27.12.1911.

201 Rudolf Steiner, *Die Welt der Sinne und die Welt des Geistes*, GA 134, Dornach [5]1990, Vortrag vom 27.12.1911.

202 Rudolf Steiner, *Die Philosophie der Freiheit*, GA 4, Dornach [16]1995, Zweiter Anhang.

203 Johann Wolfgang von Goethe, Maximen und Reflexionen, Nr. 16, in: Johann Wolfgang von Goethe, *Werke*, Hamburger Ausgabe, Bd. 12, S. 367.

204 Rudolf Steiner, *Anthroposophische Leitsätze*, GA 26, Dornach [10]1998.

205 Rudolf Steiner, *Goethes Weltanschauung*, GA 6, Dornach [8]1990, S. 67.

206 Rudolf Steiner, *Die Welt der Sinne und die Welt des Geistes*, GA 134, Dornach [5]1990, Vortrag vom 27.12.1911.

207 Rudolf Steiner, *Die Welt der Sinne und die Welt des Geistes*, GA 134, Dornach [5]1990.

208 Rudolf Steiner, *Das Rätsel des Menschen. Die geistigen Hintergründe der menschlichen Geschichte*, GA 170, Dornach [3]1992, Vortrag vom 27.8.1916.

209 Ebd.

210 Ebd., Vortrag vom 7.8.1916.

211 Ebd.

212 Ebd.

213 Ebd.

214 Ebd.

215 Ebd., Vortrag vom 15.8.1916.

216 Rudolf Steiner, *Ursprungsimpulse der Geisteswissenschaft*, GA 96, Dornach [2]1989, Vortrag vom 19.10.1906.

217 Rudolf Steiner, *Das Rätsel des Menschen. Die geistigen Hintergründe der menschlichen Geschichte*, GA 170, Dornach [3]1992, Vortrag vom 15.8.1916.

218 Rudolf Steiner, *Ursprungsimpulse der Geisteswissenschaft*, GA 96, Dornach [2]1989, Vortrag vom 20.10.1906.

219 Ebd.

220 Ebd.

221 Rudolf Steiner, *Das Rätsel des Menschen. Die geistigen Hintergründe der menschlichen Geschichte*, GA 170, Dornach [3]1992, Vortrag vom 15.8.1916.

222 Rudolf Steiner, *Die Geheimnisse der Schwelle*, GA 147, Dornach [6]1997, Vortrag vom 26.8.1913.

223 Ebd.

224 Ebd.

225 Ebd.

226 Ebd.

227 Ebd.

228 Ebd.

229 Ebd.

230 Rudolf Steiner, *Die spirituellen Hintergründe der äußeren Welt. Der Sturz der Geister der Finsternis*, GA 177, Dornach [5]1999, Vortrag vom 6.10.1917.

231 Ebd.

232 Ebd.

233 Ebd., Vortrag vom 7.10.1917.

234 Ebd.

235 Carl Amery, *Hitler als Vorläufer. Auschwitz – der Beginn des 21. Jahrhunderts?*, München 1998.

236 Rudolf Steiner, *Wie erlangt man Erkenntnisse der höheren Welten?*, GA 10, Dornach [24]1993, S. 188ff.

237 Rudolf Steiner, *Die Evolution vom Gesichtspunkte des Wahrhaftigen*, GA 132, Dornach [7]1999, Vortrag vom 7.11.1911.

238 Ebd., Vortrag vom 14.11.1911.

239 Rudolf Steiner, *Das Leben zwischen dem Tode und der neuen Geburt im Verhältnis zu den kosmischen Tatsachen*, GA 141, Dornach [5]1997.

240 Ebd., Vortrag vom 7.1.1913.

241 Ebd.

242 Ebd., Vortrag vom 14.1.1913.

243 Ebd.

244 Ebd.

245 Rudolf Steiner, *Die Evolution vom Gesichtspunkte des Wahrhaftigen*, GA 132, Dornach [7]1999, Vortrag vom 14.11.1911.

246 Rudolf Steiner, *Geistige Zusammenhänge in der Gestaltung des menschlichen Organismus*, GA 218, Dornach [3]1992, Vortrag vom 16.11.1922. Die folgenden Zitate dieses Kapitels entstammen sämtlich diesem Vortrag.

247 Rudolf Steiner, *Die Offenbarungen des Karma*, GA 120, Dornach [8]1992, Vortrag vom 28.5.1910.

248 Ebd.

249 Ebd.

250 Ebd.

S.58. Hitlerzitat: " Eine gewalttätige...Jugend will ich..."

Michael Kalisch

Das Böse

Polarität und Steigerung
276 Seiten, kartoniert

Michael Kalisch sucht auf der Grundlage der anthroposophischen Geisteswissenschaft einen neuen Zugang zum Rätsel des Bösen. Ausgehend von den Aussagen Rudolf Steiners kommt er zu einer Phänomenologie des Bösen, die sich mit den der goetheanistischen Naturwissenschaft entlehnten Begriffen der Polarität und der Steigerung umfassen lässt.

Aus dem Inhalt:
Zur Wegleitung in ein schwieriges Thema / Ursprung und Wesen des Bösen / Alles Leben entwickelt sich zwischen polaren Kräften – Luziferisches und Ahrimanisches / Folgen und Ausgleich des «Sündenfalls» / Die Steigerung des Bösen und die Aufgabe des gegenwärtigen Bewusstseinsseelenzeitalters / Das Geheimnis von «666» und die Zukunft der Menschheit – Die Aufgabe des Manichäismus / Signaturen der Sorat-Wirksamkeit im 20. Jahrhundert.

Verlag Freies Geistesleben

Rudolf Steiner

Das Mysterium des Bösen

Themen aus dem Gesamtwerk, Bd. 19
Herausgegeben von Michael Kalisch.
327 Seiten, kartoniert

Die Frage nach dem Wesen des Bösen gehört nicht nur zu den uns am meisten bewegenden, sie ist zugleich auch eine der Grundfragen, mit denen sich die anthroposophische Geisteswissenschaft beschäftigt. Dabei wird das Böse als ein Phänomen erkannt, das sich aus der Bestimmung des Menschen, ein freies Wesen zu sein, notwendig ergibt. Michael Kalisch hat aus dem Vortragswerk Rudolf Steiners zehn Vorträge zu dieser Thematik ausgewählt.

Aus dem Inhalt: Das Böse im Lichte der Erkenntnis vom Geiste / Das Gute als schöpferisches, das Böse als todbringendes Prinzip / Über die Wesenheit von Christus, Ahriman und Luzifer / Midgardschlange, Fenriswolf und Hel / Der Baum des Lebens und der Baum der Erkenntnis des Guten und Bösen / Wie finde ich den Christus?

Verlag Freies Geistesleben

Christoph Lindenberg

Rudolf Steiner – eine Biographie

Zwei Bände im Schmuckschuber
mit insgesamt 1025 Seiten, 180 Abbildungen,
Itinerarkarten und Faksimiles,
Leinen mit Schutzumschlag

Mit seiner zweibändigen Biographie dokumentiert Christoph Lindenberg eine der erstaunlichsten Lebensleistungen unseres Jahrhunderts. Dabei legt Lindenberg den Nachdruck darauf, dass für Steiner, der sich selbst vorgenommen hatte, Menschen auf einen Entwicklungsweg zu bringen, Entwicklung eines der großen Themen seines Lebens war.

«Kaum ein Aspekt des von mancherlei Rätseln durchsetzten Lebens bleibt … in der Biographie Lindenbergs ausgeblendet … Umfang, Struktur und Darstellungsweise lenken den Blick über diese Biographie hinaus auf ein bedeutsames Kapitel der mitteleuropäischen Geistesgeschichte.»

Gerhard Wehr

Verlag Freies Geistesleben